KB174855

위기의 남북관계

위기의

6·15 공동선언에서 개성공단 폐쇄까지

남북
관계

평화통일시민행동 기획 · 임기홍 지음

역사인

책머리에

남북관계 개선과 한반도의 평화를 바라며

2016년 초, 남북 교류와 한반도 평화의 상징이던 개성공단 가동이 전면 중단되었다. 2000년과 2007년 두 차례 남북정상회담을 통해 쌓은 남북 화해협력의 성과들이 완전히 무너진 것이다. 더구나 한미 양국과 북한은 서로 '선제타격'을 공언할 정도로 한반도 정세는 험악해졌다.

6·15남북공동선언(2000)과 10·4공동선언(2007)이 있어서 가능했던 민족협력의 성과들이 송두리째 부정당하고 있는 이 비극적 사태는 도대체 왜 발생했는가? 평화를 바라는 국민의 염원에 반하여 긴장과 불안을 조장하는 세력은 누구이고, 대결 국면을 통해 이들이 추구하는 목적은 무엇인가? 이 책은 이러한 질문들에 대한 해설서이자 반평화세력의 언행에 대한 기록이다.

남북관계에서 기억과 망각 사이의 투쟁이 진행 중이다. 악화된 남북관계가 장기화되면서 남북 교류가 단절된 상황이 자연스럽게 받아들여지고 있다. 하지만 6·15선언이 이행되는 과정에서 일어난 거대한 변화를 기억하는 사람들은 '다시 6·15'를 외치고 있다. 평양 순안공항에서 남북 정상이 맞잡은 두 손, 전 세계의 박수를 받은 시드니올림픽 남북 공동입장, 서울과 평양을 오가며 진행된 장관급회담과 수많은 남북 교류, 백화점에 전시된 개성공단 제품 등 가슴 벅찬 장면과 순간들이 일상적으로 일어났던 6·15시대의 성과들을 과거의 것으로 흘려보낼 수는 없다.

6·15선언 이후 남북 화해와 평화가 정착되면서 느꼈던 설렘과 안정감, 자신감 등을 기억해내야 한다. 동시에 상대방을 자극하고 군사적으로도 충돌하는 과정에서 받은 공포와 불안 등을 잊지 말아야 한다. 그중 무엇이 우리가 지향해야 할 미래인지를 선택해야 한다. 누군가가 덮으려고 하는 남북 화해와 협력의 기억을 되살리는 일은 그래서 매우 중요한 작업이다.

이 책은 과거와 현재를 기록함으로써 우리가 어떤 길을 걸을지에 대한 판단 근거를 제공하고자 한다. 과거에 대한 해석은 현재를 규정하는 강력한 인식 틀로 기능할 뿐 아니라, 향후 진로에 대한 길잡이 역할을 수행한다. 따라서 역사 혹은 역사 해석의 주도권을 쥐는 것은 중요하다. 과거의 어떤 일을 묻으려는 세력과 그것을 잊지 않으려는 세력 간의 경쟁은 치열하게 전개되었다. 즉, 역사는 기억과 망각 사이의 투쟁으로 볼 수 있으며, 대개 망각이 강요되는 과정은 민중에 대한 탄압을 수반했다. 그러나 민주주의와 평화, 통일을 달성하기 위한 대다수 민중의 노력은 꾸준히 이어졌고, 역사적 승리와 진보를 이뤄냈다.

한반도 주요 현안의 맥락을 파악하기 위해서 역사적 사실을 있는 그대로 복기하고 성찰하는 것이 필요하다는 문제의식에서 이 책은 기획되었다. 남북관계, 북미관계, 한미관계 등에서 발생한 복잡다기한 사건들을 시간 순서와 맥락에 맞게 파악하고 기억하는 것은 아주 어려운 일이다. 가령 '2005년부터 2007년까지 남북 사이의 주요 현안은 무엇이었는가', '개성공단(혹은 금강산 관광)이 왜 중단되었는가' 하는 등의 질문이 떠오를 때, 이와 관련된 정보를 체계적으로 정리해놓은 자료는 찾기 어렵다.

또 '9·19공동성명'과 '북한의 핵실험', '2·13합의'의 순서와 내용을 기억하는 이는 많지 않으며, 그 후의 사건 전개를 알고 있는 사람의 수는 더욱 적을 것이다. 따라서 남북관계사를 주요 사건 위주의 통사(通史)로 정리할 필요성이 있으며, 통사를 기반으로 하여 현안을 심층적으로 파악할 수 있다면 그 해법에 대해서도 합리적인 방안을 모색할 수 있을 것이다.

이 책의 기획과 집필은 '평화통일시민행동'의 꾸준한 활동이 있었기에 가능했다. '한반도의 평화와 통일을 바라는 시민의 모임'인 평화통일시민행동은 2010년 11월 24일 청계광장에서 가진 촛불 시위를 계기로 결성되었다. 연평도 포격사건이 있던 다음 날 '전쟁이 아닌 평화를', '대결이 아닌 대화를'이라는 구호가 적힌 피켓을 든 두 사람의 촛불 시위는 2016년 5월 현재 240차 '수요평화촛불'로 이어지고 있다.

지난 6년 동안 평화통일시민행동과 함께 활동하면서 회원들과의 일상적인 토론을 통해 문제의식을 가다듬었고, 글의 구성 및 수준을 조금씩 개선할 수 있었다. 어려운 여건에서도 꾸준히 남북관계 개선과 남북대화 및 북미대화를 촉구해온 평화통일시민행동 회원들의 활동과 격려가 없었다면 이 책의 집필은 애초에 시도조차 하지 못했을 것이다. 회원 모두에게, 특히 이진호 대표와 황남순 사무국장에게 뜨거운 감사의 마음을 전한다. 남북관계 개선과 한반도의 평화를 바라는 모든 이의 사유와 실천에 이 책이 조금이나마 도움되기를 진심으로 기원한다.

2016년 5월
임기홍

한국의 현대사는 크게 6·15남북공동선언 이전과 이후로 나눌 수 있습니다. 6·15남북공동선언은 분단 이후 처음으로 우리 민족이 스스로 미래의 진로를 선택한 역사적 사건이기 때문입니다. 6·15선언은 새로운 시대를 알리는 축포였고, 민족의 앞길을 밝혀주는 등대였습니다.

2000년 이후 우리는 남북이 손을 맞잡는다면 무엇이든 할 수 있는 잠재력이 우리에게 있다는 것을 확인할 수 있었습니다. 남북이 상호 인정과 존중을 통해 '사실상의 통일'을 만들어갔던 경험은 우리 민족의 매우 소중한 자산입니다.

그러나 언젠가부터 '북한 붕괴론'에 기반한 대결적이고 냉전적인 정책 기조 때문에 대화가 단절되었고 남북관계가 악화되었습니다. 그리고 그동안 어렵게 일군 남북 교류의 성과가 무너지고 있습니다. 남북관계를 국내 정치 수단으로 쓰려는 정략적 사고나 상대방의 굴복을 요구하는 태도로 남북관계를 관리하려고 해서는 안 됩니다.

심화되는 신자유주의 위기와 동북아 신냉전의 위기 속에서 우리가 살 길은 한반도의 평화통일입니다. 그런데 남북관계가 개선되어야 평화체제도 만들 수 있고, 통일도 할 수 있습니다. 남북관계를 실질적으로 개선할 수 있도록 금강산 관광 재개, 5·24조치 해제, 개성공단 재가동 등의 조치가 시급합니다.

이 책은 6·15선언 이후 16년간의 기록을 통해 우리가 가야 할 길이 무엇인지 잘 보여주고 있습니다. 평화를 사랑하고, 통일을 바라는 모든 사람이 꼭 읽어봐야 할 책입니다. 마지막으로 지난 6년 동안 보신각에서 남북대화와 남북관계 개선을 촉구하는 '수요평화촛불'을 꾸준히 들고 있는 '평화통일시민행동'에 따뜻한 격려와 감사의 마음을 전합니다.

2016년 4월

정세현(한반도평화포럼 상임공동대표, 전 통일부 장관)

13장 2011년 — 대결을 조장하는 이명박 정부

14장 2012년 — 남북회담 한 번 못 하고 끝난 '이명박 정부 5년'

15장 2013년 — 상대의 굴복을 원하면 대화는 불가능하다

18장 2016년 — 다시 평화와 통일을 이야기하자

서언

누가, 왜 한반도의 긴장과 불안을 조장하는가

박근혜 대통령은 역대 어느 대통령보다 '통일'을 자주 강조하고 있다. 이명박 대통령 역시 박 대통령 못지않게 '통일'을 높은 빈도로 언급했다. 이명박 대통령은 '통일이 곧 올지 모른다'며 '통일항아리' 사업을 통해 통일비용을 준비하려 했고, 박근혜 대통령은 '통일대박론'을 주창하며 대통령 직속 기관인 '통일준비위원회'도 설치했다. 두 대통령의 바람대로 남북은 곧 통일이 될 수 있을 것인가?

2006년 1차 핵실험 이후 10년 동안 북한은 총 네 차례의 핵실험을 실시했다. 핵실험이 있을 때마다 유엔 안보리는 대북 제재와 압박 조치를 골자로 하는 결의안을 통과시켰고, 한국·미국·일본 등의 나라들은 독자적인 제재 조치를 시행했다. 특히 4차 핵실험에 대한 유엔 안보리의 결의 수준은 사상 최고라는 평가를 받고 있다. 그렇다면 이제는 북한의 5차 핵실험을 막을 수 있을 것인가?

방금 제기한 두 가지 질문에 대한 답은 사람마다 다를 수 있겠지만, 대부분은 '그렇지 않다'라고 응답할 것이다. 국정의 최고 책임자가 '통일'이 임박했음을 설파하고 있는데도 남북관계는 1991년 이전, 그러니까 냉전시대의 대결구도로 역행했다는 평가를 받고 있다. 또한 유엔 제재와 미국, 일본 등의 제재에도 북한이 핵무기를 포기하고 핵실험을 중단하겠다는 의사 표시를 한 바 없으며, 그럴 징후도 발견할 수 없다. 왜 남북관계가 이런 상황까지 왔으며, 왜 한반도의 핵위기가 20년 넘게 지속되고 있는가?

남북관계에서도 분명 '평화의 시대'가 있었고, '국가연합' 초기 단계와 유사한 수준까지 협력한 역사가 있다. 북한 역시 핵 능력을 동결하고 미사일 발사를 유예하며, 핵 프로그램 가동을 중단한 적이 있다. 그렇다면 '남북관계와 한반도 비핵화에 대한 현재의 대응 원칙이나 방식에 문제가 있는 것은 아닐까'라는 합리적 의심이 드는 것은 당연하다.

이런 문제의식에서 지난 20여 년간 평화와 협력, 갈등과 위기가 교차한 한반도, 그리고 동북아와 한반도를 둘러싸고 치열하게 전개된 미국과 중국, 남한과 북한의 역동적인 고차 방정식을 풀어보고자 한다. 한반도를 규정하는 패러다임이 평화에서 대립으로 전환되는 시기가 언제였는지, 그리고 그 이유가 무엇이었는지에 대해 전 과정을 진지하게 복기하고 성찰하다 보면, 통일과 평화문제에 대한 보다 성숙하고 합리적인 인식과 그에 걸맞은 행동양식을 정립할 수 있을 것이다.

평화의 시대와 대결의 시대

한반도에 평화가 정착되고 남북 화해와 협력을 통해 통일로 가는 것이 시대정신이며 우리가 가야 할 미래이다. 그런 면에서 1998년부터 2007년까지는 '평화의 시대'였고 옳은 길을 걸어왔다. 반면 지속적으로 남북관계가 나빠지고 군사적 긴장이 고조되고 있는 2008년부터 현재까지는 '대결의 시대'이며, 시대정신에 역행하고 있다.

평화의 시대는 김대중 정부의 등장과 함께 시작되었다. 취임사에서부터 남북정상회담을 제안한 김대중 대통령은 햇볕정책을 임기 내내 지속했고, 지속적인 대화 제의 및 민간 교류를 추진해 정권 초기에 햇별정책을 흡수통일정책이라고 비난하던 북한의 불신을 누그러뜨려 결국 분단 이후 최초의 남북정상회담을 개최했다. 이 과정에서 김대중 대통령은 햇볕정책에 대한 클린턴 행정부의 지지를 이끌어냈고 북미관계 개선에도 기여했다.

그러나 1998년에서 2002년까지의 기간에 남북관계와 북미관계가 순탄하기만 했던 것은 아니다. 1998년 금창리 핵 위기, 1999년과 2002년 서해교전 등 도전이 있었고, 특히 2001년 W. 부시 대통령의 등장으로 북미관계는 급냉각되었다. 그 여파로 남북관계마저 잠시 소강상태에 빠지기도 했다. 내부적으로는 여소야대 국면이 지속되어 남북 교류를 뒷받침할 법과 제도를 제정하는 데 어려움을 겪었고 급격한 변화에 거부감을 보인 세력들이 의회와 언론, 사법 영역 등에서 전방위적으로 남북 공동선언에 대해 흠집 내기를 시도했다.

그런데도 김대중 정부 시기 남북관계가 점진적으로 개선될 수 있었던 동력은 첫째, 최고 지도자와 집권세력의 일관된 철학과 전문성에서 찾을 수 있다. 또 김대중 대통령은 김영삼 정부 시기 대북정책의 근간이 된 '북한 붕괴론'에서 탈피하여 북한과의 공존과 점진적인 변화를 이끌어낸다는 전략을 실천했다. 둘째, 내외 정세의 변화에도 정경분리 원칙을 지켜 남북 경제협력을 지속하고 확대한 것이 상황을 관리하는 데 주효했다. 셋째, 2002년 켈리 특사의 방북 이후 시작된 '2002년 핵 위기' 속에서도 남북관계와 핵문제를 연계하지 않고 각각 독립된 프로세스로 진행하는 병행전략을 택함으로써, 남북관계를 유지함은 물론이고 북한에 대한 영향력을 잃지 않았다.

노무현 정부는 김대중 정부의 연속선상에서 햇볕정책을 계승한 평화번영정책을 대북정책으로 삼았다. 전임 정부 시기 시작된 남북 교류와 협력사업이 크게 활성화되었고, 당국 간 회담 역시 활발하게 이루어졌다. 2007년 10·4정상회담에서는 6·15공동선언을 계승할 것을 약속하면서 서해평화협력특별지대 조성 및 종전선언과 평화협정 추진에 대해서 합의하는 등 남북관계를 양적·질적으로 심화시킬 수 있는 밑그림을 그렸다.

2차 남북정상회담을 성사시킨 업적이 있었지만 노무현 대통령은 햇볕정책을 계승하겠다는 다짐과 달리 오락가락한 정책적 행보를 보였다. '남북관계와 북핵문제의 병행', '북핵문제와 인도주의적 지원은 별개'라는 스스로의 원칙을 저버리고 2006년 북한의 핵실험 후 미국보다 먼저 북한에 대한 경제제재 조치를 취함과 동시에 대북지원을 중단시켰다. 물론 노무현 정부가 맞닥뜨린 대외 변수, 즉 미국과 북한 변수가 노무현 정부의 대북정책에 비우호적인 환경을 조성한 것은 사실이다. 김대중 정부 시기보다 북미관계는 악화되었으며, 북한의 미사일 발사와 핵실험, 부시 행정부의 대북적대시정책은 남북관계 개선에 불리한 환경을 조성했다.

그러나 미국이 항상 북한을 압박하기만 한 것은 아니다. 2006년 미국의 '종전선언 검토' 제안이나, 2007년 '평화체제 검토' 발언 등 북미관계에 긍정적인 시그널이 있었다. 2007년 2·13합의도 남북관계를 개선시키는 계기로 삼을 수 있었다. 하지만 이때도 노무현 대통령은 '남북관계는 북미관계보다 반 발짝 뒤에 가야 한다'는 입장을 고수하여, 북한과의 관계 개선 기회를 놓쳤다. 그 여파로 임기 말에야 정상회담이 개최됨으로써 합의 사항의 이행을 담보하기도 어렵게 되었다.

2008년 이후 현재까지 정부의 대북정책은 전임 정부의 정책 기조와 궤를 완전히 달리하고 있다. 이명박 정부는 6·15선언과 10·4선언을 계

우리의 남북관계

22

승하지 않았고, 인식과 방법론, 그리고 내용 등 모든 측면에서 기존 대
북정책의 틀을 완전히 바꿨다. 이명박 대통령은 북한이 곧 붕괴할 것이
라는 인식을 갖고 있었고, 북한의 급변사태와 흡수통일을 당연한 수순
으로 상정했다. 따라서 북한과의 대화나 교류는 불필요한 것이 되었으
며, 북한의 붕괴를 도모하는 압박과 제재를 대북정책의 핵심으로 삼았
다. 김대중·노무현 정부가 남북관계와 북핵문제를 병행한 것과 달리,
이명박 대통령은 두 문제를 강하게 연계시켰고 북핵문제가 해결되어야
남북관계도 개선할 수 있다는 '선(先)비핵화' 입장을 고수했다.

　이러한 내용을 종합한 것이 바로 '북한이 핵을 완전 폐기하고 개방하
면 도울 수 있다'는 '비핵·개방·3000 구상'이다. 미국과 이명박 정부는
북한의 급변사태에 대비하는 것을 핵심으로 하는 '작전계획 5029' 수립
을 공론화했고, 북한은 2009년 5월 2차 핵실험을 강행했다.

　하지만 반전의 기회가 없었던 것은 아니다. 가령 2009년 8월 현정은
현대그룹 회장과 김정일 국방위원장의 면담, 같은 달 김대중 전 대통령
서거를 계기로 온 북측 특사 방문단과 이명박 대통령의 만남, 10월 중
순 싱가포르 남북비밀접촉 등 남북관계를 개선할 기회가 있었다. 정부
가 이러한 기회를 잘 활용했다면 극한 대결로 치닫는 사태를 미연에 방
지할 수 있었을 것이다. 그러나 정부는 이런 대화의 과정에서도 '선비
핵화' 입장을 고수했고, 소극적이고 부정적인 태도를 바꾸지 않았다. 때
문에 남북 간 대화 동력은 사라졌고, 이후 2010년 천안함사건과 연평도
포격사건을 거치며 남북관계가 크게 악화되었으며, 남한의 대북 레버리
지는 크게 약화되었다.

　박근혜 대통령은 대선 후보 시절 이명박 정부의 대북정책과 차별화
를 공언했다. 박 대통령은 2013년 북한의 3차 핵실험이 있었는데도 '한

반도 신뢰 프로세스'를 대북정책으로 내세웠으며, '통일대박', '드레스덴선언', '유라시아 이니셔티브' 등 장밋빛 청사진을 제시해왔다. 북한도 2014년 2월 남북고위급회담에 참가하고, 같은 해 10월 인천아시안게임 폐막식에 3명의 최고위 인사를 파견하는 등, 남북대화를 이어가려는 모습을 보였다.

그러나 이명박 정부와의 차별화된 대북정책을 만들겠다는 공언과는 달리, 박근혜 정부의 대북정책 역시 전임 정부의 정책 기조를 답습하고 있다. 박근혜 대통령은 북한이 핵을 먼저 포기하고 진정성을 보여야만 남북관계가 개선될 수 있다는 입장을 고수하고, 임기 중반 이후부터는 북한 붕괴 가능성을 직접 나서서 언급하고 있다. 박 대통령은 남북 교류를 활성화시키겠다고 하면서도 개성공단을 제외하고 남북 교류를 전면 차단한 5·24조치는 그대로 두는 모순된 행보를 보이고 있다. DMZ 세계생태평화공원이나 유라시아 철도 연결 등의 계획이 남북관계의 회복 및 정상화를 전제로 하고 있는데도, 관계를 실질적으로 개선할 수 있는 금강산 관광 재개 등의 조치는 애써 외면하고 있다.

대외적으로는 한반도의 안보 위기가 고조되고 있다. 미국의 대중국 봉쇄전략이 본격화된 2010년 이후, 한국은 빠른 속도로 미일동맹의 하위 파트너로 편입되고 있다. 평화의 바다가 될 수 있었던 서해는 국제적인 분쟁 수역이 되었고, 막대한 한미 연합 전력의 핵전쟁연습이 연중 전개되고 있다. 한국과 미국이 방관하고 있는 사이 북한은 꾸준히 핵 능력을 신장시켰고 4차 핵실험까지 실시했다. 이제 남북 대결뿐 아니라 한·미·일 대 북·중(·러)이 대치하는 대결구도가 중첩되면서 한반도는 '평화의 시대'에 비해 훨씬 위험해졌다.

한반도 문제에 대한 두 가지 접근법

지난 20년간 정부의 대북정책과 남북관계는 크게 두 가지 대립항 중 무엇을 선택하느냐에 따라 결정되었다. 첫 번째 대립항은 '공존 대 붕괴'이다. 즉, 북한과 공존이 가능하다고 보느냐, 아니면 북한이 붕괴할 것이라고 전제하느냐에 따라 대북정책은 궤를 크게 달리하게 된다. 전자의 입장은 북한의 급격한 붕괴 가능성이 낮을뿐더러 북한의 붕괴가 남한에도 큰 부담이 될 수 있다고 강조한다. 따라서 상호 인정하고 존중하는 바탕에서 남북관계를 안정적으로 관리하며, 대화와 교류 확대를 통해 북한의 점진적 변화를 유인하고 남북이 공동번영할 수 있는 물적 기반을 만드는 것이 합리적인 정책이라고 본다.

반면 후자의 입장은 북한이 내부의 불안과 국제적 압박을 견디지 못하고 이른 시일 안에 붕괴할 수밖에 없다고 주장한다. 따라서 북한과의 대화는 불필요하며, 북한체제 유지에 도움이 되는 어떤 지원도 해서는 안 된다고 본다. 제재와 압박의 수위를 높이는 것이 붕괴를 촉진하는 길이며, 정부가 급변사태로 무너진 북한 정권을 접수하고 남한 위주의 흡수통일 방안을 준비해야 한다는 점을 강조한다.

정책은 현실에 근거해야 한다. 정책 입안 시 미래에 대한 예측을 반영하는 것이 물론 필요하지만 그러한 예측조차 합리적인 수준의 것이어야 한다. 북한이 붕괴될 것이라는 주장은 1994년 김일성 주석의 사망 이후 20년 넘게 회자되고 있다. 언론뿐만 아니라 정부, 의회에서도 북한 붕괴에 확신을 가진 정치세력을 쉽게 확인할 수 있다. 그러나 북한이 붕괴될 조짐보다는 정치·경제·사회적으로 안정되었다는 징후를 더 많이 찾을 수 있다. 특히 김정일 국방위원장 사망 이후 김정은 제1위원장이 권력을 승계한 직후에도 북한 붕괴론이 유포되었지만, 북한의 정치 상황은 갈수록 안정되고 있다는 것이 중론이다. 또한 북한의 붕괴가 국익을 심대하게 저해할 우려가 있다고 보는 러시아와 중국은 최근 몇 년 사이, 북한과의 경제협력 규모를 확대했고, 북한과의 관계 개선을 꾸준히 추진하고 있다.

김대중 정부의 대북정책이 애초 목적한 성과를 달성할 수 있었던 것, 그리고 노무현 정부가 여러 악조건 속에서도 결국 남북정상회담을 성사할 수 있었던 것은 결국 북한과 공존할 수 있다는 입장을 유지했기 때문이다. 반면, 북한 붕괴론을 채택한 이명박·박근혜 대통령은 기존 합의를 폐기한 것은 물론이고, 유엔 및 미국 등의 대북 제재 조치에 적극 보조를 맞추었다. 이 같은 대응은 북한에 대한 영향력을 스스로 차단하는 어리석은 행위이다.

두 번째 대립항인 '병행 대 연계' 중 무엇을 전략으로 채택하느냐에 따라 대북정책과 그 결과 역시 크게 달라진다. 남북관계와 핵문제를 병행하여 다뤄야 한다는 입장과 연계해서 다뤄야 한다는 입장은 1980년대 후반 노태우 정부 때부터 대립해왔다. 병행전략을 지지하는 쪽에서는 남북관계와 핵문제가 본질적으로 다른 사안이며, 남북관계를 개선하는 것이 핵문제 해결에도 긍정적으로 작용할 것이라고 주장한다.

반면, 연계전략을 주장하는 집단은 핵문제 해결 없이 남북관계를 개선할 수 없으며, 북한에 대한 지원이 핵무기와 미사일 개발로 이어진다고 강조한다. 이들은 북한의 '선핵포기'가 유일한 대안이며 북한이 먼저 행동할 때까지 남북관계의 동결은 충분히 감수할 수 있다고 본다. 따라서 이들이 사용하는 '연계'는 남북관계를 핵문제에 '종속'시키는 것을 의미한다.

우선 지적하고 싶은 점은 핵문제와 남북관계가 본질적으로 전혀 다른 범주의 문제라는 것이다. 북한의 핵보유는 북미 대립의 산물이며, 따라서 문제를 해결하기 위해서는 북미관계가 정상화되는 것이 무엇보다 중요하다. 역사를 돌이켜봤을 때도, 미국이 북한을 압박하고 제재할수록 북한의 핵 능력이 고도화되고 미사일 사거리가 연장되었던 반면, 북한과 대화하고 관계 개선에 일정한 성과가 있을 때, 북한은 핵 능력을 동결하고 미사일 발사를 유예했다. 가령 1994년 북미 제네바합의 이후 북미관계가 점진적으로 개선되면서 북한은 핵 프로그램 가동을 중단했다. 그러나 부시 행정부가 기존 합의를 부정하고 핵무기로 북한을 위협하면서 8년간 제네바합의를 지켰던 북한은 더 이상 합의 준수의 이유를 찾을 수 없게 되었다. 그 결과는 2006년의 1차 핵실험으로 나타났고, 미국 언론과 북한 전문가들은 북한의 핵폭탄을 '부시의 핵폭탄(Bush's Bomb)'이라고 불렀다.

이는 미국 대북정책의 실패로 평가되었으며, 2006년 11월 중간선거에 패배한 부시 행정부는 대외전략을 크게 수정했다. 미국은 북한과의 대화에 나섰고, 그 결과 2007년 2·13합의와 10·3합의를 도출할 수 있었다. 북한은 2008년 6월 냉각탑을 폭파했고, 미국은 10월 북한을 테러지원국 명단에서 해제했다. 대화와 약속 이행이 성과를 거둔 것이다. 하지만 2008년 대선에서 당선된 오바마 대통령의 경우, 핵문제 해결에 소극적인 입장으로 일관했고, '핵선제공격' 방침을 철회하지 않았다. 미국은 국방예산을 대폭 감축하면서도 핵 능력을 고도화하기 위해 막대한 예산을 투입하고 핵실험을 지속하고 있다. 동시에 핵전력을 집중적으로 한반도에 배치했으며 '대화가 곧 보상'이라는 네오콘식 사고에 근거해 북한과의 대화를 꺼려왔다. 그 사이 북한은 세 번의 핵실험을 실시했다.

별개인 핵문제와 남북관계를 연계하는 전략은 현실적으로도 한국 정부의 활동 반경을 제약한다. 만약 진전된 남북관계에 기반해 북한에 미국과 대화에 나설 것을 촉구하고, 동시에 미국에도 직접 대화를 권유하는 방식의 '연계'라면 이는 충분히 효과를 발휘할 수 있다. 2005년 9·19 공동성명 합의 과정에서 한국 정부가 의미 있는 역할을 수행했던 것을 사례로 들 수 있다. 그러나 이런 방식이 아니라 핵문제에 남북관계를 강하게 결부시켜, 사실상 핵문제에 남북관계를 종속시킨다면 북미관계가 개선될 때까지 남한 정부는 아무것도 할 수가 없다. '핵을 머리에 이고 살 수 없다'고 말하면서도 실제로는 손을 놓고 있을 수밖에 없게 되는 것이다. 따라서 남북관계는 남북관계대로 악화시키고, 핵문제 진전에도 기여하지 못하는 연계전략은 재고해야 한다.

우리가 변화를 만들어낼 수 있다

한반도 평화와 통일 문제에서 가장 중요한 행위자는 크게 세 주체이다. 누구나 알고 있듯이 남한, 북한, 미국이다. 그런데 북한 변수와 미국 변수를 우리가 통제하는 것은 쉽지 않다. 북한과 미국의 내부 권력관계에 큰 변화가 발생하고 그것이 대외정책 기조에 영향을 미치는 경우, 기존 합의의 이행이 지연되거나 아예 합의 자체가 뒤집히는 경우가 적지 않았다. 이런 순간에 한국 정부가 북한이나 미국의 정책 결정 과정에 미치는 영향력에는 어느 정도 한계가 있을 수밖에 없다.

그러나 우리 영향력에 한계가 있음을 인정하는 것과는 별개로 한반도의 평화를 위해서 대북 영향력을 유지하려는 노력을 지속하고 북미관계 개선을 위해 외교 역량을 발휘하는 것은 한국 정부가 견지해야 할 원칙이다. 만약 북미 간 기존 합의가 깨지고, 북미관계가 악화하여 군사적 긴장이 고조되고 있는데도 한국 정부가 이를 방관하고 있다면, 우리는 한반도 문제에 대한 우리의 주도권을 상실할 뿐 아니라 생존권까지 위태로운 상황에 도달할 수 있다. 북한 혹은 미국을 비난할 수는 있지만 그런 대응은 해법이 될 수 없으며, 중요한 것은 애초에 평화 분위기가 대결 분위기로 전환되는 것을 막는 것이다. 따라서 정부는 어떤 경우에도 남북관계를 개선하고 북미관계를 촉진하려는 노력을 중단해서는 안 된다. 이것은 이념이나 인식의 문제가 아니다. 분단구조하의 남한 정부가 국민의 생명과 안녕을 지키기 위해서 견지해야 할 당연한 원칙이다.

우리의 역할을 작다고만 볼 수도 없다. 강경한 부시 행정부의 등장에도 남북관계가 단절되거나 6·15공동선언이 파탄으로 이어지지 않은 것은, 김대중 정부가 남북관계를 유지하려 애쓰고 북미관계가 개선될 수 있도록 부시 대통령과 김정일 위원장을 설득했기 때문이다. 노무현 대통령의 경우, 아예 부시 행정부와 함께 5년 임기를 보내야 했다. 비록 노 대통령이 때로 일관성을 보이지 못하긴 했지만, 노무현 정부 역시 임기 전반에 걸쳐 남북관계와 북미관계 개선을 위해 노력했다. 6자회담이 교착 상황에 빠진 2005년, 노 대통령이 파견한 정동영 특사와 김정일 국방위원장의 만남은 북한이 6자회담에 복귀하는 계기가 되었다. 또 노무현 정부는 남북관계를 잘 유지하는 것이 한국 정부에는 매우 사활적인 이해가 달렸다는 것을 미국에 강조했고, 북미대화를 촉구했다. 한국 정부의 이런 노력이 없었다면, 2007년의 2·13합의와 10·4남북정상회담은 불가능했다. 즉, 미국이 한반도에 가지는 영향력을 충분히 인정해야겠지만, 우리의 노력 여하에 따라 최악의 상황을 막을 수 있고, 때로 상황 반전의 계기를 창출해낼 수 있는 것이다.

남북은 6·15선언과 10·4선언의 발표와 실천을 통해 냉전과 대결의 시대를 종결하고 평화의 시대로 나갈 비전과 능력이 충분히 있음을 증명했다. 비록 일시적인 역경을 겪고 있지만 남북관계 개선을 위한 노력을 중단해서는 안 되며, '평화와 공존'을 위한 노력 역시 계속되어야 한다. 주어진 대외환경은 고정불변의 것이 아니며 기회의 창은 언젠가 또 열릴 것이기 때문이다.

새 시대를 준비하다

김대중 대통령 취임식

역사상 최초의 여야 정권 교체

1997년 12월 18일, 대통령 선거에서 최초로 여야 정권 교체가 이루어졌다. 새정치국민회의의 후보인 김대중이 약 39만 표 차이로 한나라당의 이회창 후보를 누르고 대통령에 당선되었다. 김대중의 당선은 더 나은 민주주의와 평화로운 한반도를 바라는 국민의 지지가 있었기에 가능했다. 특히 일관적으로 민족통일의 중요성을 강조해온 김대중 후보였기에 당선 이후 곧 남북관계에 변화가 있으리라는 기대가 고조되었다.

김대중과 임동원은 '햇볕정책'의 입안자이면서 불굴의 집행자이다. 우선 김대중 대통령은 '진보적인 통일론자'이고 '적극적인 화해론자'였다.[1] 정치가로서 김대중은 대통령이 되기 전부터 통일에 대한 자신의 정책적 비전을 제시해왔고, 이는 국민에게 '준비된 대통령'이라는 인식을 심어주었다. 처음 대선에 출마한 1971년에 이미 비정치적 남북 교류 및 공산권과의 외교 추진, 미·일·중·러 4대 강국 보장하의 통일안을 제시했던 그는, 이듬해 외신기자 연설에서 '3단계 통일론', '남북한의 동시 유엔 가입'을 제안했다.

김대중의 '연합제 통일 방안'은 노태우 정부의 '민족공동체 통일 방안'에 대폭 수용되었다.[2] 그는 1994년 미국 헤리티지 재단 강연에서 자신의 통일 방안을 '강한 의지에 입각한 햇볕정책'으로 명명했다.[3] 김대중 대통령은 임기 동안 야당의 지속적인 견제와 부시 행정부의 등장으로 북미관계가 악화되는 속에서도 금강산 관광 사업을 이어나갔고 남북장관급회담을 성사시키는 등 햇볕정책을 지속했다.

"북한의 안전을 보장하고 북한의 살길을 열어주면 북한은 핵과 대량살상무기(WMD)를 틀림없이 포기할 것입니다. 북한에게 기회를 주십시오. 그래도 안 되면 그때 제재해도 늦지 않을 것입니다."(김대중 전 대통령, 2002년 한미정상회담)

임동원은, 역대 선거 때마다 김대중 대통령에 대해 뿌리 깊은 적대감을 보여온 이북 출신인 데다 공개적 '비토(veto) 세력'인 군(육사 13기) 출신이었다. 전두환 정권 시절 나이지리아·호주 대사를 지냈고, 이후 외교안보연구원장을 거쳐, 남북고위급회담 대표 및 통일부 차관을 역임하면서 1991년 남북기본합의서의 산파 역할을 했다. 김대중이 임동원에 대해 '외교·안보·통일 분야에 두루 정통한 전문가'라고 표현한 것은 그의 이러한 경력이 있었기 때문이다.

정치권과 거리를 두고 지내던 임동원은 1995년 김대중과의 만남에서 북핵문제에 대한 그의 식견과 논리 정연함, 그리고 확고한 통일 철학에 깊은 인상을 받아 아태평화재단 사무총장 자리를 수락했다. 당시 61세였던 임동원은 그때부터 줄곧 평화와 남북관계에 관한 김대중의 구상을 이론·실무적으로 뒷받침하는 역할을 맡았다. 김대중이 대통령으로 당선된 후에 임동원은 청와대 외교안보수석, 통일부 장관, 국정원장을 거치며 대북정책의 실질적인 집행관으로 활약했다. 1980년대까지만 하더라도 대북 강경론자로서《혁명전쟁과 대공전략》이라는 저서를 집필한 군인 임동원이 나중에 '햇볕정책의 설계자'로 활약했다는 것은 흥미로운 사실이다.

"오늘(6월 16일) 떠나기로 한 금강산 관광선의 출항을 허가하겠습니다. 통일부 장관인 제가 책임지겠습니다."(임동원 전 통일부 장관, 1차 서해교전 다음 날)

김대중 정부의 햇볕정책

김대중 대통령은 1998년 2월 25일 취임사에서 남북기본합의서 이행을 위한 특사 교환을 제의하는 동시에, 어떤 무력 도발도 용납하지 않고 북한을 해치거나 흡수할 생각이 없으며 화해협력이 가능한 분야에서 적극적으로 추진해나갈 것이라는 대북정책 3원칙을 밝혔다.

이 세 가지 원칙은 획기적이었다. 첫째, 흡수통일을 배제하고 북한과의 대결 대신 긴장의 근원을 해소하려 했다는 점에서 역대 정권의 대북정책과 본질적으로 달랐다. 둘째, 김대중 정부는 북한의 조기 붕괴 가능성이 매우 낮다고 판단했고, 흡수통일에 대해서도 바람직하지 않다고 보았다. 셋째, 김영삼 정부가 인도주의적 차원의 대북 식량지원마저 거부하고 미국, 일본의 지원에도 반대하는 강경한 정책을 폈던 데 반해, 김대중 정부는 정경분리 원칙을 채택해 정세가 악화되더라도 남북의 교류협력과 인도적 지원이 지속될 수 있도록 했다.

하지만 김대중 정부는 김영삼 정부 시기 악화될 대로 악화된 남북관계에서 시작해야 했다. 게다가 북한은 햇볕정책이 북 체제를 무너뜨리려 하는 것이 아니냐는 의구심을 가지고 있었다. 따라서 김대중 정부 시기 남북관계가 처음부터 쉽고 무난하게 발전해나갔던 것은 아니다. 특히, 국내 정치적으로 반대가 거셌다. 김대중 정부는 보수 성향이 강한 자민련과의 연합이라는 태생적 한계가 있었고, 임기 내 여소야대 구도가 유지되면서 정부가 하려는 일마다 발목이 잡혔다.

1997년 대선에서 정권을 넘겨준 한나라당과 주류 언론은 틈만 나면 '상호주의'라는 명분으로 햇볕정책을 공격하고 저항하면서 정부를 압박했다. 상호주의란 북에 하나를 주면 그에 상응하는 하나를 받아야 한다는 것인데, 이 논리대로라면 모든 대북지원은 '주기만 하는' 행위가 되어 상호주의에 위배된다. 따라서 매사에 상호주의를 적용하자는 것은 대북지원이나 교류협력에 대한 실질적인 비토 선언과 같은 의미이다.

그러나 남북관계뿐 아니라 현실의 어떤 외교관계도 '하나 주고 하나 받는 식'의 기계적이고 단선적인 방식으로 진행되지는 않는다. 과거 노태우 정부는 북방정책을 펼치는 과정에서 러시아에 30억 달러 차관을 제공하기로 결정했다. 이는 러시아에서 무엇인가를 받아서가 아니라 탈냉전시대를 맞아 주도적인 역할을 하기 위해 내린 전략적인 결정이었고, 우리 국민뿐 아니라 관련국들의 고른 지지를 얻었다. 그런데도 민정당을 계승한 한나라당은 국민의 정부 임기 내내 상호주의를 내세워 화해협력정책의 폭과 속도를 제한하려 했다.

소떼방북과 금강산 관광

김대중 대통령의 취임사에 대해 불신을 표하던 북한은[4] 정부의 일관된 대화 제의를 접하면서 변하기 시작했다. 6월 북한은 민족화해협의회(약칭 '민화협')를 구성했고, 남한 역시 9월 반관반민 조직으로 민족화해협력범국민협의회(약칭 '민화협')를 조직하여 화답했다. 남한 민화협은 각계각층 인사와 단체들이 모여 조직된 통일운동 상설 협의체로서 보수단체와 진보단체는 물론 정당까지 모두 참가하는 조직이었다. 비록 관(官)이 주도했다는 한계가 있었으나, '국민의 정부' 이전 정부들이 민간 교류 자체를 금지하거나 '창구 단일화'를 명목으로 정부의 완전한 통제 아래 두고자 했던 것과는 달랐다는 점에서 민화협의 출범 의의를 찾을 수 있다.

그리고 1998년 6월 16일 판문점에서는 분단 이후 가장 규모가 크고 기발한 이벤트가 벌어졌다. 정주영 현대그룹 명예회장이 서산 농장에서 키운 소 5백 마리를 이끌고 판문점을 넘어간 것이다.

"강원도 통천의 가난한 농부의 아들로 태어나 청운의 꿈을 품고 세 번째 가출할 때 아버님의 소를 판 돈 70원을 가지고 집을 나섰습니다. 이제 그 한 마리의 소가 천 마리의 소가 되어, 그 빚을 갚으러 꿈에도 그리던 고향 산천을 찾아갑니다. 이번 방북이 단지 한 개인의 고향 방문을 넘어 남북이 같이 화해와 평화를 이루는 초석이 되기를 진심으로 기원합니다."(정주영 전 현대그룹 명예회장)

일명 '정주영 소떼방북'으로 불린 이 사건은 미국의 뉴스 채널인 CNN을 통해 전 세계에 생중계됐다. 영국 언론《인디펜던트》는 "미국과 중국 사이에 '핑퐁 외교'가 있었다면 남한과 북한 사이에는 '황소 외교'가 있다"라 평가했다.[5] 김대중 대통령은 역시 이 장면을 '한 편의 동화'라고 표현했다.

정주영 회장은 판문점 중립국감독위원회 회의실을 지나 도보로 군사분계선을 넘었다. 분단 이후 민간인이 남북의 합의를 거쳐 군사구역인 판문점을 통해 북한에 들어간 것은 이때가 처음이었다. 정 회장은 8일 동안 그곳에 머물면서 평양, 원산, 금강산 및 고향인 통천 등을 방문했고, 북한 관계자들과 만나 금강산 관광 사업, 시설 투자, 서해안 공단 사업 등을 추진하기로 합의했다. 북이 금강산 사업에 필요한 이용권을 장기간 현대에 보장하고, 이 특혜의 대가로 현대는 2004년까지 6년간 9억 4200만 달러를 북한에 분할 지급한다는 것이 현대와 아태평화위의 구체적인 합의 내용이었다.

정주영 회장의 2차 방북 직후인 1998년 11월 18일에는 '금강호'가 첫 출항을 했다. 금강산 관광의 시작이었다. 이날 배를 탄 관광객 중 45%가 이산가족들이었다. 1·4후퇴 때 평안남도 진남포에 부인과 7남매를 남기고 내려왔다는 한 할아버지는 "너라도 살아서 고향 땅을 밟아라"는 어머니의 유언을 지킬 수 있어서 감사하다며 눈물을 흘렸다.[6] 이후 10년 동안 금강산은 이산가족 만남의 장이 되었고, 각종 부문별 상봉과 사회·문화 교류의 실험장으로 기능했으며 한반도 평화의 상징이 되었다.

민간 교류에서 당국 간 교류로

소떼방북의 의의는 남북 민간 교류의 물꼬를 텄다는 데만 있지 않다. 1994년 이후 남북의 당국 간 교류가 거의 단절되어 있던 상황에서 정주영 회장과 현대는 일종의 전령사 역할을 했다. 세계의 외교사에도 선민후관(先民後官), 즉 민간 교류를 앞세워 당국 간 신뢰의 기반을 마련한 뒤 고위급 접촉을 개시한 경우를 쉽게 찾아볼 수 있다. 예컨대, 미국과 중국 사이 데탕트가 핑퐁 외교로 시작된 것은 유명한 역사적 사실이다.[7] 핑퐁 외교는 중국 정부가 1971년 4월, 일본 나고야에서 열린 세계 탁구선수권대회에 참가하고 있던 미국 대표단을 중국 본토에 초청하여 1972년 전격적인 미중 수교의 발판을 마련했던 사건을 가리킨다. 이와 비슷하게 소떼방북을 계기로 남북 당국 간에는 일정한 신뢰의 기반이 구축되었고 관계 진전에 속도가 붙기 시작했다.

1998년 11월 말부터는 서울의 국정원 대북전략국과 평양의 노동당 통일전선부가 정상회담을 염두에 둔 물밑접촉을 시작했다. 이 접촉은 단속(斷續)을 거듭하면서 무려 17개월 동안이나 이어진다.[8] 그런 과정에서 이듬해인 1999년 2월, 북한에서 관계 개선의 신호가 날아왔다. 북한이 정부정당단체연합회의를 개최하고 "올해 하반년에 북남고위급정치회담을 열 것"을 제안한 것이다.[9] 또한 남북은 1999년 5월 재개된 비공개 접촉에서 이산가족상봉과 비료지원을 골자로 하는 6·3합의를 이끌어냈다.

1차 서해교전

그러나 그로부터 12일 뒤에 발생한 서해교전 사태로 이 합의는 물거품이 되고 말았다. 1999년 6월의 1차 서해교전은 1953년 정전협정 이후 최초로 정규군 간에 벌어진 충돌이다. 사건은 6월 7일 북측 경비정이 북방한계선(NLL)을 넘어 남한 경비구역으로 내려온 데서 시작됐다. 해군은 처음에 이 사건을 북측 어선의 꽃게잡이 보호를 위한 것으로 해석했으나 한나라당과 보수언론의 집중포화를 견디다 못해 강경책으로 전환했다. 6월 11일부터 남한 해군은 이른바 '밀어내기(충돌 공격)'라는 방법을 쓰기 시작했고, 불과 나흘 후 화기를 동원한 교전이 벌어진다.

6월 15일, 전속력으로 돌진하던 남한 고속정 한 척이 북측 어뢰정의 갑판 위로 올라가버리는 사태가 발생했다. 북측은 이에 대한 보복으로 기관포를 발사했다. 양측의 함선이 거의 붙어 있는 상황에서 총격을 받은 남한 해군은 곧바로 40mm 함포를 발사하여 북측 어뢰정을 침몰시켰다. 최종적으로는 북측 고속정과 어뢰정 등 7척이 대파되고 상당한 인명 피해가 발생했다. 당시 남한 언론들은 "북의 선제공격(기관포 사격)에 따른 한국 해군의 자위적 조치"라면서 교전의 정당성을 설명했다. 그러나 '밀어내기'는 표현상 상당히 온건하게 들리지만 실제로는 바다 위에서 배로 배를 들이받는 매우 강경한 대응이다. 큰 피해를 입은 북한이 보복과 확전을 택했더라면 자칫 전면전이 벌어질 수도 있었다.

휴전과 분단 상태에서 벌어진 수많은 사건이 으레 그렇듯, 1차 서해교선의 원인은 명쾌하게 밝혀지지 못했다. 다만 5월부터 남북 당국의 비공개 접촉이 진행되고 있었다는 사실이 눈에 띈다.[10] 남측의 국정원과 북측의 아태평화위가 모처럼 이산가족상봉과 비료지원에 합의했는데, 그로부터 12일 후에 서해교전이 발생해 이 합의를 물거품으로 만든 것이다. 이것이 단순한 우연의 일치였는지 의문이다.

합의되지 않은 해상분계선

그렇다면 북한 경비정은 왜 애초에 북방한계선을 넘어왔을까? 이것은 휴전협정 이후 줄곧 논쟁거리였던 서해 NLL 문제와 관련이 있다.

NLL을 둘러싼 논쟁의 역사를 간략히 살펴보자. 1953년 7월 27일, 휴전협정 체결 당시 북미는 해상경계선 문제를 합의하지 못했다. 해상경계선 문제가 해결되지 않은 상태에서 1953년 8월 30일, 미국은 이승만 정권의 무모한 북진을 제어하기 위해 일방적으로 '북방한계선'을 선포했다. 이 선이 바로 NLL이다. 따라서 NLL은 남과 북 사이의 해상경계선이 아니며, 역사적으로 서해의 해상경계선은 확정된 바가 없다. 1996년 7월, 이양호 국방부 장관이 국회에서 "북한이 넘어와도 상관이 없는 선"이며, "NLL을 넘어와도 정전협정 위반이 아니다"라고 답변했던 이유가 여기에 있다. 미국 중앙정보국(CIA) 역시 1974년 1월 작성한 조사 보고서에서 이 점을 아래과 같이 정확하게 설명하고 있다.

"(서해) 북방한계선의 유일한 목적은 유엔군 사령부 함정이 특별허가 없이 북방한계선 북쪽을 항해하는 것을 금지함으로써 사고를 피하는 데 있었다. ('북방한계선＝해상경계선' 주장은) 국제법적으로 근거가 없다."

1차 서해교전 직후 긴급 소집된 국회 국방위원회에서도 조성태 국방장관에게 충돌이 발생한 해역이 영해인지 공해인지를 질의했을 때, 국방부 장관은 바로 답을 못 했으며, 배석한 합참 차장은 "영해라고 답변드리기는 곤란하다"고 말했다. 질의자인 국제정치학자 출신의 한나라당 하경근 의원은 "이 지역(NLL)을 우리의 영해 운운하기에는 국제해양법의 일반 원칙으로 볼 때 약간의 무리가 있고 (……) 우리의 관할 수역이라 표현함이 가장 타당"하다고 발언했다.

미국 국무부 대변인 역시 "(1차) 교전이 일어난 해역이 사실상의 공해(international waters)가 맞느냐"는 질문에 "나는 그렇게 이해하고 있다"고 대답했다.[11] 이명박 정부 시기 유엔 사무총장에게 기탁한 우리나라 영해직선기선에는 서북 5도가 빠져 있었으며, 박근혜 정부에 들어와서도 남한은 공식적으로 서북 해역을 영해로 표기하지 않고 있다.[12]

사건이 수습된 직후 홍순영 외교통상부 장관이 "북한이 NLL과 관련해 평화적 방법으로 이의를 제기한다면 이 문제를 협의할 용의가 있다"고 밝혔으나, 한나라당의 강력한 반발에 부딪혀 후퇴하고 말았다. 서해에서의 군사충돌로 기세등등해진 한나라당은 "현 정부의 햇볕정책은 북한의 변화는커녕 오히려 북한의 군사도발 야욕을 부추기는 등 실패한 정책으로, 즉각 폐기돼야 한다"며 정부를 공격했다.[13] 보수언론과 해군은 '승전'에 도취되어 "힘으로 북을 제압"하겠다는 군사주의 논리에 사로잡힌 듯했다. 그리고 3년 후, 다시 서해교전이 발생한다.

김대중 대통령은 통일의 대상이면서도 군사적으로 대립하고 있는 남북관계의 특수성을 지적하면서, 다시 햇볕정책 지속 의지를 천명했다.

"햇볕정책 추진 과정에서 부정적인 면과 긍정적인 면을 찾아볼 수 있습니다. 부정적인 면은 북한의 핵무기 개발 의혹, 미사일 실험, 서해 사태 같은 것이고 긍정적인 면은 지난해부터 장성급회담이 열리고 금강산 관광 등이 이뤄지고 있는 것입니다. 이 같은 변화의 움직임을 긍정적으로 평가해야 합니다."(김대중 전 대통령, 1차 서해교전 다음 날 긴급 여야 총재회담)

텅 빈 동굴과 '백두산 1호'

남북관계뿐 아니라 북미관계에서도 큰 변화가 있었다. 위기와 협상이 반복되면서 북미관계가 개선될 조짐을 보이기 시작한 것이다.

1998년 8월 17일 《뉴욕 타임스》는 북이 제네바합의를 어기고 평양 서북방 금창리에서 핵시설을 건설하고 있다고 보도했다. 이른바 '금창리 핵위기'의 시작이다. 나중에 '노틸러스 연구소'가 공개한 바에 따르면, 당시 미국은 비밀리에 대북 핵 선제공격 실전연습까지 진행하고 있었다. 미 공군의 F-15E 전폭기에 모의 핵폭탄을 탑재해 플로리다의 북한 모형 포격장에 투하하는 훈련이 반복 실시됐다.[14] 우리가 모르는 사이 한반도가 또 한 번 핵전쟁의 위기에 휩싸였던 것이다. 그러나 금창리 핵위기는 해프닝이었다. 《뉴욕 타임스》가 보도한 북한의 금창리 핵개발 위협은 실재하지 않았고, 결과적으로 미국은 북한에 50만 톤의 식량지원을 해주는 대가로 빈 동굴을 확인했을 뿐이었다.[15]

또한 북한이 1998년 8월 31일, 무수단리에서 3단계 로켓인 백두산 1호(대포동 미사일)를 발사한 것 역시 협상의 계기가 되었다.

"핵동결합의(1994년 제네바합의를 말함―편집자 주)가 체결된 뒤 4년 동안 평양은 합의에 명시된 시설의 동결을 유지하고 일방적으로 미사일 실험을 연기함으로써 합의를 충실히 지켰다. 그러나 그 기간은 핵정책 논쟁에서 매파가 상승세를 탄 시기이기도 했다. 평양은 경제제재가 계속되고 핵동결합의에 명시된 다른 약속들의 이행이 계속 지연되고 있음을 지적하기 위해 미사일 실험을 재개하였다. (……) 미국과 일본은 북한의 미사일 실험 재개에 대해 격노했지만 이는 평양이 일방적으로 4년 동안 미사일 실험을 유보해왔다는 사실을 외면한 것이다."(셀리그 해리슨 미국 국제정책센터 선임연구원)[16]

이와 관련하여 미국의 전 국무장관 매들린 올브라이트 역시 2003년 3월, 미국 공영방송 PBS와의 인터뷰에서 북한의 대포동 미사일 발사가 제네바합의에 대한 파기 행위가 아니냐는 문제 제기에 대해 다음과 같이 미국 책임론을 인정했다.

"북한 측도 할 말이 많았다. 미국이 제네바합의를 제대로 이행하고 있는지에 대해서 김정일도 나에게 문제를 제기했었다. 실제 미국의 약속 이행이 일정과 달리 늦어졌다. 주로 기금 조성 문제 때문이었는데, 미국의 문제는 아니었고, 한국과 일본 때문이었다. 우리도 경수로의 핵심 부품을 끝내 북한에 넘겨주지 않고 있었다."[17]

어쨌든 미사일이 발사되면서 공화당의 강경파 의원들은 클린턴 대통령에게 대북정책을 전환할 것을 요구했고, 이를 거부할 수 없었던 클린턴은 강경파인 윌리엄 페리를 대북정책 특별조정관으로 임명했다. 1994년 북핵 위기 당시 국방부 장관을 지냈던 페리 역시 '전쟁불사'의 태도를 견지했던 강경파다. 이 때문에 미국이 다시금 냉전적 대결정책으로 회귀할 것이라는 전망이 제기되었다.[18] 그러나 페리의 임명은 오히려 선화위복이 되었다.

페리 프로세스와 〈페리 보고서〉

페리는 처음에 강경한 입장에서 대북정책을 검토했다. 제네바합의를 무효화하는 방안, 북한을 개혁개방으로 유도하거나 계속 압박을 가하는 방안을 검토한 데 이어 전쟁 시뮬레이션도 여러 차례 시도했다. 그러나 그는 결국 대화 외에는 다른 방안이 없다는 결론에 도달했다.

1998년 12월 청와대를 방문한 페리는 임동원의 권유로 평양 방문을 수락했다. 또한 페리-임동원 라인의 의견 조율 작업이 진행 중이던 1999년 3월 16일, 북미 갈등의 뇌관이던 금창리 협상이 타결됨으로써 한반도는 중대한 고비를 넘었다. 이날의 북미 합의는 금창리 지하시설 의혹 해소를 위한 현장조사단 방문과 추가 복수 방문 허용, 정치·경제

위기의 남북관계

관계 개선을 위한 조처로 60만 톤 식량지원 및 감자 증산의 농업지원, 4월 29일 평양에서 4차 미사일회담 재개, 북한 자산동결 해제 등 부분적 경제제재 완화를 골자로 하고 있었다. 이에 따라 미국 조사단이 5월 18일에서 24일까지 금창리 현지를 방문하여 '텅 빈 동굴'을 확인했고, 핵무기 개발 의혹은 해소되었다.

같은 시기 평양을 방문한 페리는 강석주 외무성 제1부상 등 북한의 고위 관리들을 두루 만나 핵과 미사일을 포기하면 이에 상응한 대가를 지불할 것을 제안했고, 이와 동시에 북 고위급 관리의 미국 방문을 요청했다. 지지부진했던 북미 미사일협상도 다시 가동에 들어갔다. 페리의 방북 이후 북한과 미국은 협상 국면으로 빠르게 이동할 수 있었다. 1993년 9월 미 국방장관 재임 시 북한이 '몇 년 안에' 붕괴할 것이라 확언했던 페리는, 6년 뒤에 평양을 다녀온 다음 이렇게 입장을 바꿨다. "북한 체제는 잘 통제되고 있으며 (……) 우리는 우리가 바라는 대로의 북한이 아닌, 있는 그대로의 북한 정부와 교섭해야 한다."[19]

같은 해 9월에 발표된 〈페리 보고서〉에는 이러한 협상 진전과 인식 변화가 고스란히 담겼다. 페리는 "북한이 결국은 변화할 수밖에 없다는 관측이 논리상으로는 가능하겠으나, 그러한 변화가 임박했다는 증거는 없다"고 강조하며, 현존하는 북 정권과 시급히 정치 협상에 착수할 것을 제안했다. 또한 단기적으로 북이 핵과 미사일 개발을 중단할 경우 미국은 북에 대한 경제제재를 완화하고 관계를 개선해나가며, 장기적으로는 두 개의 한국이 유지되는 조건에서 관계를 정상화해야 한다는 내용을 담았다.

여기서 주목할 것은 윌리엄 페리의 입장 변화가 김대중 정부와 밀접한 연관이 있다는 부분이다. 페리는 처음 한국 정부의 입장을 들었을 때는 자신과 의견이 너무 달라서 "어안이 벙벙했다"고 회고하고 있다. 그러나 당시 청와대 외교안보수석이던 임동원은 1999년 한 해에만 여섯 차례 이상 페리를 만나서 의견을 조율하고 평화적 해결책을 찾아야 한다고 설득했다. 나중에 페리의 방북을 주선한 것도 임동원이다.[20] 그래서 페리 구상은 미 행정부의 대북정책이면서도 미국에 북미대화를 권고한 김대중 정부의 입장이 상당히 반영됐다. 이는 한국 정부의 노력 여하에 따라 북미 간에 대화가 시작될 수 있고, 미국의 대북정책 기조도 변화할 수 있다는 사실을 확인해준 의미 있는 사례였다.

남북 정상이 만나다

2000년

1월	3일	김대중 대통령, 신년사를 통해 남북경제공동체 구성 제의
3월		남북정상회담을 위한 비밀 접촉(싱가포르)
	9일	김대중 대통령, '베를린선언' 발표
	17일~4월 8일	남북정상회담 개최를 위한 특사 접촉(상하이, 베이징)
4월	8일	남북정상회담 합의문 도출
	10일	남북정상회담 공동발표(서울, 평양)
5월	18일	남북 합의서(4.8) 이행을 위한 실무 절차 합의서 타결
6월	13~15일	남북정상회담, 6·15남북공동선언 발표
7월	29~31일	1차 남북장관급회담(서울)
8월	5~12일	언론사 사장단 방북
	15~18일	1차 이산가족방문단 교환(서울, 평양)
	29일~9월 1일	2차 장관급회담(평양)
9월	2일	비전향장기수 63명 송환
	11~14일	북, 김용순 특사 방남
	15일	시드니올림픽 개막식, 남북 동시 입장
	18일	경의선 동시 착공
	25~26일	1차 남북국방장관회담(제주도), 1차 남북경협 실무접촉(서울)
10월	9~12일	조명록 특사 방미, 조미공동코뮈니케 발표
	9~14일	남측 방문단, 노동당 창건 55주년 행사 참관
	20일	ASEM 정상회의, 한반도평화선언 채택(서울)
	23~25일	올브라이트 미 국무장관 방북
11월		미국 대통령 선거에서 W. 부시 당선
12월	8일	김대중 대통령, 노벨평화상 수상
	11~14일	남북노동자 통일토론회(금강산)
	12~16일	4차 남북장관급회담(평양)
	27~30일	1차 남북경제협력추진위원회 회의(평양)

남북 비밀 접촉

〈페리 보고서〉가 의회에 제출된 이후 클린턴 행정부는 페리의 방북에 상응하는 북한 고위급 인사의 방미를 모색하는 동시에 페리-임동원 라인의 합의에 따라 남북관계 개선을 시도했다. 미국은 1999년 11월과 2000년 1월에 걸쳐 진행된 접촉 과정에서 양국 관계를 예측 가능한 수준으로 발전시키게 될 것으로 전망했고, 북한 회담 대표인 김계관 외무성 부상이 아주 우호적인 태도였다고 평가했다.[1] 또한 3월 뉴욕 접촉을 앞두고 북한을 테러 지원국 명단에서 해제하는 방안에 대해서도 논의할 용의가 있음을 밝혔다.[2]

북미가 뉴욕에서 대화하던 시기에 남북 역시 싱가포르에서 남북정상회담을 위한 비밀 접촉을 이어가고 있었다. 2000년 3월이라는 동일한 시간대에 뉴욕과 싱가포르에서 두 갈래의 회담이 열린 셈이다. 그리고 둘 중에 더 빠른 속도로 진전된 것은 남북 물밑접촉이었다. 남북은 정상회담 발표 일시, 경협 조건과 규모, 분위기 조성 등의 문제를 집중적으로 논의했다.

당시 남북 접촉은 비밀작전을 연상케 했다. 김대중 대통령은 3월 초 유럽 순방에 나서면서 박지원 문화관광부 장관에게 북한의 의중을 떠보라는 지시를 내렸고, 박 장관은 김 대통령의 긴급 지시를 받고 건강

검진을 해야 한다며 휴가를 낸 뒤 3월 17일 상하이로 갔다. 북측 대표로
나온 송호경 아시아태평양평화위원회 부위원장은 "분단 상황에서 '중
대한 사변'을 마련하기 위해 나왔다"라며 '정상회담' 논의를 시사했다.
수차례 진행된 비공개 회담이 결렬된 뒤[3] 북한은 4월 7일 다시 "베이징
에서 만나자"고 연락해왔다. 이를 계기로 박 장관은 즉시 집 전화번호
를 바꾸고 휴대전화도 끈 채, 4월 8일이 주말인 점을 고려하여 '성묘하
러 다녀올 것'이라는 핑계를 대고 베이징행 비행기에 올랐다. 박 장관은
8일 오후 4시부터 송호경 부위원장과 회담을 시작했고, "3시간 25분 만
에 양측이 〈남북정상회담을 위한 특사 접촉 합의서(4·8합의서)〉에 서명
했다"고 밝혔다.[4]

　박지원 장관이 대통령의 특사로서 남북정상회담 개최 합의가 도출되
는 데 큰 역할을 한 것은 사실이다. 그런데 그보다 더 중요한 것은 김대
중 대통령의 '베를린선언'이었다. 3월 9일 유럽 순방 중 발표한 이 선언
에서 김대중 대통령은 한반도 냉전 종식과 평화 정착, 이산가족 문제 해
결, 남북 당국 간 대화 및 특사 교환, 북한에 사회간접자본 확충을 위한
지원 등을 제안했다. 베를린선언을 발표하기 전에는 상대를 배려하고
존중한다는 표시로, 분단 이후 처음으로 연설문을 사전에 북한에 전달
하기도 했다.[5] 그리고 베를린선언 후 남북정상회담 추진은 급물살을
탔다.

　〈4·8합의서〉에는 "7·4남북공동성명에서 천명된 조국통일 3대 원칙
을 재확인하고"라는 문구가 포함되었고, 정상회담의 의제는 "민족의 화
해와 단합, 교류와 협력, 평화와 통일"이라는 일반적이고도 포괄적인 문
구로만 규정됐다. 정상회담 준비를 위한 실무회담에서는 절차 문제만
을 논의했으므로, 2000년 남북정상회담은 의제에 관한 구체적인 내용

을 물음표로 남겨둔 상태에서 개최된 셈이다. 의제를 열어둘 경우 불필요한 논란이나 간섭을 차단하기가 용이하고 정상의 만남이라는 회담의 특성을 잘 살려 극적인 성과를 거두기 위한 포석이었다.

정상회담 가이드라인

정상회담 합의 발표 후 김대중 정부는 한미관계의 관성에서 탈피하는 움직임을 보여주었다. 이례적으로 베이징에 외교통상부 장관을 보내고, 워싱턴에는 외교통상부 차관을 파견한 것이다. 남북정상회담 소식을 들은 미국 정부 실무자들은 떨떠름한 반응을 보였다. 반면 중국에서는 정부 대변인이 직접 나서서 '환영한다'는 입장을 밝혔다.

공식적으로 미국은 정상회담을 비롯한 남북관계 개선을 적극 지지하며, 이것이 한반도와 동북아 평화에 기여하길 바란다고 밝혔다. 그러나 내심 남북정상회담에서 주한미군 철수 등 한미동맹을 해치는 결정이 나올까 우려했다. 가령 4월 12일 미국 국방장관 윌리엄 코언은 "주한미군은 장기간 한반도에 주둔하게 될 것"이라고 선수를 쳤다. 미국이 북을 테러 지원국 명단에서 제외하지 않기로 결정했다는 4월 30일자 《뉴욕 타임스》보도 역시 미국의 속내를 확인할 수 있는 내용이었다. 불과 한 달 전까지만 해도 북한을 테러 지원국에서 해제하는 방안을 고민하고 있다고 한 미국이었다.

이처럼 미국이 정상회담을 앞두고 '현상유지(status quo)'에 대한 선호를 드러낸 것은, 정상회담을 계기로 남북관계가 급속히 개선될 경우 분단을 근거로 행사해왔던 기득권을 상실할 것에 대한 두려움을 가졌기 때문으로 보인다.

미국의 이러한 의중은 5월 11일 웬디 셔먼 대북정책 조정관의 기자회견에서도 드러났다. 웬디 셔먼이 일본에서의 기자회견에서 북한의 대량살상무기도 남북정상회담의 의제가 되어야 한다고 주장한 것이다.[6] 실제, 2000년 5월 7일에 방한한 웬디 셔먼 대북정책 조정관에게 임동원은 "나는 그들에게, 이번 정상회담에서 우리 측은 북한의 핵 및 미사일 문제를 언급할 것이며, 이 문제들이 미·북 간의 합의대로 해결되어야만 남북관계 개선과 경협도 가능할 것이라고 주장하겠다는 뜻을 밝혔다"라고 털어놓았다.[7] 한국 정부가 회담 의제를 열어두고자 했지만, 미국은 굳이 '그동안 한미 공조를 통해 협의해온 사항들이 적절히 논의될 수 있을 것'이라며 가이드라인을 제시했던 것이다.[8]

미국은 정상회담 이후에도 여러 경로를 통해 정상회담에 대해 부정적인 견해를 표명했다.

"평양회담에 대한 미국의 태도는 적지 않게 착잡하다. (……) 미국은 주도권이 중국과 북한으로 넘어가는 것은 아닌지, 남북의 움직임이 '너무 빠르다'며 불안해하고 있다. (……) 6월 28일 스티븐 보즈워스 주한 미국 대사는 한국언론재단 초청으로 프레스센터에서 '남북정상회담 이후 미국의 대한정책'에 관해 강연하는 자리에서 한국의 경제 상태와 대북지원을 연계하여 비판했다. (……) 이것은 개방과 투명성을 촉구하면서 북한으로 들어가는 자금을 미국이 점검하겠다는 의미이다."(도진순 창원대 교수)[9]

역사적인 남북정상회담[10]

"2000년 6월 13일 오전 10시 27분, 대한민국의 김대중 대통령과 조선 민주주의인민공화국 김정일 국방위원장이 평양 공항에서 악수를 했다. 이 악수는 남북관계는 물론이고 동북아의 지정학(地政學)을 뒤흔든 대 사건이었다. 가장 큰 변화는 한국인들의 가슴속에서 일어났다. 두 정상 의 악수를 본 대다수 국민은 나이와 계층 그리고 좌우를 불문하고 가슴 속에서 '울컥' 하는 감정을 느꼈다. 이 감정은 분단 현실에 대한 강력한 현상 타파적 에너지로 폭발했다."(정창현 전《민족21》편집주간)[11]

서울역 대합실에서 기차를 기다리다 텔레비전으로 이 장면을 목격한 시민들은 일제히 환성을 올리며 박수를 쳤다. 서울 롯데호텔 프레스센 터에 있던 1,300명의 내외신 기자들도 함성을 지르며 기립박수를 보냈 고, 일부 기자는 눈물을 흘렸다. 이날만큼은 보수신문들도 평화를 이야 기했다.

김대중 대통령과 김정일 위원장은 나란히 북한 의장대를 사열했다. 남한 군통수권자가 북한 의장대를 사열한 것은 파격이었다. 공항 영접 행사가 끝날 무렵 파격적인 장면이 한 번 더 있었다. 환영 군중 앞으로 손을 흔들며 통과한 두 정상이 대기하고 있던 승용차에 함께 탑승해 평 양 시내로 향한 것이다. 두 정상은 57분에 걸쳐 차중 환담을 나누었고, 몇 차례 서로 손을 잡으며 '잘해보자'는 다짐을 나눴다.[12]

백화원 영빈관에 도착 후의 환담 역시 화제가 됐다. 김대중 대통령은 "평생 북녘 땅을 밟지 못할 줄 알았는데 환영해줘서 감개무량하고 감사 합니다. 7천만 민족의 대화를 위해 서울과 평양의 날씨도 화창합니다.

민족적 경사를 축하하는 것 같습니다"라고 말했다.

김정일 위원장은 "지금 세계가 주목하고 있죠. 김 대통령이 왜 방북했는지, 김정일은 왜 승낙했는지에 대한 의문부호입니다. 2박 3일 동안 대답해줘야 합니다"라는 의미심장한 말을 남겼다.

회담 이틀째인 14일, 김대중 대통령은 오전에 김영남 최고인민회의 상임위원장과 공식 면담을 가졌고, 오후 3시에는 마침내 본회담이라고 할 수 있는 김정일 국방위원장과의 2차 회담에 임했다. 두 정상은 평소 서로 하고 싶었던 이야기를 허심탄회하게 주고받았으며, 남북 간의 모든 문제를 하나도 빠짐없이 이야기했다. 두 정상은 특히 통일 방안을 두고 열띤 토론을 벌였다. 자주의 원칙과 한·미·일 3국 공조 문제, 한반도의 전쟁 방지와 평화체제 수립 문제에 대한 논의도 진행했다.

이견을 조정하는 과정에서 두 정상은 앞으로 한반도에서 전쟁이 일어나서는 안 되며 남북이 서로 힘을 합쳐 화해와 협력의 새로운 시대를 맞이해야 한다는 데 의견 일치를 보았다. 주한미군 문제에 대해 의견을 교환했고, 다소 껄끄러웠던 국가보안법과 비전향장기수 문제도 논의했다. 그리고 화해협력 시대에 맞게 남북이 서로 관련 법규 등을 개정하기로 합의했다. 5시 20분부터 6시 5분까지 중간 휴식 후 속개된 회담에서는 남북 경제 교류와 협력 문제, 답방 문제 등을 논의했다. 회담이 끝나자 남과 북의 실무진이 공동선언 초안을 만들기 위해 바쁘게 움직였다.

백화원 영빈관에서 나온 두 정상은 8시경 만찬장인 목란관으로 향했다. 만찬장에 들어선 김대중 대통령은 약간 흥분된 목소리로 만찬사를 낭독했다. "김 위원장과 정상회담을 성공적으로 마쳤음을 보고한다", "우리 민족의 아주 밝은 미래를 봤다"는 내용이었다. 참석자들은 뜨거운 박수로 환영했다. 이어 김영남 상임위원장이 김정일 국방위원장의 만찬 답사를 대독했다. 답사에는 "우리 정치인들은 통일을 미래형으로 볼 것이 아니라 현재형으로 만들기 위해 모든 지혜와 힘을 모아야 한다"는 문구가 포함되어 있었다.

드디어 오후 11시 10분, 선언문이 최종 합의됐다는 보고가 만찬장의 두 정상에게 전달됐다. 역사적인 '6·15남북공동선언'의 탄생이었다. 두 정상은 맞잡은 손을 번쩍 들었다. 우렁찬 박수가 울려 퍼졌다. 11시 20분 남북 정상이 선언문에 서명했고, 그로부터 한 시간 후인 6월 15일 새벽 0시 20분경 선언문이 온 민족 앞에 발표됐다. 남북 분단 55년사에 한 획을 긋는 순간이었다.

6월 15일, 남과 북에 새로운 날이 밝았다. 김 대통령은 수행원들과 함께 김 위원장이 주최하는 송별 오찬에 참석했다. 원래는 일정에 없었던 이날의 오찬 자리에서는 공동선언을 성의 있게 실천해나가자는 다짐이 오갔다. 앞으로 베이징을 거치지 않고 남북이 직접 연락할 수 있는 체계를 만들자는 이야기, 대남 비방방송을 중지할 것을 명령했다는 이야기, 열흘 앞으로 다가온 6·25에 예전처럼 서로를 적대하는 행사를 하지 말자는 이야기도 나왔다. 오찬을 마무리하면서 양측 대표단은 손을 잡고 〈우리의 소원〉을 불렀다. 김 대통령은 평양 도착 때와 마찬가지로 순안 공항까지 직접 나온 김 국방위원장의 환송을 받으며 대통령 전용기편으로 귀로에 올랐다. 두 정상은 세 차례나 포옹하며 환영인사만큼이나 뜨거운 작별인사를 나눴다.

분단 사상 최초의 남북정상회담, 온 겨레에게 6·15공동선언이라는 큰 선물을 안겨준 남북정상회담은 이렇게 마무리됐다. 꿈같이 흘러간 2박 3일이었다. 통일의 열정으로 한껏 달아오른 7천만 민족의 가슴은 좀처럼 식을 줄을 몰랐다. 이는 정상회담 직후 《동아일보》가 시행한 여론조사 결과에서도 확인할 수 있다. 오랫동안 반북 대결 논리가 지배적인 위치를 점하고 있었는데도 국민의 96.3%가 정상회담이 '성공적'이라고 응답했으며, 97.3%의 국민이 김정일 위원장의 답방을 '환영하겠다'고 응답했다.[13]

통일의 이정표 6·15공동선언

6·15공동선언 앞에는 다양한 수식어가 붙지만, 6·15공동선언의 성격과 의의를 가장 잘 표현하는 말은 역시 '통일의 이정표'일 것이다. 6·15공동선언은 전 민족의 통일 염원과 의지가 집약된 역사적인 선언으로서 우리 민족이 나아갈 길을 환히 밝혀주고 있기 때문이다.

6·15선언 이전에도 중요한 민족적 전기를 마련한 합의로서 7·4남북공동성명과 〈남북기본합의서〉가 있었지만 6·15공동선언은 여타 합의들과 격을 달리한다. 7·4남북공동성명이 특사들의 비밀 접촉을 통해 합의됐고, 〈남북기본합의서〉의 경우 양측 총리가 서명한 문건이라면, 6·15공동선언은 양측 최고 지도자의 합의라는 점에서 의미가 각별하다.

6·15선언의 각 항은 모두 역사적 의의를 갖는다. 그러나 그중에서도 1항과 2항은 통일의 원칙과 통일 방안에 대해 합의를 이뤘다는 점에서 특히 중요한 의미를 가진다. 먼저 "남과 북은 나라의 통일 문제를 그 주인인 우리 민족끼리 서로 힘을 합쳐 자주적으로 해나가기로 하였다"라는 1항의 핵심은 '우리 민족끼리' 이념이다. '우리 민족끼리'는 1948년 남북협상에 참가한 김구 선생이 썼던 표현으로, 민족자주와 민족 대단결을 쉽게 표현한 말이다.

민족자주는 분단의 역사를 끝내고 통일을 이루려는 힘든 과정에서 얻은 통일의 원칙이다. 회담 이전까지 한반도의 운명과 통일 문제가 주변 강대국들의 이해관계에 좌지우지됐다는 점에서 '우리 민족끼리'의 이념을 제시한 1항의 의미는 아무리 강조해도 모자라다. 6월 14일 영국 《파이낸셜 타임스》도 "남북정상회담은 지난 한 세기 동안 한국의 운명을 결정했던 미·일·중·러의 간섭으로부터 자신의 운명에 대한 통제권을 되찾을 수 있는 기회"라고 평가했다.

또한 남북관계에서는 50년이 넘는 세월 동안 누적된 불신 때문에 작은 변수 하나에도 기존 합의가 지켜지지 않거나 사문화된 경우가 많았다. 일시적인 약속 불이행과 갈등을 뒤로하고 상대방에 대한 존중을 견지할 수 있으려면, 남과 북이 하나의 민족이며 단합하자는 민족 대단결 인식이 필수적이다. 미우나 고우나 같이 살아가야 할 동반자라는 인식이 있다면 상호 이해하려고 노력하고 관용적인 자세를 취하게 될 것이기 때문이다.

1항이 통일의 근본이념을 담고 있다면 2항은 통일의 실현 방도를 밝힌 것이다. 남북 최고 당국자가 양측 통일 방안의 공통성을 인정하고 그 공통성에 기초해 통일을 해나가자고 합의한 것은 분단 사상 최초의 일이었다. 남한의 연합제안은 '1민족 2국가 2체제 2정부 안'으로 1체제로 합치기 전의 과도적 방안으로 상정된 것인 반면, 북한의 낮은 단계의 연방제안은 '1민족 1국가 2체제 2정부', 즉 국가를 하나로 하고 외교권과 군사지휘권을 합치는 것이다.

그런데 6·15공동선언 2항의 내용처럼 연방제와 연합제의 공통점을 살릴 경우 당장 하나의 체제로 통일하는 것이 아니라, 남과 북의 정부를 인정한 채로 외교·군사적으로 서로 협력하는 단계를 설정하게 된다. 이후 신뢰가 축적되고 이를 기반으로 하여 통일정부를 구성하며, 외교권과 군사권을 양 지역정부가 가지는 데서 시작하되 남북연합기구 또는 민족통일기구를 마련해 단계적으로 통일을 실현해나가게 되는 것이다.

여기서 무엇보다 중요한 점은 남북이 상대방의 체제와 제도를 인정하고 존중한다는 것이다. 상대방의 존재를 인정하지 않고서는 남북 간에 어떠한 화해협력도 불가능하다. 다시 말해, 6·15공동선언 2항의 합의는 남북이 서로 다른 체제로 존재하고 있다는 현실, 그간 남북이 서로 다른 통일 방안을 제기하면서 적대적으로 대립해왔다는 현실을 인정하고 이를 반영한 것이며, 장기적으로 통일 논의에 동력을 제공했다는 점에서 의의를 갖는다.

요컨대 남북정상회담과 6·15공동선언은 남북이 서로 흡수통일에 대한 의구심을 해소하고, 나아가 우리 실정에 맞는 공동의 통일 방안을 마련할 가능성을 제공했다. 또한 대결과 반목을 넘어 화해협력과 통일 단결의 시대로 가는 계기점이 되었다.

남북관계의 질적 발전: 장관급회담

정상회담과 6·15공동선언 이후 당국 간 회담이 활성화되면서 남북관계는 실질적으로 진전될 수 있었다. 남북관계 전반을 관장하는 중심축은 장관급회담을 비롯한 당국 간의 각급 회담이었다. 정상회담이 마무리된 후 7월 29~31일 서울에서 1차 남북장관급회담이, 8월 29일~9월 1일 평양에서 2차 남북장관급회담이 개최된 데 이어 경제회담과 장성급회담, 적십자회담 등 여러 수준의 회담이 열렸다. 일련의 회담에서 남북은 판문점 연락사무소 재가동, 경의선 철도 연결 및 개성-문산 간 도로 건설, 이산가족상봉 문제 해결, 대북 식량지원, 남북 간 경협의 제도화, 남북군사회담 개최, 한라산-백두산 방문단 상호 교환, 서울-평양 축구대회 교환 개최, 교수·학생 상호 교환 등 많은 합의를 도출했다.

9월 25일부터 26일까지 제주도에서 열린 국방장관회담에서는 "한반도에 항구적이고 공구한 평화를 이룩해 전쟁의 위험을 제거해나가자"는 합의에 도달했다. 과거에 남북대화가 대결의 공간으로 이용되던 일이나 합의문 하나를 도출하기 위해 수십 차례의 본회담과 실무접촉을 거쳐야 했던 일을 생각하면 격세지감이 느껴질 만했다. 2000년을 거치며 제도화된 남북 당국 간의 회담은 추후 6·15공동선언 이행에서 중요한 역할을 담당한다.

남북 민간 교류 역시 활성화되었다. 민간 교류는 사회·문화 교류를 중심으로 첫발을 내딛었다. 2000년 하반기에 전개된 민간 교류 사업으로는 언론사 사장단 방북(8월 5~12일), 북한 조선국립교향악단 서울합동공연(8월 18~24일), 시드니올림픽 남북선수단 공동입장(9월 15일), 백두산 관광단 방북(9월 22~28일), 영화인 11명 방북(11월 11~19일), 남북 노동자 통일토론회(12월 11~14일) 등이 있다. 주목할 만한 행사는 10월 9일에서 14일까지 조선노동당 창건 55주년 기념행사의 참관을 위한 남한 민간 참관단의 평양 방문이었다. 북한이 다분히 정치적인 행사에 남한을 초청했는데도 남한이 그 초청에 응해 민간 대표단의 방북을 허용했다는 사실은 향후 남북관계의 질적 발전을 예고하고 있었다.

남북정상회담에서 약속된 비전향장기수 북송과 이산가족상봉도 신속하게 이뤄졌다. 8월 15일에서 18일까지 1차 이산가족방문단이 서울과 평양을 각각 방문했으며 9월 2일에는 비전향장기수 63명이 북으로 송환됐다. 2000년 말에는 서울-평양 간 민간 차원의 직통전화가 처음 개통되어 채널이 확대됐고, 민간 차원의 이산가족상봉 및 서신교환도 꾸준히 늘어났다.

남북의 경제협력 또한 6·15 이후 질적, 양적으로 크게 발전했다. 예컨대 개성공단 사업의 경우 현대가 1998년부터 북한과 논의를 시작했으나 공단 후보지 선정을 둘러싼 이견 등으로 좀처럼 진척을 보지 못하다가, 6·15공동선언 발표 두 달 만인 8월에 공식 합의에 도달했다. 2000년 하반기에는 경의선 복원을 위한 군사실무회담도 열렸다. 반세기 이상 끊어져 있던 철도를 연결해 한반도를 세계의 물류 중심지로 만든다는 꿈같은 미래가 성큼 다가오고 있었다.

세계가 남북평화를 지지하다

지구상 유일의 분단국가로 남아 있던 남북이 화해와 단합으로 나아가는 모습에 국제사회도 적극적인 지지와 환영을 표시했다.

9월 15일 시드니올림픽 개막식에서 남북은 최초로 단일기를 흔들며 공동입장을 했다. 당시 깃대를 맞잡은 양측 기수는 눈물을 훔쳤고 스타디움 안에서 그 광경을 본 남북의 모든 선수도 눈물을 닦았다. 남북이 통일과 단합의 의지를 세계만방에 떨친 역사적인 날이었다. 10월 13일에는 또 하나의 낭보가 날아들었다. 노르웨이 노벨상위원회가 2000년 노벨평화상 수상자로 김대중 대통령을 선정했다고 발표한 것이다. 그로부터 일주일 후에 서울에서 개최된 아셈(ASEM) 정상회의에서는 6·15를 지지·성원하는 내용의 '한반도 평화선언'이 채택됐다. 10월 말의 55차 유엔 총회에서도 남북이 공동으로 추진한 '한반도 평화와 안전, 통일에 대한 결의'가 189개 회원국의 만장일치로 채택되는데, 이 결의안은 남북이 처음으로 유엔 무대에 올린 합작품이라는 점에서 더욱 주목을 받았다.

김 대통령의 노벨상 수상과 관련하여 보수 야당과 언론은 김 대통령이 노벨평화상을 받기 위해 로비를 펼쳤다는 의혹을 제기했고, 김 대통령이 노벨상을 받기 위해 경제가 파탄 나건 말건 북에 돈을 퍼주었다는 식의 억지 주장들을 펼쳤다. 이러한 주장들은 지역주의에 오도된 맹목적 반DJ 정서와 결부되어 있었다. 또한 이들은 김 대통령에게 상을 수여하는 것이 부당하다는 로비를 전개하기도 했다. 그러나 노르웨이 언론은 '과거에는 이런저런 자격 시비가 있었지만 김대중 대통령은 단 한 건의 반대 의견도 없었다'고 보도했으며, 군나르 베르게 노벨위원회 위원장은 외신기자들에게 '노벨상을 수여하지 말라는 로비는 처음'이라며 별도의 해명을 했다.

"노벨상은 로비가 불가능하고, 로비가 있다면 더 엄정하게 심사한다. 기이하게도 김대중에게는 노벨상을 주지 말라는 로비가 있었다. 김대중의 수상을 반대하는 수천 통의 편지가 한국에서 날아왔다. 그것이 모두 특정 지역에서 온 것이라는 사실을 알았을 때 경악하지 않을 수 없었다."(군나르 베르게 노벨위원회 위원장)[14]

또 하나 우리가 잊지 말아야 할 것이 있다. 남북정상회담과 6·15공동선언에 대한 전 국민적 지지와 세계의 환영이 김대중 대통령 개인만을 향한 것이 아니라는 것이다. 국내외의 박수와 환호에는 50여 년에 걸친 선각자들의 노력과 전 민족적 실천에 대한 찬사가 포함돼 있다. 그래서 6·15공동선언에도 두 정상의 역사적 상봉이 "조국의 평화적 통일을 염원하는 온 겨레의 숭고한 뜻에 따라" 이루어졌다는 문구가 들어간 것이다.

남북관계 개선이 동북아 정세를 흔들다

남북정상회담이 이끌어낸 한반도 대외환경의 변화는 비단 선언적이고 감성적인 측면에서만 그치지 않았다. 동북아에는 현상 타파의 거대한 바람이 정세를 뒤흔들고 있었다. 브루스 커밍스는 햇볕정책을 "2차대전 이후 지속된 미국의 일방적인 지배를 극복한 사례"이며 "동아시아 외교사에서 보기 힘든 외교적 성과"라고 평가했다.[15]

남북정상회담을 2주 앞두고 이뤄진 김정일 위원장의 중국 방문과 북중정상회담은 한반도에 대한 워싱턴의 일방적인 주도권을 흔들어놓았다. 북중정상회담 자리에서 장쩌민 주석은 "중국은 북남 쌍방이 자주와 평화통일을 실현하는 것을 지지하고, 북남 쌍방이 관계를 개선하는 것을 희망하며, 북남수뇌회담을 환영 지지한다"는 입장을 밝혔다. 이날의 회담은 1992년 한중 수교 이후 불편했던 북중관계가 과거 '혈맹' 수준에 가깝게 복원된다는 의미로 해석되었다.

그로부터 두 달이 채 지나지 않은 7월 19일, 러시아의 블라디미르 푸틴 대통령이 1박 2일 일정으로 북을 방문해 김정일 위원장과 만났다. 북러 정상은 11개항의 공동선언에 서명했는데, 여기에는 한반도의 평화와 통일 노력에 대한 지지와 함께 미국의 국가미사일방어체계(NMD) 반대, 탄도탄요격미사일(ABM) 조약의 존속 등 미국을 견제하는 내용이 담겨 있다. 한동안 경제 중시 정책과 친서방 일변도 외교정책을 편 러시아가 새로운 한반도·동북아 외교를 선보인 것이다. 북러관계 역시 푸틴의 방북을 계기로 전통적 동맹관계로 복귀하기 시작했다.

2000년 7월에는 중국과 러시아의 정상회담이 열렸다. 장쩌민 주석과 푸틴 대통령은 공동성명을 통해 미국의 패권·강권주의에 강력히 반대한다는 입장을 천명하고 세계 질서의 다극화를 강조했다. 이러한 북-중-러의 연쇄 정상외교는 한·미·일 3각 공조를 중심으로 움직이던 동북아에서 미국의 패권을 견제하려는 전략적 공조로 볼 수 있다. 그야말로 정세의 격변이었다.

조미공동코뮈니케

2000년 들어서 북한은 중국, 러시아 외에 동남아시아와 유럽 지역의 전통적 우호국들과도 관계 복원을 추진했다. 먼저 2000년 1월 이탈리아와 수교한 북한은 5월 호주와 외교관계를 복원한 데 이어 필리핀과도 외교관계를 수립했다. 7월 27일 방콕에서 열린 아세안지역포럼(ARF)에서는 북한의 백남순 외무상이 남한의 외교장관과 회동했고 연이어 미국, 일본, 뉴질랜드와 외무장관회담을 가졌으며, 캐나다와는 국교 수립에 합의했다. 상황이 이렇게 돌아가자 고립감을 느낀 일본도 북일관계 개선에 나설 수밖에 없었다. 일본은 신속히 북한에 50만 톤의 식량을 지원한다고 발표했고, 10월 말에는 11차 북일수교회담이 열렸다. 만약 북한이 다른 나라와의 수교를 통해 경제적 어려움을 해결하거나 국제적 위상을 높인다면, 북한과 한반도에 대한 미국의 영향력은 그만큼 낮아질 수밖에 없다.

따라서 미국으로서는 북한과의 관계를 방치할 수 없었고, 잠시 미뤄뒀던 북미 협상이 2000년 하반기 들어 더 큰 규모로 진행되기에 이르렀다. 9월 27일, 미국과 북한은 고위급회담 개최에 합의했고, 북한 측 회담 대표인 조명록 국방위원회 제1부위원장이 10월 9일에서 12일까지 김정일 위원장의 친서를 휴대하고 미국을 방문해 북미 간 현안을 폭넓게 논의했다. 그 결과 발표된 것이 '조미공동코뮈니케'로 알려진 북미공동성명이다.

이 공동성명에서 양국은 관계 개선의 배경을 다음과 같이 설명하고 있다.

"조선민주주의인민공화국과 미합중국은 역사적인 북남 최고위급 상봉에 의하여 조선반도에 환경이 변화됐다는 것을 인정하면서 아시아·태평양 지역의 평화와 안전을 강화하는 데 이롭게 두 나라 사이의 쌍무관계를 근본적으로 개선하는 조치들을 취하기로 결정하였다. 이와 관련하여 쌍방은 조선반도에서 긴장 상태를 완화하고 1953년의 정전협정을 공고한 평화보장 체계로 바꾸어 조선전쟁을 공식 종식시키는 데서 4자회담 등 여러 가지 방도들이 있다는 데 대하여 견해를 같이하였다."

즉, 남북정상회담이 통일회담으로 민족 내부의 문제를 해결하는 데 기여했을 뿐 아니라 북미관계의 발전을 추동하고 가속하는 결과를 가져왔다고 볼 수 있다.

역사적인 조미공동코뮈니케는 크게 두 가지 내용으로 요약된다. 첫째, 반세기 이상 적대관계로 지낸 북미는 먼저 쌍방이 타방에 대해 적대적 의사를 가지지 않을 것이라고 확언한 후, 군사적 적대관계 해소를 위해 정전협정을 공고한 평화보장 체계로 바꾼다. 둘째, 북미 간 관계정상화를 위해 쌍방의 자주권 존중과 내정불간섭, 경제 협력과 교류 등의 여러 가지 조치를 취한다. 1994년의 제네바합의가 북한의 핵동결을 전제로 미국 측이 '핵위협 중지'라는 소극적 안전보장과 경수로 제공을 약속했던 것에 비해, 조미공동코뮈니케는 반세기가 넘은 적대관계의 완전한 청산을 공약하고 있었다. 북미관계의 역사에서 조미공동코뮈니케는 제네바합의를 뛰어넘는 기념비적인 선언이다.

미생으로 그친 북미 합의

10월 23에서 25일까지 올브라이트 국무장관이 평양을 방문해 조명록 부위원장과 회담을 열었다. 올브라이트의 방북은 당시 북한의 2인자였던 조명록 차수의 워싱턴 방문에 대한 답방이면서 클린턴 대통령의 방북을 위한 사전준비의 성격을 띠고 있었다. 북한에 체류하는 동안 올브라이트는 김정일 국방위원장과 두 차례 회담하고 집단체조와 예술공연을 관람하기도 했다. 이때 김 위원장은 광명성 1호 로켓 발사 모습이 연출되자 "이것이 첫 번째 위성발사이자 마지막이 될 것"이라고 말했다. 북한은 또 5백 킬로미터 이상의 사정거리를 갖는 모든 미사일의 개발 실험을 동결하는 문제를 협의하자고 미국에 제안했다. 유일 패권국인 미국과의 외교에서 지속적인 협상을 통해 일정 부분 양보를 얻어내고, 적대국가의 국무장관이 평양을 방문하게 만든 것은 북한으로서는 매우 큰 성과라고 할 수 있다.

북한에서 돌아온 올브라이트는 클린턴 대통령의 방북과 북미정상회담을 추진했다. 미국 정가에서도 북미정상회담의 환경이 마련되고 있음을 시사하는 발언들이 흘러나왔다. 클린턴 대통령이 실제 방북하고 북미정상회담이 성사되었다면, 50년 넘는 적대관계를 청산하고 북미관계를 정상화할 수 있는 결정적인 장이 마련되었을 것이다. 북미관계 정상화와 남북관계의 급속한 진전이 맞물린다면 통일은 먼 미래의 일이 아니라 당면과제로 급부상할 수 있었을 것이다.

그러나 클린턴 대통령의 평양 방문은 끝내 성사되지 못했다. 무엇보다 2000년 11월 미국 대선에서 공화당의 조지 W. 부시 후보가 당선된 것이 결정타로 작용했다. 백악관의 새 주인이 된 부시는 임기 말의 클린턴 대통령을 압박해 그의 방북을 없던 일로 만들었다. 그 밖에 미사일 문제에 대한 합의가 최종적으로 마무리되지 않은 점, 중동문제가 불거진 점도 그의 방북에 걸림돌이 됐다. 이렇게 해서 조미공동코뮈니케는 실행되지 못했고, 부시 정부의 강경한 대북정책 기조로 사문화되었다.

내외의 역풍

2001년

1월		부시 행정부 출범
3월	6~11일	한미정상회담
	13일	북, 5차 남북장관급회담 연기 요청
	15일	'6·15 남북공동선언 실현과 한반도 평화를 위한 통일연대' 결성
5월	1일	남북노동자 통일대회(금강산)
6월	15~16일	6·15공동선언 1주년 기념 민족통일대토론회(금강산)
7월	18~19일	남북공동선언 관철을 위한 남북농민통일대회(금강산)
8월	4일	북러 확대정상회담 개최 및 8개항의 모스크바선언 발표
	15~21일	8·15민족통일대축전에 남측 방문단 참가
9월	3일	임동원 통일부 장관 해임
	11일	9·11테러 발생
	15~18일	남북, 5차 장관급회담(서울)
	20일	부시 대통령, '테러와의 전쟁' 선포
11월	9~14일	남북, 6차 장관급회담(금강산)
12월	17일	북, 조평통 대변인, 남한의 비상경계조치 지속 비난 담화 발표

부시의 등장과 ABC

"미국이 한반도의 평화에 대해, 그리고 한반도의 갈등이 시작된 이래 지난 50년 동안 이 갈등을 해결하지 못한 데 대해, 여러모로 가장 큰 책임이 있다는 것을 인식하는 것이야말로 지혜의 시발점이다. 미국이 세계 어디에서도 갈등 당사자들 가운데 이렇게 한 쪽만 일방적으로 지지하고 다른 한 쪽과는 그토록 최소한의 접촉밖에 하지 않은 경우는 없었다. 또한 세계 어디에서도 미국이 한국에서 계속 그렇게 하듯이 다른 주권국가의 군대를 직접 지휘하지는 않는다."(브루스 커밍스 시카고대학 교수)[1]

2000년 12월, 미국 대선에서는 공화당의 부시 후보가 차기 대통령으로 당선되었다. 플로리다 주에서 부정선거 의혹과 재개표 소동이 있었으나 우여곡절 끝에 봉합되었고, 결국 전체 투표에서는 뒤졌으나 선거인단 수에서 앞선 부시의 당선이 확정됐다.

새로 출범한 부시 행정부는 'ABC(Anything But Clinton) 법칙'이라는 신조어를 유행시킬 정도로 거의 모든 방면에서 전 대통령 클린턴의 정책을 뒤집어놓았다. 부시 행정부의 집권세력은 '네오콘'이라 불리는 신보수주의자들이었는데, 이들은 미국의 패권적 지위를 위협하는 잠재적 적국에 선제공격도 불사할 수 있다는 강경한 입장을 가지고 있었다. 클린턴의 대외정책에 불만을 품고 있었던 네오콘은 관계 정상화 일보직전까지 갔던 북미 간의 논의를 원점으로 되돌리려 했다. 〈페리 보고서〉 대신 북한에 대한 선제공격을 거론한 〈아미티지 보고서〉[2]가 회자되기 시작했고, 제네바합의를 변경할 수 있다는 이야기도 심심찮게 나왔다. 부시 행정부의 주요 인사들은 클린턴 시절 북미가 대화하고 합의했던 내용을 일체 무시하고 북에 대해 '불량국가(rogue state)'라는 표현을 다시 쓰기 시작했다.[3]

그런데 부시 행정부의 대북정책이 모든 면에서 클린턴 행정부와 다른 것으로 보기는 어렵다. 미국의 대한반도 정책은 시기적으로 집권세력의 정치적 지향에 따라 '봉쇄(containment)' 혹은 '관여(engagement)'로 차이를 보였지만, 동북아 지역에서 미국의 패권을 유지해야 한다는 목적은 동일했기 때문이다. 클린턴 행정부의 경우에도 1994년에 북한을 폭격하려 했고, 남북정상회담과 6·15공동선언에 전적으로 호의적이지만은 않았다. 사실 클린턴 행정부가 햇볕정책을 용인했던 것은 이른바 한미공조라는 이름 아래 한반도 문제에 대한 미국의 지배적 역할을 인정한다는 전제가 유지됐기 때문이다. 다만 부시 행정부의 경우 더욱 직접적인 개입과 군사적 위협을 실행 가능한 대북정책 수단으로 내세웠다는 점에서 차이가 있다.

대북 전력지원 차단

클린턴 행정부의 대북정책뿐 아니라 한국의 햇볕정책에 대해서도 불신을 표명했던 부시 행정부는 우선 남북이 합의한 전력지원 약속을 무산시켰다.

전력지원의 의의는 작지 않았다. 이는 남한이 먼저 수차례 제안하고 공언했던 '민족경제공동체 건설'의 기초에 해당하는 사안이었고, 2000년 남북정상회담 당시에도 김정일 국방위원장이 김대중 대통령에게 직접 남한의 여유 전력 공급을 요청한 바 있었다.[4] 즉, 전력지원은 정상회담 이후 남북 간 신뢰 형성에 시금석이 될 수 있는 사안이었다. 4차 남북장관급회담(12월 12~16일)에서는 북한이 황해북도 남천변전소와 남한의 양주변전소 사이 90킬로미터 구간을 송전선으로 연결해 전력지원을 하자는 구체적인 방안까지 제안했다. 같은 달 27일부터 3박 4일간 평양에서 열린 '남북경제협력추진위원회' 첫 회의의 주된 의제 또한 전력지원이었다.

이 같은 논의에 대해 '장막 뒤의 국무부'라는 평을 들을 정도로 권위 있는 미국 외교분야 싱크탱크인 외교협회(CFR)는 부시 대통령에게 서한을 보내 북한에 경수로를 건설해주기로 합의했던 북미 제네바합의를 수정하고, 클린턴 행정부보다 훨씬 강경한 대북정책을 추진해나가야 한다고 권고했다.[5] 또 3월 7일의 한미정상회담을 앞두고 미국 정치권과 학계의 한반도 전문가들 역시 심포지엄을 열어 경수로 사업을 재검토할 것을 강력히 제기했다.[6] 이렇게 미국의 반대로 전력지원이 이루어지지 못하자 5차 장관급회담마저 연기되고 말았다. 원래 5차 장관급회담에서는 2차 남북정상회담 문제가 논의될 예정이었다.[7] 결과적으로 미국은 민족 내부 문제인 전력지원에 제동을 걸었을 뿐 아니라 남북관계의 획기적인 진전을 가져올 수 있었던 2차 남북정상회담 추진을 결정적으로 방해한 셈이다.

굴복을 강요한 한미정상회담

남북 화해 분위기가 못마땅했던 미국의 의중이 분명하게 드러난 또하나의 사건은 2001년 3월의 한미정상회담이다.

미국은 2월에 열린 한러정상회담에서 1972년 미소 간에 체결된 탄도탄요격미사일(ABM) 반대 조약을 보존하고 강화한다는 합의가 포함되자 격분했다. 김대중 정부는 미국이 추진하고 있는 미사일방어체계(MD)가 한반도 평화와 통일을 가로막는 가장 큰 장애물이라고 보았기 때문에 ABM 조약의 존속을 지지했다. 한번 만들어지면 계속 유지되어야 하는 MD와 같은 대규모 전쟁 시스템이 도입되면 한반도의 긴장 해소는 그만큼 멀어진다. 실제로 1999년 3월 5일 내외신 기자회견에서 천용택 국방장관은 주변국을 자극할 우려가 있고, 한국의 경제력이나 기술력에 걸맞지 않으며, 북한 미사일에 대한 대응 수단으로 효과도 의문시되기 때문에 전장미사일방어(TMD) 프로그램에 참여하지 않겠다고 밝힌 바 있다.

그러나 미국은 한러정상회담 공동성명이 나오자 김대중 정부에 "부시 대통령이 NMD 추진에 최우선 순위를 두고 국내외적으로 어려운 싸움을 하고 있는 상황에서 한국과 같은 동맹국이 러시아와 함께 ABM 조약을 지지하는 내용을 발표한 것은 심히 거슬리는 일이다(really disturbing)"라는 입장을 전달했다. 그리고 부시 대통령이 화가 나 있다(upset)면서 "다음 주 (한미)정상회담이 좋은 분위기에서 진행될 수 있도록" 5개항의 문안을 발표하라고 요청했다. 이 문안은 "우리(한국)는 우리 군과 영토 방위를 위한 효과적인 (미사일) 방어망을 배치할 필요를 느끼고 있다"는 내용이 포함되어 있었다. 한국 정부는 3월 2일 미국이

보내온 문안을 일부 수정해서 그대로 발표할 수밖에 없었다.[8]

발표가 있은 지 며칠 후, 김 대통령은 백악관에서 부시 대통령과 한미정상회담을 가졌다. 회담 자리에서 부시는 북한을 환상적으로 대해서는 안 된다느니, 어떤 협상이든 검증이 필요하다느니, 투명성이 문제라느니 하면서 대북정책 전면 수정을 요구한 데 이어, 미국의 MD에 찬성할 것과 10조 8천억 원이 넘는 무기 구매를 요구했다. 그 밖에도 부시 대통령은 "김정일은 못 믿을 사람"이라고 말하는가 하면, 회담 후 기자회견에서 20세 연상의 노벨상 수상자 김대중 대통령을 '이 양반(this man)'이라고 부르는 모욕적인 언행을 서슴지 않았다.

"부시 대통령은 내 답변을 가로챘고, 심지어 나를 '디스 맨(this man)'이라고 호칭하기도 했다. 친근감을 표시했다고 하나 매우 불쾌했다. 나는 한국의 대통령이었고, 우리의 정서를 살펴야 했다. 평소에 나이를 따지지 않지만 그 말을 들으니 그가 아들뻘이란 생각도 들었다. 그리고 부시 정부와의 관계가 앞으로 순탄치 않을 것 같았다. 불길했다."(김대중 전 대통령)[9]

한미정상회담을 마치자마자 김대중 대통령은 한러정상회담 공동성명에 ABM 조약 준수와 강화에 관한 문구는 "안 들어가는 게 좋았다고 생각한다"면서 공개적으로 유감을 표명했다. 모처럼 자주적인 외교를 하면서 MD에 반대한다고 선언했다가 금방 정반대로 말을 바꿨으니 우리 정부만 우스운 꼴이 되었다. 또한 남북의 한반도평화선언 약속도 미국에 의해 하룻밤 사이에 뒤집혔다. 남과 북은 2차 남북정상회담에서 한반도평화선언을 하기로 원칙적인 합의를 이룬 상태였고, 정부는 이를 통일부와 외교부의 2001년 중점 정책으로 상정하고 있었다. 그런데 한미정상회담 직후 기자회견에서 김대중 대통령이 갑자기 이를 번복하고 평화선언을 1992년의 남북기본합의서로 대체하겠다는 입장을 밝혔다.[10] 귀국 직후에도 김대중 대통령은 "부시 대통령의 우려를 정부의 정책 수립에 참고하겠다"고 밝혔다. 요컨대 부시 행정부의 대결적인 대북정책 기조가 우리 정부에 큰 압력으로 작용했고, 이로써 남북관계는 소강기에 접어들게 됐다.

퍼주기론과 속도조절론

2000년 6·15공동선언이 발표된 직후에는 여야 정치권과 모든 신문이 두 손을 들어 환영의 뜻을 표했다. 남북정상회담의 성과에 대해 누구도 감히 딴소리를 할 수 없는 분위기였기 때문이다. 그러나 한 달도 채 지나지 않아 공동선언의 의미를 축소하고 깎아내리려는 보수세력의 조직적인 공세가 시작되었다.

7월 6일에는 이회창 한나라당 총재가 국회 대표연설에서 "북한 핵과 미사일 문제도 해결해야 한다. 주기만 한다고 모든 것이 해결되지 않는다"고 주장했다. 남이 북에 "주기만 한다"는 그의 주장은 이른바 '퍼주기론'의 연장선상에 있는 것이었다.

퍼주기론은 한나라당과 보수언론이 지속적으로 제기해왔다. 그러나 그간의 대북지원 현황을 검토해보면 '퍼주기'라는 용어가 사실에 근거해 있지 않다. 김대중 정부가 1998년부터 2001년 사이에 북에 지원한 액수는 민간의 대북지원액까지 합쳐 4113억 원(연평균 1073억 원)이었다. 이것은 연간 국민 1인당 2,200원에 해당하는 액수이며, 2000년 국민

총소득 대비 정부 차원 대북지원액은 0.59%에 불과했다. 같은 시기 미국과 일본의 대북지원액은 각각 4억 8천만 달러, 2억 달러였다.[11] 객관적으로 볼 때 남한 정부의 대북지원액은 너무 많아서가 아니라 적어서 문제였다.

그런데 퍼주기론의 근본적인 문제는 액수의 많고 적음에 있지 않다. 애초에 민족문제는 이해득실을 따지는 장사꾼의 흥정과 거래로만 볼 수 없기 때문이다. 국가와 국가 사이에도 인도적 지원이 이루어지는데, 하물며 동포 간에 서로 돕는 일을 두고 '철저히 손익계산을 해야 한다'고 주장하는 것은 상대방으로 하여금 우리의 진의를 의심하게끔 만들 뿐 아니라 외교적 결례가 아닐 수 없다.

퍼주기론은 인도적 지원뿐 아니라 경협 사업에 대한 인식도 왜곡시켰다. 남북 간의 계약에 의한 협력 사업, 즉 정상적인 상업거래도 퍼주기의 일환으로 매도당한 것이다. 그러나 남북 경협 사업이 진행될수록 남한이 이익을 크게 보고 있다는 점, 그리고 남북 간 모든 경제협력 사업이 확대될수록 상호 불신 및 적대감이 낮아져 남북 통합에 수반되는 사회적 비용을 크게 낮춰 통일에 기여한다는 점에서 퍼주기론은 매우 악의적인 선동이라고 할 수 있다. 예컨대 금강산 관광 사업을 경제적 수익이라는 자본주의적 기준만으로 평가할 수 있겠는가? 남북 간의 지원이나 협력을 경제적 이해관계의 잣대로만 평가하려는 것은 오히려 새로운 불신과 대결을 부추길 수 있다는 점을 항상 유념할 필요가 있다.

'속도조절론' 역시 남북관계의 급속한 진전에 제동을 걸었다. 보수세력은 남북관계 개선의 속도가 너무 빠르기 때문에 "따질 것은 따지면서 남북관계를 진전시켜야 한다", "가치관의 혼란을 초래한다", "북한은 변하지 않는데 우리만 변한다" 등의 주장을 내세웠다. 그러나 어떤 식으로든 남북관계가 발전하는 것 자체가 싫다는 것이 이들의 본심이었다. 차마 '북과 대결하자'고는 말할 수 없었기 때문에 대신 '속도를 늦추자'고 주장한 것이다.

보수세력의 남북관계 딴지걸기는 갈수록 심해졌다. 보수논객들은 경의선과 문산-개성 4차선 도로가 '남침통로'가 될 수 있다고 주장했고, 한나라당 의원들 역시 같은 내용의 문제 제기를 했다. 보다 못한 국방부 관계자가 2000년 9월 8일 한나라당의 '의원 공부 모임'에 참석하여 "서울-개성은 사방이 트인 개활지여서 철도나 도로를 만들더라도 군사전략상 남침로 역할을 할 수 없다"라고 공식적으로 반론하기도 했다. 국방부는 또 "경의선 철도는 평지에서 5미터 높이에 건설돼 북한군 전차가 이를 이용해 남침하더라도 일렬로 내려올 수밖에 없고, 이 경우 아군 화력에 100% 노출돼 자살 행위를 하는 것과 다름없다"고 덧붙였다.

6·15공동선언에 대한 직접적인 공격도 있었다. 조·중·동과 한나라당은 주로 6·15공동선언 2항을 비판했다. 2000년 10월 11일에는 한나라당 이회창 총재가 직접 나서서 6·15공동선언 제2항을 폐기해야 한다고 주장했다. 한나라당 김용갑 의원이 여당을 '조선노동당 2중대'로 몰아붙인 사건도 유명하다. 전직 대통령 김영삼도 기자회견을 자청해 6·15공동선언 2항이 "1국가 2체제를 인정한다는 의미로서 자유민주적 기본 질서에 입각한 통일 개념을 규정한 헌법 제4조에 위배되는 것"이라고 주장하기도 했다.

《조선일보》의 보도 행태 역시 기억해둘 필요가 있다. 2000년 8월 2일자 《조선일보》에는 〈미 공화당의 대북 인식〉이라는 사설이 실렸다. 이 사설은 미국 정부도 아닌 미국 공화당의 견해를 인용해 "남북정상회담과 이산가족상봉이 이루어졌으나 북한은 신뢰하기엔 이른 경계 대상"

이라고 주장했다. "한국 정부는 미 공화당의 대북정책과 조화를 이루어 나가야 한다"는 훈계도 잊지 않았다. 당시 미국의 클린턴 행정부가 공식적으로 남북대화를 지지하던 상황에서 《조선일보》는 아직 집권하지도 않은 공화당의 대북정책을 무리하게 끌어온 것이다.

특히 이들은 2001년 부시 대통령 취임 이후 남북관계가 주춤하자 마치 고기가 물을 만난 듯 햇볕정책을 맹렬히 비난하며 모든 것을 북한 탓으로 돌렸다. 그들은 1년 내내 미국의 대북적대정책과 NMD를 찬성하고 김정일 국방위원장의 답방을 저지하는 데 전력했다. 2001년 3월 한미정상회담에서 김대중 대통령이 부시에게 모욕당했을 때에도 조·중·동과 한나라당, 그리고 소위 국제정치 전문가들은 하나같이 외교실책론을 외치며 정부를 질타했다. 한나라당은 "ABM 강조는 결국 NMD 반대로 볼 수밖에 없다"면서 한미 간의 '오해'를 불식시킬 대책을 요구했다. 2002년이 되자 보수세력은 한미동맹이 남북관계보다 우위에 있어야 한다며 아예 햇볕정책 폐기를 주장했다.

각계각층의 만남

햇볕정책과 남북관계 진전에 대한 보수세력의 흠집내기식 공격에도 남북 간 민간 교류는 더욱 확대되었다. 2000년 하반기 남북 교류가 당국 주도로 이루어졌다면, 2001년은 합법적이고 대중적인 남북 민간 교류의 봇물이 터진 시기라 할 수 있다.

2001년 3월 중순, 40여 개의 시민사회단체들이 '6·15남북공동선언 실현과 한반도 평화를 위한 통일연대'(이하 '통일연대')를 결성했다. 이어 5월에는 민화협, 7대 종단, 통일연대를 비롯해 6·15공동선언을 지지하는 단체와 개인을 망라한 '6·15남북공동선언 실천을 위한 2001민족공동행사 추진본부'(이하 '추진본부')가 꾸려졌다. 추진본부는 남한의 단일한 공동행사기구이자 북한의 공식적 파트너가 되어 6월 15일에서 8월 15일까지 남쪽의 통일행사 및 남북공동행사를 주관했다.

남북 부문 교류의 첫발을 뗀 집단은 노동자였다. 남북 노동자들은 이미 1999년 민간통일운동 사상 처음으로 합법적인 평양 방문과 남북공동행사를 성사시킨 데 이어 2000년 12월 금강산에서 노동자 통일대토론회를 개최한 경험이 있었다. 이러한 성과를 토대로 2001년 3월에 남한의 민주노총과 한국노총, 북한의 조선직업총동맹(직총) 대표단이 실무접촉을 갖고 '조국통일을 위한 남북노동자회의'라는 공동기구의 구성에 합의했다.

2001년 5월 1일, 금강산에서는 분단 이후 처음으로 민주노총과 한국노총의 조합원을 포함한 남북 노동자 1천여 명이 참가한 가운데 '6·15남북공동선언의 기치 아래 자주적 통일을 실현하기 위한 남북노동자 5·1절 통일대회'가 열렸다. 그러나 6백여 명의 노동자들이 금강산으로 출발하는 과정에서 민주노총 방북단장을 맡았던 이규재 민주노총 통일위원장의 방북 신청이 불허되는 바람에 전경들과 실랑이를 벌이기도 했다. 대중적 남북공동행사에서 방북 불허자가 나온 첫 사례였다. 이런 일은 이후 6·15대토론회를 비롯해 2005년 6·15공동위원회가 결성될 때까지 모든 남북공동행사에서 되풀이되었다.

6월 15~16일에는 '6·15공동선언 발표 1주년 기념 민족통일대토론회'가 금강산에서 개최됐다. 이 행사는 남한의 추진본부와 북한의 '6·15~8·15 민족통일촉진운동을 위한 북측준비위원회'(위원장: 김영대) 공동주최로 치러졌다. 분단 역사상 최초로 남측의 각계각층 민간 공식 대표 2백 명을 포함한 425명과 북측 각계각층의 민간 대표 223명, 해외 대표 20명 등이 조국통일을 목표로 모여 진지한 대화를 나눈 것이다. 민족통일대토론회 행사를 마친 남북해외 대표단은 "역사적인 6·15공동선언 발표 1주년이 되는 올해를 우리 민족끼리 힘을 합쳐 통일의 문을 여는 해로 빛내는 데 적극 기여"할 결의를 표명했다.

7월에는 남북의 노동자들에 이어 농민들이 만나는 자리가 마련됐다. 7월 18일에서 19일까지 금강산에서 열린 '6·15공동선언 관철을 위한 남북농민통일대회'가 그것이다. 남한의 전국농민회총연맹(전농)과 전국여성농민회총연합(전여농), 북한의 조선농업근로자동맹(농근맹)이 공동 주최한 이 대회에서 남북의 1,300여 농민 대표들은 야외 풀밭에서 함께 점심을 나누며 편안한 만남의 자리를 가졌다. 부문별 공동행사는 계속 이어져, 이듬해인 2002년에는 남북여성통일대회와 남북청년학생통일대회가 열리게 된다. 어느새 남북의 각계각층 인사들이 서로 만나고 왕래하는 것이 낯설지 않은 풍경이 되었다. 6·15 이전에 남한 당국의 '창구단일화 방침'에 따라 민간의 교류와 방북이 전면 차단됐던 것과 비교하면, 민간 교류의 활성화는 실로 굉장한 성과였다.

8·15민족통일대축전

6·15민족통일대토론회의 성공적 개최에 이어 남한의 추진본부와 북한의 민화협은 8·15민족통일대축전을 평양에서 치르기로 합의했다. 8·15광복절을 기념하여 대규모 남한 대표단이 평양에 가서 공동행사를 치른다는 것은 분단 이후 최초의 일로 내외의 시선을 모았다.

그런데 8·15민족통일대축전은 준비 단계에서 잠시 벽에 부딪쳤다.

북한이 새로 준공한 '조국통일 3대헌장 기념탑' 앞에서 개최될 개폐막식 참석에 부담을 느낀 남한 당국이 불가 방침을 통보했기 때문이다. 참고로 조국통일 3대헌장은 김일성 주석이 생전에 통일 방안으로 발표했던 '조국통일 3대원칙(자주, 평화, 민족 대단결)'과 '조국통일을 위한 전 민족 대단결 10대 강령', '고려민주연방공화국 창립 방안'을 합쳐 부르는 말이다.

이 때문에 남한 대표단의 방북은 무산 위기에 처했지만, 8월 13일 추진본부의 대표단 파견 결정 기자회견과 이날 저녁 북한의 '참관' 형식 제안으로 새로운 국면을 맞게 된다. 다음 날인 14일 남한 정부는 북한의 새 제안을 수용하는 형식을 취하면서 대표단의 방북을 허용하되 기념탑에서의 행사는 금한다는 조건을 달았다.

이에 북한은 남한 대표단의 입장을 고려해 14일에 기념탑 제막식을 별도로 먼저 진행한 후 15일의 민족통일대축전 개막식에 남한 대표단을 '참관' 자격으로 초청해놓고 기다리고 있었다. 반면 기념탑 앞에서 행사를 하지 않기로 정부에 약속했던 김종수 단장 등 남측 대표단 지도부는 도착 시간을 지연해 자연스럽게 개막식에 불참하려고 했다. 그러자 북한은 남측 대표단을 계속 기다리면서 개막식 '참관'이 어렵다면 '구경'이라도 하라고 요청했다. 이때 남측 지도부가 뚜렷한 결론을 내리지 못한 상태에서 대표단 일부가 북한 안내원들의 권유에 따라 대회장으로 출발하는 촌극이 벌어졌다. 둘째 날인 16일 저녁에 열린 폐막식에서도 남측 대표단은 다시 한 번 혼란을 겪었다. 이번에도 기념탑 앞 행사 참가를 둘러싼 갈등이 재연되어 결국 일부가 참가하는 일이 반복된 것이다.

이러한 상황에서 남한 지도부가 빠른 판단을 내려 대표단 전체를 지휘 통솔하지 못한 것이 문제라면 문제였다. 그러나 한편으로는 6·15남북공동선언 이후 확대된 남북 교류의 장에서 다양한 세력이 어우러지다 보니 정서와 사고의 차이가 존재하고, 그에 따라 달리 행동하게 되는 것은 피할 수 없는 일이었다. 따라서 개폐막식의 우발사건은 교류가 확대되는 과정에서 발생한 부분적 시행착오로 볼 수도 있는 성질의 것이었다. 어떻게 보면 갈등이 더 커질 소지가 있는 상황에서 남북이 서로의 입장을 이해하고 배려함으로써 8·15행사를 끝까지 잘 치러낸 것은 더 중요하게 평가할 수 있을 것이다.

한여름 공안광풍

8·15민족통일대축전의 의의는 작지 않았다. 삼지연 항로를 통한 남측 대표단의 백두산 관광, 봉수교회의 예배와 장충성당의 미사에 남북 신도가 동석한 일, 남북 기자단체의 공식적인 만남, 남측 대표단과 송환 비전향장기수의 만남 등은 모두 역사상 최초의 일로서 8·15 평양 행사의 성과였다. 특히 이듬해 민족공동행사 때 북측 대표단이 서울을 방문하기로 합의한 것 역시 값진 성과였다.

그러나 보수언론을 필두로 하는 남한 보수세력이 행사 당시의 일들을 왜곡하여 문제를 제기하고 이를 검찰이 받아들이면서 공안정국이 조성되었다.

"보수신문들은 8·15민족통일대축전의 역사적 의의와 성과는 외면한 채 '3대헌장기념탑 개폐회식 참관'만을 집중 부각시켰다. 〈약속 깬 방북단 사고, 뒤통수 맞은 졸속 방북 승인〉《조선일보》) 등의 기사가 각 지면을 가득 채웠다. 또한 〈통일축전 그런 줄 몰랐는가〉(《동아일보》), 〈대한민국 망신시킨 평양축전〉(《조선일보》) 등의 사설을 실었으며, 특히《조선일보》는 〈임동원 장관의 책임〉이라는 사설을 통해 '국가 망신시킨 책임을 지고 물러나라'고 주장했다."(임동원 전 통일부 장관)[12]

또한 보수언론은 강정구 동국대 사회학과 교수가 김일성 주석의 생가인 만경대를 방문하면서 방명록에 "만경대 정신 이어받아 통일 위업 이룩하자"는 글을 남긴 것을 물고 늘어졌다.

"보수언론은 이에 자극적인 제목을 달아 대대적으로 보도하면서 큰 파문을 불러일으켰다. 일부 방북자의 개별적인 돌출 행동을 '색깔론'으로 포장하여 비난 여론을 조성하기 시작한 것이다. 〈방북단, 김일성 생가 방문 '만경대정신 계승' 글 논란〉(《동아일보》), 〈'훌륭한 장군님' 김일성 밀랍상에 큰절 눈물〉(《조선일보》) 등의 기사가 보수신문들의 1면을 장식했다."(임동원 전 통일부 장관)[13]

보수신문들은 범민련에 대한 '북한 지령설' 등 채 확인되지도 않은 정보까지 서슴없이 기사화했다. 반북 대결의 망령이 다시 불려 나온 것만 같았다.

한나라당은 17일 〈광란의 시대가 도래하고 있다〉는 논평을 내고 북한에서 벌어진 상황을 '광란극'과 '반국가적인 행위'로 규정하면서 김대중 정부가 '무정부 상황'을 만들었다고 비판했다. 급기야 한나라당은 임동원 통일부 장관의 해임을 주장하고 나섰다. 사태는 이제 걷잡을 수 없는 국면으로 치닫고 있었다. 여론 재판의 분위기 속에서 정부 당국도 보수세력의 눈치를 살피기 시작했다. 방북단 대표 15명이 김포공항 도착 즉시 강제연행된 데 이어 강정구 교수와 범민련 남측본부 관련자 등 7명이 구속됐다.

남북이 함께 8·15를 기념하고, 6·15선언을 같이 실천하자는 합의를 이룬 것은 분명히 높이 평가해야 할 업적이다. 더구나 북미관계가 단절되고 남북 당국 간 대화와 협력이 일시 주춤한 상황에서 민간 차원의 공동행사는 남북관계의 공백을 메우는 구실을 했다. 가령 9월 15일부터 5차 남북장관급회담이 서울에서 열린 것은 8·15행사를 비롯한 민간 교류의 성과에 힘입은 바가 컸다.

그러나 보수세력의 공격으로 이러한 역사적 의의가 퇴색되었을 뿐 아니라 남북 화해 분위기가 순식간에 냉각되었다. 평소 같으면 가십거리에 그칠 수 있는 우발적인 사건을 침소봉대한 남한의 보수언론과 야당, 그리고 사법 당국이야말로 '광란극'의 주인공들이었다. 그들은 정부의 허락을 받아 합법적으로 방북한 사람들에게 '잠입탈출죄'를 적용하는 등 냉전시대의 법률적, 제도적 규제들을 총동원해 민족의 단결 움직임을 제약하고 탄압하려 했다. 공교롭게도 당시 김대중 정부의 언론사 세무조사로 사주가 구속당하는 등의 수모를 겪고 있었던 신문 권력의 입장에서 반전의 기회가 필요했던 것도 이들 행동의 배경이 되었을 것이다. 또한 한나라당은 언론사 세무조사를 '김정일 국방위원장의 답방을 위한 사전정지용'이라며 '색깔론'을 제기하기도 했다.

8·15민족통일대축전을 둘러싼 갈등은 임동원 통일부 장관의 해임 문제로 비화됐다. 이 무렵 여론조사에서 햇볕정책에 대한 지지는 여전히 70~80%를 기록하고 있었지만, 국회에서 다수 의석을 점한 쪽은 한나라당이었다. 얼마 전까지 김대중 정부의 국무총리로서 햇볕정책을 추진

해온 김종필도 등을 돌리고 임동원 장관의 해임에 힘을 실었다. 마침내 9월 3일 임동원 장관의 해임건의안이 국회를 통과했다. 이로써 민주당과 자민련의 공조 체제는 자동적으로 붕괴됐고, 햇볕정책의 지지세력과 반대세력의 계선이 더욱 뚜렷해졌다. 그러나 김대중 대통령은 해임된 임동원 장관을 다시 대통령 외교안보특보에 임명하여 햇볕정책을 지속하겠다는 의지를 대내외에 천명하였다.

"야당의 공세가 갈수록 거셌지만 통일 일꾼을 교체할 수 없었다. 그는 북한과 중국 등의 지도자들에게도 깊은 신뢰를 받고 있었다. 그를 경질하면 나라 안팎에서 햇볕정책의 기조가 흔들린다는 인상을 줄 우려가 있었다. 통일정책의 후퇴라는 신호로 해석할 수 있었다. 정치 상황이 어렵다고 남북문제를 양보할 수 없었다."(김대중 전 대통령)[14]

당시 언론 보도에 따르면, 'JP대망론'을 유포하며 대통령을 꿈꾸던 김종필이 임동원의 사퇴를 주장한 것은 민주당을 압박해 대선후보 자리를 얻어내기 위한 포석이었다. 그러나 결국 대중의 통일 염원을 외면한 JP의 '대망'은 깨지고 자민련은 몰락의 길로 접어들게 된다. 일명 DJP공조가 깨진 후 자민련은 새삼 '극우보수야당'이라는 정체성을 부각시키며 2004년 총선에 임했으나 지역구 의석 4석을 건지는 데 그쳤고, 전국구 1번 후보였던 JP 본인마저 낙선했다.[15] 또 "임 장관 스스로 거취 문제를 결정하는 것이 좋을 것 같다"며 임 장관의 자진 사퇴를 요구했던 이완구 자민련 총무의 경우, 2002년에 자민련을 탈당하고 한나라당에 입당까지 했지만 2004년 총선에서 낙선했다.

한반도 평화를 위한 남북의 노력

2001년 1월 부시가 미국 대통령으로 취임하던 시점에 김정일 위원장은 중국을 방문하고 있었다. 2000년 5월 29일에 이은 두 번째 방중이었다. 방중 기간 동안 김 위원장은 중국식 개혁·개방정책의 상징인 상하이를 둘러보고 중국의 '특색 있는 사회주의' 노선에 지지를 표명했다. 이것은 부시 행정부 출범이라는 대외정세의 변화에 맞추어 북이 중국과의 공조를 강화하는 움직임으로 해석됐다. 실제로 9월 초에는 장쩌민 총서기의 방북이 이루어지는 등 양국의 관계가 본격적으로 복원되는 양상을 띠었다.

2001년 7월에는 김 국방위원장이 세계의 이목을 집중시키며 철도여행길에 올랐다. 24일 동안 시베리아 열차로 2만 킬로미터를 달린 여행의 목적은 러시아 방문과 북러정상회담이었다. 정상회담에서 양국은 북한 미사일의 평화적 성격 인정, 주한미군 철수, 미국의 NMD 체계 반대 등 8개항의 북러 '모스크바선언'을 발표함으로써 새로운 협력관계를 정립했다. 전통적인 우호국들과의 관계를 공고히 하면서 북한은 미국과의 물밑접촉을 재개했다.[16]

북한이 적극적인 외교 행보를 취하는 동안, 김대중 정부도 부시 집권 후 소강상태에 들어갔던 남북관계에 재시동을 걸기 위해 노력하고 있었다. 우선 9월 중순에 남북 당국 간 대화가 재개되었고, 9월 15일에서 18일까지 서울에서 열린 5차 장관급회담에서 남북은 남북-러시아 사이의 철도와 가스관 연결 사업 추진, 금강산 육로 관광과 개성공단 건설 실무협의 개최, 민간 선박의 상호 영해 통과 협의, 민간 교류 지속 등 5개항, 9개 세부사항의 합의를 도출하여 남북 협력 사업의 단초를 마련하였다.[17] 그러나 이번에는 예상치 못한 9·11테러라는 외부 변수가 남북 관계를 방해했다.

9·11테러와 부시 독트린

2001년 9월 11일, 미국 뉴욕의 세계무역센터 빌딩에 비행기 두 대가 충돌해 쌍둥이 빌딩이 무너지고 수천 명이 사망했다. 비슷한 시각에 워싱턴에서는 한 여객기가 국방부 건물의 일부를 부수었고 다른 비행기가 펜실베이니아 주에 추락했다. 진주만 폭격 이후 미국 본토에 대한 두 번째 습격사건이었다. 이에 미국 국내외 양심세력들은 테러를 반대하고 사망자를 추도하면서도 다른 나라와 민족을 힘으로 지배해온 미국의 제국주의적 행태가 테러의 근본 원인을 제공했다고 지적했다. 그러나 미국 정가와 언론의 전체적인 분위기는 참혹한 테러에 대한 즉자적 분노를 표시하고 보복과 응징을 외치는 쪽으로 흘러갔다. 결과적으로 9·11테러는 미국의 대북 적대정책이 더욱 강화되는 계기로 작용한다.

9월 20일 부시 대통령은 상하 양원 합동회의 연설에서 기세등등하게 '테러와의 전쟁'을 선포했다. 그리고 '테러와의 전쟁'과 관련해 테러 조직뿐 아니라 비호 국가로까지 확대, 전 세계 테러 조직을 근절할 때까지 지속, 지원 여부에 따라 동맹국과 적국을 가른다는 등의 세 가지 원칙을 제시했다. 이른바 '부시 독트린'의 탄생이었다. 이제 미국은 미국 영토와 시민을 공격할 가능성이 있는 국가나 단체를 선제공격하겠다면서 세계를 위협하고 있었다. '십자군전쟁'이라는 종교적 표현까지 등장했다.

9·11테러 한 달 만인 10월 7일 미국은 테러리스트 오사마 빈 라덴을

잡는다는 명분 아래 칸다하르와 잘랄라바드 등 아프가니스탄 주요 지역에 대한 공습을 시작했다. 최첨단 전투기와 모아브(MOAB) 폭탄, 집속탄을 동원해 아프간 전역을 초토화한 미국은 한 달 뒤부터 지상군을 투입해 칸다하르를 접수했다. 미국이 시작한 아프간 전쟁은 수많은 사상자를 냈지만 이에 대한 비판은 일체 봉쇄됐다. 미국인들은 맹목적으로 전쟁에 지지를 보냈고, 유엔 역시 무력하게 부시 행정부의 정책에 동조했다.[18] 이에 미국의 반전평화주의자 놈 촘스키는 "미국의 일방주의적 패권 추구가 끝 모를 테러전쟁의 시대를 열고 말았다"고 한탄했다.[19]

부시 행정부는 2001년 12월 ABM 조약 탈퇴를 선언한 데 이어 핵실험금지조약(CTBT), 생물무기금지협정(BWC), 화학무기금지협정(CWC)과 같은 다자간 국제군비통제체제에 대한 불신을 공개적으로 표명했다. 이와 병행해 미국 내의 법과 제도를 파시즘적으로 정비하는 작업도 추진했다. 경찰과 정보 기능의 강화를 겨냥해 국토안보부(DHS)를 신설하고, 정부의 전쟁정책을 비판하는 국민을 색출하기 위해 테러 혐의를 내세우기만 하면 수색 영장 없이도 전화 도청, 이메일 열람, 개인 공간 수색 등을 광범위하게 허용하는 '애국법(patriot act)'을 통과시켰으며, '군사재판법령'을 만들어 외국인까지도 군사 법정에 세울 수 있도록 했다.

"세계 문명국 중 어느 나라에 이런 우스꽝스러운 이름의 법이 있는지 알 수 없지만, '애국법'은 9·11 이후 미국인들의 공포와 위기의식에 편승하여 국내의 잠재적 반전·반미세력을 통제하기 위하여 국민적인 토론 없이 즉각 만든 법이다. (……) 시한을 두었다고는 하나, 이 법은 시민권을 항구적으로 제약할 위험이 있다."(김동춘 성공회대 교수)[20]

'테러와의 전쟁'이 미친 악영향

북미관계가 악화일로인 상태에서 9·11테러가 일어나고 미국이 아프간을 침략하자 한반도에도 커다란 충격파가 일었다. 미국은 아프간에 군사 공격을 개시하면서 '전력 공백'과 '테러 방지'라는 이유를 들어 남한에 F15전투기를 증강 배치하고 휴전선 일대의 무력을 증강했는데, 북한의 입장에서는 미국의 한반도 무력 증강을 매우 위협적인 것으로 받아들일 수밖에 없었다. 더욱이 '테러와의 전쟁'을 벌이겠다는 미국은 아직도 북한에 대한 테러 지원국 철회 약속을 이행하지 않고 있었다. 이 때문에 한반도의 군사적 긴장이 고조되었고 남북대화 또한 순조롭게 이루어질 수 없었다.

10월로 예정되어 있었던 6차 장관급회담은 회담 장소를 둘러싼 남북 간 줄다리기로 16일간 지연됐다. 양측은 신경전 끝에 11월에야 회담을 열었고, 회담장에서도 설전을 벌이다 공동보도문에 합의하지 못하고 헤어졌다. 회담에서 북한은 남한이 9·11테러와 관련해 전군과 경찰에 선포한 '비상경계태세'를 해제할 것을 강하게 요구했다. 하지만 남한은 이를 수용하지 않았다.

"그런데 여기서 문제가 발생했다. 합의서 채택을 위한 공개 회담에서 우리 측 수석대표가 자리를 박차고 나와버렸다. 회담 날짜를 조정하다 벌어진 우발적 '사건'이었다. 나는 대단히 실망했다. 그리고 화가 났다. 통일·안보 분야는 대통령인 내가 관장해야 했다. 그런데도 나의 훈령 없이 장관이라는 사람이 회담장을 박차고 나오다니, 참으로 상식 이하의 행동이었다."(김대중 전 대통령)[21]

또한 홍순영 통일부 장관이 회담 자리에서 '주적론' 유지의 불가피성을 언급한 것[22] 역시 회담 결렬에 큰 영향을 미쳤던 것으로 보인다. 장관급회담에서 공동보도문에 합의하지 못한 것은 6·15공동선언 이후 처음이었다. 이로써 남북경제협력추진위원회 2차 회의와 4차 이산가족상봉을 비롯한 모든 남북 교류 일정이 불투명해지면서 남북관계는 다시 소강상태로 들어갔다.

4장

2002년

한반도 평화를 지켜준 6 · 15공동선언

박근혜 의원, 유럽-코리아재단 이사 자격으로 방북

2002년

1월	29일	부시, 2002년도 연두교서에서 북을 '악의 축'으로 지목
2월	19~21일	부시 방한, 한미정상회담 개최 및 도라산역 방문
	27일	새해맞이 남북공동행사 무산
4월	3~6일	임동원 특사 방북, 김정일 위원장 면담
5월	11~14일	박근혜 의원, 유럽-코리아재단 이사 자격으로 방북
	15일	전국농민회총연맹, 통일쌀 출항식 개최
6월	14~17일	6·15남북공동선언 발표 2돌 기념 통일대축전(금강산)
	29일	2차 서해교전
7월	25일	북, 서해교전 유감 표명 및 장관급회담 실무대표 접촉 제의
8월	2~4일	남북 금강산 실무대표 접촉, 부산아시안게임 북한 참가 등 공동보도문 발표
	12~14일	7차 장관급회담(서울)
	15~16일	8·15민족통일행사(서울)
	27~30일	남북경제협력추진위원회 2차 회의(서울)
9월	17일	고이즈미 준이치로 일본 총리 방북, 북일정상회담과 4개항의 평양선언 발표
	18일	경의선-동해선 철도·도로 연결 착공식
	9일~10월 14일	부산아시안게임에 북한 선수단, 응원단 등 총 668명 참가
10월	3~5일	제임스 켈리 차관보 방북
	13~17일	남북해외청년학생 통일대회(금강산), 남북 여성통일대회(금강산)
	19~22일	8차 남북장관급회담(평양)
	25일	북, 미국에 불가침조약 제의
12월	12일	북, 핵동결 해제 및 핵시설 재가동 선언

미국 네오콘의 대북 강경 공세

9·11테러 이후 '테러와의 전쟁'을 선포하고 선제공격 가능성까지 천명한 미국은 2002년 들어 더욱 북한에 대한 위협의 강도를 높여갔다.

당시 미국의 대한반도 정책은 '딕 체니-도널드 럼스펠드-존 볼턴'으로 이어지는 네오콘 라인이 주도하고 있었는데, 이 중 전면에 나선 것은 볼턴 차관이었다. 2001년 11월 19일, 존 볼턴 미국 국무차관은 북한을 생물무기 개발국으로 지목하면서 "우리는 북한의 생물무기 개발에 관한 정보에 최상의 신뢰감을 갖고 있다"고 밝혔다.[1] 11월 26일에는 부시 대통령이 직접 나서서 이라크와 북한에 핵무기 및 생화학 무기 개발계획의 중단과 유엔 사찰 수용을 요구했다. 이틀 후인 28일에는 한·미·일 3국이 샌프란시스코에서 대북정책조정그룹(TCOG) 회의를 열어 북한이 반테러에 관한 추가적인 조치를 해야 한다고 요구했다.

북한은 9·11테러 이후 테러자금지원억제협약 등 2개의 반테러 국제협정에 가입하며 테러에 반대한다는 입장을 재확인했다.[2] 하지만 부시 대통령은 거침없이 아프간 다음의 공격 목표로 이라크와 북한을 지목했다. 더구나 2001년 12월에는 "2002년은 전쟁의 해가 될 것"이라며 선전포고나 다름없는 말을 했다. 그리고 2002년 1월 미국 대통령 연두교서에서 북한과 이란, 이라크를 '악의 축(axis of evil)'으로 규정했다.

"부시 대통령은 의회에서의 연두교서를 통해 이라크, 이란, 북한 세 나라를 '악의 축'으로 지칭하는 한편 '선제공격으로 정권을 교체시켜야 할 대상'이라고 선언했다. (……) 이런 정권들과는 외교로 문제를 해결 하는 것이 아니라 군사적 '선제공격(preemption)'으로 정권을 붕괴시키 고 '정권 교체(regime change)'를 통해 목적을 달성하겠다는 뜻이었다." (임동원 전 통일부 장관)[3]

'악의 축'이라 불린 나라들의 공통점은 이들 국가의 지리적 위치가 전략적 요충지였다는 점과 미국의 패권에 저항하는 나라였다는 점이다. 특히 북한의 경우 6·15남북공동선언 발표 이후 남북관계 개선뿐 아니 라 주변국과의 외교 정상화를 통해 미국의 동북아 패권 유지에 큰 변수 로 등장했다. 미국이 북한을 '악의 축'에 포함시킨 조치는 이러한 상황 변화에 제동을 걸기 위해서였을 것이다.

"남과 북의 화해와 단결은 미국의 부시 정권에게 동북아시아 지역에 있어서 자신의 세계 전략을 가로막는 사태 진전이 되는 것이며, 이러한 남북 결속이 더 강화되기 전에 이 결속의 고리를 약화 내지는 파괴하는 것이 중요한 과제가 되고 있다. 이에 실패하면, 미국으로서는 한반도에 서 수행할 수 있는 역할이 축소될 수밖에 없으며, 그것은 동북아시아 지 역에 대한 주도권이 약화되는 것을 뜻하게 된다. 따라서 제국주의적 지 배체제를 유지하려는 한, 미국은 이러한 현실이 발생하는 것을 받아들 일 수 없다."(김민웅 성공회대 교수)[4]

부시, 2002년을 '반미의 해'로 만들다

부시 대통령의 '악의 축' 발언은 우선적으로 북한을 겨냥한 것이었지만, 우리 국민에게도 위기감을 고조시켰다. 미국이 북한에 대한 전쟁 옵션을 폐기한다고 공언한 적은 없었지만, 이처럼 노골적으로 한반도에서의 전쟁을 공언하고 추진하겠다는 의사를 밝힌 것이 처음이었기 때문이다. '악의 축' 발언이 아프간전쟁 확전론이 펼쳐지는 가운데 나온 것역시 긴장을 더욱 고조시키는 데 일조했다.

미국의 대북 강경 기조는 즉각 커다란 우려를 불렀고 시민단체들의 분노를 샀으며, 이를 직접 행동으로 표출하는 사례가 크게 증가했다. 이러한 분위기는 2월 19일로 예정된 부시 대통령의 방한을 앞두고 '반미 열기'가 높아지는 결과로 나타났다. 약 6백여 개 시민단체가 연석회의를 구성해 부시 대통령의 방한을 반대하면서 전쟁 반대와 미국 반대의 목소리를 높였다. 또한 부시 방한 저지를 위한 릴레이 1인 시위, 시국 농성, 각계 인사들의 평화선언에 이어 전국 동시다발로 부시 방한 규탄 집회가 열렸다. 2월 15일에는 서울 지역 대학생들이 광화문 이순신 장군동상에 올라가 부시 방한 반대를 외치며 성조기를 불태우는가 하면, 18일에는 대학생 30여 명이 삼성동 미 상공회의소를 점거했다. 부시 대통령이 입국한 후에도 성남공항과 도라산역에까지 그림자 시위대가 따라다녔으며, 2월 20일에는 전국에서 '부시 방한 반대 범국민대회'가 개최됐다.

사태가 이렇게 전개되자 미국과 한국 정부는 대중의 반미투쟁을 의식하지 않을 수 없었고, 부시 대통령은 김대중 대통령과의 한미정상회담에서 북한 침공 의사가 없으며 남한의 화해협력정책을 지지한다는 입장을 밝혔다. 물론 부시 행정부의 부정적 대북 인식과 적대정책이 근본적으로 변화한 것은 아니었다. 2월 20일 오전의 회담과 기자회견에서 부시 대통령은 북한 정권과 주민을 분리해 "군대를 유지하기 위해 주민들이 굶어 죽을 수는 없다"고 발언했고, 비무장지대(DMZ) 인근의 미군 초소에서는 북쪽을 바라보면서 "내가 저들을 악의 축이라고 생각했던 게 잘못이 아니었군(No wonder I think they're evil)"이라고 말했다.

이렇게 형성된 반미 감정은 의외의 곳에서 되살아났다. 미국 솔트레이크시티 동계 올림픽에서 우리 선수와 미국 선수 간의 쇼트트랙 판정 시비가 발생하자 대중의 반미 감정이 다시금 폭발한 것이다. 분노한 네티즌들의 집단행동은 동계 올림픽 사이트를 마비시킬 만큼 강렬했다. 부시 방한 반대 시위와 쇼트트랙 판정에 대한 항의는 외교와 스포츠라는 영역의 차이가 있을 뿐 미국의 오만함과 일방주의에 대한 문제 제기라는 점에서 그 본질은 동일했다.

또한 미국이 북한을 공격 대상으로 삼고 군사적 수단을 사용하려는 움직임을 보였기 때문에 반미는 한반도 평화까지 포괄하게 되었다.

부시의 편에 선 보수세력

미국의 일방주의적 행태에 대한 대중적 우려가 높아지던 시기, 한나라당과 보수언론은 마치 '딴나라' 사람들처럼 행동하고 있었다. 한나라당의 유력 대선주자였던 이회창은 2002년 1월 미국을 방문해 "매향리, 노근리 사건이 있다고 해서 반미 감정으로 흐르는 것은 아닌 것 같다"며 "반미 감정은 지극히 일부의 감정 표현"이라고 주장했다. '악의 축' 발언이 나온 후 한나라당 이회창 총재와 박근혜 부총재를 필두로 한 보수세력은 미국보다는 오히려 북한의 책임을 강조했다.[5] 부시 대통령의 연설이 "현실을 직시한 정확한 상황 판단이며, 동시에 북한을 다루는 최선의 방안"이라며 지지 성명까지 내기도 했다.[6]

보수언론 역시 '악의 축' 발언을 적극 옹호했다. 《조선일보》 김대중 주필은 2002년 2월 9일자 칼럼 〈북 때문에 한미가 싸운다?〉에서 "북한을 '악의 축'이라고 한 발언 때문에 한미관계에 어떤 금이 생긴다면 50년 전통이 어이없다"는 주장을 펼쳤다. 《동아일보》 역시 〈남 퍼줄 때 북핵개발〉(2월 2일)이라는 사설에서 "햇볕정책의 '효능'만 믿고 북한이 하자는 대로 따라간 정부의 판단이 잘못됐으며 미국의 대북정책의 방향과 핵심을 정확히 읽을 필요가 있다"며 정부를 비판했다.[7]

또한 보수언론들은 4월 말 이산가족상봉과 2차 남북경제협력추진위원회 회의를 앞두고 미국 측으로부터 입수한 인공위성 사진을 근거로 "북한 금강산댐 3곳에 균열이 생겨 붕괴될 가능성이 높다"는 주장을 대대적으로 보도했다. "서울이 물바다가 될 것"이라는 불안감이 확산되었고 보수진영에서는 북한을 규탄하고 나섰다. 북한은 이에 대해 "남북대화를 파괴하려는 미국의 모략에 남한 언론이 놀아나고 있다"며 5월 초로 예정된 경추위에 불참한다고 통보해왔고, 이 때문에 남북 당국 간 대화는 다시 약 2개월 동안 중단되었다. 보수언론의 이러한 보도 내용이 사실이 아니라는 것이 밝혀지는 데는 상당한 시간이 걸렸다.[8]

그래도 남과 북은 화해·평화로

3월 들어 한미합동군사훈련이 시작되면서 한반도에 대결과 긴장이 격화되자 위기를 느낀 김대중 정부는 임동원 대통령 외교안보통일특보의 특사 방북을 추진했다. 임동원 특사는 4월 3일에서 6일까지 북한을 방문하여 김정일 국방위원장을 비롯한 임동옥 통일전선부 제1부부장과 김용순 비서 등 지도자급 인사들과 면담했다.

임동원은 "남북관계가 외부에서 불어닥친 역풍으로 말미암아 추동력이 약화된 것은 안타까운 일"이며 "그럼에도 불구하고 6·15공동선언의 취지를 받들어 남북관계를 계속 활성화해나가야 한다"는 김대중 대통령의 뜻을 전달했다. 김정일 위원장은 "부시 행정부와의 '한미공조'라는 게 북에 대한 적대시정책에 동조하겠다는 반민족적인 것이 아니고 무언가"라고 반문했다.[9]

하지만 장시간에 걸친 대화 끝에 남북은 "6·15남북공동선언의 합의사항에 따라 그동안 일시 동결됐던 남북관계를 원상회복하기로 한다"는 내용의 합의(4·5합의)를 이끌어냈다. 서울과 평양에서 동시 발표된 4·5합의에는 남북관계의 원상회복과 함께 동해선 철도·도로와 경의선 철도·도로의 조속한 연결, 4차 이산가족방문단 교환 사업 진행, 2차 남북경협추진위원회 회의 개최, 남북군사당국자회담 재개, 동포애와 인도주의 원칙에 의한 협력 등의 내용이 포함되었다.[10] 이것은 한반도에 조성된 대결과 긴장의 상황을 '우리 민족끼리' 힘을 합쳐 돌파해나가자는 공동의 의사 표시였다. 며칠 후 민간급 실무접촉을 위해 금강산에서 만난 남북 단체들도 4·5합의를 적극 지지한다는 내용이 포함된 '남북단체 공동성명'을 발표했다.

민간 차원의 교류 역시 꾸준히 진행됐다. 북에 감귤과 당근을 지원했던 제주도 도민 250여 명의 방북(5월 10~15일), 박근혜 의원의 방북(5월 11~14일) 등이 예정대로 진행되었다. 2월 말 한나라당을 탈당한 후 정치인으로서 어려움을 겪던 시기에 성사된 박근혜의 방북 역시 6·15시대의 혜택이라고 볼 수 있다.[11] 그리고 6·15공동선언 발표 2주년을 맞아 금강산에서 민족통일대축전이 열렸다. 이 행사는 2001년 평양 8·15민족대축전의 파문 이후 10개월 만에 처음 치르는 대규모 민간 행사였다.

2차 서해교전

2002년 월드컵 폐막식을 하루 앞둔 6월 29일 오전 10시 25분, 서해 (NLL 남쪽 3마일, 연평도 서쪽 14마일 부근)에서 남북 해군 간에 교전이 발생해 남한 해군 4명이 사망하고 1명이 실종됐다. 이외에도 20명의 부상자가 병원으로 긴급 후송됐으며 고속정 1척이 침몰했다. 남북을 합쳐 50여 명의 젊은이가 죽거나 다친 민족적 참사였다.

언론 보도에 따르면 2차 서해교전의 정황은 다음과 같이 요약된다. ① 남한 어선의 NLL 월경 혹은 NLL 주변으로의 접근, ② 북측 경비정 출동, ③ 남한 경비정과 대치, ④ 북측 경비정의 선제공격, ⑤ 남한의 대응 공격, 교전. 여기서 따져볼 것은 충돌의 원인에 해당하는 항목 ①과 교전의 직접적 계기가 무엇이었는지를 판단할 근거인 항목 ④이다.

초기에 국방부는 '남한 어선의 NLL 월경 혹은 NLL 주변으로의 접근'을 인정하지 않았지만, 연평도 어민과 부상병들의 증언이 하나둘 언론에 보도되면서 국방부의 주장이 뒤집혔다. 7월 1일자 MBC 뉴스데스크는 "교전 직전에 어선들이 북방한계선 바로 밑에 있는 어로한계선을 넘어왔다"는 부상병의 증언을 내보냈다. 《연합뉴스》에서도 해군 2함대 사령부가 교전 며칠 전인 6월 26일부터 꽃게잡이 어선들의 어로한계선 이탈을 사실상 묵인했다는 어민들의 말을 전했다.[12] 이것은 NLL을 해상경계선으로 인정하지 않는 북한의 입장에서 보면 영해에 대한 침범이 된다.

다음으로 '북측 경비정의 선제공격'은 상당히 민감한 부분이다. 우리는 관습적으로 '누가 먼저 쐈나'를 따지기 때문이다. 1999년 1차 서해교전 발생 직후로 돌아가보자. 북한은 북미 간 장성급회담을 열어 해상경계선 설정 문제를 논의하자고 제의했으나 미국의 거부로 무산되었다. 그러자 북한은 자체적으로 해상통제선과 통항 질서를 발표하고 그에 대한 자주권을 주장했다. 그리고 북한은 1차 서해교전을 계기로 새로운 교전수칙을 마련한 것으로 추측된다. 1차 교전 때 남한의 밀어내기 공격으로 상당한 인적, 물적 손실을 경험한 북측의 입장에서는 다시는 그런 전철을 밟지 않기 위해 기존보다 강경한 교전수칙을 마련했을 수 있다. 어떤 측면에서 보면 2차 서해교전은 1차 서해교전 사태의 잘못된 해결이 낳은 불행한 사건이었다.

국방부는 북한이 "상당한 의도성"을 가지고 사건을 일으켰다고 주장했지만 그 근거를 제시하지는 못했다. 당시 해군이 감청한 북한의 교신 내용을 보더라도 북한이 의도적으로 교전을 일으킨 정황을 발견하기 어려웠다.[13] 결과론적으로 보더라도 2차 서해교전이 북한에 유리하게 작용한 바가 전혀 없다.

2002년 미국은 신년부터 북한을 '악의 축'으로 지목하고 있었고, 부시 대통령의 전쟁광적 행태 때문에 남한에서도 반미 기운이 고조되는 상황이었다. 이런 가운데 2차 서해교전이 발발하자 미국은 사태를 "북측의 의도적 도발"로 규정하고 대북 특사 파견 계획을 철회했다. 그리고 10월에는 고농축우라늄(HEU) 의혹을 제기했다. 만약 교전 소식에 흐뭇해한 사람들이 있었다면 미국의 네오콘과 남한의 보수세력이었을 것이다.

주목할 만한 부분은 남북의 위기 대처 과정이었다. 충돌 직후 김대중 대통령은 국가안보회의를 소집하고 '대북 비난 성명'과 '확전 방지' 및 '냉정한 대응'을 지시했다. 이튿날 아침에는 북한이 핫라인을 통해 "이 사건은 계획적이거나 고의성을 띤 것이 아니라 순전히 현지 아랫사람들끼리 우발적으로 발생시킨 사고였음이 확인됐다"며 유감을 표명하고 재발 방지를 위해 노력하자는 내용의 긴급 통지문을 보내왔다. 임동원에 따르면, 2차 서해교전 며칠 후 한미연합사령관이 "제8전대(현지 부대) 이상의 상급 부대에서 도발을 지시해왔다는 징후는 전혀 발견할 수 없었다"는 정보 판단을 공식 통보해왔다.[14]

이처럼 사태를 평화적으로 해결하기 위해 남북이 신속하고 차분하게 공동대응한 것은 전례가 없는 일이었다. 일촉즉발의 군사적 긴장 상황에서 남한이 냉정하게 대응하고 북한이 재빨리 남북대화 복원을 제안했기 때문에, 남북은 대결과 전쟁으로 치달은 것이 아니라 '평화'라는 민족의 이익에 부합하는 해결책을 찾을 수 있었다. 이 과정에서 요긴하게 쓰인 것이 2000년 6월 남북정상회담 직후에 개통된 남북 간의 핫라인이었다. 이 핫라인은 서해교전을 비롯한 남북관계의 고비 때마다 가동되어 불필요한 오해를 막고 상황 악화를 방지하는 역할을 했다. 이처럼 남북 당국 간에 상호 신뢰가 있을 경우에는 설령 외적 요인이나 돌발변수에 의해 군사적 긴장이 고조되더라도 남북이 한반도 정세를 관리해나가기가 한결 용이하다. 뒤에서 살펴보겠지만, 2002년의 이 같은 상황 전개는 이명박 정부 때 천안함사태와 연평도 포격 이후 남북관계가 전면 파탄 나고 전쟁불사 발언이 오갔던 것과 대조적이다.

보수언론과 대선을 앞두고 있던 한나라당은 서해교전 사태를 계기로 "패전의 원인이 다름 아닌 햇볕정책"이라면서 정부를 집중적으로 공격했다. 이들은 사건의 정확한 진실과 발발 원인 및 합리적 대응책에 관심을 두지 않고 오로지 해군 4명이 사망했다는 사실만을 강조하며 북한을 규탄하기에 바빴다. 한나라당 강창성 의원은 "전쟁이라도 한번 하자"는 막말로 구설에 오르기도 했다. 보수언론은 처음부터 사건을 북한의 의도된 도발로 단정하고 전쟁불사의 분위기로 여론을 몰아갔다. 또 보수언론은 곧바로 격파 공격이 가능하도록 교전수칙을 변경해야 한다거나, 남한이 확전을 시도했어야 한다는 감정 섞인 주장들을 여과 없이 기사화했다.

정작 우리 국민은 크게 동요하지 않고 차분한 반응을 보였다. 금강산 관광객들은 평소와 다름없이 관광길에 올랐다. 북이 '신의주 경제특구'와 '7·1경제관리개선조치'를 발표한 것도 이때의 일이다.[15]

6·15공동선언의 위력

"(2차 서해교전 이후) 야당 대통령 후보는 금강산 관광을 중단하라고 촉구했다. 그러나 국민들은 동요하지 않았다. 그것이 햇볕정책의 위력이었다. (……) 관광객들은 북쪽 금강산을 찾았고, 북한의 경수로 안전통제 요원들은 남쪽 대덕단지로 연수를 왔다."(김대중 전 대통령)[16]

8월에는 서울에서 정세현 통일부 장관과 북측 김령성 단장을 필두로 7차 남북장관급회담이 열렸다. 뒤이어 서울에서 8·15민족통일대축전이 개최됐다. 서해교전의 여파가 가시지 않은 상황이었기 때문에 모든 행사가 북측 대표단의 숙소인 워커힐호텔 내에서 제한적으로 치러져 아쉬움을 남겼지만, 대규모 북측 민간 대표단의 서울 방문이 성사된 것은 커다란 의미가 있는 일이었다.

8월 27일 서울에서 열린 제2차 경추위 회의에서는 동서의 철도·도로 연결공사 착공식을 9월 18일에 동시 거행하기로 합의했다. 9월에는 부산아시안게임을 앞두고 12년 만에 남북통일축구가 성사되어 0대 0 무승부를 기록했다. 경기장에서는 양국의 국가 대신 〈아리랑〉이 울려 퍼졌고, 양 팀의 유니폼에도 국기나 축구협회 마크를 달지 않고 한반도기가 부착됐다.

9월 29일에서 10월 14일까지 개최된 부산아시안게임에는 북한 선수단과 응원단 660여 명이 참가해 민족화합의 열기를 한껏 고조시켰다. 대회 기간 동안 사람들의 이목을 집중시킨 것은 단연 북한 '미녀응원단'의 응원 모습이었다. 응원단은 부산 시민들을 위한 거리공연을 몇 차례 열었는데 매번 관객이 꽉 들어차 입추의 여지가 없었다. 부산 지역 시민사회단체들이 통일아시아드시민연대와 통일응원단 '아리랑'을 결성해 경기장 곳곳은 물론 길거리에서 활약한 것도 소중한 경험이었다.

보수언론은 아시안게임과 관련해 북의 공화국기(인공기) 게양과 국가 연주를 문제 삼고 나섰지만 큰 반향을 일으키지는 못했다. 오히려 남과 북 응원단은 함께 파도타기를 하고 구호를 주고받으며 한민족임을 과시했다. 남북 선수단은 개막식과 폐막식에서 한반도기를 앞세우고 동시 입장해 통일의 의지를 다시 한 번 확인했다. 특히 남자 마라톤에서 이봉주가 월계관을 쓰고 북한의 함봉실 선수가 여자 마라톤에서 우승함으로써 마라톤 '남남북녀' 동반 우승이라는 뜻깊은 기록을 남겼다. 이어 평양에서 8차 남북장관급회담이 개최되었고, 10월 26일에는 북한 경제시찰단의 방한이 이루어지면서 남북관계가 활기를 띠었다. 시찰단의 일원이던 박봉주 화학공업상은 "눈이 두 개밖에 없어 바쁘다"는 유명한 말을 남기기도 했다.[17]

이처럼 2차 서해교전 직후에도 남북관계가 유지되고 교류의 폭이 확대되었던 것은, 1999년의 1차 서해교전 직후 정부가 한동안 대북지원이나 남북관계 개선을 추진하지 못했던 것과 비교하면 큰 변화였다. 바로 이것이 6·15의 위력이고 '우리 민족끼리'의 힘이었다.

고이즈미 총리의 평양 방문과 북일정상회담

2002년 9월, 또 하나의 역사적인 사건이 동북아를 뒤흔들었다. 고이즈미 준이치로 총리가 평양을 방문한 것이다.

북한과 일본은 2002년 4월 말 베이징에서의 적십자회담을 계기로, 7월 말 브루나이에서 양국 외상이 국교 정상화를 위한 북일국장급회담 개최에 합의했다. 8월 중순 평양에서 열린 적십자회담에서는 북한이 이른바 '일본인행방불명자'(납치 의혹 11명, 연락 두절 49명)에 대한 소식을 통보하고 북송 일본인 처(妻) 17명의 고향 방문에도 합의했다. 그리고 8월 30일, 일본 정부는 고이즈미 총리가 북일정상회담을 위해 9월 17일 평양을 방문한다고 발표했다.

그런데 일본은 1년간 추진해왔던 북일정상회담에 관해 미국과 사전 협의를 하지 않았고, 발표 3일 전에야 주일 미 대사에게 내용을 통보했다. 이 때문에 미국은 크게 분통을 터뜨렸고, 뒤늦게 제동을 걸고 나섰다. 일부 외신은 일본의 이 같은 행보를 "북한을 고립시키려는 부시 행정부의 전략이 먹혀들지 않고 있는 것"으로 평가했다.[18] 고이즈미 총리는 미국의 반응에 아랑곳하지 않고 방북을 강행했다. 일본이 동북아에서 외교적 위상을 높이기 위해 미국의 요구와 일치하지 않는 독자적 결정을 한 것이다. 고이즈미 총리의 머릿속에는 방북을 통해 일본인 '납치' 문제를 해결함으로써 인기 하락세를 일거에 만회하겠다는 계산도 있었을 것이다.

9월 17일 북과 일본은 정상회담을 열고 10월 중에 국교 정상화 교섭 재개를 골자로 한 '평양선언'을 발표했다. 일본은 과거 식민지 지배에 대해 사과하고 과거 보상의 의미로 무상자금 협력, 저금리 장기차관 공여 등의 경제지원을 하기로 약속했다. 일본 국민의 관심사인 납치자 문제 해결의 실마리도 마련됐다. 미국의 예상을 훨씬 뛰어넘는 결과였다. 합의 사항이 순조롭게 이행되어 북일관계가 정상화 단계에 이르면 동북아시아에서 미국의 영향력은 크게 약화될 것이 분명해졌다.

한반도 평화를 위한 정치선언

9월이 다 가기도 전에 미국이 펄쩍 뛸 일이 하나 더 생겼다. 2002년 9월 23일, 26개국 정상이 참여한 아시아·유럽 정상회의(ASEM)에서 김대중 대통령의 요청에 따라 각국 정상들이 '한반도 평화를 위한 정치선언'을 발표했던 것이다. 이 선언에는 6·15공동선언의 계속적 이행, 북미관계의 평화적 발전 등을 권고하며 제네바합의의 완전한 이행을 강조하는 내용이 담겨 있었다.

또 ASEM에서 만난 한일 두 정상은 "남북대화, 북일대화와 함께 북미대화를 병행, 추진해나가는 것이 매우 중요하다"면서 "북미대화가 조속히 재개되기를 기대한다"고 한목소리로 미국을 압박했다. 일본이 미국과 사전에 충분한 협의 없이 북일 수교와 대규모 경제지원 등을 추진했던 것이나, 한일이 공조해서 미국을 향해 북미대화를 촉구한 것은 모두 동북아 외교사에 전례가 없는 일이었다.

이러한 흐름에 김정일 국방위원장의 중국 상하이 방문과 북러관계 급진전이 결합되자, 한반도와 동북아의 탈미 바람은 더욱 활기를 띠었다. 북러 간에는 한 해 동안 두 번의 정상회담이 열렸다. 북러정상회담에서는 남북 종단 철도를 시베리아 횡단 철도(TSR)와 연결하는 이른바 '철의 실크로드'가 합의되었고, 시베리아 송유관 연결도 논의됐다. 비슷한 시기에 남북은 철도·도로 연결 착공 일정에 합의하는 등 다시 관계가 진전되고 있었다.

켈리의 '기획 방북'

동북아에서 미국이 별다른 역할을 하지 못하는 상황이 전개되자, 미국 네오콘은 다시 한 번 북한의 핵개발 의혹을 제기하기 시작했다. 한미 간 별다른 현안이 없던 시기, 갑자기 강연차 서울을 찾은 볼턴 차관보는 8월 29일 국방장관과 외교통상부 차관보를 만나 "북한이 1997년부터 추진해온 고농축우라늄 개발이 우려할 만한 수준에 이르렀다"면서 "이는 북한과의 관계 개선에 장애 요인이 될 것"이라고 통보했다. 북한이 이제까지의 핵개발(플루토늄)과 다른 기술(우라늄농축)로 핵개발에 나섰다는 것이 미국의 주장이었다. 임동원의 회고에 따르면, 이는 확인되지 않은 '의혹' 수준의 정보였지만 미국은 이런 정보를 흘리면서 북한을 고립시키려 했고, 일본에도 북한과 관계를 개선하지 말라고 압력을 넣었다.

고이즈미의 평양 방문 2주일 뒤인 10월 3일, 미국은 국무부의 동아시아태평양차관보인 제임스 켈리를 특사로 평양에 파견했다. 북한은 북미관계 개선을 내심 기대했지만, 켈리의 방북은 애초에 북한과의 대화가 아닌 다른 목적을 가진 '기획 방북'이었다.

"미측의 요청을 받고 나는 청와대 외교안보수석비서관의 좁은 응접실에서 짐 켈리 특사 일행과 토머스 허버드 주한 미 대사를 맞아 방북 취지에 대한 설명을 들었다. (……) 켈리 차관보는 '북한의 고농축우라늄 계획에 대한 확실한 증거가 있으며, 이를 폐기하라고 통보하기 위해 평양에 간다'고 밝혔다. (……) 즉, 켈리 일행의 평양 방문은 '고농축우라늄 계획을 폐기하라'고 일방적으로 통보하고, '이를 시인하고 폐기하기 전에는 상대할 수 없다'는 고압적 자세로 북한을 굴복시키려는 네오콘 강경파의 주장에 따른 것이었다."(임동원 전 통일부 장관)[19]

실제로 평양에 갔다가 미국으로 돌아온 켈리는 "북한이 고농축우라늄 개발 계획을 시인했다"고 발표했다. CNN 등의 미국 언론들도 일제히 북한이 핵개발을 시도했다는 증거가 있으며 제네바합의를 위반한 것이라고 주장했다. 미국은 북의 농축우라늄 핵개발에 관한 증거 자료를 구체적으로 제시하지 않았다. 다만 북이 농축우라늄 개발에 필수적인 원심분리기를 파키스탄에서 수입했다는 정보 등을 언론에 밝혔을 뿐이다. 12월 30일 파키스탄 정부는 이런 사실을 공식적으로 부인했다.[20] 그런데도 미국은 애초에 북의 핵동결에 대한 보상으로 약속했던 중유 공급을 중단했다. 1994년의 제네바합의를 사실상 파기한 것이다.

'북한에는 HEU 프로그램이 없다'

그러나 북한이 고농축우라늄 개발 계획을 시인했다는 켈리의 주장은 시간이 지난 후 사실이 아닌 것으로 확인되었다.

"주미 대사로 있던 3년여 동안 거의 매일 켈리와 전화 통화를 하고 자주 만나기도 했다. 한마디로 돈독하게 지냈다. 그런데 2006년 5월 워싱턴에서 켈리를 만났는데, 그가 '북한은 고농축이 아닌 농축우라늄 프로그램을 갖고 있다'고 했다. 농축과 고농축은 천지차이다. 농축이 선행돼야 고농축도 되고 핵개발로도 이어지니까."(양성철 전 주미 대사)[21]

또 양성철 전 대사에 따르면, 켈리 전 차관보 외에도 라이스 국무장관 역시 2007년 2·13합의 직후 있었던 기자회견에서 "북은 (핵무기를 만들기 위한) HEU 프로그램을 보유하고 있지 않다"고 답변했으며, 크리스토퍼 힐 동아태 차관보 역시 베이징에서 열린 기자회견에서 북한이 HEU 프로그램의 존재를 시인하지 않았다고 인정했다.

여러 매체를 통해 알려진 바를 종합해보면, 켈리 방북과 HEU 소동의 진상은 다음과 같다. 북한을 방문한 켈리는 고압적인 태도로 농축우라늄 개발 계획을 시인하라고 요구했다. 이에 북한이 증거를 내놓으라고 응수했는데, 켈리가 내놓은 위성사진은 북한이 보기에는 제대로 찍힌 것이 아니었다. 설전이 오간 후 고위정책협의를 마치고 온 북한 강석주 외무성 제1부상이 "미국이 조선의 핵개발을 운운하고 있는데 오히려 조선이 미국의 핵위협을 상시적으로 받고 있다. 당신들이 강압적으로 나온다면 우리는 지금 핵을 가지고 있지 않지만 앞으로 자기를 지키기 위하여 핵무기는 물론 그보다 더한 것도 가지게 되어 있다(was entitled to possess)"고 발언했다. 이것을 두고 켈리를 위시한 8명의 방북단이 협의를 했고, 결국 "가질 권리가 있다"를 "가지고 있다"로 왜곡 해석해서 발표한 것이다.[22]

미국의 제네바합의 파기

미국의 의도는 분명했다. 먼저 북일 수교를 무산시키고 일본의 독자적인 대북 접근 움직임에 제동을 걸려는 의도가 숨어 있었다. 고이즈미 총리는 북일관계 개선을 반대하는 일본 극우파의 격렬한 선동과 미국의 압력에 무릎을 꿇었고, 그 후로 미국의 대북 강경책을 충실히 집행하는 역할을 담당하게 되었다. 그가 야스쿠니 신사를 참배하고 독도영유권을 주장해 남과 북, 중국을 자극한 것도 이때의 일이다. 북일관계 정상화라는 새로운 변수의 등장을 경계했던 미국으로서는 소기의 성과를 거둔 셈이었다.

또 하나 주목할 것은 1994년 체결된 북미 제네바합의 파기 책임을 북한에 전가하려는 시도였다. 과거 미국은 제네바합의를 체결하면서 북한에 경수로를 지어주기로 약속했다. 그러나 약속 시한인 2003년을 코앞에 둔 2002년 말, 경수로의 공정률은 고작 24%에 그쳤다.[23] 건설을 서두른다고 해도 도저히 완공이 불가능한 상황이었다. 게다가 미국은 북한에 제공하기로 했던 중유 공급을 할 수 없다는 입장을 10월부터 내비쳤다. 이 상태로 2003년을 맞는다면 미국은 책임을 회피할 수 없었고, 북이 전력손실분 보상을 요구할 것이 분명했다. 따라서 네오콘들로서는 차라리 제네바합의 자체를 사문화시키고, 그 책임을 북한에 떠넘기는 것이 미국의 '국익'을 지키는 합리적인 선택이라고 판단했을 것이다.

"부시 행정부는 중유 공급을 중단하고 제네바 미북 기본 합의를 파기하기로 결정한 다음 그 후속 조치로서 압박을 통해 북한 정권의 변화를 강요하기 위한 이른바 '맞춤형 봉쇄정책(tailored containment approach)'

을 채택한다. 이것이 2006년 10월 북한이 핵실험을 강행할 때까지 4년간 부시 행정부의 일관된 입장이었다."(임동원 전 통일부 장관)[24]

미국의 제네바합의 무효화 움직임에 대해 북한은 10월 25일 외무성 대변인 담화를 발표해 북미불가침조약을 체결하자고 주장했다. "미국이 첫째로 우리의 자주권을 인정하고, 둘째로 불가침을 확약하며, 셋째로 우리의 경제 발전에 장애를 조성하지 않는 조건에서 이 문제를 협상을 통해 해결할 용의"가 있다는 내용이었다. 사실 미국과의 불가침조약 체결은 새로운 주장이 아니라 수십 년 전부터 북한이 밝혀온 입장이었다.

그러나 미국이 이 제안을 거절하면서 북미대화가 무산되었고, 북한은 12월에 핵동결 해제 및 핵시설 재가동을 선언했다. 제네바합의에 따른 미국의 중유 제공이 12월분부터 중단된 상황에서 제네바합의에 규정된 북한의 의무인 핵동결 조치를 해제한다고 발표한 것이다. 북한의 다음 번 조치는 핵시설 봉인 해지와 감시 카메라 제거였다. 이제 상황은 1994년 제네바합의 이전으로 돌아간 것이나 다름없었다.

"(2003년 1월 북한의 NPT 탈퇴선언에 대해) 북한의 강경 대응은 예상하고 있었던 일이었다. 미국이 제네바합의의 핵동결 전제조건이었던 중유 공급을 12월에 중단했기 때문이다. 부시 행정부의 적대정책에도 지난 2년 동안 관계 개선 노력을 해왔던 북한으로서는 더 이상 바랄 게 없었던 것이다. (……) 나는 미국과 북한 모두가 야속했다. 그중에서도 약속을 먼저 어긴 부시 행정부의 강경책이 매우 걱정스러웠다. 그것은 훗날 북한의 핵개발로 나타났다."(김대중 전 대통령)[25]

사실 가장 중요한 것은 미국이 애초에 1994년 제네바합의를 이행할 의지가 없었다는 사실이다. 대다수 미국 관료와 의원들은 제네바합의가 이행되기 전에 북한이 붕괴할 것이고, 자연히 합의 이행의 책임에서 자유로울 것이라고 생각했다. 실제로 1994년에서 1995년까지 미국 국가안보회의(NSC) 동아시아 국장을 지냈던 스탠리 로스의 경우, 직책을 사임한 뒤 가진 언론과의 인터뷰에서 미국의 정책이 북한의 붕괴가 임박했다는 맥락에서 입안되었다고 밝혔다.

이러한 인식은 워싱턴에 만연해 있었으며, 미국 부통령 앨 고어 역시 1997년 3월 한국 방문에서 "(북한) 체제가 무너지고 있다"고 발언했다. 1996년 1월 앤서니 레이크 백악관 안보 보좌관이 주최한 토론에서도 대부분의 참석자는 북한이 경제제재를 이기지 못하고 미국에 의존하게 될 것이라고 주장한 바 있다.[26]

그렇다면 이처럼 북미관계가 하루하루 악화되던 시기에 보수언론은 어떤 태도를 취했을까? 이들은 상기한 역사적 사실을 외면했을 뿐 아니라 대화를 통한 해결 방안은 배제한 채, "민족 공조보다 한미 공조가 우선"이라며 미국의 대북 강경정책에 동참하라고 요구했다. 또한 제네바합의 파기의 책임이 북에 있다고 단정했다. 가령 10월 22일자 《조선일보》는 3개 사설 중 2개를 북핵문제에 대한 김대중 정부의 "안이한" 대응을 질타하는 내용으로 채웠다. "제네바(합의) 파기 대가를 치르게 해야" 할 북한에 강경 대응을 하라는 주문이었다. 《중앙일보》역시 "북핵과 경협, 공존 안 된다"면서 김대중 정부에 강경책을 요구했다.[27] 미국과 북한 간에 긴장이 고조되는 상황에서 한국 정부가 중재에 나서도 모자랄 판에 미국을 맹목적으로 추종할 것을 요구한 보수언론의 보도 행태는 비합리적이고 균형을 상실한 것이다.

철도 연결, 꼭 해야겠어?

북일 수교를 무산시키고 북미대화도 거부한 미국은 남북관계에도 제동을 걸었다. 2002년 4월 임동원 특사의 방북 면담에서 남북은 철도 연결을 본격적으로 논의하여 경의선과 동해선을 함께 연결한다는 합의에 도달했다. 2002년 북러정상회담에서도 이에 대한 합의가 이뤄졌고, 9월 18일에는 남북이 동시에 철도·도로 연결공사 착공식을 실시하기로 약속한 상태였다.

그러자 미국은 여러 경로로 철도·도로 연결 사업에 장애를 조성하고 나섰다.[28] 첫째, 동해선 연결공사 착공을 위해서는 유엔군과 북한 인민군 사이에 비무장지대 관할권 이양에 관한 합의 절차가 꼭 필요한데, 미 국방장관 럼스펠드가 이를 승인하지 않고 시간을 끌었다. 오히려 미국은 "북한이 고농축우라늄을 추진하는 등 우려할 만한 상황인데도 남북 철도·도로 연결 사업을 꼭 추진해야겠느냐"며 김대중 정부를 압박했다.

둘째, 경의선 통로의 지뢰 제거 작업이 완료될 무렵인 11월, 유엔사가 또다시 관할권 문제를 들고 나왔다. 지뢰 제거 작업에 대한 남북 상호 검증단의 군사분계선 월선이 정전협정 사안이므로 군사정전위원회를 통해 인원, 시기 등을 보고해야 한다는 주장이었다. 사실 유엔사는 경의선, 동해선 연결공사에 관할권 문제를 제기할 명분이 없었다. 경의선 연결을 위한 비무장지대 관리권은 클린턴 정부 때인 2000년에 이미 유엔사가 남한에 이양했고, 2002년 9월 군사정전위 합의를 통해 동해선 연결을 위한 비무장지대 관할권도 남한에 이양했기 때문이다. 이런 마당에 유엔사의 갑작스러운 관할권 주장은 남북의 철도 연결 사업을 방해하기 위한 의도적인 행위로밖에 볼 수 없었다.

　주목해야 할 부분은 유엔군 사령부가 사실상 주한미군 사령부와 다름없다는 점이다. 유엔군 사령관은 한미연합군 사령관 겸 주한미군 사령관이 겸임하고 있었기 때문에 유엔사의 입장은 곧 주한미군 사령부의 뜻이며 백악관의 의사가 반영된 것이었다. 더구나 유엔사가 시비를 걸었던 2002년 11월은 백악관이 북한에 대한 중유 공급을 중단한다는 결정을 내린 시점이었다. 즉, 철도 연결 사업에 대한 유엔사의 거듭된 문제 제기는 의도적으로 북한을 압박하기 위한 부시 행정부의 조치들 가운데 하나로 볼 수 있었다.

　셋째, 11월 말에는 유엔사 부참모장이 기자회견을 통해 "군인과 민간인이 비무장지대에 들어가거나 군사분계선을 넘으려면 사전에 유엔군 사령관의 허가를 받아야 하며, 금강산 육로 관광객도 마찬가지"라는 입장을 밝혔다. 그렇지 않으면 "남북한 인적 교류는 중단될 것"이라는 경고도 빼놓지 않았다. 인적, 물적 통과 절차를 규정한 남북 간의 부속합의서 문안을 두고도 미국은 "유엔사의 권위에 대한 도전이며 한미 이간책을 용납할 수 없다"면서 반대 의사를 표시했다. 이 때문에 남한이 레일, 침목 등을 북한에 보내주지 못해 철도 연결공사가 지연되고, 원래 12월 중순으로 예정됐던 금강산 육로 관광의 시작도 두 달이나 뒤로 밀렸다. 개성공단 착공식도 같은 이유로 연기됐다.

'하늘이 두 쪽 나도 집권하겠다'

　한국의 주류 언론과 정치인들은 시종여일 반통일 정서를 부추기며 6·15공동선언을 공격했고, 야당 후보인 이회창의 부인은 대선을 앞두고 한나라당 국회의원, 지구당위원장, 기초·광역단체장, 광역의원의 부인들이 두루 모인 연수회에서 '하늘이 두 쪽 나도 정권을 잡아야 한다'며 집권에 대한 편집증적인 강한 욕망을 드러냈다.

강력한 대선후보였던 한나라당 전 총재 이회창은 야당이 퍼주기론, 상호주의론 등을 내세워 남북관계의 발목을 잡을 때마다 선두에 선 인물이다. 가령 2002년 5월에 열린 관훈클럽 초청 대선주자 토론회에서 이회창은 자신의 통일관을 확연히 드러냈다. 이 자리에서 그는 6·15공동선언 2항에 대해 "이 조항은 폐기해야 한다"고 발언했고, 금강산 관광에 대해서도 "조건이 받아들여지지 않으면 그 사업은 할 수 없고, 혈세를 퍼부어 엉뚱한 데 쓸 수는 없는 것"이라는 극단적인 견해를 밝혔다. 그러나 통일 방안에 관한 최초의 구체적 합의인 공동선언 2항을 폐기하겠다는 발언은 공동선언 자체를 폐기하겠다는 것과 다름없었다.

대선 직전인 12월 3일 이뤄진 첫 TV 합동토론에서도 이회창은 "북한이 제네바합의를 어긴 것과 핵을 가진 것은 중요하며 강하게 포기를 요구하고 경제적 수단도 연계해야 한다"는 발언으로 대결주의자의 면모를 가감 없이 보여주었다. 부시 행정부가 대북 압살정책을 펼치던 국면에서 한국의 유력 대통령 후보가 북의 핵보유를 기정사실화한 것은 오히려 북미 갈등을 부추기는 행동으로서 매우 위험한 행위였다.

후보 시절 노무현

여당의 대선후보는 노무현이었다. 당내 경선 초기만 해도 언론의 예측이나 당내 주류 세력의 지지는 이인제 후보에 쏠려 있었지만 막상 경선이 시작되자 이변이 속출했다. 이른바 '노풍(盧風)'을 등에 업고 민주당 대선후보가 된 노무현은 4월과 5월, 각종 여론조사에서 이회창을

10% 이상 따돌렸고 영남에서조차 이회창 후보를 앞서기 시작했다. 이회창과 이인제의 대결로 압축되며 이회창의 당선이 고정불변일 것 같던 대선 구도가 한순간에 뒤집힌 것이다.

노무현은 민주당 대선후보가 되기 전까지 소수파에 속해 있었고, 영남에서 홀로 지역주의와 맞섰으며, 수구언론에 맞서 제 목소리를 냈다고 인정받는 인물이었다. 그렇다면 분단국의 지도자, 통일을 준비하는 대통령으로서의 자격은 얼마나 갖추고 있었을까?

분단국의 지도자가 되려면 당연히 분단 현실과 민족문제에 대해 깊은 고뇌와 성찰이 있어야 한다. 대통령의 철학은 국가정책의 우선순위를 결정하게 되는데, 특히 통일과 남북관계는 대통령이 주도하는 아젠다이며, 대통령의 정책 선호가 가장 강하게 반영되는 분야이기 때문에 다른 어떤 분야보다 국정 운영 철학이 중요하다. 또한 남북관계는 북한의 대응뿐만 아니라 국내 정치와 미국의 대북정책 등 고려해야 할 요소가 매우 다양하기 때문에 돌출 변수가 발생하더라도 정책 기조를 일관적으로 유지해야 성과를 거둘 수 있다. 마지막으로 대통령의 이념은 정책 기조의 밑바탕인 동시에 관료들에게 정책 가이드로 기능하여 관료들의 과도한 일탈 행위를 제어할 수도 있다.

그러나 통일에 관한 고민과 철학이라는 기준에서 본다면 노무현은 아직 검증된 바가 없었다. 그는 '햇볕정책을 재검토해야 한다'[29]거나 햇볕정책 자체에 다음과 같이 문제를 제기하기도 했다.

"햇볕정책이라는 명칭에 문제가 있으며, 이 명칭은 앞으로 사용하지 않는 게 좋겠다. (······) 현 정부의 햇볕정책의 기조에는 동의하지만 정책 시행 과정에서 몇 가지 문제가 있고 한계에 봉착한 것 같다."(노무현 후보, 2002년 7월 23일 외신 인터뷰)[30]

하지만 대선 기간 동안 노무현은 김대중 정부의 대북정책을 계승하겠다는 의지를 여러 차례 밝혔으며 "남북대화 하나만 성공시키면 다 깽판 쳐도 괜찮다"는 말까지 하며 대중의 기대치를 높였다.[31] 9월 영남대 특강에서는 "미국 안 갔다고 반미주의자인가? 또 반미주의자면 어떤가?"라는 도발적인 질문으로 논란을 불러일으켰다.

이러한 발언은 노무현의 지지율 상승에 긍정적인 영향을 주었다. 노무현에게 지지를 보낸 이들은 변호사 시절 민주화운동에 동참한 노무현, 비주류로 꿋꿋이 살아온 노무현이 보수세력의 공세를 이겨내며 김대중 정부의 최대 치적이라고 할 수 있는 6·15공동선언을 실천해나가길 바랐다. 광주에서 시작된 '노풍'에는 분명 그런 의미가 담겨 있었다.

노무현의 당선에 결정적인 영향을 미친 것은 2002년 연말의 촛불시위와 대중의 변화된 인식이었다.

지방선거가 치러진 6월 13일 오전, 경기도 양주군의 한 지방도로에서 여중생 신효순, 심미선이 미 2사단 공병대 소속 궤도차량에 치여 그 자리에서 숨졌다. 인터넷에는 주한미군을 규탄하고 정부의 무기력한 대응을 비난하는 글이 이어졌고, 특히 미군의 군사재판 결과 무죄평결을 받고 떠나는 두 미군이 "한국은 살기 좋은 나라"라고 말한 것이 알려지면서 민심이 걷잡을 수 없이 폭발했다. 이를 계기로 한미주둔군지위협정(SOFA)의 불평등성이 다시금 도마 위에 올랐고, 그동안 이 사건에 무심했던 이들까지 항의 대열에 합류했다.

한 네티즌의 제안으로 시작된 촛불시위는 날이 갈수록 참가자 수가 늘어났다. 12월 2일에는 천주교정의구현전국사제단 소속 신부들이 살인 미군의 회개를 촉구하며 삭발과 함께 단식기도를 시작했다. 이들은 부시 미 대통령의 공개 사죄, 소파협정 전면 개정 등을 촉구하고 "점령군으로서의 미군을 반대"한다고 밝혔다. 12월 7일에는 촛불시위에 5만여 명이 모여 경찰 저지선을 뚫고 미국 대사관 앞을 포위했다. 항의의 물결은 12월 14일 시청 앞 광장에서 열린 범국민대회로 이어졌다. 연예인들도 연일 이어지는 촛불시위에 동참했다.

　투표일 직전에야 시위 현장을 찾은 것을 제외하고는 대부분의 시기를 촛불시위와 거리를 뒀던 이회창 후보에 비해 노무현 후보는 "반미면 좀 어떠냐", "미국에 그냥 사진 찍으러 가진 않겠다"라는 발언으로 집회 참여 시민들의 적극적 지지를 받았다. 같은 시기 북핵 위기로 불거진 한반도 전쟁 가능성이 확산되자, 국민은 대북 강경 입장을 밝힌 한나라당 대신 햇볕정책을 적극 승계하겠다고 선언한 노무현 후보[32]에게 표를 던졌다. 진보진영의 권영길 후보가 약 1백만 표(957,148표)를 득표했는데도 이회창 후보를 57만 표(570,980표) 차이로 누르고 당선[33]될 수 있었던 것은 당시의 이러한 시대적 상황이 노무현 후보 쪽에 유리하게 작용했기 때문이다. 즉, 국민은 6·15공동선언을 이행할 통일정책을 힘 있게 추진하라는 뜻에서 '햇볕정책의 승계자'라고 스스로를 밝힌 노무현에게 표를 던졌다고 볼 수 있다.

시작부터 좌충우돌 노무현 대통령

개성공단 착공식

2003년

1월	10일	북, NPT 탈퇴선언
2월	12일	IAEA, 북핵문제의 유엔 안보리 회부 관련 결의문 채택
3월	1~2일	3·1민족공동통일행사(서울 워커힐호텔)
	14일	노무현 대통령, 대북송금특검법 공포
4월	2일	이라크 파병 동의안, 국회 통과
	23~24일	핵문제 관련 베이징 3자회담
	27~29일	10차 남북장관급회담(평양)
5월	11~17일	한미정상회담(워싱턴)
6월	14일	군사분계선(MDL) 경의선–동해선 연결 행사
	15일	6·15공동선언 3돌 기념 민족통일대축전(분산 개최)
	30일	개성공단 착공식
7월	9~12일	11차 남북장관급회담(서울)
8월	4일	정몽헌 현대아산 사장 투신자살
	20일	4개 경협합의서 발효
	21~31일	대구유니버시아드대회에 북 선수단과 응원단 참가
	27~29일	1차 6자회담(베이징)
10월	6일	류경정주영체육관 개관식
	23~27일	제주 민족평화축전

본격화된 북미 핵 공방

"한 가지 분명한 사실은 (……) 부시 행정부는 그 실체도 불분명한 고농축우라늄 계획 의혹을 빌미로 대북 중유 공급을 중단함으로써 제네바합의를 파기하고 한반도 위기를 극단으로 몰고 가는 파행을 조장한 것이다."(임동원 전 통일부 장관)[1]

북한의 고농축우라늄 개발 의혹으로 시작된 '2차 핵위기'는 해가 바뀌면서 더욱 심각한 양상으로 바뀌었다. 1월 6일 국제원자력기구(IAEA)에서 북한의 핵 프로그램 폐기에 관한 결의안이 채택됐고, 한·미·일은 워싱턴에서 대북정책조정감독그룹(TCOG) 회의를 열어 북한에 신속한 핵폐기를 촉구했다. 이에 북한은 1월 10일 핵무기확산방지조약(NPT)을 탈퇴하고 전력 생산을 위해 원자로 발전소를 재가동한다고 발표했다. 여기서 NPT 탈퇴란 정확히 말하면 탈퇴의 '임시 정지'를 해제한 것이다. 북한은 1993년 3월 IAEA의 불공정성에 항의하며 NPT 탈퇴를 선언했는데, 그해 6월 북미 협상이 성사됨에 따라 탈퇴의 효력을 "필요하다고 인정하는 기간만큼 임시 정지"시킨 상태였기 때문이다.

서방 언론들과 남한 보수신문들은 연일 북한의 'NPT 탈퇴' 뉴스로 지면을 도배했다. 그들의 주장에 따르면 북한의 행위는 '갑작스러운 초강수'였고, '벼랑 끝 전술'이었으며, '국제사회에 대한 위협'이었다. 그런데 이러한 주장에는 두 가지 문제점이 있다. 첫째, 이들은 NPT 체제의 불완전성과 결함을 간과하고 북한의 NPT 탈퇴만을 문제 삼았다. 둘째, 이들은 문제 해결의 여지를 남긴 북한의 발표문 내용을 제대로 전달하지 않았다.

불완전한 NPT 체제

NPT는 회원국들 사이에 동등한 의무와 권리가 보장되지 않는 대표적인 불평등 조약이라는 비판이 꾸준히 제기돼왔다. 미국, 영국, 프랑스, 중국, 러시아 등 5대 강대국의 핵무기에 대해서는 사용 제한이나 감축, 폐기 등의 의무를 명시하지 않고 핵보유를 인정하는 반면, 핵 비보유국들의 평화적 핵 이용권에 대해서는 강력히 통제하기 때문이다. 즉, NPT가 의미하는 '핵무기확산방지'란 사실상 기존 핵보유국의 핵무기는 그대로 둔 채 핵 비보유국의 핵개발을 제한하는 것을 의미한다. NPT를 둘러싼 갈등이 발생하고 무용론까지 나오는 것은 이 때문이다. 또한 핵확산금지조약의 기본 원칙이 "핵무기가 없는 나라들이 핵무기를 보유한 나라들로부터 위협을 받지 않아야 하는 것"인데도 미국은 끊임없이 북한에 대한 핵 공격 옵션을 공언하고, 또 연습해왔다.

"1993년 3월 중순에는 수만 명의 미군이 한국에서 다시 전쟁연습을 벌이고 있었으며, 괌에서 B-1B 폭격기와 B-52가 날아들었고, 크루즈 미사일을 장착한 수척의 해군함정 등이 집결하였다. 그러자 북한은 핵확산금지조약에서 탈퇴할 움직임을 보였다. 핵확산금지체제의 기본 원칙은 핵무기가 없는 나라들이 핵무기를 보유한 나라들로부터 위협을 받지 않아야 하는 것인데, 소련의 붕괴 이후 한국 내에서 벌어지는 미국의 모의전쟁은 오로지 북한을 표적으로 삼고 있기 때문이다."(브루스 커밍스 시카고 대학 교수)[2]

또한 NPT는 이라크, 이란, 북한 등 제3세계 국가들에게 특별사찰까지 요구하며 핵개발을 제한하는 반면 이스라엘, 인도 등 친미 국가의 핵무장은 묵인해왔다. 그리고 NPT 제10조를 보면 "각 당사국은 당사국의 주권을 행사함에 있어서 본 조약상의 문제에 관련되는 비상사태가 자국의 지상 이익을 위태롭게 하고 있음을 결정하는 경우 본 조약으로부터 탈퇴할 권리를 가진다"고 명시되어, 조약을 탈퇴할 권리를 인정하고 있다.[3] 다시 말해 탈퇴 자체를 비난할 수는 없으며, 다만 탈퇴가 불가피할 정도의 비상사태였는지에 대해 따져볼 수는 있을 것이다.

보수언론이 무시했던 다른 하나는 북한이 NPT 탈퇴를 발표하는 동시에 핵문제를 평화적으로 해결하려는 원칙적 입장도 함께 천명했다는 사실이다. 북한은 정부성명을 통해 "우리는 핵무기 전파방지조약에서 탈퇴하였지만 우리의 핵 활동은 현 단계에서 전력 생산을 위한 평화적 목적에 국한된다. 우리는 미국이 적대시정책을 그만두고 핵위협을 걷어치운다면 핵무기를 만들지 않는다는 것을 조미 사이의 별도의 검증을 통하여 증명해 보일 수도 있다"고 밝혔다. 현 단계에서 핵무기를 개발하지 않고 있음을 밝히고, 나아가 핵사찰이 아닌 "별도의 검증"을 수용할 가능성까지 언급했던 것이다.

고조되는 전쟁 위기

당시 미국은 '대화'를 언급하기는 했지만, 실제로는 군사적 조치를 취하고 있었다. 먼저 미국이 북한의 '핵과 미사일 위협'에 관한 불확실한 정보를 동맹국들에게 흘리면, 한국과 일본 언론이 이를 받아 대대적으로 보도하며 대결 분위기를 조성했다. 또 미국은 이라크전에 대비해 중동으로 차출한 미군의 전력 공백을 메운다는 빌미로 또다시 한반도 주변에 병력을 증강했다.

2월 초부터는 핵문제를 "평화적으로 해결"하겠다는 그간의 입장에서 벗어나 미국 최고위 관리들이 군사력 사용을 언급하기 시작했다. 부시 대통령이 북핵문제를 해결하기 위한 "모든 선택이 테이블 위에 놓여 있다"고 말했고, 국무장관 파월은 상원 외교위원회에서 "북한을 침공할 의사는 없지만 어떤 군사적 선택도 배제하지 않고 있다"고 말했다. 국방장관 럼스펠드도 북한을 '테러리스트 정권'으로 규정하고, 필요하다면 이라크전쟁 준비를 수행하면서도 북에 대응할 수 있다고 경고했다. 이런 가운데 2월 5일 북한이 전력 생산을 위한 핵시설을 재가동한다고 발표하자, 12일에는 IAEA에서 북핵문제의 유엔 안보리 회부 관련 결의문을 채택했다. 북한은 미국이 대북 제재를 감행한다면 정전협정 의무 이행을 포기할 수 있다는 입장을 발표했다.

긴장된 상황이 지속되고 가라앉을 기미가 보이지 않자 시민들이 직접 미국의 대북적대정책과 이라크전쟁을 반대하는 목소리를 내기 시작했다. 그중 하나가 1월 말 존 볼턴의 방한을 반대하는 시민단체들의 연대 활동이었다. 미 국무부 군축 및 국제안보 담당 차관인 존 볼턴은 네오콘의 일원으로서 2002년 11월 워싱턴의 한 국제회의에서 "북한이 지구상에서 가장 성숙한 공격용 생물무기 프로그램 중 하나를 갖고 있다고 믿는다"고 말해 파문을 일으킨 인물이다. 그가 북핵문제의 유엔 안보리 회부 문제에 대한 협의를 위해 방한한다는 소식이 전해지자, 7백여 개 시민사회단체로 구성된 '전쟁반대 평화실현 공동실천'은 기자회견을 열고 그의 방한을 규탄했다. 1월 28일에는 대학생 5명이 서울 도심에서 단일기를 목에 걸고 존 볼턴 차관의 방한을 반대하는 기습시위를 벌이다 연행되기도 했다.

시민사회가 이렇게 직접 행동을 시작한 것은 미국발(發) 전쟁 위협이 피부에 와 닿았기 때문이기도 했지만, 동시에 정치권의 역할이 미미하기 때문이기도 했다. 특히 새로운 대통령 당선자와 정부는 대중의 기대에 못 미쳤을뿐더러 대통령 선거 전과는 다른 모습을 보이고 있었다.

촛불과 햇볕을 꺼뜨리다

촛불시위의 수혜자였던 노무현 후보는 당선 직후인 2002년 12월 28일의 여중생 유가족 및 범대위와의 면담에서 "촛불시위를 자제해달라"고 요청했다. 또 그는 "자주에도 친미적 자주가 있고, 반미적 자주가 있을 것"이라며 "그간 역사적으로 반미적 자주가 이야기됐으나, 미래적 의미에서 본다면 친미적 자주가 되어야 한다고 본다"고 말했다. 그뿐만 아니라 노무현 정부는 출범 직후부터 범대위 관계자들에게 소환장을 보내 사법 처리 가능성을 시사했고, 얼마 후에는 기자회견 중인 범대위 관계자들을 폭력적으로 연행했다.

분명 후보 시절 노무현은 상대적으로 미국에 덜 의존하는 정치인으로 보였고, 대중의 반전 평화에 대한 요구를 충분히 이해하는 것처럼 보였다. 그러나 대선후보 시절의 유명한 발언인 "미국에 사진 찍으러 가지 않겠다"는 당선 후 "가급적 빠른 시일 내에 미국을 방문하겠다" (2003년 1월 17일, 미국과 유럽 상공회의소 관련자 간담회 연설)로 바뀌었다. 물론 2월 13일에는 당선자 신분으로 한국노총을 찾아 "(미국과) 다른 것은 달라야 하고 다른 것은 조율, 전쟁 위기를 막아야 한다"고 말했지만, 이 발언은 이후의 오락가락하는 언행 중 하나였을 뿐이다.

특히 주목해야 할 부분은 노무현 대통령이 대미 특사로 파견했던 정대철 의원이 미국에서 한 발언이다. 당시 민주당 추미애 의원에 따르면, 정대철 특사단장은 햇볕정책을 폐기하겠다는 발언을 여러 차례 했다고 한다.

"저는 왜 그것을 아느냐? 저는 지난 2월 북핵 위기가 발발했을 때 노무현 대통령 당선자가 보내는 대미 특사로서 몇 분의 의원과 다른 위원들과 함께 가게 됐습니다. (……) 정대철 당시 특사단장이 서둘러서 그것을 진화를 하고 싶어서 시시때때로 '우리는 햇볕정책을 폐기할 것입니다. 그것을 답습하지 않을 겁니다' 그런 얘기를 해버렸습니다."(추미애)[4]

노무현 대통령의 이런 급작스러운 변화는 당시 미국의 '노무현 길들이기'와 무관하지 않았던 것으로 보인다. 우선 미국 언론들이 대선 직후부터 일제히 당선자의 대미관과 햇볕정책 등을 공격하기 시작했다.《월스트리트 저널》은 12월 20일 '한국의 슈뢰더'라는 제목의 기사에서 "노무현 당선자가 미국의 외교정책과 반대되는 공약을 제시했다", "실패한 정책인 햇볕정책을 그대로 유지하려는 점이 우려된다"고 보도했다.《워싱턴 포스트》도 12월 22일자 사설에서 노 당선자가 미국과의 신중한 공조와 타협을 통해 북한 핵문제를 해결해나가야 한다고 촉구했다. 상대적으로 진보적이라고 평가받는 《뉴욕 타임스》도 사설을 통해 "노 당선자의 선거 승리는 미국에 도전이 된다는 것을 부인할 수 없다"고 지적했다.[5]

또 하나의 압력은 미국의 신용평가기관인 무디스의 신용등급 하향 조정이었다. 1월의 현지조사에서 만족하고 돌아간 무디스 관계자들이 2월 11일 갑자기 '북핵 위기'를 내세워 국가 신용등급을 하향 조정한 것이다.[6] 그 밖에도 외국인 투자자들이 노무현 당선자의 재벌정책과 노동시장정책에 대해 우려하고 있다는 보도들이 줄을 이었다.

소극적인 대북정책

2월 25일 취임식에 즈음하여 대통령직 인수위원회에서는 '평화번영정책'이라는 이름의 통일·외교·안보정책을 공개했다. 평화번영정책은 한반도의 평화 증진과 남북 및 동북아의 공동번영 추구를 목표로 하며, 이를 실현하기 위한 3대 추진전략으로 '북핵문제 해결, 한반도 평화체제 구축, 동북아 경제중심국가 건설'을 제시하고 있었다. 정부는 '대화를 통한 문제 해결', '상호 신뢰 우선과 호혜주의', '남북 당사자 원칙에 기초한 국제협력', '국민과 함께하는 정책' 등 네 가지 추진 원칙에 입각 대북정책을 단계적으로 추진하겠다고 발표했다. 대북정책의 단계적 추진이란 "1단계: 북핵문제의 해결과 평화증진 가속화 → 2단계: 남북 협력 심화와 평화체제의 토대 마련 → 3단계: 남북 평화협정 체결과 평화체제의 구축"으로 요약된다.

평화번영정책의 가장 큰 특징은 통일이 아니라 '평화'를 달성하는 것을 제일 중요한 목적으로 삼고 있는 점이다. 이 정책의 3단계는 '남북 평화협정 체결과 평화체제의 구축'에서 끝나며, 평화번영이 "평화통일의 기반을 조성"하는 것을 포함한 개념이기는 했지만 통일에 초점을 맞춘 것은 아니었다. 물론 냉전체제를 해소하고 한반도에 평화를 실질적으로 정착시킴으로써 남북이 공동번영의 길로 들어선다는 것은 바람직한 목표이다. 그러나 통일선언인 6·15공동선언이 발표되고 남북관계가 급진전되고 있는 상황이었던 점을 감안하면 햇볕정책의 승계를 천명하며 등장한 정권의 통일정책치고는 소극적이었다.

"노 대통령과 나의 대북관은 철학적으로 볼 때 완전하게 일치하지는 않았다. 2005년의 어느 공휴일이었다. 관저에서 대통령께 보고를 끝내고 이런저런 대화를 나누다가 남북관계 얘기가 나왔다. 대통령은 불쑥 내게 말했다. '나는 이 차장이나 (이해찬) 총리하고 생각이 달라. 두 사람은 통일이 목표지만 나는 평화가 목표야.' (……) 내가 아는 한 대통령의 지상 과제는 통일이 아니라 평화와 공동번영이었다. 대통령은 남북 간에 대결관계를 종식하고 평화를 정착하여 공동번영을 실현하는 데까지가 우리의 소명이라고 생각했다. 통일 여부는 후대가 알아서 판단할 일이라는 인식이었다."(이종석 전 통일부 장관)[7]

그러나 한반도에서 통일이 전제되지 않은 '평화'란 한계가 명백하다. 분단 상태를 그대로 두고 안정을 추구한다는 의미의 평화는 공고한 것이 되기 어렵다. 남북이 긴장 완화와 분쟁 방지를 추구한다 하더라도, 통일을 목표로 함께 나아가지 못할 경우 서로의 이해관계나 국제관계

위기의 남북관계

에 따라 언제든 상황이 반전될 여지가 있기 때문이다. 역사적으로도 미국과 보수세력이 말하는 '평화'란 남북관계가 생략된 것으로, 압도적인 군사적 우위로 북한을 압박하는 현상유지 혹은 분단 고착화의 다른 표현에 불과할 때가 많았다. 한반도에서 항구적 평화는 통일로 나아가는 과정에서만 실현 가능하다.

북핵문제와 남북관계 연계

노무현 정부는 북핵문제 해결의 기본 원칙으로 '북핵 불용', '대화를 통한 평화적 해결', '대한민국의 적극적 역할'을 제시했다. 아울러 북한의 핵과 미사일 문제가 평화적으로 해결되면 북한에 대규모 경제지원을 단행하고 한반도경제공동체와 동북아경제협력체를 추진한다고 밝혔다. 그런데 핵과 미사일 문제가 평화적으로 해결되고 나서 경제지원을 한다는 것은 김대중 정부 대북정책의 핵심인 정경분리 원칙을 뒤집은 것이었다.

핵문제 해결과 경제지원을 연계한다는 입장은 노무현의 대통령 취임사에서도 아래와 같이 제시된다.

"북한의 핵무기 개발 의혹은 한반도를 비롯한 동북아와 세계의 평화에 중대한 위협이 되고 있습니다. 북한의 핵개발은 용인될 수 없습니다. 북한은 핵개발 계획을 포기해야 합니다. 북한이 핵개발 계획을 포기한다면, 국제사회는 북한이 원하는 많은 것을 제공할 수 있을 것입니다. 북한은 핵무기를 보유할 것인지, 아니면 체제 안전과 경제지원을 약속받을 것인지를 선택해야 할 것입니다."

취임사의 대북 메시지는 북한에 일방적으로 핵 포기를 요구하는 미국의 주장과도 흡사했다.

더구나 노 대통령의 취임사에는 '동북아 시대'와 '평화 정착'이라는 표현이 있을 뿐 '민족'과 '통일'이라는 단어는 없었다. 심지어 6·15공동선언도 전혀 언급되지 않았다. 반면 한미동맹 50주년에 관련해서는 "우리는 한미동맹을 소중히 발전시켜나갈 것입니다"라고 언급했다. 남북 관계에만 한정해서 본다면 노 대통령의 취임사는 "어떠한 우방도 민족보다 우선할 수는 없다"고 밝혔던 김영삼 전 대통령의 발언보다 못했다.

대북송금특검

취임사에서 6·15와 통일을 한 번도 언급하지 않은 노 대통령은 집권 초반부터 대북송금특검 수용으로 지지자들을 다시금 아연하게 만들었다. 대북송금특검사건은 노무현 정부 초기의 남북관계를 결정지었을 뿐 아니라, 보수세력이 남북관계의 진전을 중단시키기 위해 어떻게 움직였는지를 잘 드러내주는 매우 중대한 사안이었다. 특검 결과가 미친 파장도 엄청났다.

첫째, 노무현 정부는 대북송금특검으로 6·15공동선언에 큰 상처를 입혔고, 민족의 통일을 위한 노력과 결단을 사법적 심판의 대상으로 만들었다. 둘째, 특검은 남북 대화와 경협 사업에 관한 부정적 이미지를 유포해 민족 전체의 이익에 심대한 손상을 입혔다. 셋째, 특검 수용 이후 국내의 통일세력이 분열되었고 보수세력은 기사회생했다. 이 시기에 훼손된 남북관계를 정상화하기 위해 남북은 많은 비용을 치러야 했으며, 특검 수용의 여파로 남북정상회담 역시 조기에 이루어질 수 없었다.

대북송금 문제는 2002년 3월 미국 의회조사국의 래리 닉시 선임연구원이 의회에 제출한 보고서에서 처음 제기됐다. 국내에서는 《월간조선》 2002년 5월호가 이 내용을 받아서 보도했으며 대선을 3개월쯤 앞둔 시점에 한나라당 의원들이 다시 제기했다. 그 골자는 6·15정상회담 직전에 현대상선이 산업은행으로부터 당좌대월을 받아 4억 달러를 북한에 비밀리 송금했다는 것이다. 한나라당은 대북송금이 '정상회담의 대가'이며 편법적으로 이뤄졌다고 주장했다. 그러자 김대중 전 대통령과 현대 측에서는 북한이 대규모 개발 사업의 독점권을 30년간 현대에 보장한 데 대한 대가라고 반박했다. 그 무렵 남북관계는 급진전하고 북한과 일본 사이에도 대화가 이루어지고 있었기 때문에, 난데없는 대북송금 의혹설은 정세 반전을 위한 미국과 한나라당의 노림수라는 분석이 설득력 있게 받아들여졌다. 어쨌든 한나라당이 대선 이슈로 대북송금 문제를 제기했을 때는 일부 보수층 결집 이상의 효과를 거두지 못했다.

"과연 무엇이 문제인가? 우리는 우선 대북송금 4억 달러의 최초의 발설자가 국내 정가의 인물이 아닌 미국 의회조사국연구원, 래리 닉시라는 미국인이었다는 사실부터 주목할 필요가 있다. 다시 말해서 이 단순한 사실은 발설자의 배후 조종 세력들이 남북 간 경제협력의 직접적 대화 채널을 달갑게 생각하고 있지 않다는 것을 입증한다는 것이다. 지금 특검제를 도입하여 대북송금의 진상을 밝힌다고 하는 것은 바로 1989년 1월 평양의정서로부터 시작하여 2000년 8월에 조인한 경제협력사업권에 관한 합의서에 이르기까지 기나긴 시간 동안에 구축된 현대아산의 대북 경제 채널을 궤멸시키려는 국제적 음모의 일환으로 간주될 수밖에는 없는 것이다."(도올 김용옥)[8]

일이 커진 것은 대선 후 한나라당이 특검을 요구하고 노무현 당선자와 그 측근들이 예상 외로 적극적인 반응을 보이면서부터였다. 돌이켜 보면 노무현 당선자와 그 측근들은 이미 공개석상에서 특검 수용을 시사하는 발언을 적지 않게 하고 있었다. 1월 30일 《오마이뉴스》는 현대상선이 산업은행으로부터 대출받은 4천억 원 중 2235억 원을 북한에 송금했다는 사실을 특종으로 보도했다. 며칠 뒤인 2월 3일에는 "진상은 밝혀져야 한다"는 노무현 당선자의 언급이 있었다.[9] 노무현의 측근인 민주당 이상수 사무총장은 2월 4일 교통방송과의 인터뷰에서 "국정조사는 정쟁화할 가능성이 있고 일반 검찰 수사는 검찰의 중립성이 훼손될 가능성이 있다"며 "특검제를 수용해 빨리 끝내는 것이 좋다"는 입장을 밝혔다.[10] 김대중 대통령의 측근이었다가 신정부의 대통령 비서실장으로 내정된 문희상 역시 국회 진상조사의 필요성을 언급했다.

이른바 민주당 신주류 정치인들도 나서서 김대중 전 대통령을 공격했다. 신기남 의원은 "진실을 밝히고 국민의 처분을 기다려야 한다. 추가 해명을 안 하면 특검으로 가게 되고 결국 다 밝혀진다"고 주장했고, 김경재 의원은 "대북송금 방법이 적절했는지, 김대중 대통령 보좌진의 오도(誤導)는 없었는지 등을 면밀히 따져야 하며 그 과정에서 몇 사람 사법 처리는 불가피하다"고 말했다.

특검법안에 대한 거부권 행사를 거부하다

대통령의 취임 당일인 2월 25일부터 국회는 한나라당이 제안한 대북송금 특검법안을 둘러싼 대립으로 얼룩졌다. 이튿날 한나라당과 자민련은 민주당이 불참한 가운데 본회의를 열어 특검법안을 변칙 처리했다.

물론 노 대통령은 거부권 행사라는 카드를 쓸 수 있었다. 여당이던 민주당도 의원 총회에서 '조건부 거부권 행사'를 의결해 청와대에 전달했다. 그도 그럴 것이 정상 간의 비밀 회담, 그것도 민족 내부의 비밀 회담을 현행법으로 조사한다는 것은 세계 역사상 유례없는 일이었다.

그러나 노 대통령은 3월 14일 임시 국무회의를 열어 대북송금특검법을 원안대로 공표했다. 그가 많은 사람의 예상을 깨고 특검법을 수용한 이유와 관련해서 한 언론이 흥미로운 사실을 보도했다. 우선 3월 6일 노 대통령이 13명의 '개혁진영 원로'에게 특검법에 관한 의견을 구했는데, 참석자 대부분이 특검 거부 의견을 전달했으나 경북의 류강하 신부만은 "대구·경북 여론은 특검제를 실시하자는 것이다"라고 수용론을 폈다. 3월 14일 임시 국무회의도 비슷하게 진행됐다. 장관 6명이 특검법 수용에 반대했으나 부산 동아대 교수 출신인 허성관 해양수산부 장관만은 "거부권을 행사하면 정국이 파탄난다. 상생의 정치를 해야 한다"며 찬성 의견을 피력했다.[11]

"특검 수용 문제가 국무회의 안건으로 상정되자 법률문제 소관 부처인 법무부 장관이 먼저 법무부의 공식 검토 결과를 토대로 발언했습니다. 강금실 법무부 장관은 특검 수용 반대 의견을 냈어요. 그리고 이어서 담당 부처 장관인 제가 발언했습니다. '이건 절대로 안 됩니다. 취임사에서 햇볕정책을 계승·발전시킨다고 한 대통령의 정부가 특검을 수용하면 어떡합니까? 대내외적으로 대통령의 신뢰까지 손상되는 문제입니다'라는 취지로 반대론을 폈죠. 그러자 김대중 정부 시기 남북장관급 회담 차석대표였고 남북경제협력추진위원회 위원장을 지낸 윤진식 산자부 장관이 바로 제 말을 받아서 반대 의견을 냈어요. 그리고 지은희

여성부 장관, 한명숙 환경부 장관 순으로 반대 의견이 계속 나오는데 갑자기 몇 자리를 건너뛰어 허성관 해양수산부 장관이 딱 손을 들더니 '부산 여론은 그렇지 않습니다'라고 발언하는 겁니다. 그러니까 노무현 대통령이 거기서 딱 얘기를 끊더군요. '알았습니다. 내게 생각이 있습니다' 하고 더 이상 토론을 못 하게 했어요. 결국 특검을 수용하는 걸로 결론이 났습니다. 실망스러웠습니다."(정세현 전 통일부 장관)¹²

즉, 노 대통령은 부산·경남과 대구·경북 등 영남의 지역 정서를 대변하는 집권세력 내 '소수 의견'을 선택한 셈이다. 특검 수용을 통해 그는 전 정권과의 차별성을 부각시키면서 한나라당과 영남에 손을 내밀려 했다. 실제로 그는 특검법을 공표하면서 "한나라당이 특검법에 관한 약속을 지킬 것으로 본다"며 "이번 결정이 여야 간 신뢰를 성숙시키는 계기가 될 것"이라는 말을 남겼다. 유인태 청와대 정무수석은 한나라당 당사에 찾아가 "(특검 수용이라는) 큰 선물을 드렸으니 앞으로 잘 부탁한다"¹³고 인사까지 했다.

당시 청와대 민정수석 자리에 있었다가 훗날 대선에 출마한 문재인은 노 대통령이 원래 '통치 행위'를 내세워 특검을 거부할 생각이었다고 주장하면서 이렇게 변명했다.

"다만 통치 행위를 주장하려면 전제가 하나 있었다. 그것은 김대중 대통령께서 그 일을 지시했거나, 하다못해 사전에 보고받고 허용 혹은 묵인했다는 사실을 인정해줘야 했다. 그래야만 김 대통령의 결단에 의한 고도의 통치 행위를 주장할 수 있었다."¹⁴

김대중 대통령이 대북송금특검에 관해 몰랐다고 해버렸기 때문에 통치 행위를 주장할 여지가 없어졌다는 것이 문재인의 주장이다. 하지만 김대중 대통령은 2월 14일 대국민담화에서 현대의 대북송금이 한반도 평화와 국익에 도움이 된다고 판단하여 결정했다는 말로 사실상 통치 행위를 인정했다.

"정부는 남북정상회담의 추진 과정에서 이미 북한 당국과 많은 접촉이 있던 현대 측의 협조를 받았습니다. 현대는 대북송금의 대가로 북한으로부터 철도, 전력, 통신, 관광, 개성공단 등 7개 사업권을 얻었습니다. 정부는 그것이 평화와 국가 이익에 크게 도움이 된다고 판단했기 때문에 실정법상 문제가 있음에도 불구하고 이를 수용했습니다."(김대중 전 대통령)**15**

문재인 본인의 언론 인터뷰를 보더라도 통치 행위의 인정 여부 때문에 특검을 수용했다는 말은 신뢰성이 떨어진다.

"(대북송금사건에 대한 관련자들의 사과와 해명이) 충분하지 않다고 보니까 특검이 나온 것 아닌가요. 저 또한 충분하지 않다고 봅니다. 이번 특검이 국익에 손상을 준다고 하는데 과연 얼마나 손상이 오는지 그 내용을 모르겠어요. (……) 근본적으로 다 규명돼야 합니다. 책임 있는 인사들은 지휘 고하를 막론하고 응분의 책임을 져야죠."(문재인 전 청와대 민정수석)**16**

또 문재인은 검찰 수사보다 특검이 남북관계에 상처를 덜 입힐 것이라고 판단했다는 이유를 들고 있는데, 노 대통령이 당선 직후 대북송금과 관련하여 검찰 수사를 주문한 사실을 본다면 이 역시 왜곡에 가깝다.

2003년 1월 8일 한나라당이 대북지원설 등에 관한 국정조사와 특검제 실시를 요구했는데, 이때 당선자 신분이었던 노무현이 뜻밖에도 "검찰의 소신 있는 수사"를 주문했기 때문이다. 게다가 노 대통령은 나중에 대선자금 차떼기 특검은 끝까지 거부했으며 측근 비리, 삼성 X파일 등의 특검은 거부 의사를 밝히다가 여론에 밀려 겨우 받아들였다. 정치인 노무현은 유독 대북송금특검만을 선뜻 수용했던 것이다.

"대가성이 아니었다"

이제 특검의 진행 과정으로 넘어가보자. 대통령의 전격적인 특검 수용으로 특별검사팀이 구성되어 4월 중순부터 70일간 수사가 진행됐다. 특검은 수사 초기부터 형사 처벌을 최소화하겠다고 밝혔는데도 불구하고 정상회담 성사 과정에서 큰 역할을 했던 인물들을 차례로 법정에 세웠다. 이근영, 이기호, 박지원 등이 구속되었고 임동원과 정몽헌은 불구속 기소됐다.

그러나 현대그룹의 대북송금과 정상회담 사이의 대가성을 입증하기 어려워지자, 사안과 관련 없는 박지원 전 비서실장의 150억 원 뇌물 수수설이 불거졌다. 대검 중수부의 '기획 수사'에 걸려든 박지원은 1년 5개월 동안 수형 생활을 하게 된다. 그가 복역 중 안압강하제 복용에 따른 부작용으로 쓸개 제거 수술을 받았을 때도 노무현 정부는 병보석조차 허락하지 않았다. 박지원은 2006년 9월에 가서야 대법원에서 무죄 선고를 받았다. 당시 검찰에서 박지원 수사를 담당한 인물은 노 대통령과 문재인 민정수석의 사법고시 동기인 안대희 대검 중수부장이었다. 그는 나중에 박근혜 정부의 총리 후보자로 내정됐다가 낙마했다.

  사실의 왜곡을 바로잡기 위해 금전 문제를 한번 살펴볼 필요가 있다. 특검의 수사 결과 발표에 따르면, 김대중 정부가 정상회담 개최를 합의하면서 북한에 지원하기로 한 돈이 1억 달러였고, 여기에 현대의 경협 사업독점권 비용 4억 달러를 합쳐 총 5억 달러가 송금됐다. 그중 정부가 현대상선을 도와 비밀리에 환전하고 송금한 돈이 2억 달러였다.

  그런데 정부의 지원금 성격을 띠는 1억 달러는 다음의 사례를 감안하면 그리 큰돈이 아니었다. 과거 노태우 정부는 1989년 2월 헝가리와 수교하면서 6억 달러 이상을 지원했고, 1991년 한소정상회담을 하면서 러시아에 30억 달러를 지원했다. 중국과 수교하면서도 그에 상당한 경제적 지원을 했다고 알려져 있다. 김영삼 정부는 북의 경수로 건설자금으로 약 34억 달러를 부담하기로 약속한 바 있고, 1994년 남북정상회담 개최에 합의하면서는 쌀 50만 톤을 지원할 수 있다는 내부 계획을 세웠으며 실제로 쌀 15만 톤을 지원했다. 노무현 정부 역시 2003년 5월 경추위에서 북에 쌀 40만 톤(약 8억 달러에 해당함)을 지원하기로 했다. 그런데 이 중 어느 것도 특검의 대상이나 실정법의 심판 대상이 되지는 않았다. 그렇다면 2000년 북에 송금된 1억 달러 역시 남과 북이 새로운 시대를 열기 위해 투자한 비용이라고 보는 것이 타당할 것이다.

  그리고 현대가 북한에 보낸 4억 달러는 이른바 '7대 경제협력 사업'의 독점권에 대한 대가였다. 7대 경협 사업에는 철도, 통신, 관광 등 대단히 광범위한 기간시설 조성 사업이 포함된다. 고작 4억 달러로 그 광범위한 사업의 30년 독점권을 따냈다는 것은 일반적인 국가 간 거래에서는 상상도 못 할 일이다. 이러한 협상 내용은 민족의 화해협력에 공로를 세운 정주영 회장과 현대를 배려해서 북한 당국이 특혜를 부여했던 것으로 추측되며, 그렇다면 이는 범죄시할 게 아니라 오히려 민족의 경사로 보아야 할 일이다. 또한 북한과 계약을 체결한 현대가 이러한 대규모 개발계획을 정부의 도움 없이 독자적으로 추진하기란 현실적으로 불가능하다. 특히 국가보안법 등의 실정법이 남북의 민간 교류를 제약하고 있어서 정부 지원이 필수적이었기 때문에, 김대중 정부가 정치적 판단에 의거해 현대의 송금에 편의를 제공했던 것이다.

"현대가 4억 불을 북에 송금하기로 합의했다는 사실을 보고받고 화를 냈지만 4억 불의 대가로 돌아오는 일곱 가지 사업 내용을 보니 수긍이 갔다. 나는 수에즈 운하 주식을 몰래 사들여 동방 항로를 확보한 디즈레일리(Benjamin Disraeli) 영국 총리가 생각났다. 이집트가 돈이 궁해서 수에즈 운하 주식을 팔려고 한다는 정보를 입수한 디즈레일리 총리는 이를 극비리에 매입하기로 했다. 수에즈 운하를 프랑스가 지배한다면 영국에 심대한 타격이 있을 것은 명백했다. 막대한 구입자금이 문제였다. 당연히 의회의 승인을 얻어 예산을 확보해야 하는데 그럴 경우 프랑스에 알려지고 국제분쟁이 일어날 수도 있었다. 총리는 당시 가장 큰 재벌인 로스차일드(Rothschild) 회사에서 돈을 차입하여 아무도 모르게 수에즈 운하 경영권을 확보했다. 나 역시 진정한 국익이 무엇인가를 따져 결심했다. 남과 북이 화해와 협력의 길을 열 수만 있다면 무슨 일인들 못 하겠는가."(김대중 전 대통령)[17]

특검도 이러한 사실관계를 전면 부인하지는 못했다. 특검은 최종적으로 대북송금의 성격을 "7대 경협사업권에 대한 대가"라고 규정하고, "정상회담과의 연관성을 부인할 수 없다고 판단"했다는 결론을 공개했다. 그러나 언론은 대북송금이 정상회담 대가라는 결론이 나온 것처럼 단정적으로 보도해 대중의 인식을 흐려놓았다. 신문지상에는 〈돈으로 산 정상회담〉, 〈추잡한 뒷거래〉, 〈'경협자금' 주장은 모두 거짓말〉 따위의 기사들이 난무했다.《조선일보》와《동아일보》의 6월 26일자 사설 제목은 각각 '역시 돈 주고 산 정상회담이었나', '돈 주고 산 정상회담이었으니'였다. 특검팀의 송두환이 기자간담회를 열어 "수사 발표 어디에도 '대가'라는 단어는 안 썼다"고 해명할 정도로 언론의 왜곡은 극심했다.[18]

"송두환 특검팀이 4월 17일부터 6월 25일까지 2000년 6월 남북정상회담 성사 경위와 대북송금 과정에 대한 광범위한 수사를 벌였습니다. 대북송금은 남북정상회담 후 금강산 관광 외에 대북 사업을 더 확대하려는 현대아산 차원에서 일어난 일이지 남북정상회담 성사를 위한 대가성은 아니었다는 것이 특검의 결론이었습니다."(정세현 전 통일부 장관)[19]

특검 수용의 상처는 그것만이 아니었다. 8월 4일 대북송금 문제로 재판을 받던 정몽헌 현대아산이사회 회장이 투신자살로 삶을 마감하는 충격적인 사건이 발생했다. 특검 수용 후에도 개성공단 개발과 금강산 육로 관광 사업을 위해 미국, 일본, 북한을 오가며 의욕적으로 활동하던 정몽헌 회장이 검찰 수사를 견디지 못하고 죽음을 선택한 것이다. 정몽헌 회장에 대한 검찰 수사 과정에서 전화번호부 같은 두꺼운 책으로 머리를 때리는 등의 가혹 행위와 인격모독 행위가 있었다는 의혹도 제기됐다.[20] 민족의 중대사를 앞장서서 성사시킨 인물들이 그토록 가혹한 수난을 당한다는 것은 남북관계에 큰 타격이 될 수밖에 없었다. 정몽헌 회장의 죽음은 모두에게 매우 불행한 일이었다.

공동선언을 범죄로 만든 특검

노무현 정부는 대북송금특검 수용으로 6·15공동선언에 큰 상처를 입히고 남북관계를 훼손했으며 그 영향은 실로 막대했다.

첫째, 대북송금특검은 민족의 통일을 위한 노력과 결단을 사법적 심판의 대상으로 만들었다는 점에서 역사적 퇴보를 초래했다. 대법원은 "남북정상회담은 통치 행위에 해당하지만 정상회담 개최 과정에서의 대북송금은 사법 심사의 대상"라고 판결했는데, 이러한 논리는 남과 북이 특수 관계로서 통일을 지향하는 과정에 있다는 사실을 망각하고 법 조항들을 기계적으로 적용한 것이었다. 남북정상회담이 전 민족의 이익을 위한 역사적 결단으로 그 자체가 실정법을 뛰어넘는 고도의 정치적 행위였다는 것이 무시된 것이다.

"특검은 평화통일이라는 대통령의 헌법상 의무는 무시한 채 단지 헌법의 하위법인 남북교류협력법 등에 따른 절차적 정당성이 확보되지 않았다는 이유만으로 연관성을 긍정했다. 통일 비용에는 수긍하면서도 비용 지출이 통일의 전 단계에서도 이루어질 수 있으리라는 점은 애써 부정했다."(최재천 전 국회의원)[21]

과거 대법원은 1981년 대통령의 비상계엄 선포라든가, 2000년 김영삼 대통령의 아들 김현철의 특별사면과 관련해서 "사법 심사의 대상이 아니다"라고 비켜나갔지만, 유독 남북관계에 대해서는 엄격한 잣대를 적용했던 것이다.

또한 한나라당과 노무현 정부는 국민의 알 권리와 대북정책의 투명성을 내세워 특검을 수용하고 정상회담 관계자들을 사법 처리했다. 그러나 특검 논란 와중에도 북미와 북일의 비공식 접촉 사실이 언론에 보도되고 있었으며, 비공식 접촉으로 처벌받은 당국자는 없었다. 게다가 남북관계에서는 합의 내용이나 발표 시기 등 일정 기간 동안 보안을 지켜야 할 일이 비일비재하다는 점에서 모든 대북정책에 '투명성' 원칙을 기계적으로 적용해서는 곤란하다. 원내 1당의 지위를 점하고 있는 상황에서, 모든 사안을 국회 동의를 받고 추진하라는 한나라당의 주장은 사실상 햇볕정책에 대한 거부 선언이었다.

'투명성'이 중요하다고 강조했던 노무현 대통령 본인도 후일 그 약속을 깨뜨렸다. 2006년 10월, 북의 핵실험 후 남북관계가 완전히 경색됐을 때 대통령의 최측근인 안희정은 베이징에서 북한 인사를 비밀리에 만나 정상회담을 제안했다. 특검 수용의 논리로 보자면 노무현 대통령 자신이 금과옥조처럼 말했던 '투명성'의 원칙을 어긴 점도 문제였지만, 공식 직함이 없던 측근을 내세워 남북관계를 사적 라인에서 조율하려 한 것은 더 이상한 일이다.[22] 또한 노 대통령은 2006년 11월에 조심스레 정상회담을 추진해보겠다는 김만복 국정원장의 건의를 수용한 바 있다.[23] 이러한 행태는 이중잣대로밖에 표현할 수 없다.

둘째, 특검은 남북 대화와 경협 사업에 관한 부정적 이미지를 유포해 민족 전체의 이익에 심대한 손상을 입혔다. 2000년 남북정상회담이 마치 비리 의혹과 결부된 비정상적 정치 행위인 것처럼 부각되는 상황은 당연히 남북의 신뢰를 망가뜨리는 결과를 낳았다. 특검 후 한동안 남북 관계는 한 걸음도 앞으로 나가지 못했고, 하마터면 금강산이나 개성공단과 같은 협력 사업도 좌초될 뻔했다. 김대중 정권의 대북정책을 계승하겠다는 약속은 파기된 것이나 다름없었다.

사실 현대의 금강산 관광 사업은 남북 교류협력의 물꼬를 튼 것일 뿐만 아니라 '분단 50년의 장벽을 허문 역사적 대사건'으로 평가받았다. 정치적으로는 남북 간 긴장 완화와 신뢰 구축에 기여했고, 경제적으로는 민족경제의 균형적 발전에 기여했으며, 사회·문화적으로는 민족의 동질성 회복을 위한 접촉과 교류협력의 창구 역할을 했다. 이런 점에서 현대의 7대 경협 사업은 오히려 정부와 사회가 나서서 적극 지원해야 할 일이었다. 노무현 정부가 말한 동북아시대 구상을 현실화하기 위해서라도 남과 북은 서로의 역량을 총동원해 민족경제를 빠르게 발전시켜야 했다. 그러나 특검은 남북경협의 공로자들을 범죄자로 취급하고 경협에 대한 여론을 악화시켰다. 남북 대화와 경협은 뒷거래에 의한 떳떳치 못한 행위로 왜곡되고, 북한에 대해서는 돈을 목적으로 경협에 나섰다는 식의 부정적인 이미지가 덧씌워졌다.

특검이 시행된 후에 기세등등해진 한나라당은 1999억에 달하는 2003년분 금강산 정부지원금을 동결시켰다. 결국 대북송금특검의 최대 수혜자는 금강산 관광 사업을 포함한 남북 교류를 못마땅해하던 미국과 보수세력이었다. 그래서일까. 정몽헌 회장은 가족들과 함께한 마지막 식사 모임에서 이렇게 말했다고 한다.

"우리가 부시 뒷다리만 잡고 가면 패망할 텐데. 남북이 서로 이해하고 화합하고 자주적으로 문제를 풀어야 할 텐데. 핵 포기의 해법은 경협밖에 없는데……."[24]

셋째, 특검은 햇볕정책의 지지세력을 분열시키고 수구·보수세력의 기사회생을 도왔다. 2002년 대선에서 노무현이 호남의 전폭적인 지지를 얻어 민주당 후보가 되고 대통령에 당선된 과정은 오랜 지역감정을 극복할 수 있다는 희망을 보여주었다. 그러나 당선 직후부터 노무현과

아기의 복남관리

청와대의 주된 관심은 신당 창당에 있었다. 노무현 대통령과 영남 출신의 386참모들은 대선 때 자신을 뒤흔든 후보단일화협의회 인사들과 구동교동계가 주도권을 장악한 민주당으로는 자신들이 바라는 전국 정당을 실현할 수 없다고 생각했다. 그래서 그들은 민주당을 '지역주의 부패 정당'으로 몰아가면서 신당 창당에 본격적으로 뛰어들었다.

실제로 특검을 계기로 민주당 잔류세력과 신당세력의 분열은 기정사실이 됐다. 민주당의 신구주류 중도파가 전당대회 개최를 위해 벌이던 협상은 결렬되고, 민주당 내 영남권 지구당 위원장 30여 명이 신당 창당을 위한 탈당 의사를 표시했다. 민주당 분당에 앞장선 신기남은 "호남 소외론이 더 확산되고, 구주류가 신주류를 더 공격해야 한다"며 "호남 쪽이 흔들흔들해야 영남 유권자들로부터 표를 달라고 할 수 있다"는 말로 속내를 드러냈다. 개혁당 의원 유시민도 민주당 해체 작업에 본격적으로 뛰어들었다. 이들이 노리는 바는 차기 총선에서의 전국 정당화였고, 이들에게 전국 정당화란 탈호남을 통한 영남에서의 지지 획득이었다. 노무현 정부가 호남 지역의 일반적 정서를 무시하면서 특검법 공표를 강행한 것은 이러한 '신영남 패권주의' 노선에 입각한 정치적 판단의 결과였다. 국내 정치에 관한 고려 때문에 남북정상회담의 민족사적 가치를 한낱 정쟁거리로 취급한 셈이다. 그래서 그간 노무현을 응원해온 지지자들도 특검 수용을 "친구를 버리고 수구세력과 결탁한 것이며, 정치적 흥정을 위해 민족을 버리는 일"이라고 비판했다. 노사모 게시판에는 지지 철회 선언이 이어졌다.

반면 한나라당을 비롯한 수구세력은 대선 패배의 충격에서 벗어나 기사회생했다. 대북송금특검, 반북, 반DJ, 반호남은 수구세력의 이해관계와 정확히 일치하고 있었다. 특검으로 김대중 전 대통령의 정치적 영향력이 사실상 제거되자 자신감이 배가된 수구세력은 재계, 관료체제, 학계의 협력을 얻어 노무현 정권을 요리하기 시작했다. 국정 철학 없는 노무현 정부가 삼성이 설정한 2만 달러 소득시대 진입, 세계 초일류 기업 만들기, 협력적 신노사문화 창출 등을 국정 철학 의제로 받아들인 것이 이때의 일이다. 노무현 정부와 새로 창당된 열린우리당은 특검으로 남북관계를 파괴한 원죄를 짊어지게 됐을 뿐 아니라, 정책 측면에서도 자신들이 반개혁으로 몰아붙였던 민주당과의 뚜렷한 차이를 보여주지 못했다. 그 덕분에 한나라당은 그 어떤 비전도 보여주지 못하고, 능력을 검증받지 않았으면서도 보궐선거, 지방선거, 총선에서 항상 승리할 수 있게 되었다.

이라크 파병

3월 20일 오전 6시 13분(바그다드 시각), 미국은 바그다드에 무차별 폭격을 시작했다. 작전명은 '충격과 공포.' 이라크 침략전쟁의 시작이었다.

이라크전쟁의 개시는 미국이 천명한 선제공격정책이 현실화된 것이다. 또 미국이 전쟁을 결정하면 개전의 이유와 명분(대량살상무기)을 얼마든지 만들어내며, 설사 그것이 통하지 않는다 하더라도 힘으로 밀어붙일 수 있음(UN 무시)을 보여주었다. 여기서도 노무현 대통령은 미국의 눈치를 보다가 대선후보 시절의 '소신'을 접고 정반대의 길로 가버렸다. 그는 3월 20일 미국의 군사 행동에 대한 지지를 표명했고, 다음 날인 21일에는 건설공병대와 의무지원단을 이라크에 파병하는 내용의 법안을 국회에 상정했다.

반면 평화를 사랑하는 대중은 미국의 침략전쟁과 한국군 파병을 반대하는 투쟁을 벌이고 있었다. 3월 15일 서울 종묘공원에서는 '이라크 침공 반대! 한반도 전쟁 위협 반대! 3·15 반전평화 촛불대행진'이 열렸다. "왜 우리 젊은이들을 전쟁터에 총알받이로 내모는가"라는 규탄의 목소리가 울려 퍼진 자리였다. 이라크 파병 동의안이 국회로 넘어간 뒤에도 여의도 국회의사당과 광화문 광장 등에서 파병 저지투쟁이 격렬하게 전개됐다. 양대 노총을 비롯한 시민단체들은 정부를 향해 "한국 정부가 미국의 편에 선다면 다가올 한반도 전쟁 위협을 평화적으로 해결하자고 국제사회에 어떻게 요구할 수 있겠는가"라고 항의하며 노숙 농성을 벌였다. 30여개 대학 학생들이 전쟁에 반대하는 뜻에서 동맹 휴업과 수업 거부를 선포하고 거리로 나서기도 했다. 대중의 반전평화 투쟁은 일반적인 양심과 정의의 발로이기도 했지만 '이라크 다음은 북한 차례'라는 미국의 대북 전쟁 움직임에 반대하는 활동이기도 했다.

파병 결정은 남북관계에도 부정적인 영향을 미쳤다. 북한은 한국이 "북의 도발 가능성을 배제할 수 없다"며 '데프콘-2'를 유지한 것과 미국의 이라크 공격을 지지한 데 대해 강한 불만을 표했고, 결국 남북경제협력추진위원회 5차 회의와 남북경제협력제도분과 2차 회의가 열리지 못했다.

북핵 해결을 위해 파병해야 한다

국민적 반대에도 국회는 4월 2일 이라크전쟁 파병 동의안을 찬성 179표, 반대 68표, 기권 9표로 통과시켰다. 이날 노 대통령은 취임 후 첫 국회 국정연설을 통해 "명분을 앞세우기보다 어려울 때 미국을 도와주고 한미관계를 돈독히 하는 게 북핵문제를 평화적으로 해결하는 데 도움이 될 것"이라면서 파병 동의안의 조속한 처리를 당부했다. 북핵 해결을 위해 파병해야 한다는 이 논리는 그 후로도 노무현 정권이 미국의 요구를 들어줄 때마다 수시로 등장하게 된다.

그러나 이 같은 논리는 치명적인 허점이 있다. 한국의 이라크 파병은 결국 네오콘이 주도하는 미국의 패권적이고 일방적인 정책에 대한 지지 의사의 천명이다. 만일 이라크전쟁이 미국의 승리로 조기 종결되고 네오콘의 영향력이 더 커질 경우, 강경파가 주도하는 미국 행정부가 북한과 협상에 나설 유인은 줄어들 것이 분명했다. 게다가 미국이 이라크 다음 목표를 북한으로 할지 이란으로 할지 저울질하기 시작하면 대화를 통한 핵문제의 평화적 해결은 점점 멀어진다. 이런 점을 감안했다면 한국 주도로 '북핵 해결'을 위해서라도 한국이 섣불리 파병하지 않는 것이 유리했을 것이다.

뒷날 노 대통령은 어느 인터뷰에서 파병 결정이 잘못된 선택임을 인정하며 "불가피한 선택"이었다고 밝혔다.[25] 하지만 당시 그가 직접 나서서 국정연설까지 하며 국회를 설득했다는 점이나, 대미 외교에서 국민의 파병 반대 여론을 협상의 지렛대로 활용하는 솜씨조차 보여주지 못했다는 점에서 볼 때 "불가피한 선택"이라는 말은 설득력을 잃는다.

"반미면 어떠냐"고 쉽게 툭툭 던지던 노무현은 막상 권력의 중심에 들어온 이후 '미 2사단을 즉시 후방으로 빼겠다', '신용 등급을 내리겠다', '한국의 동의 없이도 북을 공격할 수 있다' 등의 미국의 위협에 그만큼 쉽게 휘둘렸다. 어느새 그는 '불가피성'을 내세워 미국의 정책을 그대로 수용하는 대통령이 되어 있었고, 특검과 파병 등 지지층을 배신하는 결정을 내릴 때마다 억지스러운 변명을 늘어놓았다.

북한에 대한 추가적 조치

노무현식 '굴욕 외교'의 결정판은 5월 14일 백악관에서 열린 한미정상회담이었다. 한미정상회담 이전 4월 개최된 베이징 3자회담에서 북한은 이른바 '대담한 제안'을 내놓았으나 이라크전쟁에 여념이 없던 미국은 묵묵부답으로 버티고 있었다. 북한은 핵시설을 완전히 폐기할 수 있다며 미국에 의한 불가침 확약, 북미 외교관계 개설, 한일 양국의 경제지원에 대한 미국의 보장, 경수로 건설 지연 보상과 경수로 완성 등의 4단계 조치와, 이를 토대로 1994년 제네바합의의 완전 이행을 전제로 하는 4단계 이정표를 제시했다.

따라서 한미정상회담을 계기로 부시 대통령이 북미관계에 관해 어떤 언급을 할지, 그리고 노무현 정부가 한반도 평화를 지켜내기 위해 미국을 어떻게 설득할지에 이목이 집중되는 상황이었다. 그런데 회담 합의 사항과 회담 직후 기자회견에서 노 대통령의 발언은 부시 대통령이 한 발언이라고 해도 될 정도로 강경 일변도였다.

먼저 양 정상은 "북핵 불용 및 완전한 제거"에 합의했다고 발표했다. 이는 3자회담에서 나온 북한의 '대담한 제안'에 대한 사실상의 거부였다. 공동성명에는 "한반도에서의 평화와 안정에 대한 위협이 증대될 경우에는 추가적 조치의 검토가 이루어지게 될 것이라는 데 유의"한다는 내용이 포함되어 있다. '추가적 조치'란 북한에 대한 미국의 제재에 찬성하고 군사 공격 가능성까지 열어둔 것으로, 전쟁 발발 시에 가장 큰 피해자가 될 한국 정부로서는 결코 동조해서는 안 될 내용이었다. 동시에 노 대통령이 늘 말하던 "북핵문제의 평화적 해결"과 정면으로 배치되는 것이기도 했다.[26]

또 하나 주목해야 할 대목은 노 대통령이 "향후 남북 교류와 협력을 북한 핵문제의 전개 상황을 보아가며 추진해나갈 것"이라는 입장을 밝힌 부분이다. 이 같은 합의는 햇볕정책의 핵심 내용이었던 '정경분리' 원칙에 대한 포기를 공식화한 것이었다. 김대중 정부 시절 남북은 핵문제가 발발하고 서해에서 충격전이 벌어지고 부시 행정부의 강경 발언이 잇따를 때도 6·15공동선언의 정신에 따라 교류협력의 끈을 놓지 않았다.

그런데 김대중 정부의 계승자를 자처한 노무현 정부가 취임 초에 정경분리 원칙을 놓아버림으로써, 스스로 운신의 폭을 좁혔을 뿐 아니라 남북관계에 미국의 입장이 개입될 여지를 확보해준 셈이 되었다. 이제 한국 정부는 한반도 문제에서 독자적 입지를 거의 상실하고 남북관계를 미국에 의존해야 하는 처지로 전락했다.

유일하게 한국의 입장이 받아들여진 것은 미 2사단을 당분간 현재 주둔 위치인 경기 북부에 그대로 둔다는 부분이었다. 그러나 미 2사단의 재배치는 미 군사전략 변환의 핵심인 만큼 정상회담의 합의와 무관하게 중장기적으로 추진될 일이었다. 회담의 성과로 내놓기에는 민망한 사안이었던 것이다. 오히려 그 시기를 늦춤으로써 미국은 더 많은 것을 한국으로부터 얻어갔다. 한국이 공동성명에서 "한반도 방위에서 한국군의 역할을 계속 증대하는 기회가 주어지고 있는 데 유의했다"며 국방 예산의 증액과 미국 무기 수입 증가를 약속해준 것이다. 회담 후 부시 대통령은 "노 대통령이 아주 얘기하기 쉬운 상대(easy man)라는 것을 느꼈다"는 소감을 피력했다.

한미정상회담의 결과는 북한을 크게 자극했다. 북한은 5월 21일《노동신문》을 통해 한미정상회담에서의 '추가 조치' 거론을 비난하면서

"우리에 대한 어떤 '제재'도 곧 선전포고로 간주할 것"이라고 선언했다. 20일 개최된 남북경추위 회의에서도 북한은 기조 발언을 통해 "남측이 핵문제에 추가적인 조치라면서 대결 방향으로 간다면 북남관계는 영(零)이 될 것"이라고 경고했다.

"변한 것은 없고 무식한 것"

노 대통령의 방미를 '굴욕 외교'라고 표현했지만, 만약 한국 정부가 최선의 노력을 다했고 또 생각보다 미국의 압력이 거셌다면, 약소국의 비애로 이해할 수도 있다. 그러나 노 대통령의 언행은 누가 시켜서 했다고 보기에는 매우 적극적이었고 부시 대통령의 코드에 자신을 적극적으로 맞추려고 했던 점에서 비판을 피할 수 없다. 정상회담 전후로 나온 노 대통령의 발언은 한미 간 합의 내용이 미국의 일방적인 요구를 수용한 것만은 아니었다는 것을 암시해주었다.

"북핵은 용납할 수 없고 제거해야 한다는 데 한미 양국의 목표가 완벽하게 일치하고 있다."(《뉴욕 타임스》 인터뷰)

"북한은 시대에 뒤떨어진 체제를 고집하고 있으며, 북한 체제가 추구하는 가치는 북한 주민의 이익에 부합하지 않는다. 나는 북한이 신뢰할 만한 파트너라고 생각하지 않는다."(PBS 인터뷰)

"북을 신뢰하지 않는다", "53년 전 미국이 우리 한국을 도와주지 않았다면 저는 지금 정치범 수용소에 있을지 모른다."('코리아 소사이어티' 간담회에서)

노무현 대통령의 '과격한 성향', '반미 성향'을 우려하던 친미 보수세력은 "(노 대통령이) 미국에 가서 국내에 있을 때와는 다른 파격적인 친미적 발언을 했다"면서 "놀랍게 지켜보고 있다"며 환영 의사를 밝혔다.[27] 반면, 리영희 한양대 명예교수는 방미 후 노무현 정부의 태도가 변했다는 일부의 비판에 대해 "변한 것은 없고 무식한 것"이라는 견해를 밝혔다. 그리고 "방미 전후 노 대통령의 발언이나 행동을 보면 미국이란 나라의 정책이나 부시 정부의 근본적 목표가 뭐라는 것인지 전혀 모르고 있었고 국가원수로서 국제관계의 기본적 움직임에 대한 이해나 지식, 인식이 너무도 막연했던 것 같다"고 지적했다.[28]

대중적 불만이 확산되면서 노무현 대통령은 광주 국립묘역에서 망신을 당하기도 했다. 노 대통령은 미국에서 돌아오자마자 5·18 공식 기념식에 참석하기 위해 망월동 국립묘역을 찾았다. 그러나 "5월 정신 계승하자. 굴욕 외교 규탄한다" 등의 구호를 외치던 청년 학생들이 경찰 저지선을 뚫고 신묘역까지 진출해 연좌시위를 벌였다. 이 때문에 결국 대통령이 20여 분 늦게 뒷문을 통해 기념식에 참석했다가 뒷문을 이용해 빠져나가는 초유의 사태가 발생했다.

6월 15일, 골프 친 대통령

특검 수용과 파병 결정 등의 여파로 노무현 정부 출범 후 첫 장관급 회담(10차 장관급회담)은 4월 말에야 개최되었다. 이 자리에서 남북은 6·15민족통일대축전의 정례화, 8월 대구유니버시아드대회의 북한 참가, 남북 간의 각종 협력 사업 추진 등에 합의했다. 공동보도문의 첫 항에 "6·15공동선언의 기본 정신을 재확인"하고 이를 "변함없이 준수하며 계속 철저히 이행해나가기로" 한다는 문구가 담긴 것도 의미 있는 성과였다. 노무현 정부가 공식적으로 6·15공동선언 이행 의지를 밝힌 적이 없었던 상황에서 공동보도문에라도 공동선언 이행에 대한 다짐이 담긴 것이다.

'6·15공동선언 3돌 기념 민족통일대축전'은 사스(SARS, 중증급성호흡기증후군) 때문에 남과 북, 해외에서 분산 개최됐다. 남한은 종단, 민화협, 통일연대가 공동으로 '2003 남북공동행사추진본부'를 구성해 15일 백범기념관에서 기념행사를 개최했고, 북한은 조국통일 3대헌장기념탑 앞에서 평양시민 5천여 명이 참석한 가운데 민족통일대축전 개막식을 열었다.

비록 대회는 따로 열렸지만 행사장에서는 육성 축하연설문이 교환되고 〈7천만 겨레에게 드리는 호소문〉이 서울, 평양, 해외 공동명의로 발표됐다. 호소문은 "현 난국을 타개하고 민족의 자주권과 나라의 평화를 지키는 가장 믿음직한 길은 우리 민족끼리 힘을 합쳐 6·15공동선언의 기본 정신을 드높이고 실천"하는 데 있음을 천명했다.

그런데 6월 15일 정부는 아무런 공식 행사를 개최하지 않았고 대통령은 새벽부터 우중(雨中) 골프를 즐겼다.[29] 게다가 정부는 하루 전날인 6월 14일에 열린 경의선·동해선 연결식 행사에 국장급 대표를 파견했다. 이마저도 북한에서 장관급 대표를 보내겠다고 했으나 남한이 과장급을 보내겠다고 했다가 나중에 국장급으로 조정한 것이었다. 북한을 '악의 축'으로 규정한 부시 대통령조차 침목에 "이 철도가 남북의 가족을 이어주길 기원한다"고 서명한 경의선이었지만, 결국 철도 연결식 행사는 생중계도 없었고 일반적인 테이프 커팅이나 고적대 연주, 풍선 날리기도 없이 간소하게 치러졌다.[30] 2000년 남북정상회담의 주요 합의

사항 중 하나였고 '민족의 혈맥'을 잇는 역사적인 의의를 가진 철도 연결 사업의 가치가 평가절하된 것이다.

남북관계를 '조용히' 진행한다는 정부의 방침은 6월 30일 열린 개성공단 착공식에서도 확인됐다. 개성공단은 남한의 자본과 기술, 북한의 토지와 인력이 결합해 남북 교류협력의 새로운 장을 마련한 역사적인 사업이며, 전경련의 보고서에 따르더라도 722억 달러가 넘는 경제적 효과가 예상되는 사업이었다. 그러나 정부는 경의선·동해선 연결식 행사와 마찬가지로 건설교통부 국장을 대표로 파견했다. 이런 모습들이 외신에도 기묘하게 비쳤던지, 미국《로스앤젤레스 타임스》는 개성공단 착공식이 "미국의 신경을 건드리지 않기 위해 의도적으로 차분한 분위기 속에 진행됐다"고 보도했다.[31]

이러한 정부의 소극적 태도로 인해 개성공단 사업 역시 속도를 낼 수 없었다. 6월에 북한이 개성공업지구법을 발표하고 8월 20일에는 남북 간 4대 경협합의서(투자 보장, 이중과세 방지, 상사 분쟁조정 절차, 청산 결제)가 정식으로 발효됐으나, 그 외에는 뚜렷한 진전이 눈에 띄지 않았다. 이 때문에 남한에서도 이런저런 비판이 나왔다. 가령 노동 집약적 산업이 당장 고사할 위기인데 1단계 기본 설계를 담당한 토지공사가 기업 입주 시기를 2007년으로 예상한 것은 현실 감각이 떨어지는 것이었다.[32] 보수세력은 노무현 정부가 북한에 '퍼주기'를 했으며 개성공단 사업으로 엄청난 경제적 이익을 안겨주었다고 주장하지만, 그런 비난이 무색할 만큼 정작 노 대통령은 첫해부터 남북경협에 소극적이었다.

위기의 남북관계

마지못해 6·15는 말했지만

남북관계가 교착 국면을 벗어나지 못하자 노무현 대통령이 광복절 경축사에서 6·15공동선언 실천 의지를 천명해야 한다는 여론이 비등했다. 8월 13일, 여야 의원 13명으로 구성된 '햇볕정책 계승 발전을 위한 초선의원 모임'은 24개 시민단체와 함께 대통령이 경축사에서 6·15공동선언 실천 의지를 재천명하고, 내년부터라도 정부 차원에서 6·15기념행사를 진행하며, 국가보안법 등 냉전시대의 법제를 개폐해야 한다고 건의했다.[33]

이러한 각계의 요구에 노무현 대통령은 8·15경축사에서 취임 후 처음으로 6·15공동선언을 언급했지만, 6·15공동선언의 핵인 '우리 민족끼리'에 관한 말은 없고 "평화를 위한 약속"이었다는 정도로 간략하게 넘어갔다. 그리고 미국의 입장과 별 차이 없는 '선핵포기' 요구를 되풀이했다. 정부는 남북대화의 장에서도 '핵문제 우선해결'이라는 입장을 내밀었다. 12차 장관급회담(10월 14~17일)에서 한국은 '6자회담의 재개'를 합의문에 넣어야 한다고 주장했고, 결국 장관급회담은 아무런 구체적 합의 없이 종료됐다.

본래 한반도 핵문제는 북미관계 및 냉전구조의 산물로서 그 해결은 결국 북미관계 정상화 여부에 달려 있다. 따라서 한반도의 핵문제를 해결하기 위한 6자회담의 개최 여부 역시 북한과 미국의 입장 차이가 얼마나 좁혀지느냐에 달려 있고, 더 본질적으로는 미국이 대북적대시정책을 철회할 용의가 있는가의 문제와 관련되어 있다. 이런 점을 감안한다면 미국이 대북 봉쇄를 추진하고 북한이 '핵 억지력'을 거론하며 정면 대응하는 민감한 시기에 열린 12차 장관급회담에서는 노무현 정부가 신중에 신중을 기할 필요가 있었다. 그러나 노무현 정부가 미국의 입장을 그대로 대변하는 모양새가 되면서 회담이 성과 없이 끝나고 말았다.

반면 민간 차원의 교류는 정부와 달리 활발했다. 8월 13일에서 17일까지 평양 능라도 유원지에서 열린 '평화와 통일을 위한 8·15민족대회'에는 남북해외 대표단 890명과 평양의 각계 시민 2천여 명이 참석했다. 남한에서는 이와 별도로 반전평화행사를 대규모로 계획했다. 통일연대는 민족공동행사 준비와 더불어 7월 15일에서 8월 15일까지를 '6·15선언 이행과 반미반전 총력투쟁기간'으로 정하고 대국민 서명운동을 벌였고, 8월 15일에는 종각 네거리에서 '반전평화 8·15통일대행진'을 개최했다. 특히 8월 20일부터 열린 대구유니버시아드대회에 북한 선수단 218명과 응원단 302명이 참가해 다시 한 번 북한 응원단 붐을 일으켰다. 대구 지역의 60여 개 시민사회단체 등이 모여 결성한 통일응원단 '아리랑'은 경기장마다 찾아다니며 북한 응원단과 소리를 맞춰 '우리는 하나다'를 외쳤다. 10월에는 평양 류경정주영체육관 개관식 참관단 8백 명이 방북했다(10월 6~9일).

한 해에만 1천 명이 넘는 대규모 인원이 경의선 육로를 통해 개성을 거쳐 평양으로 들어간 것은 역사상 처음 있는 일이다.

노무현 정부 1년

노무현 정부가 수립한 대북정책은 통일에 대한 명확한 목표를 설정하지 않는 등 설계에서부터 한계를 노정했고, 그 실행 면에서는 매우 소극적이었다고 평가할 수 있다. 노무현 정부는 남북관계를 국내 정치 논리에 종속시켜 대북송금특검을 단행해 남북관계를 훼손했고, 국제적 범죄인 이라크전쟁에 동참했으며, 북에 대한 '추가적 조치'에도 합의했다. 한 언론 보도에 따르면, 노무현 정부는 "김대중 정부가 북한과의 관계를 잘못 설정해놓았다"고 인식했다고 한다.[34]

이러한 일련의 결정들은 노무현 대통령에게 표를 던진 이들이 기대했던 그의 모습과는 반대된다. 물론 전임 정부에서 협의된 사업들과 민간 차원의 교류가 꾸준히 이어지고 규모가 커지긴 했지만 그 과정에서 당국의 역할은 미미했다. 국민은 노무현 정부가 6·15선언의 성과를 계승하고 진정 남북관계 개선에 나설 것인지에 대해 의구심을 가졌고, 남북 당국 간에도 이상 기류가 형성되기 시작했다.

남북 당국 대화가 중단되다

대북방송 중단

2004년

2월	25~28일	2차 6자회담(베이징)
	3~6일	13차 장관급회담
4월	22일	평안북도 룡천역 폭발사고 발생
5월	1일	6·15공동선언 실천을 위한 '남북노동자 5·1절 통일대회'(평양)
	4~7일	14차 남북장관급회담
6월	3~4일	2차 남북장성급군사회담
	13~17일	6·15공동선언 발표 4돌 기념 '우리 민족대회'(인천)
	23~26일	3차 6자회담(베이징)
7월	8일	조평통, 김일성 주석 10주기 남한 조문단 취소 관련 비난 담화
	19일	남북 당국 간 대화 중단
	27~28일	베트남에서 탈북자 대거 입국
8월	14일	2004 아테네올림픽 남북 공동입장
10월	5일	미국 상원에서 북한인권법안 통과
11월	15일	정통부, '친북 사이트' 31개 접속 차단
	20일	한미정상회담(칠레 산티아고)
12월	15일	개성공단 첫 제품 생산 기념식

6자회담은 시작됐지만

2003년부터 2004년까지 동북아에서는 북·중·미 3자회담과 세 차례의 6자회담이 열렸다. 형식상으로는 그동안 미국이 요구해온 다자회담형식의 대화가 마련된 것이지만 실상은 다자회담이라는 이름으로 북미대화의 장이 마련된 것에 가까웠다. 미국이 대화의 장에 나오게 된 이유는 우선 한국, 중국, 러시아 등 6자회담 당사국들이 북한에 대한 군사적압박과 제재를 반대하면서 대화를 제의했기 때문이다. 그리고 당시 이라크전쟁을 수행하던 미국이 동시에 다른 지역에서 대규모 전쟁을 수행하기가 벅찼던 것 역시 대화에 나서게 된 배경이었다. 이라크에서 미군 희생자가 급증하고 전쟁 비용이 눈덩이처럼 불어나자 부시 행정부는 위기에 처했으며, 이를 만회하기 위해 한국, 인도, 파키스탄, 터키 등10여 개국에 파병을 요청한 상황이었다.

대화에 참가하기는 했지만 막상 미국은 회담에서 성과를 내는 데에는 큰 뜻이 없는 모습을 보였다. 2003년 8월 베이징에서 열린 1차 6자회담에서 미국은 별도의 협상안을 제시하지 않은 채 '선핵동결' 주장만을반복했고, 결국 회담은 공동발표문 채택 없이 막을 내렸다. 이에 대해회담 주재국인 중국 수석대표 왕이(王毅) 외교부 부부장이 "미국의 대북정책이 한반도 핵위기 해결의 최대 걸림돌"이라며 미국 책임론을 제기했다. 1차 6자회담과 비슷하게 2차 6자회담(2004년 2월)과 3차 6자회담 (6월)에서도 미국은 여전히 북한에 대한 구체적 안전보장 조치를 회피했다. 동시에 미국은 '시간 벌기'를 시도하며 대북 봉쇄를 추진하는 한편, 중국의 정치적 협조를 얻어내 북한에 압력을 행사하려 했다. 그래서 6자회담은 별다른 성과 없이 장기 국면으로 진입했다.

"부시 정부가 6자회담을 통해서 노린 것은 서로 주고받는 협상을 통한 북핵문제의 해결이 아니라 '5(미·중·한·일·러)대 1(북한)' 구도를 만들어 북한을 압박하는 것이었다. 그럼으로써 북한을 굴복시키겠다는 뜻으로 보였다. 부시 대통령은 2003년 10월 20일에 열린 한미정상회담에서 이런 미국의 속내를 솔직하게 드러냈다. 부시 대통령은 노 대통령에게 북핵문제를 해결하는 데 중국을 개입시키는 것이 중요하다며 '중국의 역할에 대해 김정일은 신경을 곤두세울(nervous) 것'이라고 말했다. 그는 또 현재의 게임의 룰은 '북한 대 미국이 아니라 북한 대 주변국'이라며 '5개국이 단합해서 북한에 동일한 메시지를 보내야 한다'는 점을 강조했다. 그는 계속해서 김정일에 대한 불신을 언급했다."(이종석 전 통일부 장관)[1]

전략적 실수

6자회담이 교착 국면에 진입한 상황에서 한국 정부는 무엇을 해야 했으며, 무엇을 할 수 있었을까? 한미동맹이라는 틀을 완전히 벗어나기가 어려운 정부로서 최선의 방도는 김대중 정부처럼 핵문제와 별개로 남북 교류를 지속하면서 한반도의 긴장을 완화하는 것이었다. 첫 번째 이유는 미국과 한국의 국익이 다르기 때문이다. 세계 패권과 핵 독점 지위 유지라는 자국의 국익을 위해서는 북한에 대한 강도 높은 압박 조치와 제재 방침도 얼마든지 실천할 수 있는 미국과 달리, 한국으로서는 북한 과의 교류와 협력을 통해 한반도 평화 유지라는 국익을 지켜내야 한다. 따라서 정부는 남북관계를 지속시키는 데 각별한 신경을 써야 한다.

두 번째 이유는 한국이 협상력을 발휘하기 위해서는 남북관계가 뒷 받침되어야 하기 때문이다. 만약 남한이 북한에 대한 지원을 지속적으 로 확대하고 남북교역량을 늘린다면 북한은 남한에 대한 의존도가 높 아질 수밖에 없게 되며, 한국 정부의 입장에 귀를 기울일 개연성이 매우 높다. 또한 남북관계가 좋을 시, 미국 역시 북미 양자 대화에서 해결하 지 못하는 사안에 대해 한국 정부에 협조를 구할 수 있고, 동시에 남한 이 북미 양국에 중재를 시도할 수도 있다. 2005년에 발표된 9·19공동성 명의 경우, 이러한 전제들이 충족되었기 때문에 가능할 수 있었다.

그러나 2004년 초 노무현 정부는 그 반대의 길로 나아갔다. 핵문제와 경협을 연계해서 미국의 요구에 따라 경협 사업의 속도 조절에 나선 것 이다. 그 결과 남북이 합의한 주요 경협 사업들이 상당히 지체되고 있었 다. 경의선·동해선 연결 사업이 늦어진 탓에 대륙 횡단 철도는 한반도 구간을 제외한 채 시범운행이 결정됐고, 개성공단 역시 공사가 계속 지 체되고 있었다. 2003년까지 1단계 1백만 평을 완공한다는 애초 합의는 깨진 지 오래였고, 2004년 6월에야 1만 평의 시범공단이 조성됐다.

노무현 정부의 핵-경협 연계전략은 경협 사업을 지연시키는 결과만 초래한 것이 아니다. 그보다 더 중요한 것은 연계전략이 북한의 입장 변 화를 이끌어내지 못했을 뿐 아니라 국면 전환에 영향을 미치지도 못했 다는 것이었다. 게다가 노무현 정부는 미국의 PSI 훈련에 대한 지지 의사를 표명했다. 2003년 미국의 주도로 시작된 PSI는 이른바 '대량살상무기 확산방지'를 위해 핵무기 등 대량살상무기나 관련 물자를 실은 것으로 의심되는 선박을 검색, 차단한다는 구상으로 사실상 주권국가의 선박들에 대한 무차별적 해상 봉쇄를 의미한다. PSI는 이란, 시리아, 북한 등을 겨냥한 것으로 알려졌고, 북한은 PSI를 미국의 '선전포고'로 받아들이면서 강력히 반발하고 있었다. 어렵게 쌓은 남북 간의 신뢰가 단기간에 허물어지고 있었다.

장관급회담에서의 설전

2월 3일에서 6일까지 열린 13차 남북장관급회담에서 남북은 기조 발언에서부터 핵과 경협의 연계 문제를 놓고 부딪쳤다. 남측 수석대표는 곧 열릴 2차 6자회담에서 북이 '핵동결 대 보상'이라는 기존 입장에서 더 나아가 핵 프로그램 전반에 대한 폐기 의사를 밝혀야 한다고 요구했다. 또 핵문제 해결이 가닥이 잡혀야 3대 경협 사업도 탄력을 받을 수 있다고 주장했다. 이에 북측 단장은 자주성이 없이는 회담을 백번 해도 아무것도 해결할 수 없다면서, 남북경협의 진척이 더딘 것은 남측이 미국의 압력에 굴복했기 때문이라고 반박했다. 북측 대표는 또 "이 시간 현재 개성공단 건설 현장에는 벽돌 한 차, 시멘트 한 톤, 강재 한 톤 들어온 것조차 없다"고 지적했다. 북한이 공식석상에서 남한 정부를 강하게 비판한 일은 노무현 정부 출범 이래 처음이다.

양측은 합의문의 문구를 놓고서도 신경전을 벌였다. 문제가 된 구절은 바로 "우리 민족끼리"였다. 북한은 이 문구를 반드시 넣어야 한다고 했지만 남한은 그것이 "6·15공동선언 정신"에 포함되는 내용이므로 따로 넣을 수 없다고 주장했다. 하지만 문제의 본질은 내용의 중복 여부가 아니었다. 그간 노무현 정부는 6·15공동선언의 근본정신이라 할 수 있는 "우리 민족끼리"라든가 "민족 공조"라는 문구를 공식적으로 언급한 적이 한 번도 없었고, 북한은 이에 대해 의구심을 가지고 있었다. 이날 도 남한이 한사코 "우리 민족끼리"라는 표현을 기피한 결과, 남과 북이 별개의 합의문을 발표하고 말았다.

2차 남북장성급군사회담

4월에 접어들면서 남북관계 개선의 계기가 마련되었다. 4·15총선을 계기로 국회 다수당이 한나라당에서 열린우리당으로 바뀌었던 것이다. 열린우리당 지도부가 김대중 전 대통령을 예방하여 햇볕정책을 높이 평가하고 남북관계 개선에 적극 나설 뜻을 밝혔으며,[2] 또 남북관계 발전을 촉구하는 여론이 형성되면서 북한과의 회담 분위기가 조성되었다.

이러한 분위기 속에서 6월 3~4일 이틀간 2차 남북장성급군사회담이 열렸다. 2000년 9월 남북국방장관회담 이후 3년 8개월 만에 열린 당국 간 군사회담이었다. 이 회담에서 남북은 '서해상 우발적 충돌방지 조치' 와 '군사분계선에서의 선전 활동 중지 및 선전수단 제거' 등을 내용으로 하는 4개 항목의 합의를 도출했다. 비록 한미연합사 체제하에서 불완전한 합의이긴 했지만 남북관계가 정치, 경제에 이어 군사영역까지 확대됐다는 것은 무시할 수 없는 성과였다. 이후 양측은 합의에 따라 공동선언 4주년을 맞는 6월 15일에 군사분계선 지역의 선전 활동을 전면 중지했으며, 6월 16일부터는 선전수단 시설과 기구 철거작업에 들어갔다. 민족이 서로 비방하던 시설을 철거하고 신뢰를 쌓아간다는 것은 감개

무량한 일이었다.

그러나 합의문의 잉크가 채 마르기도 전인 7월 14일 NLL 부근에서 남북이 충돌하는 사고가 발생했다. 북한 경비정에 대해 해군 함정이 경고 사격을 실시했던 것이다. 국방부는 해군의 경고 방송에 대해 "북한이 응답하지 않았다"고 대답했고, 여론은 악화되었다. 그런데 충돌 자체보다 훨씬 심각한 국방부의 '기망'이라는 문제가 사건의 이면에 존재했었다.

사건 발생 다음 날, 실제로는 북한이 경고 방송에 응답했다는 국정원 보고가 국가안보회의(NSC)로 올라갔던 것이다. 노 대통령은 엄중히 조사하라는 지시를 내렸고, 조사 과정에서 해군작전사령관이 남북교신 사실을 상부에 보고하지 않았으며, 또 국방정보 관련 기관이 통신기록을 누락시킨 것으로 확인되었다. '기망보고'가 두 가지나 발생했던 것이다. 그러나 군은 반성하기는커녕 일부가 '항명'에 가까운 반발을 했고, 보수 언론들은 '기망'에 대해서는 언급하지 않고 군과 청와대 간의 대립 양상으로 몰고 가면서 〈NLL 침범은 침묵하고 보고 여부만 따지나〉, 〈북에 휘둘리고 우리 군을 매도할 건가?〉 등의 악의적인 사설을 내놓았다.[3] 군과 보수언론의 구태(舊態)는 일차적으로 노무현 정부에 대한 저항의 의미가 있었지만, 조금이라도 발전되는 남북관계를 마뜩치 않아하던 보수세력의 속내가 다시 드러난 것이다.

활성화된 민간 교류

민간 교류는 2003년의 다양한 성과를 바탕으로 2004년 상반기에도 순항했다고 평가할 수 있다. 새해 첫 남북공동행사는 늦봄 문익환 목사의 10주기 추모 행사였다. 1월 16일에서 18일까지 열린 문 목사 10주기 추모 행사에 참석하기 위해 북한 대표단 7명이 방남한 데 이어, 4월 중국에서 열린 '늦봄 문익환 목사 방북 15주년 기념 남북통일토론회'에도 남북이 함께했다. 3월 12일에서 14일까지 금강산에서는 '금강산 통일 새내기 배움터'라는 이름으로 남북의 대학생이 함께 어울리는 자리도 마련됐다. 대학생들만의 별도 상봉은 이번이 처음이었다.

4월 22일 평안북도 룡천역에서 발생한 대형 폭발은 불행한 사고였지만 민족 공조 확산의 계기로 작용하기도 했다. 사고 소식이 전해지자 남한에서는 전 사회적으로 용천돕기운동이 벌어졌다. 대통령 탄핵소추, 헌재 판결 등으로 나라가 어지러운 가운데서도 남과 북이 하나의 민족, 형제자매임을 시민들이 행동으로 보여주었던 것이다.

곧이어 남한 민주노총·한국노총 대표단 309명과 북한 조선직총 대표단 3백여 명이 참가한 5·1절 통일대회가 평양에서 열렸다. 부문별 공동행사로는 평양에서 열린 첫 대회였다. 남측 대표단은 룡천 지역 피해지원 물품을 전달했고, 북측에서는 박봉주 내각 총리가 직접 감사를 표했다. 북한이 남측 노동자 대표단에게 주민과의 자유로운 접촉을 허용했기 때문에, 남한 노동자들은 모란봉에서 5·1절 공휴일을 즐기는 북한 주민들과 손을 맞잡고 "통일합시다"를 외칠 수 있었다.

6월에는 '6·15공동선언 발표 4돌 기념 우리민족대회'가 14일부터 3박 4일 동안 인천에서 진행됐다. 이 대회는 처음으로 남쪽에서 열린 6·15 공동행사이자 해외 동포들이 정식으로 참가한 첫 행사였다. 공동선언 2, 3돌의 '민족통일대축전'과 비교할 때 '우리민족대회'라는 명칭 역시 남북이 하나라는 의미를 더 뚜렷이 담아낸 것으로 평가된다. 남북해외 참가자들은 15일 인천 문학경기장에서 열린 우리민족대회에서 '민족대단합선언'을 발표하고, 6·15선언 5주년이며 광복 60돌이 되는 2005년을 조국통일 원년으로 만들자고 합의했다. 한편 민간 차원의 우리민족대회와 별도로, 김대중 전 대통령 측이 주최한 '6·15남북공동선언 4돌 기념 국제토론회'에 리종혁 아태평화위 부위원장을 단장으로 북측 대표단 7명이 참석했다. 반관반민 성격을 띠는 행사에 남북 당국이 모두 참여한 셈이다.

선별 불허와 조문 불허

6·15선언 4돌을 기념하는 우리민족대회가 평화적으로 성대히 치러 졌으나 아쉬운 점도 없지 않았다. 정부는 이번에도 범민련과 한총련 인 사들에 대한 선별 불허 방침을 통보했고, 이에 대한 항의의 뜻으로 통일 연대 상임대표인 한상렬 목사가 대회에 불참하기도 했다.

선별 불허에 이어 이른바 조문 방북 불허사건이 터졌다. 김일성 주석 10주기(7월 8일)에 맞춰 문익환 목사의 부인인 박용길 장로 등 통일맞이 관계자 7명이 조문하려 했으나 정부의 불허 방침으로 방북을 포기한 것 이다.

정부가 내세운 방북 불허 이유는 "조문문제로 남북 교류협력에 새로 운 장애가 조성되는 것은 남북 모두에게 바람직하지 않다"는 것이었다. 게다가 청와대는 "북한을 만족시키기 위해 우리의 법과 원칙을 포기해 서는 안 된다는 노무현 대통령의 확고한 지침에 따라" 조문 불허를 결 정했다고 언론에 공개함으로써 이 결정이 대통령의 지시로 이루어졌다 는 점까지 당당하게 밝혔다.[4]

이에 대해 북한은 정부 당국 창구인 조평통의 대변인 담화를 통해 남쪽 정부의 태도가 "북남관계를 반민족적이며 반인륜적인 6·15 이전의 '문민 정권' 시기로 끌어가려는 것"이며 "북남 사이의 초보적인 인사 내왕도 가로막는 자들에게는 내왕의 길을 열어줄 생각이 없다"고 밝혔다. 조평통 대변인의 성명이 나온 뒤 통일부는 "남북관계가 안정적으로 발전되고 있는 상황에서 불필요한 오해와 논란이 생겨나는 것은 남북 모두에게 바람직하지 않다"는 논평을 내놓았다. 북한의 문제 제기를 '오해'로 치부했던 것이다. 이는 심각성을 인지하지 못한 지나친 낙관론에 근거한 사고였고, 정부의 답변은 오해를 푸는 데 별 성과를 발휘하지 못했었다. 정부 발표 후 북한은 7월 8일부터 남측 인사들의 평양 방문길을 차단한 데 이어, 13일 열릴 예정이던 5차 해운협력 실무접촉을 취소했다. 8월 3일로 예정된 15차 남북장관급회담도 무기한 연기됐다.

사실 박용길 장로 등이 조문 방북을 하는 것은 인도적 차원에서 자연스러운 일일 수 있다. 문익환 목사가 1989년 김일성 주석을 만난 사실이 있고, 고인의 뜻을 기리는 단체인 통일맞이는 북한과 계속 관계를 맺고 있었기 때문이다. 더구나 1월 문익환 목사 10주기에 북한에서 추모 대표단을 파견했으므로 그에 대한 답례 형식으로 박용길 장로 등의 평양행을 허용하는 것은 무리한 일이 아니다.

무엇보다 6·15선언 이후 남북이 신뢰를 쌓아가고, 함께 공단을 만들며, 평범한 사람들이 휴전선을 넘어 오가던 때에 노무현 정부가 북한에 민간 차원의 애도 메시지조차 전달하지 못하게 하는 것은 시대를 거스르는 처사라는 비난을 면하기 어려웠다. "북한을 만족시키기 위해" 법과 원칙을 포기할 수 없다는 정부의 입장 역시 6·15시대와 맞지 않는 대결주의적인 발상이었다.

돌이켜보면 노무현 정부는 취임 초기부터 6·15공동선언에 대한 지지

의사를 밝히지 않은 채 모호한 태도로 일관했고, 대북송금특검법에 거부권을 행사하지 않았으며, 남북경협에도 매우 소극적이었다. 이에 대해서는 한나라당이 의회를 지배하는 상황에서 어쩔 수 없는 일이라고 이해할 여지도 있다. 하지만 열린우리당이 국회 과반을 차지하고 3차 6자회담(6월 23~26일)이 열려 한반도에 협상 분위기가 조성된 후에도 노무현 정부의 태도는 전과 다르지 않았다.

대규모 탈북자 입국

이렇게 남북관계가 삐걱거릴 즈음 또 하나의 사건이 발생한다. 7월 28일 노무현 정부가 베트남에 체류하던 탈북자들의 대량 입국을 주선하는 일이 벌어진 것이다. 과거 정부는 탈북자가 재외 공관에 진입하더라도 전면에 나서지 않고, 해당국과 협의하더라도 비공개로 진행해왔다.[5] 북한을 자극하지 않고, 대부분 북한과 수교하고 있는 동남아 국가들에게도 부담을 주지 않기 위해서였다. 그런데 정부는 이러한 전례를 깨고 베트남과의 협상을 통해 단일 사례로는 사상 최대인 468명의 탈북자를 입국시켰다. 보수언론은 기다렸다는 듯이 이를 북한의 '체제위기설'과 결부시켜 선정적인 보도를 대량 생산했다.

"반기문 외교부 장관이 베트남 정부의 입장을 고려해서 베트남에 있는 468명의 탈북자들을 일거에 데려왔으면 좋겠다는 안을 내놓았습니다. 저는 '물론 데려와야 한다. 그러나 여러 번 나누어서 데려오고, 가능한 한 크게 보도되지 않도록 했으면 좋겠다. 한꺼번에 데려오면 국내외적으로 대서특필될 거고, 그리되면 북한의 체면을 심하게 손상시키게 돼 남북관계에 악영향을 줄 것이다'는 요지로 외교부의 '일거 입국' 방침에 반대했습니다. (……) 나중에 보니까 468명을 두 번에 나누어 데리고 오더군요. 국내외적으로 당연히 대서특필됐고, 조문 문제로 경색된 남북관계에 설상가상의 악영향을 주었죠."(정세현 전 통일부 장관)[6]

북측은 즉각 항의했다. 7월 29일 조평통 대변인 성명은 탈북자 대량 입국 사태를 "우리 인민들을 대상으로 벌인 남조선 당국의 조직적이며 계획적인 유인납치 행위이며 백주의 테러 범죄"로 규정하고 이는 "6·15공동선언에 대한 전면 위반이고 도전이며 우리 체제를 허물어보려는 최대의 적대 행위로 된다"고 비난했다.

이른바 '탈북자' 문제는 인권이나 인도주의 차원에서만 논하기 어려운 첨예한 정치적 사안이다. 탈북자들 중에는 스스로 국경을 넘어온 사람들도 있지만, 미국의 극우 종교단체로부터 돈을 받고 활동하는 탈북 브로커들이 북한 주민들을 유인해서 목적의식적으로 만들어낸 탈북자도 많다고 알려져 있기 때문이다. 또한 일찍이 구소련과 동유럽 사회주의 국가들에 대한 붕괴 공작을 수없이 진행했던 미국이 북한의 붕괴를 위해서 탈북자를 활용했을 개연성이 높았다.

이러한 분석이 맞는다면 2004년 미국 하원에서 북한인권법안이 통과된 시기와 비슷한 때에 탈북자 기획 입국 소동이 떠들썩하게 벌어진 것은 우연이라고 보기 어렵다.

민감한 문제가 발생했지만 안타깝게도 노무현 정부는 이번에도 적극적인 해결 조치를 취하려 하지 않았다. 정동영 통일부 장관이 나서서 "탈북자 국내 이송과 조문 문제가 복합적으로 얽혀 북한의 오해가 유발된 데 대해 안타까움을 갖고 있고 유감스럽게 생각한다"고 발언하는 정도에 그쳤다. 노무현 대통령의 8·15경축사에도 남북관계에 관해 의례적인 수준 이상의 언급이 없었다.

냉랭한 남북관계

조문 불허 조치와 탈북자 대량 입국으로 남북관계는 매우 나빠졌다. 탈북자 대량 입국 사태 전인 7월 18일에서 20일까지 금강산에서 개최된 '6·15공동선언 실천을 위한 제1회 남북교육자통일대회'를 마지막으로 민간 공동행사가 모두 연기되거나 취소됐다. 8·15광복절 59돌 기념 공동행사는 북한이 전제조건으로 내세운 범민련과 한총련의 합법적 참가가 이루어지지 않으면서 무산됐다. 2002년부터 3년간 지속된 광복절 기념 남북공동행사가 무산된 첫 사례였다.

남북공동행사가 무산되자 범민련, 한총련의 선별 배제 방침에 대한 항의의 목소리가 터져 나왔다. 통일연대가 중심이 된 남한의 '민족통일대회 추진위원회'는 15일 연세대 노천극장에서 민족통일대회를 열었고, 참석자들은 정부의 처사를 규탄하면서 6·15공동선언의 기치 아래 민족 단합을 더 굳게 다져갈 것을 다짐했다. 대회 마지막 행사인 '이라크 파병 철수 범국민대회'에서는 통일선봉대를 비롯한 참가자들이 전경들과 치열한 몸싸움을 벌이며 미국 대사관으로 '진격'을 시도했다. 마치 6·15 이전으로 돌아간 듯한 풍경이었다.

과거 2002년과 2003년에도 서해교전이나 사스 등의 이유로 남북관계가 중단된 적이 있었지만 그럴 때마다 민간 행사가 돌파구를 열어주었다. 반면 2004년의 경우 조문 불허와 탈북자 문제 등으로 꼬인 남북 당국 관계가 민간 차원의 통일 행사마저 무산시키는 결과를 빚었다. 이

외에도 남·북·러 철도회담, 가극 〈금강〉의 평양 공연, 각 지자체의 남북
교류 사업 등이 줄줄이 연기되거나 무산됐다.

개성공단에 대한 미국의 견제

개성공단 시범단지 조성 사업은 계속 진행되고 있었지만, 미국이 전
략물자통제에 관한 규제를 들이민 탓에 기업들이 상당한 어려움을 겪
었다.

사실 미국은 개성공단 착공 시기부터 부정적인 입장을 피력했다. 가
령 2002년 11월 방한한 더글러스 파이스 미 국방부 정책차관은 기자간
담회에서 "북한이 국제 합의를 위반하고도 다른 국가와 정상적으로 교
류할 수 없다는 점을 이해시켜야 한다"[7]고 강조하며 개성공단 착공 반
대 의사를 밝혔다.[8]

2003년 5월 북한을 테러 지원국으로 재지정한 미국은 수출관리규정
(EAR)과 전략물자통제체제인 바세나르협약 등을 통해 개성공단에 반
입되는 생산 설비 또는 기자재를 일일이 규제했다. 미국 수출관리규정
에 따르면 북한에 미국산 부품이나 프로그램이 10% 이상 포함된 품목
을 수출할 경우 미 상무부의 사전승인을 받아야 한다. 미 상무부는 15개
개성공단 입주 예정 업체가 제출한 1,140여 개 품목 심사를 진행하면서
시간을 끌어 개성공단 사업의 성사 여부를 불투명하게 만들었다. 나중
에 미국은 입장을 다소 완화했으나, 개성공단에 대한 미국 정부의 기본
입장이 바뀐 것은 아니었다.

그러나 미국의 끊임없는 견제 속에서도 남북은 개성공단 시범단지
입주를 성사하고 본격 가동에 들어갔다. 8월 25일 개성공업지구 부동산

규정이 발표되었고, 9월에는 서울-개성공단을 오가는 셔틀버스 운행도 시작됐다. 10월 20일에는 개성공단의 운영 주체가 될 관리위원회 개소식과 시범단지 입주기업들의 공장 착공식이 열렸다. 그러나 노무현 정부는 이번에도 장차관급 인사를 참석시키지 않고 국장급으로 행사를 진행해 논란을 빚었다.[9]

이라크 추가 파병

한국군의 이라크 추가 파병은 2004년 내내 중요한 이슈였다. 정부가 2003년에 파병한 서희제마부대의 규모가 650여 명으로 결코 적은 수가 아니었고, 2003년 말 정부가 3천 명을 추가로 파병한다는 결정을 내림으로써 한국은 미국, 영국 다음으로 많은 병력을 이라크에 보낸 나라가 됐다. 그런데 2004년 6월에 정부는 다시 추가 파병 계획을 내놓았다. 공교롭게도 6월 23일, 이라크 저항세력에게 납치된 미군 군납업체 직원인 김선일 씨가 살해당하는 비극적 사태가 발생했다. 이 소식에 전국이 충격과 슬픔에 휩싸이고 파병을 중단하라는 여론이 확산되었다.

노 대통령은 대국민담화에서 "테러는 반인륜적 범죄"라고 규탄했지만 이라크 파병 방침에는 변화가 없다고 천명했다. 그러면서 이번에도 한반도 핵문제의 평화적 해결을 위해 미국의 이라크 파병 요구를 받아들였다고 주장했다. 또한 청와대가 직접 나서서 대외경제정책연구원(KIEP)에서 발간한 '한미관계가 우리 경제에 미치는 영향'이라는 제목의 보고서를 공개하기도 했다. 파병을 하지 않아 한미관계가 악화될 경우 경제가 타격을 입을 수 있다는 쪽으로 여론몰이를 하려는 의도가 분명했다.

청와대가 이라크 추가 파병에 군은 의지를 내비치자 이를 저지하기 위한 투쟁이 더욱 거세게 벌어졌다. 6월부터 시작된 시민단체들의 파병 철회 촉구 농성은 릴레이 단식, 기습시위, 서명, 철야농성, 전국 순회 행진 등 다양한 방식의 추가 파병 반대운동으로 이어졌다. 김선일 씨 추모와 파병 철회의 목소리는 각계각층으로 확산되어 기독교인과 영화인들까지 행동에 나섰다. 전쟁 피해를 몸으로 겪은 70대 노인들이 땡볕에 전국을 도보 순례하며 파병 철회를 호소하기도 했다. 이런 분위기 속에서 상당수의 열린우리당 의원과 한나라당의 일부 의원, 민주노동당 전체 의원, 민주당 의원들은 추가 파병에 대한 재검토를 요구했다.

그런데도 정부는 자이툰부대에 관한 일체의 보도 유예를 요청[10]하면서 이라크 파병을 강행했다. 8월 3일 자이툰부대 1진이 성남 서울공항에서 떠났고 곧이어 2진도 떠났다. 2일 밤 자이툰부대 훈련장 앞에서는 몸을 던져서라도 파병을 저지하려는 철야투쟁이 벌어졌고, 3일 새벽 성남 서울공항에서도 저지투쟁이 있었다.

전쟁이 장기화하고 이라크 민중의 저항이 갈수록 격렬해지자 대다수의 나라는 철군 준비에 들어갔다. 그런데 국방부는 12월에 끝나는 서희제마부대와 자이툰부대의 파병 기한을 연장하기 위한 국회 동의안 제출을 준비했다. 노무현 정부는 11월 23일 국무회의를 열어 파병연장동의안을 심의하고 국회에 제출하기로 결정했다. 노무현 정부가 언론 보도를 철저히 통제했기 때문에 파병 연장이 결정되는 동안에도 국민 대다수는 자이툰부대가 어떤 활동을 하는지 몰랐다.[11] 노무현 정부가 참여, 소통, 탈권위를 내세웠지만 실제 정부 운영에서 그런 면모를 찾기는 어려웠다.

파병 손익계산서

청와대 '왕수석'이던 문재인은 한국군을 이라크에 파병한 덕택에 핵문제가 원하던 대로 풀렸다고 주장했다.

"어렵고 고통스러운 결정이었지만, 파병을 계기로 북핵문제는 대통령이 바라던 대로 갔다. 미국의 협조를 얻어 6자회담이라는 다자외교 틀을 만들어냈다. 6자회담을 통해 북핵문제를 대화를 통한 외교적 방법으로 풀어갈 수 있었다. 한때 북폭까지 주장했던 네오콘의 강경론을 누그러뜨리면서 위기관리를 해나갈 수도 있었다. 그 바탕엔 우리가 이라크에 파병을 했다는 것이 큰 힘이 됐다."[12]

그러나 이것은 지나치게 자기중심적인 논리다. 미국이 대북 선제공격 계획을 세워놓고도 실행하지 못한 것은 한국이 파병을 해서가 아니라 이라크 전황이 악화되는 상황에서 동시에 북한과 전쟁을 치렀을 시 승산이 높지 않다고 판단했기 때문이다. 또한 북핵문제에서 '대통령이 바라던 대로' 갈 수 있었던 이유는 부시 행정부가 대북정책을 바꾼 덕이 컸다. 요컨대 "악화일로를 치닫는 이라크 상황과 그에 따른 (2006년) 중간선거 참패"가 분수령이었던 것이며, 이를 파병의 결과로 설명하는 것은 설득력이 떨어진다.[13] 또한 노무현 정부가 6자회담에서의 성과, 가령 9·19공동성명이나 2·13합의의 경우도 '한국이 주도했다'고 주장하지만, 사실 정부의 역할보다는 북미관계에서의 합의, 그리고 미국의 전향적 접근이 있었기에 합의 도출이 가능할 수 있었다는 점에서, 정부의 주장은 견강부회(牽强附會)에 가깝다.[14]

우리 안의 남북관계

그렇다면 정부가 말한 대로 파병을 통해 우리가 얻은 것은 무엇인가? 아쉽게도 얻은 것보다는 오히려 잃은 것이 훨씬 많다. 한미동맹 강화를 통한 핵문제 해결이라는 논리는 다른 사안에서도 미국의 요구를 전적으로 수용하는 '수세적 외교'로 이어졌다. 대표적으로 노무현 정부가 2004년 하반기 주한미군 감축 협상과 재배치 협상을 마무리하면서 미국의 요구를 전적으로 수용한 것을 사례로 들 수 있다.

주한미군 재배치는 미국의 새로운 군사전략 수행을 위해 추진되는 것인 만큼 군사력 감소가 아니라 강화를 의미한다. 그런데 이라크전쟁 비용에 허리가 휜 미국은 한국군에 군사력 증강과 비용 부담을 요구했다. 2003년부터 열린 미래한미동맹정책구상회의에서는 주한미군 전력 증강에 상응해 한국군의 전력을 자체 경비로 증강시킨다는 협의가 진행됐다. 노무현 정부는 패트리어트 미사일을 도입하고 이지스함 정박을 허용하면서 사실상 MD 체계로 끌려들어갔다.[15] 그러면서 이를 '협력적 자주국방'으로 표현했다.

파병, 주한미군 재배치 합의, 국방비 증강 등은 모두 자주의 원칙에 어긋날 뿐 아니라 스스로 정책 목표로 설정한 '평화'와도 배치되는 결정이었다. 노무현 정부는 자주통일과 평화개혁에 대한 국민의 기대와 반대되는 길로 거침없이 가고 있었다. 실제로는 미국의 영향력 강화였던 그 모든 것이 '자주'라는 수사로 끊임없이 포장되었다.

'자주파'는 없었다

이라크 파병이 결정되고 미국 의존적인 정책 결정에 대한 비판이 고조되자 노무현 정부는 2004년 1월 윤영관 외교부 장관을 사퇴시킴으로써 이미지를 쇄신하려 했다. 윤 장관의 경질을 두고 보수언론들은 일제히 '자주파'와 '동맹파'의 갈등에서 자주파가 승리했다고 보도했다. 동맹파 외교부와 자주파 NSC 사이의 노선투쟁에서 외교부가 밀렸다는 분석이다.

총선을 앞둔 정치권에서도 각자 자신의 이해관계에 맞게 이런 프레임을 적극적으로 활용했다. 우선 청와대와 열린우리당은 외교부를 공격했다. 노무현 정권이 그동안 '자주외교'를 하고 싶었는데 동맹파 때문에 쉽지가 않았다는 것이 그들의 주장이다. 특검과 파병을 적극 찬성한 열린우리당 신기남 의장이 외교부 대미 라인을 지목해 "냉전시대에 만들어진 숭미적 사고로만 가득 찼다"고 비난하는 진풍경이 벌어졌다. 그리고 한나라당은 외교정책 면에서 노무현 정부와 특별히 충돌한 적이 없었으면서도 보수층의 지지를 얻어내기 위해 "외교부 대학살", "반미 그룹 장악"이라고 공격했다.

물론 외교부와 국방부의 관료들이 과거의 의존적 대외정책에서 벗어나지 못하고 있다는 청와대의 지적은 사실이었을 것이다. 문제는 노무현 대통령과 자주파 역시 외교안보 관료들과 별 차이가 없었다는 점이다. 이라크 추가 파병의 경우, NSC는 두 번의 파병 결정을 내렸고, 당시 청와대에서는 김희상 국방보좌관, 반기문 외교보좌관, 조윤제 경제보좌관, 이광재 국정상황실장이 파병 찬성 쪽에 가담했다. 임동원 전 통일부 장관의 아들인 청와대 동북아위원회의 임원혁 박사는 이라크 파병 방침에 항의하며 사표를 제출했다. NSC의 파병안은 애초 외교부에서 마련한 원안과 크게 다르지 않았으며, 미국이 요구한 것과도 별반 차이가 없었다. 차이가 있었다면 김희상 등의 이른바 동맹파들은 주한미군 감축을 연기하기 위해, NSC 사무처는 북핵문제에 대한 미국의 협조를 받아낼 것을 기대하며 각각 이라크 파병에 찬성했다는 정도였을 것이다. 따라서 어떤 이유로든 우리 젊은이들을 미군의 총알받이로 만든 결정을 내린 이들을 자주파라고 부르는 것은 어불성설이다.

요컨대 노무현 정부 내의 자주파와 동맹파, 외교부와 NSC, 그리고 열린우리당 주류와 한나라당 사이에는 정도의 차이만 있었을 뿐 정책 면에서 본질적 차이가 없었으며, 이것은 노무현 정부 5년을 평가하는 데서 매우 중요한 지점이다. 노무현 대통령이 윤영관의 후임으로 선택한 카드가 반기문이라는 점도 위의 주장을 뒷받침한다. 외교부의 숭미적 사고가 문제라면서 가장 전형적인 친미 외교 관료였던 반기문을 장관으로 임명한 것은 앞뒤가 맞지 않는 일이다.

반기문과 김희상

반기문은 미국 유학을 다녀온 후 외교부 핵심 부서인 미국 관련 부서에서 주로 활동하며 주미 대사관 총영사, 외무부 미주국장, 주미 공사 등을 역임한 후 2003년 노무현 대통령의 외교정책보좌관으로 청와대에 들어갔다. 그의 화려한 경력 이면에는 문제되는 과거가 있다. 노태우 정권 시절인 1990년, 주한미군 측과 용산 미군기지 이전 비용을 협의하던 반기문은 기지 이전 비용을 남한 정부가 전액 부담한다는 합의각서와 양해각서를 체결했다. 청와대 외교보좌관으로 일할 때도 그는 용산 미군기지 이전 협상 과정에서 노무현 대통령을 배제했다. 나중에 밝혀진 바에 의하면, 당시 외교부 협상팀은 반기문의 지시 아래 "용산기지 이전은 미국이 원하는 대로 얼마의 돈이 들든지 추진"하며 "국회와 국민이 문제 삼지 않는 수준에서 합의의 형식으로 문자와 표현을 바꾸는 것을 협상의 목표로 한다"는 방침으로 협상에 임했다. 외교부 장관이 된 후에도 반기문은 6자회담에서 미국에게 그다지 유리하지 않은 '평화체제'라는 표현이 합의문에 담기는 것을 집요하게 방해했다.[16] 나중에 그가 유엔 사무총장에 선출될 수 있었던 것도 미국의 이익을 고려해 이토록 노력을 기울였기 때문일 것이다.

국방보좌관 김희상은 노태우, 김영삼 정부에서 청와대 국방비서관을 역임했다. 그는 냉전 이후에도 한미동맹을 안보의 기본으로 삼아야 한다는 신념을 가진 인물이었다. 미국이 이라크를 침공한 2003년 3월, 그는 청와대에서 기자간담회를 자청해 "골목이 좀 조용해지려면 튼튼하고 강한 골목대장이 나서서 해주는 게 좋다"는 논리로 미국의 행위를 변호했다.[17] 나아가 그는 노무현 대통령에게 세계의 패권 질서를 수용하다 보면 개별 국가의 주권은 제한될 수도 있다는 주장까지 개진했다.[18] 이라크에 대한 파병 방침이 결정되기 전에 "대규모 파병이 한미동맹에 효과적", "사단급 전투병 파병 검토"와 같은 말들을 언론에 흘린 것도 김희상이다. 또 그는 주한미군 2사단의 후방 배치 논란이 거세지자 촛불시위 탓이라며 시민단체를 비난했다. 남북 경추위 회의가 진행 중이던 2003년 5월 22일에는 '협상단 철수론'을 내뱉어 파문을 일으키기도 했다.[19]

이런 인물들이 노무현 정부의 외교안보팀에 포진해 있었기 때문에 한미관계의 재정립은 애당초 불가능한 일이었다. 수십 년 동안 미국의 이익을 충실히 대변해온 관료 집단은 정부의 통제를 벗어나 나름의 법칙에 따라 움직였고, 민족문제에 대한 올바른 전략이 없던 정부는 권력을 쥐고서도 지휘 기능을 제대로 수행하지 못했다. 그 결과 대미관계와 남북관계에서 노무현 정부의 입지는 갈수록 좁아졌다.

미국 북한인권법안 제정 및 발효

2004년 하반기 한반도 정세는 '한반도 위기설'이 다시 대두될 만큼 어두웠다. 9월에 개최될 것으로 전망되던 4차 6자회담은 끝내 무산되었고, 11월에는 부시 대통령이 재선에 성공했다. 재선 이후 부시 행정부 내의 온건파로 알려진 콜린 파월 국무장관이 사임하고 매파들이 득세하면서 한반도에는 한층 고조된 긴장감이 감돌았다. 미국은 북한인권법안을 정식 발효시켜 북한의 체제 전복을 목적으로 하는 다양한 프로그램을 가동하기 시작했다.

미국은 역사적으로 인권을 외교정책에 적용할 경우 미국의 국익, 즉 전략적 목표를 달성하는 수단으로 활용해왔다. 북한인권정책은 이러한 원칙하에 있었으며, 북한인권법안 역시 북한의 붕괴와 체제 변화에 초점이 맞춰져 있었다. 2003년 루가 의원(미 상원 외교관계위원장)은 "북한에서 더 많은 주민이 탈출하도록 야기한다면 그것은 대북 압력이 될 것"이라며 "북한 정권의 전복을 앞당길 수 있을 것"[20]이라고 주장했다. 당시 법 제정을 주도했던 네오콘들은 인권문제를 "북한 체제의 취약성을 흔들 수 있는 중요한 전략적 요소"이며, "대량 탈북 사태, 엘리트 망명 지원, 탈북자 조직 강화, 북한민주화운동 지원 등"을 활용하여 종국적으로 "북한 정권 교체를 미국 정책의 목표로 삼아야 한다"고 주장했다. 이들에게 북한인권운동은 북한 정권의 해체 또는 민주주의 확산(체제 전환)을 위한 수단으로 인식되었다.[21]

미국 행정부가 지원하는 제1회 북한인권 국제대회는 2005년 7월 워싱턴에서 개최되었으며, 이후에도 지속되고 있다. 또 미국 의회 산하 민주주의기금은 한국의 북한인권단체(북한인권시민연합, 북한민주화네트워크 등)와의 정책 협조 네트워크를 형성하고 있으며, 북한인권 국제세미나 개최지원 및 탈북자인권 개선 사업에도 자금을 지원해왔다.[22]

그런데 미국이 말하는 정권 교체(regime change)는 교체 대상국의 자발적인 선택도, 평화적인 방식으로 이루어지는 것도 아니다. 미국 외교 정책으로서의 정권 교체는 1893년 당시 독립 국가였던 하와이의 왕정을 해리슨(Harrison) 공화당 행정부가 침공하여 전복시키고 친미 정권을 수립한 이후 공화당·민주당 행정부 차이 없이 지속적으로 추진해 온 것으로 1893년 이후 일관되게 미국 외교정책의 주요 수단으로 자리매김해왔다.[23] 그런 점에서 2003년의 이라크 침공은 독립된 하나의 사건이 아니며, 그것은 110년간 (최소) 14개 정부를 전복시킨 미국 역사의 정점이었다.

20세기 내내, 그리고 21세기 초에도 미국은 자국의 이익에 반하는 정권을 전복하기 위해 군사력을 반복적으로 사용했고, 정권 교체를 할 때마다 국가 안보와 해방이라는 미사여구(rhetoric)로 내정 간섭 및 무력 개입(intervention)을 정당화했다.[24] 때문에 정권 교체를 언급하는 것 자체가 상대국에 대한 강력한 위협이며, 정권 교체 대상국으로서는 이러한 시도를 초기에 분쇄하려고 나설 수밖에 없는 것이다.

또다시 고조되는 전쟁 위기

미국은 주한미군 재배치와 더불어 작전계획 5027 외에 작계 5026, 작계 5030을 추가로 마련해 전쟁 준비에 박차를 가했다. 기존의 전쟁계획인 작계 5027이 대규모 전면전을 염두에 둔 것이라면 작계 5026은 정밀타격전쟁계획이며 작계 5030은 북한의 군수물자를 소진시키는 계획이다. 새롭게 마련한 각종 전쟁계획을 수행하기 위해 미국은 한반도와 인근 기지에 첨단무기를 증강 배치하고 있었다. 북미 간 긴장이 극대화될 경우 군사적 충돌이 발생하지 않는다는 보장이 없었다.

북미 간에 직접 대화가 열릴 기미가 보이지 않는 가운데 위기가 가중되자 남한의 여론은 정부가 서둘러 남북대화를 재개해 정세의 돌파구를 찾아야 한다는 쪽으로 쏠렸다. 정부 내 관계자와 북한 전문가들은 노무현 대통령이 미국과 국내 보수층을 과도하게 의식하며 스스로 대북정책의 자율성을 좁히고 있다고 비판했다. 한편으로는 대통령과 열린우리당에 대한 지지가 약화되어 정권 위기설도 심심찮게 나왔다. 그래서였을까. 이러한 상황에서 노 대통령은 갑자기 전향적인 대북 발언을 시작했다.

노 대통령은 11월 14일 로스앤젤레스에서 "대북 무력행사는 협상전략으로서의 유용성을 제약받을 수밖에 없다"며, "대화 이외에는 다른 방도가 없다"고 강조했다. 곧이어 칠레에서 열린 한미정상회담에서는 "북핵문제를 6자회담 틀 안에서 평화적이고 외교적인 방법으로 해결"한다는 합의를 발표했다. 이는 북한의 '선핵포기'만을 이야기하던 것과는 다른 모습이었다.

그러나 몇 마디 말만으로는 국면을 전환할 수도 남북관계를 개선할 수도 없었다. 임기 초반의 좋은 기회는 흘러가버렸고 한반도 정세는 상당히 긴장된 상태였다. 더구나 노무현 대통령이 줄곧 핵문제와 남북관계를 연동시키는 정책을 펼쳤고, 불과 1년 반 전의 한미정상회담에서 북을 자극하는 발언을 했다가 이번에는 미국을 자극하는 등 일관성이 부족했던 것 역시 문제였다.

국가보안법 폐지 논란

남북 교류의 폭과 규모가 확대되고 있었지만 남북 간에는 근본적인 문제가 있었다. 군사적 대치 상황을 해결해야 했고, 상대를 적으로 규정하는 법적 장치를 손봐야 했다. 특히 동포인 북한을 '적'으로 규정하는 국가보안법은 남한에 남아 있는 냉전 잔재의 핵심으로서 6·15시대에 부합하지 않는 법률이었다.

그간 진행된 남북 간의 교류와 협력은 엄격히 따져서 국가보안법 위반이었으며, 국가보안법이 존속할 경우 남북 간 화해협력의 진전에 따라 제정되어야 할 여러 가지 법이나 합의서와의 충돌은 충분히 예상 가능한 일이었다. 또한 '선별 불허'와 '조문 불허' 사례에서도 알 수 있듯이 국가보안법 폐지 문제는 남북 간의 현안이기도 했다. 따라서 6·15공동선언의 성과를 확대하기 위해서 국가보안법 폐지가 시급한 과제였다.

그러나 공동선언을 발표한 당사자였는데도 김대중 정부는 거의 임기 내내 여소야대 국면을 벗어나지 못했다. 이 때문에 국가보안법 폐지안이 상정되지도 못했을 뿐 아니라 친일파 진상규명 법률이나 재산환수법 역시 오랫동안 국회를 통과하지 못했다. 그러나 2004년 총선은 이러한 의회의 구도를 바꿔놓았다. 의회 권력의 교체가 이루어져 '개혁세력'을 자처한 열린우리당이 국회의 과반수를 차지한 만큼, 남북관계의 최대 걸림돌이라고 할 수 있는 국가보안법을 폐지할 수 있는 절호의 기회였던 것이다. 그간 민간단체들이 지속적으로 폐지투쟁을 전개해왔고, 남북관계가 진전되면서 국민들의 인식에 변화가 생기는 등 폐지에 유리한 환경도 조성되었다.

노무현 대통령은 9월 5일 방영된 MBC〈시사매거진 2580〉500회 특집에 출연해 '국가보안법은 구시대의 유물이며, 악법으로서 폐지되어야 한다'는 입장을 밝혔다. 그는 국가보안법이 "부끄러운 역사의 일부분이고 지금은 쓸 수도 없는 독재시대의 낡은 유물"이라며 "낡은 유물은 폐기하고 칼집에 넣어 박물관으로 보내는 게 좋지 않겠느냐"는 표현까지 쓰며 폐지 의사를 밝혔다. 이 발언으로 여당인 열린우리당이 폐지 당론을 확정할 가능성이 높아졌다. 민주노동당(10석), 민주당(9석), 한나라당의 일부 폐지파 의원들과 합칠 경우 원내 과반수는 물론 3분의 2를 넘길 가능성도 있었다.

이에 심상찮은 분위기를 감지한 수구냉전세력도 결집하기 시작했다. 9월 9일 이른바 보수원로 1천여 명이 국가보안법 유지와 친일청산 반대, 6·15공동선언 파기를 요구한 데 이어, 한국기독교총연합회를 비롯한 우익단체들이 10월 4일 시청 앞에서 성조기를 흔들며 국가보안법 수호 국민대회를 열었다.

그러나 국가보안법 폐지를 비롯한 4대입법의 추진 과정에서 정부와 여당은 실망스러운 모습을 보여주었다. 소수 야당이던 한나라당이 국가보안법을 자신들의 정체성과 관련된 문제로 인식하고 폐지 법안의 법사위 상정조차 막고 나선 데 비해, 열린우리당은 처음부터 끝까지 소신도 전략도 없이 우유부단하게 행동했다. 우여곡절 끝에 '국가보안법 폐지 후 형법 보완'을 당론으로 정해놓고도 당내 일부 세력의 반발 앞에 우왕좌왕했다.

한나라당이 완강히 반대하는 상황에서 이부영 의장, 천정배 대표 등으로 구성된 열린우리당 지도부는 국가보안법 완전 폐지와 연내 처리를 관철하지 못하고 한나라당과의 명분 없는 4자회담에 매달렸다. 또한 직권상정 카드 역시 활용하지 않았다.

대통령의 침묵

청와대는 이런 상황을 방관자처럼 바라보고만 있었다. 파병, 탄핵, 행정수도 이전, 선거구제 개편 등의 현안에서 적극적으로 의사를 표명하며 열린우리당을 움직이던 대통령의 침묵은 사실상 국가보안법을 폐지할 의지가 없음을 뜻했다.

12월 23일 노무현 대통령의 국가보안법 폐지 유보 발언은 모든 문제를 원점으로 되돌렸다. 당정협의 자리에서 국가보안법에 대해 "몇십 년 된 어려운 법인데 하루아침에 되겠느냐"면서 "이번 임시 국회에서 처리되지 않더라도 대세에 지장이 없으니 여유 있게 추진하라"고 말한 것이다. 이에 열린우리당은 자신들이 정한 당론에서도 후퇴해 대체입법안이나 개정안을 거론하기 시작했다. 결국 여야 지도부는 본회의 마지막 날인 12월 30일 이라크 파병 연장 동의안을 처리하는 대신 국가보안법 연내 처리를 사실상 유보하기로 합의했다.

국가보안법 폐지를 위해 국회 앞에서 목숨을 건 무기한 단식을 벌인 1천여 명의 농성단과 열린우리당을 과반수로 만들어준 지지자들의 희망은 무산됐다. 국가보안법 폐지에 동의하는 여론은 11월 2일 국회 앞 농성이 시작된 이후 49%까지 올라갔고, 나중에는 '폐지'와 '폐지 후 형법 보완'을 합해 55%까지 올라갔었기 때문이다. 이렇게 모든 조건이 갖춰졌는데도 정권의 의지박약과 여당의 우유부단함, 영남·보수세력 눈치 보기 때문에 기회를 놓쳐버리고 폐지는커녕 개정조차 하지 못한 것이다.

국가보안법의 연내 처리 유보는 결과적으로 보수세력의 세를 불리는 계기가 되었다는 점에서 현상유지가 아니라 역사적 후퇴로 평가해야 한다. 6·15공동선언 이후 변화된 정세와 달라진 대북 인식 확산으로 폐이 직전까지 갔던 국가보안법은 노무현 정부의 어정쩡한 태도로 수명이 연장됐고, 위기를 넘긴 한나라당은 더욱 자신감 있게 보수적 색채를 강하게 드러낼 수 있었다. 또한 나중에 이명박 정부가 들어선 후 극우 세력의 급부상과 함께 사문화됐던 국가보안법이 부활한 데는 노무현 정부의 책임도 크다.

국가보안법 폐지가 무위로 돌아간 연말은 허탈했다. 그나마 겨레의 가슴을 달래준 기쁜 소식은 개성공단 시범단지의 첫 제품 생산이었다. 시범단지 준공식 이후 입주한 15개 업체가 제품 생산에 들어갔고, 12월 15일이 되자 마침내 첫 제품으로 한 주방업체의 냄비 1천 세트가 생산됐다. '메이드 인 개성(Made in Kaesung)' 상표가 붙은 이 냄비는 서울의 대형 백화점에서 하루 만에 매진되면서 또다시 관심을 집중시켰다. 그러나 첫 제품 생산의 상징적 의미와는 별개로 개성공단의 하부 구조 공사는 여전히 제대로 시행되지 않고 있었다.

남북관계 개선으로 실현된
9·19공동성명

4차 6자회담에서 9·19공동성명에 합의한 6개국 대표들

2005년

2월	10일	북, 2·10 외무성 성명을 통해 핵무기 보유 및 6자회담 무기한 중단 선언
3월	4일	6·15공동선언 실천을 위한 남북해외공동행사 준비위 발족
5월	23~24일	남북 대학생 상봉 모임(금강산)
6월	11일	한미정상회담(워싱턴)
	13~17일	6·15민족통일대축전(평양)
	17일	정동영 통일부 장관, 대통령 특사 자격으로 김정일 국방위원장 면담
	20일	한일정상회담(서울)
	21~24일	15차 남북장관급회담(서울)
7월	26일~8월 7일	4차 6자회담
8월	14일	8·15민족통일대축전 북한 대표단, 국립현충원 방문
	14~17일	8·15민족통일대축전
9월	13~19일	4차 6자회담 2단계 회의 개최, 6개항 공동성명 채택(9·19 공동성명)

북한의 핵보유선언

2005년 초만 하더라도 한반도 핵문제 해결 전망은 비관적이었다. 미국이 6자회담 추진 중 북한인권법과 주한미군 재배치라는 카드를 꺼내 회담 동력을 소진시켰기 때문이다. 또 새해 벽두부터 미 국무장관 콘돌리자 라이스가 인준 청문회에서 북한을 "폭압 전초기지"로 규정했다. 라이스의 발언은 부시의 '악의 축' 발언의 연장선상에 있는 것으로, 선 핵포기론과 대북적대정책을 바꾸지 않겠다는 입장 표명이었다. 이에 대해 북한과 중국이 '폭정의 전초기지' 발언을 사과하라고 요구했지만 라이스 장관은《워싱턴 타임스》와의 회견에서 "진실을 말했을 뿐"이라며 사과를 거부했다.[1] 일본 역시 미국의 대북적대정책에 편승하면서 '가짜 유골문제'를 제기했고, 2002년의 북일평양선언은 거의 백지화됐다.

"미국은 서로 윈-윈하는 유연한 해결책을 모색하기보다 북한과 양자대화를 거부하고 6자회담을 통해 '5대 1' 구도로 만들어 북한을 굴복시키는 데 더 관심을 보였다."(이종석 전 통일부 장관)[2]

이런 상황은 북한을 크게 압박했고 북한이 더욱 강경하게 나오도록 부추겼다. 북한은 외무성을 통해 그간 긍정도 부정도 하지 않았던 핵무기 보유 여부에 대해 공식적으로 인정하면서 6자회담에 무기한 불참하겠다고 선언(2·10선언)했다. 2·10선언 이후 북한은 "6자회담을 군축회담으로 전환시키자"면서 미국에게 기존 6자회담 외에 북미 간 직접 회담을 새로 개설하자고 제의했다. 북미 양자 회담을 통해 북미관계 정상화를 논의하고 6자회담을 통해서는 북한의 핵무기를 포함한 군축 논의를 하자는 것이 북한의 의도였던 것으로 보인다. 그러나 미국이 반응을 보이지 않자 북한은 4월 초 영변 원자로 가동을 중단하고 재처리에 들어갔다. '핵무기고를 늘리기 위한' 실천적 조치에 돌입한 셈이다.

미국은 미국대로 강경한 태도를 바꾸지 않았다. 당장 북한에 군사적 조치를 취하기는 어려웠지만 경제제재와 외교적 압박을 강화하려 했다. 라이스 국무장관과 힐 차관보가 한국과 중국, 일본을 방문해 외교전을 펼치고, 부시 대통령이 직접 나서서 중국과 러시아에 대북 압박을 주문하기도 했다. 남한 정부에는 남북경협의 속도 조절과 교역 규모의 축소를 강하게 요구했다. 미국의 의도는 주변국들을 동원해 북한을 압박하고 봉쇄망을 구축해 일종의 고사전략을 펼치는 것이었다.

일관성 없는 노무현 정부, 멀어지는 남북관계

2·10선언 발표 직후 노무현 정부는 정부 대책회의를 통해 북핵 불용, 평화적 해결, 한국의 적극적 역할이라는 북핵 해결의 3대 원칙을 재확인했다. 그러나 남한은 북미대화를 중재하는 식의 적극적 역할을 하려고 하기보다는 미국과 한목소리로 북한의 핵보유선언을 협상용으로 평가절하하면서 북한에 무조건 6자회담 복귀를 요구하고 있었다.

또한 남북경협을 후퇴시킬 조짐도 보였다. 한미 간 현안 협의를 위해 미국으로 날아가 체니 부통령을 비롯한 고위 관리들을 만나고 돌아온 반기문 외교부 장관은 "북핵문제가 해결되지 않은 과정에서 대규모 남북 경제협력을 해나갈 계획이 없다는 점을 미국 측에 설명했다"고 밝혔다. 그리고 얼마 후 정부는 핵문제를 이유로 1월 13일 북한적십자회가 요청했던 비료 50만 톤 지원을 연기했다. 이런 결정은 남북관계의 희생을 감수하고서라도 미국의 대북압박정책에 동조하려 한다는 신호였다.

설상가상으로 노무현 대통령은 4월 10일 베를린 동포와의 간담회에서 "남북관계에서도 쓴소리를 하고 얼굴을 붉힐 때는 붉혀야 한다"고 발언함으로써 북한에 대한 불만을 표출했다. 이 자리에서 한 재독동포가 남북이 6·15공동행사만큼은 함께했으면 좋겠다고 건의하자, 노 대통령은 "핵문제가 가로놓여 있으니 남북관계도 거기 걸려서 진전이 안 된다"고 답변했다. 또 비료지원에 관해서는 "북한이 공식 대화 석상에 나와서 요청하는 게 도리"라는 입장을 밝혔다. 대통령의 이런 발언들은 북한을 불필요하게 자극할 수 있는 소지가 있었고, 반년 전의 'LA 발언'과 완전히 다른 내용이라는 점에서 일관성이 부족했다.

국민은 평화를 원한다

북한이 5월 11일 영변 원자로 가동 중단과 8천 개의 폐연료봉 인출을 발표하면서 북미관계는 다시 긴장 국면에 접어들었다. 미국의 네오콘들은 중국과 남한 정부를 겨냥해 북의 '핵실험 준비설'과 '한반도 6월 위기설'을 계획적으로 유포했다.[3] 남한의 보수진영과 언론에서는 당장 큰일이 날 것처럼 호들갑 떨며 불안감을 조장했고, 시간이 갈수록 노무현 정부도 동요하기 시작했다.

이런 상황에서 정부를 제어한 것은 대화를 통한 평화적 해결을 지지하는 대중의 요구였다. 일례로 2월 12일 한국사회여론연구소(KSOI)가 실시한 전화 여론조사에서 74.7%의 응답자는 핵문제의 해법이 '대북특사 파견, 남북정상회담 등 북한을 설득하는 방향으로 가야 한다'고 답했다. 한나라당 지지층에서도 설득론이 68.8%로 압박론(30.7%)보다 배이상 높았다. 또 북핵 사태에 따른 안보 불안감을 묻는 질문에는 '불안하지 않다'는 답변(58.9%)이 '불안하다'(40.2%)는 답변보다 많았다.[4]

이처럼 많은 국민이 북핵문제 등 주요 현안을 대화와 평화적인 방법으로 해결하길 원하고 있었고, 북한의 핵보유에 위협을 느끼지 않는다고 반응하자 보수세력은 이해하기 어렵다는 반응을 보였다. 《중앙일보》의 문창극 논설주간은 2월 22일자 〈이상한 나라 코리아〉라는 기명 칼럼을 통해 "북한이 핵보유를 선언한 이후 우리나라의 반응을 보면 참으로 이상하다"고 개탄했다. 그는 "핵은 핵으로밖에는 균형을 이룰 수 없다"며 한국의 핵무장을 촉구했고, "북한 핵이 해결될 때까지 경협이니 뭐니 하는 말은 꺼내지도 말아야 한다"고 주장하며 햇볕정책이 끝났다고 선언하기도 했다. 문창극은 또 2006년 10월 북한의 1차 핵실험 직후에도 〈어두움의 끝은 통일의 시작이다〉라는 칼럼에서 "전쟁이 불가피하다면 전쟁을 해야 한다"며 전쟁불사론까지 펼쳤다.

합법적 남북연대기구, 6·15민족공동위원회 출범

2005년 들어 6자회담이 열릴 기미가 보이지 않고 남북 당국 간 관계도 차단된 채 시간이 흘러가고 있었지만, 민간 차원에서는 6·15공동선언 이후 5년여에 걸친 꾸준한 노력이 결실을 맺었다. 3월 4일 남북해외 민간 대표들이 금강산에 모여 '6·15공동선언 실천을 위한 남북해외공동행사준비위원회'(6·15공동위원회, 공동위원장: 곽동의·문동환·백낙청·안경호)를 결성했던 것이다. 남북 교류사에 남을 역사적인 날이다.

6·15공동위원회는 분단 사상 처음으로 남북해외의 각계각층 정당, 단체, 인사들을 망라한 통일운동기구로서, 그동안 개별적으로 활동했던 남북해외의 통일운동 역량이 조직적으로 결속됐다는 의미를 지닌다. 또 6·15공동위원회는 최초의 합법적 3자연대 대중조직이다. 과거에 남북해외 3자연대기구로 출범한 범민련이 남쪽에서 비합법조직으로 낙인찍혀 활동을 제약당한 사실과 비교해보면 큰 변화로 볼 수 있다. 공동위원회에는 범민련 남측본부 의장과 한총련 조국통일위원장도 대표단의 일원으로 참가했다.

6·15공동위원회는 결성선언문을 통해 "우리는 그 어떠한 군사적 행동도 반대하고 이 땅에서 전쟁 위협과 군사적 대결과 긴장을 걷어내며 항구적 평화를 위해 모든 노력을 다할 것이다"라고 강조하고 "역사적인 6·15공동선언 발표 5돌, 조국 광복 60돌이 되는 뜻깊은 올해를 자주통일의 전환적 국면을 여는 해로 만들자"고 호소했다. 또 6·15공동위원회는 6·15공동선언 발표 5주년을 기념하는 6·15통일대축전을 평양에서 개최하기로 결정했다. 결성식을 마친 남북해외 대표들은 간략한 회의를 열어 일본의 독도영유권 주장 및 역사 왜곡에 대한 특별결의문을 채택하고 회의에서의 합의 사항을 담은 공동보도문을 발표하였다. 이렇게 결성된 6·15공동위원회는 나중에 중국 선양에서 다시 회의를 열어 명칭을 '6·15공동선언 실천 민족공동위원회'로 바꾸고 조직 규약을 제정하였다.

남북공조로 민족자존을 지켜내다

6·15공동위원회가 결성될 무렵 남북 민간 교류는 금강산에서 소규모로 진행되는 실무접촉 정도를 제외하고는 사실상 중단 상태에 놓여 있었다. 그럼에도 중국의 고구려사 왜곡, 일본의 독도영유권 문제 등 주변국과의 분쟁에서 남북이 공조를 이뤄내는 모습은 6·15공동선언 5주년을 앞두고 그간 진전된 남북관계의 발전상을 보여주었다.

먼저, 3월 한미합동군사연습이 진행되던 시점에 남과 북의 사회단체들이 공동으로 규탄 성명을 발표했다.

또 중국이 '동북공정'을 진행하며 고구려사를 자신들의 역사에 편입시키려 하자 남북의 역사학자들은 평양 인근의 고구려 고분을 함께 조사하기로 합의했다. 독도영유권 문제가 불거졌을 때도 남북은 한목소리로 일본 군국주의의 부활 음모를 규탄했다. 4월 22일에는 남측의 민주노동당과 북측의 조선사회민주당이 '일본 군국주의 부활 기도에 대한 공동성명'을 서울과 평양에서 동시에 발표했다. 남한의 동학민족통일회와 북한의 천도교청우당도 공동성명을 내고 "앞으로 민족 공조로 강력히 대응해나갈 것"이라고 밝혔다.

미국이 대북 제재와 압박을 추진하면서 위기감이 고조되자 민간에서 반전평화를 위한 민족공동의 목소리가 나오기도 했다. 5월 23일에서 24일까지 금강산에서 진행된 '6·15공동선언 실천과 반전평화, 민족 공조 실현을 위한 남북(북남) 대학생 상봉 모임'에서는 남북 대학생 단체가 공동으로 '남북 대학생 민족자주 반전평화 공동선언'을 채택했다. 이들은 공동선언에서 "우리 민족의 평화를 지키기 위해 남과 북(북과 남) 대학생들이 반전평화 운동에 적극 나설 것"이라고 밝혔다.

민간 차원에서의 이러한 움직임과 달리, 3월 22일 '동북아 균형자론'을 천명한 노무현 대통령은 독일에서 "일본의 상임이사국 진출에 반대한다"고 말하면서도 일본 군국주의를 견제할 수 있는 실질적인 대안인 남북 교류협력 활성화와 민족 대단합 방안에는 소극적 태도로 일관했다. 일본이 북한의 위협을 내세워 재무장을 추진하는 상황에서 남북이 화해하고 한반도 및 동북아 평화구축에 적극적 역할을 맡는다면 '북한 위협론'이라는 명분이 힘을 잃을 수밖에 없다. 또한 일본의 재무장과 이로 인한 중국과 일본의 갈등 속에서 철저히 일본 편을 드는 미국과 보조를 맞추는 노무현 정부가 동북아에서 균형자 역할을 한다는 것은 앞뒤가 맞지 않는 모습이었다.

회복된 남북관계에 대한 견제

조문 불허사건과 탈북자 대량 입국사건 등으로 전년 7월부터 동결된 남북관계는 좀처럼 풀릴 줄을 몰랐다. 한동안 정동영 통일부 장관이 북한 땅을 밟지 못한 유일한 통일부 장관이 될 것이라는 이야기가 나돌기도 했다. 그러나 조류 인플루엔자 방역·퇴치를 위한 협력과 같은 긴급한 사안에 대해서는 남북이 서로 협조하고 있었고, 4월부터는 해빙 기류가 조금씩 나타났다. 북한이 4월 8일 산불 진압을 위한 남쪽 소방 헬기의 비무장지대 진입을 허락했고, 4월 16일에는 만취 상태에서 우발적으로 북쪽으로 넘어간 어부와 어선을 송환했던 것이다.

해빙 기류를 감지한 정부는 정동영 통일부 장관 명의로 북에 서한을 보내 남북대화 재개를 재차 제의했다. 그러자 북한은 전화통지문을 통해 5월 16일 개성에서 차관급회담을 열자고 화답했다. 오랜 단절 끝에 당국 간 대화가 재개된 배경에는 6·15선언 5주년을 앞두고 남북관계를 정상화해야 한다는 공통의 인식이 있었다.

이 무렵 동북아 정세 역시 경색 국면을 벗어날 조짐을 보였다. 먼저 북한을 외교적으로 고립시키려는 미국의 구상이 뜻대로 진행되지 못했다. 북한에 대한 국제적 제재와 관련해서 미국과 지속적으로 보조를 맞추는 것에 부담을 느낀 정부가 소극적 입장으로 돌아섰고, 중국도 대북 압박에 나서지 않고 오히려 미국에 더 유연한 자세를 요구했기 때문이다. 사태가 이렇게 흐르자 5월 13일 미국의 조지프 디트러니 북핵 담당 특사가 북한을 주권국가로 인정한다며 6자회담 틀 내에서 북미 양자 대화를 제안했고, 북한 역시 긍정적인 반응을 보였다. 그런데 문제는 여전히 부시 행정부 내의 네오콘들이 양자 대화를 반대한다는 점이었다.

따라서 노무현 정부가 이러한 미묘한 상황에서 미국 보수세력의 입김을 이겨내고 남북대화 및 북미대화를 이끌어낸다면 그간의 경색 국면을 타개하는 데 일등공신이 될 수 있었다. 뿐만 아니라 스스로 천명했던 '동북아 균형자' 역할을 할 명분도 얻을 수 있었다. 다행히 정부는 이 기회를 놓치지 않았다.

차관급회담에서 남북은 6·15민족통일대축전에 장관급을 단장으로 하는 당국 대표단을 파견하기로 합의했다. 물론 6·15까지 가는 길이 순탄치만은 않았다. 미국 네오콘들은 돌연 실종 미군 유해발굴조사단을 철수시키겠다고 발표하는가 하면, 선제공격용 무기인 스텔스 전폭기 15대를 남한에 배치했다고 공개하면서 남북대화 재개 분위기에 찬물을 끼얹으려 했다.[5] 남한의 보수진영도 정부가 북의 '정치선전'에 놀아났다고 비난을 퍼부었다. 평양에서 열리는 6·15공동선언 5주년 기념행사에 대해 보수언론은 다음과 같은 논리로 반대했다.

"한마디로 '민족 공조'라는 명분 아래 남한을 끌어들여 국제사회의 핵 포기 압력도 분산시키고, 예상되는 미국의 제재도 막아보겠다는 것이다."(《동아일보》5월 31일자)

"자유를 말살한 전체주의와의 대결에서 민족 공조니 햇볕이니 하는 타협과 중립의 논리는 곧 용납과 조장의 논리일 뿐이다."(《조선일보》5월 24일자)

그러나 남북관계에 제동을 걸려는 미국과 국내 보수세력의 의도는 성공하지 못했다. 6·15공동선언 5주년을 며칠 앞두고 북한이 뉴욕 채널을 통해 6자회담 재개 의사를 미국에 전달하면서 네오콘의 영향력이 축소된 반면 한국 정부의 입지가 확대됐기 때문이다. 6월 11일 열린 한미 정상회담에서는 '북핵 불용과 평화적 해결 원칙'에 대한 합의가 발표되었다. 정상회담 뒤에 노무현 대통령은 "한미동맹에 대한 이견이 부분적으로 존재한다"고 발언했는데, 이는 회담에서 미국의 의도가 완전히 관철되지 않았음을 시사한다.

6·17특사면담과 중대 제안

6월 13일에서 17일까지 평양에서 열린 '6·15공동선언 5주년 기념 민족통일대축전'은 6자회담과 남북관계의 교착 상태를 뚫고 만들어진 것이기에 더욱 의미가 깊었다. 6월 14일 개막식이 열린 김일성경기장의 연도와 스탠드에는 폭우 속에서도 10만 평양 시민이 자리하여 뜨거운 통일 열기를 보여줬으며, 15일에는 남북 당국 대표단과 남북해외 민간 대표단이 함께한 가운데 평양 4·25문화회관에서 민족통일대회가 열렸다. 대표단은 6·15공동선언 발표 기념일(우리 민족끼리의 날)을 제정한다는 내용이 포함된 5개항의 '민족통일선언'을 발표했다.

2005년 민족통일대축전은 남북해외 3자연대 조직인 6·15공동위원회 주최로 치러진 첫 행사였다. 남북 당국 대표단이 참석해 6·15공동선언 발표 이후 처음으로 당국 차원의 6·15기념행사를 가졌다는 것도 예년과 다른 점이었다. 5년간 지속된 민간 교류의 저력이 마침내 당국을 움직인 것이다.

6·15민족통일대축전이 진행 중이던 6월 17일에는 정동영 통일부 장관이 대통령 특사 자격으로 김정일 국방위원장을 면담했다. 정동영 장관은 이 자리에서 정부의 '중대 제안'에 관해 설명했고, 이날의 면담은 한반도 정세에 반전의 계기를 마련했다. 김정일 위원장은 정동영 통일부 장관에게 "한반도 비핵화는 김일성 주석의 유훈"이라면서 7월 중 6자회담 재개를 시사하고 남북관계 원상복귀를 약속했다. 그는 "미국이 북한을 인정, 존중하려는 뜻이 확고하다면"이란 전제를 달았지만 NPT에 복귀하고 IAEA 핵사찰을 받아 철저한 검증을 받겠다며 미국의 '북핵의혹'을 전면적으로 해소할 용의가 있음을 강조하기도 했다.

또 남북관계와 관련해서 김정일 위원장은 8·15를 맞아 이산가족상봉을 재개하자는 남쪽의 제안을 받아들이고, 남쪽에서 열릴 8·15행사에도 비중 있는 북측 대표단을 파견하겠다고 약속했다. 서해 지역의 군사적 긴장을 해소하기 위해 장성급군사회담도 재개하기로 했다.[6] 이로써 남북은 한순간에 화해와 협력의 길을 찾았다. 북한이 중국이 아닌 남한을 통해 6자회담 복귀 의사를 공식적으로 밝혔다는 것도 유의미한 일이었다.

정동영 장관은 7월 12일 기자회견을 열어 특사 면담 내용을 소개하고 노무현 정부의 '중대 제안'에 대해 설명했다. 그는 "북한은 첫째 미국과 관계 정상화, 즉 국교 정상화를 희망하고 있고 그 안에는 체제 안전보장이 들어 있다"고 설명하며 "참여국들도 성의를 다해야 한다"고 강조했다. 북한이 밝힌 입장을 토대로 남한이 안전보장 문제에 대한 미국의 결단을 촉구한 셈이다. 노무현 정부의 이른바 중대 제안이란 6자회담에서 북한이 핵폐기에 동의하면 남쪽이 독자적으로 2백만kW 전력을 직접 송전 방식으로 제공한다는 것이었다. 이 제안은 핵문제의 본질적 해결책으로는 미흡했지만, 팽팽한 북미 간 대결구도에서 남한이 나름의 대안을 가지고 미국을 설득하려는 모습을 보여준 것이다.

6·17특사면담 이후 물꼬가 트인 남북관계는 그간의 정체를 만회하면서 새로운 국면에 진입했다. 남북작가대회를 비롯한 민간의 각 부문별 행사가 평양과 금강산에서 열렸고, 당국 간에도 15차 남북장관급회담을 비롯한 각급 회담이 줄지어 진행되었다.

6월 21일부터 서울에서 개최된 15차 장관급회담에서는 특사 면담 당시 김정일 국방위원장이 약속했던 거의 모든 내용이 합의문에 담겼다. 남북장성급회담 개최, 수산협력실무협의회 구성, 남북농업협력위원회 구성, 북한 민간 선박들의 제주해협 통과와 같은 합의들은 남북관계의 폭넓은 발전을 예고했다. 또 남북은 "공동선언의 기본 정신인 우리 민족끼리의 정신에 따라 한반도의 평화와 번영을 도모"하기로 합의했다. 장관급회담의 북한 단장인 권호웅 내각 책임참사는 기본 발언을 통해 한반도 비핵화 의지를 재확인했고, 공동보도문에는 처음으로 핵문제와 관련된 문구가 포함됐다. 그동안 남북대화에서 나타났던 양측의 기싸움이나 기선제압용 발언들이 사라지면서 회담의 분위기도 달라졌다. 이것 역시 6·17면담에서 토의된 내용의 반영이었다.

7월 9일부터 서울에서 개최된 10차 경추위 회의에서도 남북은 순조롭게 합의에 도달했다. 양측은 "민족경제의 균형적 발전을 도모하기 위해" 쌍방의 자원과 자본, 기술 등 경제 요소를 결합시키는 유무상통 방식의 경제협력을 추진하기로 했다. 북한은 여러 가지 새로운 경협 사업을 제시했으며 개성공단 내에 남북경제협력협의사무소를 개설하자는 남한의 제안도 긍정적으로 수용했다. 남한은 기조 발언에서 "남북경협을 한 단계 발전시켜 제2의 6·15시대를 열 것"을 주장했다. 이전 9차 회의까지 남한이 핵문제 등 경협을 둘러싼 불확실성이 제거되어야 한다고 강조했던 것과는 다른 모습이었다.

남북은 계속해서 수산협력, 철도·도로 연결, 농업협력, 해운협력을 위한 실무접촉을 열었다. 여기에 7월 9일 북한의 6자회담 복귀선언이 더해지면서 분위기는 한껏 고조되었다. 7월 16일에는 현정은 현대아산 회장이 김정일 국방위원장을 만나 개성 관광 재개와 8월 말 첫 백두산 시범관광 실시에 합의했다. 이러한 민족 공조의 뜨거운 기운은 8·15민족대축전으로 이어졌다.

현충원을 방문한 북측 대표단의 파격

2005년의 8·15민족공동행사는 '자주·평화·통일을 위한 8·15민족대축전'(8·15민족대축전)이라는 명칭으로 서울에서 열렸다. 6·15통일대축전에 이어 8·15민족대축전에도 정부 당국이 참여해 치러졌다.

8·15민족대축전의 하이라이트는 단연 북한 대표단의 국립현충원 방문이다. 북한은 원래 광복절 공동행사를 앞두고 광복을 위해 많은 노력을 한 분들이 있는 현충원을 찾겠다는 뜻을 밝혔지만, 현충원은 사실 독

립유공자보다 한국전쟁 당시의 희생자, 유공자의 위패가 다수를 이루는 곳이다. 그래서 북한의 현충원 방문은 파격적인 행보였던 것이다.

역사상 최초로 국립현충원을 찾은 북한 대표단의 짧은 묵념은 전쟁과 분단의 상처를 어루만지고 다시는 이 같은 역사를 되풀이하지 말자는 메시지를 전했다. 남측 대중과 언론은 이에 뜨거운 관심과 박수로 호응했다. 북측 자문위원인 림동옥 통일전선부 제1부부장은 "현충원 결정은 어려운 것이었지만 6·15시대에는 모든 것을 초월해야 한다"라는 말로 북한의 고뇌와 의지를 피력했다. 또 그는 남측 자문위원인 임동원 세종재단 이사장과의 환담에서 "(우리) 정부 고위 당국자에게 자세한 배경 설명을 했다"고 말해 북한 내부에서도 쉽지 않은 결정이었음을 강조했다.[7]

사실 6·15공동선언이 발표된 지 5년이 흘렀지만 민족 간에 총부리를 겨눴던 불행한 과거는 아직 정리되지 않은 상태였다. 남북 간에는 서로 희생자를 애도하고 상처를 보듬는 과정이 반드시 필요했다. 그렇다면 누가 먼저 행동해야 하는 것일까? 남북관계를 대결의 관점에서 본다면 먼저 양보하는 쪽이 지는 것이 된다. 반면 남북이 헤어진 핏줄이며 통일해서 함께 살아갈 사이라고 여긴다면 이런 질문 자체가 무의미해진다. 민족문제는 늘 양보와 배려를 기본으로 접근해야 한다. 이것이 바로 6·15공동선언의 정신이다.

현충원 참배는 남북관계를 질적으로 발전시키기 위해 쌍방이 해결해야 할 근본문제의 선행 조치에 해당하는 것이기도 했다. 2000년 정상회담 때나 그 후의 공동행사에서나 남북이 참관지 문제를 놓고 의견이 엇갈린 적이 많았기 때문이다. 남한 당국이 국가보안법 개폐와 조선노동당 규약 전문 개정을 연계한 반면, 북한은 국가보안법 폐지와 김일성 주석의 시신이 안치된 금수산기념궁전 등 참관지 제한 조치의 해제를 주장하고 있었다. 참관지 제한의 경우 서로의 체제를 부정하는 의미가 담긴 조치이므로 적당한 기회를 잡아 자연스럽게 풀어버리는 것이 바람직했는데, 북한 대표단의 현충원 참배는 그를 위한 작은 계기를 마련하고자 했던 것으로 보인다.

남한의 화답

북한의 파격은 행사 내내 이어졌다. 8·15민족대축전에 참가한 북한 대표단은 사상 처음으로 국회를 방문한 데 이어 김대중 전 대통령 병문안, 노무현 대통령 면담, 총리 주최 만찬 참석 등의 공식 일정을 소화하며 시선을 모았다. 또 서대문형무소, 행주산성, 경주 등 역사적인 장소들을 방문해 남북이 하나의 역사를 공유하고 있음을 보여줬다. 특히 서대문형무소 역사관 방문에서 남북해외 대표들은 항일 애국선열의 숭고한 정신을 기리며 한목소리로 일본의 과거 만행과 재침 야욕을 규탄하는 성명을 발표했다.

북한 대표단의 행보에 남한은 한반도 평화체제 구축이라는 메시지로 화답했다. 정동영 통일부 장관은 14일 8·15민족대축전 개막식 축사에서 "이제부터 우리는 본격적으로 분단과 정전 상태를 청산하고 한반도의 평화체제를 만들기 위한 노력을 시작해야 한다"고 말했다.[8] 이날 상암월드컵경기장에서 열린 개막식 통일축구에는 6만여 관중이 모여 '조국통일', '오 통일 코리아'를 외치며 통일 열기를 내뿜었다.

광복 60년이자 분단 60년을 맞이하는 8월 15일에는 남북 당국과 남북해외 민간 대표단이 나란히 자리한 가운데 장충체육관에서 '자주평화통일을 위한 8·15민족대회'가 열렸다. 참석자들은 〈7천만 겨레에게 보내는 호소문〉을 발표하고 "6·15공동위원회를 중심으로 자주, 평화, 통일을 향해" 나아가자고 다짐했다.

8·15민족대축전은 민족 대행진을 비롯해 개막식, 남북 통일축구경기, 민족통일대회, 체육·오락경기, 부문별 상봉 행사, 축하연회 등 다채롭고 알찬 프로그램으로 짜임새 있게 진행됐다. 남과 북의 이질화된 언어를 통합하는 기초를 마련할 《겨레말큰사전》 공동편찬 합의문이 발표된 것도 하나의 성과였다. 대회 참가 불허자가 없었다는 사실이나, 그간 반독재운동 등으로 남한에 입국이 불허됐던 해외 측 인사 10여 명의 입국이 허가됐다는 사실은 한반도에서 냉전의 그늘이 하나씩 걷히고 있다는 증거였다. 또 6·15공동위원회는 남북의 당국 대표단까지 참여한 6·15통일대축전에 이어 8·15민족대축전을 잘 치러내 통일운동기구로서 역량을 입증했다.

하반기 남북 교류의 성과

8·15민족대축전은 하반기 남북대화와 각종 민간 행사에 동력을 제공했다. 남북 당국은 3차 장성급군사회담 개최를 위한 군사 실무접촉을 진행한 데 이어 백두산에서 16차 장관급회담을 열었다. 민간 차원에서는 남측이 조직한 '평양 문화유적 답사단'이 북측의 대집단체조와 예술공연 〈아리랑〉 참관을 위해 방북했다. 능라도 5·1경기장에 운집한 북한 주민들은 남측 참가단을 박수로 환영하고 함께 공연을 관람했다. 이제 남북 민간 교류는 특별한 소수의 전유물이 아니었다.

8월 말에는 인천에서 열린 16회 아시아육상경기선수권대회에 참가하기 위해 북측 선수단과 1백여 명의 응원단이 남한에 왔다. 북한 응원단의 밝은 웃음과 건강한 율동은 2002년 부산아시안게임과 2003년 대구유니버시아드대회 때와 같이 이른바 '북녀 신드롬'을 일으켰다.

11월 17일에는 을사늑약 1백 주기를 맞아 민족단체들과 6·15공동위원회가 남북공동성명을 발표했으며, 11월 24일에는 '평양-남포 통일마라톤대회'가 열렸다. 북한으로의 송환을 희망했던 장기수 정순택 선생이 사망하자, 남측 당국은 그의 시신을 지체 없이 북한 가족에게 인도했다. 또 2005년은 9개의 남북경협합의서가 발효되고 북한에서 북남경제협력법, 남한에서는 남북관계기본법 등을 제정한 해였다. 금강산 방문 관광객 수는 이미 1백만 명을 돌파했고, 금강산 관광 사업은 역대 최대 수익을 올려 흑자 원년을 기록하였다.

연말에 6·15공동위원회는 12월 9일 중국 선양 회의에서 명칭을 '6·15공동선언 실천 민족공동위원회'로 바꾸고 조직 규약을 제정했다. 명칭 변경과 규약 제정은 6·15공동위원회가 행사 준비를 위한 기구의 성격을 탈피해 상설적인 남북해외 3자연대기구로 전환함을 의미했다. 이로써 민간의 통일운동이 더욱 본격적으로 전개될 수 있는 토대가 마련됐다.

이처럼 2005년은 광복 60주년과 6·15공동선언 5주년이라는 역사적 계기에 걸맞게 남북 민간 교류의 한 획을 그은 해가 됐다. 그러나 남한은 북한이 보여준 파격만큼 나아가기에는 걸림돌이 많았다. 일례로 남한은 여론을 의식하며 9월 13부터 16일까지 평양에서 열린 16차 장관급회담 기간에 북한의 혁명열사릉이나 애국열사릉을 방문하지는 않았다. 또 2004년 말 국가보안법 정비에도 손을 못 댄 정부는 집권당이 국회 과반을 점했는데도 법제도 정비, 군사적 신뢰 구축, 적대관계의 근본적 청산이라는 측면에서도 별다른 진전을 이루지 못했다. 그래서 이러한 교착 상태를 초래한 것이 정부의 의지 부족 때문이었다고 보는 시각이 많았다.

역사를 뒤로 돌리려는 보수세력의 반발 또한 집요했다. 11월 국회 예결위에서 한나라당은 남북협력기금을 '퍼주기'로 표현하며 무려 1조 2238억 원을 삭감하겠다는 안을 제출했다. 말로는 남북의 교류협력을 지지하는 입장을 밝히고 있었으나 막상 남북의 경제협력이 확대되는 시점이 되자 오히려 예산 삭감을 시도했던 것이다. 보수언론은 북한의 〈아리랑〉 공연 흠집내기에 열을 올렸고, 한나라당과 일부 여당 의원, 조·중·동 언론 및 정부 수사기관 등이 강정구 교수의 "6·25는 북한의 지도부가 시도한 통일전쟁"이라는 주장을 문제 삼아 공안몰이에 나서기도 했다.

핵문제를 넘어 한반도 평화체제 구축까지 약속한 9·19공동성명

6·17특사면담은 남북관계 개선의 계기가 되었을 뿐 아니라 한반도 핵문제에도 긍정적인 영향을 미쳤다.

우선 6·17특사면담이 성사되자 세계의 여론은 면담 결과를 적극 환영하면서 남과 북의 '대화와 협상을 통한 평화적 해결 노력'에 박수를 보냈다. 또한 6·17면담으로 한반도 위기설이 진정되고 6자회담 재개의 마지막 걸림돌이 제거됨에 따라 7월 9일 베이징에서 북미 접촉이 재개됐다. 이 자리에서 미국은 북한이 주권국가라는 것을 인정하고 침공 의사가 없으며 6자회담 틀 안에서 쌍무회담을 하겠다는 입장을 공식 표명했다. 북한은 "이 같은 미국의 입장 표시를 폭정의 전초기지 발언에 대한 철회로 이해하고" 6자회담에 복귀하겠다고 발표했다.

이렇게 해서 열린 4차 6자회담은 실질적으로 새로운 회담의 시작이었다. 2004년까지 열린 1~3차 6자회담은 사실상 미국이 북한의 일방적핵 포기를 강요하기 위해 주변국들을 참가시킨 '북핵회담'이었으므로문제 해결에 다가가지 못했다. 그러나 이제는 미국도 6자회담 틀 안에서 북미 양자 회담을 진행하기로 합의한 상황이었다. 회담의 성격도 북한의 핵무기 및 핵 프로그램뿐만 아니라 남한과 주한미군의 핵문제를포함한 '한반도 비핵화'를 다루는 회담으로 바뀌었다.

9월에 재개된 4차 2단계 6자회담에서 참가국들은 '9·19베이징공동성명'을 발표했다. 모두 6개항으로 된 공동성명의 첫 문장은 "6자는 전원일치로 6자회담의 목표가 한반도에서 평화적 방식으로 검증 가능한비핵화를 이루는 것이라는 것을 재확인했다"는 내용이었다. 이어 1항에서 북은 "모든 핵무기와 현존하는 핵 계획을 포기"할 의사를 밝혔고 미국은 "핵무기 또는 재래식 무기로 북을 공격 또는 침공할 의사가 없다"는 것을 확인했다.

그 밖에 공동성명에는 북미, 북일 간 관계 정상화를 위한 조치를 취할것(2항)과 북한을 제외한 5개 참가국들의 대북 에너지 제공(3항), 한반도의 항구적인 평화체제 구축과 동북아 안보협력 증진을 위한 별도 포럼 개최(4항) 등의 합의 사항들이 포함됐다. 또 이런 목표들을 달성하기위해 '말 대 말', '행동 대 행동'의 원칙에 따라 조율된 조치들을 취할 것을 밝히고 있었다. 막판까지 쟁점이 된 핵 포기 범위와 평화적 핵 이용권, 경수로 문제 등은 다소 모호한 표현으로 합의의 여지를 남겼다.

9·19공동성명은 한반도 비핵화라는 목표 아래 북이 핵을 포기하는대가로 안전보장과 경제·에너지 지원을 제공하는 구조로 되어 있다. 여

기서 주목할 부분은 9·19공동성명이 단순히 '한반도 비핵화'를 합의하는 데 그치지 않고 한반도 및 동북아 냉전구조의 해체를 약속했다는 것이다. 미국이 기존의 선핵포기 입장을 철회하고 말 대 말, 행동 대 행동의 원칙에 합의했다는 사실도 유의 깊게 봐야 한다. 공동성명이라는 합의문 형식 또한 기존에 채택되던 의장요약이나 의장성명에 비해 높은 수준의 구속력을 가진다. 9·19공동성명은 북미관계 정상화와 평화체제 확립, 동북아 평화와 한반도 자주통일을 향한 중대한 진전이었다.

남북공조가 북미관계 개선을 끌어내다

한편으로 9·19공동성명은 민족 공조의 성과물이라고도 할 수 있다. 평양 6·15민족통일대축전과 서울 8·15민족대축전을 통해 남북이 '우리 민족끼리'를 공동의 이념으로 만들어가는 모습은 미국에 대한 일종의 지렛대로 작용했다. 9·19공동성명이 탄생하는 과정에서 남한 당국은 예전과 달리 북미 간의 의사소통을 도우려 했고, 4차 2단계 6자회담에서는 대북 송전이라는 나름의 대안을 가지고 북미관계를 중재하려는 노력을 기울이기도 하였다.

그런데 이 시기 외교부는 평화체제 또는 평화협정의 공론화에 강력하게 반발하고 있었다. 4차 2단계 6자회담을 앞둔 8월 20일 워싱턴을 방문한 반기문 장관은 "한반도 평화협정 문제는 북핵 6자회담이 마무리되는 상황을 봐가며 풀어가는 게 순리"라면서 평화협정에 부정적인 입장을 밝혔는데, 그 이유는 "한반도에 평화협정을 체결한다고 하면 유엔군 사령부의 존립 근거가 위태로워진다"는 것이었다. 6자회담 회의석상에서도 외교부는 공동선언문에 평화체제 문구를 넣지 않으려고 버티

며 통일부와 기싸움을 벌였다.[9]

4차 2단계 6자회담 기간인 9월 13~16일에 평양에서 개최된 16차 남북장관급회담 역시 9·19공동성명 탄생에 간접적인 도움을 주었다. 장관급회담에서 남북은 "한반도의 공고한 평화보장을 위해 적극 노력"한다는 내용을 비롯해 6개항 13개 내용이 담긴 공동보도문을 채택하고, 현안이 되고 있던 현대 금강산 사업과 관련된 문제의 해결에 접근했다. 그 밖에 이산가족상봉을 11월 초에 실시하는 데 합의하고 전쟁 시기 포로 등의 문제도 적십자회담을 통해 협의하기로 했다.

남북관계의 질적 발전을 위하여

그러나 16차 장관급회담은 남북 간에 앞으로 해결해야 할 과제가 만만치 않음을 다시금 드러낸 회담이기도 했다. 회담장에서 남한은 한반도 평화 문제와 서울-평양 간 상주연락대표부 설치, 이산가족을 비롯한 인도주의 문제를 제안했다. 반면 북한은 회담에 임하기에 앞서 을지포커스렌즈 훈련을 강도 높게 비판했으며, 회담장에서도 "낡은 과거로부터 벗어나야 함"을 강조하며 국가보안법과 한미군사훈련 문제를 제기했다. 남한이 기존에 진행되고 있던 경제협력과 사회문화 교류에 치중하려 한 반면, 북한의 주장은 남북관계의 질적 변화에 대한 장애물 제거와 새로운 제도 수립과 관련된 것들이었다.

남한이 제기한 다방면의 협력 사업들은 이미 진행 중인 것으로서 경추위와 같은 기존의 틀을 잘 운용하고 민간 교류를 더욱 활성화하면 되는 문제였다. 이와 달리 북한이 제기한 문제들은 집권세력의 정치적 결단을 요구하고 있었는데, 6·15와 8·15에서 9·19공동성명으로 이어진 유리한 정세 흐름을 고려하면 남한 정부가 화답하기 어려운 성질의 것들만은 아니었다. 한미군사훈련의 중단이나 조절, 혹은 국가보안법 폐지를 시도해볼 생각이 있었다면 9·19공동성명 발표 직후가 적합한 시점이었다.

하지만 노무현 정부는 시종일관 국내 정치적 이해관계에서 자유롭지 못했고 보수세력의 반대를 강하게 의식했기 때문에 이런 문제를 적극적으로 해결하려고 하지 않았던 것으로 보인다. 2005년 하반기 노무현 대통령의 최대 관심사는 한나라당에 정권을 넘겨주는 '대연정'이었다.

또한 항상 '북핵문제'가 풀리지 않아서 남북관계 발전이 어렵다고 주장한 노무현 정부였지만, 9·19공동성명 발표 후에도 대북정책과 관련해서 이렇다 할 전환은 없었다. 오히려 김대중 정부 시절의 핵심 인사들인 임동원, 신건 두 전직 국정원장을 구속시키면서 영남과 보수 지지층에 대한 구애작전을 펼쳤는데, 이는 2년 전의 대북송금특검을 연상시키는 행위로서 당연히 남북관계에도 좋지 않은 영향을 미쳤다.

미국과 한국이 실패한 대북정책

광주민족통일대축전

2006년

2월	16일	BDA, 북과 거래 중단 발표
3월	2~3일	3차 남북장성급군사회담 결렬
	9~11일	남북여성대표자회의(금강산)
4월	21~24일	18차 남북장관급회담(평양)
	30일~5월 3일	5·1절 평양 행사에 남한 참관단 파견
6월	14~17일	6·15 민족통일대축전(광주)
7월	5일	북, 미사일 시험발사
	11~13일	19차 남북장관급회담
	19일	북, 이산가족상봉 중단 및 금강산 면회소 건설 중단 통보
9월	14일	한미정상회담(워싱턴)
	22일	IAEA, '북, 무조건 6자회담 복귀 결의문' 채택
10월	9일	북, 핵실험(1차)
	13일	유엔 안보리, 북 핵실험 관련 대북제재결의안 합의
	18일	'금강산 관광 사업지원' 정부 보조금 중단 결정
	30~31일	남북 문인 '6·15민족문학인협회' 결성식 참가(금강산)
11월	9~11일	5차 6자회담 1단계 회의
	16일	정부, 북 인권결의안 첫 찬성투표
	28일	북미 6자회담 수석대표 회동(베이징)
12월	18~22일	5차 6자회담 2단계 회의

네오콘의 반격

"9·19공동성명 합의 내용을 못마땅하게 여긴 네오콘들은 끊임없이 북을 괴롭혔다. 마카오에 있는 은행, 방코델타아시아(BDA)의 북한 계좌를 동결시키는 등 금융제재 조치를 취했다. 북한은 이에 강력 반발했다. 이렇듯 북미관계는 가다 서다를 반복하며 탈출구를 찾지 못하고 있었다."(김대중 전 대통령)

9·19공동성명 채택에도 북미관계는 쉽게 정상화의 길에 들어서지 못했다. 미국은 상황에 떠밀렸을 뿐 실제로 북과 관계를 개선하려는 의지는 별로 없었기 때문에, 합의 내용 이행에 매우 소극적이었다.

4차 6자회담이 순조롭게 진행되고 있던 2005년 9월 15일로 돌아가보자. 9·19공동성명이 합의되기 직전이었지만 미국 재무부는 북한의 위조지폐 유통 의혹을 제기하며 금융제재에 돌입했다. 북한이 마카오에 위치한 방코델타아시아(BDA) 은행을 통해 위조 달러를 유통시키고 불법 국제거래 자금을 세탁했다는 것이 미국의 주장이었다. 미 재무부는 BDA를 돈세탁 우려 대상으로 지정했고, BDA는 북한의 계좌를 동결해 버렸다. 북한 입장에서는 지난 수십 년 동안 이용해온 마카오 주거래 은행과의 거래가 단절된 것이다. 또 미국은 10월 21일 조선광성무역 등 북한의 8개 회사가 대량살상무기 확산을 지원한 혐의가 확인됐다면서 이들 회사의 미국 내 자산을 동결했다.

따라서 11월 초에 열린 5차 1단계 6자회담에서는 이 문제가 중심 쟁점으로 부각됐다. 북한은 미국의 금융제재에 거세게 항의했고, 미국은 북한이 위폐 유통만이 아니라 제조에도 관여했다는 의혹을 제기했다. 격론이 오간 끝에 북미 양자는 6자회담의 틀 밖에서 양자 대화로 이 문제를 다루기로 했다. 그런데 미국 측 재무부 관리가 "금융제재에 대한 기술적 설명을 해줄 수는 있으나 이를 협상하지는 않을 것"이라고 고집해 양자 대화가 물거품이 됐다. 9·19공동성명의 이행을 회피하고 합의안을 무효화하려는 미국의 의도는 누가 보더라도 명백했다.

"BDA 사건이 좌절시킨 것은 9·19공동성명만이 아니었다. BDA 사건은 남북이 2005년 가을로 잠정 합의한 제2차 남북정상회담도 좌절시켰다."(이종석 전 통일부 장관)[1]

얼마 후에는 버시바우 주한 미 대사가 북한을 범죄 정권(criminal regime)으로 부르며 강도 높게 비난했다. 12월 7일 관훈클럽 토론회에 참석한 그는 북한이 군사기술 수출, 마약 밀매, 돈세탁, 위폐 제조 등의 불법범죄 행위를 저지르고 있다면서 "다른 나라의 돈을 위조하는 것은 아돌프 히틀러 이후 처음"이라고 덧붙였다. 남북 경제협력에 신중을 기하라는 주문도 잊지 않았다. BDA 사건에 이어진 버시바우의 발언으로 9·19 합의 내용 이행에 제동이 걸렸고 북미·남북관계는 교착 상태에 접어들었다.

인권 공세와 위조지폐 공세

미국은 북한에 대한 '인권' 공세도 강화하고 있었다. 2005년 7월 미국은 프리덤하우스라는 단체를 내세워 워싱턴에서 1차 북한인권국제대회를 개최한 데 이어, 12월에는 서울에서 2차 북한인권국제대회를 열었다. 북한인권국제대회는 외형상으로는 프리덤하우스가 주관했지만 실상은 미국의 정부 예산이 투입된 행사였다.[2] 서울에서 개최된 2차 대회에는 남한의 친미 보수세력이 총동원되다시피 했으며, 북한을 가리켜 '사회 전체가 하나의 거대한 아우슈비츠 수용소'라고 규정하는 등 극단적인 표현이 난무했다.

미국과 한국에서 제기된 인권 공세의 본질은 버시바우의 발언과 마찬가지로 남쪽 정부를 압박하여 남북관계에 제동을 걸려는 것이었다. 9·19공동성명과 함께 찾아왔던 평화 무드는 어느새 사그라지고 다시 북미 대결이 첨예해지고 있었다.

2006년 새해에도 미국은 자유, 인권, 종교, 마약, 위폐, 미사일, 핵문제 등의 수단을 한꺼번에 꺼내들고 대북 압박의 수위를 한층 높였다. 북한에 대한 군사적 공격이 여의치 않은 상황에서 다양한 수단으로 북한의 체제 붕괴를 꾀하려는 전략이었다. 북미 간에는 이른바 '저강도 전쟁'이 벌어지고 있었다. 미국 재무부는 BDA 측에 압력을 넣어 북한과의 거래를 중단하도록 했으며, 북한의 대량살상무기 확산 활동을 지원했다는 혐의로 스위스 회사인 코아스AG의 자산을 동결시켰다. 같은 날 부시 대통령은 탈북자들을 만나 "미국 대통령으로서 인권과 자유가 없는 북한 주민들을 위해 끝까지 일할 의무가 있다"고 말했다.

그러나 미국이 제기한 의혹들은 사실관계가 입증된 것이 없었다. 특히 코아스AG와 스위스 정부는 위조지폐와 관련된 미국의 주장이 터무니없다고 반박했으며, 미국 재무부 관리들도 위폐가 북한과 관련이 있다는 뚜렷한 증거를 내놓지 못했다. 7월 인터폴이 관계기관과 전문가들을 소집한 자리에서도 참석자 대부분은 북한이 위폐 제조국이라는 미국의 주장에 의문을 제기했다. 60여 명의 전문가가 모인 이 회의에서 미국 정보 당국은 어떤 구체적 물증을 제시하지 못하고 '정보'만을 언급했다. 당시 이 회의에 참석했던 한 전문가는 "내가 웃음을 터뜨렸는지, 잠을 잤는지 기억할 수가 없다"고 말했다.

2년이 흐른 2007년 5월, 이번에는 당시 미국 재무 당국과 긴밀하게 협조했던 스위스 연방경찰이 미국 측에 좀 더 많은 물증을 제시할 것을 요구하면서, '북한이 슈퍼노트(위폐)의 배후인지 의심스럽다'고 밝혔다. 또한 북한위폐사건을 오랫동안 추적한 미국《매클래처-트리뷴》지에 따르면, 미 당국이 제시한 혐의는 상당 부분 탈북자들로 구성된 '한국의 전문가'로부터 나온 것이었다. 당시 미국 언론은 이들의 주장에 근거해 북한이 위폐를 제조했다고 결론을 내렸지만, 미국 언론이 핵심 정보원으로 인용했던 '김동식'이라는 화학자는 이미 소재를 감춘 상태이며, 그의 동료였던 문 모 씨는 김 씨가 1백 달러에 인쇄된 벤저민 프랭클린이 누구인지도 모르면서 대가를 바라고 거짓말했다고 증언했다고 한다.[3] 독일의 권위 있는 언론《프랑크푸르터 알게마이네 차이퉁(FAZ)》의 경우, "슈퍼노트는 CIA가 의회 승인 없이 진행되는 비밀 특수공작 자금을 마련하기 위해 찍어낸 것으로 보인다"고 보도했다.

강경 일변도의 미국

3월 7일 위폐문제와 관련한 북미의 첫 공식 회담에서 북은 6자회담을 조속히 재개하기 위해 금융 범죄 대응을 위한 비상설협의체 설치, BDA에 대한 제재 해제, 미국 은행 내 북한 계좌 개설 등 몇 가지 제안을 내놓았다. 그러나 미국은 모든 제안을 일축하고 추가 제재 의지까지 표명했다.

"나는 대북정책에서 대국적인 관점에서 통 크게 결정하지 못하고 사사건건 의심하며 물고 늘어지는 부시 정부의 태도가 이해되지 않았다. 그들은 그렇게 하면 북한을 다룰 수 있다고 생각했지만 그런 방식은 단 한 번도 성공하지 못했다. (……) 솔직히 나는 부시 정부가 정말 북핵 포기를 열망하는 것인지 의심하지 않을 수 없었다."(이종석 전 통일부 장관)[4]

미국의 금융제재가 실질적으로 북한을 압박하는 효과가 얼마나 있는지는 미지수였다. 북한은 이미 수십 년간 미국의 경제봉쇄 속에서 경제건설을 추진한 경험이 있었고, 확대 발전되는 북중경협이 남북경협과 더불어 북한의 경제적 고립 상태를 해소하는 데 기여하고 있었다.

따라서 미국 네오콘들은 금융제재 외에도 중국과 남한 정부를 움직여 북과의 협력을 차단하는 것을 목표로 삼았다. 네오콘의 막내로 알려진 제이 레프코위츠 북한인권특사가 연거푸 개성공단 비난발언을 입에 담은 것은 이런 맥락에서 이해된다. 레프코위츠는 3월 30일 워싱턴의 한 토론회에서 "개성공단 북한 근로자들은 하루에 2달러도 안 되는 임금을 받고 있으며 노동 권리에 대해서도 아무런 보장을 받지 못하고 있다"고 주장했다. 4월 28일에는 《월 스트리트 저널》 기고문을 통해 비슷한 주장을 폈다. 개성공단은 금강산 관광, 철도·도로 연결과 함께 3대 경협 사업으로서 민족 공조의 한 연결고리였는데, 북한 붕괴를 목표로 하는 네오콘의 시각에서는 교역 규모가 제일 큰 개성공단이 가장 껄끄러운 요소의 하나였을 것이다.

미국에 끌려다니는 노무현 정부

남북 교류 차단에 이은 북한의 고립을 노리는 네오콘의 구상은 민족의 이익과는 배치되는 것이다. 따라서 이런 때일수록 더욱더 민족 공조를 강화할 필요가 있었다. 그러나 노무현 정부는 이러한 위기 상황을 적극적으로 돌파해나가지 못했다. 오히려 외환은행으로 하여금 BDA와 금융거래 계약을 해지하게 함으로써 미국의 대북 금융제재에 동참하고 말았다. 게다가 정부는 미국의 강력한 요구를 거절하지 못하고 4월의 PSI 훈련에 참관단을 파견하기로 결정했다.

북미가 팽팽하게 맞서는 상황에서 노무현 정부는 왜 한미공조의 테두리를 벗어나지 못하고 미국의 강경책에 동참했을까? 아마도 민족의 현실에 대한 이해 부족과 철학의 부재가 가장 큰 이유였던 것으로 보인다. 노무현 정부는 태생적인 친미 정권은 아니었지만, 그때그때 불거지는 위조지폐나 탈북자 문제 등에 대해 자기 논리를 가지고 미국에 대응하지 못했다. 원칙이나 입장이 확고하지 못하다 보니 내부적으로 친미적 관료 집단에게 무력하게 휘둘리는 일도 적지 않았다.

노무현 정부는 다른 영역에서도 미국의 요구에 일방적으로 끌려가고 있었다. 1월 19일 한미 외무장관 전략 대화에서 국회 비준도 거치지 않는 공동성명 형식으로 전략적 유연성에 합의했고, 2월 2일에는 워싱턴에서 한미자유무역협정(FTA) 협상 출범을 공식 선언했다. 앞으로 6자회담이 재개되면 동북아 질서가 어떻게 재편될지 모르는 상황에서 남한이 주한미군의 신속기동군화를 지지하고 한미FTA를 추진한 것은 현명하지 못한 결정이었다. 한미FTA 협상 과정에서도 많은 것을 내준 노무현 정부는 개성공단의 원산지 표기를 'Made in Korea'로 해줄 것을 요구하였지만 미국은 이마저도 거부했다.

또한 이 시기 노무현 정부는 6자회담 내에서의 중재자 역할을 거의 포기한 듯한 모습을 보였다. 가령 4월 9일에서 12일까지 일본 도쿄에서 개최된 6자회담 참가국 수석대표들의 회동에서 북미를 중재하려고 노력한 것은 노무현 정부가 아닌 중국이었다. 반면 천영우 남측 수석대표는 "BDA와 6자회담 복귀를 연계하는 건 북한의 자충수"라며 북한의 복귀만을 재차 강조했다.

"많은 양보를 하려고 한다"

이런 판국에 노무현 대통령이 또다시 깜짝 발언을 내놓았다. 몽골 방문 중이던 5월 9일 북한에 대해 "많은 양보를 하려고 한다"며 "본질적인 정당성의 문제를 양보하는 것이 아닌 한 다른 제도적, 물질적 지원은 조건 없이 하려고 한다"고 말한 것이다. 하지만 이 당시 남한은 미국의 제재와 압박에 동참하고 미국과 합동군사훈련을 벌이고 있었다. 그러다 보니 남한 정치권에서는 대통령의 몽골 발언을 5·31지방선거를 겨냥한 정략적 행동으로 해석했다. 북한으로서도 몽골 발언을 선뜻 신뢰하기가 어려웠을 것이다. 몽골 발언은 불필요한 논란을 불러일으키고 미국 강경파를 자극했기 때문에 우리 민족에게 유리하게 작용하지도 않았다.

김대중 정부가 한미관계와 남북관계를 조용하면서도 주도면밀하게 관리해가며 남북정상회담의 여건을 조성했던 것과 비교해보면, 노무현 정부의 대북정책은 참으로 혼란스러웠다. 치밀한 전략과 확고한 철학의 부재로 노무현 정부는 북한에 구애를 여러 번 보내면서도 신뢰를 구축하지 못했고, 미국에 내줄 것은 다 내주면서도 실리는 챙기지 못했다.

노무현 대통령의 '몽골 구상'은 5월 18일까지 열린 4차 남북장성급회담이 사실상 결렬로 끝나면서 벽에 부딪치게 된다. 회담장에서 남북 군사 당국자들은 철도·통행을 위한 군사보장합의서 체결 문제와 서해상 불가침경계선 설정 문제 등을 두고 협의를 벌였으나 입장차를 좁히지 못했다. 북한은 '근본문제'의 하나로 서해상 불가침경계선 설정 문제를 적극적으로 제기했으나, 남한은 이 문제에 대해 새롭게 협의할 태세를 갖추고 있지 않았다. 회담 결렬의 여파로 남북이 연초에 합의한 열차 시험운행마저 무산되었다.

중요한 것은 실천

정치·군사적 문제 해결을 중시하는 북한과 다방면의 교류협력을 우선하는 남한의 입장 차이가 하루 이틀 만에 좁혀지는 것은 쉽지 않다. 안타까운 점은 북한이 지난해 6·15선언 5주년 대회를 마치면서부터 일관되게 정치·군사적 문제 해결, 상호 체제 인정문제를 제기하고 현충원 참배를 통해 먼저 성의를 보인 반면, 남한이 이에 대한 호응을 제대로 보이지 못했다는 것이다. "북에 많은 양보를 하겠다"는 대통령의 몽골 발언도 실천이 뒷받침되지 않았기에 힘을 얻지 못했다. 결국 남북관계는 전보다 불편해졌고 5·31지방선거는 한나라당의 완승으로 끝났다.

물론 노무현 정부가 그간의 정책을 반성적으로 검토하고 과감한 전환을 모색한다면 여전히 기회는 있었다. 하지만 정부는 대북정책 면에서 답보 내지 후퇴하는 모습만을 보여주었다. 평양시 직업총동맹에서 주관하는 5·1절 행사에 남한 노동자 150여 명이 참관하는 등 2006년 상반기 민간 교류가 활기를 띤 것은 바람직한 일이었지만, 남북 당국 간의 교류는 채널만 열려 있고 진전이 없었다. 이러한 상황 때문에 곧 6·15공동행사가 예정되어 있었지만, 남북관계 전망은 어느 때보다도 불투명했다.

2006년 광주민족통일대축전

6·15공동선언 발표 6돌을 기념하는 6·15민족통일대축전은 14일에서 17일까지 나흘간 광주에서 열렸다. 남측에서는 이종석 통일부 장관을 단장으로 하는 13명의 당국 대표단과 3백여 명의 민간 대표단이 참석했고, 북측에서는 김영대 민족화해협의회장을 단장으로 20명의 당국 대표단과 128명의 민간 대표단이 참석했다.

6·15선언 6돌 행사는 북미관계가 악화되더라도 우리 민족끼리 한반도 평화와 통일을 이루겠다는 의지를 대내외에 확인시킬 좋은 기회였다. 더구나 축전이 광주에서 개최된다는 사실은 '오월에서 통일로'라는 구호를 내걸고 신군부에 항거했던 1980년 5월 광주항쟁의 정신을 되새긴다는 각별한 의미가 있었다.

축전 첫날인 14일 오후 광주 월드컵경기장에서는 남북해외 대표단과 광주 시민 등이 참석한 가운데 6·15민족통일대축전 개막식이 열렸다. 개막식에서는 김대중 전 대통령이 특별연설을 했고 백낙청 상임대회장이 개막사를, 남북 당국 대표와 해외 대표가 축하연설을 했다. 종일 비가 내리는 중에도 개막식에 모여든 1만여 명의 광주 시민은 단일기를 흔들며 '조국통일'을 연호했다.

이틀째인 15일 오전, 남북해외 대표단은 광주문화예술회관에서 민족통일대회를 열었다. 이 자리에서는 남측 백낙청 상임대표와 북측 안경호 위원장이 대표연설을 통해 앞으로의 과제에 대해 심도 깊게 밝혔다. 백낙청 남측위 상임대표는 "전쟁 위기를 막고 군사적 긴장을 해소하며 평화체제를 구축하기 위해 더욱 노력"해야 하며, "민족 대단합의 폭을 비약적으로 넓히고 다양한 형태의 교류를 더욱 활성화해야" 한다고 말했다. 북측 민간 대표단장인 안경호 조평통 서기국장은 "오늘의 북남관계는 매우 불안전한 초보적 상태의 공존관계"라면서 "북남 대결의 낡은 관념, 낡은 관행과 틀이 지금도 민족의 대단결 위업을 엄중히 가로막고" 있다고 진단했다.

민족통일대회에서 남북해외 대표단은 '해내외 동포들에게 보내는 공동호소문'을 통해 '우리 민족끼리 힘을 합쳐 조국통일 이룩하자, 민족자주로 통일의 활로를 열어나가자, 거족적인 평화운동으로 민족의 안녕을 지키자, 민족의 대단합으로 조국통일의 새로운 전기를 마련하자'고 촉구했다. 9·19공동성명 발표 직후 불거진 위폐문제 등으로 북미관계가 진전이 없는 상황에서도 민족이 한목소리를 낸 것은 값진 성과였다.

15일 오후에는 남북 당국 대표단의 좌담회가 마련되어 대화의 장이 열렸다. 지난해에 이어 남북 당국의 6·15공동선언 발표 기념행사가 별도로 열린 것이다. 이 자리에서 남측의 당국 대표단은 북한의 미사일 발사에 대한 우려를 전달했으며, 북측의 김영대 단장은 체제대결, 이념대결의 장벽을 허물기 위한 조치를 조속히 취할 것을 촉구했다. 당국 대표단의 기념행사가 열리는 동안 6·15남측위와 북측위 주도로 학술, 여성, 종교 등의 부문별 상봉 모임도 열렸다. 광주 무진중학교에서는 교육분과 모임과 남북 공동수업이 진행됐다.

15일 오후 7시 광주 조선대학교 운동장에서 열린 6·15공동선언 발표 6돌을 기념하는 축하공연에는 남북해외 대표단 및 시민 2만여 명이 참석했다. 이날 공연의 백미는 화사한 한복을 입고 고운 목소리로 민요를 부르는 북측 '평양 통일음악단'의 공연이었다. 마지막에는 남북해외 동포들이 모두 손에 손을 잡고 〈우리의 소원〉을 합창했다. 광주민주항쟁 때 시민들이 피눈물을 뿌리며 부르던 바로 그 노래였다.

대축전 사흘째인 16일에는 흥겨운 통일운동회와 폐막식이 광주 염주체육관에서 열린 데 이어 목포 유달산 참관 등의 행사가 이어졌다. 참석자들은 〈다시 만납시다〉와 같은 노래를 함께 부르며 평양에서 열릴 8·15행사에서 다시 만날 것을 기약했다. 북측 대표단은 17일 광주학생독립운동기념탑을 방문한 뒤 서해 직항로를 통해 평양으로 돌아갔다.

6·15민족통일대축전의 가장 중요한 의의는 남북해외 민간과 남북 당국이 한자리에 모여 민족자주와 반전평화, 민족 대단합의 의지를 과시했다는 점이다. 2004년의 인천 6·15대회 때와 마찬가지로 6·15남측위는 이번에도 지자체와 지역 인사까지 포괄한 행사준비위를 따로 구성해 폭을 넓혔다. 광주 월드컵경기장과 조선대, 목포 유달경기장 등에서 시민과 함께한 주요 행사들은 6·15의 대중적 확산에 중요한 계기를 마련했다.

씁쓸한 예언

그러나 6·15공동행사에 임하는 우리 정부의 태도가 그리 적극적이라 볼 수 없었다. 행사에 대한 통제라든가 입국 불허 문제 등에서는 오히려 지난해보다 후퇴한 모습을 보였기 때문이다. 본래 금남로에서 10만 광주 시민이 참석한 가운데 진행할 예정이던 남북해외의 축하공연은 결국 조선대 안에서 축소된 채 열렸으며, 해외 측 위원회의 박용 사무국장을 포함한 해외 대표단 일부는 정부에 의해 입국을 차단당했다.

안경호 6·15북측위 위원장의 한나라당 비난 발언에 관한 논란 역시 대회 기간 내내 잦아들지 않았다. 안경호 위원장은 6월 10일 평양에서 진행된 6·10만세시위투쟁 80돌 기념행사에서 "한나라당이 권력의 자리에 올라앉으면 6·15가 날아가고 평양-서울로 가는 길, 금강산 관광 길이 막히게 될 것이며 개성공업지구 건설도 전면 중단되고 남녘땅은 물론 온 나라가 미국이 불 지른 전쟁의 화염 속에 휩싸이게 될 것"이라고 발언했다. 이에 한나라당은 안경호 위원장의 방남을 불허해야 한다며 공개사과를 요구했고, 통일부도 공식적으로 유감 입장을 밝혔다. 한나라당의 사과 요구에 대해 북한이 내놓은 대답은 "우리는 진실을 말했을 뿐이다"라는 것이었다. 그러자 남한에서는 아태평화재단의 법륜 스님, 이부영 전 열린우리당 의장, 김지하 시인 등 10명의 인사가 안경호 위원장에게 "상호 존중의 자세, 내정불간섭의 원칙을 훼손"했다고 항의하는 공개서한을 보냈다.

그런데 새누리당이 집권한 시기, 안경호 위원장의 예언(?)은 현실이 되었다. 이명박 대통령은 취임 초부터 6·15공동선언과 10·4선언을 무시했고, 금강산 관광이 중단되었으며, 5·24조치 발표로 남북 교류가 대폭 축소되었다. 또한 2010년부터 시작된 서해상의 대규모 한미군사훈련으로 인해 북한뿐만 아니라 중국까지 크게 반발하면서 한반도와 동북아 지역의 군사적 긴장이 고조되었다. 이처럼 사회, 문화, 경제 분야에서의 교류협력 위주의 관계는 한반도 정세가 좋지 않고 보수세력이 집권한다면 언제든 역진할 수 있다는 점에서, 남북관계를 질적으로 심화시키기 위해서는 정치·군사 분야에서의 진전이 필수적이다.

요컨대 2006년의 6·15민족통일대축전은 민족의 단합과 통일 의지를 대내외에 선언하는 동시에 북미관계와 남북관계에 대한 남북의 시각차가 두드러진 자리였다. 이렇게 불협화음이 나고 있는 상태에서 북한의 미사일 시험발사를 계기로 남한이 대북지원을 중단했고, 이후 남북관계는 다시 대립 구도로 변경되었다.

북미관계와 남북관계의 동반 악화

9·19공동성명 발표 후에도 앞서 설명한 미국의 대북압박정책이 계속되고, 미국이 양자 대화를 거부하자 북은 6월 1일 외무성 대변인 성명을 통해 크리스토퍼 힐 차관보를 초청하면서 만약 불응하면 초강경 조치를 하겠다고 언급했다. 그리고 7월 5일이 되자 미사일(위성발사체) 시험발사를 단행했다. 이제 북은 일상적인 방식으로는 부시 행정부와 대화나 협상이 불가능하다는 판단을 확실히 내린 것으로 보였다.

"북한의 장거리 미사일 발사는 이미 4월 일본 도쿄에서 열린 동북아시아협력대화(NEACD)에 참석한 북한의 김계관 외무성 부상이 힐 차관보와의 북미 양자 대화를 거부당하면서 예고되었다. (……) 이 사건 이후 북한의 전략은 장거리 미사일과 핵 능력 과시라는 대미 맞불작전으로 완전하게 돌아섰다."(이종석 전 통일부 장관)[5]

그리고 우리 언론에서는 충분히 언급하지 않았지만, 북한의 미사일 발사는 '용감한 방패' 훈련과 미국 주도로 8개국이 모여 6월 25일부터 진행한 '2006 환태평양훈련(RIMPAC, 림팩)'에 대응하는 군사훈련의 성격을 띤 것이기도 했다.[6]

"미국은 '베트남전 이후 최대 규모'라고 불리는 군사력 시위를 6월부터 시행하고 있다. 언론에 거의 보도되지 않고 있는 미국의 군사력 시위는 지난달 괌 해상에서 실시된 '용감한 방패' 훈련과 그 직후 시작된 '환태평양 해군연합훈련'이다. (……) 양측이 모두 자신의 훈련은 방어적 성격이라고 주장하지만, 북한의 미사일 발사가 한국과 미국 등에 주는 위협감에 비춰본다면 북이 미국의 군사훈련에 대해 느끼는 위기감은 훨씬 심각할 것임은 미루어 짐작할 수 있다."(서재정 미 코넬대 교수)[7]

미국과 일본은 북한 미사일 시험발사에 대한 유엔 안보리 결의안을 제출했다. 최종 채택된 결의안은 미국이 제출한 것보다 많이 완화되긴 했지만 북한의 미사일 주권을 인정하지 않았으며 경제제재로 이어질 수 있는 대목을 포함하고 있었다. 중국과 러시아까지 이 결의안에 찬성 표를 던짐으로써 북한의 입지는 일시적으로 좁아졌다. 하지만 북한은 "더 강경한 물리적 행동 조치"를 취하겠다고 맞섰다.

노무현 정부는 미국과 일본의 대북 제재 움직임에 편승해 유엔 결의안에 대한 지지 입장을 밝혔다. 나아가 정부는 남북관계의 마지노선마저 스스로 포기하는 모습을 보였다. 이종석 통일부 장관은 6월 21일 한나라당 김영선 대표를 예방한 자리에서 북한이 미사일을 발사할 경우 쌀과 비료 지원이 어렵다는 입장을 표명했다. 북미관계가 경색되는 국면에서 남북관계 주무 부처 장관의 핵-쌀지원 연계 발언은 스스로의 입지를 좁히는 결과를 낳았다.

공동보도문도 내지 못한 장관급회담

7월 11일부터 3박 4일 일정으로 열린 19차 남북장관급회담은 일정을 채우지도 못한 채 결렬로 끝났다. 남북이 장관급회담에서 공동보도문 채택에 합의하지 못한 것은 2001년 11월 금강산 6차 장관급회담 이후 처음이었다. 북한 대표단은 철수 성명에서 "대화 일방의 성의와 선의를 받아들일 줄 모르는 상대방을 타이르는 데도 정도가 있고 인내에도 한계가 있는 법"이라며 남한 당국을 강력히 비판했다.

그러면 회담이 파탄에 이른 원인은 어디에 있었을까? 일단은 의제 선정부터가 논란의 여지가 많았다. 남한은 처음부터 장관급회담의 의제를 '북 미사일과 6자회담 복귀'로 못 박았다. 그런데 미사일 문제는 기본적으로 남북 간의 문제가 아니라 북미 간의 문제다. 또한 미국의 태도 변화가 없는 조건에서 남한이 요청한다고 해서 북한이 6자회담에 복귀할 가능성은 매우 희박했다. 이를 모르지 않았을 남한에서 의제를 이 두 가지로 제한했다는 사실은 애당초 회담을 통한 성과 도출에 적극적이지 않았음을 보여준다.

물론 장관급회담 자리에서 6자회담과 관련한 남한 정부의 입장을 전달할 수는 있겠지만, 남북장관급회담은 6·15공동선언의 산물이며 그

일차적인 목적은 민족문제의 해결과 관련된 제반 사안의 협의에 있다. 또 남북대화는 그 자체로 한반도의 안정을 유지할 수 있는 효과적인 수 단이다. 따라서 만약 북한의 미사일 발사로 정세가 긴장됐다고 판단했 다면 남한 정부는 오히려 남북관계에서 진전된 성과를 내는 데 주력해 야 했다. 그러나 장관급회담 전인 7일 방한한 미국의 힐 국무부 차관보 는 "아무 일 없었던 것처럼 해서는 안 된다"라며 우리 정부에 압력을 넣 었다.[8] 19차 장관급회담에서 남북이 격돌한 이유를, 남한이 힐의 지시를 충실히 따랐기 때문이라고 본다면 과장된 추측일까?

협상의 전략 또한 매우 좋지 않았다. 이종석 통일부 장관은 쌀과 비 료 지원 중단을 지렛대로 북한을 압박해 6자회담 복귀라는 답을 끌어내 려 했다. 그러나 북한은 사정이 더 어려웠을 때도 자주권과 관련된 문제 라면 양보한 적이 없었다. 쌀·비료 지원이라는 민족 내부의 인도주의적 사안을 북미 간 혹은 동북아 다자간 정치·군사적 현안과 연계한 것은 잘못된 결정이다. 이런 정부의 태도는 "네가 한 걸음 나가지 않으면 나 도 움직이지 않겠다"는 한나라당식 상호주의와 별 차이가 없었다.

이산가족상봉 중단

정부는 언론 플레이를 하는 등 예전과는 다른 모습을 보였다. 결렬의 직접적 계기가 된 것은 북한 권호웅 수석대표의 소위 '선군 발언'에 관 한 통일부 브리핑이었다. 권호웅 북한 대표의 기조 발언에는 "선군이 남한의 안전도 도모해주고 남한의 광범한 대중이 선군의 덕을 보고 있 다"는 말이 포함돼 있었는데, 이에 대해 남한 수석대표였던 이종석 통 일부 장관은 "귀측에게 우리 안전을 지켜달라고 한 적 없다"고 강력히 반박했다. 문제는 통일부가 회담장에서 오간 말들을 일일이 공개해서 보수언론에게 먹잇감을 던져주었다는 사실이다.

'선군 발언'에 대해 이종석 통일부 장관은 필요 이상으로 회담의 판을 깨는 행동을 했다고 볼 수 있다. 이에 대해 한완상 대한적십자사 총재는 "장관급회담에서 이산가족 화상상봉 등 인도주의 사업을 존중한다고 말하면서 넘어갔으면 (회담이) 깨지지 않았을 텐데 거론도 않고 회피해버렸다"면서 "정부의 입장도 이해하지만 통일을 추진해야 할 통일부가 그렇게 해야 했는지 아쉽다"고 안타까움을 피력하였다.[9]

과거 남북관계가 어려워져도 식량이나 비료 등의 인도적 대북지원을 중지하거나 다른 사안과 연계시킨 적은 없었다. 김대중 정부 시절에는 서해에서 교전이 벌어져 사상자가 발생했을 때도 대북 인도적 지원만큼은 그대로 진행했다. 그런데 이종석 통일부 장관이 직접 나서서 인도적 지원을 무리하게 중단시킨 것이다. 남한이 인도적 문제인 쌀과 비료의 대북지원을 유보하자, 북한도 7월 19일 장재언 조선적십자회 중앙위원장의 편지 형식으로 "귀측이 동족 사이의 인도적 문제까지도 불순한 목적에 악용하여 외세에 팔아먹은 조건에서 북남 사이에는 인도적 문제라는 것이 사실상 존재를 마치게 됐다"며 이산가족상봉 중단을 공식 통보했다. 결과적으로 남북 간 대화 창구가 모두 닫혀버리고 말았다.

중심을 잃은 대북정책

19차 남북장관급회담이 사상 처음으로 일정도 못 채우고 종결되자 보수진영에서는 "대화의 기조를 유지하겠다는 정부의 대북 전략이 실패했다"고 공격했고, 진보진영에서는 "원칙 없는 대북정책이 협상 결렬을 불렀다"고 성토했다. 어떤 관점에서 보든 노무현 정부의 대북정책이 '실패'하고 있음은 분명했다.

남북 당국 간 대화가 사실상 끊긴 상황에서 북한은 대집단체조와 〈아리랑〉 예술공연과 8·15민족공동행사 취소를 남한에 공식 통보했다. 행사 취소의 직접적인 이유는 7월 중순의 집중호우로 인한 피해였지만, 그 이면에는 남북의 신뢰가 깨진 엄중한 상황이 있었다. 이에 민간단체들과 통일운동진영에서는 남북의 민간 교류마저 위축되는 것이 아니냐는 우려의 목소리가 높아졌다. 하지만 노무현 정부는 수해라는 계기가 있는데도 대북지원 재개에 나서지 않았다.

보수세력은 더욱 기세등등해져서 대북정책 전면 재검토를 요구하는 한편으로 국가보안법을 부활시키려는 일련의 행동에 돌입했다. 가령 《조선일보》는 전교조가 "선군정치를 옹호하는 포스터를 학교 미화용으로 권장"했고, "전교조가 운동권 출신 8~10명에 의해서 좌지우지되고 있다"며 마녀사냥식 공세를 펼치고 나섰다. 보수언론의 심각한 왜곡보도도 물론 문제였지만 노무현 정부의 대북정책이 중심을 잃으면서 공격의 빌미를 제공한 것도 사태의 한 원인이었다.

9월 14일 워싱턴에서 열린 한미정상회담도 한반도 정세 완화에 아무런 도움이 되지 않았다. 회담에서 양측은 전시작전통제권 환수와 한미 FTA 문제에 대해서 "양국이 이익을 공유하고 있다"는 결론을 내렸지만, 핵문제에 대해서는 확연한 입장 차이를 확인하고 끝났다. 노무현 대통령은 '포괄적 접근 방안'이라는 용어를 쓰면서 핵문제의 평화적 해결을 설득하려 했지만 아무런 성과도 없었다. 정부가 이미 미국의 대북 제재에 동참하고 북과의 대화 통로를 닫으면서 한반도 문제 해결의 주도권을 상실한 상태였기 때문이었다.

선의로 해석했을 때, 노무현 정부는 전시작전통제권과 한미 FTA와 관련해 미국의 요구를 먼저 들어주고 그 대가로 평화를 얻어내려 했다가 실패했다고 할 수 있다. 그러나 민족 공조가 곧 평화라는 것을 노무현 정부는 깨닫지 못하고 있었다.

북미의 입장이 팽팽하게 대립하고 긴장이 고조되자 대중 속에서는 어떻게든 한반도 정세를 평화의 방향으로 돌려 세워야 한다는 공감대가 확산됐다. 9·19공동성명 1주년을 맞아 발표된 각계 인사 140명의 시국선언은 민심의 한 단면을 보여준다. 이 선언에서 각계 인사들은 "한반도 평화실현의 관건은 북미관계 정상화와 이를 위한 북미대화"라면서 미국의 대북 제재 해제를 촉구하고, "한국 정부도 6자회담의 일 당사자이므로 미국의 대북 기조에 끌려다니지만 말아야 한다"는 말로 노무현 정부의 대북정책을 비판했다.

북한 핵실험의 충격

미국의 중간선거를 목전에 둔 10월 9일, 북한은 전격적으로 핵실험을 실시했다. 이에 미국과 유엔은 안보리 결의 1718호를 통과시켜 대북 제재를 강화했으나, 북한은 이를 즉각 거부했다. 북한의 핵실험으로 북미관계는 새로운 상황을 맞이하게 됐다.

북한의 핵실험 소식이 전해지자 남한에서는 포용정책의 존속 여부, 금강산과 개성공단 사업의 지속 여부, PSI 참여 여부가 쟁점으로 떠올랐다. 이때 남한 정부는 또다시 중심을 잡지 못하고 오락가락했다. 노무현 대통령은 핵실험 당일인 9일 청와대 기자회견에서 "포용정책이 북핵문제를 해결하는 데 유효하지 않았다는 평가가 거세게 제기될 가능성이 있고 한국 정부도 이 마당에서 포용정책만을 계속 주장하기는 어렵다"는 말로 대북정책의 기조 변경을 시사했다.

이와 관련해 이종석 장관은 노 대통령이 포용정책의 기조를 재검토한 적이 없었고, 다만 전술적 조정을 하겠다고 했을 뿐이라고 회고했다. 그 근거로 개성공단과 금강산 관광 중단 요구를 대통령이 거부했던 것을 들고 있다.[10] 물론 노 대통령이 외교안보부처와 미국의 요구에 반해서 주요 남북 교류 사업을 지속하기로 한 것은 분명 높이 평가할 수 있는 일이다. 그러나 그런 사안을 제외한 많은 경우 포용정책 재검토를 시사했던 것은 사실이다. 2007년 2·13합의가 발표되고 보다 적극적인 관계 개선 조치를 취할 수 있었는데도 여전히 강경한 입장을 표명했다는 점에서 포용정책의 일관성을 유지하지 못했다는 비판을 피하기는 어렵다.

여당인 열린우리당의 반발에 직면한 노 대통령은 기자회견 다음 날인 10일, 여야 5당 지도부를 만난 자리에서는 "포용정책이 핵실험을 가져왔다는 지적들은 여유를 갖고 인과관계를 따져봤으면 좋겠다"고 말했다. 같은 날 한명숙 국무총리는 국회 답변을 통해 대북 포용정책의 "수정이 불가피한 상황"이라고 언급했다. 이와 같은 최고위층의 일관성 부족은 정부의 무능력과 한계를 드러낸 것이었지만, 사실 7월 말부터 북한과의 대화 통로가 막혀 있었으므로 정부가 주도적으로 나설 수 없는 상황을 반영한 것이기도 했다.

이때 열린우리당 김근태 의장은 정경분리 원칙을 강조하고 정부의 PSI 참여 방침에 반대 입장을 분명히 했다. 그는 남북관계의 교착 상황을 타개하려는 의도에서 통일부에 방북 신청을 내고 개성공단을 방문했다. 열린우리당의 김희선, 박찬석, 임종인, 정청래 의원도 민주노동당

이영순 의원과 함께 "북핵문제와 경제협력은 분리해야 한다"는 입장을 발표하고 금강산을 찾았다. 이들의 노력은 나름대로 의미 있지만, 이미 추락하고 있던 열린우리당에 많은 것을 기대하기는 어려웠다. 김성호 의원은 "남북관계는 사실상 파탄에 이르렀고, 노무현 정부의 통일외교 정책은 실패로 끝났습니다"라며 탈당을 선언했다.

보수세력과 미국의 총공세

한나라당은 북한의 핵실험을 정국 주도권 확보의 기회로 보고 일제히 공세에 나섰다. 한나라당 국회의원들은 대북규탄결의문을 통해 대통령의 대국민 사과, 금강산 관광과 개성공단 사업 등 경협사업 전면 중단과 대북정책 전면 수정, 통일부 장관·국방부 장관·국정원장 총사퇴, 한미동맹 강화 등을 요구했다. 국회 국방위 소속 한나라당 의원들은 "국지전을 감수하고서라도 PSI에 전면 참여해야 한다"는 주장을 펼쳤다. 김용갑 의원이 통일부 국정감사에서 이른바 '광주 해방구 발언'으로 물의를 일으킨 것도 이 무렵의 일이다. 그는 "지난 6·15민족대축전 당시 광주에서 주체사상 선전 홍보물이 거리를 돌아다니고 교육 현장에서 사상 주입이 이뤄졌다"고 주장했다.[11]

이와 관련하여 주목할 만한 사실은 한나라당의 주장이 6월 17일 미국 정부가 한국에 전달한 '비공식 외교문서(논 페이퍼)'에 담긴 요구사항과 거의 일치한다는 것이다. 미국은 한국 정부에 보낸 논 페이퍼에서 "포용정책 재고, 김대중 전 대통령 방북 취소, 개성공단 확대 중단 및 추후 예정된 공사 관련 남북 실무접촉 취소, 남북경제협력추진위원회 개최 취소 및 남북장관급회담 중단, PSI 참가, 역내 MD 강화" 등을 요구해왔다. 미국은 북한의 미사일 발사가 기정사실화되는 상황에서 이를 적극적으로 막으려 하기보다는 포용정책을 폐기하는 계기로 삼으려 했고, 미사일 발사 후 한나라당 역시 햇볕정책을 실질적으로 폐기할 수 있는 조치를 요구했다.

보수언론의 침소봉대와 편향적 보도는 말할 것도 없었다. 예컨대《조선일보》는 '햇볕…포용…남한 위정자들이 북한 핵 재앙 불렀다'는 자극적인 제목의 기사에서 "햇볕정책이 북한이 핵무기 개발을 할 수 있는 '돈과 시간'을 제공"했다고 주장했다. 하지만 북한의 핵보유와 핵실험을 비난하고 나선 것은 비단 보수세력만이 아니었다.《한겨레》가 10일자 사설〈북한의 핵실험 오판〉에서 북한을 향해 "도발에 대한 모든 책임을 져야 한다"고 주장했고, 참여연대 역시 "북한의 핵실험은 한반도와 주변 지역의 평화와 안정에 정면으로 배치되는 일"이라는 주장을 펼쳤다. 이들은 북한이 핵을 보유하게 된 원인이라든가, 6자회담이 파탄에 이른 과정 등은 간과하고 핵실험에 대해서만 즉자적인 반응을 보였다.

북한의 핵실험 후 미국의 한반도 정책 관련자들은 미리 입이라도 맞춘 것처럼 남북경협 중단을 요구했다. 10월 17일 크리스토퍼 힐 차관보가 "개성공단 사업은 북한의 경제개혁 측면에서 이해하지만 그 외 다른 사업은 잘 이해하지 못하겠다"라고 말한 데 이어, 18일에는 버시바우 대사가 "북의 무기 프로그램에 사용될 수 있는 것으로 의심되는 지원을 끊어야 한다. 금강산, 개성공단은 철저히 검토해야 한다"고 발언했다. 19일에는 콘돌리자 라이스가 방한해서 대북 제재를 요구했다. 이때 라이스와 함께 입국한 미 의회조사국(CRS) 소속 연구원은 통일부 관계자들과 개성공단 관계자들을 불러 이른바 '실태조사'를 벌였다.[12] 민족 내부 사업으로서 남한 기업들이 직접 참여하고 있는 개성공단 사업을 미국 의회 차원에서 조사한다는 것은 전례도 없고 명분도 없는 일이었으나, 노무현 정부는 속수무책으로 당하고 말았다. 명백한 미국의 내정 간섭이었다.

금강산을 지켜라

어지러운 핵실험 정국에서 대중은 비교적 차분하게 대응하며 경협 사업 지속을 지지하고 있었다. 이러한 민심은 여론조사 결과로도 확인된다. SBS가 설문조사에서 핵실험 사태의 책임 소재를 물었을 때 응답자들은 '미국 38.1%, 북한 35.6%, 한국 22.8%'라고 답했다. 핵실험 이틀 뒤인 11일 《중앙일보》의 여론조사 결과에 따르면, 핵실험의 원인을 묻는 질문에 미·일의 대북 제재라는 답변이 49.9%, 남한 정부의 대북 포용정책과 북한의 내부 요인이라는 답변이 각각 19.6%와 17.0%였다. 또 《내일신문》이 발표한 15일 여론조사에서도 "대북 포용정책을 폐지해야 한다"는 답변은 15.2%에 그쳤다. 대중의 이러한 반응이 무엇을 의미하는지를 잘 헤아렸다면 정부도 명확한 입장을 세울 수 있었을 것이다.

그러나 노무현 정부는 미국의 압박에 굴복해 금강산 관광에 대한 정부보조금을 폐지한다는 방침을 정했다. 나아가 송민순 청와대 안보실장은 금강산 관광 및 개성공단 사업과 관련해서 '전면 중단은 아니지만 운용 방식의 수정이 불가피하다'는 입장을 표명했다. 관광대가를 현금 대신 현물로 지급하는 방안이나 개성공단에서 북한에 지불되는 임금에 대한 모니터링 등이 거론되기 시작했다. 이에 몇몇 대북지원단체와 시민사회단체가 금강산 관광 캠페인을 시작한 데 이어, 6·15남측위의 각 부문과 지역단체들이 현대아산과 손잡고 금강산 기행운동을 대중적으로 전개했다. 그리하여 11월 11일 경기도민 9백여 명의 금강산 방문을 시작으로 이듬해 봄까지 부문별 기행단이 수차례 금강산을 찾았다. 대중이 직접 금강산 지킴이, 평화 지킴이가 되어 행동에 나선 것이다.

노장의 투혼

정부가 할 일은 미국에 북한과의 양자 대화 및 6자회담 재개를 설득하고 남북관계를 개선해 한반도 문제의 주도권을 되찾는 것이었다. 그러나 정부나 여당이 그런 기대에 부응하지 못하는 상황에서 그 역할을 떠맡은 것은 고령의 김대중 전 대통령이었다. 김대중 전 대통령은 건강 상태가 좋지 않았는데도 국내외 언론들과 연쇄 인터뷰를 하면서 무력 수단에 반대하고 북미대화를 촉구했다.

그는 9월 14일 《르몽드 디플로마티크》 한국어판 창간 인터뷰에서 작심하고 네오콘을 비판한 데 이어, 10월 8일 CNN 방송에 출연해 미국이 과거 소련과도 대화를 했다는 사실을 거론하며 "미국이 왜 북한과 대화를 하지 않는지 이해할 수 없다"고 말했다. 10월 14일 《로이터 통신》과의 서면 인터뷰에서는 "미국은 북한과의 대화를 거부함으로써 많은 것을 잃었다"고 지적하며 북미 직접 대화의 필요성을 거듭 강조했다. 또 10월 28일 고향인 목포를 방문한 자리에서 "정부는 한반도 평화에 역행하는 일이 없도록 PSI 참여에 신중한 태도를 취해줄 것을 요구한다"고 주문했다. 김대중 전 대통령은 노무현 정부의 철학 부재와 어정쩡한 처신으로 폐기될 위기에 처한 6·15공동선언과 햇볕정책을 온몸으로 떠받치고 있었던 셈이다.

방향 전환하는 미국

다행히 부시 행정부의 대북정책 전환이 가시화되기 시작했다. 미국은 이미 이라크라는 수렁에 빠져 있었고, 이슬람 전체가 반미로 돌아선 것은 물론 중남미에서 좌파 반미 정권이 확산되면서 유일 초강국으로서의 위상 추락을 경험하고 있었다. 그리고 결과론적인 분석이긴 하지만 북의 핵실험은 미국의 기존 대북정책이 그 어떤 목표도 달성하지 못했다는 사실을 입증하면서 방향 전환의 계기로 작용했다. 클린턴 정부가 숱한 우여곡절을 거쳐 결국 임기 말에야 북미관계 정상화를 위한 평양 방문을 계획했던 것처럼, 부시 행정부도 늦게나마 새로운 대북정책을 모색하게 된 것이다.

중간선거를 앞두고 부시 행정부는 중국을 중재자로 내세워 북한과 협상에 나섰다. 따라서 10월 말 베이징에서 열린 북·중·미 3자회담은 사실상의 북미 양자 대화였다고 할 수 있다. 이 자리에서 북한과 미국은 금융제재 해제를 조건으로 6자회담을 재개하는 데 합의했다. 곧이어 미국 중간선거에서 민주당이 압승하고 럼스펠드 국방장관이 낙마하면서 대외정책 기조 수정에 힘이 실렸다.

12월 말, 달라진 환경에서 개최된 5차 2단계 6자회담은 중국의 의장성명 발표로 끝나고 말았지만 북미는 대화 분위기를 이어갔다. 물론 여전히 안심할 수 없는 상황이었다. 미국은 제재와 대화의 병행이라는 모순된 입장에서 벗어나지 못하고 있었다. 11월 17일 유엔의 대북 제재결의안이 당사자인 북한의 격렬한 반대에 불구하고 총회를 통과한 것은 미국의 대북 제재 지속을 의미했다. 군사적 적대정책 면에서도 변화는 감지되지 않았다. 한반도에 스텔스기가 배치되고 대북 전쟁계획인 작계

5027의 수정과 작계 5029의 구체화가 이뤄지고 있었다.

　이럴 때 한국 정부가 북미대화를 촉진하고 남북관계 개선에 성과를 냈더라면 한반도 정세의 주도권을 쥘 수 있었다. 그러나 남북 당국 간 관계는 아직도 얼음장 같았고 핵실험 이후 민간 차원의 교류마저 거의 끊어진 상태였다. 그나마 남북관계의 숨통을 터준 것은 금강산에서 열린 남북언론인토론회였다. 남북 언론인들은 11월 29일 금강산에 모여 '6·15공동선언 실천과 남북 언론인들의 역할'이라는 주제로 토론회를 열고, 공동성명에서 "6·15시대 대변자로서 남북 언론인들은 민족문제에 대한 간섭과 전쟁 위협을 단호히 반대 배격한다"고 천명했다.

뉴라이트의 등장

　노무현 정권이 사실상 레임덕 상태에 들어선 2006년, 때 아닌 공안정국이 조성되었다. 전교조에 대한 마녀사냥식 공세가 벌어지는가 하면, '일심회'라는 간첩사건이 터져 민주노동당이 '북한의 간첩당'으로 몰렸다. 한미 FTA 반대 집회 자체가 원천 봉쇄되고 민주노총 사무실에 대한 압수 수색까지 이뤄졌다. 11월 29일에는 강순정 범민련 전 부의장이 체포됐다. 이런 일련의 사건들은 보수세력이 대선을 앞두고 결집하면서 국가보안법을 부활시키고 신공안정국을 조성하려는 흐름 속에 있었다.

　대선을 겨냥한 보수세력의 결집은 크게 두 방향으로 진행되었다. 전역 군인 모임이나 보수 기독교계를 중심으로 하는 구보수세력이 그 하나였다면, 다른 하나는 2005년에 처음 등장한 이른바 '뉴라이트(New Right)' 계열이었다.

　흔히 '수구'로 알려진 구보수 쪽에는 재향군인회, 성우회, 국민행동본부 등과 보수기독교계의 대표주자인 한국기독교총연합회가 있었다. 이런 단체들은 국가보안법 철폐나 서해교전과 같은 사안이 대두될 때마다 회원을 동원해 진보세력의 시위에 맞불을 놓았다. 대표적인 사례가 《조갑제닷컴》의 조갑제 대표와 예비역대령연합회 등으로 결성된 국민행동본부였다. 국민행동본부는 안보 쟁점 외에도 호주제 폐지 등 사회적 의제로 활동 범위를 넓히기 시작했고, 2005년 10월 경기 부천지부를 시작으로 지역별 지부를 결성하며 전국 조직으로 확대를 꾀하고 있었다. 8·15민족대축전이 진행 중이던 8월 15일에는 반핵반김국민협의회 회원 2천여 명이 광화문에서 '북핵 폐기, 북한 해방 국민대회'를 열었다.

2006년 북한의 핵실험 소식이 알려지자 국민행동본부는 서울 프레스센터에서 정부의 대북정책을 비판하고 "북핵 폐기 없이는 한반도 평화가 있을 수 없다"고 주장하는 이른바 '시국선언'을 발표했다. 또 선진화국민회의를 비롯한 227개 시민사회단체로 구성된 '북핵 반대 및 한미연합사 해체 반대 천만명서명운동본부'는 10여 일에 걸쳐 '한민족 생존과 한반도 평화를 위한 범국민 촛불기도회'를 개최해 북한의 핵실험을 강력히 규탄하고 대북정책을 전면 수정할 것을 요구했다.

보수의 다른 한 축은 스스로 '뉴라이트'라는 이름을 내건 자유주의연대, 뉴라이트전국연합과 선진화국민회의와 같은 단체들이었다. 뉴라이트는 2005년 연말부터 조·중·동 언론의 대대적 지원을 받으며 등장했다. 이들은 구보수세력인 올드라이트(Old Right)와 차별화를 시도하며 '합리적 보수', '자유주의 공동체' 등의 기치를 앞세웠다. 2006년 11월 9일 서울 장충체육관에서 열린 뉴라이트전국연합의 창립 1주년 행사에는 한나라당 유력 대권주자들도 참석해 화제를 모았다.

뉴라이트의 등장은 6·15공동선언 이후 남북의 화해협력이 꾸준히 진척되면서 남한 사회의 지형이 바뀐 것과 관련이 있다. 종래의 수구보수 이미지로는 대중의 지지를 받을 수 없게 되자 새로운 보수를 표방하고 나선 것이다. 한나라당의 지지율이 급상승하고 있었지만 그것은 어디까지나 현 정권에 대한 분노로 얻은 반사 이익임을 그들 스스로도 알고 있었다. 한나라당 대권주자들이 뉴라이트 단체를 기웃거리며 손을 내민 이유가 바로 여기에 있었다.

뉴라이트 계열의 조직화는 보수기독교 세력을 중심으로 빠르게 진행됐다. 그 영역은 종교, 언론을 비롯하여 노동계, 교사, 대학생, 학부모, 심지어는 전·의경 부모 모임까지 확장되었다. 보수세력의 취약지였던 20·30대 젊은 층과 대학도 예외가 아니어서 뉴라이트청년연합과 뉴라이트대학생연합, 자유개척청년단, 무한전진, 청년아카데미 등이 결성됐다. 하지만 뉴라이트전국합이 대학 총학생회 선거에 개입해 돈과 출세를 대가로 후보자를 모집한 사실이 폭로된 일화에서 확인되는 것처럼, 뉴라이트의 세력 확장은 상당 부분 비정상적인 방법으로 이뤄졌다.

뉴라이트는 보수의 이론적 근거를 마련하기 위한 연구소 설립에도 박차를 가했다. 뉴라이트전국연합은 바른정책포럼과 2백여 명의 교수로 구성된 '뉴라이트 싱크탱크'를 설립했고, 안병직 서울대 교수의 측근들로 이뤄진 '낙성대 경제연구소' 사단은 전향 386들을 규합해 뉴라이트재단을 출범시켰다. 그 밖에도 이석연 변호사의 헌법포럼이나 이동복 전 자민련 의원의 북한민주화포럼, 박효종 서울대 교수의 교과서포럼, 국민통합포럼, 세계평화포럼 등의 신생 단체들이 2~3년 사이에 우후죽순처럼 생겨났다.

그런데 정작 이들이 주장하는 내용을 보면 새롭지도(new) 올바르지도(right) 않았다. 뉴라이트는 국가보안법이나 집시법을 더 강화해야 한다고 주장했고, 노무현 정부를 '좌파 정권'이라 공격하면서 이승만, 박정희, 전두환 정권이 한국 사회 발전에 기여했다고 미화했다. 친일청산에 찬성하지 않았고, 역사를 재해석한다는 명목으로 일제 강점 시대를 찬양하기도 했다.

핵심적으로 뉴라이트는 북한 정권을 타도하고 주민들을 해방시켜야한다는 극단적인 주장을 펼쳤다. 뉴라이트에게 북한이란 사탄이자 악마이며, 북한 정권의 붕괴를 전제로 한 자유민주주의 체제로의 흡수통일 외에 다른 방식의 통일은 있을 수 없었다. 이 모두가 새로울 것 없는 주장이었다. 뉴라이트는 지난 60년간 줄곧 권력을 움켜쥐고 살아온 친미 보수 반통일 세력이 옷만 갈아입고 다시 등장한 것에 지나지 않았다.

2차 남북정상회담과 10·4선언

남북정상회담차 군사분계선을 넘어 평양으로 향하는 노무현 대통령

2007년

1월	18일	북미 베를린회담
2월	8~13일	5차 6자회담 3단계 회의(베이징), 2·13합의
	27일~3월 2일	20차 남북장관급회담(평양)
4월	18~22일	13차 남북경추위(평양)
5월	8~11일	남북장성급군사회담(통일각)
6월	14~17일	6·15공동선언 7돌 기념 민족통일대축전(평양)
8월	5일	노무현 대통령의 '평양 방문에 관한 남북합의서' 비공개 합의
	8일	NSC, 2007 남북정상회담 개최 의결, 발표
	18일	남북정상회담 개최 연기
9월	27~30일	6차 6자회담 2단계 회의(베이징)
10월		개성공단 1단계 기반시설 준공, 개성공단 월 생산액 2천만 달러 돌파, 이산가족상봉 행사(금강산), 단천 지역 지하자원 남북 공동조사 등
	2~4일	남북정상회담(평양)
	3일	'9·19공동성명 이행을 위한 10·3합의'(제2단계 조치) 발표
	4일	'남북관계 발전과 평화번영을 위한 선언'(10·4선언) 발표
11월	27~29일	남북국방장관회담(평양)
	29~12월 1일	북 김양건 통전부장 방남
12월		금강산 이산가족면회사무소 남북사무소 준공식, 경의선(도라산)물류센터 준공식, 문산–봉동 간 남북 화물열차 정기운행 개시
	5일	개성 관광 개시

2·13합의

신년 초, 9·19합의를 이끌어내고도 첨예하게 대립하던 북미 양자가 베를린에서 마주 앉았다(1월 16~18일). 북의 핵실험과 미국 중간선거를 거치며 미국의 정책이 변화하기 시작한 결과였다. 부시 정부가 그동안 견지해왔던 '대화는 하되 협상은 하지 않는다'는 원칙을 바꾼 것이다.

양자 대화 이후 자연스럽게 열린 5차 6자회담 3단계 회의에서는 이른바 2·13합의(9·19공동성명 이행을 위한 초기 조치)가 채택됐다. 주요 합의 내용은 북한이 핵시설 불능화와 핵 프로그램 신고, IAEA의 사찰 복귀를 수용할 경우 미국을 비롯한 다른 6자회담 참가국들이 중유 1백만 톤으로 환산되는 에너지 지원, 테러 지원국 지정 해제, 북미관계정상화 실무그룹회의(5개 실무그룹회의) 등의 조치를 취한다는 것이었다.

2·13합의는 9·19공동성명이 나온 지 17개월 만에 마련된 단계적 이행 방안의 첫 단계에 불과했지만, 부시 행정부가 선핵폐기정책을 포기하고 대북정책을 전환했다는 점에서 획기적인 변화였다. 또한 2·13합의가 베를린회담에서 북미 양자가 토의한 내용을 6자회담에서 추인하는 형식으로 탄생했다는 점도 주목된다. 6자회담이라는 다자 틀을 만들어 '5:1 구도'로 북한을 포위해 압박하려 했던 미국의 의도가 좌절되고, 이 회담을 계기로 북미관계가 양자 대화를 기본으로 하는 형태로 바뀌

었기 때문이다. 따라서 북미관계사에서 베를린회담의 의미는 결코 작지 않다.

미국이 북한에 대해 제기했던 의혹들이 거짓임이 속속 밝혀진 것도 이때였다. 2·13합의 직후 미국은 라이스 국무장관과 힐 차관보의 기자 회견을 통해 북한의 농축우라늄 프로그램 의혹이 사실이 아니라고 인 정했다.[1] 또 독일의 유력 언론《프랑크푸르터 알게마이네 자이퉁》에서 는 미국이 북한에 혐의를 씌운 달러 위조지폐(슈퍼노트)가 사실은 "미국 CIA가 의회 승인 없이 진행되는 비밀 특수공작 자금을 마련하기 위해 찍어낸 것으로 보인다"고 보도했다.[2] 이미 이라크의 대량살상무기가 허 구였음이 드러난 마당에 북한에 대한 의혹들도 신빙성이 떨어지는 것 으로 나타나자 부시 행정부의 도덕성과 신뢰성은 다시 타격을 받았다.

20차 남북장관급회담

베이징에서 2·13합의가 나온 날, 정세 변화를 알리는 또 다른 합의 가 이뤄졌다. 남북장관급회담 개최를 위한 대표 접촉을 갖자는 남한의 제의에 북한이 응한 것이다. 이 합의에 따라 2월 15일 개성에서 열린 대 표 접촉은 20차 장관급회담 개최 합의로 이어졌다. 사실 북한이 새해 초 부터 정당·정부·단체 연합성명을 통해 민족공동의 협력 사업 활성화, 6·15공동위 발전 등을 강조했기 때문에 남북대화의 재개는 어느 정도 예상된 일이다. 아쉬운 점은 급물살처럼 빠른 관계 복원이 민족 내부의 동력이 아닌 대외정세의 변화에 따라 이뤄졌다는 것이다.

2월 27일에서 3월 2일까지 평양에서 열린 20차 장관급회담에서 남북 은 6개항의 공동보도문을 내놓고 후속 회담과 행사 일정을 구체화했다.

경추위와 적십자회담 등 중단됐던 남북대화를 다시 열기로 하고, 상반기 중 열차 시험운행에도 합의했다. 그리고 '2·13합의 이행에 맞춰' 13차 경제협력추진위원회(4월 18~20일)를 열어 대북 쌀 차관 제공을 협의하기로 했다. 공동보도문에 포함된 "한반도의 비핵화와 평화보장을 위해 '2·13합의'를 원만히 이행하도록 공동으로 노력키로 했다"는 표현은 북한의 2·13합의 이행 의지를 반영한 것이다.

다만 정부는 여전히 대북지원을 북한의 2·13합의 이행과 연계하고 있었다. 정부가 공식적으로는 '북핵문제와 남북관계의 병행발전론'을 내세웠지만, 노무현 대통령은 2·13합의 직후 열린 안보정책조정회의에서 '남북관계는 6자회담의 반 발짝 뒤'라는 대응 기조를 천명했다. 또 대통령은 2월 말 인터넷 매체와의 회견에서도 "아직은 때가 아닌 것 같다"며 남북정상회담 개최에 대해 소극적인 태도를 표명했다.[3] 이 때문에 대북 쌀 차관과 경공업 원자재 제공을 논의할 13차 경추위 회의가 영변 핵시설의 폐쇄 시한이 만료되는 4월 14일 이후로 잡혔다.

"흔히 말하는 '동맹파'가 청와대를 장악하면서 우리의 대북정책이 미국 중심으로 가기 시작했습니다. '북핵문제 해결과 남북관계 개선 병행' 정책 기조는 사라지고 '남북관계 한 발짝 후행론'을 대통령이 직접 얘기하기 시작했습니다. (……) 정상회담을 받아들일 때 청와대 안보실장은 또 바뀌어 있었습니다. 굳이 성향을 분류한다면 그분은 '동맹파'라기보다는 '자주파'적인 성향을 가지고 있는 분이었습니다. 최고 권력자 참모의 성향과 외교 철학이 그렇게 중요합니다. 정상회담이 성사된 뒤에 그분을 만날 기회가 있었습니다. 그래서 수고했다고 했더니 이런 말을 하더군요. '아, 말 마세요. 내가 들어와서 보니까 대통령이 완전히 미국 쪽으로 기울어져 있어요. 그걸 지금 돌려놓고 있는데, 아직 반밖에 안 돌아왔어요.'"(정세현 전 통일부 장관)[4]

BDA 이후

한편 2·13합의 이후 미국 내의 일부 강경파들은 부시 행정부의 새로운 대북정책에 강력히 저항하며 BDA(방코델타아시아) 문제 해결을 가로막았다. 그러나 BDA 문제 해결을 기다리는 동안 북미는 꾸준히 교류를 이어갔다. 3월 초 김계관 부상이 북미관계정상화실무그룹회의 참석차 6박 7일간 방미했으며, 얼마 후에는 국제원자력기구(IAEA) 엘바라데이 사무총장이 방북했다. 이어 4월 빌 리처드슨 미국 뉴멕시코주 주지사와 앤서니 프린시피 전 보훈처 장관 등이 방북하고 6월에는 힐 차관보가 평양을 찾았다.

미국 네오콘들을 맹목적으로 추종해온 국내 보수세력은 2·13합의 이후의 정세 발전을 지켜보며 큰 충격을 받았다. 보수언론들은 뒤늦게 부시 정부를 향해 배신감을 표출하며 '한국의 핵무장'까지 주장했다.[5] 대선을 앞둔 한나라당은 황급히 대북정책 기조를 수정하겠다고 나섰다. 2007년 3월 초 한나라당이 설치한 '대북정책 패러다임 재검토를 위한 태스크 포스'(위원장: 정형근 의원)에서는 북한의 국가적 실체 인정, 남북 간 상호 대표부 설치, 전작권 환수 인정, 인도적 대북지원과 경협 확대 등 대북정책 기조의 획기적 전환 의지를 내비쳤다. 강재섭 한나라당 대표와 김형오 원내대표도 대북정책의 기조 변화를 언급했다.

그러나 한나라당의 대북정책 재검토는 어디까지나 임시방편으로 집권을 위한 정략적 행동에 불과했다. 한나라당은 한 달도 못 가서 태스크 포스와 정책 구상을 전면 철회했다가 7월에 다시 적극적이고 유연한 새 대북정책이라며 '한반도 평화 비전'을 발표하는 등 갈지자 행보를 거듭했다. 한나라당은 시대적 흐름을 거부할 수 없었기 때문에 공식적인 총론으로는 남북교류협력정책을 지지한다고 표명했을 따름이며, 실제 행동으로는 언제나 6·15공동선언 실천을 방해했다.

4자정상회담?

주목할 부분은 한나라당마저 황급히 대북정책 재조정을 모색하는 판국에 정작 노무현 정부가 북한을 향해 엉뚱한 메시지를 보내고 있었다는 점이다. 객관적 요인에 의해 남북정상회담의 성사 가능성이 높아졌고 정치권에서도 남북정상회담 논란이 벌어지고 있었지만, 대통령 자문 동북아시대위 위원장을 지냈던 문정인 외교통상부 국제안보대사는 4월 초 라디오 방송에 출연해 "현 시점에선 남북정상회담보다 4자 또는 6자 정상회담의 가능성이 크다"는 의견을 밝혔다. 또 3월에 평양을 다녀온 이해찬 전 총리는 4월 23일 한 토론회에서 "6자회담의 틀과 별도로 남·북·미·중 4개국 정상급회담체를 신설할 필요가 있다"며 남·북·미·중의 4자 정상회담론을 제기했다.

남북정상회담보다 4자 정상회담을 앞세우는 것은 남북의 관계를 특수한 관계가 아니라 여타 국가 대 국가의 관계와 동일하게 보는 분단고착적인 발상이었다. 그러나 한반도 문제는 결코 다자의 틀로 온전히 해결될 수 없는 성질의 것이며, 평화와 통일을 이루기 위해서는 반드시 남북이 힘을 모아야 한다. 안타깝게도 노무현 정부는 변화하는 정세를 따라잡지 못했고 남북관계의 특수성을 제대로 인식하지 못하고 있었다.

짧은 봄

그럼에도 겨레의 가슴을 훈훈하게 하는 소식이 하나둘 전해졌다. 남북의 노동자들이 경남 창원에서 '5·1절 남북노동자통일대회'를 개최하고 축구경기를 열었으며, 5월 8일에서 11일까지 열린 5차 남북장성급회담에서는 남북 열차 시험운행과 관련된 합의서가 채택됐다. 그리고 5월 17일 경의선과 동해선 철도 일부 구간에서 역사적인 열차 시험운행이 이뤄졌다. 남쪽 열차가 문산역을 출발해 북으로 향했고, 금강산역의 북쪽 열차가 남으로 출발했다. 분단 56년 만에 민족의 혈맥이 이어지고 '대륙을 향한 꿈'이 살아나는 순간이었다.

미국은 이번에도 남북의 접근에 제동을 걸었다. 열차 시험운행 하루 전인 5월 16일, 버시바우 주한 미 대사는 관련국 간 '공동의 접근'을 강조하면서 "남북관계는 기본적으로 한국과 북한이 결정해야 할 문제지만 한국과 미국 정부는 6자회담과 남북관계 조율에 어느 정도 합의한 것 같다", "우리의 인내심은 무제한이 아니다"는 발언으로 남한 정부에 압력을 넣었다.[6] 이것은 남북관계를 6자회담의 진전에 맞춰야 한다는 이른바 '속도조절론'의 다른 표현이었다. 이번에도 노무현 정부는 미국의 요구를 너무 쉽게 수용하고 말았다.

5월 말 노무현 정부는 북한에 쌀을 차관으로 제공하기로 한 것을 유보했다. 게다가 이 유보 결정은 대통령의 직접 지시에 따른 것이라는 사실이 《한겨레》의 보도로 공개됐다. 보도에 따르면 노무현 대통령은 비공개로 열린 관련 부처 장관급회의에서 "북이 2·13합의 초기 조처를 이행할 때까지 쌀 차관 제공을 유보하라"고 지시했는데, 이것은 2·13합의 직후 노무현 대통령이 부시 대통령과 했다는 '약속'에 따른 조처였다.[7]

그러나 객관적으로 따져보면 2·13합의 이행 지연에 대한 책임을 북한에게만 돌릴 일이 아니었다. 당시 2·13합의는 BDA 자금의 대북송금이 3개월 넘게 지연되면서 이행되지 못했고, 북한은 미국이 송금 문제를 해결하면 곧바로 영변의 핵시설 폐쇄 조치에 들어가겠다는 뜻을 분명히 밝힌 바 있었다. 그런데도 노무현 정부는 미국의 의무 불이행에 대해서는 한마디도 못 하고 북한에 모든 책임을 전가했다. 열차 시험운행을 계기로 속도를 더 내야 할 남북관계가 불과 열흘 만에 쌀 차관 문제로 주춤하는 양상이었다.

통일부 장관의 읍소

5월 29일부터 서울에서 열린 21차 남북장관급회담에서도 남한은 2·13합의 이행 전에 쌀 차관을 제공하기 어렵다는 방침을 고수했다. 이에 북한 대표단은 쌀 차관 문제가 해결되지 않으면 이산가족상봉은 없다는 입장으로 맞섰다. 장관급회담은 다음 회담 날짜도 잡지 못하고 내용 없는 공동보도문으로 막을 내렸다.

이번에는 회담 결렬의 책임이 남한에 있음은 누가 보더라도 명백했다. 남북은 4월에 열린 남북경제협력추진위원회 13차 회의에서 40만 톤의 쌀을 5월 말부터 제공하기로 합의했는데, 남한이 미국의 요구를 수용해 타당한 사유 없이 약속을 어겼기 때문이다. 게다가 회담 사흘째인 31일 노무현 대통령과 남한 수석대표인 이재정 통일부 장관의 면담까지 이뤄졌는데도 쌀 차관 제공 유보 방침이 바뀌지 않았다는 사실은 남한 최고 당국자인 대통령이 남북관계에 의지를 보이지 못한 것으로 해석됐다.[8]

남북관계가 삐걱거릴 때마다 통상 남북 양비론을 펼치던 《한겨레》도 이번만은 사설을 통해 "회담이 사실상 결렬된 일차적 책임은 남쪽에 있다"는 평가를 내리고 정부의 대북정책에 "심각한 반성이 필요한 시점"이라고 진단했다.[9] 시민사회단체들은 "남북관계는 2·13합의와 연동하여 '조절'되어야 할 문제가 아니라 2·13합의가 교착 상태에 빠진 현 시점에서 더욱 발전시켜야 할 문제"라며 비판의 목소리를 냈다.[10]

2007년, 6·15민족통일대축전

6월 14일에서 17일까지 평양에서 열린 '6·15공동선언 발표 7돌 기념 민족통일대축전' 행사는 2005년과 2006년의 6·15공동행사와 달리 당국 대표단이 참석하지 않은 가운데 치러졌다. 그런데 이번에는 통일운동에 대한 견해차가 본격적으로 노출되면서 본 행사인 '민족단합대회'가 이틀간 지연되는 사태가 빚어졌다.

민족단합대회가 지연된 핵심 이유는 한나라당 의원의 주석단 배치를 둘러싼 견해차였다. 개회 직전 북한은 한나라당 의원들을 주석단에 배치할 수 없다는 입장을 표명했다. 6·15공동선언을 지지한 적이 없고 공동선언에 대한 반대로 일관한 한나라당의 의원들이 주석단에까지 올라가는 것은 곤란하다는 논리였다. 이에 남측은 전날(14일) 대성산 남문에서 열린 개막식에서의 전례와 사전합의 사항임을 내세우며 원안대로 한나라당 의원을 주석단에 넣자고 주장했다. 거듭된 논의에도 남북이 접점을 찾지 못하자 북한은 주석단을 행사 진행에 필수적인 인원인 11명으로 축소하자는 수정안을 내놓았다. 그러나 한나라당 의원들은 주석단에 한나라당 의원이 포함되지 않을 경우 대회에 참가하지 않겠다고 고집했다. 남측위 내부에서도 한나라당 의원들을 반드시 참여시켜야 한다는 입장과 한나라당 의원들을 주석단에서 빼더라도 행사를 진행해야 한다는 입장이 대립했지만, 결국에는 한나라당 의원들을 빼기로 결정했다.

민족통일대축전의 본 행사인 민족단합대회 참가자들은 '민족대단합 선언문'을 통해 민족애와 민족자주 정신에 기초해 민족적 단합 적극 실현, 불신과 대결의 모든 잔재를 청산하고 민족적 화합과 단결을 더욱 튼튼히 다져나갈 것, 민족의 단합된 힘으로 나라와 겨레의 안녕을 지켜나갈 것, 민족 공조를 적극 실현해 민족의 공존과 공리·공영을 적극 도모해나갈 것, 6·15민족공동위원회의 역할과 기능을 더욱 높여나갈 것 등을 선언했다. 남북해외 대표단은 그 자리에서 곧바로 폐막식에 들어가 백낙청 6·15남측위 상임대표가 폐막사를 하고 8·15공동행사에서 만날 것을 다짐했다. 그러나 한나라당 의원들은 '한나라당에 대한 북한의 입장이 변하지 않은 상황에서 참가는 무의미하다'는 이유로 이날 본 대회 행사에 불참했다.

손 놓고 있는 정부

노무현 정부는 임기 마지막 6·15공동선언 기념일에도 남북관계에 대한 별다른 언급 없이 넘기고 말았다. 김대중 전 대통령이 반민반관적 성격의 자체 기념행사를 열었고, 비록 민간 행사로 치러졌지만 평양에서 열린 행사에는 북측 당 대표단이 참여했었다. 또 7주년을 앞두고 6월 15일을 '6·15남북공동선언 기념일'로 지정할 것을 촉구하는 내용의 결의안(의원 161명 서명, 열린우리당 배기선 의원 대표발의)이 국회에 제출되기도 했다.[11] 그런데 유독 정부에서는 6·15선언이나 통일, 혹은 민족이라는 말이 한마디도 나오지 않았다.

이번에도 정세 변화의 계기는 외부에서 찾아왔다. 6·15선언 7주년을 즈음해서 BDA 문제가 완전히 해결된 것이다. BDA에 예치된 북한 자금은 미국의 뉴욕연방준비은행을 거쳐 러시아 중앙은행으로 이체된 뒤 러시아 극동 상업은행의 북한 계좌로 송금됐다. 이제 북미는 본격적인 2·13합의 이행에 들어가게 됐고 한반도 정세는 급물살을 타기 시작했다. 북한은 즉시 IAEA 실무 대표단을 초청했으며, 6자회담 미국 측 수석대표인 크리스토퍼 힐 차관보가 방북해 김계관 북한 수석대표와 "포괄적이고 생산적인" 협의를 진행했다. 7월 14일 중유 5만 톤 중에 1차분이 북한 선봉항에 도착하자 북한은 그날로 영변 핵시설 가동중단 조치를 취했다.[12]

노무현 정부도 2·13합의 미(未)이행을 이유로 거부했던 쌀 차관 제공을 다시 하겠다고 밝혔다. 하지만 남한이 쌀 차관 제공을 계속 미루고 또 미루다가 이제야 지원을 검토하겠다고 하니 북한이 이를 기분 좋게 받아들일 이유가 없었다. 그리고 이 과정에서 이재정 통일부 장관이 힐 차관보의 방북을 뒤늦게 알았다는 보도가 나온 데서 알 수 있듯이 통일부는 상대적으로 위축된 상태였다. 북미 사이에 대화와 협상이 급진전되고 있는데 남북관계 주무 부처인 통일부가 별 역할을 하지 못하고 있다는 것은 남북관계가 그만큼 침체되어 있음을 의미했다. 노무현 정부는 임기 말까지 민족 내부 관계로서 남북관계의 특수성과 독자성을 살리지 못하고 북미관계의 뒤를 겨우 따라가는 행보를 거듭했다.

해결될 수도 있었던 서해해상분계선 문제

그렇다면 노무현 정부는 무엇을 해야 했을까? 늦었지만 이제라도 그간의 대북정책을 되돌아보고 변화된 정세에 맞게 남북관계를 발전시켜야 했다. 경제·문화 교류 확대를 뛰어넘어 정치·군사 분야에서의 진전을 이룰 필요가 있었다. 가령 매번 남북관계에 경색을 초래했던 한미합동군사훈련의 경우, 남북이 비핵화공동선언을 발표한 이듬해인 1992년에 팀스피리트 훈련이 중단된 전례가 있으므로, 이를 중지시키는 것도 불가능한 일은 아니었다. 이마저도 어렵다면 남북 간 군사회담이나 장관급회담에서 서해상의 경계선 문제를 다룰 수도 있었다.

5월 8일에서 5월 11일까지 열린 5차 장성급회담에서 북한이 서해상 군사충돌 방지 문제와 북 어선의 해주항 직항 문제를 의제로 제기한 것은 좋은 기회였다. 게다가 북한은 공동어로수역 설정과 관련해 이전보다 완화된 새 제안을 내놓았다. 북한이 기존 주장을 철회하고 서북 5도 근방에서는 NLL 약간 위로 하되 소청도와 연평도 사이 넓은 수역에서는 NLL 이남 1~2킬로미터로 새 경계선을 설정하자는 제안이었다. 일부 지역에서 NLL 경계선을 조금만 내리면 NLL을 해상분계선으로 수용할 수 있다는 것처럼 보이는 제의였다.[13]

그러나 남한은 "국방장관회담에서 논의할 주제"라며 책임을 윗선으로 넘겼다. 결국 회담은 서해상 군사충돌 방지와 관련한 모든 사항을 '추후 협의'한다는 선에서 마무리됐다.

BDA 문제 해결 이후 북미관계가 진전되던 7월 16일 열린 남북군사실무회담과 7월 24일에서 26일까지 열린 6차 장성급회담 역시 남한이 성과를 낼 수 있는 좋은 기회였다. 더구나 서해상에서의 긴장 완화 문제는 원래 3, 4차 장성급회담에서 남측이 먼저 제의한 의제이기도 했다.

6차 장성급회담에서 북한은 공동어로수역 설정을 위해 5차 장성급회담에서 제시한 것과 비슷한 새로운 경계선을 제시했다. 합의 없이 충돌이 지속적으로 일어나는 상황을 반영하여 5차 회담 때와 같은 제안을 내놓았던 것이다. 그러나 국방부는 북한의 제안을 고려하는 모양새조차 보여주지 않았다. 결국 양측은 아무 합의를 이루지 못했고 차기 회담 일정도 잡지 못했다. 북측의 김영철 단장은 "남한이 평화체제를 거론하며 자신이 한반도 평화체제의 당사자라고 말하는데 말로만 하지 말고 행동으로 당사자의 참모습을 보여줘야 한다"는 말을 남겼다.

나중에 알려진 바에 따르면 청와대와 통일부는 북한의 제안에 찬성했으나 국방부가 기존의 NLL을 고수했다고 한다. 문제는 국방부와 통일부의 손발이 맞지 않는 상황에서 이를 조정하고 통제해야 할 청와대가 국방부에 무력하게 끌려다녔다는 점이다.[14] NLL 포기라는 보수세력의 비난이 두려웠던 것인지 어땠는지는 알 수 없지만, 근본문제를 진지하게 다루려는 정부의 노력이 부족했던 것만은 분명한 사실이다. 이처럼 남북 당국 간 관계는 2차 남북정상회담이 개최되기 전까지 답보 상태를 벗어나지 못했다.

2차 정상회담 개최 합의

2·13합의로 한반도 비핵화와 평화체제 실현의 길이 열리고 북미 양자가 2·13합의의 이행 과정에 진입했다는 사실은 한편으로 남북정상회담의 조건이 무르익었음을 의미했다. 내부적으로도 6자회담 및 북미관계의 진전에 걸맞게 남북관계를 발전시켜야 한다는 것은 겨레의 한결

같은 바람이자 현실의 요구였다. 남북은 7월 초에서 8월 초에 걸친 물밑 접촉을 통해 2차 남북정상회담 개최에 합의했다.

8월 5일 남북은 '노무현 대통령의 평양 방문에 관한 남북합의서'에 합의했다. 이 문건에는 2차 남북정상회담이 8월 28일에서 30일까지 평양에서 열린다는 것과 '한반도 평화, 민족공동의 번영, 조국통일'이라는 3대 의제가 명시됐다. 기존의 장관급회담이 제자리걸음을 계속하는 상황에서 전해진 정상회담 개최 소식은 최고위급의 대화를 통해 그간의 현안들이 시원하게 해결되고 남북관계가 새로운 궤도에 오르리라는 기대를 불러 모았다.

당시 새로운 대북정책을 모색한다던 한나라당은 이 소식을 어떻게 받아들였을까? 한나라당의 첫 반응은 "시기, 장소, 절차가 모두 부적절한 남북정상회담에 반대한다"는 것이었다. 그러다 '도로 한나라당'이라는 여론의 반발에 직면하자 전술을 바꿔 이번에는 정상회담 연기 주장을 펼쳤다. 그런데 '남북정상회담을 대선이 끝난 뒤 차기 정권에서 했으면 좋겠다'거나 '당선자와 상의해서 하라'는 주장들은 정상회담을 하지 말자는 것이나 다름없었다. 8월 24일에는 한나라당 대선후보로 막 선출된 이명박이 "그보다 (지난 6·15정상회담 때보다) 한 단계 더 나아가는 합의가 나올까 봐 걱정된다"며 남북관계 진전에 대한 불편함을 가감 없이 드러냈다.

남북정상회담을 환영한다

남북의 화해와 통일을 바라지 않는 세력을 제외한 국민의 여론은 남북정상회담 개최를 반겨 마지않았다. 8월 7일부터 18일에 걸친 폭우로 북한이 수해를 입어 회담이 10월 초로 연기되자, 남한에서는 민간 차원의 북녘수해돕기운동이 대대적으로 벌어졌다. 정상회담을 앞둔 정부 당국도 수해복구 자재장비 지원에 나섰다. 오직 한나라당만이 같은 민족인 북한의 어려움을 외면하면서 "(정상회담 연기에) 수해가 아닌 또 다른 배경이 있는지 우려스럽다"고 딴죽을 걸었다.

남북 당국 대표단의 참가 없이 민간 행사로 치러진 8·15민족통일대회에서는 남북공동행사 무산에 대한 아쉬움과 2차 남북정상회담에 대한 기대가 교차했다. 8월 14일 전야제에서는 '(준)한국진보연대' 주최로 진행된 '남북정상회담 환영, 을지포커스렌즈 연습 중단, 주한미군 철수, 자주통일 결의대회'가 열렸고, 15일 대학로에서는 6·15남측위 단독의 8·15민족통일대회가 진행됐다. 8·15민족통일대회 단상에 오른 연사들은 2차 남북정상회담 개최에 대한 환영의 뜻과 나름의 바람을 전했다. 또 이 자리에서는 6·15공동선언 실천 남북해외위원회가 8·15를 맞아 공동채택한 '일본 정부의 재일동포들에 대한 탄압 책동을 규탄하는 결의문'이 낭독됐다.

북미가 해빙기를 맞이하고 노무현 대통령의 평양 방문이 발표되자 자연히 남북 간 근본문제의 해결을 촉구하는 목소리도 높아졌다. 시민사회단체들은 8월 20일부터 한미 합동으로 진행되는 을지포커스렌즈 연습이 "대화 상대방에 대한 배신행위"라며 전면 중단을 촉구했다. 교사, 학생, 노동자, 시민사회단체 회원 등 각계 1천여 명이 한자리에 모여 전교조 공안탄압 규탄 및 국가보안법 폐지를 요구하는 결의대회를 열기도 했다.

도보로 군사분계선을 넘다

10월 2일, 드디어 역사적인 2차 남북정상회담의 막이 올랐다. 노무현 대통령은 역대 대통령으로서는 처음으로 휴전선의 군사분계선(MDL)을 도보로 넘었다. 북한 관할 지역에 진입한 노무현 대통령과 공식 수행원들은 승용차로 개성-평양 간 고속도로를 이용해 평양 인민문화궁전 광장으로 가서 김영남 최고인민회의 상임위원장의 영접을 받았다. 노무현 대통령이 김영남 상임위원장과 함께 무개차에 올라 4·25문화회관까지 15킬로미터 정도 카퍼레이드를 펼치는 동안, 연도에 늘어선 수십만 평양 시민은 붉은색 꽃술을 들고 '만세'와 '조국통일'을 외쳤다. 무개차는 낮 12시 정각에 4·25문화회관 광장에 진입했다. 광장에서는 5분 전부터 김정일 국방위원장이 기다리고 있었다. 노무현 대통령은 차에서 내린 뒤 10미터 정도를 걸어 김정일 국방위원장과 악수를 나눴다. 남과 북의 정상이 7년여 만에 다시 손을 맞잡은 것이다. 7년 전과 같은 뜨거운 포옹은 없었지만 남북의 정상이 다시 만났다는 사실만으로도 충분히 가슴 벅찬 장면이었다.

노무현 대통령은 공식 환영식을 마친 뒤 전용차를 타고 숙소인 백화원 영빈관에 도착했다. 그날 오후 노무현 대통령의 일정은 만수대 의사당에서 이뤄진 북한 김영남 최고인민회의 상임위원장과의 회담이었다. 회담은 당초 오후 5시까지 한 시간 동안 가질 예정이었으나 시간을 훨씬 넘겨 마무리됐다. 그동안 권양숙 여사는 박순희 조선민주여성동맹 중앙위원회 위원장, 류미영 천도교청우당 중앙위원회 위원장 등 북측 여성 지도자 11명을 만나 간담회를 가졌다. 또 노무현 대통령을 수행해 평양을 방문한 정계, 재계 인사 등 특별수행원들은 김책공대 전자도서관을 참관했다.

김영남 상임위원장과의 회담을 마친 노무현 대통령은 오후 7시부터 목란관에서 진행된 환영만찬에 참석했다. 김영남 상임위원장은 만찬 사에서 "이제 우리 앞에는 북남관계를 더욱 발전시켜 조국통일의 새로운 국면을 열어나가야 할 성스러운 과제가 남아 있다"면서 "이 정확한 과제를 해결하는 것이야말로 오늘의 시대를 사는 우리 민족 성원 모두의 숭고한 사명이라고 생각한다"고 주장했다. 노무현 대통령은 답사에서 "가장 중요한 것은 서로에 대한 신뢰라고 생각한다"며 "(개성공단, 철도와 도로 연결, 금강산 관광을 통한) 신뢰의 증진은 한반도 평화를 공고히 하고 민족공동 번영의 미래를 여는 토대가 될 것"이라고 정의했다. 양측 모두 민족의 번영을 이야기했지만, 북한이 '통일'을 강조한 데 비해 남한은 '평화'를 강조했다는 점이 눈에 띈다. 즉, 노무현 정부는 경협에서의 신뢰를 바탕으로 평화와 번영을 이루자는 평화번영정책의 논리를 그대로 가지고 정상회담에 임했다고 볼 수 있다.

이런 기조는 노무현 대통령의 대국민 인사에서도 찾아볼 수 있다. 2일 서울을 출발하기 전에 발표한 대국민 인사에서 그는 "여러 의제가 논의 되겠지만, 무엇보다 평화 정착과 경제 발전을 함께 가져갈 수 있는, 실질적이고 구체적인 진전을 이루는 데 주력하고자 한다"고 밝혔다.

10월 3일 남북정상회담과 10·3합의 발표

남북정상회담 둘째 날인 3일에는 오전과 오후 두 차례의 정상회담이 열렸다. 남한에서는 공식 수행원 4명이 배석하고 북한에서는 김양건 통일전선부장 1명만 배석했다. 백화원 영빈관에서 오전 회담이 시작되자 김정일 국방위원장은 "2000년에 김대중 대통령께서는 하늘길을 열었고, 노 대통령께서는 육로로 온 것이 뜻깊다고 생각한다"는 말을 건넸다. 그러자 노무현 대통령은 "군사분계선을 도보로 넘으면서 제 스스로 감동을 느꼈다"고 답례했다. 이어 두 정상은 한반도 평화 정착과 남북의 공동번영, 남북의 화해와 통일의 세 가지 의제를 놓고 의견을 나눴다.

"회담은 실질적으로 네 시간 정도 한 셈인데, 의제 가운데 미리 합의한 것은 거의 없었다. 그런데도 핵문제에서부터 평화선언, 각종 경제협력, 이후 회담에 관한 문제까지 일사천리로 합의가 이루어졌다. 다른 정상회담과는 달리 통역이 필요 없었고 정서적으로도 통하는 점이 많아서 나중에는 '가족적 분위기'를 방불케 하는 장면도 나왔다."(노무현 전 대통령)[15]

오후 회담에서 남한은 서해평화협력특별지대 설치와 경협에 중점을 두고 여러 사안을 제기했고, 북한은 대부분의 제안에 호의적으로 응했다. 그리고 앞으로 총리급회담과 국방장관회담을 개최해 군사보장 문제와 경협 관련 사안을 토의하자는 데 의견이 모아졌다. 김정일 국방위원장이 모두발언을 통해 회담 일정을 하루 연장하자고 제안했지만, 노무현 대통령이 즉석에서 거부 의사를 밝혀 철회되는 해프닝도 있었다.

마침 베이징에서 날아온 반가운 소식은 회담 분위기를 한층 돋워주었다. 남북정상회담 개최 직전에 마무리된 6차 2단계 6자회담(9월 27~30일)의 결과 '9·19공동성명 이행을 위한 제2단계 조치'(10·3합의)라는 이름의 합의문이 발표된 것이다. 2·13합의와 10·3합의는 모두 9·19공동성명을 이행하기 위한 구체적 조치와 방안들을 담고 있는데, 2·13합의가 비핵화 1단계의 이행 방안이라면 10·3합의는 2단계에 해당한다. '행동 대 행동' 원칙에 따라 연말까지 북한이 핵시설 불능화와 핵 프로그램 신고를 마치는 대신 미국은 북한에 대해 테러 지원국 명단 삭제, 적성국무역법 제재 해제, 경제적 보상을 완료한다는 것이 10·3합 의의 요지였다. 2·13합의 마찬가지로 10·3합의도 북미 양자 대화의 산 물로 볼 수 있다. 10·3합의 내용이 그전에 제네바에서 열린 북미관계정 상화실무그룹 2차 회의의 합의 사항을 재확인한 것이기 때문이다.

10·4선언

평양 방문 마지막 날인 4일 오전, 노무현 대통령은 권양숙 영부인과 함께 남포시에 위치한 평화자동차 조립공장과 다목적 방조제인 서해갑 문을 방문했다. 오후 1시에는 남북 정상이 백화원 영빈관에서 평화정 착, 공동번영, 종전선언, 통일 등에 관한 내용이 담긴 '남북관계 발전과 평화번영을 위한 선언'(10·4선언)에 합의하고 서명했다. 서명에 이어 북 한이 마련한 환송오찬이 화기애애한 분위기 속에서 두 시간 남짓 진행 됐다. 두 정상은 식사 도중 와인으로 건배를 주고받으며 대화를 계속했 고, 다른 테이블에 앉아 있던 남한 수행원과 북한 참석자들도 남북관계 진전과 양 정상의 건강을 기원하는 건배를 이어갔다.

오찬을 마친 노무현 대통령은 김정일 위원장과 작별인사를 나눴다. 그리고 평양 중앙식물원으로 이동해 기념식수 행사에 참석한 뒤 오후 4시 평양 인민문화궁전 앞길에서 열린 공식 환송식을 끝으로 2박 3일간 의 방북 일정을 마무리했다. 김영남 최고인민회의 상임위원장이 환영식 에 이어 이날 환송식에도 참석해 노무현 대통령을 배웅했다. 노무현 대 통령이 승용차에 올라 개성-평양 고속도로 입구에 있는 조국통일3대헌장 기념탑 쪽으로 이동하자 시민들은 꽃다발을 흔들며 '조국통일', '환송', '만세'를 외쳤다.

10·4선언의 8개항은 2000년 6월 이후 7년간 이룩된 조국통일운동의 성과를 토대로 6·15공동선언 실천 과정에서 문제가 되거나 새롭게 제기된 문제들을 구체적이고 실무적인 차원에서 정리한 것이다. 즉, 6·15공동선언이 통일의 원칙과 방도를 담은 명확한 '통일선언'이라면, 2007년의 10·4선언은 남북관계의 현안들을 충실히 담아낸 6·15공동선언의 '실천 강령'이다. 10·4선언에는 6·15공동선언의 기본 정신에 따라 민족의 자주적 발전과 통일을 촉진하고 평화와 번영의 시대를 열어나가기 위한 방도들이 밝혀져 있다.

항별로 살펴보면 먼저 1항에서는 6·15공동선언의 이행 의지를 다시 한 번 확인했다. "6·15공동선언을 고수하고 적극 구현"한다는 표현은 10·4선언이 큰 틀에서 6·15공동선언의 연장선상에 있음을 보여준다. 또 "통일문제를 자주적으로 해결해나간다"는 구절은 7·4남북공동성명과 남북기본합의서, 6·15공동선언에서 누차 확인된 정신을 재확인한 것이다. 2항과 3항에는 남북관계의 '근본문제'인 법제도 정비, 군사적 신뢰 구축과 관련된 내용이 담겼다. 남북관계를 통일 지향적으로 발전시켜나가기 위해 각기 법률적, 제도적 장치들을 정비해나가고 NLL 문제를 풀기 위해 공동어로수역과 평화수역 설정을 우선적으로 논의하기로 했다. 4항에서는 한반도 평화체제 구축을 위한 남·북·미, 또는 남·북·미·중의 정상회담을 개최하고 종전선언을 추진하기로 했다.

5항은 남북경협의 확대 발전을 위한 공리공영, 유무상통 원칙과 구체적인 사업영역에 관한 합의를 담고 있다. 여기에는 개성-신의주 철도 및 개성-평양 고속도로 공동이용을 위한 개·보수 추진과 안변·남포 조선협력단지 건설 등 기존 경협 사업을 심화시키고 협력 분야와 그 지역을 확장하는 구체적 내용이 다수 포함된다. 6항은 사회·문화 분야의 교류와 협력을 확대, 발전시켜나간다는 합의다. 7항은 남한에서 많은 관심을 보인 인도주의 협력 사업에 대한 합의안이며, 8항은 국제무대에서 민족의 이익과 해외 동포들의 권리와 이익을 위한 협력을 강화한다는 내용이다. 9항에서는 남과 북이 이 모든 선언 내용의 이행을 위하여 남북총리회담을 개최하기로 했다. 마지막으로 10항에서는 남북관계 발전을 위해 남북 정상이 수시로 만나 현안 문제들을 협의하기로 했다.

10·4선언에는 6·15공동선언 2항의 이행, 즉 통일 방안과 관련된 내용은 포함되지 않는다. 하지만 10·4선언은 남북이 교류협력 단계를 뛰어넘어 정치·군사적 화해협력 단계로 발전하는 데 걸림돌로 작용하는 '근본문제'의 해결 방도를 제시하고 있다. 남북관계를 상호 존중과 신뢰의 관계로 확고히 전환하며, 남북의 법과 제도들을 통일 지향적으로 바꾸어나가며, 군사적 적대관계를 청산하고 불가침 합의를 확고히 준수한다는 선언들이 그것이다.

또한 남북은 서해상 군사충돌을 방지하기 위해 서해평화협력특별지대 설치안에 합의했다. 이것은 평화조약이나 평화협정과 같은 근본적인 해결책이 아닐지라도 NLL이라는 민감한 문제를 우회해서 서해의 평화를 실현하자는 창의적인 발상이었다. 그래서 노무현 대통령도 "이것이 두 번째 정상회담의 가장 중요한 성과였다고 생각한다"고 언급한 바 있다. 서해평화협력특별지대를 비롯한 이 합의들이 모두 순조롭게 이행될 경우 남북은 정치·군사적 화해협력의 단계로 접어들 것으로 예상할 수 있었다. 특히 베이징에서 10·3합의가 공표된 이튿날 평양에서 10·4선언이 나왔다는 점에서 모처럼 북미관계와 남북관계가 선순환하며 발전

할 것이라는 내외의 기대를 고조시켰지만, 유독 미국은 시큰둥한 반응을 보였다.[16]

너무 늦었던 정상회담

그러나 당시 남한의 정치 지형은 10·4선언 실현에 장애 요인으로 작용할 가능성이 높았다. 보수세력의 집권 가능성이 높아지는 가운데 임기가 끝나가는 노무현 정부가 10·4선언의 실천을 확고히 보장할 수 있느냐는 의문이 남아 있었다. 때문에 남북은 이런 우려를 불식시키려는 것처럼 정상회담의 합의 사항을 부지런히 실천에 옮기기 시작했다. 현정은 현대그룹 회장이 방북해서 서울-백두산 직항로를 통해 백두산 관광을 실시하기로 합의했고, 조선협력단지 건설을 위해 남한 실사단이 북한을 방문했으며, 2년 2개월 만에 농업협력을 위한 실무회담도 열렸다.

10·4선언에서 약속한 후속 회담도 예정대로 열렸다. 11월 14일에서 16일까지 서울에서 열린 '10·4선언 이행을 위한 1차 남북총리회담'에서 남북은 8개조 49개항의 방대한 합의서를 도출했다. 여기에는 "내년 6·15공동선언 발표 8주년 기념 남북공동행사를 당국과 민간의 참가하에 서울에서 진행"한다는 내용과 남북국회회담을 적극 지원하자는 합의가 포함되었다. 남북총리회담의 합의에 따라 '개성-신의주 철도 개·보수를 위한 실무접촉'이 개성에서 열린 데 이어, 12월 11일 문산-봉동 간 철도 화물수송이 시작됐다.

그 밖에도 경제협력공동위원회 1차 회의, 평양 국방장관회담, 9차 적십자회담, 개성공단건설 실무접촉, 서울-백두산 직항로 개설을 위한 실무접촉 등 각종 남북회담이 연내에 개최됐다. 11월 말에는 김양건 통일전선부장이 10·4선언 이행의 중간 평가를 위해 남한을 방문해 인천 송도 신도시, 거제 대우조선소 등을 시찰했다. 11월 27일부터 29일까지 평양에서 열린 2차 국방장관회담에서는 남북 군 당국이 뚜렷한 입장차로 인해 난관에 봉착했다가 마침내 7개조 21항의 합의서를 도출했다.

부문별 민간 교류도 활발하게 이뤄졌다. 11월 말 6·15남측위 언론본부 대표들은 평양을 방문해 '남북언론인모임'을 열었고, 12월 초에는 금강산에서 6·15남측위 학술본부와 6·15북측위 학술분과위가 토론회를 주최했다. 천태종은 6월부터 개성 영통사에 대규모 성지순례단을 보내 개성 관광의 물꼬를 텄다.

이렇게 10·3합의와 2차 남북정상회담으로 남북관계가 새로운 동력을 얻는 듯했지만, 북미관계에서부터 약간의 이상 기류가 나타나기 시작했다. 부시 대통령은 시드니에서 북한의 검증 가능한 핵 포기가 먼저 이루어지고 나서 평화협정을 맺겠다며 '비핵화 우선' 원칙을 거듭 확인했는데,[17] 이 발언은 2·13합의의 '행동 대 행동' 원칙에 어긋나는 것이었다. 다만 북미의 협상 틀은 무난히 유지되고 있었다. 북한은 미국 및 남한과 지속적인 관계 개선에 나설 것을 시사했고, 연말에는 부시 대통령의 친서가 북한에 전달됐다. 이듬해 2월에는 뉴욕 필하모니의 평양 공연이 예정되어 있었다.

그런데 이번에는 대선이라는 남쪽 내부의 변수가 10·4선언 이행을 위협했다. 12월 19일 17대 대통령 선거에서 한나라당 이명박 후보가 역대 최대 표차로 당선된 것이다. 이명박 후보는 대선 기간 내내 각종 의혹에 시달렸으며 막판 BBK 사건으로 위기를 맞았지만, 5년 동안 노무현 정권에 실망하고 분노하며 흩어져버린 대중은 대선에서 제대로 결집할 수가 없었다. 10년 만의 정권 교체는 곧 대북정책의 불연속성을 의미했기에 남북 당국관계의 앞길은 매우 불투명해졌다.

"노무현 정부가 정상회담을 하려면 적어도 2005년 9·19공동성명 직후에 했었어야 합니다. 그때 치고 나갔어야 해요. 그랬으면 북핵문제도 그렇게 미궁을 헤매지 않았을 수 있고, 남북관계도 정권 교체와 상관없이 안정적으로 발전할 수 있는 토대를 마련했을 거라고 봐요. (……) 그렇게 미적거리다가 북미 간 합의가 상당 정도 진전되는 걸 보고서야 뒤늦게 올라타려고 한 게 2007년 10월 정상회담이었다고 할 수 있습니다. 앞서갈 생각은 못 하고 편승하려고 하다 보니 정상회담에서 나온 합의서가 그야말로 불쌍하게 되어버리지 않았습니까? 여든 노인이 낳아놓은 자식처럼 돼버렸어요. 아니? 부모가 애 돌은 챙겨줄 수 있게 일을 벌였어야지. 너무 늦게 했어요."(정세현 전 통일부 장관)[18]

이명박은 대선후보가 되자마자 부시 대통령과의 면담 요청 소동을 일으켰고, 11월 8일에는 한나라당의 '한반도 평화 비전'에조차 반대하면서 "저의 대북정책은 북한이 개혁·개방을 선택하지 않을 경우 그 열매도 기대할 수 없다는 점을 분명히 강조하는 것"이라고 밝힌 바 있었다.[19] 한마디로 그는 북한에 대해서는 핵 폐기에 입각한 상호주의 입장이었고, 미국 외교문서에 나타난 표현대로 미국에 대해서는 '뼛속까지' 친미적인 자세를 취했다. 이는 김대중 정부의 민족화해 입장과 현저히 다른 것이며 핵문제와 남북관계를 연계했던 노무현 정부보다도 위험한 것이었다. 북미관계는 당분간 화해 분위기가 이어질 전망이었지만 이명박 정부가 한반도 정세 발전에 장애물로 등장할 가능성이 높았다.

노무현 정부 5년 정리

노무현 정부는 대중의 기대와 관심 속에서 출범했다. 대중은 변화를 요구했으며 노무현 정부가 남북 화해협력과 자주적인 외교, 강력한 사회개혁을 추진하기를 희망했다. 그러나 노무현 정부는 집권 초기부터 대북송금특검으로 남북관계에 찬물을 끼얹고, 대중의 강력한 지원이 있었는데도 국가보안법 폐지를 무로 돌렸으며, 명분도 실익도 없는 이라크 파병을 강행했다. 입으로 '자주'를 외치면서 뒤로는 주한미군의 전략적 유연성에 합의하고 천문학적인 군비 증강에 나서는 등 평화번영정책의 기본 내용을 스스로 저버리기도 했다.

대중은 일말의 기대를 품고 총선에서 여당에 과반수 의석을 안겨주었지만 그 뒤에도 개혁은 말뿐이었다. 재벌과 관료 집단에 포위당한 정부는 경제정책 면에서도 민중의 이익을 옹호하지 못했고, 집권 말기에는 한미 FTA에 매달렸다. 6·15공동선언의 충실한 계승자가 되어 남북관계를 질적으로 발전시키고 조국통일의 결정적 국면을 창출하라는 겨레의 요구에 부응하지도 못했다. 이런 정체성의 혼란과 배신은 모든 재보선과 지방선거에서 여당이 참패하는 원인이 됐다. 노무현 정부는 문민정부를 표방하며 화려하게 출범했지만, 핵위기가 발생하자 남북화해정책을 대결정책으로 바꿔버린 김영삼 정부와 닮은 구석이 있었다.

노무현 정부의 남북관계는 김대중 정부가 기틀을 잡은 3대 경협 사업을 유지하고 한반도 위기를 '관리'하는 정도에 머물렀다. 남북관계가 우여곡절을 겪은 것은 미국과 보수세력들의 방해 때문이기도 하지만, 노무현 대통령이 대북정책에서 확고한 원칙과 철학을 보여주지 못한 것이 더 중요한 원인이었다. 노무현 정부는 6·15공동선언의 이행을 기본

정책으로 내세우지 못하고 선 핵문제 해결, 후 남북관계 개선이라는 비합리적 정책노선에 매달려 시간을 허비했다.

잘못된 정책 노선은 남북의 신뢰를 허물고 관계 발전을 가로막았다. 통일을 배제한 '평화'를 추구한 접근 방식은 한계가 명백했고, 남북관계를 바라보는 데서 경제적 교류협력 위주의 기능주의적 시각을 고집한 것도 바람직하지 않았다. 하지만 노무현 정부는 그마저도 일관되게 실천에 옮기지 못하고 나중에는 남북관계를 핵문제와 연계함으로써 스스로 행동반경을 제약했다. 이는 김대중 정부가 서해교전, 인공위성 발사, 금창리 의혹, 미사일 문제 등으로 어려운 정세에서도 정경분리 원칙에 의한 남북 협력이라는 정책 기조를 일관되게 지켜낸 것과 대조를 이룬다.

김대중 정부가 남북관계의 독자성을 확보하기 위해 각방으로 노력했던 것에 반해 노무현 정부는 부시 행정부의 호의적 태도 변화에 모든 것을 거는 모습을 보였다. 그 결과 한반도 문제 해결에서 노무현 정부의 입지는 점점 좁아졌고, 남북관계는 6자회담 결과에 따라 가다 서다를 반복했다. 특히 북한의 핵실험 국면에서 쌀·비료 지원 중단이라는 방침은 남북관계의 결정적 위기를 초래했다. 북미관계의 해빙과 함께 성사된 2007년 남북정상회담은 6·15공동선언의 실천 강령인 10·4선언을 겨레에게 선물하며 남북관계에 속도를 붙였으나, 안타깝게도 남쪽의 대선 결과 보수정권이 집권하면서 그 성과물도 불안정한 상태에 놓였다.

노무현 정부는 어느 분야에서도 뚜렷한 성과를 내지 못한 채 보수진영으로부터 '진보 좌파 정권'이라서 그렇다는 공세에 시달렸다. 그리고 이것이 진보진영 전체의 위기 또는 무능력으로 호도되고 왜곡되면서 본의야 어떻든 간에 보수세력의 재집결을 도와주고 말았다.

비핵·개방·3000에는 통일이 없다

이명박 대통령 취임식

2008년

2월 25일   이명박 대통령 취임
26일   뉴욕 필하모닉 평양 공연
3월 27일   개성공단 내 통일부 직원 철수
29일   북, 남북대화 중단 선언
4월 8일   북미 싱가포르 회동
19일   한미정상회담
5월 29~30일   남북교육자대표회의(금강산)
6월 15~16일   6·15공동선언 발표 8돌 기념 민족통일대회(금강산)
7월 10~12일   6자 수석대표회의(베이징)
11일   금강산 관광객 박왕자 씨 피격
12일   정부, 금강산 관광 잠정 중단
8월 27일   북, 핵 불능화 중단 선언
10월 1일   힐 차관보 방북, 김계관 외무성 부상 면담
2일   남북군사실무회담(판문점)
11일   미국, 북 테러 지원국 해제
11월 18일   금강산 관광 10주년
12월 1일   북, 12·1조치(군사분계선 통행 제한 등) 시행

위험한 '당선인의 신념'

10·4선언이 발표된 뒤 남북은 각종 경제협력 사업을 꾸준히 이어갔다. 2007년 11월 서울에서 1차 남북총리회담이 개최된 데 이어 백두산 관광 사전답사가 진행되고 개성 관광이 시작됐다. 12월 말에는 개성에서 '서해평화협력특별지대 추진위원회' 1차 회의가 열렸다. 새로 들어서는 정권이 약간의 의지만 있다면 6·15선언 및 10·4선언을 출발점으로 삼아 각종 협력 사업과 대화를 순조롭게 추진할 수 있는 상황이었다.

그런데 17대 대선 직후 이명박 당선자 측에서 위험한 이야기들이 흘러나오기 시작했다. '북핵 폐기 우선' 기조 위에서 10·4선언을 재검토한다, 북한 인권을 공개적으로 제기한다, 개성공단 2단계 사업을 유보한다 등 하나같이 남북관계를 파국으로 몰고 갈 수 있는 내용이었다. 사실 이는 어느 정도 예견된 일이기도 했다. 이명박과 한나라당은 대선 시기부터 두 선언에 대해 북한의 대남적화공작에 이용당했다느니, NLL을 포기한 선언이라느니, 경제협력으로 위장한 대북 퍼주기라느니 하면서 반대 의사를 표명했기 때문이다. 대통령직 인수위 외교통일안보분과에 참여한 인사들도 모두 6·15와 10·4에 부정적이었다. 이들은 나중에 통일부를 비롯한 정부기관과 각종 위원회에 자문위원 등으로 참여하면서 정부의 공식 정책에서 대북 화해협력 기조를 제거했다.

취임 직전인 2월 1일, 이명박 당선자는 《동아일보》 등 3개 신문과의 기자회견에서 다시 한 번 10·4선언에 대한 입장을 밝혔다. "10·4선언에서 합의된 걸 포함해 전 정권이 북한과 합의한 것을 한번 검토해봐야겠다. 지금 당장 할 수 있는 게 무엇인지, 지금 할 수 없고 나중에 할 수 있는 게 무엇인지, 아예 해선 안 될 것이 무엇인지를 나눠서 처리해야겠다"는 그의 말은 6·15공동선언과 10·4선언 이행의 의무를 원천적으로 부인한 것이었다. 대통령 당선자가 남북 정상 간 공식 합의들을 존중하지 않고 공개석상에서 부인했다는 것은 여간 심각한 일이 아니다. 또 그는 6·15선언과 10·4선언을 "북한에 대한 일방적 경제지원을 골자"로 한 것이라는 편향되고 왜곡된 인식을 가지고 있었다.[1]

남북 관계를 책임지는 주무 부처인 통일부를 폐지하고 외교부로 통합하거나 총리실 산하로 넣는다는 방안도 공공연하게 거론되었다. 통일부를 외교부에 통합한다는 것은 남과 북이 같은 민족이라는 사실을 애써 무시하고 남북관계를 대외문제의 일환으로 다루겠다는 발상이다. 돌아보면 통일부 폐지는 역대 어떤 정권에서도 시도하지 않은 문제였다. 과거 군사 정권들도 권력을 유지하려면 통일이라는 민족적 대과제를 무시할 수 없다는 점을 인식하고 있었다. 그래서 형식적으로나마 통일을 중시하는 모양새를 취하고 '통일 방안'이라는 것을 내놓았다. 이러한 역사적 교훈을 무시하고 "당선인의 신념"이라며 당당하게 통일부 폐지안을 내놓은 이명박 인수위의 결정은 강한 반발을 초래했다.

"외교부에 통합해도 된다고 생각하다니…… 참, 그 생각이 아주 단순하다. 외교 협상과 남북 협상은 같은 걸로 볼 수 없다. 외교 협상은 일종의 '거래' 개념이지만, 남북 협상은 '명분' 때문에 밤을 새운다. 서로 '원

원'하는 선에서 합의를 이끌어내야 한다. 합의를 쌓아가면서 남과 북이
서로 동질화할 수 있는 영역을 최대한 넓혀나가는 과정이 바로 남북 협
상이다. 단순한 거래가 아니란 얘기다. 남과 북은 국가 대 국가의 관계
가 아니다. '통일을 지향하는 과정에서 형성된 민족 내부의 특수 관계'
다. 이런 근본적인 차이가 있는데도 외교 차원에서 남북관계를 다룰 수
있다고 생각한 것은 이 문제에 대해 고민해본 적이 없다는 방증이다. 한
마디로 충격이고, 경악을 금치 못하겠다."(정세현 전 통일부 장관)**2**

비핵·개방·3000 구상

이명박 대통령은 2월 25일 취임사를 통해 이른바 '비핵·개방·3000
구상'이라는 대북정책을 공개했다. 그 골자는 북의 비핵화를 전제로 개
방을 요구하며, 개방이 받아들여지면 GDP 3천 달러를 달성하는 데 협
조하겠다는 것이었다. 그런데 핵문제와 관련해서는 이미 6자회담에서
9·19공동성명, 2·13합의, 10·3합의가 나오고 '행동 대 행동'의 원칙에
따라 북미가 주거니 받거니 움직이는 상황이었다. 기존 합의를 뒤집고
갑자기 북한의 선핵포기를 요구할 경우 6자회담 프로세스의 진전을 돕
기는커녕 훼방하고 북한의 강경한 대응을 부추길 우려가 높았고, 북한
의 "비협조가 충분히 예상"되었다.**3** 게다가 북한을 압박하면서 선핵포
기를 강요하는 것은 미국의 클린턴 행정부와 부시 행정부가 시도했다
가 실패한 방법이다. 즉, 비핵·개방·3000 구상은 이명박 정부가 그간의
6자회담 경과와 합의 내용을 이해하지 못하고 '한반도 비핵화'의 성격
과 해법에 대해서도 무지하다는 증거였다.

그런데 무지한 것만이 문제가 아니었다. 비핵화와 개방을 전제로 북

한과 협력한다는 것을 뒤집어보면, 북한이 핵을 포기하고 공공연하게 개방 의지를 표명하는 순간이 오기 전까지 남북 사이에 교류협력은 없다는 의미가 된다. 사실 남한 정부가 핵문제 우선 해결을 이유로 남북관계를 진전시키지 않겠다고 버티는 것은 노무현 정부 때도 늘 문제가 됐던 지점이다. 다만 이명박 정부는 출범 전부터 이를 공공연히 정책화해서 발표했다는 점에서 한발 더 나아갔다고 말할 수 있다.

"남북 교류의 궁극적인 목표는 '북핵 폐기를 통한 한반도 평화 정착'이라는 점에서, 남북 교류는 북한의 핵 폐기와 병행되어야 한다."(이명박 전 대통령)[4]

이처럼 상대방이 도저히 받을 수 없는 것을 공식 방침으로 만들어 발표한 이유가 무엇일까? 아마도 이명박 정부는 애초에 남북관계를 진전시킬 의지가 전혀 없었고 '북한 붕괴론'에 기울어 비핵·개방·3000 구상을 발표했던 것으로 보인다.

"북한 정권이 우리 정부의 선의를 악용하면서 햇볕정책의 의미는 퇴색됐다. 결과적으로 북한 정권이 옷을 두껍게 껴입고 문을 더 굳게 걸어 잠그는 효과가 나타났다. 대북지원은 오히려 북한의 핵개발과 미사일 발사에 악용됐고, 대북 포용정책 기간에도 대남 도발은 멈추지 않았다."(이명박 전 대통령)[5]

사실 비핵·개방·3000 구상은 논리도 원칙도 제대로 갖추지 못한 함량 미달의 정책이었다. '비핵'이 의미하는 것이 북한의 선핵폐기인지,

한반도 비핵화인지, 아니면 다른 무엇인지가 명확하지 않았고, 설사 북한이 핵을 폐기한다 해도 10년 안에 GDP를 3천 달러로 어떻게 올려주겠다는 것인지가 설득력 있게 제시되지 않았다.

"통일은 없다"

남북관계의 성과를 무시하고, 6·15선언을 중시하지 않는 이명박 정부의 본심은 통일외교 라인의 인사에서도 확인할 수 있다. 정부는 우여곡절 끝에 통일부를 존치시키기로 하면서 남주홍 경기대 교수를 특임장관에 발탁했다. 그런데 남주홍은 통일부 근처에도 가지 말아야 할 인물이었다. 2006년 《통일은 없다》란 책을 출간한 그는 6·15선언에 대해 "대남공작문서와 다름없다"고 평했고, 북한의 '급변사태'에 대비해야 한다고 주장한 바 있었다. 비록 그는 자녀들의 이중국적과 부동산 투기 의혹 때문에 장관으로 임명되지 못했지만, 통일부의 수장으로 이런 인물을 기용하려 했다는 데서 이명박 정부가 추구하는 대북정책이 어떤 것인지가 충분히 확인된다.

남주홍이 낙마한 후 통일부 장관 자리에는 김하중 주중 대사가 임명됐다. 김하중은 김대중 전 정부에서 의전비서관, 외교안보수석비서관을 거치며 햇볕정책을 조율했고 그 공로를 인정받아 노무현 정부에서도 주중 대사 자리를 끝까지 지켰다. 하지만 그는 곧바로 "지난날 햇볕정책에 대해 깊이 반성한다"며 새 정부 코드에 맞춰 화려하게 변신했다. 전형적인 관료의 처신이었다. 외교부 장관으로 내정된 유명환도 20여 년간 외교부에서 미국과 관련된 자리에 있었다. 한마디로 이명박 정부의 외교안보 라인은 친미적 사고방식을 가진 사람들, 민족문제에 대해 고민해본 적이 없는 사람들로 채워졌다. 이것은 이명박 정부가 지난 10년 동안 한미동맹이 훼손됐다는 인식 아래 '한미동맹 복원'을 핵심 과제로 삼고 있었기 때문이기도 했다.[6]

김하중과 김태영의 폭탄 발언

이명박 정부의 대북정책이 점차 실체를 드러내는 가운데 김하중 통일부 장관이 첫 번째 폭탄 발언을 내놓았다. 김 장관이 3월 19일 개성공단 입주기업 대표들을 만난 자리에서 "북핵문제가 해결되지 않는다면 개성공단 사업을 확대하는 건 어렵다"고 말한 것이다. 개성공단 확대를 북핵문제와 연결시킨 그의 발언은 이명박 정부의 '비핵·개방·3000'이 현실에서 어떻게 나타나는지를 보여주었다. 6·15공동선언의 산물로서 2006년 미사일 발사와 핵실험 정국을 거치면서도 꿋꿋이 이어져온 개성공단을 통일부 장관이 직접 걸고넘어진 것이다. 북한은 그의 발언을 문제 삼아 개성공단 내의 남한 당국자 11명에게 철수할 것을 요구했다.

사태는 여기서 끝나지 않았다. 북한이 남한 당국자들의 철수 시한으로 통보한 날인 3월 26일, 통일부 업무보고 자리에서 이명박 대통령은 "국민의 뜻에 반하는 대북 협상은 앞으로 없을 것이며 통일부는 이제까지 해오던 방식의 협상 자세를 바꿔야 한다"고 선언했다. 그리고 "핵을 이고 우리가 통일하기도 힘들고 본격적인 경제협력도 힘들다"는 발언으로 다시금 선핵폐기론을 주장했다. 그 결과 이때부터 이미 개성공단은 실질적으로 모든 것이 동결되면서 비정상화되었다.[7]

또 이 대통령은 남북 정상이 합의한 6·15공동선언과 10·4선언에 대해서는 한마디도 언급하지 않았다. 대신 대통령은 "남북 정상이 새로

위기의 남북관계

합의한 합의문이 있지만 가장 중요한 것은 91년에 체결된 남북기본합의서의 정신을 지키는 것"이라며 뜬금없이 남북기본합의서를 강조했다. 하지만 남북기본합의서는 서명 후 20년 가까이 흘렀으며 그 정신은 6·15와 10·4 선언에 반영, 이행되어왔다는 점에서 대통령의 발언은 6·15와 10·4 선언에 대한 무시로 해석될 소지가 충분했다. 이날 통일부가 제출한 업무 보고서에는 10·4선언에 담겨 있는 서해평화협력특별지대나 조선협력단지, 개성공단 2단계 개발 사업 등이 모두 빠지고 이 대통령의 대선 공약인 '나들섬 구상'이 중요한 과제로 다뤄졌다.

같은 날 김태영 합참의장은 국회 인사청문회에서 이른바 '선제타격' 발언으로 파문을 일으켰다. "북한이 소형 핵무기를 개발해 남한을 공격할 경우 어떻게 대처하겠느냐"는 질문에 "제일 중요한 것은 적이 핵을 가지고 있을 만한 장소를 확인해 타격하는 것"이라고 답변한 것이다. 김태영 합참의장은 이와 함께 선제북폭론을 담고 있어 논란을 빚었던 '개념계획 5029'를 작전계획으로 발전시켜나가겠다는 의사를 밝혔다. 미국 네오콘의 선제공격론을 방불케 하는 그의 발언이 현실화할 경우 한반도에 전면전이 발발해 남북이 모두 참화를 입을 판국이었다. 발언 내용이 하나같이 남북관계에 치명타가 될 수 있다는 점, 장관과 합참의장의 공식 발언에서 거론되었다는 점을 감안하면, 이처럼 민감한 발언들은 돌출적으로 나왔다기보다는 의도된 것이었을 가능성이 높다.

취임과 동시에 남북관계 단절

북한은 3월 27일자 《노동신문》에 '북핵포기 우선론', '개방', '인권', '국민소득 3000' 등의 의제를 하나하나 반박한 후 자신들이 "지난날에 그러했던 것처럼 남조선이 없이도 얼마든지 살아갈 수 있다"고 주장했다. 4월 1일자에서는 '남조선 당국의 반북 대결로 얻을 것은 파멸뿐이다'라는 제목의 글을 통해 이명박 대통령의 실명을 거론하면서 강하게 비난했다. 그리고 김태영 합참의장의 선제타격 발언에 대해서는 남한 당국자의 군사분계선 통과를 차단하는 것으로 대응했다. 또 북한은 남한이 발언을 취소하지 않고 사과를 거부할 경우 남북대화 중단 입장으로 간주하겠다고 밝혔다. 그러나 이명박 정부는 "북한의 이번 조치로 회담이 열리지 않을 경우 북한에 득 될 것이 별로 없다"면서 심각하게 이를 받아들이지 않았다.[8]

이렇게 해서 이명박 대통령은 취임하자마자 남북 당국 관계 단절이라는 기록을 세운다. 6·15와 10·4선언의 합의에 따라 진행되던 남북 경제협력 사업들도 중단 내지 후퇴하는 양상으로 바뀌었다. 이명박 정부는 남한이 지어주기로 약속한 개성공단 기숙사를 집단 소요 운운하며 미루고 전임 정부가 합의한 식량지원도 조건을 걸어 연기시켰다. 남북의 대화와 협력 대신 신문지면을 메운 것은 키리졸브-독수리 합동군사연습이었다. 이 연습은 1976년 시작된 팀스피리트 훈련이 폐지된 후 연합전시증원연습(RSOI)으로 이어지다가 2008년부터 키리졸브-독수리 연습이라는 이름으로 부활한 것이다. 2008년의 키리졸브-독수리 연습에서 한미 양국은 전쟁 발발과 북 급변사태 발생 등의 시나리오를 상정해 전시지휘소 훈련, 시가전훈련, 대공방어훈련, 공병훈련, 특수부대 침투대비훈련 등을 대대적으로 실시했다.

정부는 민간 교류에도 제동을 걸었다. 4월 말 이명박 정부 들어 첫 번째 남북 민간 공동행사인 남북청년단체대표자회의가 열렸는데, 정부는 참가자 중 8명의 방북을 불허했다. 5월에는 남북언론단체대표자회의 참가자 중 5명에게 준법확약서를 요구했다. 정부의 방북 불허 조치는 이후에도 지속되었다.

멀어지는 남북, 가까워지는 북미

마치 작심한 듯 대결을 이어가는 이명박 정부의 정책 기조와 반대로 북미관계는 교착 국면을 벗어나고 있었다. 2월 26일 로린 마젤이 지휘하는 뉴욕 필하모닉 교향악단의 평양 공연은 기술적으로 교전 상태인 북한과 미국의 관계 진전을 상징하는 행사였다. 이날 공연은 CNN 등 주요 방송사들을 통해 세계에 실황 중계되었다.[9]

또한 2007년 하반기 내내 북미 간에 쟁점이 됐던 '핵 신고' 문제는 싱가포르 회동을 통해 가닥을 잡았다. 4월 8일 싱가포르에서 만난 김계관 외무상 부상과 크리스토퍼 힐 국무부 차관보는 플루토늄과 관련된 이슈들을 6자회담에서, 그 외의 이슈들은 북미대화를 통해 해결하자는 타협안을 도출했다. 이로써 3월 말과 4월 초를 전후해 극에 달한 미국과 일본 강경파들의 공세를 누르고 6자회담의 진전을 모색할 수 있게 됐다. 북미 양자 대화가 또 한 번 효력을 발휘한 것이다.

싱가포르 합의 이후 북미는 6자회담 2단계 조치에 명시된 사항들을 행동으로 옮기기 시작했다. 북한은 성 김 미국 국무부 한국과장 일행에게 1만 8천 쪽 분량의 영변 핵시설 가동문서를 건넸고, 미국은 이에 호응해 50만 톤 규모의 대북 식량지원 조치를 발표했다. 6월 10일에는 북한이 외무성 대변인 명의로 '국제사회의 반테러 법체계 구축 및 조치에 협력할 것'이라는 성명을 발표하고 미 국무부가 즉각 환영 입장을 밝혔다. 이것은 미국이 약속한 북 테러 지원국 해제를 위한 수순이었다.

그러자 북한은 합의 이행의 속도를 높여서 6월 26일에 6자회담 의장국인 중국에 핵 신고서를 제출했고, 다음 날 영변 핵시설 냉각탑을 폭파했다. 이에 미국은 북한에 대한 적성국교역법 적용을 종료하고 테러 지원국 해제 절차에 착수한다고 발표했다.

하지만 이 와중에도 이명박 대통령은 미국의 대북 식량지원을 가로막았다. 4월 18일 있었던 첫 한미정상회담에서 '쌀은 안 된다'는 강경한 입장을 전달했던 것이다. 이명박의 충고를 받아들인 부시 대통령은 다른 품목을 알아보라고 지시했다.

"다시 카트에 올라 숙소로 향하던 도중 부시가 내게 말했다. '이 대통령님, 미국은 북한에 약속한 쌀을 지원할 예정입니다.' (……) 나는 부시에게 이렇게 말했다. '인도적 차원에서 미국이 북한을 지원하는 것은 좋습니다. 그러나 쌀은 주지 마세요. 쌀을 주면 배고픈 주민에게 가는 것이 아니라 군량미로 비축됩니다. 그럴 바엔 차라리 장기간 보관하기 힘든 옥수수나 밀가루 같은 것을 주세요. 그럼 민간에게 갈 수 있습니다.'" (이명박 전 대통령)[10]

남한이 자초한 '통미봉남'

이처럼 북미관계가 순풍을 타는 반면 남북관계가 경색되자 언론에서는 북한이 이른바 '통미봉남' 전술을 쓴다고 떠들어댔다. 여기서 5년 내내 이명박 정권이 북한을 비난할 목적으로 사용한 '통미봉남'이란 단어의 의미를 짚고 넘어갈 필요가 있다.

북한이 미국과 소통하고 남한은 배제한다는 의미의 '통미봉남'이라는 단어가 만들어진 것은 김영삼 정부 시절이다. 잘 알려진 대로 김영삼 정부는 '핵을 가진 자와는 악수할 수 없다'면서 남북관계를 단절시켰다. 그리고 그 결과 한반도 정세에서 '주변인'으로 밀려났다. 나중에 북미가 제네바합의에 서명하고 수교 가능성까지 거론하기에 이르렀을 때도 김영삼 정부는 그 어떤 의미 있는 역할도 하지 못했다.

"문정인: 두 가지 해석이 가능한데, 통미봉남을 북의 전략으로 보는 시각도 있고, 하나의 나타난 현상이라 보는 시각도 있습니다.

정세현: 저는 나타난 현상이라고 봅니다. 그리고 그것은 우리가 하는 것에 따라서 통미봉남이 될 수도 있고, 통미봉복이 될 수도 있고. 결국 우리 한반도의 지정학적 특성으로 봐서는 통미, 통북, 통중 다 해야 합니다. (……) 통미봉남은 북의 의도된 전략이라기보다는 우리의 대북정책의 결과로서 나타나는 현상이라고 해석해야 합니다."[11]

즉, '통미봉남'은 북한이 의도적으로 만든 상황이라기보다는 정세를 오판하고 북한과의 채널을 다 끊어버린 남한 정부의 책임에서 비롯된 것이었다. 이명박 정부 역시 6·15공동선언과 10·4선언을 외면하면서 남북 당국 관계를 냉각시킨 탓에 북미관계가 개선되는 흐름 속에서 방관만 하는 처지로 전락하고 있었다.

뼛속까지 친미·친일인 이명박 정부

이명박 정부의 강경한 대북정책은 전 국민적 비판을 초래했고, 남북관계뿐 아니라 외교 전반이 총체적 난국이었다. 우선 손상된 한미관계를 복원해야 한다는 명제에 입각해 국민 건강과 검역 주권까지 포기해가며 타결한 '쇠고기 수입 전면 개방협정'은 거대한 민심 이반을 불렀다. 둘째, 한미동맹에 편중된 외교는 최대 무역 상대국인 중국과의 관계를 긴장시켰다. 이명박 대통령의 방중 기간 동안 중국은 한미군사동맹을 "냉전시대의 부적절한 유물"이라고 공개적으로 비판했다. 셋째, 이명박 대통령은 일본에 대해 새로운 한일관계를 만들자면서 "과거를 묻지 않겠다"고 했다가 일본이 곧바로 독도 문제를 거론해 뒤통수를 맞았다. 심지어 이명박 정부는 "우리가 먼저 미래지향적 태도를 취하면 일본도 과거사 문제에서 신중한 태도를 보일 것"이라는 기대를 표현한 바 있었다.

위키 리크스가 폭로한 외교문서에 나타난 것처럼 이명박 정부는 뼛속까지 친미, 친일이었으며 나중에는 빗발치는 비난을 감내하며 한일군사협정 체결까지 추진했다. 또 위키 리크스에 따르면, 2000년 이후 10년간 재외 미국 공관에서 본국에 작성한 수십만 건의 문서 중에 다른 나라 지도자를 '친미적'이라고 표현한 것은 다섯 건에 불과했다. 그런데 '매우 친미적'이라는 영광스러운 평가는 오직 한 사람이 독점했다. 바로 이명박 대통령이었다.

쇠고기 수입 문제를 계기로 졸속·굴욕 외교를 규탄하는 촛불이 활활 타오르자 정부는 대북정책을 조금씩 수정하는 모습을 보였다. 먼저 식량지원 문제에 대해 북한이 먼저 요청해야 한다는 입장을 철회하고 옥수수 5만 톤을 지원하겠다는 안을 내놓았다. 그나마 그 옥수수 5만 톤도 중국산으로 주겠다는 것이었다. 또 미국이 먼저 대북 식량지원 계획을 발표하자, 이명박 정부는 '미국의 대북 식량지원이 한국 정부와의 협의에 따라 이뤄진 것'이라고 발표해달라고 미국에 애걸하기도 했다.[12]

김하중 통일부 장관이 "우리가 두 선언을 이행하지 않겠다고 말한 적은 없다"고 말을 바꾼 데 이어, 6·15선언 8주년 축사에서는 '만나서 오해를 풀고 6·15, 10·4 선언 이행 문제를 논의하자'는 메시지를 던졌다.

그러나 한편에서 이명박 정부는 대화 제의의 진실성을 의심하게 만드는 모순된 행동을 계속했다. 통일교육원 원장으로 홍관희 안보전략연구소장을 내정해 파문을 일으킨 것이 대표적인 예다. 홍관희는 6·15공동선언을 "용공 이적 행위"라 비난하고 북한 정권 붕괴론을 주장했던 인물이다. 그는 통일부 내에서조차 반대가 심해 결국 임용되지 못했지만, 6·15선언을 전면 부정하는 사람을 통일부 산하기관에 배치하려 한 것은 이명박 정부가 6·15선언을 어떻게 인식하며 대북정책의 근간을 어디에 두고 있는지를 말해주었다. 또 정부는 통일부 내에 북한 인권 전담부서를 설치해 북한에 대한 '인권' 공세에도 적극 나섰다. 북한이 옥수수 5만 톤 제의에 반응을 보이지 않은 것은 놀라운 일이 아니었다.

"북한 입장에서 볼 때 그 옥수수 5만 톤은 이명박 정부의 선물이 아니에요. 노무현 정부 말기에 수해물자 지원 차원에서 약속했다가 못 준 걸 다시 주겠다고 한 것 아닙니까. 어떻게 보면 떡 중에서 쉰 떡이란 말이에요. 그걸 자꾸 들었다 놨다 하니까 북쪽으로서는 아무리 배가 고파도 기분 나쁘죠."(정세현 전 통일부 장관)[13]

이명박 정부가 6·15민족통일대회 대표단 일부의 방북을 불허했다는 사실 역시 6·15선언 이행 의지가 박약함을 보여주는 것이다. 2007년 남북총리회담에서 당국이 참여한 가운데 서울에서 열기로 합의했던 6·15선언 8돌 기념행사는 당국이 빠진 민간 차원의 축소된 행사로 금강산에서 열렸다. 이날 430여 명의 남북해외 대표들은 공동결의문을 통해 "오늘 자주통일로 향한 겨레의 앞길에는 실로 커다란 장애가 조성되고 있다"고 천명하고 6·15공동선언과 그 실천 강령인 10·4선언의 고수, 이행을 다짐했다. 같은 날 서울 보신각 앞 광장에서 6·15남측위 주최로 열린 '6·15공동선언 발표 8돌 기념행사'에서는 "남북 대결 중단하고 민족 공조 실현하라", "6·15공동선언 고수하고 10·4선언 실천하라"는 구호가 터져 나왔다.

그러나 아쉽게도 남북해외 공동의 6·15민족통일대회는 2008년을 마지막으로 중단되고 말았다. 이명박 정부 임기 내내 남북 공동의 6·15행사는 성사되지 못했고 민간 차원의 분산 개최로 명맥을 유지했다.

6자회담 진전도 가로막는 정부

정부가 수구 냉전적인 대북정책에서 벗어나지 못하는 동안 6자회담은 의미 있는 성과를 거두었다. 영변 냉각탑 폭파 후 7월 10일부터 12일까지 개최된 6자회담 수석대표회의에서 북한의 영변 핵시설 불능화 작업과 대북 에너지 지원을 10월 말까지 완료한다는 합의가 나온 것이다.

그런데 이 과정에서 회담의 진전을 방해한 것은 북한과 미국이 아니라 일본과 한국 정부였다. 이명박 대통령은 회담을 앞둔 7월 7일 일본 언론과의 인터뷰에서 "(북이) 이미 생산한 핵무기를 포기해야 한다"며 또다시 선핵폐기를 거론했고, 일본은 납치문제에 진전이 없으면 대북 중유지원 의무를 이행하지 않겠다고 고집해 회담에 장애를 조성했다. 그런데도 이 회담에서는 9·19공동성명 2단계 조치(10·3합의)의 완전한 이행에 필요한 시간표가 마련되고 '행동 대 행동'의 원칙이 재확인됐다.

물론 테러 지원국 해제 문제를 둘러싸고 북미 간에 날카로운 대립은 계속되었다. 미국의 테러 지원국 명단 삭제가 아직 발효되지 않았고 적성국교역법 적용 해제도 내용적으로 완전하지 못했다. 하지만 한반도 비핵화 2단계가 추진되면서 평화체제 구축을 향하는 길목에서 가시적 성과들이 나오고 있다는 것은 엄연한 현실이었다.

6자회담 진전을 마뜩찮아 하며 기존의 대결적 정책을 답습하던 이명박 정부도 이러한 북미관계의 변화에 보조를 맞춰야 한다는 압력을 이겨내기 어려워졌다. 이명박 대통령은 마지못해 국회 개원연설에서 처음으로 6·15와 10·4 선언을 언급하는데, 공교롭게도 바로 그날 금강산에서 박왕자 씨 사망사건이 터졌다. 이 사건으로 남북관계는 결정적인 위기를 맞게 된다.

금강산 관광객 피격사건

7월 11일 새벽, 금강산 관광에 나섰던 박왕자 씨가 북한 경비병의 총에 맞아 숨지는 사건이 발생했다. 북한은 '박 씨가 관광객 통제구역을 지나 북한 군 경계 지역에 진입해 초병이 정지를 요구했으나 불응한 채 도주해 발포했다'고 현대아산 측에 설명했다.

문제는 이 사건을 풀어나가는 이명박 정부의 태도였다. 사건 발생 다음 날인 12일, 이명박 정부는 진상이 규명될 때까지 금강산 관광을 잠정 중단한다고 발표했다. 그리고 피살사건에 대한 유감과 함께 정부 당국자 등으로 구성된 조사단을 금강산 현지에 파견하겠다는 입장이 담긴 통지문을 북한에 전달하려 했다. 하지만 이미 3월 말부터 남북 당국 간 대화가 중단됨에 따라 남한 당국자의 북한 지역 진입이 허용되지 않는 상태였다. 북한은 전화 연락을 거부하면서 "사고 경위가 명백할 뿐 아니라 이미 사고 발생 시에 현대 측 인원들과 함께 현장 확인을 한 조건에서 남한이 조사를 위해 우리 측 지역에 들어오겠다고 하는 문제에 대해서는 허용할 수 없다"고 밝혔다.

북한의 금강산 관광을 총괄하는 명승지종합개발지도국은 이날 오후 대변인 담화를 발표해 '사망사고에 대한 유감'을 표명했다. 그리고 "이번 사고의 책임은 전적으로 남한에 있다"고 주장하며 사과와 재발방지 대책을 요구했다. 담화는 "남조선 관광객이 관광구역을 벗어나 비법적으로 울타리 밖 우리 측 군사통제구역 안에까지 들어온 데 그 원인이 있다"고 사건 경위를 설명하면서 "서라고 하였음에도 불구하고 그가 응하지 않고 달아났으며 공탄(공포탄)까지 쏘면서 거듭 서라고 하였으나 계속 도망쳤기 때문에 사격하지 않을 수 없었다"고 주장했다. 그러자 남한 정부는 북한에 진상조사단을 받아들일 것을 촉구하면서, 금강산지구 출입·체류 합의서에 의하면 총격으로 사망하게 한 사실은 어떠한 이유로도 정당화될 수 없고, 비무장 여성 관광객에게 총격을 가해 사망에 이르게 했으며, 사건 발생 후 다섯 시간 동안이나 이러한 비극을 방치한 행위 등은 도저히 이해할 수 없는 일이라는 입장을 밝혔다.

남북 당국이 접점을 찾지 못한 채 평행선을 달리는 가운데, 언론들은 대체로 의문을 제기하거나 진상규명을 당부하는 선에서 사건을 보도했다. 사건 당일인 7월 11일《경향신문》은〈금강산 관광객 '새벽에 홀로, 해변 산책' 등 의문 수두룩〉,《세계일보》는〈구조적인 신변위협…결국 터질 게 터졌다〉라는 기사를 내보냈다. 그러나 조·중·동은 처음부터 북한의 '의도적 사고' 가능성에 무게를 싣고 북한에 적대감을 조성하는 보도를 쏟아냈다. 12일자《동아일보》와《조선일보》의 사설 제목은 각각

'인명 경시 야만성 드러낸 북의 금강산 관광객 사살'과 '관광지 경계선 넘었다고 동포에게 총질해댄 북한'이었다. 이들 신문은 기사에서 "북한이 의도적으로 박 씨의 '규칙 위반'을 방조했을 가능성"을 제기하고, 사건이 벌어진 11일에 국회 개원연설을 통해 북한과의 대화 의지를 피력한 이명박 정부를 질타하기도 했다.

사건의 전말과 책임

그러면 금강산 관광객 피격사건의 원인과 책임 소재는 어디에 있을까. 남한은 침범 지점, 공탄(공포탄) 발사 여부, 월경 시각과 피격 시각 등 세세한 부분에 이견을 제시했으나, 큰 틀에서 볼 때 진실은 비교적 명확하다. 박왕자 씨가 새벽에 군사통제구역 안으로 들어가 북한 초병의 총격을 받고 사망했다는 것이 사건의 요점이다. 남북의 시각차는 이를 어떻게 해석하느냐를 두고 발생했다. 북한에서는 관광객이 '군사통제구역'에 불법 침입했다는 사실을 우선시했고, 남한에서는 '비무장 상태의 민간인'이 사망했다는 사실에 초점을 맞추고 있었다.

어떤 이유에서든 남북 화해협력의 상징인 금강산에서 남한 민간인이 사망했다는 것은 충격이고 불행임에 틀림없다. 만약 이것이 지정된 관광구역 안에서 정상적인 관광을 하는 과정에 일어난 사건이라면 북한의 책임 또는 현대아산의 책임으로 쉽게 정리될 것이다. 그러나 박 씨는 금강산 해수욕장 개방 시간 전에 군사통제구역 안으로 들어갔다. 사실 금강산 관광구역은 세계적으로 가장 첨예한 군사분계선 비무장지대에 위치하고 있다. 북한에서 볼 때는 휴전선 부근 일부 지역을 관광지로 개방했을 뿐이고 특구 밖은 정전 상태의 군사 지역이다.

군사 지역에 대한 경계는 어느 나라 군이나 마찬가지다. 서울 남산과 사당동의 수도방위사령부 군사 시설이나 수원 광교산의 미군 미사일 기지 철책은 접근을 엄금하며 유사시 발포한다. 특히 전방 지역, 군의 주요 시설과 기지, 야간의 경우 초병의 근무수칙은 어디나 대동소이하다. '정지', '누구냐', '암호' 같은 지시를 무시하고 접근하거나 도주할 경우 공포탄을 발사하고, 그래도 정지하지 않으면 사살하라고 한다. 북쪽 주민이나 거동 수상자가 민감한 군사통제구역에 무단 침입했다가 도주할 때 남한 초병의 대응 수순도 북한과 거의 동일하다. 따라서 남한 민간인이든 누구든 간에 지정된 관광지를 벗어나 군사통제구역을 침범하는 경우에는 불상사가 일어날 수 있다. 현대아산 측의 설명에 따르면 관광객의 출입이 금지되는 곳은 철조망이나 펜스로 막혀 있기 때문에 출입금지라는 사실을 모를 수는 없다.[14]

북한의 발표대로라면 박왕자 씨는 관광지와 군사통제구역의 경계선 역할을 하는 울타리를 우회하고 모래언덕을 넘어 "신발까지 적시면서" 군사통제구역 안에 불법 침입한 것이고, 초병의 단속과 경고를 무시한 책임이 있다. 그전에도 남한 관광객들이 관광구역을 벗어나 북한 군사통제구역에 접근 또는 침입한 사례가 있었으나 그들은 북한 초병의 단속에 응했기 때문에 최악의 사태를 피할 수 있었다. 가령 박왕자 씨 사건 전에 어떤 관광객은 조깅을 즐기다 북한 초병에게 붙잡혀 30분 가까이 허허벌판에 서 있었다고 한다. 다른 관광객은 박왕자 씨처럼 장전항 해변을 따라 산책하다가 초병에게 붙잡혀 한참 동안 손을 든 채 서 있다가 훈계를 듣고 풀려났다고 한다.[15] 여성인 박왕자 씨는 아마도 군의 관행과 수칙을 짐작하지 못하고 당황한 나머지 그냥 달아났을 것이다. 어쨌든 새벽에 관광구역을 벗어나 북한 군사통제구역에 진입한 것 자체가 위험천만한 일이었다. 금강산 관광에 대한 교육과 통제를 소홀히 한 현대아산과 남쪽 당국에도 책임이 있다.

문제는 남북관계

주목해야 할 부분은 이 시기가 이명박 정부가 6·15공동선언과 10·4 선언을 부정하는 정책으로 일관한 탓에 남북관계가 어느 때보다 꽁 꽁 얼어붙은 상태였다는 것이다. 남북이 정전 상태인데도 금강산 관광 지, 개성공단을 조성해 군사적 대결 상태를 완화시킨 것은 세계적으로 도 유례없는 일로서 전적으로 6·15공동선언의 힘이었다. 그런데 이명 박 정부 고위 인사들은 6·15를 부정하고 북한을 적대시하는 언행을 연 발했으며, 급기야 서해교전을 연평해전으로 격상시켜 정부 차원에서 추 모한다면서 긴장을 조성했다. 3월에는 서해에서 한미 합동으로 키리졸 브-독수리 연습이 진행되고 6월에는 림팩(RIMPAC, 환태평양훈련) 합동 군사연습이 있었다.

이처럼 민감한 시점에 남한의 민간인이 북한 군사통제구역에 진입했 다가 불행한 사태가 벌어진 것이다. 남한의 정부와 언론이 이 모든 사정 을 외면하고 과잉 대응이니, 무방비 상태의 관광객에게 총격을 가했다 느니 하면서 대결 분위기를 고조시킨 것은 참으로 무지하고 무책임한 일이었다.

현지 방문이나 합동조사 요구 등도 현실성이 떨어졌다. 금강산 관광 특구는 북한 영토로서 북한과 현대가 맺은 '금강산 관광 사업에 대한 합 의서'에 근거해 관광 사업이 진행되는 곳이다. 특구에서 남한 정부의 직 접적 영향력 행사는 원천적으로 불가능하다. 정전체제하에서 상대방

영토에 들어가 조사 활동을 한다는 것도 국제적으로 전례가 없는 일이다. 게다가 정부 당국이나 남한 언론은 애초부터 사건을 북한의 책임으로 규정하면서 그런 전제에 반하는 북한의 해명은 아예 받아들이지 않았다. 이렇듯 태도가 바뀌지 않는 한, 남한 당국이 뒤늦게 현장을 찾는다 하더라도 진상 파악은커녕 시빗거리만 더 늘어날 공산이 컸다. 사실 관광객의 안전은 남북이 서로 배려하고 각자의 의무를 충실히 이행한다면 해결책을 찾을 수 있는 문제였다. 하지만 남북 당국은 대화 통로도 없는 상태였다.

사태 해결을 외면한 정부

북한이 남한 민간인 관광객의 사망 사실에 대해 유감을 표명한 일로 정부는 대화 재개의 계기를 만들 수 있었다. 유감 표명은 사건 발생 38시간 만에, 현대아산의 북한 사업 파트너인 명승지종합개발지도국 대변인 담화 형식으로 이뤄졌다. 이런 담화는 북한 체제의 특성상 상급 기관들의 승인을 받아야만 가능할 것으로 본다. 그리고 이 담화를 《조선중앙통신》을 통해 공개적으로 발표했다는 것은 현대아산을 통한 간접적 전달보다 적극적인 방법이다. 그러나 정부는 이를 기회로 삼지 못하고 북한의 좀 더 책임 있는 기관에서 사과해야 한다고만 주장했다.

각계각층의 여론은 이런 금강산사건에도 불구하고 남북이 합의 사항을 존중하고 화해를 추구해나가는 것이 바람직하다고 말했다. 《서울신문》이 한국리서치에 의뢰한 여론조사에서는 금강산 관광과 대북정책을 '별개로 추진해야 한다'는 응답(53.5%)이 '연계해야 한다'(40.9%)보다 10% 이상 높았다. 향후 정부의 대북정책 방향에 대해서는 응답자의

61.3%가 '합의 사항을 존중하고 남북 화해를 증진시키는 방향'으로 추진해야 한다고 답했다.[16] 한나라당 박희태 대표가 대통령에게 대북 특사 파견을 건의하겠다는 입장을 밝힌 것도 이런 여론의 향방과 무관하지 않다.

그러나 이명박 정부는 사태 해결에 다가가지 못하고 오히려 문제를 악화시켰다. 정부는 군 통신선 개선과 금강산 이산가족 면회소에 필요한 각종 장비와 자재 등 기존 남북 간 합의에 따라 북한에 제공하기로 한 물자들의 공급을 전면 중단했다. 7월 18일 이명박 대통령은 "진상조사뿐 아니라 사후 재발 방지를 위해 대책이 필요하며 현대아산의 책임 소재에 대해 종합 점검할 필요가 있다"고 언급했고, 곧이어 범정부 차원의 '금강산·개성 관광 사업 점검평가단'을 구성해 현대아산에 대한 사정을 착수했다.

처음에 이명박 대통령은 관광객 피격 사실을 보고받고도 국회 연설을 진행했다. 7월 11일, "과거 남북 간에 합의한 7·4공동성명, 남북기본합의서, 비핵화공동선언, 6·15공동선언, 10·4정상선언을 어떻게 이행해나갈 것인지에 대해 북한과 진지하게 협의할 용의가 있다"며 북한과의 대화 의지를 밝혔던 것이다. 그러나 그는 보수세력의 눈치를 살피다가 곧바로 대결적인 자세로 선회해 금강산 관광을 중단시켰다. 아마도 대중적으로 번진 촛불시위로 집권 기반이 흔들리고 있는 시점에서 남북대화를 제의해 지지율을 만회하려다가, 금강산 피격사건을 활용해 보수층의 지지를 모으는 쪽이 낫겠다고 판단해서 입장을 바꿨을 것이다.

외교적 망신

이명박 정부는 금강산 피격사건을 국제무대에까지 가져가 대북 압박소동을 벌이려 했다. 7월 열린 아세안지역안보포럼(ARF)에서 북한이 10·4선언에 대한 국제적 지지를 확보하려 애쓰는 동안 남한은 금강산 피격사건을 공론화하는 데만 집중했다. 7월 24일 ARF 의장국인 싱가포르가 발표한 의장성명에는 금강산 피격사건에 대한 남한 정부의 입장("참가국 장관들은 금강산 피격사건에 관심을 표명했고 이 사건이 조속히 해결되기를 기대했다")과 10·4선언과 관련한 북한 입장("10·4선언에 기초한 남북대화의 지속적 발전에 강한 지지를 표명했다")이 나란히 들어가 있다.

"이걸 ARF로 들고 간 것부터가 현명치 못했습니다. 기껏해야 너희들끼리 잘 풀어보라는 말밖에 더 나오겠어요? 총 쏘고 사람 죽은 건 있을 수 없는 일이고 안타까운 일이지만 제3자가 할 수 있는 얘기는 '그래, 대화를 통해 잘 풀어야지. 그냥 있을 수는 없지.' 이런 얘기밖에 더 나오겠습니까. 그러다가 대통령 국회 연설과는 다르게 10·4선언을 부정하는 행동까지 했으니 북한으로서는 헷갈릴 수밖에 없습니다."(정세현 전 통일부 장관)[17]

그런데 남한 정부는 폐막 다음 날인 25일 이의를 제기하며 10·4선언 관련 내용을 빼달라고 싱가포르에 요구했다. 남북 양측 가운데 어느 일방만 편들 수 없는 싱가포르 측은 결국 북한 입장을 감안해 10·4선언 관련 문구와 금강산 관련 문구를 함께 삭제한 채 의장성명 수정본을 냈다. 남한의 야당들은 이를 두고 '망신 외교'라고 논평했다.

기약 없는 금강산 관광 중단

정부는 금강산 피격사건을 빌미로 민간 교류도 사실상 중단시켰다. 8월에 계획 중이던 남북교육자 상봉모임(8월 10~14일, 전교조 100명), 6·15공동선언과 10·4선언 관철을 위한 청년학생 통일답사단(8월 14~18일, 6·15청년학생본부 120명), 노동자 대표단(8월 18~21일, 민주노총과 한국노총 100명), 민주노동당 방북 대표단(8월 18~22일, 50여 명)의 방북단 전원에게 사실상 불허를 의미하는 반려 방침을 내린 것이다. 이제 남북관계는 수습하기 어려운 국면으로 접어들었다.

얼마 후 북한은 금강산 관광특구 내 남한 인원의 추방을 통보했고, 이로써 하루에 1,300~1,500명이 관광하던 금강산은 완전히 닫혔다. 과거 민영미 씨 억류사건, 사스, 1999년과 2002년의 서해교전, 미사일 발사 및 핵실험, 정몽헌 회장 사망, 김윤규 사장의 개인 비리혐의 수사 등 적지 않은 어려움을 겪으면서도 지속되던 금강산 관광이 전면 중단된 것이다.

점입가경으로, 당국과 민간의 교류가 다 끊긴 가운데 이명박 대통령은 불필요하게 북한을 자극하기 시작했다. 그는 8월 18일 을지국무회의 모두발언에서 "남쪽 사회를 이념적으로 분열시켜 국력이 모아지는 것을 방해하려는 (북한의) 시도는 계속될 것인 만큼 이에 대한 대응책을 강구해야 한다"라고 말했다. 며칠 전 8·15경축사에서 "유감스러운 금강산 피격사건에도 불구하고 북한이 전면적 대화와 경제협력에 나서기를 기대한다"라고 했던 것과 배치되는 발언이었다. 그 밖에도 "내 생애에 통일을 볼 수 있는 것은 틀림없는 것 같다"(《야후닷컴》 8월 18일)며 흡수통일론을 연상시키는 발언을 하거나, 과거 정부의 햇볕정책에 대해

"옷을 벗기려는 사람이 옷을 벗었다"(9월 1일, '중앙 글로벌포럼 2008' 행사)고 조롱하기도 했다. 냉전시대를 방불케 하는 대통령의 발언들은 북한과의 관계를 더 악화시켰다.

통일부, 통일교육원, 통일연구원, 인권대사 등 대북정책을 집행하는 주요 부처와 기관은 6·15선언과 10·4선언을 부정하는 인사들로 채워졌다. 이명박 정부는 7월 22일 2년 임기의 외교통상부 인권대사에 제성호 중앙대 교수를 임명했다. 제성호는 "북이 남파한 간첩과 고정간첩이 최소 7천 명에서 최대 수만 명에 이를 것"이라고 주장했던 학자이다.

8월 들어서는 '비핵·개방·3000'의 정책 입안에 주도적 역할을 한 서재진 박사가 통일연구원장에 임명됐다. 그는 임명된 후 10·4선언에 대해 "남한이 하자는 대로 다 받아준 것 자체가 오히려 북이 함정을 판 것이 아닌가 생각한다"고 공공연히 주장했다. 또 그는 김정일 국방위원장의 건강이 매우 악화되어 있음을 언급한 후 "통일은 가시권에 들었다"고 말함으로써 북한의 정권 교체를 전제로 한 통일을 염두에 두고 있음을 시사해 스스로 논란의 중심에 섰다. 더구나 "(북한은) 지극히 비정상적이고 잘못된 정권으로 아무리 대화해봐야 소용이 없다"며 '남북대화 무용론'을 주장해 이명박 정부가 실제로 남북관계 개선에 의지가 없음을 확인시켜줬다.[18]

이명박 정부가 6·15와 10·4를 부정하는 바탕에는 압박을 통해 북한을 굴복시키겠다는 대결정책, 북한의 개혁개방을 통한 흡수통일이라는 반북 이데올로기가 짙게 깔려 있었다. 뉴라이트들이 권력의 곳곳에 포진해 이런 이데올로기를 끊임없이 확대, 재생산하고 있었다.

개념계획 5029

남북관계가 꽁꽁 얼어붙은 2008년 가을, 남한의 보수세력들은 갑작스러운 김정일 국방위원장 '건강이상설'을 계기로 여론몰이에 나섰다. 언론에서는 북한의 후계 구도와 관련된 추측 보도와 북 비상사태 발생 시 한국, 미국, 중국의 대응에 대한 보도를 연일 쏟아냈다. 그런 추측성 기사들이 AP, 로이터 등 국제통신사에 의해 전 세계에 타전되면서 북한을 더욱 자극했다.

보수진영은 한발 더 나아가 북 급변사태에 대비해 한미 양국이 만들어놓은 '개념계획 5029'를 '작전계획'으로 격상시켜야 한다고 주장했다. 개념계획 5029는 북한에서 소요 및 내란, 식량난 등의 사태가 발생하면 한미연합사가 적극 개입하고 '치안유지'를 위해 평양으로 진군하는 것을 골자로 한다. 이 계획은 사실상 대북 선제공격 계획으로 한반도를 분쟁의 나락으로 떨어뜨릴 위험이 있다.

정부는 김정일 국방위원장의 건강이상설이 나오자 국정원과 국책연구기관 등을 내세워 북한의 급변사태 가능성과 대응 방안을 본격적으로 거론하기 시작했다. 9월에는 《연합뉴스》가 정부 소식통을 인용해 "한미가 북한의 급변사태를 대비한 개념계획 5029를 작전계획으로 구체화하는 작업을 상당히 진척시킨 것으로 알고 있다"고 보도했다.[19] 그리고 10월 17일 40차 한미연례안보협의회에서는 한미가 작전계획 5029를 완성하자고 합의했다. 2009년 2월, 월터 샤프 한미연합사령관이 "전면전은 물론이고 북한의 핵무기 통제력 상실 가능성 등에 대한 대비책도 마련했다"고 말한 것 역시 '작전계획(혹은 개념계획) 5029'가 구체화되고 있다는 것을 강력히 시사한 발언이다.[20]

이명박 정부의 이러한 행보는 북한이 결국 무너지고 말 것이라는 자신감과 희망적 사고에 근거한 것으로, 1990년 독일의 흡수통일 이후 북한 급변사태만을 기대하며 남북관계를 최악의 상황으로 몰고 갔던 김영삼 정부와 흡사했다.

여기에 남한 일부 보수단체들이 원색적인 내용의 대북전단(삐라)을 살포하면서 남북 간의 긴장은 끝없이 고조되어갔다. 10월 2일 판문점에서 열린 남북 군사 실무접촉에서 북한 대표단은 "전단 살포 행위가 계속될 경우 개성공단 사업과 개성 관광에 엄중한 후과가 있을 것"이라고 경고했다. 하지만 이날 북한은 대북전단 문제와 함께 본래 남북 간 합의 사항인 통신 관련 자재·장비 제공 요구도 비중 있게 언급했다. 남한 정부의 선택 여하에 따라 대화 재개의 가능성도 열어놓은 셈이다.

테러 지원국 해제, 그러나……

이즈음 북미관계에 중대한 변화가 생겼다. 10월 11일 숀 매코맥 미 국무부 대변인이 특별기자회견을 갖고 "미국이 추구하는 모든 요소가 핵 검증 패키지에 포함됐다"며 북한에 대한 테러 지원국 해제 방침을 밝힌 것이다. 20년 9개월 만에 실행된 테러 지원국 해제는 북미관계 개선의 발판을 마련해주었다. 이제 6자회담은 비핵화 3단계 진입을 내다보게 됐다.

그러나 테러 지원국 해제 방침의 결정 과정이 순탄하지는 않았다. 2007년 2단계 6차 6자회담의 10·3합의에 따르면, 북한이 그동안의 핵 활동에 대한 신고서를 제출(6월 26일)했으므로 미국은 즉시 북한을 테러 지원국에서 해제해야 했다. 그러나 부시 행정부 안팎의 네오콘들이

"국제적 기준에 입각한 핵 검증 의정서"가 있어야 한다면서 강력하게 반대하는 바람에 테러 지원국 해제 조치가 무기한 연기되었던 것이다. 원래 합의된 안이 북한이 냉각탑을 폭파하면 미국이 8월 초까지 테러 지원국을 해제하는 것이었으니, 미국이 약속을 어긴 것이었다.

어쨌든 '국제적 기준의 검증'을 꺼내든 미국의 주장은 설득력이 매우 약했다. 10·3합의는 물론이고 북미나 6자 사이의 어떤 합의에도 핵 신고서에 대한 '검증'을 테러 지원국 해제의 조건으로 규제한 조항은 없었기 때문이다. 더구나 미국이 제시한 '검증 의정서' 초안은 "핵과 관련된 것이라고 판단되는 어떤 지역, 어떤 시설, 어떤 장소든 완전한 접근"을 요구하는 것으로서, 이라크 침공 이전에 했던 것처럼 국토를 샅샅이 뒤지겠다는 내용이었다.

이런 이유로 북한은 검증서 초안을 즉각 거부했다. 8월 26일 북한은 "우리는 '미국에 고분거리지 않는 나라' 명단에 그냥 남아 있어도 무방하다"며 영변 핵시설에 대한 불능화를 중단하겠다고 선언했다. 이어 9월 24일에는 영변 핵시설의 봉인을 제거하고 일주일 후 핵물질 재처리에 들어간다고 경고했다. 북한이 강경 대응을 이어가는 동안 대외적 상황은 북한에 별로 유리하지 않았다. 미국이 약속을 깨버린 것이 명백한 상황이었는데도 중국, 러시아, 일본 등이 공개적으로 이를 지적하지 않고 침묵했기 때문이다. 이명박 정부도 "북의 불능화 중단 상황이 지속되면 북한에 도움이 되지 않는다"며 미국에 동조했다.

긴장이 고조되고 북한의 핵실험설까지 제기될 무렵, 미 국무부 쪽에서 마침내 크리스토퍼 힐 차관보를 평양으로 보냈다. 힐은 김계관 외무성 부상과 만나 '순차 검증안'이라는 이름의 핵 검증안에 합의했는데, 이번에는 힐의 방북 결과에 대해 미국 내부에서 치열한 논쟁이 벌어졌다. 또 한국과 일본의 보수 정권들이 '완전한 핵 검증 합의'를 내세우면서 강력히 반발했다. 특히 나카소네 히로부미 일본 외상은 콘돌리자 라이스 국무장관과 40분간 통화하면서 북미 합의를 무(無)로 돌리려고 했다. 그러나 임기 말 외교적 성과가 필요한 부시 행정부는 결국 테러 지원국 해제를 선택했다. 테러 지원국 해제는 북한의 입장에서도 커다란 외교적 성과라고 할 수 있다.

관계 개선의 기회를 차버리다

테러 지원국 해제는 이명박 정부에도 대북정책 전환의 기회를 제공했다. 마음만 먹으면 정부가 할 수 있는 일은 많았다. 정부는 직접 지원이나 세계식량계획(WFP)을 통한 간접 지원 방식으로 인도적 식량지원에 나설 수 있었다. 또 테러 지원국 지정 해제로 미국산 부품 비율이 25%를 넘지 않으면 개성공단에 산업기자재를 자유롭게 반입할 수 있게 됐는데, 이를 잘 활용하면 개성공단의 규모를 더욱 확대할 수도 있었다. 북한이 요구하는 개성공단 기숙사 건설과 통신장비 제공은 남한의 중소기업들을 위해서라도 적극 고려해야 할 일이었다. 금강산 관광 10주년(11월 18일)을 전환점으로 만들어 관광 재개를 모색하는 방법도 있었다. 그러나 이명박 정부는 그 어떤 것도 손대지 않았다.

오히려 이명박 정부가 택한 것은 반북대결정책의 지속이었다. 10월 18일 대통령 주재 외교안보정책조정회의에서, 이명박 대통령은 '남북관계가 악화한다고 해서 긴장이 고조돼 우리 경제에 악영향을 준다는 생각을 버려라', '6자회담에서 진전이 없는 한 우리가 의장국으로 있는 경제·에너지 워킹 그룹을 진행하지 말라'는 등의 이야기를 쏟아냈다. 게다가 대통령의 품격에 걸맞지 않게 "북한이 내 욕을 계속하는데 왜 가만히 있느냐"는 말까지 하면서 북한을 비난했다.[21] 이날 회의 이후 통일부는 대북정책 재검토를 중단했다. 정부는 북한에 대한 조속한 식량지원을 요청하는 국제기구의 호소에 끝내 응하지 않았다. 뿐만 아니라 6자회담 합의 사항인 철강재 3천 톤 지원 의무도 이행하지 않았다. 정부 일각에서는 미국의 대북 테러 지원국 지정 해제를 '북쪽 위협에 굴복한 잘못된 대응'이라면서 남한의 핵무장 등을 주장하는 치기를 보이기도 했다.

또 이명박 정부는 남북관계에서 가장 민감한 문제 중 하나인 '북한 인권' 공세에 적극 가담하고 반북단체들의 대북전단 살포를 묵인함으로써 체제 대결 기조를 분명히 했다. 2008년 유럽연합과 일본 등이 주도한 '북한인권결의안'에 정부는 찬성표를 던졌음은 물론이고 아예 공동제안국으로 참여했다. 이날 표결에 앞서 박덕훈 북한 유엔 대표부 차석대사는 결의안을 강력하게 거부하면서 "한국이 공동제안국으로 참여한 것은 무분별한 반민족적, 반통일적 행위이고 북의 존엄성과 체제에 대한 도발"이라고 강도 높게 비난했다. 사실 사이버모욕죄, 집시법, 국정원법, 통신비밀보호법 등 공안법률을 무더기로 개악한 이명박 정부가 인권을 운운하는 것 자체가 앞뒤가 맞지 않는 일이었다.

골칫덩어리, 대북전단

반북단체들의 대북전단 살포 역시 남북관계에 심각한 악영향을 미쳤다. 그 이유는 무엇일까? 우선 대북전단 살포는 북한의 내란을 선동하고 주민 봉기를 유도하는 대북 심리전의 일환으로서 넓게 보면 전쟁 행위의 일부였다. 또 대북전단에는 북한 지도자인 김정일 위원장에 대한 원색적인 비난이 담겨 있다. 반북단체들이 자본주의의 상징인 달러화를 대북전단과 함께 보내는 것 역시 북한 입장에서는 체제와 주민들에 대한 모욕으로 간주했다.

둘째, 북한이 대북전단에 대해 강하게 반발하는 데에는 역사적인 배경이 있다. 1940년대 후반부터 꾸준히 미군과 한국군이 삐라 살포를 통해 심리전을 수행해왔기 때문이다. 정용욱 교수(서울대 국사학과)에 따르면, 특히 한국전쟁에서 삐라는 매우 중요한 전쟁 수단의 하나로 취급되었고, 당시 미 육군부 장관 프랭크 페이스는 적을 종이(삐라)로 파묻어버리라고 명령했다. 한국전쟁 시기 UN군이 뿌린 삐라는 25억 장가량이었는데, 한반도 전체를 스무 번 덮을 수 있는 양이었다고 한다. 미군의 삐라 심리전은 투항에 중점을 둔 것이라기보다는 적군의 전쟁 수행 능력을 저하시키고, 사기를 떨어뜨리며, 전선 투입 시에 투항을 유도하는 것을 목표로 하고, 이에 준해 내용을 작성했다.[22] 이러한 역사적 연원을 감안한다면, 대북전단 살포는 쉽게 '표현의 자유'로 정당화할 수 없는 성질의 것이다.

셋째, 역지사지의 입장에서 북한이 남한 대통령에 관한 유언비어를 전단에 인쇄해 남측에 대량 살포할 경우 남한 정부가 그대로 두고 보겠는가? 그래서 정치권에서도 남북교류협력법의 관련 조항을 개정하거나 '남북관계 발전에 관한 법률'을 적극 시행해서 대북전단 살포를 중단시키자는 방안을 내놓았던 것이다. 그러나 정부는 전단 살포를 막기 위해 어떤 조치도 취하지 않았다.

이명박 정부의 대북정책이 변화할 조짐이 없고 대북전단 살포도 중단되지 않자 북한은 강력한 경고와 함께 행동에 나섰다. 11월 12일 북한은 김영철 장성급회담 북한 단장 명의의 전통문을 보내 12월 1일부터 군사분계선 통과를 엄격히 제한한다고 선포했다. 같은 날 북한적십자회 대변인은 판문점 남북 직통전화 단절을 통보했다. 그러면서도 "현 북남 관계가 전면 차단이라는 중대 기로에 놓여 있다는 것을 잊지 말아야 한다"고 언급함으로써 대화의 여지를 남겨두었다.

개성공단마저

정부는 청와대에서 외교안보정책조정회의를 열고 향후 대응 방안을 논의했는데, 이 자리에서 이명박 대통령은 "기다리는 것도 때로는 전략"이라는 유명한 말을 남겼다. 남북관계 악화가 뻔히 예견되는 상황에서 집권자로서 참으로 무책임한 발언이었다. 나아가 그는 며칠 후 가진 워싱턴 기자간담회에서 "자유민주주의 체제에서 통일하는 게 최후의 궁극 목표"라는 대결적이고 파괴적인 발언으로 사태를 돌이킬 수 없는 지경으로 만들었다. 개성공단 입주기업 대표들이 대북전단 살포를 중단하라고 강하게 압박하자 이명박 정부는 마지못해 "유관부처 합동으로 법적인 범위 내에서 적극 대처"하겠다는 입장을 발표했지만, 바로 다음 날 10만여 장의 대북전단이 또다시 풍선을 타고 북쪽 하늘로 날아갔다.

며칠 후 북한은 모든 남북 간 교류협력과 경제거래 목적의 인원 통행(육로) 제한, 남북 육로 통행 시간대와 인원수 축소, 개성공단 남한 체류 인원 880명으로 제한 등을 골자로 하는 '12·1조치'를 시행했다. 이렇게 해서 이명박 정부 출범 10개월 만에 남북 화해와 협력의 상징으로 여겨진 금강산 관광과 개성 관광이 모두 문을 닫았다. 56년 만에 이어진 철길도 다시 끊겼다. 북한이 "남한 중소기업의 어려운 처지를 고려해 개성공단에서의 기업 활동을 특례적으로 보장"한다고 밝히긴 했지만, 개성 공단 역시 추동력이 떨어진 것은 물론 언제 문이 닫힐지 모른다는 불안 감에 휩싸였다. 남북관계가 10년 만에 최악의 상황으로 후퇴한 것이다.

남북관계 희생되어도 괜찮다

이명박 정부는 미국발 금융위기와 거듭되는 실정 속에서 남북관계가 계속 악화되는 것이 정권의 위기 모면에 유리하다고 판단했던 것으로 보인다. 설사 개성공단 가동에 이상이 생기더라도 정권 자체의 위기에 비하면 사소한 일이라는 것이 집권세력의 시각이었다. "그 정도 공단 은 수백 개가 있는데, 그거 하나가 우리 경제에 무슨 악영향을 미치겠느 냐"고 한 박희태 한나라당 대표의 발언은 보수세력의 속내를 그대로 드 러낸다.

요약하자면 이명박 정부의 대북관과 민족문제에 대한 대응은 6·15선 언 이전의 군사 정권들과 별반 다르지 않은 퇴행적인 것이었다. 국가보 안법의 부활도 같은 맥락이다. 이명박 정부는 10·4선언에서 남북이 약 속한 법률적, 제도적 장치의 정비를 물거품으로 만들고 국가보안법을 휘둘러 통일운동 인사들을 구속했다. 제자들을 '남녘 통일애국열사 추 모제'에 참석시켰다는 이유로 교사를 구속하거나, 어느 교수가 촛불집 회에서 유인물을 배포한 것에 대해 국가보안법 위반 혐의를 적용하는 등의 어이없는 일도 벌어졌다.

임기 첫해부터 남북관계가 경색된 근본 원인은 남한 정부의 6·15선 언과 10·4선언에 대한 부정이었다. 주지하다시피 6·15와 10·4 선언은 어떤 정권도 외면할 수 없는 민족통일의 요구 속에서 남북 정상이 두 차례에 걸쳐 약속한 것이다. 또 북한으로서도 나름대로 양보하고 결단해서 이뤄낸 가장 최근의, 최고 수준의 합의였다. 그런데 이명박 정부는 6·15선언과 10·4선언을 무시하면서 군사적으로도 도발적 행위를 계속했다. 정부는 출범 첫해부터 한미 키리졸브 연습과 을지프리덤가디언 합동군사연습을 강화하고 지상과 공중의 전쟁 장비들을 총동원한 '합동화력 시범' 훈련을 실시했다. 또 '호국훈련'이라는 이름으로 일본 오키나와의 미 해병대까지 끌어들여 북한을 겨냥한 대대적인 연합상륙훈련을 실시했다. 그러자 북한에서도 군사적 대응 태세를 높여갔다. 3월에는 단거리 함대함 미사일 발사훈련을 실시하고, 10월에는 서해 상공에서 항공기를 이용한 단거리 미사일 발사로 무력을 시위했다.

기존에 남북이 추진하던 협력 사업은 모두 뒷걸음질쳤다. 금강산 관광은 2004년 육로 관광이 본격화되고 2008년에 들어서야 순이익을 바라보고 있었는데, 관광이 전면 중단되는 바람에 수십여 개 업체가 직격탄을 맞았다. 개성공단의 경우 인력 수급 문제를 해결하기 위한 기숙사 건립이 예정되어 있었으나, 남북 당국 대화가 중단되면서 착공 절차도 함께 중단됐다. 공단 운영과 관련된 법적, 제도적 정비 작업도 진행되지 못했다. 10·4선언에서 약속한 백두산-서울 직항로 개설 등의 신규 사업은 이야기조차 나오지 않았다. 경의선 열차를 타고 남북 응원단이 베이징올림픽으로 간다는 계획도 물거품이 됐다. 대북지원 단체들은 정부의 압력 때문에 적극적으로 사업을 추진하지 못했다.

9월 하순에는 정부가 여론에 못 이겨 대북지원 민간단체들의 방북을 허용한다는 방침을 정하면서 대북지원 단체들과 민주노동당, 민주노총 등 민간단체들의 방북이 이뤄졌다. 이런 분위기를 타고 일본의 역사왜곡 및 독도 영유권 주장과 관련한 남북공동토론회가 열리는가 하면,

6·15남측위 언론본부 대표단이 평양을 방문하기도 했다. 하지만 8·15 기념대회와 10·4선언 1주년 남북공동행사는 무산되고 말았다.

마지막 6자회담

남북관계가 화해와 협력에서 갈등과 대결로 돌아선 가운데, 부시 행정부 임기 내 마지막 6자회담이라 할 수 있는 6자 수석대표회의가 12월 8일부터 11일까지 베이징에서 열렸다. 그러나 미국이 또다시 검증 의정서 채택을 고집했기 때문에 회의는 공전하고 말았다. 이 자리에서 남한은 검증 의정서 채택과 북한에 대한 경제·에너지 지원을 연계시키자는 주장을 펼쳤는데, 이것은 10·3합의 내용과도 어긋나고 '행동 대 행동' 원칙에도 위배되는 주장이었다.

원래 한국은 6자회담의 경제·에너지 지원 실무그룹회의 의장국으로서 대북 에너지 지원 문제를 주도적으로 이끌어가야 하는 입장이었다. 그런데도 6자회담과 관련해 중재 역할을 하기는커녕 어깃장을 놓은 것은 상식적으로 이해하기 힘든 처사였다. 일본도 납치문제를 앞세워 회담의 발목을 잡고 늘어졌다. 중국은 의장국이면서도 북미의 다툼을 중재하지 않고 소극적인 자세로 임했다. 회담 뒤에 발표된 의장성명은 6자회담이 9·19공동성명의 취지에 입각해 계속 추진되어야 한다는 당위성을 다시 확인하는 정도에 머물렀다.

이렇게 이명박 당선 이후 1년이 흘러갔다. 정부의 대결적 정책으로 남북이 쌓은 공든 탑은 무너져 내렸고, 북미관계는 더디게 발전하다가 한·미·일 보수세력들의 공조에 부딪쳐 정체 상태에 놓였다.

북한, 2차 핵실험을 단행하다

김대중 대통령 영결식

2009년

북한의 강한 반발

이명박 정부 출범 2년차인 2009년, 북한은 남한 정부에 대한 기대를 완전히 접은 것으로 보였다. 북한 인민군 총참모부 대변인은 1월 17일 군복을 입고 조선중앙TV에 나와 성명을 발표했다. 이 성명에서 대변인은 이명박 대통령의 신년 국정연설 내용, "제3의 서해교전 준비에 만전을 기하라"는 국방부 장관의 발언, 합참의장의 "응징" 발언 등을 언급하면서 "외세를 등에 업고 화해와 협력을 부정하고 대결의 길을 선택한 이상 부득불 전면대결태세에 진입할 것"이라고 선언했다.

뒤이어 북한은 조평통 성명을 통해 "북남 합의 사항의 그 어느 것 하나도 제대로 지켜지지 않고 있다"면서 '정치·군사적 대결 상태 해소와 관련된 모든 합의 사항 무효화'를 선언했다. 성명은 1992년 발효된 남북기본합의서와 부속합의서에 있는 '서해해상군사경계선에 관한 조항들'을 폐기한다고 밝혔는데, 이는 북한이 기존의 서해해상군사경계선을 고수할 것이라는 의미를 담고 있다. 남한 군부가 NLL 사수에 매달릴 경우 서해상 군사적 충돌의 가능성도 배제할 수 없는 상황이 된 것이다.

두 차례에 걸친 북한의 강경한 성명 발표는 지난해 남북관계의 추이를 본다면 충분히 예측 가능한 일이었다. 다시 말하면 2008년 내내 북한은 남한의 새 정부에 6·15와 10·4 선언 이행 의지를 밝히라고 거듭 촉구하면서 남한의 반응을 기다렸다고 볼 수 있다. 그 기다림의 끝이 12·1조치였고, 2009년 1월 들어서는 남북이 실질적으로 대결 상태임을 천명하면서 강력한 경고를 전달한 것이다. 또한 인민군 총참모부 대변인은 남한 함정들의 영해 침범 행위, 여러 가지 군사적 도발 책동, 북침 전쟁연습, 그리고 태평양 수역에 새로 전개된 미 해군의 이지스함과 항공모함, 오키나와 지역에 증강된 스텔스 전술비행단 등을 일일이 거론하면서 한반도를 둘러싼 긴장 고조와 위기 상황을 지적하였다.

그러나 이명박 정부는 긴장 완화에 대한 대안을 내놓지 않았고 오히려 더욱 강경한 자세를 고수했다. 북한의 '대남 전면대결태세' 성명과 '모든 합의 사항 무효화' 선언 이후, 이상희 국방부 장관은 대통령과 독대한 자리에서 "북한군에 대한 지해공(地海空) 전력을 동원한 초동제압 작전"을 브리핑했다. 또 국방부가 NLL 지역에 대한 F-15 전투기 투입을 포함한 '선제타격 계획'을 언론을 통해 밝힌 것은 북한을 직접적으로 자극하였다. 북한에서도 해주 일대에서의 전투기 출격 횟수를 늘리고 화력을 증강하기 시작했던 것이다. 그 결과 이명박 정부 등장 이전 '전쟁 억제'라는 위기 대응 패러다임은 '전쟁 승리'라는 야전군 정서로 급격히 경도되기 시작했다.[1]

북, 남한의 대화 제의 거절

새해 벽두부터 한반도의 위기 지수가 높아지는 가운데, 이명박 대통령은 3·1절 기념사를 통해 "북을 지켜주는 것은 핵무기와 미사일이 아니라 남북 협력과 국제사회와의 협력"이라면서 '조건 없는 대화'를 제의했다. 하지만 조평통 대변인은 기념사 내용을 비난하며 대화 제의를

일축했다. 3월 5일 북한은 한미연합군사연습인 키리졸브-독수리 연습
이 진행되는 동안 민간 항공기의 안전을 담보할 수 없다고 경고했다.
3월 9일에서 20일까지 키리졸브-독수리 연습이 진행되는 동안 북한은
실제로 군 통신선을 차단하고 세 차례에 걸쳐 개성공단 육로통행 제한
조치를 취했다. 군사연습이 종료된 다음 날부터 군 통신과 통행이 재개
됐으나, 3월 말에 개성공단에서 현대아산 직원 유 모 씨가 북한 당국의
조사 대상이 되어 억류되는 사태가 발생했다.

이러한 일련의 사태는 표면상으로는 남한이 대화 의사를 밝혔는데도
북한이 이를 거부하면서 공세를 강화한 것처럼 보인다. 그러나 남북관
계의 악화 원인을 이해하기 위해서는 오가는 말뿐 아니라 그 이면을 들
여다볼 필요가 있다. 이즈음 남한은 '조건 없는 대화'를 제의하긴 했지
만 실제 행동 면에서는 여전히 북한을 대화 상대로 인정하지 않았고 대
결적인 자세를 유지했다.

거절의 이면

이명박 대통령은 1월 현인택을 통일부 장관으로 내정하고 각계의 반
발에도 임명을 강행했다. 현인택은 대통령직 인수위 시절부터 '통일부
폐지론'을 주도하고 '비핵·개방·3000' 구상을 입안한 학자였다. 이미
실패로 드러난 '비핵·개방·3000'의 입안자를 통일부 장관으로 임명한
일은 대북정책을 전환할 의지가 없음을 보여준 것이다.

현인택 장관은 취임하자마자 "언제, 어디서나, 어떤 의제이든, 또 어
떤 방식으로든 조건 없이 북한과 만나 대화를 나눌 용의가 있다"(2월 12
일)고 밝혔다. 하지만 같은 날 이 대통령은 한나라당 청년위원회 관계

자들과의 만찬에서 "하루 세끼 밥 먹는 것을 걱정하는 사회주의라면 안 하는 게 좋지 않겠느냐"는 말로 북한의 격렬한 반발을 샀다. 지난해 11월 '자유민주주의 체제로의 통일' 발언에 이어 또다시 대통령이 직접 나서서 북한의 체제를 비난하고 모독한 것이다. 새로 임명된 원세훈 국정원장이 '3대 세습'을 언급한 것도 북한의 반발을 부르는 행동이었다.

우리 정부 고위 당국자들은 이처럼 북한의 체제와 지도자에 대한 비난을 아주 쉽게, 일상적으로 하는 경향이 있다. 그러나 국가 대 국가의 관계에서 상대국의 체제나 지도자에 대한 공공연한 모욕은 심각한 사안으로서 외교문제로 비화될 수 있다. 심지어 전쟁 중에도 상대 적장에 대한 적절한 예우와 존중은 상식으로 통한다. 하물며 같은 민족으로서 '통일을 지향하는 특수 관계'에 있는 남과 북 사이에서는 어떠해야 하겠는가. 상대측 체제와 최고 지도자에 대한 존중은 남북이 힘을 합쳐 민족의 미래를 도모하기 위해 꼭 필요한 조건이다. 그리고 역사적 경험을 보더라도 북한은 늘 체제와 지도자와 관련된 문제에 아주 민감하게 반응했다. 정부 고위 관계자들이 이러한 사실을 몰랐을 리가 없다는 점에서, 이명박 정부 임기 내내 끊이지 않은 정부 고위급 인사들의 돌출 발언은 일차적으로 북한에 대한 무지와 편견에서 나온 것이지만 남북관계 발전을 저해하려는 의도된 성격의 것이었다.

3월 3일 유엔 인권이사회 고위급 회기에서 남북이 충돌했다. 남한 수석대표가 북한의 인권 상황에 우려를 표시하면서 북한에 국제인권조약상의 의무를 완전히 이행하고 개선 조치를 취할 것을 촉구한 것이다. 이에 북한은 "남한 수석대표의 부적절한 언급은 대결과 증오를 부추기는 것"이라고 비난하면서 "남한이 진정으로 인권에 관심이 있다면, 모든 체계적이고 지속적인 인권 침해의 근원이 되고 있는 국가보안법을 즉시 폐지해야 한다"고 응수했다. 이것은 이명박 대통령이 3·1절 경축사에서 대화 의사를 밝힌 지 이틀 만에 벌어진 일이었다. 참고로 남한은 1월 중순 개최된 유엔 인권이사회에서 팔레스타인 가자지구에 대한 이스라엘의 무차별 군사 공격을 비난하는 결의안에 기권해 논란을 빚었다. 또 정부는 국내에서 촛불시위 강제진압에 이어 용산 철거민을 상대로 테러 진압작전을 전개했으며, 국가인권위원회 인력의 30%를 감축시키는 조치를 강행했다.

결론적으로 대화 제의는 말뿐이었다. 정부는 '비핵·개방·3000'을 비롯한 기존의 대북정책을 그대로 밀고 나갔을 뿐만 아니라 적극적인 반북 대결 소동까지 벌였다. 이런 상황에서 북한은 개성공단 통행 차단을 비롯한 강경한 조치들을 시행함으로써 이명박 정부의 대북정책 전환을 압박하려 했을 것이다.

오바마의 '선의의 무시'

2009년 초부터 한반도의 긴장이 증대된 또 하나의 원인은 오바마 민주당 정부의 등장 후 북미관계가 정체되어 있었다는 것이다.

오바마가 '변화(change)'라는 슬로건을 내걸고 미국 최초의 흑인 대통령 자리에 오르자, 북한은 민간인 자격으로 방북했던 보즈워스 전 주한 미 대사를 통해 미국에 신년 메시지를 전했다. 그러나 대북정책에 대한 준비가 거의 없던 오바마 행정부는 처음부터 어중간한 자세를 취하며 시간을 끌었다. 대북정책 특별대사인 보즈워스는 중동 특사, 아프가니스탄 특사보다 활동량이 적어서 '파트타임 특별대사'로 불렸고, 국무부 동아태 차관보로 내정된 커트 캠벨 역시 4월 말까지 상원 인준 절차를 거치지 못했다. 심지어 "북한이 핵무기 개발을 완전하고 검증 가능한 방식으로 제거하지 않고는 관계 정상화가 불가능하다"는 발언이 힐러리 클린턴 국무장관 후보자의 입에서 나오기도 했는데, 이는 부시 행정부 말기보다 후퇴한 입장이었다. 북한과의 관계를 발전시키기 위한 행동을 취하지 않고 기다리기만 하는 오바마 행정부의 대북정책은 '선의의 무시(benign neglect)'라는 별명으로 불렸다.

하지만 북한의 입장에서는 '선의의 무시' 정책이 바뀌기를 마냥 기다리고 있을 수가 없었다. 북한과 미국은 부시 행정부 때 이미 '행동 대 행동'의 원칙에 동의했으며 핵문제 해결의 로드맵도 단계별로 마련했다. 이제는 합의를 이행해야 할 차례였다. 2012년 강성대국 실현이라는 내부 목표를 세운 북한으로서는 미국의 정권이 교체됐다고 해서 그 모든 과정을 다시 밟거나 후진할 의향이 없었을 것이다.

더구나 한반도가 아직 정전 상태라는 사실을 감안하면, 설사 미국이 적대정책을 적극적으로 실행하지 않더라도 북미관계의 현상유지는 곧 대결의 연장일 뿐이다. 북한의 입장에서는 미국의 정책 우선순위를 최대한 빨리 바꿔놓아야 했다. 그래서 북한은 오바마 행정부에 협상을 촉구하는 한편으로 '광명성 2호'를 탑재할 운반 로켓 '은하 2호' 발사 준비에 착수했다.

광명성 2호 발사

북한은 광명성 2호 발사를 두고 '평화적 우주이용권'을 적극 주장하면서 합법적인 인공위성 발사에 요구되는 모든 조치를 취했다고 자평하였다. 북한은 2월 24일 우주공간기술위원회 대변인 담화를 통해 시험

통신위성 '광명성 2호' 발사를 준비한다고 알렸고, 3월 말에는 4월 4일부터 8일 사이에 인공위성을 발사할 계획임을 국제해사기구(IMO)에 통보했다. 국제우주조약에 가입했다는 사실도 재차 밝혔다.

사실 인공위성 발사는 어떤 경우든 이중적인 성격을 지닐 수밖에 없다. 인공위성을 발사해서 지구 궤도에 올리고 평화적으로 우주를 이용하는 것은 주권국가의 권한이다. 그런데 위성을 올리는 유일한 수단은 로켓 발사이므로, 어떤 나라가 자력으로 위성을 발사한다는 것은 미사일 기술도 보유하고 있다는 이야기가 된다. 지금까지는 몇몇 강대국이 인공위성 기술과 발사의 권리를 독점하고 있었다. 그래서 약소 국가가 새로 인공위성을 발사하려고 하면 많은 의혹과 제약이 따랐다. 1998년에 북한이 '광명성 1호'를 발사했을 때도 미국을 비롯한 서방에서는 인공위성이라는 북한의 주장을 인정하지 않고 자동적으로 미사일이라고 해석했다.

이러한 사실들을 종합해보면 북한은 오바마 행정부를 겨냥해 두 가지 중 하나를 선택하라고 압박한 셈이다. 오바마 행정부가 과거의 미국 정부들과 똑같이 북한을 적대적인 시각으로 바라본다면 광명성 2호를 군사적 목적의 미사일이라고 단정할 것이고, 관계 정상화의 의지가 있다면 전향적으로 접근할 것이기 때문이다.

그러나 갓 출범한 오바마 행정부는 북한의 광명성 2호 발사 준비를 '도발'로 간주하고 힐러리 클린턴 국무장관을 급히 동북아에 보내 발사 저지에 나섰다. 미 국방장관은 발사체를 미사일로 단정하고 요격 가능성까지 언급했다. 한국과 일본의 보수 정권도 여기에 개입했다. 총선을 앞두고 있던 일본의 아소 정권은 '미사일 요격' 운운하면서 강경 대응을 부추겼고, 남한에서도 이상희 국방부 장관이 "우리에게 위협되는 행위로 판단하고 대비해나갈 것"이라고 밝혔다. 그러자 북한은 다시 한 번 "발사를 준비 중인 것은 인공위성이며 이를 발사하는 것은 주권국가의 권리"라고 강조했다.

2차 핵실험

4월 5일 오후, 북한 《조선중앙통신》은 오전 11시 20분에 쏘아 올린 '광명성 2호'가 성공적으로 궤도에 진입했다고 밝혔다. 4월 13일에는 유엔 안보리가 북한의 로켓 발사를 비난하는 내용의 '의장성명'을 만장일치로 채택했다. 이 의장성명은 북한이 "안보리 결의 1718호를 위반"했다고 밝혔는데, 안보리 결의 1718호는 로켓 발사체가 아닌 탄도 미사일 실험, 개발 등을 금지하는 내용이라는 점에서 이 결정은 논란의 소지가 많았다. '변화'를 약속한 오바마 행정부가 출범한 뒤에도 미국의 일방적 외교정책은 그대로였고, 유엔 안보리는 여전히 힘의 논리에 좌우되고 있었던 것이다.

북한은 안보리의 결정에 반발하면서 외무성 성명을 통해 '6자회담 불참'과 '핵 억제력 강화'를 천명했다. 이어 안보리가 북한의 3개 회사를 제재 대상으로 선정하자, 북한은 폐연료봉 재처리에 착수하고 안보리의 사죄가 없을 경우 추가 자위적 조치에 들어가겠다고 밝혔다. 5월 4일 북한 외무성 대변인은 마침내 오바마 행정부가 "이전 행정부(부시 행정부)와 조금도 다른 것이 없다는 것을 보여주고 있다"고 불만을 터뜨렸다. 북한의 2차 핵실험 가능성이 짙어지면서 보즈워스 특별대표가 다시 서울을 찾았으나 '6자회담 틀 내 양자 대화' 방침 외에 별다른 대안을 내놓지 못했다. 그리고 5월 25일, 2차 핵실험에 성공했다는 북한의 발표에 세상은 다시 한 번 떠들썩해졌다.

북한의 핵실험 직후 안보리는 제재 결의 1874호를 통과시켰지만, 내심 난처해진 쪽은 북한이 아니라 미국의 오바마 행정부였다. '선의의 무시'와 대북 제재를 통해 대북정책의 목표를 달성하기는커녕 북한의 6자회담 불참 선언과 핵실험을 초래한 형국이 됐기 때문이다. 하지만 이제는 북한의 핵실험 이전으로 돌아갈 수 없었다. 북중 수교 60년을 맞이해 북한과 중국의 친선관계가 어느 때보다 탄탄해지고 있었기 때문에 미국이 추가적인 대북 제재를 시행한다는 것도 여의치 않았다. 재일조선인총연합의 기관지《조선신보》는 "미국이 아무리 압력의 도수를 높인다 해도" 북한의 노선이 변경되는 일은 없을 것이며 오히려 "제재와 자위적 조치의 연쇄반응"에 가속도를 붙일 수 있다고 경고했다.[2]

돌이켜보면 1차 핵위기(1990년대)와 2차 핵위기(2002년 이후)를 거치는 동안 북한과 미국은 상대에 대한 불신을 떨치지 못했다. 북한의 관점에서 보면 그간 미국은 합의문에 도장을 찍고도 번번이 그 문구를 다르게 해석하거나 끊임없이 새로운 이슈들을 던져 합의를 무산시키려 했다. 그래서 북한은 미국과 끈질기게 협상을 추진하는 한편으로 핵과 로켓 기술을 발전시키는 데 주력했고, 이제 그 성과를 세상에 공개한 것이다. 즉, 북한의 핵실험이 비단 오바마 행정부의 책임만은 아니지만, 만약 오바마 행정부가 정말로 '변화'를 보여주었더라면 핵실험이 아니라 6자회담의 비핵화 3단계 진입이라는 성과를 거두었을 가능성이 높다.

"클린턴 행정부가 포용정책을 통해 안전을 보장하고 관계 개선을 통해 한반도 평화 프로세스를 추진했을 때 북핵문제도 해결할 수 있었다. 그러나 부시 행정부가 적대시정책을 통해 압박과 제재로 북한 정권을 굴복시키려 했을 때 오히려 핵개발을 재개하고 핵실험을 하는 역효과가 초래되었음을 기억해야 할 것이다."(임동원 전 통일부 장관)[3]

이명박 정부는 이런 정세를 읽지 못하고 미국을 추종하면서 유엔의 대북 제재에 적극 동참했다. 또 북한의 핵실험 직후인 5월 26일에 PSI 참여를 공식 발표했다. 남북 간에 과거 서해교전과는 다른 양상의 군사 충돌을 야기할 수 있는 점에서 PSI 전면 참가란 더없이 위험한 선택이다. 위기가 발생할 때마다 상황 관리를 전혀 못 하고 오히려 위기를 가중시킨 것은 이명박 정부가 추진한 대북정책의 특징이라 할 수 있다.

개성공단 실무회담

대결 국면의 연속선상에 놓여 있던 2009년 상반기의 남북관계에서 눈길을 끄는 것은 북한의 요구로 이뤄진 개성공단 관련 실무회담이다. 개성공단과 관련한 남북 당국자의 첫 번째 실무회담은 4월 21일 개성에서 열렸다. 접촉 직후 남한 정부는 북한이 전한 다섯 장 반 분량의 통지문 중 열 줄에 해당하는 내용만 공개했는데, 개성공단 사업을 위해 남한에 제공됐던 모든 특혜를 재검토할 것이며 기존 계약을 재검토하기 위한 협상을 시작한다는 것이었다. 구체적으로는 토지사용료 유예 기간 축소와 북한 노동자의 노임 현실화가 거론됐다.

여기까지만 보면 돈 문제가 주요 쟁점인 것처럼 보인다. 그러나 나중에 일부 언론의 보도와 통일부의 확인으로 밝혀진 바에 따르면, 북한이 남한에 보낸 메시지의 핵심은 개성공단과 6·15공동선언의 관계에 관한 것이었다. '4·21 개성 접촉'에서 북한은 '그동안 북한이 개성공단에 성

의를 다한 것은 개성공단이 6·15공동선언의 상징이기 때문이다', '군사
적으로 예민한 지역을 내주고 토지사용료와 노임 혜택을 준 것은 6·15
공동선언 정신에 맞게 화해하고 협력하기 위함이었다', '남한 당국이 계
속해서 6·15를 부정한다면 특혜를 계속 줄 이유가 없다', '남한이 상응
하는 답을 하지 않는다면 보다 강력한 조치들을 취해나갈 것이다'라는
입장을 전달했다.

개성공단이 6·15공동선언의 산물이며 북한의 파격적인 결단으로 가
능했다는 것이 북한의 일관된 주장이다. 2008년 12월 17일 개성공단을
방문한 김영철 북 국방위 정책실 국장이 남측 중소기업 대표들에게 했
던 이야기는 북한의 시각을 그대로 보여준다. 그는 "12·1조치는 6·15
공동선언과 10·4선언에 대한 남한 당국의 잘못된 인식과 남한 당국의
반공화국 반평화적 태도에 기인된다"고 설명하면서 "개성공단은 우리
민족이 낳은 좋은 상징", "세계적으로 볼 때도 긴장된 접경 지역을 상대
방에게 내준 전례가 없다"는 말들을 남겼다.

여기서 우리는 개성공단에 대한 북한의 관점이 경협 사업을 북한에
대한 시혜 내지 퍼주기로 바라보는 남한 보수세력의 시각과 전혀 다름
을 알 수 있다. 그렇다면 2009년 4월 북한이 남한에 '특혜 재검토'라는
화두를 던진 것은 이명박 정부에 개성공단에 대한 인식 전환과 6·15공
동선언 이행을 촉구하려는 의도였다고 해석할 수 있다. 그러나 이 대통
령은 대화를 통해 사태를 해결하려는 생각은 배제하고 이미 이 시기에
개성공단 폐쇄를 염두에 두고 있었다.

"나는 북한의 그 같은 태도에 대해 단호하게 대처해야 한다고 판단했
다. (……) 나는 현 장관으로 하여금 개성공단 폐쇄 시 발생하는 모든 결

과에 대한 처리 방안을 수립하도록 했다. 사실상 개성공단 폐쇄를 염두에 둔 조치였다."(이명박 전 대통령)⁴

개성공단 '특혜' 논쟁

개성공단 관련 실무접촉은 6월과 7월에 세 차례 더 이루어졌다. 6월 11일 실무회담에서 북한은 임금과 토지임대료, 토지사용료 등의 구체적인 인상안을 내놓았다. 임금의 경우 중국 수준인 2백 달러보다 높은 3백 달러를 요구하고, 공단 1단계 1백만 평의 토지임대료로 5억 달러를 제시했다. 이에 보수세력은 북한이 개성공단을 폐쇄하기 위한 목적으로 "터무니없는" 액수를 제시했다고 비난을 퍼부었지만, 이번에도 문제의 본질은 돈의 액수가 아니었다. 아마도 북한은 현실적인 '임금 인상'이 목적이라는 오해를 피하기 위해 일부러 남한이 받아들이기 어려운 '과도한' 인상안을 들고 나왔을 것이다.

《연합뉴스》보도에 따르면 북한은 이날 회담에서 기조 발언을 통해 "남한이 6·15를 부정하는 상황에서 6·15의 혜택을 철회할 수밖에 없다"면서 6·15공동선언의 이행 문제를 집중적으로 제기했다. 해결의 실마리는 임금 인상이 아닌 6·15공동선언과 10·4선언의 이행에 있었다. 그러나 남한 언론들은 그 사실을 외면하고 임금과 임대료에 대한 요구만 부각시켜 보도했다.

어느 쪽의 주장이 더 타당성 있는 것인가? 개성공단은 누가 누구에게 특혜를 주는 것인가? 분명한 사실은 개성공단이 6·15공동선언의 정신에 기초한 정치적 결단으로 가능했다는 것이다. 아무리 경제가 어려워도 남북이 대치하고 있는 상황에서 군대를 뒤로 물리고 휴전선 인근 땅을 남한 기업들에게 내준다는 것은 예사로운 일이 아니다. 하지만 북한은 과감하게 휴전선 인근의 부지를 내주고 중국보다도 낮은 임금 조건을 제공했다. 남한에서도 남북교류협력기금 등 정부 재정을 동원해 개성공단 입주기업들을 지원했다. 따라서 개성공단은 여타 외국의 공단지대보다 훨씬 경쟁력 있는 조건으로 시작할 수 있었다.

만약 여기서 6·15공동선언의 정신이 빠진다면 어떻게 될까? 남북은 더 이상 특수한 관계가 아니므로 여타의 국가와 똑같은 관계가 되어야 한다. 남한 기업들은 북한 노동자들의 생산성 등을 따지며 적절한 임금을 책정해야 할 것이고, 북한은 외국에 요구하는 것과 같은 수준의 임금이나 임대료를 남한에 요구하게 될 것이다. 이렇게 실랑이를 벌이다 개성공단의 앞날이 어두워진다면 어떻게 될까? 남한 중소기업들에게 막대한 피해가 돌아갈 뿐 아니라 우리 민족에게 불행한 일이 된다.

실제로 개성공단 관리위원회 기업지원부장 출신의 한 전문가는 "남한이 1을 투자하면 10을 가져오는 구조"(김진향)라며 개성공단이 경제적으로 매우 '남는 장사'였음을 강조했다. 그에 따르면, 2014년 한 해만 해도 "개성공단 생산액 4억 6996만 달러 중 북측에 들어간 돈은 임금, 세금 등을 다 합쳐도 기껏해야 1억 달러 수준"이었던 반면, "주문자 생산 방식(OEM)이 대부분인 개성공단의 특성상 하청업체-원청업체-소비자로 이어지는 과정에서 발생하는 수익을 고려"했을 때 남한이 얻는 수익은 "적어도 북한의 열 배"였다고 한다.

어쨌든 남한의 태도가 변하지 않았는데 북한은 6월 19일 열린 다음 실무회담에서 진전된 제안을 내밀었다. 개성공단 입주기업들의 가장 큰 애로사항인 12·1조치를 일부 해제할 용의가 있다고 밝힌 것이다. 7월 1일자《한겨레》보도에 따르면, 북한 개성공단 관계자들이 남한 중소기업에 "김 위원장께서 '개성에서 고생하는 분들이 어렵지 않게 하라'는 지침을 내리신 만큼 기업인들이 불안해하지 않을 수준의 적절한 조처가 이뤄질 것"이라고 귀띔해주었다고 한다.[5] 그리고 7월 2일, 3차 개성공단 실무회담은 다음 회담 일정도 잡지 않고 오전 회의만 진행한 후 종료됐다. 북한은 고심 끝에 회담 자체를 지연함으로써 현행 계약을 유지하는 방향을 고려하고 있었던 것으로 보인다. 9월에 가서 북한은 개성공단 최저 임금 인상안을 예년처럼 5%로 하자고 통보하는데, 여기서도 북한 의도가 임금 인상 자체에 있지 않다는 사실을 유추할 수 있다.

엉뚱한 '5자회담' 제의

북한의 2차 핵실험 이후 북미관계는 한동안 냉각기를 이어갔다. 하지만 미국의 대북 제재와 각종 압박정책은 이미 효력을 상실했다. 북한의 핵실험이라는 초강수가 단기적으로는 긴장을 고조시키지만 결과적으로는 미국을 움직여 대화 국면을 조성하게 되는 역설적인 현상이 이번에도 나타난 것이다. 따라서 이 냉각기는 실질적으로는 제재 국면에서 대화 국면으로 넘어가기 전 단계라 할 수 있다.

그런데 이명박 정부는 이런 분위기도 모르고 "6자회담을 그대로 갖고 가는 것은 시행착오를 되풀이해 성과를 내기 쉽지 않다"면서 북한을 뺀 '5자회담'을 주장하고 나섰다. 부시 행정부 1기 때 네오콘이 주장했다가 성사되지 못한 5자회담 카드를 다시 꺼낸 것이다. 그 결과는 초라했다. 이명박 대통령은 한미정상회담에서 '5자회담' 주장을 꺼냈으나 합의문에는 5자회담에 대한 언급이 없었다. 중국과 러시아도 6월 17일 북한의 6자회담 복귀를 촉구하는 성명을 발표함으로써 사실상 5자회담론을 부정했다. 국내에서도 현실성 없는 제안이고 '아마추어 외교의 극치'라는 비판이 터져 나왔다. 이명박 정부는 한반도 문제에 대한 이해력이 부족한 상태에서 반북 대결적 이념 하나만 가지고 헛발질을 거듭하고 있었다.

그뿐만 아니라 정부는 미국의 대북대화 제안을 수차례 막았다. 가령 2009년 2월과 7월, 11월에도 미국은 북한에 공개적으로 미북 수교, 평화협정 체결, 경제지원을 할 준비가 되어 있다는 입장을 밝혔다. 또한 11월에 보즈워스 북핵문제 특별대표를 방북시켜 한반도 비핵화와 평화협정 문제를 동시에 논의할 수 있다고 북한과 합의하기도 했다. 그러나 그때마다 이명박 정부는 평화협정 협의를 서둘러서는 안 된다며 오바마 정부의 정책을 반대했고, 보즈워스의 방북 의미를 애써 축소했다.[6]

대화 분위기는 조성됐으나

미국은 6월 말 커트 캠벨 국무부 동아태 차관보 인준 절차를 마무리하고 대북정책 라인을 완비했다. 7월이 되자 대화의 실마리가 눈에 보이기 시작했다. 6자회담 의장국 중국 수석대표인 우다웨이 외교부 부부장이 한국, 미국, 일본, 러시아를 차례로 순방하며 6자회담의 중요성을 강조한 것이다. 곧이어 7월 18일에는 캠벨 차관보가 서울에서 이른바 '포괄적 패키지'를 제안했다. "북한이 불가역적인 비핵화 조치를 취할 준비가 되어 있다면 (6자회담 참가국들이) 북한이 매력을 느낄 만한 포괄적 패키지를 제공할 수 있다"는 것이다.

또한 이 시기 간첩 혐의로 체포된 미국 여기자 2명의 석방 문제가 북미 접촉의 계기가 되었다. 미국은 이제까지 '인도주의적 견지'에서 석방을 촉구했던 것과 달리 이들의 잘못을 인정하는 것을 전제로 '사면'을 촉구하기 시작했다. 그리고 8월 초에는 여기자 석방이라는 명분 아래 빌 클린턴 전 대통령이 방북했다. 북한도 대화 분위기 조성을 위해 움직였다. 김정일 국방위원장은 평양을 찾은 클린턴 전 대통령과 만나 북미 관계 정상화에 의지가 있다는 신호를 보냈고, 얼마 뒤에는 북한의 김명길 유엔 대표부 공사가 빌 리처드슨 뉴멕시코주 주지사를 만나 북미 간의 직접 대화 의지를 표명했다.

이명박 정부의 출범 이후 경색과 대결로 이어진 남북관계도 이때부터 정상화의 가능성을 보인다. 클린턴 전 대통령의 방북에 이어 현정은 현대그룹 회장의 방북이 성사된 것이다. 현정은 회장은 김정일 국방위원장과 면담 후 김양건 아태평화위 위원장 등 관계자와 협의해 다섯 가지 내용이 담긴 '공동보도문'에 합의했다. 8월 17일 발표된 현대그룹과 조선아시아태평양평화위원회와의 '공동보도문'에는 '금강산 관광 재개 및 비로봉 관광 개시, 관광에 필요한 편의와 안전보장', '육로통행 및 북한 지역 체류 원상회복', '개성 관광 재개 및 개성공단 사업 활성화', '백두산 관광 시작', '추석 때 금강산에서 이산가족상봉' 등 다섯 가지 합의 사항이 담겼다. 이 당시 김정일 위원장이 직접 나서서 관광객의 신변보장을 담보하기도 했다.

다음 날 김대중 전 대통령의 급작스러운 서거 소식이 전해지자 북한은 김대중평화센터를 통해 '특사조의방문단' 파견 의사를 밝혔다. 특사 조문단은 23일 이명박 대통령을 만나 '6·15와 10·4에 기반해 북남관계를 잘 풀어가자. 지금이라도 늦지 않았다'는 취지의 김정일 국방위원장의 구두 메시지를 전달했다. 일부 언론은 이 자리에서 북한이 남북정상회담을 제의했다고 보도했으며,《조선중앙통신》은 "북과 남 사이의 관계를 발전시켜나갈 데 대한 문제들이 토의"됐다고 전했다. 북한은 동북아의 정세 변화에 발맞춰 남쪽의 최고위급에게 직접 '신호'를 보낸 것이다. 북미관계 개선과 남북관계 개선을 병행 추진하는 것은 북한의 오래된 전략이었으며 미국의 요구이기도 했다.

기묘한 '패러다임 시프트'

하지만 이명박 정부는 북한의 신호를 받을 준비가 되어 있지 않았다. 청와대에서는 비핵·개방·3000을 고집하는 교수나 관료들이 주축이 된 강경파와 정무적 경험이 있는 정치인 출신으로 구성된 온건파 사이의 논쟁이 벌어졌다. 처음부터 "사설 조문단 아니냐"며 특사조문단 파견의 의미를 축소했던 강경파들은 특사조문단의 대통령 접견에 반대했다. 하지만 청와대는 6·15공동선언의 주역인 김대중 전 대통령의 업적을 이어가야 한다는 국내 여론을 의식해 접견 요청을 받아들일 수밖에 없었다. 대신 북한 특사조문단의 일정을 하루 늦춰가면서 미국, 중국, 일본 등 해외 조문단 접견과 같은 날로 맞추고 그것이 '패러다임 시프트(paradigm shift)'라고 선전했다.

이러한 발표는 통일을 지향하는 특수 관계인 남북관계를 일반적 외교관계와 똑같이 취급하는 것이 발전이라는 기묘한 주장이었다. 게다가 북한은 단순한 조문단이 아닌 '특사조의방문단'을 파견했기 때문에 청와대의 조치는 논리적으로도 맞지 않았다. 일반적으로 '특사'의 기본 임무는 양측 최고 지도자의 의사나 메시지를 전달하는 것이다. 따라서 특사 자격의 북한 조문단을 다른 나라 조문단과 같은 의전 형식으로 응대하는 것은 타당하지 않았다. 어쨌든 북한 조문단은 방남 일정을 하루 연장하면서까지 이명박 대통령을 면담하고 돌아갔다. 북한은 평양을 방문한 원자바오 중국 총리를 통해서도 남북관계 개선을 희망한다는 뜻을 전달했다. 바야흐로 북한의 '대화 공세'가 펼쳐지고 있었다.

적극적인 북한과 소극적인 남한

북한은 관계 개선 의지를 행동으로도 보여주었다. 특사조문단 방남에 맞춰 북한은 지난해 12월 1일부터 시행해온 '남북 육로통행 및 개성공단 체류 제한 조처(12·1조치)'를 전면 해제했다. 북한은 또 그간 조사차 억류시킨 개성공단 직원 유성진 씨를 석방했다. 유 씨가 귀환한 후인 8월 25일 남한 정부는 이례적으로 상세한 조사 결과를 발표했다. 정부 발표에 의하면 유 씨는 "공단 내 숙소 청소를 담당한 북한 여성 이 모 씨에게 수차례에 걸쳐 북 최고 지도자의 사생활과 탈북 실태 등 북 정치체제를 비판하는 내용이 일부 포함된 편지를 전달"했으며, 1998년 리비아 근무 당시에도 교제하던 북한 여성 정 모 씨의 탈북을 모색했다고 한다.

북한은 그 밖에도 '800연안호' 선원과 선박을 동해상으로 귀환시키는 조치를 취했다. 연안호는 7월 30일 동해 북방한계선(NLL)을 넘었다가 북한 경비정에 예인된 지 30일 만에 돌아온 것이다. 남북 어선이 월선하면 통상적으로 10일 내 상대측으로 돌려보내는 게 통례였으나, 당시는 북한의 로켓 발사와 핵실험 이후 남북관계가 경색된 시점이었다. 남북관계의 걸림돌이 될 만한 사안을 북한이 먼저 나서서 해결한 것이다.

나아가 북한은 남한이 금강산 관광 재개의 신호를 보내지 않았는데도 이산가족상봉까지 수용했다. 8월 26부터 28일까지 열린 남북적십자 회담에서 남북은 아태평화위-현대그룹의 합의 사항에 따라 추석 무렵 이산가족상봉을 열기로 하고 규모와 시기, 장소 등에 대한 실무적 합의에 도달했다. 북한은 회담의 기조 발언을 통해 인도주의 문제 해결을 위해서도 6·15, 10·4 선언의 이행이 중요하며 이산가족상봉 행사는 두 선언의 첫 번째 이행 과정이라고 강조했다. 북한이 연이어 전향적인 조치를 발표하자 남한도 마냥 속도 조절만 할 수 없는 형국이 됐다. 하지만 이명박 정부는 추석 계기 이산가족상봉만 받아들였다.

이산가족상봉만 받아들였다는 것은 어떤 의미인가? 현정은 회장 방북으로 마련된 공동보도문의 5개항은 아태평화위와 현대그룹 사이의 합의였지만 남북의 당국이 나서서 뒷받침하지 않으면 실현될 수 없는 내용이었다. 그리고 북한은 5개항 가운데 남한의 협조가 필요하지 않은 12·1조치 해제 등을 선제적으로 이행했다. 그런데 남한은 마치 쓴 약은 뱉고 달콤한 사탕만 삼키는 어린애처럼, 단기적인 지지율 상승에 도움이 되는 이산가족상봉만 받아들인 것이다. 남한 정부는 금강산 관광객 피격사건 이후 내건 관광 재개의 '조건'을 고수했다. 또 금강산 관광, 개성 관광 재개와 이를 위한 당국 간 대화는 먼저 추진하지 않는다는 방침을 정했다. 정부 입장이 이렇게 정리된 것은 유엔의 대북 제재와 남한의 '기다리는 전략'이 북한의 유화 조치를 끌어냈다는 이명박 대통령 오판 때문이었다. 국내 정치에서 이명박 정부가 보여준 오만과 독선이 북한을 대하는 데서도 그대로 표출되었다.

'그랜드 바겐' 제안

9월 들어 미국은 양자 대화가 6자회담 틀 내에서만 가능하다는 기존 입장에서 벗어나 6자회담 전에라도 양자 대화가 가능하다는 쪽으로 입

장을 선회했다. 9월 11일 미 국무부는 북한과 양자 논의에 들어갈 준비
가 되어 있다고 밝혔다. 9월 말에는 보즈워스가 방북할 것으로 점쳐지
고 있었다. 그러나 북미 간 대화 분위기가 조성되는 상황에서 이명박 정
부가 찬물을 끼얹었다.

9월 21일 이 대통령이 느닷없이 북한의 핵문제를 일괄 타결하는 방
식의 '그랜드 바겐'을 제안하면서 북한에 대해 조건 없는 6자회담 복귀
를 촉구한 것이다. '일괄 타결'이란 9·19공동성명에서 합의한 '행동 대
행동' 원칙에 대한 부정이자 6자회담에서 수년에 걸쳐 어렵게 마련된
단계적 비핵화 프로세스에 대한 부정이었다. 또 그랜드 바겐은 이미 핵
보유국이 된 북한에 '핵 프로그램의 핵심 부분을 폐기'하라고 요구함으
로써 대화도 협상도 불가능하게 만드는 안이었다.

"그랜드 바겐은 9·19 공동성명을 뒤집는 것이었습니다. (……) 이명
박 대통령의 연설이 보도된 후 그랜드 바겐에 대한 반응은 북한보다 미
국에서 먼저 즉각 나왔습니다. '그 문제에 대해서 전혀 협의한 바 없다'
는 것이 요지였습니다. 당시 언론 보도를 보면, 실무자들은 'So what?'
이라고 비아냥거리기까지 했답니다. 북핵문제의 핵심 당사자이자 한국
의 가장 중요한 협의 대상인 미국과 사전협의도 하지 않고 발표부터 해
놓고 따라오라고 하다니? 그랜드 바겐을 불쑥 던져놓고 미국의 반응이
시큰둥하게 나오자 우리 측 6자회담 수석대표를 중국, 일본, 러시아에
보내서 그랜드 바겐을 설명하고 그들로부터라도 동의를 얻어내려 했습
니다. 그러나 외교적 언사 외의 성과는 없었습니다. 그러니 북한은 더
더욱 말할 것도 없었죠. 정책의 동반자가 비협조적이거나, 정책의 대상
이 반대하면 그 정책은 쓸 수가 없습니다."(정세현 전 통일부 장관)[7]

미국의 커트 캠벨 차관보는 21일 뉴욕에서 한미 외무장관회담을 가진 후 브리핑에서 "솔직히 말하면 (그랜드 바겐에 대해) 잘 모르고 있다"고 말했다. 그랜드 바겐의 비현실적 성격 때문에 미국도 신중한 반응을 보일 수밖에 없었던 것이다. 하지만 북미 양자 대화의 준비 과정은 주춤거리기 시작했다. 날짜 조정이 미뤄지고 만남의 격과 방식도 보즈워스 특별대표의 방북 대신 제3국에서의 실무회담 수준으로 바뀌었다.

통상 한국 정부는 미국의 대북정책에 결정적인 영향은 미치지 못할지라도 '동맹국'으로서 의견 제시와 설득을 통해 일정한 영향력을 행사할 수 있다. 이명박 정부는 조금만 더 압박하면 북한으로부터 많은 양보를 이끌어낼 수 있다는 논리로 북미 양자 대화의 시기를 늦춰달라고 미국에 끊임없이 요청했고, 동맹 관리를 고려해야 하는 오바마 행정부로서는 남한의 강력한 연기 요청을 수용할 수밖에 없었다. 남한 당국의 요청을 거부하고 무리하게 양자 대화를 추진할 경우 네오콘의 역공을 받을 수 있다는 우려도 작용했을 것이다. 과거 김대중 정부가 대북 강경책을 펼치는 부시 행정부를 끈질기게 설득해서 북미 협상 방침의 채택에 일조했다면, 이명박 정부는 머뭇머뭇 북미 양자 대화를 추진하던 오바마 행정부의 발목을 잡고 늘어진 격이었다.

하지만 대세는 이미 정해져 있었고, 차일피일 미뤄지던 북미대화는 결국 현실화된다. 10월 하순 미국에서 열린 동북아협력대화(NEACD)에 리근 북 외무성 미국국장이 초청되고 미 국무부가 이를 승인하는 형식이었다. 10월 24일 뉴욕에서 만난 리근 국장과 성 김 미국 6자회담 수석대표는 보즈워스의 방북 시기와 의제, 6자회담과 한반도 비핵화 문제 등에 대한 의견을 교환했다. 얼마 후 오바마 대통령은 보즈워스 방북안에 서명함으로써 정부 출범 후 처음으로 북한과 공식 양자 대화에 나섰다. 집권 초기이던 하토야마 일본 총리도 방북을 위한 물밑접촉을 추진했고, 중국은 10월 원자바오 총리의 방북 이후 북한과의 관계를 한 단계 끌어올렸다. 유독 남북관계만 초겨울이었다.

남북정상회담 준비 접촉과 합의 결렬

이쯤에서 2009년 북한이 여러 통로로 관계 개선과 정상회담 메시지를 전달한 뒤에 남북 간 비밀 접촉이 이뤄졌으나 끝내 정상회담이 불발된 이유를 살펴볼 필요가 있다. 언론에 공개된 사실을 종합하면, 남한은 정상회담 추진 과정에서도 북한의 굴복과 선양보를 요구했다. 8월 말 김양건 통일전선부장과 첫 접촉에 나선 현인택 통일부 장관은 비핵·개방·3000 정책을 설명하면서 북한의 핵 폐기, 국군포로·납북자 문제를 정상회담 전제조건으로 내세웠다. 남북의 접촉은 당연히 결렬로 끝났다.

정부가 내세운 전제조건은 크게 두 가지 측면에서 문제가 될 수 있었다. 우선, 핵문제는 남과 북의 문제가 아니라 북미 사이의 적대적 관계의 산물이다. 설령 핵문제를 의제로 올린다 해도 북한이 요구하는 평화체제 문제, 안전보장 문제, 북미관계 정상화 등은 이명박 정부의 능력 안에서 해결할 수 있는 사안이 아니다. 그래서 대개의 경우 핵문제에 대한 남북 간 논의는 북미 양자 대화의 진전에 맞춰 이뤄진다. 남북 정상이 만나 '자연스럽게' 핵문제에 대한 의견을 교환할 수는 있겠지만, 이를 '전제조건'으로 내세우는 것은 정상회담 추진 자체를 어렵게 만드는 행동이라는 뜻이다.

둘째, 또 하나의 전제조건인 '국군포로·납북자 문제' 역시 남북정상회담의 의제로 적합한 사안은 아니었다. 국군포로나 납북자는 원인이야

어떠했든 간에 동족 간에 총부리를 겨눈 비극적인 역사의 산물이며, 군이 분류하면 남북 사이의 인도적 현안에 속한다. 그러나 이 사안이 공식 의제가 될 경우 남과 북은 쉽게 해결하기 어려운 문제에 마주치게 된다. 우선 북한은 '납북자'의 존재 자체를 인정하지 않았다. 북한이 어민들을 강제로 억류시킨 것이 아니라 그들이 스스로 북한에 남았다는 주장이다. 또 논리상 남한이 제기하는 '국군포로'에 상응하는 대상은 비전향장기수가 아니라 한국전쟁 당시 이승만 대통령이 일방적으로 석방한 '반공포로'가 된다. 만약 남한이 끝까지 국군포로 송환을 고집하고 북한에서도 석방한 '반공포로'를 돌려보내라고 요구한다면 어떻게 될까? 남한이 수용하기 어려운 또 하나의 의제가 생길 것이다. 그리고 60년 가까이 지난 그 시점에서 양측이 '포로'를 모두 찾아내 송환한다는 것은 어차피 불가능한 일이다. 따라서 이런 문제는 그 자체를 당장 의제로 삼기보다는 남북의 결속이 강화되기를 기다렸다가 가족의 만남 등의 형식으로 점차 추진하는 것이 바람직하다. 그러나 현인택 통일부 장관은 두 가지 불가능한 전제조건을 내세우며 정상회담 논의를 제자리에 묶어두었다. 이때 북한은 현인택 장관과는 더 이상 대화가 힘들다고 내부적으로 판단한 것으로 보인다.[8]

그 후 이명박 정부의 대북 비밀 접촉 담당자는 임태희 노동부 장관으로 바뀐다. 임태희 노동부 장관과 김양건 노동당 통전부장은 9월과 10월 중국 상해와 싱가포르에서 두 차례 만남을 가졌다. 이때도 남한은 북한의 핵 폐기 명기와 납북자·국군포로 문제 해결을 제기했지만, 북측이 소수의 납북자 및 국군 포로를 남측에 송환하기로 결심하면서 정상회담 합의 직전까지 갔다. 이때 양측은 정상회담의 시기와 장소 등 구체적인 사항까지 논의했다. 9월 26일부터 금강산에서 열린 이산가족상봉 행사와 10월 중순의 임진강 수해방지 회담은 이러한 흐름과 무관하지 않았다. 그런데 이번에도 외교안보팀 내의 김태효 대통령대외전략비서관, 현인택 통일부 장관 등이 거세게 반발했다. 정상회담 개최를 방해하기 위한 '의도적 행동'도 있었다. 누군가가 싱가포르 비밀회동 내용을 언론에 흘리고 접촉의 당사자가 임태희라는 사실까지 폭로한 것이다.

이제 남북정상회담까지는 최종 합의만 남게 되었고, 업무는 당국 간 공식 라인으로 넘어갔다. 남한 통일부와 북한 통일전선부는 11월 7일과 14일 개성에서 만나 정상회담 조건을 놓고 대화했다. 그런데 이 자리에서 남한은 귀환하는 납북자와 국군포로의 수를 수십 명 수준으로 올리고 정상회담을 판문점에서 열자고 다시 제안하면서 기존의 합의 내용을 엎었다.[9] 정상회담은 성사되려야 될 수가 없었다.

'옥수수 1만 톤' 해프닝 역시 남한 정부가 정상회담을 성사시킬 의지가 없었음을 보여준 사례다. 정상회담을 위한 물밑접촉이 진행되던 10월 중순, 북한이 10만 톤 정도의 식량지원을 간접적으로 타진하자 남한 당국이 옥수수 1만 톤 지원을 제의한 것이다. 이에 북한은 공식적인 응답을 내놓는 대신 매체를 통해 "치사하고 속통 좁은 처사"라며 반발했다. 이명박 정부 들어 대북 쌀지원이 중단된 결과 국내에서는 쌀값 폭락이 사회문제가 되고 있었다. 이런 가운데 정부가 대북 식량지원의 품목을 옥수수로, 수량을 최소 단위인 1만 톤으로 결정했다는 것은 누가 보더라도 비상식적인 처사였다. 한나라당의 한 의원조차 "옥수수 1만 톤을 주면 원칙을 지키는 것이고 5만 톤을 주면 위협에 굴복하는 것이냐"면서 비판적 견해를 밝혔다.[10] 이제 대화 국면은 끝이 났다. 돌이켜보건대 이명박 대통령은 임기 동안 몇 차례 없었던 관계 회복의 기회를 뿌리쳤던 것이다.

3차 서해교전

2009년 11일 10일, 남북의 해군 함정이 7년 만에 다시 충돌했다. 교전이 벌어진 장소는 서해 대청도 인근 북방한계선(NLL) 해상이었다. 1척의 북한 경비정이 NLL을 월선했다는 이유로 4척의 남한 고속정이 초계함과 호위함의 비호를 받으며 집중 포화를 퍼부었고, 정확한 피해 상황이 알려지지 않은 채 북측 경비정은 돌아갔다. 서로 총격을 가했지만 더 큰 충돌로 비화되지 않았다는 것이 그나마 다행이다.

불과 몇 분간의 교전을 둘러싼 남북의 주장은 서로 엇갈렸다. 남한 합참은 "북한 경비정이 먼저 NLL을 침범하고 이에 대해 경고하는 과정에서 우리 측 경비정을 먼저 직접 조준 사격함으로써 빚어진 유감스러운 사건"이라고 밝혔다. 즉, 남한이 '경고 사격'을 했는데 북측이 이에 조준 사격으로 응답했기 때문에 교전으로 번졌다는 주장이다. 반면 북한은 조선인민군 최고사령부 보도를 통해 남한이 북한 수역에서 도발 행위를 했다고 발표했다. "영해에 침입한 불명 목표를 확인하기 위해서" 출동한 북한 경비정이 정상적인 경계 근무를 수행하고 귀대하던 중 남한이 북한 경비정을 "뒤따르며 발포"했으며, 남한이 '선불질'을 했다고 주장했다.

문제는 당시 남북 경비정 사이의 거리가 3킬로미터 정도로 아주 가까웠다는 것이다. 이 같은 교전 거리에서는 경고 사격과 조준 사격의 차이를 식별하기 어려울 수밖에 없다. 과거 1999년 1차 서해교전 당시 조성태 국방장관은 기자간담회에서 "해상에서 경고 사격은 육지와는 다르다. 경고 사격이 무력 도발로 오인될 수 있으며 이는 국지전으로 이어질 위험성이 높기 때문에 고려하지 않고 있다"고 밝힌 바 있다.[11] 그렇다면 남한의 경고 사격을 북측은 조준 사격, 즉 선제공격으로 오해할 수 있었다는 이야기가 된다.

군 당국의 주장대로 북측이 경고 방송을 무시하고 계속 침범했는지 여부도 확실하게 밝혀지지 않았다. 심지어 국회 국방위원회에서도 "북측은 돌아가고 있는데 우리가 뒤따르면서 발포했다고 주장하는데 사실이냐"(유승민 한나라당 의원), "중국 어선 1척이 배회 중인 것으로 보고받았는데, 북한 경비정이 그것을 확인하다가 NLL을 월선했을 가능성은 없나"(김장수 한나라당 의원)는 질문이 나왔다. 국방부는 뚜렷한 해명 없이 기존의 주장을 되풀이했다.

남한의 과잉 대응

남한 해군의 과잉 대응에 대한 논란도 뒤따랐다. 군 당국에 따르면 북측은 남한의 경고 사격에 50발의 조준 사격을 가했다고 한다. 그런데 남한 함정은 이에 대한 대응으로 2분 동안 쉬지 않고 4,960발의 함포와 기관포를 발사했다. 아주 짧은 시간에 이렇게 많이 발사했다는 것은 단순한 방어 차원이 아니라 격침을 위한 행위였다는 의혹을 피하기 어렵다. 게다가 남한 해군은 인명 살상 무기인 '파열탄'을 사용했다. 파열탄은 10미터 상공에서 폭발해 수천 개의 파편으로 퍼지기 때문에, 함포 사격 때 갑판 위에 있어야 하는 북측 군인들은 죽거나 치명적인 부상을 입게 된다.[12] 즉, 남한 해군에게는 확전을 방지하고자 했던 의사가 없었던 것으로 보인다. 그해 6월 이상희 국방부 장관은 서해 일대의 현장 지휘관들에게 "전투가 벌어졌다는 보고를 하지 말고 승리했다는 보고를 하라"고 명령한 바 있다.

3차 서해교전이 발생한 시점에 한반도 정세는 완화의 움직임을 보였다. 미국의 오바마 행정부는 소극적이나마 북한과 대화를 모색하고 있었고, 보즈워스 대북정책 특별대표의 방북설이 돌았다. 또 남북 간에 정상회담 합의를 위한 비공개 접촉이 이어지는 중이었다. 이런 일련의 과정을 가로막기 위해 남한 군부와 일부 보수세력이 고의로 서해에서 긴장을 조성했거나 과잉 대응했을 가능성이 제기됐다. 3차 서해교전 직후 국방부는 이번 교전을 '대청해전'이라고 불러달라면서 해군 지휘관과 병사들을 포상하기로 했다고 발표했다. 우발적 충돌마저도 자신들의 승리로 착각하고 우쭐하는 군부의 행태야말로 2010년 연평도 포격전을 불러온 원인 중 하나로 작용했을 수 있다.

마지막으로 분명히 짚고 갈 부분은 3차 서해교전이 이명박 정부가 6·15와 10·4 선언을 외면한 결과 빚어진 사건이라는 점이다. 만약 10·4선언이 순조롭게 이행되어 서해평화협력특별지대가 만들어졌다면 서해에서 또다시 남북이 충돌하는 일도 없었을 것이기 때문이다. 하지만 6·15와 10·4 선언을 결코 인정하지 않는 보수 정권들의 집권 기간 동안 서해는 언제 불의의 충돌이 발생할지 모르는 화약고로 변해버렸다.

보즈워스의 방북

남북의 군사적 충돌에도 불구하고 북미 양자 대화는 예정대로 진행됐다. 12월 8일 보즈워스 대북정책 특별대표가 특사 자격으로 방북해 오바마 대통령의 친서를 전달하고 강석주 외무성 제1부상, 김계관 부상 등을 만났다. 10일 서울로 돌아온 보즈워스는 북미 양자 대화가 "매우 긍정적이었으며 실무적인 분위기 속에서 진행됐다"면서 9·19공동성명

이행의 필요성과 6자 프로세스 재개의 필요성에 대해 "공통의 이해"에 도달했다고 전했다.

북한도 "쌍방은 평화협정 체결과 관계 정상화, 경제 및 에너지 협조, 조선반도 비핵화 등 광범위한 문제들을 장시간에 걸쳐 진지하고 허심탄회하게 논의하였다"고 발표했다. 이 회담을 통해 북미는 한반도 평화체제와 비핵화를 병행 추진한다는 원칙에 접근했다.

북한과 관계 회복의 기회를 놓친 이명박 정부는 12월 8일 보즈워스의 방북에 맞춰 갑작스럽게 북한에 신종플루 치료제 지원을 지시했다. 하지만 그것까지 합쳐도 정부 차원의 대북 인도적 지원액은 전해의 3분의 2 수준에도 못 미쳤다. 이명박 정부의 강경책으로 인해 2009년은 최근 10년 중 '최악'의 해로 기록됐다. 2000년 6·15공동선언 발표 이후 꾸준히 증가하던 남북 왕래 인원, 남북 교역 현황 등 남북관계 주요 지표들이 2009년 처음으로 감소세로 돌아섰다. 민간 차원의 교류 역시 이명박 정부의 노골적인 개입으로 정상적으로 진행되지 못했다. 2001년 이후 해마다 6·15와 8·15에 남북해외 민간단체들이 공동행사를 열고 공동결의문을 발표하던 전통도 깨졌다.

의지도 전략도 없었다

2년간 북한을 대하면서 이명박 정부는 민족도 핏줄도 예의도 모르는 모습, 남북관계와 북미관계의 역사에 극도로 무지한 모습을 보여주었다. 남북 경제협력의 효용과 가치에 대해서도 철저히 외면했다. 경제 살리기, 자원 외교, 기업 프렌들리를 말하면서도 미국발 경제 위기를 돌파할 최선의 방안 중 하나인 남북경협에는 눈을 감아버렸다. 어려운 환경에서 개성공단으로 진출한 중소기업들의 호소마저도 무시했다. 이명박 대통령은 러시아를 방문해 철도와 천연가스 파이프라인 건설을 합의하면서도 그 사업의 전제가 되는 6·15공동선언과 10·4선언을 한사코 외면했다.

시대에 걸맞지 않은 냉전적 정책에 대한 비판을 봉쇄하기 위해 이명박 정부는 언론을 장악하는 한편으로 국가보안법이라는 낡은 칼을 휘둘러댔다. 국정원은 5월 7일, '지령 수수, 기밀 누설, 특수 잠입 탈출 등'의 혐의를 적용하여 범민련 남측 본부 이규재 의장을 포함해 주요 간부를 연행했다. 8월에는 국군기무사령부 소속 현역 대위가 정당·시민단체가 주관한 쌍용차 관련 집회 장면을 몰래 촬영하다 발각됐다. 기무사는 '국가보안법 위반 혐의를 받은 장병을 조사 중'이었다며 민간 사찰을 정당화했다. 11월에는 경찰청이 보안법 폐지론자를 친북세력으로 규정한 안보홍보 만화 15만 부를 전국 초·중학교에 배포했다.

그러나 자주와 평화통일의 시대를 열어가기 위한 민중의 투쟁은 이전보다 넓은 폭으로, 1년 내내 쉼 없이 펼쳐졌다. 시민사회단체들은 키리졸브 연습과 독수리 훈련을 반대하는 집회를 열었고, 광복 64돌맞이 8·15대회에서는 6·15와 10·4 선언 이행, PSI 참여 철회 등의 구호가 울려 퍼졌다. 농민들은 대북 쌀지원 법제화를 요구하며 전국 곳곳에서 야적시위를 벌였고, 대북지원 민간단체들은 기자회견을 열어 정부의 '선별지원' 방침에 항의했다. 금강산 관광 재개를 촉구하는 소리도 높아졌다.

남북관계 단절시킨
5·24조치와 연평도 포격사건

북한 3차 당대표자회의에서 최초로 모습을 드러낸
김정은(앞줄 왼쪽에서 두 번째)

2010년

1월	11일	북 외무성, 평화협정회담 제의
3월	8~30일	키리졸브-독수리 합동군사연습, 북한 대량살상무기 제거 전담부대 참가
	26일	천안함사건 발생
5월	24일	이명박 대통령, 5·24조치 발표
6월	26일~8월 1일	림팩 합동군사연습
7월	25~28일	불굴의 의지(invincible spirit) 훈련
8월	9일	북, 서해 북방한계선 인근에 해안포 130여 발 발사
	16~26일	을지프리덤가디언 합동군사연습
	26일	정부, 북 조선적십자회에 수해복구 지원 의사 전달
9월	4일	북 조선적십자회, 한적에 수해복구 지원 역제의
	7일	북, 대승호와 선원 7명 송환
	17일	북, 10월 이산가족상봉 제의
10월	13일	첫 남한 주관 PSI 훈련 실시, 일본 자위대 참가
	30일	이산가족 1차 상봉
11월	3일	이산가족 2차 상봉
	11일	북, 금강산 관광 재개 관련 당국 간 회담 제의
	23일	연평도 포격전
	28일~12월 1일	서해상 한미연합군사훈련
12월	20일	연평도 해상사격훈련

새해 화두는 '평화협정'

경술국치 100주년, 한국전쟁 60주년, 광주항쟁 30주년, 그리고 역사적인 6·15공동선언 발표 10주년인 2010년, 한반도 정세의 화두는 '평화협정'이었다.

사실 한반도는 전쟁을 잠시 멈춘 상태에 불과하다. 따라서 항상 전쟁에 대비해야 하는 남북은 서로 끊임없이 대치하면서 심리전 등의 각종 수단으로 상대를 제압하고자 한다. 전방에 배치된 군인들이 받는 심리적 압박은 계측하기 어려울 정도이며, 간간이 발생하는 무력 충돌 과정에서 양측의 젊은 군인들이 목숨을 잃는 비극이 여러 차례 발생했다. 이러한 무력 충돌은 전면전으로 비화할 가능성이 있다.

물론 남북 교류가 활발했을 때는 군사적 긴장이 일부 완화되었고, 그 성과가 결코 적었다고 할 수 없다. 그러나 군사적 대결 상황에서 충돌이 발생했을 경우 남북 교류는 언제든 중단될 수 있고, 그간의 교류 성과도 모래성처럼 무너질 수 있다. 경제·사회 분야 등에서의 남북 교류 확대만으로 한반도 평화를 달성하는 데는 한계가 있는 것이다. 따라서 한반도에서 전쟁의 위협을 근본적으로 제거할 최선의 방법은 정전 상태를 종식시킬 수 있는 평화협정 체결이며, 나아가 주변국들이 함께 평화보장체제를 수립해 항구적 평화를 달성하는 것이다.

다행히 2009년 말 북미 양국은 양자 대화에서 비핵화 프로세스와 한반도 평화체제 논의의 병행에 대해 일정한 공감대를 형성했다. 이런 흐름 속에서 정전 57년째를 맞는 2010년, 한반도가 평화체제로 전환될 것이라는 기대가 높아졌다. 언론에서도 북미의 추가 양자 대화와 6자회담 재개를 조심스럽게 전망했다. 일본의 하토야마 총리가 방북 의지를 여러 차례 밝히면서 북일관계도 발전 가능성을 보여주었다.

미국과 한국의 거부

북한은 연초부터 공개적으로 '평화협정'이라는 화두를 던졌다. 1월 11일, 북 외무성 명의의 성명을 통해 "정전협정을 평화협정으로 바꾸기 위한 회담을 조속히 시작할 것을 정전협정 당사국들에 제의"한 것이다. 이는 2009년 12월 보즈워스 방북 때의 논의 내용을 적극적으로 해석해서 내놓은 제안이었다. 성명은 "평화협정 체결을 위한 회담은 9·19공동성명에 지적된 대로 별도로 진행될 수도 있고 (……) 6자회담의 테두리 내에서 진행될 수도 있다"고 밝혀, 평화협정 논의의 형식과 관련된 여러 가능성을 열어두었다. 그리고 6자회담 참가와 관련해서는 "제재라는 차별과 불신의 장벽이 제거되면 6자회담 자체도 곧 열리게 될 수 있을 것"이라고 밝혔다. 6자회담 석상에 나가기 전에 최소한 대북 제재가 해제되어야 한다는 요구였다.

중국은 이 같은 북한의 의견을 반영하여 '북미 양자 회담-6자 예비 회담-6자 본회담'으로 이어지는 중재안을 마련했고, 북미평화협정을 논의하는 가운데 6자회담을 재개하는 방안을 제안했다. 그러나 한국과 미국 정부는 중국의 중재안을 단호히 거부하였다. 연초 남북정상회담

비밀 접촉을 무산시킨 이명박 정부는 대북 고립과 압박을 통한 북한 붕괴전략에 박차를 가했다.[1]

힐러리 클린턴 미국 국무장관은 북한이 6자회담에 먼저 복귀해야 제재를 완화할 수 있다고 밝혔는데, 이는 '비핵화와 평화체제 논의의 병행'을 약속했던 북미 간의 잠정적 합의와도 배치되는 것이었다. 그렇다면 불과 한 달 전 보즈워스 방북에서 일정한 성과를 도출했는데도 북미의 입장차가 더 벌어진 이유는 무엇일까? 그것은 오바마 행정부의 소극적 대북정책과 이명박 정부의 반대가 결합된 결과였다.

미국은 북한의 2차 핵실험 이후 일단 북한과의 대화에 나서긴 했지만, 본격적인 관계 개선에 나설 의지나 동력이 내부적으로 약했다. 그래서 결단이 필요한 순간이 되자 다시 '전략적 인내'라는 정책 아닌 정책으로 돌아간 것이다.

한편 북한은 남한에도 적극적으로 화해의 손길을 내밀었다. 신년 공동사설을 통해 남북관계 개선 의지를 표명한 데 이어 금강산·개성 관광 실무접촉을 제안한 것이다. 북한의 적극적인 행보는 지난해 하반기 유화 조치를 통해 남북관계 개선을 추구한 것의 연장선상에 있었다. 물론 무턱대고 관계 개선을 하자는 것은 아니었다. 북측 신년 공동사설에는 '6·15공동선언과 10·4선언에 기초'한다는 전제조건이 명시되었다.

일단 남한에서도 모처럼 정상회담 분위기가 조성되는 듯했다. 이명박 대통령은 1월 28일 BBC와의 인터뷰에서 "나는 김정일 위원장을 만날 준비가 항상 되어 있다"면서 "아마 연내에 만날 수 있을 것 같다고 본다"고 말했다. 정부 당국자들도 정상회담 분위기를 띄우는 발언을 쏟아냈고, 보수언론들은 정상회담 개최를 기정사실화하며 4월 혹은 6월 회담설을 보도했다.

그런데 대통령의 발언은 이번에도 일관성이 없었다. BBC와 인터뷰를 한 지 사흘 뒤(2월 2일), "대가가 있을 수 없다는 대전제하에 남북 정상이 만나야 한다"면서 "이 원칙을 양보하는 일은 없을 것이다"라고 말한 것이다.[2] 이것은 과거 정상회담에서 '대가'가 있었다는 것을 암시하는 발언이었다. 즉, 정상회담의 상대인 북측이 '대가'를 바라고 정상회담에 나온다는 뜻으로 해석될 수 있기 때문에 대단히 민감한 말이었다. 청와대가 이렇게 오락가락한 것은 정권 지지층인 보수세력의 반발에 움찔했기 때문인 것으로 보인다.

또한 정권 내 강경파들은 정상회담과 관련해서 핵 폐기, 국군포로·납북자 송환 등의 전제조건을 계속 내걸어야 한다고 주장했다. 우선 김태효 청와대 대외전략비서관은 "핵문제가 정상회담에서 논의돼야 한다는 것은 맞다"는 발언으로 정상회담 분위기를 가라앉혔다. 현인택 통일부 장관도 "북핵문제를 포함한 모든 문제"가 정상회담 의제라고 공개석상에서 주장했다. 심지어 김태영 국방부 장관은 1월 20일 다시 북핵에 대한 선제타격을 거론했다. 통일연구원은 북한의 급변사태에 대한 구체적 시나리오를 담은 보고서를 내놓았다. 그리고 통일부와 국정원 등 관련 기관이 모두 참가해 북한의 급변사태에 대비한 점령통치계획 '부흥'을 새로 작성했다는 사실이 언론에 공개됐다. 북미대화 재개와 남북정상회담 성사의 가능성이 엿보이던 짧은 시기, 이명박 정부의 핵심관계자들은 그야말로 전방위적으로 강경발언을 쏟아내고 있었던 것이다. 왜 그랬던 것일까?

위키 리크스에 따르면, 이명박 정부 최고위 외교안보 관료들은 흡수통일정책으로 급격히 기울어 있었다. "김정일 사후 2~3년 안에 북한이 붕괴할 것", "중국의 신세대 관료들은 한국이 북한을 흡수통일해야 한다고 생각한다"(2010년 2월)는 천영우 청와대 외교안보수석의 발언, "김정일 국방위원장이 3~5년 이상을 살 것 같지 않다"(2009년 7월)는 현인택 통일부 장관의 전언, 그리고 2010년 북한 내 기아사태를 예상한 유명환 외교부 장관의 대화록 등이 그 증거이다. 이들은 조만간 붕괴가 가시화되고 있는 북한에 지원을 하는 것은 천재일우의 기회를 놓치는 것이라고 인식했다.[3]

결국 정상회담은 흐지부지되었고, 2월 8일 개성에서 금강산·개성 관광 재개를 위한 실무회담이 열렸지만, 이러한 분위기의 영향으로 아무런 성과를 거두지 못했다.

금강산 관광은 왜 재개되지 못했나

실무회담이 결렬된 후 남한 정부는 "신변안전 문제가 해결되지 않아서" 관광 재개에 합의하지 못했다고 설명했다. 2009년 8월 현정은 회장의 방북 때 현대아산과 아태평화위 사이에서 이뤄진 합의는 '민간' 차원의 합의이기 때문에 인정할 수 없고 북측 당국 차원의 신변안전 보장이 있어야 한다는 것이 정부의 논리였다.

하지만 이것은 사실과 다르다. 2012년 11월 민주통합당 홍익표 의원이 폭로한 바에 따르면, 실무회담 석상에서 정부는 북측으로부터 '금강산 관광 및 개성지구 관광 재개를 위한 북남실무접촉합의서' 초안을 받았다. 그리고 여기에는 북측이 "2009년 조선아시아태평양평화위원회와 현대그룹 간 공동발표문에 따라 관광에 필요한 모든 편의와 관광객들의 신변안전을 철저히 보장"한다는 내용이 담겨 있었다.[4] 북측이 남한 정부의 요구를 들어주었지만, 남북관계 개선에 의지가 없는 이명박 정부가 북측의 제안을 거부하고 사실관계마저 왜곡했던 것이다.

또 북측은 3월과 4월에 개성 관광과 금강산 관광을 각각 재개하자고 제안했으나, 정부에 의해 장악당한 언론은 이런 사실을 제대로 알리지 않았다. 이후에도 이명박 정부는 대북정책에서 이런 식으로 얕은 수를 써서 진상을 숨기다가 나중에 들통나는 일이 유독 많았다.

3월 2일 개성공단 '3통(통행, 통신, 통관)' 문제를 해결하기 위해 열린 실무접촉에서도 남북은 구체적인 합의를 도출하지 못했다. 그러자 북측은 "관광길을 계속 가로막는 경우 특단의 조치를 취하지 않을 수 없게 될 것"이라며 관광 사업 계약 파기를 경고하고 나섰다. 4월이 되자 북측은 남한 자산을 동결, 몰수하고 금강산국제관광특구를 독자적으로 신설해 주권을 행사하겠다고 밝혔다.

이명박 정부는 남북관계를 복원할 기회를 스스로 걷어 차버린 셈이었다. 그리고 그 피해는 남한 기업과 대중에게 고스란히 돌아갔다. 현대아산은 금강산 관광이 묶이면서 직원 수가 절반 이하로 줄었고 2300억 원의 적자를 기록했다. 현대아산이 이 정도였으니 협력업체들의 손실은 더 말할 것도 없었다. 기업들은 물론이고 금강산 관광 통로인 강원도 고성 지역 주민들의 삶도 날로 피폐해졌다.

독수리훈련과 〈핵 태세 검토 보고서〉에 막힌 남북대화

미국의 소극적 자세에도 별 변동 없이 진행되던 북미대화는 3월 8일에서 18일까지 진행된 키리졸브-독수리 한미합동군사연습에 가로막혔다. 한미는 "한미상호방위조약에 따라 정례적인 군사연습"을 한다고 주장했지만, 3만 9천여 명의 병력이 동원되는 이 군사연습의 작전 목적은 엄연히 '북 정권 제거'와 '북한군 격멸' 등에 맞춰져 있었다. 지난 2009년의 키리졸브 연습에서 미국은 '워 게임(war game)'을 통해 압록강까지 진격하는 훈련을 실시한 바 있다.

게다가 미국은 4월 6일 공개한 〈핵 태세 검토 보고서(2010 NPR: Nuclear Posture Review)〉에서 핵 선제사용 배제 방침을 밝히면서도, 'NPT 비가입국들은 핵 선제사용 배제 대상에서 제외'된다고 밝혔다. 같은 날 《뉴욕 타임스》는 이러한 방침이 "사실상 북한에 대한 핵 선제사용 위협을 강조한 것"이라고 보도했다. 또 미국은 꼭 핵무기나 탄도 미사일이 아닌 화학무기나 생물무기에 대해서도 핵무기로 대응할 수 있다고 밝혀, 사실상 W. 부시 행정부의 핵 선제공격 방침을 재확인했다.[5]

북한의 입장에서 키리졸브-독수리 연습은 체제 안전과 주민 생명을 직접적으로 위협하는 전쟁연습이었다. 특히 자국이 평화협정회담을 제안한 상황에서 한미가 대규모 전쟁연습을 강행하는 것을 북한은 심각한 안보 위협으로 받아들였을 것이다. 군사연습 전날 북한 인민군 판문점 대표부는 "정전협정과 남북불가침합의서의 구속을 받지 않을 것"이며 비핵화 과정 및 모든 군사 대화를 중단한다고 선언했다. 그리고 3월 26일 '천안함사건'으로 남북관계의 모든 것이 침몰했다.

의문의 천안함사건

3월 26일 밤, 서해 백령도 인근에서 해군 초계함인 천안함이 갑자기 침몰했다. 해경의 구조작업 과정에서 천안함에 탑승하고 있던 승조원 가운데 58명은 구조됐으나 나머지 46명은 결국 사망했다.

천안함사건은 초기부터 논란에 휩싸였다. 사고 직후 국방부는 생존

장병들의 외부 접촉을 금지하고, 천안함 침몰 시각과 장소를 여러 번 수정했으며, 침몰 당시의 동영상 존재 여부에 대해서도 말을 바꿔 의혹을 자초했다. 무엇보다 사고 직후 정부는 당시 그 지역에서 한미연합으로 군사훈련이 실시되고 있었다는 사실을 숨겼다. 며칠 후 몇몇 언론사가 해군 2함대의 〈서해상 한·미 해군연합훈련〉이라는 자료를 입수해, 미군 이지스함이 평택항에 들어와 있다가 23일부터 서해상 훈련에 참가하러 나갔다는 사실을 공개했다. 그러자 정부는 '유언비어에 법적으로 대응하겠다'며 으름장을 놓다가 슬그머니 한미연합군사훈련이 진행 중이었다고 인정했다.

처음에 청와대는 신중한 태도를 보였다. 4월 1일, 이명박 대통령은 "내가 배를 만들어봐서 아는데 파도에도 그렇게 될 수 있다"며 우연한 사고의 가능성을 거론했다. 합참과 국정원도 국회에서 북한 연계 가능성을 부인했다. 4월 2일, 국회에 출석한 김태영 국방장관이 의원들의 질문에 답변하면서 '어뢰 가능성'을 거론하자, 청와대 국방비서관이 이른바 'VIP 메모'를 보내 발언 수위 조절을 요청하기도 했다.

미국 역시 북한 관련설을 부인하며 사태를 관망하고 있었다. 미 국무부는 천안함 침몰 뒤 열린 정례 브리핑에서 기자들에게 "선체 자체(ship itself) 이외의 다른 요인에 대해서는 파악하고 있는 바가 없다(3월 29일)"고 밝혔다. 또 월터 샤프 주한미군 사령관은 "청와대에서 발표한 바와 같이 북한군에 의한 어떠한 특이 동향도 탐지하지 못했다"고 밝혔다. 적의 공격으로 침몰했다면 마땅히 있었어야 할 군사적 대응도 전혀 없었다. 사건 발생 시점에만 해도 미국은 천안함 침몰을 사고로 처리하려 했거나 입장을 분명히 하지 못했던 것이다. 그런데 남측의 보수세력과 언론이 이것을 '군사 충돌'로 몰아가기 시작했다. 군 내부에서 북한 어뢰설이 자꾸만 흘러나왔고, 사건 초기 갖가지 추측과 추정을 보도하던 언론들도 서서히 어뢰설로 기울어졌다.

북한 소행이다

4월 16일 천안함 민군합동조사단(이하 '합조단')이 "외부 폭발의 가능성이 매우 높다"는 현장조사 결과를 발표하자 조·중·동과 KBS가 북풍몰이에 전면적으로 뛰어들었다. 매일같이 '북한 소행 가능성', '어뢰 가능성'을 언급하는 보도가 나왔다. 북한의 비대칭 전투 능력에 대비해야 하고 심리전을 강화해야 한다는 등의 주장이 나오는가 하면 인간 어뢰, 사출 기뢰 등의 황당한 설도 버젓이 신문지상에 실렸다. 이명박 대통령은 4월 19일 '천안함 희생장병 추모 라디오, 인터넷 연설'에서 천안함 침몰의 원인을 끝까지 밝혀서 단호하게 대처하고 다시는 이런 일이 일어나지 않도록 하겠다고 다짐했다.

이명박 정부는 미국 행정부와 의회, 전문가들을 대상으로 "북한 소행일 가능성"을 설득하는 대미 여론 정지작업에 나섰다. 성사 직전까지 갔던 김계관 북 외무성 부상의 방미는 이명박 정부의 요청으로 보류됐다. 이 무렵 한덕수 주미 대사는 커트 캠벨 미 국무부 동아태차관보와 정기적으로 만나 천안함과 관련한 한미의 대응을 조율했다고 하는데, 여기서 무슨 이야기가 오갔는지는 공개된 바가 없다.[6] 그리고 이명박 대통령이 핵안보정상회의 참석차 미국을 방문한 직후인 4월 말 전후 미국도 천안함의 침몰 주체를 북한으로 지목했다.

5·24조치 발표

5월 20일 합조단은 천안함이 북한의 중어뢰에 의한 수중 폭발로 침몰했다는 중간조사 결과를 발표했다. 조사단은 결정적 증거물이라며 프로펠러가 포함된 어뢰 추진체를 공개하고, 추진체 안쪽에 손으로 쓴 '1번'이라는 한글 표기가 군이 확보한 북한 어뢰 표기방법과 일치한다고 밝혔다. 그러나 북한 잠수정의 침투 경로와 관련된 설명은 가정에 가정을 거듭하여 도출된 것이었다. 합조단의 발표 내용에는 해소되지 못한 의문이 매우 많았다. 다수의 민간 전문가는 합리적 의심의 테두리 내에서 의문을 제기했고, 인터넷에는 '1번'에 관한 패러디와 더불어 미군 오폭설, 좌초설, 피로파괴설 등의 다양한 추론이 등장했다. 그러자 정부는 검찰 수사 방침까지 밝히며 비판의 목소리를 강압적으로 억눌렀다.

며칠 후 이명박 대통령은 천안함 침몰의 원인을 입증하지 못한 상황에서도 대국민 담화문을 발표했다. 담화문에서 그는 "북한은 자신의 행위에 상응하는 대가를 치르게 될 것"이라면서 북한의 '사과와 관련자 처벌'을 요구했다. 이와 함께 통일부와 외교부, 국방부 등 외교안보 부처는 남북 교역 중단(남북 간 일반 교역과 위탁가공 교역을 위한 모든 물품의 반출입을 금지, 신규 진출과 투자 금지), 방북 불허, 북한 선박의 남한 운항 불허, 대북지원 사업 보류, 대북 심리전 재개, 한미연합군사훈련 실시 등 구체적인 대북 압박 카드를 꺼내들었다. 이른바 '5·24조치'였다.

이로써 개성공단을 제외한 모든 남북 교류와 교역이 전면 단절되었다. 이것은 대통령의 대북관과 참모들의 강경론, 국내 정치 등이 복합적으로 작용한 결과였다. 정부 외교안보 라인의 강경파들은 천안함사건을 북한의 붕괴를 촉진시킬 절호의 기회라고 판단했다. 하지만 객관적으로 본다면, 이명박 정부는 천안함 침몰의 원인이 논란 중인데 무리하게 북한 소행으로 규정하고 그에 따라 갑작스럽게 대북 교역 중단 조치를 취한 것이다. 북한에 투자한 우리 기업들의 피해를 고려하지 않은 성급한 조치라는 비판이 제기됐다.

급격히 고조된 긴장

4월 17일에 이미 한 차례 자신들이 천안함과 무관하다고 공식적으로 밝혔던 북한은 재차 반박에 나섰다. 북한 국방위원회는 5월 20일 합조단의 공식 발표가 나온 지 30분 만에 대변인 성명을 발표해 남측의 천안함 조사 결과 발표를 '날조극'이라고 주장하면서 국방위원회 검열단을 남쪽에 파견하겠다고 밝혔다. 28일에는 북 국방위원회가 매우 이례적으로 직접 기자회견을 열어 합조단 주장을 조목조목 비판했다. 북한은 합조단이 주장하는 연어급 잠수정을 보유하지 않았고, 글씨는 기계로 새기며 '번'이 아닌 '호'를 쓰고, 어뢰 수출국에 책자를 보낸 일도 없다는 내용이었다. 이와 함께 국방위원회는 "그 어떤 응징과 보복 행위에 대해서도, 우리의 국가적 이익을 침해하는 그 무슨 제재에 대해서도 그 즉시 전면 전쟁을 포함한 강경 조치로 대답할 것"이라고 경고했다.

남한이 북측 검열단 파견을 거부하고 5·24조치를 발표하면서 남북관계는 다시 험악한 대결 국면에 들어섰다. 6월 9일 남한 정부가 휴전선 11곳에 대북 심리전 장비(확성기)를 설치할 계획이라고 발표하자, 북 인민군 총참모부는 남한의 심리전 수단을 조준 격파하겠다고 응수했다. 그러나 남한 정부는 대북 심리전 강행 입장을 재확인하면서 "북한이 공격해오면 비례성의 원칙에 따라 대응하겠다"고 맞받았다.

이때 미국은 한국군의 심리전 재개 방침에 사실상 반대한다는 의견을 밝힌 것으로 알려졌다. 5·24조치 후 국방부가 대대적으로 홍보한 서해상 한미연합군사훈련에 대해서도 미국은 항공모함 투입이 불가능하다고 통보했다. 4월 23일 나토(NATO) 외무장관 회의에 참석한 힐러리 클린턴 미 국무장관의 "(한반도에서) 분쟁으로 이어질 수 있는 대응을 유발하는 행위나 오판이 없기를 바란다"는 발언처럼, 미국은 한반도 상황을 적절하게 관리하려 했을 뿐 북한에 대한 군사적 대응까지는 고려하지 않았다.[7] 그런데도 이명박 정부는 마치 1950년대의 이승만 정권처럼, 전쟁을 일으킬 권한도 감당할 능력도 없으면서 홀로 전쟁불사를 외치고 있었다.

정부에 장악된 방송들과 신문 시장의 70% 이상을 장악하고 있는 소·중·동은 연일 천안함 폭침설을 보도했다. 이들 언론매체 역시 위험천만한 전쟁을 선동하는 모습을 보여주었다. 5·24조치가 발표된 날 《중앙일보》 논설위원 김진은 "국민이 3일만 참아주면 북한의 잠수함 기지를 궤멸시킬 수 있다"고 주장했다. 《동아일보》는 1면에 '천안함 발표 못 믿겠다니 대체 어느 나라 국민인가'라는 제목의 기사를 내보냈다. 《문화일보》는 다음 날인 25일 전방 르포를 게재하면서 '사격 준비 이상무!'라는 제목을 달았다.

정부 발표를 신뢰하지 않는 국민

천안함 진상 규명에 관한 논란은 걷잡을 수 없이 번져갔다. 9월 7일 서울대 통일평화연구소가 발표한 설문조사 결과에 따르면, 천안함사건 정부 발표에 대해 '전적으로 신뢰한다'(6.4%)와 '신뢰하는 편'(26.1%)이라는 응답은 32.5%에 불과했다. 국민의 3분의 2가 정부의 발표를 신뢰하지 않는다는 의미였다. 3개 언론단체로 구성된 '천안함 조사 결과 언론보도검증위(한국기자협회, 한국PD연합회, 전국언론노동조합)'에서는 외부 전문가 등의 자문을 구한 결과, 국방부의 조사 결과 발표를 믿을 수 없다며 합동조사단 해체, 군 지휘 라인 전원 수사, 증인 접촉 보장, 국내외 조사위원 신원 공개 및 접촉 보장, 항적·교신 정보 공개 등을 요구했다.

9월 13일 국방부가 최종 결과를 발표하면서 〈천안함 합동조사 결과 보고서〉라는 것을 내놓았지만, 이것은 조사팀 내부에서도 전적인 동의를 얻지 못한 허점투성이 보고서였다. 조사에 참여했던 유일한 중립국인 스웨덴의 조사단은 보고서의 내용에 모두 동의하는 것이 아니라 "스웨덴팀이 참가한 부분과 관련이 있는" 내용에 대해서만 동의한다고 서명했다. 독자적인 조사단을 파견했던 러시아의 경우도 "어뢰는 많은 가능성 중 하나"라면서 합조단의 조사 결과에 이견을 숨기지 않았다. 도널드 그레그 전 주한 미 대사는 교통방송과의 인터뷰에서 "천안함 침몰은 사고일 가능성이 있다"는 견해를 밝혔다.

이렇듯 새로운 의혹들이 제기됐지만 시원하게 밝혀진 것은 하나도 없었다. 《조선일보》조차 9월 14일 사설을 통해 "천안함 조사 결과에 대한 불신 분위기"를 반전하기 위한 대책을 주문할 정도였다. 그러나 《조선일보》는 불과 일주일도 안 돼 "북한은 '대남 보복 성전(聖戰)'을 공언하면서 천안함을 폭침시켜 우리 장병 46명의 목숨을 앗아갔다"(9월 18일자 사설)는 결론으로 비약했다. 그런 식으로, 천안함사건은 속 시원한 설명이나 의문에 대한 해소 없이 어느 순간 '폭침'이 되어버렸다.

정부와 군은 천안함과 관련된 정보를 철저히 통제하면서 의문이나 의혹을 제기하는 사람들을 겁박했다. 한국해양대를 졸업하고 해군 중

위로 복무한 전력이 있는 신상철《서프라이즈》대표는 자신의 전문지식에 근거해 "천안함은 좌초됐다"는 주장을 펼쳤다가 해군으로부터 고소당했다. 천안함 관련 의혹을 제기한 박선원 전 청와대 비서관, TOD(열상 감지 장비) 동영상의 존재를 밝힌 이정희 민주노동당 의원, 법회에서 "나는 (천안함 침몰 원인 발표를 보고) 0.00001%도 설득당하지 않았다"고 밝힌 도올 김용옥은 각각 국방부, 합참, 보수단체에 의해 고소나 고발을 당했다. 급기야는 누리꾼들이 인터넷에 천안함 침몰 관련 패러디 동영상을 올렸다는 이유로 경찰에 체포당하기에 이르렀다. 그해 말《교수신문》이 선정한 '올해의 사자성어'는 장두로미(藏頭露尾, 머리는 숨겼지만 꼬리는 드러나 있다)였다. 참고로 이명박 대통령 취임 첫해인 2009년의 사자성어는 '일을 바르게 하지 않고 그릇된 수단을 써 억지로 한다'는 뜻의 방기곡경(旁岐曲逕)이었다.

천안함 역풍

이명박 정부가 천안함사건의 중간조사 결과를 발표한 5월 20일은 6·2지방선거 공식 개시일이었다. 천안함사건을 활용해 4대강, 세종시, 검사 접대 등의 갖가지 논란을 잠재우고 보수층을 결집시킨다는 것이 정권의 선거전략이었다. 한나라당은 "햇볕정책이 어뢰로 돌아왔다"면서 친북좌파 세력을 비호하는 민주당을 심판하자고 주장했다.

5월 24일 이명박 대통령이 전쟁기념관에서 5·24조치 담화를 발표한 것도 선거전략의 일환이었다. '주적'이라는 단어가 다시 등장하고 대북심리전 방송을 재개한다는 발표가 이어지자 북에서도 '전군전투태세 준비'로 대응했다. 전쟁에 대한 공포가 한반도를 뒤덮었다. 5월 25일 국내 증권시장에서는 주가가 폭락했고 환율이 폭등해 하루 만에 시가 총액 29조 원이 빠져나갔다. 이른바 '코리아 디스카운트'였다. 이때부터 민주당은 '전쟁과 평화', '불안과 안정' 같은 구호를 내세우며 반격했고, 한나라당은 "천안함사태를 정쟁거리로 전락시키지 말라"고 요구하며 역풍 차단에 나섰다.[8]

불과 2주일 전만 하더라도 정치권에서는 한나라당의 압승을 예상했다. 원래 지방 권력은 늘 한나라당이 독점하다시피 했고, 여론조사 결과도 한나라당의 압승 가능성을 가리켰다. 그런데 선거 막바지에 '평화'가 화두가 되면서 부동표들이 야당으로 이동하기 시작했다. 그리고 선거 당일, 결과는 뒤집혔다. 여당인 한나라당은 서울시장과 경기도지사 수성에는 성공했지만 서울과 경기도에서 소수당으로 전락했다. 텃밭인 영남에서 야권 단일후보인 김두관 후보에게 졌고, 전통적으로 한나라당 후보가 당선되던 강원도지사 자리도 내줬다.

6·2지방선거는 결코 여당 대 야당, 또는 한나라당 대 민주당의 싸움으로 한정된 것이 아니었다. 이명박 정부가 북풍으로 승부수를 던지면서 선거 첫날부터 정책 대결은 날아가고 천안함사건이 선거판 한가운데 놓였다. 그리고 대중은 정권 입장에서 볼 때 매우 거센 역풍으로 화답했다. 1인 8표를 행사하는 복잡한 선거였는데도 대결을 부추기는 이명박 정부와 한나라당을 철저히 심판했다. 물론 노무현 전 대통령에 대한 애도의 마음, 4대강, 세종시, 무상급식 등의 이슈가 저변에 깔려 있긴 했지만, 선거 결과를 좌우했던 결정적인 변수는 역시 천안함사건이었다. 특히 남북 접적 지역인 인천과 강원도의 선거 결과는 다른 어떤 것으로도 설명되지 않는다. 천안함사건은 인천 앞바다에서 발생했고, 강원도는 만에 하나 전쟁이 나면 초토화되는 지역인데도 민주당 송영길

후보와 이광재 후보가 각각 단체장으로 선출되었다. 6·2지방선거에서 드러난 표심은 대결주의자들에 대한 심판, 그리고 평화수호였다.

관련국들의 반응에 유의한다

천안함을 지방선거 카드로 활용하려다 내부의 역풍을 맞은 이명박 정부는 이른바 '천안함 외교'에 골몰한다. 외교전의 목표는 유엔 안보리 차원의 새로운 대북제재결의안을 이끌어내는 것이었다. 이명박 정부는 미국과 일본 등의 지지를 등에 업고 총력전을 펼쳤지만 원하는 성과를 달성할 수 없었다. 거부권을 가진 상임이사국 중국과 러시아가 한 발도 움직이지 않았기 때문이다.

중국은 사건 초기부터 천안함사건이 남북 간 문제이며 동북아의 평화와 안정을 위해 6자회담 재개를 서둘러야 한다는 입장을 고수했다. 이명박 정부가 한미공조를 바탕으로 중국을 움직일 수 있다고 계산했지만, 현실은 그런 계산과 너무 달랐다. 중국은 남·북·미·중이 참여하는 4자 진상조사를 제안했는데, 이는 곧 한국과 미국이 주도하는 조사에 찬성하지 않는다는 의미였다. 중국은 천안함사건 후에도 북한과 우호적인 관계를 유지했을 뿐 아니라, 5월 초 북중정상회담을 개최하고 '전략적 소통'에 합의했다. 이어 5월 말 개최된 미중 경제전략대화에서 중국은 한반도 안정이 최우선이라는 입장을 미국에 전달했다.

과거 한미의 대북 비판에 동참했던 러시아도 이번에는 초기부터 남한 정부와 거리를 유지했다. 천안함사건의 원인에 대한 이명박 정부의 발표에 대해 러시아는 상당히 회의적인 입장이었다. 6월 3일 러시아 외무부는 "한반도 및 동북아의 평화를 유지하고 긴장 고조를 방지하기 위해서는 절제와 냉정함이 요구된다"는 공식 논평을 발표하기도 했다. 러시아는 천안함사건이 북한의 소행이라 하더라도 〈천안함 합동조사 결과 보고서〉에서 명기한 '버블 제트(bubble jet)' 어뢰는 아니라는 입장으로 알려져 있다. 러시아는 1천 톤급 이상 전함을 버블 제트 효과를 이용해서 일거에 토막낸 사례는 전 세계적으로 보고되지 않았고, 북한이 그럴 만한 기술을 가지고 있다는 평가에 회의적이라는 것이다.

결국 7월 9일 유엔 안보리는 결의안 대신 구속력 없는 의장성명을 채택했다. 안보리 의장성명은 천안함이 '공격'에 의한 침몰임을 명시하였으나 그 주체가 북한이라는 결론을 내리지는 않았다. 오히려 의장성명은 "안보리는 이번 사건과 관련이 없다는 북한의 반응, 그리고 여타 관련 국가들의 반응에 유의한다"면서 평화적 해결과 남북관계 개선을 주문했다.[9] 이것은 이명박 정부의 의도에서 크게 벗어난 결과였다.

사실 실패는 예고되어 있었다. 중국은 계속해서 분명한 입장을 밝혔으며, 미중 경제전략대화를 기점으로 두 강대국 사이에서 힘의 균형에 의한 타협이 이뤄지고 있었는데, 이명박 정부만 이를 몰랐다. 이명박 정부의 외교안보 담당자들은 하나같이 현실감각이 부족한 데다 주관적 희망과 아집에 근거해서 정책을 결정했다. 5월 3일 김정일 위원장의 방중 소식이 알려지자 정부 당국자는 '배신감'을 억누르지 못하고 주한중국 대사를 불러 항의하기도 했다. 이로써 한중관계는 1992년 수교 이후 최악의 국면으로 접어들었다.

이명박 정부는 7월 25일 베트남 하노이에서 열린 ARF 외교장관회의에서도 외교전을 벌였다가 다시 쓴잔을 마셨다. ARF 의장성명은 천안함사건과 관련해서 북한을 언급조차 하지 않았다. 의장성명은 "2010년 3월 26일 공격(attack)으로 초래된 대한민국 함정 천안함의 침몰에 '깊은 우려(deep concern)'를 표명"하고 "이 사건에 따른 대한민국 정부의 인명 손실에 대해 애도를 표했다"고 밝혔을 따름이다. 오히려 "6자회담 복귀를 권고"하고 대화와 관계 개선을 주문했다.

미국만 이득 봤다

대미 외교는 어땠을까? 7월 21일 한미 양국은 안보리 조치를 보완한다는 명분으로 최초의 외교·국방장관(2+2) 회의를 열고 공동성명을 발표했다. 양국은 7월 25일에서 28일까지 대규모 합동군사훈련을 진행하고 대북 제재를 추가로 진행한다고 발표했다. 얼핏 보면 통치 위기의 출로를 남북 대결에서 찾으려던 이명박 정부가 대미 외교에서 나름의 목표를 달성한 것처럼 보인다.

그러나 내막을 들여다보면 미국은 이명박 정부를 지지하는 모양새를 갖추면서도 철저히 자국의 이익과 목표를 우선시하고 있었다. 미중 경제전략대화 직후 방한한 힐러리 클린턴 국무장관은 '투 트랙'을 이야기했는데, 이것은 남한 정부의 '선 천안함 해결, 후 6자회담 재개'와 완전히 다른 접근법이었다. 군사훈련은 중국을 자극하지 않기 위해 서해가 아닌 동해에서 실시됐고, 남한이 요청한 상륙차단훈련이나 대규모 실기동훈련은 현실화되지 않았다. 국방부가 천안함사건에 대한 후속 조치로 내세운 대북 심리전 재개에 대해서도 월터 샤프 한미연합사령관이 반대 의사를 전달해왔다. 결국 김태영 국방부 장관은 "확성기를 설치하는 것으로 효과를 다 봤다"면서 대북 심리전 재개를 포기했다.

미국은 한반도에 군사적 긴장이 고조되는 상황을 적절히 제어하면서 천안함사건을 활용해 동북아 질서를 자국에 유리하게 재편했다. 일본 하토야마 내각과 갈등을 빚어온 후텐마 기지 문제를 해결한 것이 대표적인 사례다. 대미 의존 탈피를 강조한 하토야마 총리는 후텐마 기지를 오키나와 현외로 이전한다고 공약한 바 있었다. 하지만 천안함 침몰이 북한의 어뢰 공격에 의한 것이라는 남한 정부의 입장이 나오자 미국은 이를 적극 활용해 일본을 압박했고, 결국 후텐마 기지의 현외 이전을 백지화했다. 이로써 하토야마 내각은 침몰하고 일본은 다시 미일동맹에 발이 묶였다. 미국 입장에서는 동북아 지역에서 중국을 견제하기 위한 한·미·일동맹 축의 복원에 성공했다고 할 수 있다. 이처럼 천안함사건이 결과적으로 미국에 '호재'로 작용했다는 점에서 일부에서는 사건의 조사와 발표에 미국이 적극 관여했을 것이라는 의심을 거두지 않았다.

그 외에도 미국은 이명박 정부를 지지하는 대가로 남한에서 여러 가지를 챙겼다. 아프가니스탄에 대한 전투병 파병을 압박하고, 한미 FTA의 쇠고기·자동차 분야를 미국에 유리한 방향으로 재조정하기로 했으며, 2013년 이후에도 방위비 분담금을 평택기지 공사비로 전용할 수 있게 해달라고 요청했다. 이명박 정부가 이러한 요구를 대부분 받아들임으로써 한미동맹의 일방적인 성격은 한층 강화되었고, 오바마가 후보 시절부터 줄기차게 외친 '변화'란 한낱 정치 구호에 지나지 않았음이 증명됐다.

그러나 이명박의 '천안함 외교'와 관련해서는 미국만을 비난하기도 힘들다. 이명박 정부의 경직된 사고, 비전략적 행동 등이 난맥상을 초래했기 때문이다. 먼저 천안함 외교는 중국의 부상으로 미국과 중국의 전략적 경쟁이 치열해지는 상황에서 균형감각 없이 미국에 올인하는 외통수 외교로서 한국의 외교적 입지를 좁혔다. 경제적 측면에서도 마이너스였다. 이명박 정부는 대북 제재에 대한 미국의 지지를 얻어내기 위해 이란 제재에 동참했다가 막대한 경제적 손실을 떠안았고, 최대 교역 국인 중국과도 외교 마찰을 빚었다. 무엇보다도 같은 민족인 북한에 대한 국제적 제재를 주도적으로 추진하는 과정에서 미국에 내줄 것은 다 내주고, 남북관계를 회복 불가능한 상황으로 몰고 가는 과오를 범했다.

남북관계 망치는 통일부 장관

6·2지방선거 이후 남한에서는 5·24조치 철회와 대북정책 전환을 요구하는 소리가 여기저기서 나오기 시작했다. 전 민족의 축제 마당이 되어야 할 6·15공동선언 10주년 민족공동행사가 정부의 방북 불허로 개최되지 못하자, 6월 13일 서울광장에 남북관계 개선과 평화통일을 염원하는 시민 3천여 명이 모여 정부의 대북정책을 비판했다. 남북 교역경협업체들은 5·24조치로 큰 피해를 보고 있다면서 대북 조치의 유예를 요구했다. 대북지원 단체들도 잇따라 기자회견을 열어 인도적 지원 정상화를 촉구했다. 대통령 자문기구인 민주평통도 정책 보고서를 통해 대통령에게 남북관계 출구전략 마련과 전격적인 정상회담 추진 등을 건의했다.

이러한 제안은 지극히 상식적인 것이었다. 민간 차원의 경제협력과 인도적 지원을 정책적으로 막아버리는 일은 김영삼 정부 시기에도 없었기 때문이다. 게다가 5·24조치는 오히려 남한 기업들의 목줄을 죄고 있었다. 그러나 통일부는 여전히 5·24조치 해제 등을 "논의할 단계가 아니다"라는 입장을 되풀이했다. 그것만이 아니다. 6월 23일에는 현인택 통일부 장관이 국회 대정부 질문 자리에서 '북 급변사태' 가능성을 언급했다. 마치 남북관계를 망치기로 작정한 듯한 통일부 장관의 정책 행보를 보면서 대중 속에서는 "통일부를 폐지한다고 했을 때 그냥 놔뒀어야 하나"라는 냉소가 터져 나왔다. 이런 정황에서 남북관계가 천안함 국면을 조금이라도 벗어나기 위해서는 최소한 새 장관이 들어서야 했다. 그런데 이명박 정부는 지방선거 이후 8·8개각에서 외교안보통일 분야 장관을 모두 유임시켰다.

뜬금없는 통일세

광복 65돌인 8월 15일, 이명박 대통령은 광복절 경축사에서 '평화공동체 → 경제공동체 → 민족공동체'로 이어지는 3단계 통일 방안을 내놓았다. 또 경축사는 평화공동체 구축과 관련해 "무엇보다 한반도의 비핵화가 이뤄져야 한다"고 밝혔는데, 이는 북한의 비핵화가 먼저 이뤄져야 교류협력을 통해 경제 공동체 단계로 나아갈 수 있다는 뜻이었다. 이것은 핵을 폐기하면 경제지원에 나서겠다는 기존의 비핵·개방·3000 구상을 통일 방안으로 다시 포장한 것에 불과했다. 노태우 정권이 1989년 발표한 '한민족공동체 통일 방안'조차 화해와 교류협력을 분리하지 않았다는 점에 비춰보면, 이명박 정부의 3단계 통일 방안은 이전의 어떤 통일 방안보다도 퇴행적이었다. 6·15공동선언과 10·4선언을 무시하고 있음은 말할 것도 없었다.

또한 대통령은 광복절 경축사에서 '통일세'를 신설하자는 제안을 갑작스럽게 내놓는데, 이 역시 시의에 맞지 않았다. 물론 언젠가 통일이 이뤄질 것으로 본다면 재원 조달이 필요하다. 하지만 정부는 인도적 지원, 금강산 관광 재개, 개성공단 기숙사 건설 등 꼭 필요한 교류협력조차 하지 않고 있었으므로 이미 마련된 남북협력기금 집행률도 고작 5%,

10%에 그치는 상황이었다. 이런 마당에 새로운 세금 도입부터 논의하는 것은 앞뒤가 맞지 않는 일이었다. 이명박식 통일세 논의는 결국 북한을 자극하고 대중에게 통일에 대한 거부감을 심어주는 효과밖에 없었다.

"통일임박론이죠. 물론 통일이 갑자기 올 수도 있습니다. 그러나 그 분야에 종사하면서 상황을 예의 주시하고 있는 사람들은 조짐을 느끼는 법입니다. 마치 기상대 전문가들이 태풍이나 지진을 예감하듯이 말입니다. 남북관계는 꽉 막혀 있고 주변 정세도 변화 기미가 별로 없는 상황에서 나온 통일비용 계산 작업과 통일세 징수론, 통일임박론은 사실상 뒤집어놓은 북한 붕괴론이라고 할 수 있습니다. 북한의 선행동을 조건으로 한 대북정책, 목표만 있고 방법은 없는 대북정책들을 화려한 수사와 함께 여러 차례 내놓았지만, 이명박 정부는 내심 북한 붕괴 가능성이 큰 것으로 판단하고 KDI를 시켜 북한 붕괴 시 필요한 통일비용까지 계산해놓고 있었던 것이 아닌가 싶습니다."(정세현 전 통일부 장관)[10]

이명박 대통령의 발언 이후 통일부는 다른 일을 제쳐놓고 통일세 관련 사업에만 매달렸다. 남북관계가 최악이고 민간 차원의 교류협력도 아예 중단된 마당에 통일부가 달리 할 일이 없기도 했다. 나중에 통일부는 정책 연구와 공론화 사업에 남북협력기금 38억 원을 투입한다고 발표했다가 거센 비판에 휩싸이기도 했다. 겨레의 협력 사업에 쓰여야 할 거액의 기금을 통일세 연구와 홍보에 투입한다는 발상은 실정법에도 위배되지만 이명박 정부의 무책임함을 그대로 보여주는 것이었다.

남북관계 비망록

교착 상태의 6자회담

이명박 정부가 통일 방안, 통일세 등 비현실적인 정책으로 세월을 허송한 것과 달리 6자회담 관련국들은 분주히 움직이고 있었다. 우선 안보리 의장성명 채택 이후 중국과 북한은 천안함 정국을 마무리하고 대화를 재개하자는 메시지를 던졌다. 북한의 핵 능력 강화와 중국의 외교적 노력을 마냥 무시할 수 없는 미국도 대화 카드를 만지작거렸다.

오바마 행정부 내에서는 기존 대북정책을 유지해야 한다는 주장이 여전히 주도적이었지만, 대화 없이 압박만으로 북한을 움직이기 어렵다는 현실론도 고개를 들었다. 그 모호한 절충의 결과가 8월 25일 카터 전 대통령의 방북이었다. 카터 방북은 기대만큼의 성과를 거두지 못했지만 6자회담 수석대표들의 협의가 계속됐다. 8월 하순부터 우다웨이 한반도사무특별대표가 4개국을 순방하고, 9월 중순에는 미국의 보즈워스 대표가 동북아를 순방하는 과정에서 새로운 6자회담 재개안이 확정됐다. 북한이 구체적인 비핵화 행동 조치를 취하며 남북대화를 먼저 진행한 후 북미대화로 넘어간다는 안이었다.

이때부터 미국은 여러 통로로 이명박 정부에 남북관계 개선 요구를 전달했다. 예컨대 커트 캠벨 미 국무부 동아태 차관보는 한 토론회에 참석해 "6자회담을 비롯한 북한과의 협상이 진전되기 위해서는 남북이 어떤 식으로든 화해하는 상황이 필요하다"는 발언으로 남한을 은근히 압박했다. 물론 미국의 대북정책이 근본적으로 변화한 것은 아니다. 미국은 남한이 나서주기를 기대했을 뿐, 스스로 북한과 대화해서 문제를 풀어갈 의지를 보여주지는 않았다.

억지춘향식 쌀지원

이 시기 이명박 정부의 대북정책에 대한 대중의 불만이 어느 정도였 는지는 각종 여론조사에서 확인할 수 있다. 8월 17일 서울대 통일평화 연구소와 한국갤럽 조사에 따르면, 정부의 대북정책이 국민의 의견을 '잘 반영하지 못한다'는 응답이 72%, '정기적인 남북대화가 통일에 도 움이 된다'는 응답이 75.3%였다.《국민일보》가 8월 23일 실시한 전화 설문조사에서는 통일세에 대한 반대 의견이 56.9%에 달했다. 만일 정부 가 이런 불만을 수용하여 대북 쌀지원을 재개한다면 성난 민심을 달래 는 한편으로 꼬인 남북관계의 숨통을 틔워줄 수도 있었을 것이다.

마침 대북 쌀지원을 위한 운동이 민간에서 활발하게 벌어지고 있었 다. 7월에는 민간단체를 중심으로 '한반도 평화실현을 위한 통일쌀 보 내기 국민운동본부'가 결성됐고, 민주노동당과 경상남도도 대북 쌀지원 에 힘을 보탰다. 그러나 정부는 쌀지원이 '정부 소관'이라는 이유를 들 어 반출을 불허했다. 8월에 북한의 수해 소식이 알려지자 여권 내에서 도 안상수 한나라당 원내대표, 김덕룡 민화협 상임의장, 이재오 특임장 관 등이 긍정적인 의견을 냈다. 9월 1일 정부는 마지못해 1백억 원 상당 의 대북 수해복구 지원 물품을 보내겠다는 의사를 북측에 전달했다. 그 러나 지원 물품에 쌀은 빠져 있었다. 이에 북한은 '어차피 줄 것이라면 다른 것 말고 꼭 필요한 쌀을 달라'고 요청하는 취지의 통지문을 보냈다.

사실 8월과 9월, 남북 간에는 대화를 재개할 분위기가 조성되었다. 북 측이 8월 말 적십자사를 통해 남한에 수해지원을 요청했고, 9월 7일에 는 남한의 오징어잡이 어선인 대승호 선원을 돌려보냈던 것이다. 청와 대 내에서도 천안함 정국을 매듭짓고 대화를 추진하자는 주장이 나왔다. 그러나 정부는 대승호를 송환하며 먼저 손을 내미는 북한과 대화할 의지가 없었다. 심지어 북한이 쌀을 요청했다는 사실을 숨겼다가 뒤늦게 통지문을 공개하면서 망신을 샀다.

이후 이명박 정부가 '인도적인 차원'이라면서 출범 이래 처음으로 쌀 5천 톤을 지원하기로 결정했으나 이 분량은 관계 개선의 신호로 보기에는 턱없이 적었다. 당시 국내에 총 162만 톤의 쌀 재고가 쌓여 보관비용으로만 연간 4800억 원가량이 낭비되고 있던 당시 현실을 감안하면 5천 톤 지원은 면피용에 불과했다.

또한 청와대 내 강경파들이 쌀지원에 제동을 걸었는데, 가령 김태효 청와대 비서관은 "수십만 톤 수준의 인도적 지원을 위해서는 천안함 사과가 전제돼야 한다"고 주장했다. 그러나 천안함사건에 대한 정부 발표를 신뢰한다는 국민이 30%에 그친 상태에서 북한의 사과를 지원의 전제로 내거는 것은 남북관계를 전환할 생각이 전혀 없다는 말과 같았다. 결국 이때의 5천 톤은 이명박 정부 시기 쌀지원의 전부가 되고 말았다.

북한은 "남조선에서 큰물 피해를 입은 북의 동포들에게 수해물자를 지원하고 쌀을 보내준다고 법석 떠들었는데 정작 뚜껑을 열어보니 쌀 5천 톤이었다"며 불만을 표했다. 그런데도 9월 17일 남북적십자 실무접촉이 재개돼 그해 추석에 이명박 정부 출범 후 처음으로 이산가족상봉이 이뤄졌다. 이는 북한이 북미대화와 6자회담 재개를 염두에 두었기 때문에 가능한 조치였을 것이다. 또 11월 18일, 북측은 25일로 예정된 남북적십자회담에서 금강산 관광 재개를 협의하자는 통지문을 보내며 남측의 요구인 부동산 몰수동결 조치 문제도 함께 협의하자고 제안했다. 그러나 남한은 이를 거들떠보지 않았고 적십자회담을 이틀 앞두고 연평도 포격이라는 대형사건이 터지면서 남북관계는 다시 또 침몰했다.

연평도 포격사건

남한이 '호국훈련'을 실시하던 11월 23일, 북측이 서해 연평도 북방 무도(1차)와 개머리 기지(2차)에서 연평도로 해안포를 발사했다. 이 포격으로 남한에서는 해병대 병사 2명이 사망했고 군인 16명이 중경상을 입었다. 민간인 역시 2명이 숨지고 3명이 부상을 입었다. 북측이 남한 영토에 포격을 가해 인명 피해가 발생한 사태는 정전협정 체결 이후 처음이었다. 남한은 25일로 예정돼 있던 남북적십자회담을 연기해버렸다. 대화의 문은 다시 닫히고, 언론은 일제히 '북한 도발'을 규탄하기 시작했다.

현재까지 정부와 보수언론은 연평도 포격사건에 대해 '북한의 일방적 도발'이라는 난 하나의 결론만을 강요하고 있다. 물론 연평도 포격으로 군부대 공사 현장에 들어가 있던 민간인이 숨진 것은 민족적으로 아주 불행한 일이다. 그러나 연평도사건은 동시에 한반도에서 국지전이 발발하기가 얼마나 쉬운지를 확인시켜줬다. 또다시 같은 성격의 사건이 발생하는 것을 미연에 방지하기 위해서는 다음과 같이 적어도 세 가지 사항을 고려해야 할 것이다.

첫째, 남북 간 군사적 긴장이다. 천안함사건과 5·24조치 이후 한반도와 주변 수역의 군사적 긴장은 급속도로 높아지고 있었다. 5·24조치에서 남한은 전쟁의 한 형태인 심리전을 재개하겠다는 방침을 발표한 바 있다. 이에 북측은 인민군 전선중부지구사령관 명의의 '공개경고장'을 발표해 '조준 사격'하겠다고 답했다. 이어 인민군 총참모부 '중대 포고'를 내고 "전면적 군사적 타격 행동"을 경고하기도 했다. 그런데도 미국과 남한은 천안함사건 이후 지속적으로 휴전선 근방에서 북한을 겨냥한 전쟁연습을 벌였다. 핵 무력을 장착한 미군 항공모함이 동해 전역을 누비고 다니며 북한과 중국을 위협했다. 그러자 북측은 '핵 억제력을 강화하고 행동 대 행동으로 대응'하겠다는 입장을 거듭 밝혔다.

연평도 포격이 있기 전 이미 북한은 이러한 경고를 행동으로 옮긴 적이 있다. 한국군이 단독으로 대잠훈련을 실시한 8월 9일, 북측이 대응 사격에 나섰던 것이다. 북측이 발사한 해안포 130여 발 중 10여 발은 NLL 남쪽 1~2킬로미터 지점에 탄착했다. 그러나 이명박 정부는 이에 대해 아무런 대응을 하지 못했고, "포탄이 NLL을 넘어오지 않았다"고 거짓 발표를 했다가 창피를 당했다. 그러고는 뒤늦게 대응 훈련을 실시한다며 서해에서 무력시위를 계속했다. 이 기간 내내 이명박 정부가 북한의 대화 제의를 번번이 거절했다는 사실은 앞에서 살펴본 대로다.

둘째, '해상경비계선' 침범 가능성이다. 사건 당일 남한이 실시한 호국훈련과 관련된 몇 가지 정황들을 살펴야 한다. 연평도 포격은 평화롭던 어느 날 북한이 난데없이 포를 쏘아 인명을 살상한 사건이 아니다. 남한이 북측 해안 쪽으로 4시간 20분 동안 약 3,960발의 포탄을 발사하는 대규모 해상사격훈련을 하다가 남북 간에 교전이 발생한 것이라는 사실에 주목해야 한다. 북측의 사전경고도 분명히 있었다. 당일 오전 북측은 남한에 호국훈련 사격 중단을 요구하는 전통문을 발송했다. 그러나 남한은 오전 10시경 예정대로 사격훈련을 개시했고, 북측은 오후 2시 34분부터 한 시간가량 해안포 1백여 발을 연평도로 발사했다.

의문점은 10시경부터 진행된 남한의 훈련에 대해 북측이 왜 오후 2시가 넘어서야 무력 대응에 나섰냐는 것이다. 이와 관련하여 몇몇 군사 전문가는 호국훈련 당시 해군의 탄환 일부가 이른바 해상경비계선을 넘어갔을 가능성을 제기했다. 해상경비계선이란 남한이 경계선으로 간주하는 NLL보다는 남쪽에 있지만 북측이 주장하는 아군해상경비계선보다 훨씬 위쪽에 있는 선이다. 남한 국방부에서는 이 선을 '작전통제선'이라 부르면서 북한과의 마찰을 피하기 위해 관례적으로 존중해왔다. 하지만 연평도 포격 직후에 합참 관계자가 민주당에 비공개로 보고하면서 "탄착 지점이 북한의 작전통제선을 넘어갔을 개연성이 있다"고 설명했다.[11] 호국훈련 때 남한 해군이 그간의 관례를 깨고 해상경비계선을 침범한 것이 사실이라면 사건의 책임에 관해서 논란이 제기될 수가 있다.

셋째, NLL의 비공식성과 정전협정이다. 서해에서 군사적 충돌이 발생할 때마다 그 원인을 제공한 NLL의 비법성과 비합리성이다. 연평도 포격전과 관련해서 남한은 NLL을 영토선처럼 생각하면서 당연히 우리가 피해자라고 인식했지만, 북측은 남한이 먼저 '북측 영해'에 포 사격을 가했다고 주장했다. 사실 북측은 NLL이 무효라는 입장을 고수하고 있으며, 남한은 NLL 이남을 남한 영해로 규정할 그 어떤 법적 근거도 가지고 있지 못하다. 국제법적으로 따지더라도 영해란 어떤 선을 기준으로 나누는 것이 아니라 육지를 둘러싼 일정한 폭을 가진 바다를 의미한다. 현재 국제해양법에서는 그 폭을 12해리(22.2km)로 인정하고 있으므로, 북측 해안에서 12해리 기준을 적용한다면 연평도에서 이뤄지는 남한의 사격훈련은 무조건 '영해 침범'이 된다. 북한 입장에서 보면 연평도는 '북측 영해' 안쪽으로 깊숙이 들어온 위치에 있기 때문이다. 또한 분쟁 수역에서 포사격훈련을 실시하는 것은 정전협정에 위배되는 군사적 적대 행위에 해당한다.

몇 배로 응징하라

당장 한반도에서 군사적 충돌 사태를 원치 않은 미국은 남한 정부를 적절히 제어하면서 신중하게 대응했다. 주요 일간지 보도에 따르면, 11월 30일 남한 군 당국이 예고했던 연평도 포격훈련이 석연치 않은 이유로 취소된 것은 미국의 반대 때문이었다. 미국은 제재나 군사적 대응 대신 급히 외교 라인을 움직였다. 리처드슨 뉴멕시코 주지사의 방북이 준비되고 미국의 고위급 인사들이 중국을 방문했다. 11월 28일에는 다이빙궈 중국 국무위원이 6자회담 수석대표 회동을 조속히 개최하자고 제의했다. 그러나 이명박 정부는 중국의 제의를 단칼에 거절했다.

한반도 평화를 지키기 위한 외교적 해법을 무시한 이명박 정부는 북한의 '도발', '보복', '전쟁불사'를 외치면서 한반도의 군사적 긴장을 고조시켰다. 먼저 정부는 조지워싱턴호를 끌어들여 11월 28일부터 서해상에서 한미연합군사훈련을 실시했다. 한미연합군사훈련은 항모강습단 훈련, 연평도 일대 해상사격훈련, 공중침투훈련 등을 포함해 대대적으로 전개됐다. 그 밖에도 정부는 교전수칙 개정 논의, 적십자회담 연기, 인도적 지원 중단, 개성공단 방북 잠정 불허 등 생각할 수 있는 모든 대결 조치를 실행에 옮겼다. 이명박 대통령은 "응분의 대가를 치르게 하겠다", "몇 배로 응징하라", "북의 미사일 기지도 타격하라"며 목소리를 높였다. 보수언론 역시 북한의 경기도 포격과 휴전선 도발, 후방 기습침투 가능성 등의 시나리오를 쓰며 전쟁불사론을 펼쳤다.

정부와 보수언론이 호기롭게 전쟁불사를 외쳤지만, 정작 가장 중요한 국민의 생명과 안녕에는 무능력했다. 연평도 포격전 당일, 군은 자주포의 일부가 고장 난 탓에 초기 대응을 제대로 못했고, 북측의 1차 사격

위치를 제대로 파악하지 못해 엉뚱한 곳에 대응 사격을 하기도 했다. 정부가 뒤늦게 강경 대응하겠다며 허세를 부리는 동안 연평도 주민들은 줄줄이 섬을 떠나 영구 이주 대책을 요구했다. 조업이 통제되고 관광객의 발길이 끊기면서 남아 있는 주민들의 생계도 막막해졌다. 연평도 주민들의 고통은 절대로 한반도에서 전쟁이 발생해서는 안 된다는 것을 생생하게 보여주었다. 대화를 통한 긴장 완화, 서해의 평화적 관리가 무엇보다 절실한 시점이었다.

평화가 전쟁보다 낫다

처음에는 북한을 규탄하는 분위기가 지배적이던 우리 사회에서도 시산이 갈수록 이명박 정부의 대응에 부정적인 여론이 증가하고 '확전 반대'의 목소리가 높아졌다. 11월 30일 야당들과 각 시민단체는 '한반도 평화실현을 위한 비상시국회의'를 개최하고 남북대화를 촉구했다. 특히 12월 20일로 예정된 남한의 연평도 해상사격훈련을 앞두고 긴장감이 고조되면서 트위터 등을 중심으로 반전 여론이 확산됐다. 사람들은 "평화가 전쟁보다 낫다. 평화로울 때는 아들이 아버지를, 전쟁 때는 아버지가 아들을 묻기 때문이다"라는 문구를 끊임없이 리트윗하며 사격훈련에 반대하는 입장을 표명했다.[12] 《워싱턴 포스트》에 따르면, 당시 베이징에는 "스타인버그 국무부 부장관과 커트 캠벨 동아태 담당 차관보 등 미 대북 담당팀이 총집결"해 있었다. 동시에 서울에서는 스티븐슨 주미 대사와 샤프 주한미군 사령관이 청와대를 방문하여 이명박 정부에 연평도 포격을 꼭 해야 하는 것인지를 물었다(2010년 12월 28일). 리처드슨이 일정을 하루 연기해가면서까지 평양에서 대화를 진행하던 상황에서 이명박 정부는 연평도 해상사격 재훈련을 기어코 실시했다. 북한이 인민군 최고사령부 보도 형식을 빌려 "우리 혁명 무력은 앞에서 얻어맞고 뒤에서 분풀이하는 식의 비열한 군사적 도발에 일일이 대응할 일고의 가치를 느끼지 않는다"(2012년 12월 20일)며 추가 대응에 나서지 않았기에 망정이지, 자칫 한반도가 더 큰 위기에 빠질 수 있었다.[13]

이날의 사격훈련은 다행히 북측의 무력 대응 없이 끝났지만, 남한은 2004년 2차 남북장성급회담 합의에 따라 중단한 애기봉 등탑 점등을 7년 만에 재개하겠다고 발표해 다시 긴장된 정세를 조성했다. 또한 이명박 대통령이 지시한 "서북도서의 군사적 요새화"도 추진되기 시작했다. 요새화란 모든 군사 장비와 시설을 지하화하고 주민 생활까지 지하에서 가능하게 만드는 것으로 천문학적 비용이 소진됨은 물론 실현도 가능하지 않다. 중요한 부분은 요새나 무기가 없어서 남북 간에 사상 초유의 무력 충돌이 발생한 것이 아니라는 점이다. 이명박 정부는 포격에 대한 명백한 경고와 징후가 있었지만 이를 막지 못했고, 사후 대책마저 비현실적이었다. 더 놀라운 일은 이런 초유의 사태가 벌어졌지만 이명박 정부의 누구도 책임지지 않았다는 점이다.

통일이 가까이 오고 있다

연평도 포격 이후 이명박 대통령은 공식적인 자리에서 북한의 '붕괴'를 염두에 둔 듯한 발언을 하기 시작했다. 특히 '북 주민의 변화'를 강조하는 발언이 늘어났다. 예컨대 12월 3일 열린 사회통합위원회에서 대통령은 "주시해야 할 것은 지도자들의 변화보다 북한 주민들의 변화"라고 언급했다. 일견 북한 주민들에 대한 관심을 표현한 것으로 볼 수 있는 이 발언은, 사실상 북한 지도부의 경직된 자세를 비난하는 것이었다.

말레이시아를 방문 중이던 12월 10일에는 갑작스럽게 "통일이 가까이 오고 있다"고 말한 뒤 "주민은 굶고 있는데 핵무기로 무장하고 잘 먹고 잘 사는 당 간부들을 보면서, 하루빨리 평화적 통일을 해서 북한 주민들도 최소한의 기본권을 갖고 살게 할 책임을 느낀다"는 발언으로 불필요하게 북한을 자극했다.¹⁴ 게다가 북한이 미국의 리처드슨 주지사를 통해 영변 우라늄농축 시설에 대한 IAEA 사찰 수용 등 전향적인 메시지를 보냈을 때도 정부는 "핵개발의 정당성을 인정받으려는 속셈"이라는 말로 북측의 대화 의지를 진지하게 고려하지 않았다.

이처럼 이명박 정부가 2010년이 저물어가는 시점까지 대결적인 자세를 견지했기 때문에 남북관계는 심각한 경색 국면에 빠지게 되었다. 연초 북한이 '선 남북대화, 후 6자회담 재개'라는 수순을 밟기 위해 여러 형태의 유화 조치를 취하기도 했지만, 이명박 정부는 북측의 굴복을 요구하며 대화를 매번 거부하거나 파탄 냈다. 그 와중에 천안함사건과 연평도 포격전과 같은 초대형 악재가 발생했다. 급기야 남북관계는 개성공단을 제외한 거의 모든 연결고리가 단절되고 군사적 충돌을 걱정해야 하는 상황으로 바뀌었다. 무엇보다도 실제로 남북 간 교전이 발생할 수 있다는 불안감이 전체 국민에게 큰 스트레스를 주었다.

대결을 조장하는 이명박 정부

북한은 카터 전 미국 대통령(오른쪽 첫 번째)을 통해 조건 없는
남북정상회담 제안 메시지를 보냈다.

2011년
1월	7~8일	해군, 서북도서 '워 게임'
2월	9일	남북군사실무회담 결렬
	28일~4월 30일	키리졸브-독수리 합동군사연습
3월	29일	남북 백두산 화산 관련 협의
	30일	연평도 해상사격훈련
4월	11~21일	공군종합전투훈련(Soaring Eagle)
	26일	카터 전 미국 대통령 방북
	28일	이명박 정부, "카터는 김정일 대변인"
5월	3일	검찰, 농협 전산망 마비 사태가 북 소행이라고 발표
		해병대 서북도서 해상사격훈련
	9일	남북, 베이징 비밀접촉(돈봉투사건)
		이명박 대통령, '베를린 제안'
	30일	북 국방위 대변인 성명, "이명박 역적 패당과 더 이상 상종하지 않을 것이다"
7월	2~14일	백령도 일대, 한미해병대 연합훈련
8월	16~25일	을지프리덤가디언 합동군사연습
9월		한미연합화력실사격훈련, 한미해병대 연합군수지원 훈련, 전투기 공중급유 첫 훈련 등
10월	6일	남, 서북도서 대규모 해상사격훈련
	24일~11월 4일	호국훈련, 연평도·백령도 일대 대규모 지상·공중·해상 합동훈련
12월	19일	북, 김정일 위원장 사망(12월 17일) 발표

대화 국면 조성

천안함과 연평도사건을 거치며 그야말로 최악의 상태에 이른 남북관계를 풀어나갈 실마리가 연초에 북측에서 나왔다.

2011년 신년 공동사설에서 북한은 "북남 사이의 대결 상태를 하루빨리 해소하여야 한다"고 지적하면서 대화와 협력의 의지를 피력했다. 그리고 1월 5일에는 정부·정당·단체들의 연합성명을 통해 남북관계 개선을 위한 4개항의 제안을 내놓았다. 당국 간 회담을 포함하여 남북 정당·단체들 간의 조건 없는 조속한 회담 재개, 남북 협력 의지만 있다면 언제·누구와도 대화, 민족의 중대사와 관련한 모든 문제를 협의·해결, 남북관계 개선의 분위기 조성을 위해 비방·중상 및 상대를 자극하는 행동 중단 등이 그 내용이다. 이는 사실상 이명박 정부와 조건 없이 대화를 재개하겠다는 선언이다.

이에 대해 이명박 정부는 북측의 연합성명에 대해 "2007년까지 연례적으로 나오던 것", "통일전선전술 차원의 대남 공세" 등의 표현을 쓰면서 거부 의사를 밝혔다. 그러나 북측은 재차 대화를 촉구했다. 1월 12일 금강산 관광 재개 회담과 개성공단 실무회담 개최, 개성 남북경제협력협의사무소 정상화를 촉구하는 통지문을 보낸 것이다. 그러자 이명박 정부 입장에서도 대화 제의를 마냥 거부하기가 부담스러워졌다. 마침

로버트 게이츠 미 국방장관도 중국, 일본에 이어 한국을 방문해 남북대화를 촉구했다.

미국이 남북대화를 촉구하고 나선 이유는 더 이상 북한을 '무시'하는 정책을 유지할 수 없게 됐기 때문인 것으로 보인다. 지난해 말 북한이 연평도 포격과 가동 중인 우라늄농축 시설 공개라는 승부수를 던졌기 때문에 미국은 어떤 방향으로든 행동해야 했다.[1]

또한 미국은 북한의 추가적 핵 능력 강화와 미사일 기술 발전을 우려했지만, 유엔을 통한 대북 경제제재는 북중경협의 활성화로 사실상 무력화되고 있었으므로 대화 외에는 선택의 여지가 없었다.

1월 19일 백악관에서 열린 미중정상회담의 한반도 논의는 이러한 정세 변화를 반영한 것이다. 미중 양국은 정상회담 후 발표한 공동성명을 통해 6자회담의 조속한 재개와 9·19공동성명의 이행, "진지하고 건설적인 남북대화"를 강조했다. 그 후 미국은 천안함·연평도사건은 "남북이 해결해야 할 문제"라고 말하면서 남한을 압박하기 시작했다. 이제 이명박 정부도 좋든 싫든 대화에 나서야 했다.

이명박 정부의 어깃장

미중정상회담 직후인 1월 20일, 북측이 남북고위급군사회담을 제의하자 이명박 정부는 즉시 이를 받아들였다. 또한 북한은 국방장관급회담을 넘어서 남북국회회담까지 제안했다.[2] 정부는 천안함·연평도사건에 대한 북측의 시인과 사과를 대화 개시의 전제조건으로 제시했다. 나아가 정부는 북측의 비핵화에 대한 진정성을 확인해야 한다며 별도의 '비핵화 회담'을 받아들이라고 촉구했다. 이처럼 이명박 정부가 무리한 요구를 함으로써 이미 회담 전에 대화 분위기가 가라앉았다.

우여곡절 끝에 남북은 2월 8일과 9일 고위급군사회담 개최를 위한 예비회담을 열었다. 하지만 이 예비회담은 본회담까지 가지도 못하고 일곱 차례나 휴회를 거듭하다 결렬되고 말았다. 고위급군사회담의 의제 설정에 대한 입장차를 좁히지 못했기 때문이다. 남한은 천안함과 연평도에 대한 책임 있는 조치 및 추가 도발 방지를 의제로 제시했다. 그러자 북측은 천안함과 연평도를 의제로 삼는 것까지는 받아들이되 '군사적 긴장 상태 해소에 대하여'를 추가하자고 했다. 그러나 남한은 '군사적 긴장 상태 해소'라는 무난한 의제조차 받아들이지 않고 끝내 거절했다. 뿐만 아니라 천안함과 연평도 사건에 대한 책임 인정과 사과라는, 북한이 거절할 것이 분명한 요구를 대화의 전제조건으로 들이밀었다.

대화가 결렬된 다음 날인 2월 10일, 북측은 조선중앙통신사 논평을 통해 남한의 태도를 공개적으로 비판했다. 북측이 여러 차례 고위급회담의 의제를 수정하자고 제의했으나 "처음부터 예비회담 파탄시키려고 작정"한 남한이 이를 받아들이지 않고 자신의 의제를 고집했다는 주장이었다. 그러나 이명박 정부의 주류 인사들은 북한이 "(고위급회담에) 미련을 많이 가지는 것으로 보였다"며 "다시 전통문을 보낼 것으로 본다"고 엉뚱한 자신감을 드러냈다.[3] 지난 3년간의 대북 강경책이 북측의 굴복을 이끌어내지 못하고 오히려 연평도 포격전과 같은 대규모 긴장 사태를 초래했다는 객관적 사실은 안중에도 없었다. 얼마 후 미국이 각종 민간급 교류와 함께 대북 식량지원을 모색하자 이명박 정부는 북한의 식량 사정이 그렇게 나쁘지 않다면서 이를 만류했다.[4] 얼마 전까지만 해도 북한이 만성적인 식량난으로 곧 붕괴할 것이라고 주장하던 것과는 모순된 행동이다. 이명박 정부는 또 1999년 1월부터 매년 북한에 보내던 제주 감귤지원도 차단했다. 그동안 북한에 보낸 물량은 감귤 4만 8,328톤, 당근 1만 8,100톤 등 모두 6만 6,428톤(230억 원 상당)이다.[5]

연초 남북대화의 결렬은 군사적 긴장으로까지 이어졌다. 국방부는 대북전단 수십만 장을 뿌리며 이른바 '심리전'을 재개했고, 김정일 국방위원장의 생일인 2월 16일에는 한나라당 의원들까지 나서서 임진각에서 대북전단을 살포했다. 3월 들어 키리졸브 한미연합군사연습이 시작된 가운데 다시 20개 반북단체들이 대북전단 살포 계획을 발표했다. 이에 북측은 대북 심리전이 계속된다면 임진각 등 심리전 발원지에 대해 '직접 조준 격파 사격'을 하겠다고 경고했다. 그런데도 정부는 "대북전단 살포 자제 요청 계획이 없다"는 말만 되풀이했다.

한국만 팔짱끼다

키리졸브 연습이 끝나자 한반도 정세를 완화하기 위한 관련국들의 움직임이 활발해졌다. 4월 7일 김계관 북 외무성 제1부상과 커트 캠벨 미 국무부 동아태 차관보가 같은 날 중국을 방문했다는 소식이 전해졌고, 곧이어 11일에는 우다웨이 중국 한반도사무특별대표가 '남북 6자회담 수석대표 회동 → 북미대화 → 6자회담'이라는 단계적 회담 재개안을 발표했다.[6] 중국의 6자회담 재개안은 비록 6자회담 수석대표의 만남이라는 가벼운 형식을 선택하긴 했지만 여전히 남북대화를 첫 단계로 상정하고 있었다. 그러나 2월에 미중의 권고로 열린 남북군사실무회담이 결렬된 데서 보듯, 이명박 정부 핵심 인사들의 적대적이고 대결적인 자세가 바뀌지 않는 한 그 어떤 형식의 남북대화도 성공할 수 없었다.

북한은 다시 한 번 당국 간 대화를 시도했다. 백두산 화산 문제에 관한 협의를 제안하면서 북측 지진국장 명의로 남한 기상청장에게 전통문을 보낸 것이다. 이명박 정부는 당국 간 대화를 피하면서 '민간 협의'를 역제의했다. 그리하여 3월 29일과 4월 12일 남북 민간인 전문가들이 만나 두 차례의 백두산 화산 관련 회의가 열렸다. 그러나 그 와중에 서해로 넘어온 북한 주민 31명 송환을 둘러싼 논란이 벌어졌고, 농협 전산망 해킹사건이 '북한 소행'이라는 발표가 나오면서 대화의 불씨가 꺼져버리고 말았다.[7]

마침내 4월 24일 북한 조평통은 비망록을 발표하기에 이른다. 조평통은 개성공단 실무접촉, 금강산 관광 회담, 군사실무회담 등 이명박 정부에 들어와 제의됐던 남북 간 접촉을 열거하면서, 남한이 기존 대화를 모조리 끊어버렸을 뿐 아니라 새 국면을 열기 위한 북측의 대화 노력을 한사코 외면했다고 주장했다. 그리고 "우리는 대화를 귀중히 여기지만 괴뢰보수패당이 동족 대결에 미쳐 날뛰면서 끝까지 외면한다면 대화에 더 이상 연연하지 않을 것"이라고 경고했다.[8]

이명박 정부가 한 발도 움직이지 않았던 반면, 미국은 북한과 직접 접촉에 나섰다. 4월 말 카터 전 미국 대통령의 방북과 5월 말 로버트 킹 국무부 북한인권특사의 방북이 그것이다. 북한은 카터 전 대통령을 통해 조건 없는 남북정상회담을 제안하는 메시지를 보냈다. 전직 미국 대통령을 통해 전달된 메시지였다는 점을 감안하면 이를 충분히 심사숙고할 필요가 있었다. 그러나 이명박 정부는 또다시 진정성이 없다며 북한의 제안을 간단히 깎아내렸다.[9] 그리고는 5월 10일 베를린에서는 '핵을 포기하면 핵안보정상회의에 김정일 국방위원장을 초대하겠다'는 일방적인 제의를 내놓았다. 이러니 남북관계가 잘될 리 만무했다.

이번에도 시민이 나서다

이명박 정부는 국내에서 레임덕에 몰리기 시작했다. 2010년 6월 지방선거, 연평도 포격 이후의 각종 여론조사에서 나타난 바와 같이, 대중은 남북관계 악화와 군사적 긴장 고조에 심한 피로감을 느끼고 있었다. 5·24조치에 의해 개점휴업 상태가 된 대북지원 단체들 역시 "더 이상 못 참겠다"면서 대북정책 전환을 촉구했다. 민주노총은 '노동절 121돌 기념 남북노동자 통일대회'를 추진하기 위해 실무회담을 개최하려 했지만 정부의 불허로 성사되지 않았다고 항의했다.[10]

"연평도 포격사태가 일어난 지 1주년이 지나갔지만 연평도 주민들은 전시형 대책을 지속하면서 남북 간 평화를 보장하지 못하는 정부에 대한 불신이 높았다. 연평도사건 1주년에 맞춰 아직 완공되지 않은 것이 분명한 집에 들어가라고 하거나, 희망 근로 노인들을 동원한 '주민 화합행사'를 추진한 옹진군에 연평도 주민들은 곱지 않은 시선을 보냈다.(……) '정부가 실제로 안보를 생각하는 건지 모르겠다', '안보 의식이 부족해서 연평도사태가 터진 게 아니다. 결국 남북 간에 평화적인 해법이 없어서 생긴 문제다'라고 말하는 연평도 주민들의 말은 거버넌스상의 틈이 적지 않음을 말해주고 있다."(서보혁 서울대 통일평화연구원 연구교수)[11]

눈에 띄는 사실은 파주, 철원, 백령도, 김포 등 접경 지역 주민들이 잇따라 대북전단 살포에 반발하고 나선 것이다. 연평도 포격전 이후 접경 지역 주민들은 군사적 충돌의 위험에 가슴 졸이며 살아야 했고, 군사적 긴장으로 인해 막대한 경제적 피해를 입고 있었다. 그런 상황에서 반북 단체들이 또다시 임진각에서 대북전단을 살포하겠다는 계획을 발표하 자, 접경 지역 주민들은 이장단협의회를 통해 지방자치단체에 전단 살 포 중지를 정식으로 요청했다. 임진각 15개 상가 주인들도 연평도 포격 후에 외국인 손님이 80% 이상 줄었다며 '북을 자극하는 행동을 하지 말 아달라'고 호소했다.[12]

접경 지역 주민들은 직접 트랙터, 경운기, 차량 등을 동원해 대북전단 살포를 저지하기도 했다. 3월 18일 철원에서는 주민들이 마을 들머리 를 봉쇄하고 실력 행사에 나서서 반북단체 회원들의 전단 살포를 무산 시켰다. 3월 26일에도 천안함 1주기를 맞아 전단을 살포하려는 반북단 체 회원들과 주민들 사이에 실랑이가 벌어졌다. "반북단체들은 한번 와 서 전단 살포하는 것으로 끝이지만 주민들은 언제 떨어질지 모르는 포 격 위험 속에 살아야 한다"는 것이 주민들의 주장이다. 이들은 평화와 통일이 민족 구성원들의 행복한 삶과 직결되는 문제임을 온몸으로 보 여주고 있었다.

정부가 우리를 버렸다

돌이켜보면 이명박 정부의 대북 강경정책은 남한의 평화와 안정을 위태롭게 했다. 북한이 3년 안에 붕괴할 것이라는 안이한 판단은 그다 음 문제다. 대화가 중단된 가운데 북한이 핵 능력을 대폭 강화하고, 연 평도에 포격을 가했지만 이명박 정부에서는 아무도 대북 정책 실패에 대해 책임지지 않았다. 북한 탓만 하면서 그대로 지나갔다.

지난해 연평도 포격전으로 그곳 주민들의 일상은 파괴되었고 서북

5도의 군사적 불안은 최고조에 달했으며, 애기봉 등탑 점등으로 김포 주민들도 군사충돌의 위험 속에서 불안에 떨었다. 금강산 관광 중단으로 강원도민들의 피해도 이만저만이 아니었다. 강원도는 2011년 초반까지 금강산 관광 중단으로 발생한 경제적 손실을 986억 원으로 집계했고, 관광이 중단된 이후 고성군의 식당과 건어물 가게들은 자릿세도 제대로 못 내는 처지로 전락했다.[13] 남북경협을 위해 열심히 뛴 중소기업들 역시 경제적인 측면뿐만 아니라 정신적으로도 큰 피해를 입었다.

"정부가 우리를 버렸다. 우리는 지금 밑바닥 인생이다. 최근 '비핵·개방·3000'을 입안한 모 정부 인사를 만났는데 저한테 '경협하지 마라. 통일되면 하라'고 했다. 90년대 초부터 남북경협을 해온 업체들은 정부에 돈 달라고 한 적도 없고 그저 열심히 해왔는데 5·24조치 이후 정부는 우리를 버렸다. 우리는 통일부를 저승사자로 평가한다. 매일 아침 인사가 '당신 부인은 잘 있어? 도망가지 않았어?'라고 할 정도로 비참하지만 그래도 열심히 하려고 했는데 (통일부는) 그 희망마저 잘라버렸다."(김영일 한국무역협회 남북교역투자협의회 고문)[14]

또 연평도 포격전 이후 군사적 대결을 조장하는 군사 교리가 전면화되면서, 2011년 6월 17일에는 해병대 초병이 정상 궤도로 비행하는 아시아나 민항기를 '미확인 비행체'로 오인하고 수십 발의 경고 사격을 가하는 어처구니없는 일까지 발생했다. 이명박 정부를 포함한 모든 보수 정권이 국민의 지지를 받지 못했던 것은 어떠한 이념의 문제가 아니라, 이처럼 국민에게 피해를 끼쳤기 때문이다.

그러나 대북정책 전환을 촉구하는 내외 압박 속에서도 이명박 대통령은 5월 6일 개각에서 현인택 통일부 장관을 유임시켰다. 현 장관의 유임 직후 통일부는 기독교 단체인 KNCC가 중국을 통해 북한에 밀가루를 지원한 사실에 대하여 정부 승인을 받지 않았으므로 교류협력법 위반으로 처벌할 수밖에 없다는 방침을 밝혔다.[15] 5·24조치에도 '영유아 등 취약 계층에 대한 최소한의 인도적 대북지원'은 허용하겠다고 했지만, 실제로 통일부는 한 번도 남한의 대북지원을 허락하지 않았다.

뿐만 아니라 이 대통령은 청와대 통일비서관에 뉴라이트 계열의 김영호 전 성신여대 교수를 임명한 데 이어 민주평통 수석부의장에 반북 성향의 김현욱 전 의원을, 통일교육원 원장에 탈북자 출신인 조명철을 임명했다. 탈북자 출신을 통일교육원장으로 기용한 것은 '비핵·개방·3000'으로 상징되는 대북정책을 지속하겠다는 의사 표시로 해석됐다. 여기에 남한 국방부가 예비군훈련장 사격 표적지에 북한 최고 지도자의 얼굴을 넣은 사실이 공개되면서 남북관계는 얼음장처럼 변했다.[16] 북측은 5월 30일 국방위 대변인 성명을 통해 남한에 사과를 요구하면서 받아들이지 않으면 "더 이상 상종하지 않을 것"이라고 선언했다.

남북 비밀 접촉 폭로

6월 1일, 우리 언론매체들은 《조선중앙통신》의 보도를 빌려 5월에 있었던 정상회담을 위한 남북 비밀 접촉 사실을 상세히 보도했다.

언론에 드러난 접촉의 전말은 다음과 같다. 우선 청와대는 4월에 천안함사건과 연평도사건을 거론하지 않겠다며 정상회담을 위한 비밀 접촉을 북한에 제의했다. 그러나 5월 9일 베이징 접촉에 나간 김태효 청와대 대외전략비서관, 홍창화 국정원 국장, 김천식 통일부 정책실장 등이 두 사건에 대한 사과를 요구하며 말을 바꿨다고 한다. 이때 김태효 비서관이 "북측에서 볼 때는 '사과'가 아니고 남한에서 볼 때는 '사과'처럼 보이는 절충안"이라도 만들어 내놓자면서, 북측에 "제발 좀 양보해달라"고 요구했던 부분이 문제가 되었다. 더구나 북한이 이 제안을 거절하자 '돈봉투'를 제시했다고 알려지면서 일파만파로 파장이 커졌다.[17]

언론에 보도된 내용을 종합하면 이명박 정부는 여러 면에서 잘못을 저질렀다. 먼저, 정부는 그동안 남북정상회담을 "정치적 고려 없이, 대가 없이, 투명하게" 추진하겠다는 원칙과 달리 실제로는 정략적으로 접근했고, 돈봉투를 제시했으며, 밀실에서 추진했다.[18] 그동안 국민을 기만했다고 비판받을 수 있는 것이다.

또한 청와대는 매우 일방적이었다. 협상단이 6월 하순과 8월, 이듬해 (2012) 3월 등 세 차례 남북 정상회담을 개최하자고 제안했던 것이 대표적인 사례다. 남북 간 신뢰가 부재한 상황에서 정상회담 관련 일정을 모두 일방적으로 잡아놓고 북한에 이를 전달했기 때문이다. 특히 회담 대표의 면면을 보았을 때, 상대방이 신뢰할 수 없는 인물을 파견한 것 역시 문제가 있었다. 비밀 접촉에 나간 3인방 중 접촉을 주도한 것은 김태효 청와대 비서관이었는데, 그는 현인택, 천영우와 함께 '매파 3인방'으로 분류되는 인사였다. "(1주기를 맞는) 5·24조치로 북한이 3억 달러 정도 벌금을 내는 셈"이라고 발언했던 그가 비밀 접촉의 대표로 나갔으니 대화가 잘될 리가 없었다.[19] 북한의 비밀 접촉 폭로를 계기로 수면 아래에서 논의됐던 남북정상회담은 완전히 물 건너갔다.

한편 북한의 폭로는 북미관계 개선의 전제조건으로 '선 남북대화'를 요구하는 미국에 보내는 메시지였다고도 할 수 있다.[20] 남한 당국 때문에 '선 남북대화'는 불가능한 일이 됐으니 미국이 직접 북미대화에 나서라는 것이 그 내용이었다.

결론적으로 남북 간 비밀 접촉은 신뢰 회복에 도움이 된 것이 아니라 오히려 악재로 작용했다. 이명박 정권이 국민으로부터 손가락질 받은 이유인 오만과 독선, 일방주의, 거짓과 위선, 상황에 따라 쉽게 말 바꾸기 등의 모습은 남북관계에서도 적나라하게 표출되었다.

1년 7개월 만의 북미고위급회담

6월 초 싱가포르에서 열린 아시아안보회의(샹그릴라 대화)에 참가한 로버트 게이츠 미 국방장관은 북한의 도발을 우려하면서도 "한국 내 대북 강경론이 오히려 더 큰 위험을 낳고 있다"고 지적했다. 미국은 한국이 지나치게 강경한 입장을 취함으로 인해 동북아 정세가 불안해지는 것을 경계했던 것이다. 실제 한국이 연평도 포격에 대한 대응사격훈련을 강행했을 때에도 제임스 카트라이트 당시 합참부의장은 "연평도 사격훈련 강행으로 남북 간 포격·대응포격 형태의 연쇄작용이 우려된다"고 말한 바 있다.[21]

따라서 미국은 대북 강경책만을 고집하는 남한 정부를 마냥 기다려 줄 수 없었던 것 같다. 6월 하순 김태효 청와대 비서관과 김성환 외교부 장관이 워싱턴으로 날아가 천안함·연평도 문제를 6자회담 재개와 연결시켜야 한다고 간청했으나, 미국은 이를 완전히 수용하기 어렵다고 반응했다. 사실 미국은 1월 있었던 미중정상회담 이후 천안함사건과 연평도사건에 대한 북한의 사과를 6자회담 재개의 전제조건으로 고집하는 이명박 정부에 반대 의사를 밝혀왔었다. "남북문제와 비핵화 문제를 분리해 접근하자는 것이 미국의 요구"였던 것이다.[22]

결국 7월 22일 인도네시아 발리 ARF(아세안지역안보포럼)에서 남북비핵화회담이 진행된 후 곧바로 1차 북미고위급회담이 열렸다. 중국과 미국의 권유와 오랜 기다림에도 남북관계에 진전이 없었기 때문에 북미 양자 대화로 넘어가기 위해 형식적인 남북대화 단계를 거친 셈이다.

7월 28일 뉴욕에서 김계관 외무성 제1부상을 단장으로 하는 북측 대표단이 스티븐 보즈워스 대북정책 특별대표가 이끄는 미국 측 대표단과 회담했다. 1년 7개월여 만에 북미가 마주 앉은 자리였다. 양측은 회담이 "건설적이고 실무적이었다"고 평가하며 추후 대화의 가능성을 열어놓는 모습을 보였다. 또한 북한은 이 회담에서 북미정상회담을 제안한 것으로 알려졌다.[23] 그러나 북 외무성이 8월 1일 관영 언론을 통해 "전제조건 없이 6자회담을 속히 재개하고 동시 행동의 원칙에서 9·19 공동성명을 전면적으로 이행해나가려는 입장은 일관하다"고 밝힌 반면, 미국은 6자회담 재개 이전에 북한이 우라늄농축 프로그램을 중단하는 등의 행동을 보여야 한다고 요구했다.

어쨌든 대화의 문은 열렸고, 남북과 미국은 '형식적인 남북대화-북미대화'라는 순서를 한 번 더 밟았다. 9월 21일 베이징에서 2차 남북비핵화회담이 열리고, 10월 24일에서 25일까지 2차 제네바 북미고위급회담이 개최된 것이다. 2차 북미고위급회담에서 북한은 모종의 대가를 전제로 하는 우라늄농축 프로그램 중단 가능성을 언급했으나 양국이 합의에 이르지는 못했다. 비핵화 사전조치를 요구하는 한미 당국과 무조건적인 6자회담 조속 재개를 주장하는 북한의 거리가 좁혀지지 않은 것이 일차적인 원인이었으나, 근본 원인은 미국의 '전략적 인내' 정책에서 찾을 수 있을 것이다.

전략적 인내

오바마 행정부는 출범 전부터 북한과 터프하고 직접적인 외교를 하겠다고 공언했다. 그러나 막상 정권 출범 후에는 금융위기 등 시급한 국내 문제 때문에 대외정책이 후순위로 밀렸다. 오바마 행정부의 대북정책 기조가 된 '전략적 인내(strategic patience)'란 가만히 앉아서 북한의 자발적 비핵화나 또는 북한 정권의 급변사태를 기다리겠다는 것으로, 북한 붕괴를 가정하고 있음으로 인해 적극적인 문제 해결이나 협상과 거리가 먼 것이었다. 이 '전략적 인내'는 외관상 W. 부시 행정부의 대북정책보다 비교적 온건한 모습을 띠고 있지만, 결국 '선핵폐기론'을 전제조건으로 내세운 봉쇄정책으로서, 그 본질에 있어 전임 부시 행정부와 다를 것이 없다는 비판이 미국 내에서조차 존재한다.

북한은 2009년 2차 핵실험을 통해 미국의 결단과 행동을 촉구했다. 그러나 미국은 봉쇄와 제재를 유지하며 북한의 자발적 비핵화 또는 급변사태를 기다리는 쪽을 선택한다. 오바마 행정부는 전임 정부와 달리 북한을 직접 압박하지는 않았으나 6자회담 재개에 전제조건을 걸어 북한의 선 굴복을 강요했다. 또 오바마 행정부는 기본적으로 북한과의 대화 의지가 약하고 동맹을 우선시하는 기조를 취했기 때문에 남한 정부가 반대하면 굳이 대화를 추진하지 않았다. 남한 정부는 계속 강경책을 고집하면서 북미관계에 빗장을 걸었다. 급기야 천안함과 연평도 포격사건이 발생하면서 한반도는 극도의 긴장에 휩싸였다. 미국은 이명박 정부를 지지하면서 잇속을 챙겼고 후텐마 기지 이전 문제를 둘러싼 일본과의 갈등을 쉽게 해결했다. 그러나 천안함사건 이후 한국과 미국의 밀착에 대한 반작용으로 북중관계는 더욱 긴밀해졌다. 동북아에서 신냉전의 구도가 부활하기 시작했다.

결론적으로 오바마 행정부는 북한 비핵화에 실질적으로 접근할 수 있는 방안을 찾지 못했다. 오히려 북한의 핵보유가 기정사실화되었고, 기대했던 북한의 급변사태 가능성도 희박해졌다. 유엔 제재는 대규모 북중 협력으로 효과를 잃었다. 꼬인 관계를 풀어나가기 위해서는 미국의 과감한 정책 전환과 북미 양자 대화가 요구되었다.

재개 실마리 찾지 못한 금강산 관광

남북의 교류협력 사업 역시 교착 국면을 벗어나지 못하고 있었다. 가령 금강산지구 내 남한 재산에 관한 협의 과정에서도 남북은 접점을 찾는 데 실패했다. 2011년 들어 북측은 남한에 금강산 관광 재개를 압박하는 한편으로 특구법을 제정하고 새 틀에 근거한 협의를 요구했다. 문제 해결을 위한 협상을 남한이 끝내 거부한다면 북측 역시 종전의 합의에 얽매이지 않겠다는 의사도 표시했다. 그런데도 양측의 입장차가 좁혀지지 않자 북측은 7월 29일 금강산지구 내 남한의 부동산 처분을 위한 실천적 조치에 착수한다고 밝히면서 법적 처분 기한으로 3주일을 제시했다. 그러나 이 기간에 남한 정부는 움직이지 않았고, 급기야 남한 인원 16명이 모두 철수하기에 이르렀다. 이에 따라 금강산 관광은 3년째 재개의 실마리를 찾지 못하고 남북 모두에게 씁쓸한 결말로 치달았다.

모처럼 남한이 제안한 수해지원도 원만하게 이루어지지 못했다. 8월 3일 이명박 정부는 북한에 50억 원 상당의 긴급 수해지원 물품을 보내겠다고 제의했다. 그러나 지난해에 이어 또다시 남북 간에 수해지원 품목을 둘러싼 공방이 벌어졌다. 북측이 식량과 시멘트 지원을 요청했지만 정부가 '쌀과 시멘트의 군사적 전용 가능성'을 이유로 "쌀과 밀가루 지원은 생각하지 않고 있다"고 밝혔기 때문이다. 결국 북한은 남한의 수해지원을 거부했다.

또한 정부가 밝힌 50억 원 규모의 지원액은 전해의 1백억 원이 반 토막 난 것이며, 미국이 지난해 9월 60만 달러를 지원했다가 90만 달러를 긴급 지원하기로 한 것과는 대조됐다.[24] "인도적 지원을 억지로 떠넘기 기식으로 하는 것은 전례가 별로 없는 일"이었다는 점,[25] 그리고 이때 남한이 좀 더 지혜롭게 대처했다면 남북관계 개선의 단초가 마련됐을 것이라는 점을 감안할 때, 정부의 처사는 여러모로 아쉬움을 남겼다.

이 시기에 북한을 질타하던 보수언론은 확인되지 않은 '김관진 암살설'을 유포하며 대결 분위기를 조장하기도 했다. 정작 김관진 국방부 장관이 "추측성 보도"라고 잘라 말하면서 없던 일이 되긴 했지만, 이처럼 '아니면 말고' 식의 퇴행적인 대북 보도 행태는 틈만 나면 되풀이 되었다.[26]

기만적 '류연성'

9월이 되자 이명박 정부는 현인택 통일부 장관을 류우익으로 교체했다. 9월 19일 자신의 이름이 '류연성'이라는 농담까지 한 그가 장관 자리에 오르고 나서 개성공단의 도로 보수공사 시작, 종교인들의 방북, 《겨레말 큰사전》 편찬 사업을 위한 방북 등의 작지만 긍정적인 조치들이 취해졌다. 그러나 5·24조치와 같은 본질적인 문제와 관련해서 정부의 입장 변화는 전혀 없었다. 이 대통령이 추석맞이 특별기획에 출연해서 "대북정책은 대통령의 기조에 의해 움직인다"면서 "통일부 장관에 의해 움직이는 게 아니다"라고 못 박았던 것이다. 이는 대북정책의 변화 요구에 대한 확고한 반대 의사 표명이었다.[27] 또 대통령은 현인택 전 장관을 대통령 통일정책특별보좌관으로 임명했다. 즉, 애초에 류우익의 개인적 정책 선호와 무관하게 통일부 장관이 유연성을 발휘할 여지가 매우 좁았던 것이다.

이런 맥락에서 보면 '유연성'이란 남북관계를 풀기 위한 접근이 아니라 북미대화 국면에서 남북관계를 적당히 관리만 하겠다는 소극적 접근이었고, 그런 맥락에서 내외 여론을 속이기 위한 기만책일 수 있었다. 가령 북한의 김양건 아태평화위 위원장이 고 박용길 장로에게 조의를 표하고 싶다면서 요청한 장례위원들의 방북을 정부가 거부한 것이 그 증거다. 문익환 목사와 박용길 장로가 북한과 쌓은 인연은 널리 알려진 사실이다. 또한 장례위원들이 개성을 방문해 북측의 의사를 전달 받아 이를 유족에게 전하는 일은 결코 무리가 아니었다. 그런데도 통일부는 엉뚱하게 "전통 장례 예법 및 정서"에 맞지 않는다며 이를 불허했다. 류우익 장관이 취임 두 달 만에 북한이 핵개발을 멈출 때까지 대규모 투자와 교역을 중단하겠다고 발표한 것 역시 '유연성'의 한계를 보여준 사례다.[28]

남북 대치가 초목마저도 적의 군대로 보이게 했다

2010년의 천안함·연평도 사건으로 크게 고조된 군사적 긴장은 해가 바뀌어도 진정될 기미가 보이지 않았고, 우리 군 내부에도 큰 영향을 미쳤다. 이를 잘 보여주는 것이 2011년 7월 4일 강화도 해병대 초소에서 발생한 총기난사사건이다.[29] 당일, 초소에서 김 모 상병이 총기를 난사해 4명이 사망하는 사고가 발생했고, 총기사건이 발생하기 하루 전에는 같은 사단의 한 사병이 외박을 나왔다가 스스로 목숨을 끊었으며, 뒤이어 7월 10일에는 정 모 일병이 목을 매 숨진 채 발견됐다. 열흘 후인 14일에는 2사단의 예하 부대에서 배 모 원사가 자살했다. 뿐만 아니라 6월에는 백령도 해병 6여단에서 이 모 상병이 K-2 소총 실탄에 맞아 숨지는 사건도 있었다.

이러한 일련의 사건들은 해병대 특유의 강압적인 병영문화 때문에 발생한 것으로 받아들여졌다. 그런데 보다 거시적으로 본다면 사건 발생은 정부의 대북 압박정책과 무관하지 않았다. 사건·사고가 집중 발생한 서북 5도 지역은 한국군과 미군이 끊임없이 군사훈련을 벌이고, 각종 무기가 증강된 지역이다.[30]

'서북 5도의 요새화'를 부르짖은 정부는 M48 전차, 다연장 로켓 '구룡', K-9 자주포와 K-10 탄약보급차량 등은 물론 미군이 실전에서 사용한 아파치 헬기까지 배치했고, 아울러 이를 총괄할 서북도서방위사령부(서방사)를 2011년 6월 15일에 창설했다. 이 시기를 전후하여 이미 해병 2사단의 작전 범위가 너무 넓어지고 훈련의 강도는 더욱 세지면서 장병들의 피로가 극에 달했다는 분석이 나왔다.

그런데 총기난사사건보다 훨씬 심각한 사건이 발생할 뻔했다. 김관진 국방장관은 서북도서방위사령부 창설식에서 "일단 쏘고 나서 보고하라"는 지침을 내렸는데, 지침 발표 후 불과 이틀이 지난 6월 17일, 서해 교동도 대공감시초소에서 근무 중이던 해병 초병(哨兵) 2명이 우리 민항기에 10분간 99발을 쏜 사건이 발생했던 것이다. 중국 국제문제 전문지인《환구시보(環球時報)》는 20일〈여객기 총격사건이 한국의 체면을 떨어뜨렸다〉는 기사를 통해 사건 개요를 상세히 전했고, "남북 대치가 초목마저 모두 적의 군대로 보이게 했다"고 밝혔다.[31] 또 잘 알려지지 않았지만, 2010년에는 바다에 떠오른 통나무에 해군의 링스 헬기가 폭뢰 30발을 투하하는 일이 벌어지기도 했다.

요컨대 군 수뇌부의 강경한 기조가 군 장병들에게는 압박으로 느껴졌고, 이 때문에 과잉 반응을 할 수밖에 없었던 것이다. 이와 관련하여 전문가들은 항공기 오인 사격에 대해 "남북관계가 지나치게 긴장된 상황에서 발생한 사건인 만큼 재발을 막기 위해서는 무엇보다 남북관계의 개선이 필요하다"(김기정 연세대 정치외교학과 교수)고 말했다. 또한 정욱식 평화네트워크 대표는 "남북한 긴장이 고조된 상황에서 '선조치 후보고' 체제만을 강조할 경우 초병이 느낄 압박과 긴장이 높을 수밖에 없다"고 지적했다.[32]

대결을 조장하는 정부

이처럼 가슴을 쓸어내릴 정도의 아찔한 사건이 계속 발생했지만, 남북 간 군사적 긴장은 끝없이 고조되었다. 우선, 대통령을 포함한 고위 외교안보 라인에서 약속이라도 한 듯 북한을 자극하는 발언을 일삼았다. 10월 7일 천영우 청와대 외교안보수석과 김태효 청와대 대외전략비서관이 북한의 '붕괴'를 기정사실화한 것을 비롯하여, 10월 25일에는 합참의장 청문회에 참석한 정승조 내정자가 "나라면 연평도 때 전투기를 썼을 것"이라고 말했다. 10월 말 제네바에서 열린 북미회담에서 일부 진전이 있었는데도, 이명박 대통령은 《월 스트리트 저널》과의 인터뷰에서 "대북책을 포기하지 않겠다"(10월 31일)며 다시 한 번 북한의 '선핵 폐기' 원칙을 고수하겠다는 입장을 밝혔다.

군사적 행동 역시 더욱 과감해졌다. 9월 말 한미 당국은 부산에 들어온 조지워싱턴호를 취재진에 공개하며 전력을 과시했다. 10월 27일과 28일에는 서해 최전방인 백령도와 연평도에서 해병대를 포함한 5천 명 이상의 육해공군 합동군사훈련이 실시되었다. 이 훈련은 '방어'가 목적이라고 했지만, 실제로는 서북도서방위사령부에 배치된 모든 편제화기를 총동원하고, 각종 헬기와 수송기, 그리고 전투기를 띄워 사실상의 무력시위의 성격을 띠었다.

한미연례안보협의회(SCM)에서는 대북 압박 조치가 쏟아져 나왔다. 구체적으로 보면 한미 양국은 '국지도발 대응 공동작계'를 연말까지 수립하고, 북한에 대한 '맞춤식 억제전략'을 세우는 데 합의했다. '맞춤식 억제전략'은 쉽게 말해 북한의 핵과 미사일 등에 대해 적절한 수단으로 타격하겠다는 것인데, 이는 선제타격의 가능성을 포함한다는 점에서 많은 우려를 불러일으켰다.

11월 23일 연평도 포격 1주기를 맞아 연평도와 백령도에서 육해공군 합동 전력을 동원한 기동훈련을 벌였다. 이날 합동참모본부는 북한이 포격하면 1단계로 도발 원점을 격파하고 추가 도발 시 2단계로 후방 지휘소를 무력화하는 작전계획에 따라 훈련을 진행했다고 발표했다. 곧이어 12월에는 국방부가 지난해에 점등했던 애기봉 등탑 외에 휴전선 중부와 동부 전선에 추가로 등탑을 세운다는 계획을 발표했다. 그뿐 아니라 김황식 국무총리가 직접 애기봉을 방문해 "북한의 어떤 도발에도 단호하게 대응"하라면서 동족 대결을 '격려'했다. 그러자 북측은 "등탑 점등이 이뤄지면 예측할 수 없는 상황이 조성될 것"이라고 경고했다.

이러한 일련의 군사훈련 규모와 빈도를 보면 한반도는 이미 평시가 아니었다. 이명박 정부 출범 이후 한반도와 인근 해상에서는 한미합동군사 연습, 남한 단독의 군사훈련이 부쩍 늘었다. 서울 이북 군사분계선과 인접 지역, 서해해상경계선 수역 등에서 실사격훈련이 실시되고 한미해상연합훈련, 대잠훈련, 대규모 상륙훈련, 대규모 화력전훈련, 특수전대비훈련 등이 연중무휴로 진행됐다. 북한이 한국과 미국으로부터 받은 군사적 스트레스의 강도는 상상을 초월했을 것으로 짐작된다.

김정일 국방위원장 조문 불허

12월 17일 김정일 국방위원장의 급작스러운 사망소식이 세계로 전해졌다. 남한 사회 각계에서도 조문 방북을 고려하거나 준비하기 시작했다. 유엔은 공식 조문단을 파견했고, 미국·중국·러시아·일본 정부도 조문단을 파견해 조의를 표했다. 그러나 이명박 정부만은 조문단을 보내지 않았을 뿐 아니라 통일부 장관이 노란 점퍼를 입고 나와서 "북한 주민들에게 위로의 뜻을 전한다"며 애도 아닌 애도를 표하며 또다시 북한을 자극했다. 게다가 정부는 민간의 조문을 일절 불허하고 이희호 여사를 비롯한 극소수 인원만 방북하도록 허용했다. 류우익 장관이 말하던 '유연성'의 실체가 극명하게 드러난 결정이었다.

그런데 당시 방북한 이희호 여사와 현정은 회장에 대해 북한은 후계자 김정은과 국가수반인 김영남 최고인민회의 상임의장이 직접 나와서 따로 접견했고, 두 사람에게 외국 정상들만 묵고 가는 백화원 영빈관을 내주었다. 이렇게 북한이 최고 수준의 예우를 제공한 것으로 보아, 만약 정부 차원의 조문단을 꾸렸다면 남북관계가 획기적으로 진전했을 것이다.[33]

영결식 당일에 30여 개 반북단체들이 군사분계선 근처에서 전단을 살포한 것 역시 불필요한 긴장을 조성했다. 또한 북한이 애도 기간에 접어든 뒤에도 남한은 서해에서 해상사격훈련을 진행했고, 이듬해 초까지 백령도, 연평도 등 서북도서 지역의 사격훈련과 서해상 연합대잠훈련을 연이어 진행했다. 이쯤 되면 북측의 분노와 반발은 예고된 수순이었다. 12월 30일 북 국방위원회 성명은 "민족의 대국상 앞에 저지른 이명박 역적패당의 만고대죄를 끝까지 결산할 것"이라고 선언했고, 31일 조평통 성명은 "이명박 패당이 만고대죄를 사죄하지 않는 한 부득불 최후 결판을 내는 길밖에 없다"고 선언했다.

이제는 물밑에서나마 이뤄지던 남북 간 접촉의 끈이 수명을 다해가고 있었다.

남북회담 한 번 못 하고 끝난 '이명박 정부 5년'

북한의 로켓 발사. 광명성 3호를 발사하기 위해 개발된 은하 3호.

2012년

1월	5일	통일부, 북에 '포괄적 의제' 논의를 위한 대화 제의
	26일	남, 서북도서 사격훈련
	2~4월	서북도서 해상사격훈련, 키리졸브–독수리 합동군사연습, 사상 최대 규모 한미해병대연합상륙훈련(쌍룡훈련) 등
2월	2일	북 국방위원회, 9개항의 공개질문장 발표
	23~24일	3차 북미고위급회담(베이징)
	29일	2·29합의 발표
3월	26~27일	핵안보정상회의(서울)
4월	13일	북, '광명성 3호' 발사
	16일	이명박 대통령, 라디오 연설에서 북 미사일 비난
5월	2일	유엔 안보리, 북 기업 3곳 추가제재 결정
9월	3일	남, 대북 수해지원을 위한 실무접촉 제의
	12일	북, 지원 품목 및 수량에 불만을 표시하며 수해지원 거부 통보
10월	13일	금강산 신계사 복원 5돌 기념 남북불교도합동법회
	22일	임진각에서 대북전단 살포 소동
12월	12일	북, '광명성 3호'(2호기) 발사
	19일	대통령 선거에서 박근혜 후보 당선

남한의 대화 제안

2011년 말 '조문정국'을 거치며 남북관계는 사실상 파탄에 이르러 있었다. 북측은 신년 사설에서 "민족의 대국상을 외면하고 조의 표시를 각방으로 방해해 나선 남조선 역적패당의 반인륜적, 반민족적 행위"를 언급하며 "역적패당의 반통일적인 동족적대정책을 짓부수어버리기 위한 거족적인 투쟁을 벌여나가야 한다"고 강조했다.

이에 대해 남한은 이전과는 조금 다른 모습을 보였다. 1월 5일 통일부가 2012년 업무보고에서 '남북 간 대화 채널 구축을 위한 고위 당국자 간 대화 개설을 통한 포괄적 의제 논의'를 제시했던 것이다. 포괄적 의제란 '천안함·연평도 사건', '이산가족·개성공단·금강산 관광', '6·15, 10·4 선언 이행' 등을 한자리에서 논의하자는 의미로서, 천안함 사과 후 대화보다는 조금 나아간 입장이었다.

그런데도 북한은 '불상종' 입장을 유지했다. 북측 국방위원회는 2월 2일 9개항의 공개질문장을 발표하면서 '김정일 국방위원장 사망 이후 정부의 조문 제한에 대한 사과', '6·15, 10·4 남북공동선언 이행', '한미 연합군사훈련 중단' 등을 요구했다. 공개질문장은 강한 표현을 쓰고 있었지만 한편으로는 남한이 주장한 '고위 당국자 간 대화'가 열릴 여지를 담고 있기도 했다. 하지만 류우익 통일부 장관은 "대답할 가치가 있나"

라면서 9개항의 질문을 무시해버렸다.

얼마 후 남한은 다시 연이은 접촉 제안을 내놓았다. 2월 첫 주에 이산가족상봉을 위한 적십자 실무접촉을 제의했고, 다음 날은 고구려 고분군 일대의 산림 병충해 방제를 위한 남북 당국 간 실무접촉을 제의했다. 2월 15일에는 개성공단 활성화를 위한 북측 노동자 확대를 의제로 남북 당국 간 실무회담 추진을 검토하겠다고 밝혔다. 남한의 이러한 제안에 북측은 답이 없거나 통지문 수령을 거부했다. 남한 정부는 "적극적으로 결심을 해서 나오기를 바란다"며 북측의 호응을 촉구했다.

대화 재개 실패의 이유

남한이 대화를 제의하고 북측이 계속 거부하는 2012년 초의 풍경을 보면, 외견상 대화 재개 실패의 책임이 북한에 있었다. 2009년과 2010년 북한이 대화를 제의하고 남한이 거절했던 상황에서 그 책임이 남한에 있었던 것처럼, 이번에는 북한에 책임이 물을 수도 있었다.

그런데 2012년의 상황은 2009년이나 2010년과는 본질적으로 달랐다. 2009년에 북측은 현정은 회장의 방북을 기점으로 일련의 파격적인 조치를 취했다. 북측은 남북 육로통행 및 개성공단 체류 제한 조치(12·1조치)를 전면 해제하고, 개성공단의 직원 유 씨를 석방했으며, 어선 '800연안호'를 신속하게 귀환시켰다. 2010년에는 대승호를 송환하는 등 대화가 재개될 만한 상황을 조성하려 했던 것이다.

그렇다면 2012년 초에 남한 역시 진정성을 확인시켜줄 수 있는 조치를 취할 필요가 있었다. 가령 결자해지 측면에서 5·24조치를 전면 해제할 수 있었을 것이다. 그러나 남한은 아무것도 보여주지 않았다. 이명박 대통령의 신년 국정연설에는 기존 대북정책의 변화나 새로운 제안이 담기지 않았다. 류우익 장관은 북한이 요구한 '조문 제한에 대한 사과'를 딱 잘라 거절했으며 이산가족상봉을 위해 대북 인도적 지원, 금강산 관광 재개 등을 한 묶음으로 제안할 뜻도 없다고 당당하게 밝혔다. 5·24조치를 철회한 것도 아니었고, 선제공격적 성격이 더욱 강화된 키리졸브 연습도 그대로 진행할 예정이었다.

대규모 합동군사연습이 대화에 미치는 악영향을 가늠할 수 있는 사례가 있다. 2012년 2월 9일, 핵 폭격기를 포함한 러시아 전투기 5대가 일본 영공에 접근해 일본과 한국 전투기 13대가 대응 출격하는 소동이 있었다. 2010년과 2011년에 같은 일이 발생했을 때도 일본 정부는 즉각 전투기를 발진시켰고 러시아에 자제를 요청했다.[1] 러시아 전투기가 일본 영공을 침입한 것은 아니지만, 근접 비행만으로도 군사적 긴장이 고조되었던 것이다. 그렇다면 전투기 몇 대 수준이 아니라 핵 잠수함과 핵 폭격기, 항공모함을 포함해 몇십만 명 규모로 치러지는 키리졸브 연습이 북한에 주는 압박감은 상당할 것이라 충분히 짐작할 수 있다. 더구나 한미 양국이 북한과의 전면전을 상정하고 '북한군 격멸'과 '북한 정권 제거'를 훈련 목표로 제시했기 때문에, 키리졸브 연습이 진행되는 동안 남북대화는 단절될 수밖에 없었다.

모든 관계는 상대가 있고, 대화 제의는 상황과 분위기에 맞게 해야 한다. 상대방이 굉장히 민감하게 생각하는 '조문'문제로 관계가 파국에 이르렀다면, 최소한 그에 대한 의견 교환이 가능하다는 입장을 밝힐 필요가 있었다. 그러나 남한은 북측의 입장을 외면하면서 거듭 일방적으로 접촉을 제의했다. 대규모 군사훈련인 키리졸브 연습 기간에 '대화를 하자, 이산가족상봉을 하자' 하면서 가능성이 희박한 제의를 툭툭 던지기도 했다. '받으면 좋고, 안 받아도 어쩔 수 없고' 식의 제안으로는 상대방을 움직일 수 없다.

2·29 북미 합의

남북 간에 대화 채널조차 복구되지 않은 가운데, 지난해 12월 김정일 국방위원장 사망으로 연기된 북미의 3차 고위급 접촉이 진행됐다. 김계관 북 외무성 제1부상과 글린 데이비스 미 대북정책 특별대표는 베이징에서 2월 23일부터 24일까지 이틀간 회담을 가진 후 29일 평양과 워싱턴에서 동시에 합의 사항을 발표했다(2·29합의). 양측 발표를 종합하면 북측은 핵실험 및 장거리 미사일 발사 유예, 우라늄농축 프로그램을 포함한 영변에서의 핵 활동 중지와 IAEA 사찰단 복귀 등을, 미측은 24만 톤의 대북 식량지원(영양지원)을 재개하기로 약속했다. 2·29합의는 오바마 행정부 들어 처음 도출된 북미 합의로서 양측이 큰 틀에서 입장을 확인했다는 의미를 지닌다. 하지만 아직 6자회담 재개에 접근했다고 보기는 어려웠다.

북미대화가 남북대화로 이어질 가능성도 매우 낮았다. 2·29합의의 후속 조치로 리용호 북 외무성 부상이 3월 초 뉴욕을 방문하고, 리근 외무성 미국국장이 로버트 킹 미 북한인권특사와 식량지원에 관해 협의하는 동안 이명박 정부는 소외되었다. 정부는 북미 간의 협의 내용을 미국으로부터 전해 들어야 했다. 서울시가 추진하던 서울시향의 평양 공연은 북측이 '정세'를 이유로 거부해 성사되지 못했다. 대신 3월 14일 프랑스 파리에서 북한 은하수관현악단이 정명훈 서울시향 예술감독의 지휘에 맞춰 감동의 무대를 선사했다. 이날 남한 인사들은 관객석에만 앉아 있었는데, 이것은 남한이 한반도 정세에서 주도적 역할을 상실한 상황을 보여주는 상징적인 장면이었다.

만일 이 시점에서 2·29합의 이행에 속도가 붙고 북미관계가 획기적으로 발전했다면 남북관계 개선에도 동력을 제공했을 것이다. 그러나 오바마 행정부는 선거의 해를 맞아 국내 정치에 치중하면서 북미관계는 적당히 관리하려고만 했다. 또한 2·29합의의 이행은 곧 '장거리 미사일 발사 유예 조항을 둘러싼 이견'이라는 장애물을 만나 가로막히고 말았다.

광명성 3호, 인공위성인가 미사일인가

4월 13일 광명성 3호 발사에 대한 북미 간 논의의 핵심은 '장거리 미사일 발사 유예'에 위성 목적의 로켓 발사도 포함되느냐는 것이었다. 북한은 이전부터 4월 중에 김일성 주석 탄생 100주년을 축하하기 위해 위성을 쏘아 올릴 준비를 하고 있었다. 미국은 위성 발사가 2·29합의에 포함된 미사일 시험 유예를 위반하는 것이라고 주장했지만, 북한은 "실용 위성 발사와 장거리 미사일은 별개의 문제"라고 맞섰다. 더구나 북한은 2011년 7월부터 수차례 미국에 위성 발사계획을 통보했고, 2월의 북미 고위급 접촉에서도 이를 통보했다.

인공위성을 쏘아 올리는 발사체는 핵무기를 실어 나르는 대륙간탄도미사일(ICBM)과 동일한 기술을 사용한다. 똑같은 발사체에 인공위성을 탑재하느냐, 아니면 핵탄두를 탑재하느냐에 따라 그 사용 목적이 판명되는 것이다. 즉, 위성 발사인지 아닌지의 여부는 기술적인 차원에서 결정되는 것이 아니라 정치적 해석의 의해서 결정된다고 볼 수 있다.

실제로 미국의 한 군사전문가가 분석한 바에 따르면, 광명성 3호의 발사 궤도가 한국 나로호의 발사 궤도와 유사한 것으로 나타났지만,[2] 한·미·일 3국은 북한의 의도가 공격에 있다고 판단했다. 따라서 한·미·일 등은 북한의 광명성 3호 발사가 위성 발사를 가장한 장거리 미사일 시험이라고 주장했고, 북한의 위성 발사가 안보리 결의 1874호 및 2·29합의에 위배된다고 판단했다. 참고로 지난 2009년 4월 북한이 광명성 2호를 발사했을 때 유엔 안보리가 내놓은 결의안 1874호에는 "탄도 미사일 기술을 이용한 모든 종류의 발사"를 금지한다는 규정이 있었고, 이에 대해 북한은 "위성 발사는 우주의 평화적 이용에 관한 주권적 권리"라며 결의안을 배척한 바 있다.

그런데 북미 양측이 합의한 2·29합의문에는 "미사일 실험 중단"이라는 표현만 있고 "미사일 기술을 이용한 실험" 등의 문구는 없었다. 또한 2·29합의문에 미사일 발사 유예는 언급되었지만, 인공위성 발사에 대해서는 언급이 없었다. 따라서 북한의 인공위성 발사가 2·29합의 위반이라는 주장은 재고할 여지가 있고, 2·29합의문에 명확한 문구를 넣지 못한 미국의 패착이었을 가능성을 점검해봐야 한다.[3]

무엇이 평화를 위협하는가

북한의 인공위성 발사가 한반도와 동북아, 나아가서는 미국의 안보에 얼마나 위협이 되는지도 짚어볼 부분이다. 당시 한반도와 동북아를 위협하는 전쟁의 불씨는 서해와 군사분계선에서 대대적으로 벌어지는 한미연합군사연습이었다. 하지만 미국은 자신의 행동에 대해서는 일언반구 없이 북한이 광명성 3호를 발사할 경우 2·29합의 위반이므로 식량지원을 중단하겠다고 경고했다.

반면 북한은 '평화적 우주이용권'을 주장하고 내외신 기자들에게 발사 과정을 이례적으로 공개하면서 4월 13일 발사를 강행했다. 북한은 1~2분 만에 장거리 로켓이 폭파되자《조선중앙통신》을 통해 "지구 관측 위성의 궤도 진입은 성공하지 못하였다"고 발표했다.[4]

그러나 미국은 뉴욕에서 유엔 안보리 긴급회의를 열어 북한의 발사를 규탄하는 의장성명을 도출했다. 이어 관련국들에 '북한의 4·13발사로 2·29합의는 파기된 것으로 본다'는 입장을 통보하고, 북한에 지원하려는 식량 선적을 중단하겠다고 밝혔다. 이런 조치는 대북 식량지원을 다른 이슈와 연계하지 않겠다고 스스로 밝힌 원칙과 상충하는 것이다.

북한은 4월 17일 외무성 성명을 통해 안보리 의장성명을 전면 배격하고, 20일 우주공간기술위원회 대변인 담화를 통해 '실용 위성들을 계속 발사하겠다'는 입장을 천명했다. 이후에도 북한은 강온 양면전술을 구사하며 미국에 거듭 신호를 보낸다. 7월에는 외무성 비망록을 통해 '핵문제 전면 재검토'를 천명하며 미국을 압박하고, 8월에는 싱가포르 비공식 접촉을 통해 미국에 적대시정책 포기를 촉구했다. 그러나 자국 내에서 공화당을 의식하고 외교적으로 동맹을 우선시하던 오바마는 연말까지 북미관계와 관련해서 어떤 결단도 내리지 못했다.

전방위적 체제 공격

이즈음 남한은 형식적으로나마 내비치던 북한과의 대화 의지를 중단하고 노골적인 대결 국면을 취한다. 특히 양대 선거를 앞두고 통일부 장관, 국방부 장관 등이 작심한 듯 북한을 자극하는데, 이는 단순한 체제

'대결'이 아닌 체제 '공격'의 성격을 띠었다. 그 결과는 초유의 남북 대치와 긴장으로 나타났다.

그 발단은 '인천 내무반 사건'에서 시작되었다. 2월 28일 인천의 한 군부대 내무반에 북한 지도부 사진과 함께 원색적인 구호를 붙여놓은 모습이 언론에 공개된 것이다. 이에 북한은 '최고 존엄 모독'이라고 반발하며 이명박 대통령을 거세게 비난했다. 공교롭게도 3차 북미고위급회담의 결과가 발표되기 하루 전날의 일이었다. 이 사건으로 조계종 방북, 3·1절 행사 공동개최, 정명훈 합동연주회 등이 모두 무산됐다.

3월부터는 통일부 장관과 국방부 장관이 앞다투어 북한의 체제와 지도부를 비난했다. 3월 8일 류우익 통일부 장관은 한 강연에서 탈북자 문제를 거론하며 "북한이 경제 어렵고 주민 굶주리고 지도자는 죽고 국제사회는 압박을 가해오고 있어 굉장히 어려운 상황에 처해 있다"는 발언을 했다. 27일에는 핵안보정상회의를 계기로 열린 내외신 기자회견에서 북한을 "실패한 사회주의 독재국가"라고 비난했다. 그동안의 발언에 비해 수위가 매우 높았다. 김관진 국방부 장관도 북한이 지도부 문제로 '도발 위협'을 하는 것이라면서 북한 지도부를 직접 비난했다. 또 그는 연평도 등 전방부대를 시찰하며 '복수'와 '응징'을 부르짖었다. 언론에서는 3월 6일 청와대에서 긴급 외교안보장관회의가 열린 뒤로 두 장관이 역할 분담을 해서 안보정국을 조성하고 있다고 분석했다.[5]

키리졸브 연습과 북한의 광명성 3호 발사 선포가 겹치면서 한반도의 3월은 여전히 군사적 긴장 상태에 놓여 있었다. 특히 키리졸브 연습에는 내전이 발생할 경우 10만 이상의 한국군을 파견해 북한을 점령하는 훈련이 포함되어, 선제공격 교리가 훈련으로 현실화되고 있음을 보여주었다.

끊임없이 북한을 자극하는 대통령

물론 반전의 계기가 없었던 것은 아니다. 4월 15일 태양절 경축 열병식 연설에서 김정은 국방위 제1위원장이 "우리 당과 공화국 정부는 진정으로 나라의 통일을 원하고 민족의 평화번영을 바라는 사람이라면 누구든지 손잡고 나갈 것"이라고 말한 것을 남북관계 개선의 계기로 삼을 수도 있었다. 하지만 이명박 정부는 변화의 조짐을 포착하고 긴장 완화에 나서기는커녕, 의도적으로 북한 체제를 공격하면서 남북의 군사 대결을 조장했다.

4월 16일 이명박 대통령은 라디오 연설에서 광명성 3호 발사에 대해 "북한이 이번 발사에 쓴 직접 비용만 해도 무려 8억 5천만 달러로 추정된다. 미사일 한 번 쏘는 돈이면 북한의 6년치 식량 부족분, 옥수수 250만 톤을 살 수 있기 때문에 식량문제를 완전히 해결할 수 있다"고 언급했다. 이러한 발언은 상대에 대한 존중이 배제된 내정 간섭적 성격을 띠었다는 점에 문제가 있었다. 북한이 인공위성 발사와 같은 대형 프로젝트를 추진할 경우 적지 않은 비용이 들어가는 것은 맞다. 하지만 그 돈으로 식량을 구입할지, 아니면 기술개발에 투자해 중장기적으로 식량문제를 해결할지는 북한이 국가전략 차원에서 알아서 결정할 성격의 일이다. 또한 비료와 식량 지원을 중단하고, 남북협력기금도 거의 사용하지 않은 정부가 할 말은 아니었다.

북한은 이명박 대통령의 연설을 큰 모독으로 받아들였고, 남북 간 긴장은 빠른 속도로 상승했다. 더구나 위성 발사 후 어버이연합 등 반북단체들이 북한의 국기와 최고 지도자 모형에 칼질과 화형식을 하는 소동이 벌어지자, 북한은 이명박 정부가 이를 방치했다고 보고 강하게 반발했다. 북한 인민군 최고사령부가 발표한 대변인 성명은 이 사건을 거론하며 '특별행동조치'가 취해질 수 있다고 경고했다. 그러자 국방부는 북측 전역을 사정권에 둔 크루즈 미사일을 공개하면서 "평양 노동당사에 있는 김정은 노동당 제1비서의 집무실 창문까지 타격할 수 있다"고 맞섰다.[6] 보수언론이 이 발언을 대대적으로 보도했음은 물론이다.

이명박 대통령의 '북 체제 변화' 발언 역시 남북의 정치적, 군사적 대립을 폭발 직전까지 끌어올렸다. 4월 20일 통일교육원 특별강연에서 이 대통령은 중동의 '재스민 혁명'을 거론하면서 또다시 "북한의 체제 변화에 주목하는 방향"으로 가야 하지 않겠느냐고 말했는데, 북한은 이 발언을 사실상의 체제 전복 의사로 간주했다. 북한은 22일 외무성 성명에서 "조선반도에서 무슨 일이 터지는 경우 그 책임은 전적으로 이명박 역도에게 있다"고 밝힌 데 이어, 23일 인민군 최고사령부 특별행동소조 명의의 통고를 통해 "역적패당의 분별없는 도전을 짓부숴버리기 위한 우리 혁명 무력의 특별행동이 곧 개시된다"고 통보했다. 통고는 '특별행동'의 대상으로 "주범인 이명박 역적패당"과 "공정한 여론의 대들보를 쏠고 있는 보수언론 매체들을 포함한 쥐새끼 무리들"을 꼽았다. 이것은 사실상 군사 행동을 하겠다는 뜻으로, 분단 이후 남한에 대한 언사로는 유례없을 정도의 초강경 발언이었다.

남북 위안부 공동성명에 과태료를 부과하는 통일부

남북관계가 대결로 치닫자 사실상 할 일이 없어진 통일부는 스스로 '유연화 조치'의 유보를 선언하고 임기 말까지 이른바 '통일항아리' 사업에 매달렸다. 통일항아리란 지난 2010년 광복절 경축사에서 이명박 대통령이 '통일세'를 거론했다가 무산되자 1년 만에 다시 내놓은 안으로, 통일 대비 비용을 세금으로 걷는 대신 각종 정부 기금의 불용액과 민간 출연금 등을 통일 계정, 즉 통일항아리에 적립하자는 것이다. 이명박 대통령은 직접 나서서 월급을 통일항아리에 넣는 쇼를 선보이기도 했다.

정부가 하지 못하는 남북관계 개선을 민간단체가 나서서 해보려고 했지만 통일부는 이마저 가로막았다. 6·15공동선언 12주년을 앞두고 민간에서 내놓은 '금강산 민족공동행사' 개최안에 대해 정부가 수용 불가 입장을 밝힌 것이다. 그뿐 아니라 정부는 6·15민족공동행사 추진을 위해 남북해외 실무접촉에 참가했던 남측위원회 대표단에 과태료를 부과해 압박을 가했다. 통일부는 한국정신대문제대책협의회(정대협)가 8·15를 맞아 북측 관련 단체와 접촉해 '8·15남북여성공동성명'을 발표했다는 이유로 정대협 대표에게도 과태료 50만 원을 부과했다. 일본에 식민지 지배 사죄를 요구하는 내용의 공동성명조차 용납하지 않는 정부의 반역사적 행각에 국민은 크게 분노했다. 결국 통일부는 과태료를 사실상 면제할 수밖에 없었다.

그렇다면 임기 말에 들어선 이명박 정부가 남북관계를 완전히 포기하고 북한 체제 공격에 몰입한 이유는 무엇일까? 어차피 북한을 굴복시킨다거나 비핵·개방·3000식의 선핵포기를 이끌어내기가 불가능하다고 판단이 들자, 말로라도 자신들의 적대적 대북관을 마음껏 표출하려 했던 것은 아니었을까. 그렇게 해서 자신들의 대북 강경정책과 배치되는 북미관계 개선을 방해하고, 남북관계를 최대한 경색시켜 국내정치에 활용하려 했을지도 모른다. 어떤 이유였든 간에 이명박 정부가 임기 말에 불필요하게 북한을 자극했던 것은 남북 화해협력의 기초인 상호 존중과는 배치되는 구태(舊態)였다. 어느 한쪽이 체제 우월론적 관점을 가지고 상대방의 체제와 제도를 무시하거나 깔보는 태도를 취할 경우 화해협력은 불가능하다.

2012년판 매카시즘

북한을 직접 자극하고 군사 대결을 고취한 것과 더불어, 집권세력은 국내 정치에서도 색깔론이라는 무기를 휘둘러댔다. 이것은 1950년대 미국에서 나타났던 매카시즘을 방불케 했다.

총선을 앞둔 3월, 통합진보당의 내부 경선에서 부정선거 논란이 벌어지자 집권세력은 이것을 기사회생의 기회로 삼기 위해 이념 공세를 개시했다. 통합진보당 사태는 원래 당 내부 문제였는데도 보수언론들은 '종북'이라는 용어를 써서 색깔론적인 편 가르기와 비난에 열을 올렸다. 통합진보당과 '종북세력'에 대한 마녀사냥은 대통령 친인척 비리, 4대강 사업, 민간인 사찰 등의 사안을 모조리 덮으며 총선 이후까지 이어졌다. KBS는 '종북세력 국회 입성 논란, 어떻게 볼 것인가'라는 제목의 토론회를 개최했고, 이른바 진보언론들 역시 국가보안법의 테두리 안에서 '통진당 때리기'에 동참했다.

'종북 마녀사냥'은 비이성의 극치를 달리며 진행됐다. 극우논객 전원책은 북한 지도자에게 욕할 수 있어야 종북세력이 아니라는 황당한 주장을 폈고, 한기호 새누리당 의원은 "종북의원들을 가려내기 위해 천주교 신자들에게 십자가 밟게 하듯 하면 된다"고 말해 가톨릭 모독 논란까지 빚었다. 새누리당 황우여 원내대표는 '국회의원 자격 심사'를 하겠다고 으름장을 놓기도 했다. 자신과 생각이 다르면 서슴없이 종북세력이라고 매도하며 인권도 사상의 자유도 무시해버리는 이들의 언행은 수구보수세력이 내재하고 있는 파시즘적 사고방식을 여실히 드러냈다.

특히 새누리당은 통합진보당의 이석기, 김재연 당선자를 '종북주의자'라고 매도하면서 사퇴하라고 압박했다. 논란은 '당내 부정선거 책임'이 아닌 '종북이냐 아니냐'로 변질되었고 이내 '국가관' 문제로 옮아갔다. 새누리당 주요 대선주자들도 이러한 시대착오적 색깔 공세에 앞장섰다. 가장 유력한 대선주자인 박근혜 의원은 두 의원을 향해 "자진 사퇴하지 않으면 제명해야 한다"고 일갈했다.

종북 마녀사냥에는 대통령도 나섰다. 5월 28일 이명박 대통령은 라디오 연설에서 "북한의 주장도 문제지만 이들의 주장을 그대로 반복하는 우리 내부의 종북세력이 더 큰 문제"라고 발언했다. 또 그는 천안함사건과 관련해 종북세력이 '북한의 자작극 주장'을 반복한다고 하면서 정부 발표에 의구심을 가진 사람들 전체를 종북세력으로 몰아갔다. 국방부도 가만있지 않았다. 국방부는 '사상전의 승리자가 되자'는 제목의 교육 자료를 전군에 배포하고 종북세력은 "분명한 우리 국군의 적"이라고 규정했다. 이 자료에 따르면 주한미군 철수, 국가보안법 폐지, 연방제 통일을 주장하는 사람은 곧 종북세력이다.

수구보수세력은 '민족화해'와 '민족 공조'의 6·15정신을 밀쳐내고 그 자리에 색깔론의 극치인 '종북세력 척결' 광풍을 일으키려 했다. 새누리당의 정치적 뿌리인 한나라당, 민자당, 민정당, 공화당, 자유당이 선거 시기마다 공안몰이를 일삼았다는 점을 생각하면 본질적으로 새로울 것은 없었다. '한미동맹'과 '전쟁 위협'을 내세워 민중의 투쟁을 억누르고, 정부 시책에 대한 정당한 비판조차 북한을 이롭게 한다는 국가보안법의 논리로 탄압의 칼날을 들이대는 것은 군부독재 세력의 오랜 통치술이었다. 2012년의 한국 사회에서는 그 명분이 '빨갱이'와 '좌경용공'에서 '종북'으로 단어만 바뀌었을 뿐인, 60년 전과 똑같은 방식의 매카시즘적 정치 탄압이 지속되었다.

미국의 '아시아 회귀'와 동북아

이명박 정부 5년이 마감되는 해인 2012년, 한반도는 세계사적 지각 변동의 한가운데 놓여 있었다. 오바마 대통령은 2011년 11월 17일 호주 의회연설에서 "미국은 태평양 세력이며 이곳에 머무를 것"이라며 "우린 정부 지출을 줄이고 있지만, 이 지역이 알아야 할 게 있다. 미국이 당면한 전쟁(아프간전과 이라크전)을 끝냄에 따라, 아태 지역에서의 주둔과 임무를 (안보전략의) 최우선에 두라고 국가안보팀에 지시했다"고 밝혔다. 또 그는 "미국은 21세기 아태 지역에 온 힘을 쏟을 것(all in)"이라고 강조했다. 같은 날 중국 《인민일보》는 "호주가 군 기지를 이용해 미국이 중국의 이익을 침해하는 것을 돕는다면, 호주는 (미국과 중국 사이에 끼여) 십자포화에 휩싸이게 될 것"이라고 이례적으로 선전포고에 준하는 수준의 경고를 했다.[7]

즉, 미국이 2011년부터 '아시아 회귀(Pivot to Asia, 중국과 유럽 동맹국들의 반발로 나중에 '아시아 재균형'으로 이름을 바꿈)' 전략을 내세우며 외교안보정책의 중심을 중동에서 아시아로 옮기고 있었고, 아시아의 전통적 강자로서 새로 부상하는 중국이 이에 경계 태세를 취하면서 미중의 첨예한 대결이 예고되는 상황이었다.

그런 징후는 이미 동아시아 영토 분쟁으로 나타났다. 우선 미국은 3월에는 필리핀, 4월에는 베트남과 합동군사훈련을 벌였는데, 그 장소는 필리핀과 베트남이 중국과 영유권 다툼을 벌이고 있는 남중국해 지역이었다. 특히 미국은 2012년 필리핀과의 합동군사훈련에 처음으로 일본 자위대를 참가시켰다. 그런가 하면 미국은 일본이 중국과 영유권 영토 분쟁을 벌이고 있는 댜오위다오(일본명 '센카쿠 열도') 탈환훈련을 벌이기도 했다.

일본은 미국의 아시아 귀환에 적극 협력하면서 그 대가로 자위대의 해외 진출을 모색했고 아시아에서의 군사적 영향력 확대를 꾀했다. 미국이 아시아 중시 정책을 천명한 직후인 2010년 12월과 2011년 1월, 간 나오토 당시 일본 총리가 "한반도 유사시 자위대를 파견하는 방안을 한국 측과 논의하겠다"고 밝힌 것에서 그런 의도를 확인할 수 있다. 또한 한·미·일 3국은 2012년 6월 21일에서 22일까지 제주도 남방 해역에서 합동군사훈련을 실시했을 뿐 아니라, 미국의 적극적인 권유로 한일군사협정 체결을 추진하기까지 했다. 이런 맥락에서 8월 10일, 이명박 대통령의 갑작스러운 독도 방문은 레임덕 정권의 몸부림에 지나지 않는 정치 쇼에 불과했다. 정신을 차리지 않으면 1세기 전 열강들의 각축 속에서 한반도가 결국 일제 식민지로 전락했던 역사가 재현될 판이었다.

거대한 지각 변동 속에서 우리 민족이 외세에 휘둘리지 않고 한반도 정세의 주도권을 쥐는 방법은 단 하나, 민족 공조의 복원이었다. 남북이 하루빨리 6·15와 10·4 정신으로 돌아가고, NLL 문제를 합리적으로 해결해야 했다. 그러나 이명박 정부의 대결적 정책 때문에 남북은 민족 공조는커녕 민족화해조차 이루지 못하고 있었다. 이명박 정부는 남북관계의 출구전략을 마련하라는 민족적 요구를 마지막 순간까지 외면했다. 또 미국이 주도하는 미사일방어체계(MD) 편입과 제주 해군기지 건설을 적극적으로 추진했다.

박근혜의 '한반도 신뢰 프로세스'

집권 여당인 한나라당의 비상대책위원회는 양대 선거를 앞두고 이른바 '좌 클릭'으로 보수의 정체성에 어긋나는 온갖 언설과 정책을 쏟아내며 대중을 혼란스럽게 만들었다. 남북관계도 예외가 아니었다. 한나라당은 연초부터 대북정책을 수정한다며 정강정책 변경을 공식 발표했다. 그 변경된 내용을 보면 '자유민주주의 체제로의 전환을 위해 노력한다'는 표현이 빠지고 '유연한 대북정책'과 '인도적 지원', '실용', '신뢰' 등의 표현이 들어가 있었다. 이러한 내용은 6·15 이후 보수세력이 선거철마다 선보이는 수사에 불과했고 내용상으로도 별로 새롭지 않았다.

집권여당의 대선후보 된 박근혜는 선거 과정에서 이명박 정부의 대북정책을 비판하는 태도를 취하며 차별화를 꾀했다. 그는 "유화 아니면 강경이라는 이분법적 접근에서 벗어나 균형 잡힌 대북정책을 추진하겠다"고 밝히며 '한반도 신뢰 프로세스'라는 이름의 대북정책을 제시했다. 그리고 남북관계 발전을 위한 남북정상회담 개최 용의, 신변보장 및 재발방지 확약 시 금강산 관광 재개, 대북 인도적 지원 추진, 서울-평양 남북교류협력사무소 설치 등을 공약했다. 그의 대북정책이 '생각보다 전향적'인 이유는 이명박 정부 들어 파탄 난 남북관계가 정상화되길 바라는 여론을 외면하지 못한 결과다.

그러나 박근혜 후보의 대북정책은 본질상 이명박 정부의 정책과 똑같이 대결적인 성격을 지니고 있었다. 박 후보는 대선후보 첫 TV 토론회에서 "신뢰가 쌓이고 북 비핵화가 진전되면 국제사회까지 참여하는 대규모 경협 프로젝트를 추진하겠다"는 입장을 밝혔는데, 비핵화 후 경협을 추진한다는 것은 비핵·개방·3000과 동일한 논리였다. 그는 같은 자리에서 '대화에 전제조건은 없다', '필요하면 정상회담도 할 수 있다', '인도적 지원은 정치 상황과 별도로 지속', '경제협력과 사회·문화 교류 확대' 등의 입장을 함께 밝혔지만, 이는 이명박 대통령도 늘 입에 담은 말이다.

실제 행동으로 보면 박근혜 후보는 대북전단 살포에 반대하지 않았을 뿐 아니라, 10월 22일 임진각에서 대북전단 살포를 시도해 한반도에 긴장을 조성한 북한민주화추진연합회(북민연) 출범식에 축전을 보내기도 했다. 이날 남과 북 사이에는 종일 일촉즉발의 긴장감이 감돌았다. 김관진 국방장관은 국회 국정감사에서 "북한이 임진각을 타격하는 등 위협을 실제로 가하면 도발 원점에 대해 완전히 격멸시킬 것"이라고 큰소리쳤으나, 막상 당일에 군 당국은 임진각 출입을 통제하고 인근 주민 820여 명에게 대피 권고를 했으며, 경찰은 임진각 진입로를 통제했다. 지난 2010년 11월 23일 연평도 포격의 악몽을 다시 떠올리게 한 하루였다. 박근혜 후보는 또 12월 12일 울산 유세에서 "북한의 장거리 미사일 발사는 대한민국과 국제사회에 대한 도발"이라고 말했다. 이에 맞서 대선을 앞두고 북측 조평통 대변인은 "박근혜의 외교안보통일 정책 공약이라는 것은 이명박 역도의 대북정책보다 더 위험천만한 불씨를 배태하고 있는 전면대결 공약, 전쟁 공약"이라고 비판했다.

비전도 능력도 없는 야당 후보

야권 후보들의 대북정책은 어떠했을까? 민주통합당 문재인 후보는 '새로운 한반도 평화구상'과 '남북경제연합'을 이야기했고, 무소속 안철수 후보는 '강하고, 당당하고, 평화로운 한반도 건설'이라는 이름으로 남북관계 - 북핵문제 - 한반도 평화체제의 선순환을 추구하겠다고 약속했다. 박근혜 후보를 포함한 세 후보 모두 이명박 정부 5년간 단절된 남북관계를 정상화해야 하며 남북 간 신뢰와 대화가 중요하다는 입장이었다. 그러나 새누리당의 본심과 야당 후보들의 빈곤한 대북 철학은 대선을 70여 일 앞두고 일어난 '정상회담 녹취록' 파문에서 확인할 수 있었다.

박근혜 후보의 지지율이 답보 상태인 데다 새누리당의 내부 갈등이 극심해지던 시점인 10월 11일, 국회 국정감사 자리에서 새누리당 정문헌 의원은 2007년 남북정상회담의 비밀 녹취록이 존재한다는 발언으로 파문을 일으켰다. 2007년 정상회담 당시 노무현 대통령이 김정일 국방위원장에게 '남한은 앞으로 북방한계선을 주장하지 않겠다'는 취지의 말을 했는데, 이것이 서해 영토주권 포기라는 주장이었다. 새누리당은 곧바로 국정조사를 요구하며 야당과 문재인 후보를 향해 "국기를 문란케 하는 실로 엄청난 사건", "민주당 정부의 대북 게이트", "영토주권 포기 행위"라고 맹공을 퍼부었다.

여기에 몇몇 언론이 가세해 실체도 명확하지 않은 '녹취록 파문'을 대선의 중심 이슈로 띄웠다. 새누리당은 이미지 변신을 꾀하기 위해 빨간 옷으로 갈아입었지만, 선거가 다가오자 역시 색깔론이라는 낡은 무기를 꺼내 휘두름으로써 자신들의 본질이 변하지 않았음을 숨기지 않았다.

문제는 야권의 대응이었다. 문재인 후보는 새누리당의 주장을 저급한 정치 공세로 비난하면서 "만약 정 의원의 주장이 사실이라면 책임지겠다"고 반박했다. 그리고 10월 12일에는 "서해 북방한계선을 확고하게 지킴과 동시에 긴장 완화를 위한 조치를 확실히 추진해나가겠다"는 입장을 내놓았다. 새누리당의 '영토 포기'라는 공격에 대해 자신은 영토를 포기한 적이 없으며 보수세력과 다를 바 없이 NLL을 확고하게 지키겠다고 대응한 셈이다. 그러나 NLL 사수와 긴장 완화를 동시에 한다는 말에는 모순이 있다. 지난 기간 남북 간에 수십 건의 무력 충돌이 빚어진 원인이 바로 NLL이었기 때문이다. 그리고 NLL 문제를 우회적으로 해결하고자 한 2007년 남북정상회담과 10·4선언의 서해평화수역 합의는 대다수 국민의 지지를 얻은 바 있다.

그렇다면 문재인 후보와 민주당은 정면돌파를 선택해서, 노무현 전 대통령의 발언에서 무엇이 문제냐고 따졌어야 했다. 분쟁의 소지를 근원적으로 없애는 '평화의 바다 만들기'와 같은 슬로건으로 유권자 설득에 나설 수도 있었다. 하지만 문재인 후보는 보수의 눈치를 보며 이도 저도 아닌 대응을 했다. 그러다 나중에는 NLL이 "사실상 영해선"이라고까지 주장했다. 결국 문재인 후보와 민주당은 자신들의 '결백'을 입증함으로써 보수세력의 이념 공세를 피하는 데 급급한 나머지 NLL을 더욱 굳히는 데 일조했다. 이후로 'NLL 사수냐, 아니냐'를 따지는 논쟁은 보수세력에게는 '전가의 보도'처럼 활용되었다.

이른바 친노세력과 친미 보수세력은 자주와 통일, 민중 생존과 관련된 정책이나 노선에서 본질적인 차이가 없어 보였다. 두 세력의 끝없는 공방전은 실제로 통일 기반을 조성하고 남북관계를 개선하는 문제와는 상관없었으며, 노동생존권을 포함한 민중의 이해와도 거리가 멀었다. 2013년 한 해를 떠들썩하게 만든 'NLL 포기' 공방에서도 알 수 있듯, 그것은 서로 공격하며 지지세력의 결집을 노리는 소모적인 싸움이었다.

기회주의로는 희망을 만들 수 없다

2012년 대선은 아쉽게도 우리 민족의 최대 과제인 통일에 대한 비전과 방안을 경합하는 선거가 아니었다. 박근혜 후보를 정점으로 응집한 반북 성향의 보수세력이 한 축을 이뤘지만, 야당 후보 측이 그에 철저하게 맞서 싸우지 못하는 기회주의적 태도를 보였기 때문이다. 문재인 후보는 여전히 노무현 정권의 실정과 혼란, 반민중적 정책의 후과로부터 자유롭지 못했다. 게다가 선거는 이명박 정권에 대한 심판과 더불어 노무현 정권에 대한 정치적 심판이 혼재된 채 치러졌다. 문재인 후보가 노무현의 그늘에서 자유롭지 못했던 것과 달리 박근혜 후보는 이명박 대통령과 구별되는 정치세력으로 인식되고 있었다.

이렇게 치러진 대통령 선거 결과, 2013년부터는 '박근혜 정부'가 들어서게 됐다. 새 정부는 시급한 과제로 민중 생존의 문제와 함께 남북관계 복원이라는 자신의 공약 이행에 총력을 기울여야 했다. 과연 박근혜 정부는 이명박 정부가 쳐놓은 천안함과 연평도, 5·24조치의 덫에서 빠져나올 것인가? 대중은 큰 우려와 함께 MB시대의 종식에 일말의 기대를 품고 박근혜 정부의 선택을 지켜보았다.

박근혜 당선자에 대한 북측의 입장은 조평통 서기국이 12월 1일 발표한 7개항의 '공개질문장'에 요약되어 있었다. 조평통은 공개질문장에서 "정치를 하려면 한 입으로 두 말 하지 말아야 하며 민심과 여론을 속여 넘기려 해서는 더더욱 안 된다"며 남북관계를 실제로 어떻게 해나갈 것인지를 명백히 답하라고 요구했다. 7개항의 질문 내용은, 공동선언을 외면하면서 남북 사이에 무슨 약속을 지키며 '정상회담'을 운운하는가, '자유민주주의 질서에 기초한 통일'을 주장하면서 상호 존중과 신뢰, 협력관계를 어떻게 이룩하겠는가, '선핵포기'와 '비핵·개방·3000'이 무엇이 다른가, 이명박 패당의 대결정책과 대담하게 결별하고 진실로 남북관계 개선에 나설 의지가 있는가 등이었다. 즉, 북측은 당선 가능성이 높게 점쳐지던 박근혜 후보의 대결적 대북정책에 의구심을 표하는 한편으로 이명박식 대결주의에서 벗어나 새로운 길로 나아갈 것을 촉구하고 있었다.

남한의 대선을 일주일 앞둔 12월 12일, 북한은 거듭 예고한 대로 '은하 3호' 로켓을 발사해 지구 관측 위성 '광명성 3호' 2호기를 우주 궤도에 진입시켰다. 자체의 힘과 기술로 위성 발사에 성공했다고 선전하며 체제의 불안정성에 대한 의혹을 상당 부분 해소시킨 북한은 외무성 대변인을 통해 "모든 유관측들이 이성과 냉정을 견지하여 사태가 본의 아니게 그 누구도 바라지 않는 방향으로 번져지지 않게 되기를 바란다"는 입장을 내놓았다. 미국은 또다시 추가 제재 결의를 밀어붙였다. 이런 정황은 다가오는 새해에 북미 간 첨예한 '밀고 당기기 국면'이 펼쳐질 것을 예고했다.

초라한 성적표 남긴 이명박 정부 5년

출범 전부터 통일부 존폐 논란을 일으킨 데서 엿볼 수 있듯이, 이명박 정부는 애초부터 남북관계를 화해와 협력으로 발전시킬 의향이 없었다. 이명박 대통령은 통일에 대한 철학과 의지가 부족했고, 그나마 실행 능력까지 떨어졌다는 평가가 대세를 이뤘다. 미국의 네오콘과 비슷한 대북 적대의식과 우월감만 가득했다. 이명박 정부는 제재와 압박을 통해 북한을 굴복시키고 북한의 체제 붕괴에 대비한다는 목표를 세우고, '비핵·개방·3000'이라는 정책을 내놓았다. 잘못된 정세 인식과 판단, 그로 인한 부적절한 목표 설정은 당연히 아무 성과를 거두지 못하는 것으로 귀결됐다. 이명박 정부 5년은 남북관계가 경색되고 과거 10년간 쌓아놓은 '통일 자산'을 송두리째 파괴하는 과정 그 자체였다.

"2008년 초 집권한 이명박 정부는 지난 정부들의 대북 포용정책을 부정하고 차별화를 추진한다. 지난 정부들과는 달리, 북한을 붕괴임박론의 시각에서 보고 급변사태와 흡수통일을 기대한 것이다. 따라서 북한의 굴복과 붕괴를 도모하는 압박과 제재의 적대적 대결정책을 선호하게 된다. 북한을 굴복시키고 붕괴시켜야 할 대상이라고 보았기에 북한과 화해하고 교류협력을 할 필요를 느끼지 못했다. 또한 미북 적대관계의 산물인 북핵문제를 '선 북핵해결, 후 남북관계'라는 비현실적인 연계전략을 고집하여 핵문제 해결에는 기여하지도 못하면서 남북관계를 악화시키게 된다."(임동원 전 통일부 장관)[8]

상대의 붕괴를 정책 목표로 상정한다는 것은 서로의 체제를 존중하면서 자주적으로 협력해나가자는 6·15선언 정신에 위배되는 일이다. 민족 공조의 시금석인 6·15공동선언과 10·4선언에 대한 무시는 이명박 정부 5년을 남북관계의 암흑기로 만든 핵심 원인이다. 두 선언에 대해 북측은 이행 의지를 밝혔으나 이명박 정부는 두 선언의 이행 의지는 커녕 존중조차 보이지 않고 남북관계를 극한 대립으로 몰고 갔다. 특히 천안함과 연평도, 5·24조치의 연장선상에서 관계 단절과 긴장 고조가 반복된 2011년에 남북 간에 또 다른 군사적 충돌이 발생하지 않은 것이 그나마 다행이다.

돌이켜보면 과거의 군사독재정권도 이처럼 대립·대결로만 일관하지는 않았다. 박정희 시대에는 7·4남북공동성명을 발표했고, 전두환 시절에는 남북경제회담을 열어 경제협력, 지하자원 개발, 공동어로수역 등에 대해 협의했다. 노태우 시절에는 남북기본합의서가 채택됐고, 김영삼 정부에서는 남북정상회담 개최에 합의한 바 있다. 그러나 이명박 정부는 6·15시대에 들어선 정권인데도 남북대화를 파탄 내고 북한문제를 국내 정치적으로 활용했으며, 급기야는 민간 차원의 협력과 지원마저 다 끊어놓았다. 긴장의 원인을 모두 북한 탓으로 돌리면서 남북 당국회담을 한 번도 열지 않았다.

남북관계 단절의 피해는 고스란히 경협업체들에게 돌아갔다. 현대경제연구원의 홍순직 수석연구위원이 분석한 결과를 보면, 2008년에서 2011년 동안 남한의 경제적 손실은 모두 82억 7026만 달러(9조 973억 원)인 것으로 조사됐는데, 이는 같은 기간 북한의 경제적 손실인 16억 3784만 달러(1조 8016억 원)의 다섯 배였다.[9] 개성공단 일부 입주기업 외에 대부분의 남북 경협업체들이 도산했거나 도산 위기에 몰렸다. 그런데도 위키 리크스 폭로에 의하면, 이명박 대통령은 자신의 대북정책에 아주 만족하면서 임기 말까지 관계 동결도 각오하고 있었다고 한다. 이 같은 사실은 주한 미 대사관이 2009년 1월 국무부에 보낸 외교 전문을 통해 공개됐다.[10]

남북 간 긴장이 고도되자 무기 구매를 위한 예산도 폭발적으로 증가했다. 2011년 10월 국빈 자격으로 미국을 방문한 이명박 대통령은 한미 FTA의 미 의회 통과에 박수를 보내고 14조 달러에 이르는 무기 구매를 약속했다. 이명박 정권은 복지에 돈을 쓰는 대신 70조 원에 달하는 부자 감세를 실행함과 동시에 지속적으로 국방비를 증액시켰다. 노무현 정부

말기에 16조 원 하던 국방비는 이명박 정부 4년차에 33조 원이 되었다. 100% 이상 증액된 것이다. 국방비 증액분 중 상당 부분이 미국 무기 도입에 책정되었고, 이명박 정권은 역대 어느 시기보다 미국의 무기를 많이 도입한 정권이 되었다.

이명박 정부는 연평도사건 이후 악화된 안보 환경을 들어 대규모 무기 구입을 정당화했지만, 전쟁 이야기가 나올 정도로 악화된 남북관계를 개선시킨 노력은 턱없이 부족했다는 게 대체적인 평가다.

오히려 이명박 정부는 남북 간 긴장과 전쟁 위기 완화나 평화 정착을 위한 대화보다는 실효성을 의심받는 '북한 비방'에 힘을 쏟았다. 또한 서북 해역·합동군사령부를 신설하고 접적 지역의 부대 지휘관들에게 공세적 작전지휘권을 부여했다. 그러자 북측에서도 거친 언사로 항의와 경고의 뜻을 전달하며 군사적 대응 조치를 취했다. 이명박 정부가 방조하거나 지원했던 대북전단 살포 역시 심리전의 한 형태로 군사충돌로 이어질 수 있다는 우려가 제기됐다.

이명박 정부는 대북 압박을 통한 북한 붕괴론에 사로잡혀 북한과의 경제협력으로 얻을 수 있는 실리마저 놓쳐버렸다. 2010년, 정부는 천안함사건을 계기로 5·24조치를 발표해 대북 교역을 차단하고 인도적 대북지원의 길조차 막았다. 2012년 연말까지 폐업한 대북 교역업체만 2백 군데가 넘는다. 개성공단은 그나마 연명됐지만 더 발전하지 못하고 시범단지 수준에 묶였다. 6·15공동선언과 10·4선언에서 약속한 남북경협의 활성화, 그리고 우리의 경제발전전략이기도 한 '철의 실크로드'와 '물류 중심지' 구상은 물거품이 되었다.

핵문제 해결이라는 측면에서도 이명박 정부의 성적은 최하점이다. 노무현 정부가 미국의 요구를 받아들여 남북관계를 핵문제와 연계시켰다면, 이명박 정부는 미국이 협상에 나서려 할 때조차 반대하고 장애를 조성했다. 그 결과는 북한의 굴복도 비핵화도 아니었다. 오히려 북한은 플루토늄의 무기화에 돌입하고 새로이 우라늄농축까지 시작하면서 핵 능력을 더욱 키우게 됐다. 유엔 안보리 결의안을 통한 강한 제재에도 북한의 국내 정치와 경제는 별다른 흔들림이 나타나지 않았다. 한편으로 이것은 오바마 행정부의 '전략적 인내'가 실패하고 있음을 의미한다.

이명박 정부는 한미동맹 및 한·미·일동맹 강화를 위한 미국의 요구를 전적으로 수용했다. 한미동맹의 범위를 한반도에서 동북아로, 대테러전쟁에 대한 협력으로 확대한 것은 노무현 정부 때부터의 일이지만, 이명박 정부는 이를 더욱 확대하고 구조화했다. 한미합동연습은 규모가 확대되고 선제공격 개념에 근거한 훈련이 포함됐을 뿐 아니라 일본 자위대의 참관까지 보장됐다. 소말리아, 아프가니스탄, 아랍에미리트 등지에 '묻지마 파병'이 이뤄지고 주한미군 기지 이전 비용 등의 명목으로 미국에 막대한 돈을 퍼주었다. 노무현 정부에서 시작한 전략적 유연성 합의, PSI 참여, 강정 해군기지 건설, 한미 FTA와 같은 사안들이 이명박 정부 임기 동안에는 더욱 적극적이고 전면적으로 추진됐다.

이명박 정부는 임기 내내 통일과 번영에 역행하는 길로만 달리며 남북 간 신뢰 구축과 평화 정착에 소홀했다. 평화의 시대로 나아가던 한반도가 이명박 정권 시기에 대결과 대립의 시대로 역진하게 되었다.

상대의 굴복을 원하면 대화는 불가능하다

박근혜 대통령 취임식

2013년

2월	12일	북, 3차 핵실험
	25일	박근혜 대통령 취임
3월	5일	북, 정전협정 백지화 선언
	11일	한미, 키리졸브-독수리 연습 시작
	19일	미, B-52 전략폭격기 파견
	26일	북, '1호 전투근무태세' 발령
	27일	남북 간 통신선 모두 차단
	30일	북, 남북관계 '전시 상황' 돌입 선포
	31일	미, F-22 스텔스 전투기 파견
4월	3일	북, 개성공단 진입 차단
	8일	북, 개성공단 근로자 전원 철수
5월	5일	남, 백령도와 연평도 포사격훈련
	6일	한미연합 대잠훈련
	8일	한미동맹 60주년 기념선언
	11~14일	미, 니미츠 핵 항공모함 입항 및 해상기동훈련 실시
	14일	박근혜 대통령 남북대화 제의
	15일	제주도 동남해상 한·미·일 해상기동훈련 실시
6월	24일	국가정보원장 남재준, 2007년 정상회담 회의록 공개
7월	12일	개성공단회담 수석대표 교체
8월	14일	개성공단 재가동 합의 발표
	22일	북, 금강산 관광 재개 회담 제의
9월	21일	이산가족상봉 연기
11월	18일	박 대통령 '평화통일 기반 구축' 천명
	28일	육군 17사단, "종북 쓰레기 몰아내자" 발언

북한, 3차 핵실험

"오늘 아침 곰곰이 생각해봤다. 아마도 한국전쟁 이후 처음이 아닌가 싶다. 북한과 한국-미국 사이에 지금처럼 긴장감이 높았던 때는 없었던 것 같다. 사령관께서도 동의하시나?"(공화당 존 매케인 상원의원)

"의원님 지적에 동의한다. 내 기억을 더듬어 봐도, (정전협정 체결 이후 한반도에서) 지금보다 긴장감이 높았던 때는 없는 것 같다."(새뮤얼 로클리어 미 태평양사령관)[1]

이 대화는 2013년 4월 9일 열린 미국 상원 국방위원회 청문회에서 나온 질의응답 중 일부이다.

박근혜 정부 출범 첫해인 2013년, 한반도는 제2의 한국전쟁이 예상될 만큼 엄중한 정세에 놓였다. 2012년 12월 인공위성 '광명성 3호'를 발사한 북한은 유엔 안보리 제재결의 통과에 반발해 2013년 2월 12일 3차 핵실험을 강행했다. 핵무기와 그것을 운반할 장거리 미사일 제조 능력을 보여줌으로써 미국을 군사적으로 강하게 압박한 것이다.

북한의 핵실험에 대해 먼저 북한을 비판하는 의견도 있었지만, 시간이 흐르면서 미국의 '전략적 인내'와 이명박 정부의 대북정책이 결국은 실패한 것이라는 분석이 나왔다.[2] 또한 한반도 비핵화 문제 항구적으로

해결하기 위해서는 한반도 평화체제를 논의해야 한다는 주장도 제기
되었다.[3]

　"북한에 있어 6자회담은 핵 폐기 약속을 지킨다는 전제하에 미북 수
교문제와 한반도 평화체제를 논의하는 것이 핵심이다. 그런데 미국도
그렇게 하려고 하는 마당에 한국 정부가 나서서 '선 비핵화, 후 평화체
제 논의' 논리로 막아버리니 북한으로서는 2009년 7월 이후 6자회담에
나갈 이유가 없어진 것이다. 결국 핵실험까지 이어진 것이고. (……) 시
기가 좀 늦었지만 지금이라도 6자회담 재개하고 평화체제 논의를 우선
순위에 두어야 한다."(정세현 전 통일부 장관)[4]

다시 또 전쟁 위기

　박근혜 정부는 대결적 정책 기조를 유지하는 오바마 행정부와 충실
히 손발을 맞추며 남북관계를 교전 직전의 위험천만한 상황에 빠뜨렸
다. 정부 출범 직후 북한의 성급한 핵실험도 문제였지만 박근혜 정부도
적절한 위기관리 능력의 부재를 드러내며 우왕좌왕했다.

　이런 가운데 3월 11일부터 키리졸브-독수리 연습이 시작되자 군사적
긴장은 극에 달했다. 키리졸브-독수리 연습이 진행된 두 달 동안 핵 공
격이 가능한 미군의 스텔스 전략폭격기 B-2가 한반도 상공에 전개되었
고 핵추진잠수함이 부산항에 입항해 바다를 누비고 다녔다. 한미 양국
은 강도 높은 군사훈련이 한반도의 평화를 튼튼하게 해줄 것이라 주장
했지만, 실제로는 정반대로 나타났다.[5]

　북한의 강공이 이어졌다. 북한은 3월 5일 정전협정이 완전히 백지화

될 것이라는 성명을 발표했고, 3월 26일에는 1호 전투근무태세 진입을 선포하여 실제 군사 행동에 대비했다. 3월 31일에는 조선노동당 정치국 확대회의에서 경제건설과 핵 무력의 '병진노선'을 공식화하고 핵 증산 방침을 밝혔으며, 같은 날 미국은 스텔스 기능을 갖춘 F-22 전투기를 한국에 파견하였다. 1993년 1차 핵위기나 2003년 2차 핵위기를 능가하는 전쟁의 먹구름이 한반도를 뒤덮었던 것이다. 다행히 한미 키리졸브-독수리 연습은 군사적 충돌 없이 끝났지만, 5월 초 서해 포사격훈련과 5월 11일 초대형 핵항공모함 니미츠호의 부산 입항 등으로 긴장은 지속되었다.

개성공단 잠정 폐쇄

군사훈련이 진행되는 와중에 개성공단이 잠정폐쇄되는 사태가 빚어졌다. 금강산 관광객 피격사건, 천안함사건, 연평도사건 등이 발생했던 이명박 정부하에서도 유지되던 개성공단이었다. 또한 이 시기 미국 합참의장은 "지금이야말로 한·미·일 3국의 협력적 미사일방어체계를 만들 적기"라면서 한국에 MD 체계 참여를 압박하고 나섰다.[6]

언론을 통해 키리졸브-독수리 연습의 '공격성'이 부각되면서 북측은 3월 27일 서해 군통신선을 차단했고, 30일에는 남북관계가 전시 상황에 돌입했다고 선포했다. 그리고 '달러 박스', '인질 위험' 등 남한 언론의 보도를 문제 삼아 통행 제한 조치를 취했다.

"북측은 공단부지 1백만 평을 남한에 무상으로 제공했다. 다만 우리는 기존 공단부지에 있었던 각종 지장물 철거비 명목으로 북측에 평당

1달러에 약간 못 미치는 금액으로 보상을 한 게 다였다. 그런 곳을 두고 남한의 언론과 전문가들이 '퍼주기', '돈줄', '달러 박스'라고 호도했던 것이다."(김진향 전 개성공단 기업관리위원회 기업지원부장)[7]

이때만 해도 키리졸브-독수리 연습이 끝나면 개성공단이 정상화될 것이라고 점쳐졌다. 하지만 김관진 국방부 장관이 '개성공단 인질구출 작전'을 공개적으로 거론하자, 북한은 결국 개성공단을 잠정폐쇄 상태로 몰고 갔다. 언론 보도에 따르면, 군은 2010년부터 이미 인질 사태에 대비한 훈련을 해왔다.[8] 개성공단에 체류 중인 8백여 명의 남한 인원들이 억류될 시, 아파치 헬기(AH-64)와 특수작전용 헬기(MH-47, MH-60) 등 미군의 장비지원을 받거나 한국군 단독으로 작전을 펴는 방식이 훈련에 포함되어 있었다는 것이다.

먼저 따져봐야 할 것은 과연 당시에 인질구출작전을 언급할 정도로 상황이 급박했는가, 혹은 실제 인질이 발생할 가능성이 있었는가 하는 점이다. 이와 관련하여 일부 국내 언론은 4월 3일 북한의 출경 거부가 "북에서 남으로 귀환하는 근로자는 보내되 남에서 북으로 들어가는 근로자를 막는 조치였다는 점"을 거론하며 "인질과 억류 사태라는 시나리오는 가능성이 거의 없는 비현실적 상황"이라고 지적했다.[9]

무엇보다도 이러한 훈련은 북한이 대규모 인질극을 벌일 수 있는 비이성적인 집단이라는 것이 전제되어 있다는 점에서 훈련의 시행 자체가 남북관계에 큰 해를 미칠 수 있었다. 또한 인질 구출을 성공시키기 위해서는 개성공단 주변에 주둔하고 있는 인민군 5개 사단과의 충돌을 피하기 어렵기 때문에 사실상 전면전 수준으로 개성공단 지역을 완벽하게 점령해야만 하는 작전이었다. 이렇듯 김 국방장관이 인질구출작전을 언급한 것은 북한에 대한 무력 투입을 의미하는 것으로서 현실성도 없을뿐더러 개성공단의 역사적 가치를 부정하는 것이었다.

"북측은 개성공단을 단순한 남북 경제협력의 장소로 보지 않는다. 그들에게 개성공단은 '분단 60년을 극복하고 새로운 남북평화시대를 열어가는 역사적 상징'이자 '민족통일의 미래를 그려가는 살아 있는 실질적 상징, 최고의 상징'으로서 매우 특별하게 자리매김하고 있다. 우리는 부지불식간에 개성공단을 경제협력의 상징으로 치부하는 태도를 보이지만 그들은 어떠한 상황에서도 '통일'과 '평화'의 가치를 가장 앞에 둔다. 기존의 반공·반북 이념으로 보면 북측 사람들이 이런 평가를 하는 것 자체가 매우 낯설고, 신기하게 들릴지 모른다. 하지만 그것이 진실이다."(김진향 전 개성공단 기업관리위원회 기업지원부장)[10]

북한은 4월 8일 김양건 노동당 비서를 통해 북측 근로자 전원 철수 결정을 발표했다. 이로써 남북관계의 최후 보루이던 개성공단이 잠정적으로 문을 닫았다. 그러자 박근혜 정부는 마치 기다렸다는 듯 4월 26일, 개성공단 철수를 강행했다. 북한과의 자존심 싸움에서 기필코 이기겠다는 결기마저 엿보였다. 이때 북측이 개성공단 원·부자재 및 완제품 반출과 기업인들의 방북을 허용할 의사가 있다는 뜻을 전달했지만, 정부는 이를 무시했을 뿐 아니라 은폐했다.[11] 또한 공단 폐쇄의 피해는 남한이 더 컸는데도 정부는 아랑곳하지 않았다. 개성공단 사태를 둘러싸고 남북 간에는 성명 발표를 통한 책임공방이 벌어졌다.

이 와중에 박근혜 대통령은 엉뚱하게도 5월 8일, 미국 의회연설에서 'DMZ 평화공원' 조성을 제안했다. 보수언론은 대통령의 영어가 '귀족

영어'였다며 찬사를 보냈고, 마흔한 번의 박수가 나온 것을 강조했다. 그러나 대통령의 제안은 평화공원을 조성하기 위해 가장 먼저 동의를 구하고 협의해야 할 대상인 북한과의 관계가 심각하게 악화되고 있는 상황을 무시한 한심한 구상이었다.

갑작스러운 남북대화 제의

5월 14일, 박근혜 대통령은 북한에 개성공단회담을 제의하라고 통일부에 지시를 내렸다. 개성공단을 정상 가동하기 위해 북측과의 회담은 필수적이지만, 문제는 이런 지시가 관계부처와의 협의 없이 내려졌다는 데 있었다. 오전에 나온 대통령의 지시를 남북관계 주무 부처인 통일부는 미리 알지 못했고, 저녁 6시가 다 되어서야 A4 한 장 분량의 제안서를 발표했다.[12] 이러한 급작스러운 지시의 목적이 개성공단 재개 그 자체에 있는 것이 아니라 국면 전환에 있다는 분석도 나왔다. '윤창중 성추행사건'의 수렁에서 벗어나고 지지도를 만회하기 위한 카드로 '개성공단 남북대화'를 꺼내들었다는 것이다. 청와대 관계자들 역시 이를 부인하지 않았다.[13]

대통령이 회담의 이유로 제시한 것을 봤을 때 과연 이것이 관계 개선을 위한 대화인지가 의심스럽다는 반응이 나왔다. '개성공단에 두고 온 완제품이나 원·부자재들을 하루빨리 반출'하는 것이 목적이었기 때문이다. 개성공단 입주기업들이 그렇게도 정부의 지원을 요청할 때는 모른 척하다가 개성공단이 폐쇄되고 나서야 움직이는 것도 문제였지만, 회담의 목적을 '개성공단 재개'가 아니라 '두고 온 물건을 빼내는 데' 두는 대통령의 편협함이 더 큰 문제였다. 그런 맥락에서 '벌써 세 번째 회담 제의'라고 강조하면서 북한을 압박하는 것은, 정부가 실은 남북관계 개선에 소극적이라는 비판을 불식시키고자 회담을 제안한 것으로 비쳤다. 류길재 통일부 장관의 "우리를 핫바지로 보는 것이 아니냐"는 발언 역시 대화 분위기 조성과는 거리가 멀었다.

이후 북한은 '6·15공동선언 실천 북측위원회'를 통해 '6·15공동선언 실천 남측위원회'에 6·15선언 기념행사를 공동으로 개최할 것을 제안했다. 그러나 정부가 이를 "남남 갈등을 조장하는 행태"로 평가절하하고 공동개최를 불허함으로써 정부의 대화 의지가 박약한 것이 재차 확인되었다. 정부는 '당국 간 회담 제의'가 아니라는 이유로 북한의 제안을 거부했는데, 이는 여러모로 군색한 변명이다. 과거 6·15공동선언을 도출한 최초의 남북 접촉 창구는 당국이 아닌 기업(현대)이었다. 당시 북한의 공동선언 제안이 공식 당국자 회담을 거치지 않았다는 이유로 북한의 제안을 김대중 정부가 거절했다면, 6·15공동선언은 물론이고 이후 2007년의 10·4선언도 없었을 것이다. 보수진영에서 강조하는 7·4 남북공동성명과 남북기본합의서 역시 당국 간 공식 회담이 아닌 '특사'를 통해 시작되고 성과를 낸 합의였다. 더구나 정부는 북한이 "남남 갈등이 우려된다면 당국자들도 참가할 수 있다"는 입장을 표명했는데도 이를 무시했고, '북한의 비핵화'가 우선이라며 남북 간 대화의 여지를 정부 스스로 축소시켰다.

'회담의 격' 논란

한편 북미 간의 군사적 대립은 4월 말부터 완화 조짐이 나타났다. 북한은 5월부터 대화 국면으로 전환할 뜻을 분명히 하고 6자회담에 참가하는 나머지 5개국과 모두 대화를 실행 또는 추진하기 시작했다. 핵실험 후 국면 전환을 위한 이른바 '대화 공세'였다.[14] 6월 16일 북한은 국방위원회 중대 담화를 통해 전제조건 없는 북미고위급회담을 제안했다. 또 남한을 향해서는 6월 6일 조평통 대변인 특별담화를 통해 6·15공동선언 발표 13주년을 즈음한 당국 간 대화를 제의했다. 이에 남한 정부는 서울에서 장관급회담을 개최하자고 역제의했다.

하지만 6년 만에 장관급회담에 합의하고 나서도 남한 정부는 엉뚱하게 회담 상대의 '격'을 따지며 논란을 유발했다. 북측 대표단 단장인 조평통 서기국장은 통일부 장관과 격이 맞지 않으므로 북측 통일전선부장이 회담에 나와야 한다는 것이 정부의 주장이었다. 박근혜 정부는 '새로운 시대에 맞는, 새로운 형식의 남북회담'을 고집하면서 남북의 정치체계가 다르다는 사실을 이해하려 하지 않았다.

우선, 북한에는 통일부 장관이 없고 북측의 '국장'이 남한 행정부의 '국장'과 직급이나 역할이 다른데도 정부는 군이 노동당 통일전선부장이 수석대표로 나와야 함을 강조했다.

"우리가 이제껏 '북쪽 대표를 이 사람으로 보내달라'고 한 적이 없다, 그러면 회담이 되겠느냐."(이재정 전 통일부 장관)[15]

"김성혜가 대표로 나왔다는 소식이 전해지자 북한 권력에 정통한 전문가들 사이에서는 '실무회담이 곧 장관급회담'이라는 얘기가 나돌 정도로 화제가 됐다. (……) 직급상 과장급으로 분류되는데, 당 중앙위 과장은 내각의 상(장관)보다 힘이 세다는 것이 통설이다. '실무회담이 곧 장관급회담'이란 얘기가 바로 여기서 연유한 것으로, 현장에서 판단하

우리의 남북관계

고 결정을 내릴 수 있는 인물이 실무회담 대표로 나온 것이다."(남문희 《시사인》기자)[16]

또한 북한의 통전부장은 대남 정보, 공작, 심리전, 남북 협상, 교류협력 등 대남 사업을 총괄하는 책임자로서 통일부 장관의 업무 일부와 국정원장의 업무를 관장하는 자리이다.[17] 그렇다면 남한은 그동안 비밀 대남 공작을 한다고 비난해온 기관의 수장을 공식 회담에 나오라고 한 것이었는데, 입장을 바꾸어놓고 보면 북측에서 우리더러 국정원장을 장관급회담 대표로 나오라고 한 것이나 마찬가지였다.

더 큰 문제는 정부가 북측이 제기한 개성공단과 금강산 관광 정상화, 이산가족상봉, 7·4공동선언 발표 공동기념 등의 포괄적 의제를 논의하기보다 개성공단 사태에 대한 사과와 재발방지 약속을 받아내는 데 집중한 부분이다. 결국 6월 12일 예정된 회담은 전날 취소되고 말았다.

개성공단의 의의

박근혜 정부가 그 가치를 정확히 인식했는지는 모르겠지만 개성공단의 역사적 의의는 아무리 강조해도 지나치지 않다. 개성공단은 경제적인 이익뿐 아니라 안보적인 이익을 제공해주었고, 남북 간 신뢰 형성의 기반이었다.

2000년 6월 남북정상회담 직후 정주영 현대 명예회장은 원산에서 김정일 위원장을 만나 산업공단 건설 후보지로 개성 지역을 허가받았음을 정부에 보고했다. 또한 김정일 위원장은 동해안 통전 지역에도 경공업단지 건설을 위해 군부대를 이동시키겠다고 약속했다.

"오랜 세월 군사전략을 다루어왔던 나는 이 놀라운 사실을 보고받고도 도저히 믿기지 않았다. 개성 지역은 북측의 최전방 군사 요충지로서 군사전략적 차원에서는 결코 개방할 수 없는 지역이다. 개성은 서울에 가장 가까운 주공격축 선상에 위치해 있고, 개성 전방에는 서울을 사정거리 안에 둔 수많은 장거리포들이 포진하고 있기 때문이다. 역으로 우리 같으면 개성과 같이 중요한 군사 요충지는 절대 개방할 수 없을 것이다. (……) 그래서 나는 '현대가 속은 것이 아니냐'고 되묻기도 했다."(임동원 전 통일부 장관)[18]

현대아산과 합의 후, 북측은 6·15공동선언의 정신에 따라 북한군의 공격 루트 1호인 개성-문산 연결 지역의 기계화사단을 포함한 인민군 전력(인민군 6사단, 64사단, 62포병여단 등)을 후방으로 15~20킬로미터 후퇴시켰다.

임동원의 회고처럼 원래 이 지역은 한반도 전체에서 화력과 전력이 가장 밀집된 지역이었다. 만약 인민군의 지상 전력이 남하한다면 대표적인 이동 경로가 이 지역이었고, 반대로 한미 양국군이 북상한다고 했을 때도 개성은 평양으로 진출하는 핵심 교두보 역할을 하는 지역이었다. 이런 점을 감안하여 개성공단 사업은 '사실상 휴전선을 북상'하는 일이라는 평가를 받았다.[19] 이렇게 주요 군사 거점으로서의 기능을 포기하면서까지 북한이 개성 땅을 내준 것은 민족적 관점이 아닌 다른 것으로는 설명하기 어렵다.

또 개성공단은 안보의 위험을 낮췄을 뿐 아니라 우리나라 중소기업에 큰 경제적인 이익을 가져다주었다. 2005년 1491만 달러의 매출을 기록한 개성공단은 2012년에는 4억 6950만 달러를 기록했고, 같은 기간에 20개의 기업이 123개의 기업으로 증가했다.[20] 매출은 30배, 업체수는 6배가 증가했던 것이다.

개성공단을 방치한 남한 정부

개성공단이 안보·경제 측면에서 큰 이익을 제공한 것에 비해 그 발전 속도는 매우 느렸다. 애초의 계획은 2011년까지 2천만 평 규모의 땅에 8백만 평의 공장구역을 건설하고, 1200만 평은 생활·관광·상업 구역으로 개발할 계획이었다. 총 3단계로 구성된 이 계획은, 1단계를 통해 남북경협의 기초를 구축하고, 2단계에서 기계, 전기, 전자 등의 기술 집약산업을 통해 세계적 수출기지로 육성하며, 3단계에서 IT, 바이오 등 첨단산업분야의 복합공업단지를 조성하겠다는 것이었다.[21]

그러나 개성공단이 남북 간 산업협력이라는 차원보다는 단순히 북한의 '저임금 따먹기'에 불과하다는 말이 나올 정도로 참여정부는 개성공단에 무관심했다. 이 때문에 2007년 정상회담에서 김정일 위원장이 "특구 해서 우리가 득본 것 하나도 없다"라고까지 말한 바 있다.[22] 또한 이명박 정부 내내 3단계에 걸친 개성공단 조성계획은 1단계의 절반도 채우지 못하고 1백만 평 단계에서 정체되어 있었다. 일례로, 이명박 대통령은 개성공단 기숙사 건립에 대해 "근로자들의 집단화로 노사 갈등과 체제 간(남북 간) 갈등"이 생길 수 있다는 뜻을 밝히며 공단 확대 조치를 거부했다.[23] 2010년 이후에는 신규 투자와 추가 투자를 금지한 5·24조치로 개성공단의 발전이 정체되었고, 이명박 정부 5년 내내 서해에서 대규모 한미합동군사연습이 실시되어 북한에 심각한 안보 부담을 안겼다.

이러한 배경이 있었기 때문에 2013년 초 UN 대북 제재, 핵 폭격기를 동원한 북폭훈련, 그리고 김관진 장관의 '인질구출작전' 발언이 결국 개성공단 폐쇄의 빌미를 제공했던 것이다. 따라서 '회담의 격'에 집착한 박근혜 정부의 미숙한 대응은 사태의 근본적 해결과는 거리가 먼 고집이었으며 남북 모두에게 손실을 안겨준 악수(惡手)였다.

일방적 자세가 문제

'회담의 격' 논란으로 회담이 취소되었지만, 사실 개성공단 재개가 늦춰진 보다 근본적인 이유는 회담 과정에서 보인 박근혜 정부의 일방적인 자세에 있었다.

가령 개성공단 실무회담에서 정부는 국제규범과 상식에 맞는 '개성공단의 국제화'를 북한에 요구했다. 공단에 외국기업도 유치하고 '제3국 수출 시 특혜관세 인정' 등을 북한이 받아들이라는 것이다. 개성공단이 국제화되는 과정에서 공단의 규모가 확대되고 추후 외국기업도 진출하는 국제적 산업단지가 되는 것 자체가 문제가 될 일은 아니다.

그러나 8백만 평의 공장부지 중 아직 1백만 평도 다 개발이 안 된 상황, 즉 기존 약속을 지키지도 못하면서 공단의 국제화를 논하는 것은 시기상조였다. 또한 개성공단의 목적이 남북 교류와 민족 경제의 균형적 발전에 있었다는 것을 감안하면 국제규범과 상식이 뜻하는 바가 모호했다. 6·15와 10·4 정신보다 국제규범이 중요하다는 뜻이었을까? 일반적인 국제관계에서 북한이 군사 요충지인 개성을 내주고 군부대를 10킬로미터 이상 북상시킨 것은 있을 수 없는 일이었다. 개성공단 사업이 가능했던 배경은 국제규범과 상식이 아니라 '남북이 통일을 지향하는 특수 관계'였기 때문이다.[24] 결정적으로 외국기업이 들어오고 공단 운영에 권리를 행사하는 것이 북한 주권의 행사를 제약할 수 있다는 점에서 '국제화'는 북한의 동의가 있어야 가능한 사안이었다. 물론 남북관계가 진전되고 남북 간 사전협의가 이뤄졌다면 북측도 이를 수용했을 것이다.

사실 공단 국제화는 박 대통령이 2012년 대선후보 시기 '선비핵화'를 전제로 제기했다. 그러나 당시에도 박 후보의 대북정책이 현실성이 떨어지는 굉장히 광범위하고 모순되는 내용이라는 지적과 함께 "전략물자 문제는 어떻게 하겠다는 것인가"라는 반문이 제기됐다.[25] 또한 외국 기업 진출 및 외국자본 유치는 미국과 유엔의 대북 경제제재를 풀어야 가능한 문제였고, 청와대 역시 이를 알고 있었다.[26] 그리고 개성공단을 한국 제품으로 인정받기 위해서는 한미 FTA의 '역외가공지대 인정' 문제부터 해결해야 했다. 그런데도 정부는 국제화를 가로막고 있는 구조적 제약을 해소하려는 노력을 하지 않았다. 오히려 북측이 '국제화'를 거부하고 있다고 언론 플레이를 함으로써 상대방의 불신만 키웠을 뿐이다.

"개성공단 정상화는 근본적으로 남북 당국 간에 평화적 관계 정상화가 되지 않는 한 불가능하다. 3통문제(통행, 통신, 통관) 등 개성공단을 둘러싼 물리적 제약 요인들은 사실 우리 기업들에게 치명적인 것은 아니다. 무엇보다 치명적인 제약 요인은 바로 남북 당국 간의 적대적 관계다. 그것이 매일 개성공단을 불안하게 만드는 핵심 제약 요인이다."(김진향 전 개성공단 기업관리위원회 기업지원부장)[27]

다행히 7월 25일 열린 6차 회담에서 북한이 상당한 양보를 함으로써 회담이 지속될 수 있었다. 특히 남한이 요구한 '국제적 수준의 기업 활동' 보장, '개성지구 출입인원들의 신변안전' 및 '기업 투자자산 보호'

문제도 개성공단이 가동되는 대로 추후에 협의할 수 있다고 밝혔다. 이에 대해 다수의 전문가와 공단 입주기업 대표들은 북한의 6차 회담 합의문이 전향적이었다고 평가했다.[28] 그런데도 남측 회담대표단은 공단 가동 중단의 책임이 전적으로 북한에 있다는 주장을 고수했고, 그러자 북측 대표들이 남한 기자단에 입장을 직접 전달하는 돌발 상황까지 벌어졌다.[29] 북한의 전향적인 제안을 받고도 협상대표에게 명확한 지침을 주지 않은 청와대의 무능력이 회담 무산의 원인이었던 것이다.

공단은 재가동되었으나

박근혜 정부도 개성공단을 무한정 폐쇄 상태로 내버려둘 수는 없었다. 개성공단 입주기업들의 강력한 항의와 남북관계 개선을 주문하는 국민의 목소리를 무시할 수 없었기 때문이다. 여기에 북측의 적극적이고 유연한 대응이 더해져, 8월 열린 7차 실무접촉에서 개성공단 재가동과 9월 추석 무렵 이산가족상봉이 합의됐다. 이와 관련 7차 실무접촉을 앞둔 8월 초 남북 간에 비밀접촉이 있었다는 설이 일부 언론에 보도됐다.

실무접촉이 타결되자 정부와 언론은 북한의 타협적 행보를 굴복으로 간주하면서 대북 원칙론의 승리라고 자화자찬했다.[30]

"정부는 최근 남북관계가 호전되는 것을 우리 정부가 '원칙을 지켰기 때문'이라고 보기 쉬운데, 전체적인 국제판세를 봐야 합니다. 북측이 단순히 남한의 '원칙'에 순응·굴복하는 차원이 아니라 북미대화로 건너가기 위해 남북관계 개선이라는 모양새를 갖추는 게 아닌가 합니다."(정세현 전 통일부 장관)[31]

북측은 즉각 "우리의 성의 있는 노력에 의하여 이루어진 북남관계의 진전을 저들의 '원칙론'의 결과로 광고하는 것이야말로 파렴치한 날강도 행위"라며 크게 반발했다.

이러한 경색된 분위기는 결국 추석 이산가족상봉 연기를 초래했다. 무산의 일차적 이유는 상봉 장소에 대한 입장 차이다. 상봉 장소는 관례에 따라 금강산에서 하자는 북측의 주장과 서울-평양을 오가며 하자는 남한의 주장 사이에 이견이 있다가 결국 금강산으로 합의되었다. 그런데 이산가족의 숙소를 정하는 과정에서 남한이 금강산호텔과 외금강호텔을 고집하면서 준비에 차질이 빚어졌다. 두 호텔은 금강산 관광 중단 이후에 북측이 중국인 관광객을 유치하고 있었기에 관리가 상대적으로 잘되고 있었지만, 이미 중국인 관광 예약이 된 상태라 북측이 다른 숙소를 제시했는데 남한이 거부한 것이다. 금강산 관광지구의 숙소들은 현대아산의 재산이지만 관광 중단 이후 한동안 재개가 이루어지지 않자 북측이 몰수하여 자체적인 외국인 관광객 유치에 사용하고 있었다. 따라서 정부로서는 상봉 장소 선정 문제를 계기로 하여 자연스럽게 금강산 관광 재개를 위한 협상을 할 수도 있었다. 그러나 정부는 이때부터 지금까지 이산가족과 금강산 관광 문제를 연계하는 것을 꺼리고 있다.

즉, 상봉 연기의 본질적 이유는 애초에 박근혜 정부가 이산가족상봉과 금강산 관광 재개를 연계하는 것에 부정적이었고, 금강산 관광 재개를 위한 대화는 차일피일 미루고 있었던 데서 찾을 수 있다. '한반도 신뢰 프로세스'를 내세운 정부의 어법을 빌리자면 아직 남북 간에 '신뢰'가 형성되지 않았다는 것이다.

시리아-북한 화학무기 커넥션

북미관계는 6월 들어 북한이 고위급회담을 제안하면서 대화 모색기에 접어들었지만 이렇다 할 결실을 맺지는 못했다. 미국이 여전히 북한의 비핵화 '사전조치'를 전제조건으로 제시했기 때문이고, 8월 30일 방북할 예정이던 로버트 킹 북한인권특사에 대한 초청 제안이 철회되기도 했다. 반면 9월 18일에는 베이징에서 반관반민 세미나가 개최되었고, 북한과 중국은 한·미·일에 대화 재개 메시지를 전달했다. 이보다 앞선 9월 12일쯤 미 국무부 당국자들이 평양을 비밀리에 방문해 6자회담 재개와 관련한 비공개 협상을 진행했다는 언론 보도가 나왔다. 오바마 행정부는 2012년 4월과 8월에도 유사한 형식의 대북 비밀접촉을 진행한 바 있다.

이후 2013년 하순부터는 6자회담 수석대표들의 교차 방문과 면담이 집중적으로 진행되었다. 그러나 북한이 전제조건 없는 6자회담 재개를 강조한 반면, 미국과 한국 등이 북한의 선제 조치를 전제조건으로 내걸면서 회담의 성과를 도출해내지 못했고, 결국 연내에 6자회담은 역시 재개될 수 없었다.[32]

북한과 시리아 사이에 화학무기 커넥션이 있다는 설이 흘러나온 것도 암초가 됐다. 특히 김관진 국방부 장관은 시리아와 북한의 연계설을 미국 측에 적극 개진하며 북미대화와 6자회담의 재개를 필사적으로 방해했다.[33] 심지어 "(공습이 이뤄지지 않는다면) 북한이 한국을 화학무기로 공격해도 된다고 생각할 것"이라며 또다시 북한을 자극하는 발언을 하기도 했다.[34] 미 국방부 역시 한국의 언론 보도를 근거로 하여 연계설을 지지하고 나섰고, 북한에 경고를 보내기 위해서라도 시리아 문제를 그냥 넘어가지 않겠다는 입장을 밝혔다.[35] 남한이 북미관계 개선을 돕지는 못할망정 두 팔을 걷어붙이고 막아 나선 것은 이명박 정부 때부터 익숙한 광경이었다.

바보 민주당

6월 24일, 정부여당은 국정원의 대선 개입과 전 국정원장의 비리혐의 사건을 무마하고자 2007년 정상회담 녹취록을 공개했다. 그러나 공개된 녹취록 어디에도 문제의 NLL을 둘러싼 새로운 내용도, 새누리당이 주장하는 굴욕적 발언도 없었다. 오히려 국민은 남북 두 정상이 상호 존중의 자세를 견지했으며, 평화를 위한 통 큰 양보로 한반도 평화의 청사진을 그렸다는 사실에 대해 알게 되었다. 그 결과 정부와 여당은 역풍에 전전긍긍하게 되었다. 아래의 대화는 언론에 공개된 《2007년 정상회담 회의록》 전문 중 '서해 평화 달성'에 관해 나눈 대화 중 일부를 발췌한 것이다.

"김정일: 지금은 생억지 싸움이라고 생각합니다. 바다에 종잇장 그려 놓은 지도와 같이 북방한계선은 뭐고 군사경계선은 뭐고, 침범했다, 침범하지 않았다, 그저 물위에 무슨 흔적이 남습니까. 그저 생억지, 앙탈질하는 게 체질화되다 보니까 50년 동안, 자기 주의·주장만 강조하고 그래서 내가 그랬습니다. 전번에 서해사건 때도, 실제로 흔적 남은 게 뭐야? 흔적 남은 게 뭐 있는가? 대동강에 배 지나간 자리고, 한강에 배 지나간 자리밖에 없다. 배 지나간 자리도 일시 무사 일어나고 없다. 흔적이 없는데.

대통령: 서해 군사분계선의 문제 있습니다. 이 문제는 위원장하고 나하고 관계에서 좀 더 깊이 있는 논의를 해야 됩니다.

NLL 문제 의제로 넣어라…… 넣어서 타협해야 될 것 아니냐…… 그것이 국제법적인 근거도 없고 논리적 근거도 분명치 않은 것인데…… 그러나 현실로서 강력한 힘을 가지고 있습니다.

북측 인민으로서도 아마 자존심이 걸린 것이고…… 남한에서는 이걸 영토라고 주장하는 사람들이 있습니다. (……)

그렇고 이걸 풀어나가는 데 좀 더 현명한 방법이 있지 않겠느냐…… 거기 말하자면 NLL 가지고 이걸 바꾼다 어쩐다가 아니고…… 그건 옛날 기본 합의에 연장선상에서 앞으로 협의해나가기로 하고 여기에는 커다란 어떤 공동의 번영을 위한 그런 바다이용계획을 세움으로써 민감한 문제들을 미래지향적으로 풀어나갈 수 있지 않겠느냐…… 그런 큰 틀의 뭔가 우리가 지혜를 한번 발휘하는 것이 필요하다고 보는 것이죠…….

(……)

김정일: 남한의 서해문제에 대한 실질적인 요구는 무엇입니까?

대통령: 남한의 요구라기보다는, 나는 그 부분이 우발적 충돌의 위험이 남아 있는 마지막 지역이기 때문에 거기에 뭔가 문제를 풀어야 된다고 생각합니다.

그런데 NLL이라는 것이 이상하게 생겨가지고, 무슨 괴물처럼 함부로 못 건드리는 물건이 돼 있거든요. 그래서 거기에 대해 말하자면 서해평화지대를 만들어서 공동어로도 하고, 한강 하구에 공동개발도 하고, 나아가서는 인천, 해주 전체를 엮어서 공동경제구역도 만들어서 통항도 맘대로 하게 하고, 그렇게 되면, 그 통항을 위해서 말하자면 그림을 새로 그려야 하거든요. 여기는 자유통항 구역이고, 여기는 공동어로 구역이고, 그럼 거기에는 군대를 못 들어가게 하고. 양측이 경찰이 관리를 하는 평화지대를 하나 만드는, 그런 개념들을 설정하는 것이 가장 시급한 문제이지요. (……)

그러나 이게 현실적으로 자세한 내용도 모르는 사람들이 민감하게, 시끄럽긴 되게 시끄러워요. 그래서 우리가 제안하고 싶은 것이 안보군사 지도 위에다가 평화경제 지도를 크게 위에다 덮어서 그려보자는 것입니다. 그래서 서해평화협력지대라는 큰 그림을 하나 그려놓고, 어로협력 공동으로 하고 한강 하구 공동개발하고, 또 자유로운 동산…… 특히 인제 대충 지역이 개발이 되면 해주를 비켜서라도 개성공단 연장선상에서 계획이 서고…… 되면 그 길을 위한 통로, 통로를 좁게 만들 게 아니라 전체를 평화체제로 만들어 쌍방의 경찰들만이 관리하자는 겁니다.

평화협력체제, 앞으로 평화협력지대에 대한 구체적인 협의를 해야 합니다.

김정일: 그거 해야 합니다.

대통령: 그것이 기존의 모든 경계선이라든지 질서를 우선하는 것으로 그렇게 한번 정리할 수 있지 않은가…….”

그런데 민주당 지도부와 문재인 전 대선후보 등은 지난 대선 때와 마찬가지로 ‘NLL 사수’로 논란을 정리하자며 10·4선언을 부정하는 발언을 쏟아냈다. 서해에 남북 간에 합의된 해상분계선이 없는 상황에서, 남한이 일방적으로 설정한 NLL을 사수한다는 것은 기존의 대결구도를 유지하겠다는 것과 같은 의미다. 반면 ‘서해평화협력특별지대’를 만들자는 두 정상의 합의는 '대결'이 아닌 '화해'의 정신을 담고 있다. 그렇다면 민주당은 'NLL 사수'를 외칠 것이 아니라 정부·여당에 서해평화협력특별지대에 대한 입장이 무엇인지 물었어야 했다. 또한 박근혜 정부에 6·15선언과 10·4선언 등의 남북 합의 사항을 존중하고 이행할 것을 적극 촉구했어야 했다. 그러나 반대로 자신의 정체성을 부정하는 행동을 하면서 결과적으로 새누리당과 박근혜 대통령을 돕는 꼴이 되고 말았다.

여전히 정치적 논란이 되고 있지만 NLL은 영해선도 아니고 합법적인 해상군사분계선도 아니다. 휴전협정 조문 및 지도, 후속 합의서와 군사정전위원회 회의록을 비롯한 어떤 자료에도 서해에 해상군사분계선을 합의했다는 기록은 존재하지 않는다. 유엔군은 NLL 설정과 관련하여 정전협정 당사자인 북한 측과 합의도 하지 않았고 이를 통보하지도 않았다. 오직 유엔군의 편의에 따라 자의적으로 설정하고 운영해왔을 뿐이다.

또한 NLL의 시효 역시 북한이 공식적으로 NLL을 부인한 1999년 6월에 끝났다고 볼 수 있다. NLL이 정전체제하에서, 군사적 충돌을 방지하기 위한 어쩔 수 없는 차선책이었다 하더라도, 합의하지 않은 상대측이 문제를 제기하는 순간 그러한 부분적 타당성도 무력해질 수밖에 없기 때문이다. 게다가 50년 넘게 군사적 대치를 계속하고 있는 수역에 일방적으로 설정한 군사작전통제선을 영해라고 적법화시키는 것은 무리한 주장이다.[36]

역사적으로도 박정희 정권 시기 대한민국 영해를 선포할 때 서북 5도는 제외되었으며, 김영삼 정권 시기의 이양호 국방장관은 국회에서 "NLL 넘어와도 정전협정 위반 아니다"라고 공식적인 입장을 밝혔다. 《조선일보》 역시 당시에는 "NLL은 정전협정에도 없고 정식 경계선도

446

아! 반국가단체

아닌데 야당이 공연히 트집 잡는다"라고 거들었다. 이명박 정권 시기에 도 유엔 사무총장에게 기탁한 우리나라 영해직선기선에 서북 5도는 제외되었다. 현재의 서해는 10·4선언에서 합의한 서해평화협력특별지대 의 모습이 아니며, 중국이 NLL 주변 바다를 공해(公海)로 간주하면서 중 국 어선들만 활개를 치고 있다.

정부 내 대결주의자들

남북관계를 파국으로 몰아가는 세력의 핵심은 외교안보 라인을 장악한 군 출신들이었다. 박근혜 정부 들어 정국의 중심에는 항상 국정원이 있었고, 그 뒤에서 '부통령'이라 불리는 김기춘 청와대 비서실장과 대통령의 3대 측근 비서관이 모든 것을 좌지우지한다는 것이 정설처럼 떠돌았다. 이들은 대화보다는 대결에 익숙했다. 민중의 저항을 억누르기 위해 정권에 반대하는 모든 세력을 '종북'으로 몰면서 공안정국을 조성했다. 이러한 공안몰이는 분단에 기대어 남북 대결을 빌미로 국내의 비판세력을 탄압한 독재 시절 수법을 그대로 답습한 것이었다. 이명박 정부와는 다른 모습을 보여준다며 신뢰를 강조한 박근혜 정부도 남북 화해·평화라는 정당한 주장을 종북으로 몰아 간 것이다.

또한 박근혜 정부의 구시대 인사들과 군부세력들은 이명박 정부 때처럼 '북한 붕괴론'과 흡수통일론에 젖어 있었다. 대통령, 국무총리, 국방장관 등이 직접 북한의 급변사태와 무력 도발을 언급하고 군부대를 돌아다니며 가차 없는 대응을 주문했다. "2015년에는 자유민주주의 체제로 통일되어 있을 것"이고 "그날을 위해 우리 모두 다 죽자"던 남재준 전 국정원장의 발언은 박근혜 정권의 속마음을 단적으로 보여준다.

더 심각한 것은 이명박 정권이 북한의 급변사태가 저절로 오리라 믿고 기다리는 전략에 매달렸다면, 박근혜 정권은 한 걸음 더 나아가 '북한의 변화를 유도해야 한다'고 공개적으로 말하고 있었던 것이다.

추석 이산가족상봉을 앞두고도 김관진 장관은 또다시 "한국 사회 곳곳에서 한국의 체제와 이념을 부정하는 종북세력들이 활동하고 있다"고 주장한 후, 북한이 남한 내 종북세력과 연계한 4세대 전쟁을 준비하고 있다며 연일 남북 대결을 부추기는 발언을 쏟아내었다.³⁷ 또한 그와 함께 남북관계를 주도하고 있는 김장수 청와대 안보실장의 경우, 개성공단 실무회담과 관련하여 "'회담의 격'은 내가 주장"했고 "수석대표 교체도 내 지시다"라는 것을 숨기지 않았다. 또 6차 실무회담이 진행 중일 때 청와대(김장수) 및 국방부(김관진), 국정원(남재준)은 '협상을 지속할 이유가 없다'는 지침을 통일부에 전달했다.

특히 국가정보원장 남재준은 10월 국회 정보위 업무보고에 출석하여 북한 관련 정보를 많이 쏟아내었는데, "김정은은 3년 내 무력 통일 호언" 등의 확인 불가능하면서도 남북 간 대결의식을 부추길 수 있는 위험한 발언이 대다수였다. 실제 영변 원자로 재가동, 동창리 장거리 미사일 실험 진행 등 핵개발 관련 정보와 서해 북한 부대의 상세 내역 등에 대해 국방부가 부인함으로써 그의 발언이 매우 정치적 의도에 의해 수행된 것이 드러났다. 게다가 북한 당국이 민감하게 반응하는 김정은-리설주 관련 정보까지 여과 없이 무차별적으로 공개하여 얼어붙은 남북 관계를 더욱 악화시키고야 말았다. 여기에 신임 합참의장 최윤희는 "북이 독자적으로 전쟁을 수행할 수 있다"며 북한이 곧 전쟁이라도 일으킬 것 같은 분위기를 조성했다.

동북아 평화를 위협하는 일본

12월 일본의 극우보수, 아베 정권은 '집단적 자위권' 보유를 추진하면서 뻔뻔스럽게도 유사시 한반도 군사 개입을 거론하고 나섰다. 그런데 일본의 이러한 도발은 사실 미국의 부추김과 한국의 방조가 있었기에 가능한 것이었다.

일본은 1990년대의 이라크 파병, 2000년대의 '테러와의 전쟁'과 관련한 파병 등 전 세계에 자위대를 파병해왔다. 2010년대에는 미국-필리핀-일본, 미국-호주-일본, 미국-대만-일본 등의 형태로 합동군사훈련을 진행 중이며, 훈련에 파견하는 병력 규모는 날이 갈수록 증가했다. 당시 일본 영토 내로 작전 범위를 한정하는 '전수 방위' 전략은 사실상 폐기 처분을 앞두고 있다.

실질적인 군대로의 전환 작업과 함께 일본은 법적, 제도적 준비 역시 치밀하게 준비해왔다. 1999년에 제정된 주변사태법에 '한반도 유사시' 미군의 작전을 지원하는 내용을 포함시켰고, 2004년에 미국과 함께 작성한 '작전계획 5055'에서 '한반도 유사시' 자위대 파견에 미국과 공감대를 이루었으며, 자위대의 수송기를 이용한 한국 내 일본인 소개작전 등을 작전계획에 포함시켰다. 또한 2008년 미일고위관료회담에서도 일본은 일본인 수송작전을 위해 한국에 자위대 소속 함정과 항공기를 보낼 계획이라고 밝혔다. 위키 리크스가 공개한 외교문서에 따르면, MB는 취임하던 해인 2008년에 이미 한·미·일 3자 안보 대화에 동의했고, 2010년에는 일본 언론과의 인터뷰에서 한일 양국이 "서로를 이해하고 신뢰를 쌓아 올린다면 자연스럽게 한일 군사협력이 될 것"이라고 밝혔다.

그래서 2010년 12월에 간 나오토 총리의 '자위대 한반도 파견 검토' 발언은 돌발적이거나 즉흥적인 발언이 아니었다. 근 20년 동안의 군사 대국화 추진이라는 맥락에서 나온 일관되고 준비된 발언이었던 것이다. 간 나오토 총리의 발언이 있던 다음 날 알려진 일본 '신방위계획대강'의 내용이 그러한 해석을 뒷받침한다. '방위대강'에 '한반도 유사시'를 대비하기 위해 기존의 '기반적 방위력'을 '동적 방위력'으로 전환한다는 것이 명시되었다. 간 나오토 총리의 발언이 있은 지 한 달 후에는 한국과 일본의 국방장관이 회담을 통해 한일군사협정 체결에 공감대를 이뤘다고 발표했다.

이런 역사적 배경하에 일본이 다시금 '집단적 자위권'과 '유사시 한반도 군사 개입'을 거론할 수 있었던 것이다. 그러나 이명박 정부와 마찬가지로 박근혜 정부 역시 이러한 움직임에 제동을 걸고자 하는 움직임을 전혀 보이지 않았다.

박근혜 정부 1년 평가

박근혜 대통령은 대통령 선거 시기 이명박 정부와 차이를 두겠다며 경제 민주화와 한반도 신뢰 프로세스를 슬로건으로 내세웠다. 그래서인지 DMZ에 세계평화공원을 조성하자는 계획을 내세워 홍보했고, 부산에서 출발하는 시베리아 횡단 철도(TSR)를 통해 유럽을 잇는 유라시아 철도를 만들자고 러시아의 푸틴 대통령과 합의하기도 했다.

그러나 이 모든 사업은 북한의 동의와 협력을 필요로 하며, 남북관계가 개선되지 않는다면 추진 자체가 불가능하거나 뭔가 만들어도 무용지물일 따름이다. 박근혜 대통령의 이른바 창조경제를 달성할 대륙으로의 진출도 남북 정상 간 합의인 2000년 6·15공동선언과 2007년 10·4 선언에 이미 나와 있는 내용이다.

따라서 박근혜 대통령이 그토록 강조하는 신뢰를 쌓고, 자신의 구상을 실현하기 위해서는 남북 간 기존의 합의부터 지켜나가야 했다. 그런데 박근혜 정부는 6·15공동선언과 10·4선언을 존중한다고 말하면서도 남북 간 교류를 가로막는 5·24조치를 계속 유지했고, 가장 기초적인 남북 교류협력 사업인 금강산 관광도 방치했다. 신뢰를 내세우기는 했지만 북한에 선(先) 굴복과 양보를 강요하고 경제협력에 핵 포기라는 조건을 붙이는 등 경직되고 대결적인 기조를 1년 내내 유지했다. 결과적으로 한반도 신뢰 프로세스는 이명박 정부 시절에 지겹게 들었던 비핵·개방·3000의 복사판에 지나지 않았다.

금강산 관광 재개를 위한 3대 선결조건[38]

금강산 관광은 최초의 대규모 남북 민간 교류였으며, 관광이 확대되고 지속되면서 남북 간 갈등이 발생했을 때에도 당국 간 회담이 열릴 수 있는 분위기가 유지될 수 있었다. 관광을 위해 북한의 최전방 군사작전지역인 금강산이 개방되고 군부대가 후방으로 후퇴하면서 군사적 긴장 해소에도 기여했다. 사회·경제·정치·군사 등 여러 측면에서 관광을 재개할 필요가 있었던 것이다.

관광 재개를 위한 국내의 분위기도 나쁘지 않았다. 6년 동안의 관광 중단으로 막대한 경제적 손실이 발생했기 때문이다. 통일부 자료에 따르면, 2014년 7월까지 금강산 관광 중단으로 국내 기업과 고성 지역 주민들의 경제적 피해는 무려 2조 2천억 원이 넘는 것으로 집계됐다. 그래서 통일·외교·안보 전문가들을 포함한 국민 대다수가 금강산 관광 재개를 요구하였다.

가령 2013년 11월 현대경제연구원이 진행한 전문가 설문조사에서는 응답자의 85.7%가 '금강산 관광 재개가 남북 경색 해소에 도움이 될 것'이라고 응답했다. 여당 중진들도 5·24조치를 해제하고 금강산 관광을 재개하는 것을 검토하자는 목소리를 지속적으로 냈다.

그런데 박근혜 정부는 남북 간에 '3대 선결과제(진상규명·재발방지·신변보장)'가 아직 해결되지 않은 점을 들어 별도의 회담이 필요하다는 유보적 입장을 보였다.

금강산 관광 중단 이후 관광 재개를 위한 공식 회담은 단 한 차례 이루어졌다. 2010년 2월 8일의 남북실무회담이 유일했는데, 이 회담에서 정부가 관광 재개의 전제로 제시한 이른바 '3대 선결과제'에 대한 입장 차이가 재개를 가로막고 있는 요인으로 알려졌다. 그런데 회담의 논의 과정과 이후 정부의 입장 변화를 살펴보면 '3대 선결과제'가 반드시 합의하기 어려웠던 사안이 아니라는 것을 알 수 있다.

이 회담에서 남측은 '사건 진상규명'(남북한 당국의 공동조사)과 '재발방지책 마련', '관광객 신변안전 보장을 위한 제도적 장치 완비' 등을 관광 재개 조건으로 내걸었다. 북측은 우선 유감을 표명하면서 금강산 관광을 4월 1일부터 재개하자는 입장을 펼쳤고, 정부가 제시한 3대 선결 조건이 해결되었다고 주장했다.

2012년 11월 새정치연합 홍익표 의원이 공개한 문서에 따르면, 당시 북측은 관광에 필요한 모든 편의와 관광객들의 신변안전을 보장하겠다고 제안했고 양측은 합의서 초안을 작성했으나, 오히려 이명박 정부가 이를 거부했다고 한다. 이에 대해 통일부가 남북 간 합의를 이룬 것은 아니었다고 반박했으나, 북한이 그런 제안을 한 사실 자체를 부정하지는 않았다.

의견차가 두드러졌던 것은 남측이 제안한 현지 공동조사였다. 왜냐하면 남측이 제의한 공동 현장조사가 북측 군사 지역으로의 진입을 의미하는 것이었기 때문이다. 그래서 북측은 "남측의 현장 방문은 괜찮지만 군사통제구역으로 들어와서는 안 된다"고 못 박았고, '제한적인 출입'을 허가했다. 중요한 것은 이에 대해 남측이 더 이상 이의를 제기 않았다는 것이다.

즉, '3대 선결과제' 전반에 대한 의견 접근이 첫 회담에서부터 이루어졌던 것이다. 실제로 3대 선결과제는 남북 간 의견 접근을 통해 합의가 가능한 사안이었고, 회담 당시 상당 부분 충족되었다고도 볼 수 있는 사안이었다. 이후 이명박 정부는 '신변보장만 된다면 관광 재개를 협의할 수 있다'는 유연한 입장으로 한발 물러섰다.

박근혜 정부 역시 취임 초부터 신변안전이 보장될 시 협의가 가능하다는 입장을 밝혔고, "진상조사는 이미 시일이 많이 지나 사실상 힘들어졌다"고 인정했다. 실제 예상치 못한 해일로 인해 북측 지역의 사건 현장 지형이 바뀌어 사실상 진상조사는 불가능해진 상황이다.

그렇다면 시간이 지나면서 정부의 입장이 유연해진 측면이 있는데도 금강산 관광이 재개되지 못한 이유는 무엇인가? 그것은 '3대 선결과제'를 해결하는 것이 어려워서가 아니라 북한을 대하는 정부의 인식과 태도에 문제가 있었기 때문이다. 정부는 관광 대가로 현금을 북한에 제공하는 데 부담을 느끼고 있었다.

화해를 위한 진정성

이명박 정부는 금강산 관광이 북한의 현금 창구이고, 이 돈으로 미사일과 핵을 개발하고 있다고 규정했다. 그래서 이러한 상황이 유엔 안보리 결의 위반이기 때문에 관광 대금을 '현물'로 결제하는 방안을 검토하기도 했다. 그런데 이는 금강산 관광이 북한의 돈줄이라는 국내 보수적 여론을 감안한 것이라 하더라도 지나친 얘기이다.

가령 국립공원 입장 시에 입장료를 달걀 한 판, 쌀 1킬로그램으로 받아주면 안 되겠냐고 하면 들어주겠는가. 정작 대북 제재를 주도한 미국에서는 "안보리 결의와 금강산 관광 재개 조치는 무관하다"(필립 골드버그 미 국무부 대북 제재 조정관)는 입장을 밝혔다.

게다가 박근혜 정부는 북한을 대화 상대로 존중하기보다는 자신의 입장을 관철시키는 데만 집착했다. 2013년 6월 남북 당국 회담을 앞두고 청화대가 제기한, '수석대표의 격' 논란으로 회담이 취소된 것이 단적인 사례이다. 상대측의 수석대표를 미리 지정하여 요구하는 것은 찾아보기 힘든 외교적 결례인데도 북한이 이를 수용해야만 회담을 하겠다는 정부의 태도에 북한이 강하게 반발했으며, 회담은 무산되었다.

2013년 7월 북한이 '이산가족상봉·금강산 관광 재개 실무회담'을 제안했을 때에도 정부는 이산가족상봉만 회담 주제로 수용했고, 8월에 북한이 재차 '금강산 관광 재개 실무회담'을 제안했을 때에도 정부는 이산가족상봉이 먼저라며 사실상 이를 거부했다. 회담이 무산된 이후 정부는 '금강산 관광 재개 실무회담을 먼저 제의할 계획이 없다'고 밝혔다. 이러한 대응은 정부가 금강산 관광 재개 논의를 회피하려 한다는 인상마저 주었다.

금강산 관광과 유엔 안보리 결의를 연관 짓는 움직임 역시 반복되었다. 박근혜 정부는 금강산 관광이 유엔 안보리 대북결의 2094호의 적용대상일 수 있다며 관광 재개에 부정적인 입장을 내보였다. 그러나 2014년 8월 방한한 미국 재무부 고위 관료는 금강산 관광 재개가 유엔 안전보장이사회 결의 위반인지를 묻는 질문에 "관련돼 있다고 생각하지 않는다"며 오히려 이 문제가 한국 정부에 달려 있다고 답했다.

즉, 그동안 관광이 재개되지 못한 이유는 남북 간에 대화가 부족했던 것이 문제였다기보다는 상대방을 보는 시각과 태도가 문제였던 것이다. 대화는 하는데 상대방을 자극하거나 자극적인 조치를 취하면 회담에서 성과를 기대할 수는 없는 노릇이다. 결국 금강산 관광 재개에 있어 가장 중요한 것은 기술적인 합의가 아니라 박근혜 정부 대북정책 기조의 과감한 전환이다.

박근혜 정부가 지향하는 '통일대박론'의 통일이 화해와 평화적 수단에 의한 통일이라면, 지난 남북 간 대화에서 보인 일방주의적 자세에서 벗어나 그토록 되뇌는 진정성을 먼저 보여주어야 한다. 상대방을 자극하여 대결을 조장하는 군사적 적대 행위를 중단하고 화해협력을 위한 과감한 조치, 즉 금강산 관광 재개를 추진하는 것이 북한의 변화를 이끌어내는 효율적 정책일 것이다.

짧은 대화, 긴 반목

인천아시안게임 폐막식에 참석한 북한 대표단과의 회담

2014년

1월	1일	북, 남북관계 개선 제의
	6일	박 대통령 신년 기자회견 "통일은 대박이다"
	16일	북 국방위원회, 비방, 중상, 적대적 군사 행위 중단 등 '중대 제안'
	17일	통일부, 북한 제안 거부, "한미연합군사훈련 예정대로 진행할 것"
	12, 24일	북, 중대 제안 수용 촉구 및 이산가족상봉 수용 발표
2월	8일	북 국방위원회, 청와대 국가안보실에 회담 제안
	10일	한미연합사, "키리졸브-독수리 연습 예정대로"
	12, 14일	남북고위급회담
	20~25일	이산가족상봉
	25일	박 대통령, 통일준비위원회 발족 발표(경제 혁신 3개년 계획 담화)
3월	28일	박 대통령, 드레스덴선언
	24일	백령도 대북전단 살포
	25일	파주 대북전단 살포
4월	26일	오바마 대통령, "군사력 사용 주저하지 않을 것"
5월	12일	국방부, "북한은 없어져야 할 나라"
7월	17일	인천아시안게임, 남북 실무접촉 결렬
8월	7일	통일준비위원회 1차 전체 회의
	15일	박 대통령, 남북 간 신뢰 구축의 '작은 통로' 제안(광복절 경축사)
9월	13, 15일	북 국방위 전통문, "삐라 살포 중단해야 대화의 문 열릴 것"
	21일	대북전단 살포
	24일	박 대통령, 유엔 총회 기조연설에서 북한 인권 문제 제기
10월	4일	북 대표단 인천아시안게임 폐막식 참가
	7일	서해상 충돌
12월		애기봉 트리 설치 계획 승인
	29일	통일준비위원회, 대북대화 제의
	31일	박근혜 대통령, "통일의 길을 열어갈 것"

"통일은 대박이다", 그러나……

2014년 첫날, 북한은 신년사를 통해 남북관계를 개선하자고 제안해 왔다. 1월 6일, 박근혜 대통령 역시 신년 기자회견에서 "한마디로 통일 은 대박이라고 생각한다"고 발언하면서 오랜만에 남북 간에 대화 분위 기가 조성되었다. 또 북한은 16일에도 국방위원회 명의로 '중대 제안', 즉 "음력 설 명절을 계기로 서로를 자극하고 비방 중상하는 모든 행위 부터 전면 중지하는 실제적인 조치를 취하자는 것을 남조선 당국에 정 식으로 제의"했고, "상대방에 대한 모든 군사적 적대 행위를 전면 중지 하는 실제적인 조치를 취할 것을 제안"해왔다. "실천적인 행동을 먼저 보여줄 것"이라던 북한의 약속은 지켜졌으며, 국방부는 2월 3일 "북한 의 대남 위협 및 대남 비방 방송은 최근 계속 줄고 있는 추세"라고 밝 혔다.[1]

북한은 1월 24일 이산가족상봉을 수용하겠다고 밝혔다. 2월 12일과 14일에는 남북고위급회담이 개최되었고, 20일부터 25일까지 이산가족 상봉이 이뤄졌다. 특히 고위급회담에서 상호 비방을 중지할 것과 지속 적으로 고위급 접촉을 갖기로 합의한 것은 큰 성과였다.

그러나 연초의 대화 분위기는 오래가지 못했다. 먼저 박근혜 대통령 의 '통일대박' 발언을 제외하면 정부 전반의 강경한 기조가 바뀌지 않았던 것을 그 이유로 들 수 있다. 대통령의 통일대박 발언이 이뤄진 시기를 전후해 고위 외교안보 라인은 지속적으로 흡수통일 및 북한 붕괴를 전제로 한 대결적 언사를 쏟아냈다. 가령 남재준 국정원장은 상기했듯이 2013년 국정원 송년회에서 "2015년에는 자유민주주의 체제로 통일되어 있을 것"이라며 "그날을 위해 우리 모두 다 죽자"고 발언했다. 또한 1월 1일에는 "북한의 불확실성이 증대됐기 때문에 북한 붕괴 등 모든 가능성을 열어놓고 예의 주시한다"고 말했다.

통일부 장관 역시 북한의 신년사가 발표되자마자 "무엇을 제의했다고 해석될 여지는 별로 없다"고 평가절하했고, 1월 3일에는 "북한 신년사의 진정성에 의구심을 가질 수밖에 없다"는 통일부 공식 입장이 나왔다. 윤병세 외교부 장관의 경우도 대통령의 기자회견 직후인 1월 8일, 급변사태 등을 포함해 북한 문제를 협의할 한미 간 채널을 만들고 중국을 여기에 참여시킬 수 있다고 말해 파장을 일으켰다. 1월 16일 북한의 중대 제안에 대해서도 통일부는 바로 다음 날 거부 의사를 밝혔고, 한미연합군사훈련을 예정대로 진행할 것이라 발표했다. 2월 8일 북한 국방위원회가 청와대 국가안보실에 회담을 제안했지만, 이틀 후인 2월 10일 한미연합사가 키리졸브-독수리 연습을 예정대로 진행할 것이라고 밝혀 대화 분위기가 가라앉았다.

북한 붕괴와 흡수통일

통일대박론에 내재된 문제점들 역시 남북관계 개선을 가로막는 요인으로 작용했다. 첫째, 통일대박론은 2013년에도 지속된 종북몰이와 공안통치에 대한 반성 없이 툭 튀어나왔다. 기존의 정책 기조가 바뀐 것이라면 이에 대한 설명이 필요했고, 바뀐 것이 아니라면 통일대박이 기존 정책과는 어떻게 다른 것인지에 대해 설명해야 했다. 그러나 대통령은 즉흥적으로 대박을 말했을 뿐이다. 둘째, 대통령의 주장에는 통일의 상(像)과 대박을 달성하기 위한 방도가 생략되었다. 즉, 어떤 통일인가, 그리고 어떻게 통일을 달성할 것인가에 대한 청사진이 전혀 제시되지 않았고 상호 존중의 자세나 화해협력정책도 찾아볼 수 없었다. 특히 대통령은 남북 간 교류 확대를 강조하면서도 제일 큰 장애물인 5·24조치의 해제를 언급하지도 않았다.

마지막으로 통일대박론이 전제하는 것이 '사실상의 흡수통일'이라는 것은 매우 심각한 문제였다. 남북관계가 최악인 상황에서 과정을 생략하고, 교류와 협력 없이 통일을 준비하자는 것은 북한을 무너뜨리지 않고는 불가능하기 때문이다.[2] 사실 대통령 스스로 이런 인식을 연설문에서도 드러냈다. "북한이 어떻게 될 것이고, 어떤 행동으로 나올 것인지 세계 어느 누구도 확실하게 말할 수 있는 사람은 없다. 모든 가능성을 염두에 두고 철저히 대비하겠다"고 말한 것이다. 또한 박 대통령은 1월 16일 북한의 중대 제안을 "최근 북한이 남북관계 개선을 내세우고 있으나 진정성을 느끼기 어렵다"고 일축했고, 1월 20일 스위스 대통령과의 정상회담에서는 "북한이 스스로 변화해야겠지만 스스로 변화하지 못한다면 그렇게 변화할 수밖에 없는 환경을 만들어나가야 한다"고 발언했다.

상대방의 대화 제안은 진정성이 없다 하고 외부에서 변화를 강제할 수밖에 없다고 한 말들은, 대통령이 염두하고 있는 것이 북한 붕괴에 이은 흡수통일이 아니고서는 나올 수 없다.

북한 붕괴 여론몰이

보수언론 역시 북한의 붕괴가 임박한 것처럼 여론몰이에 나섰다. 예컨대 《조선일보》는 신년 특집으로 '통일이 미래다'를 내세웠고, "눈사태처럼 올 통일을 지금 준비하지 않으면 북한은 중국의 속국이 될 것"이라고 주장했다. 《동아일보》 역시 1월 7일자 사설 〈통일, 치밀하게 준비해야 '대박'〉에서 "어쩌면 남북의 합의에 의한 방식보다는 독일처럼 북한 정권의 갑작스러운 붕괴로 통일을 이룰 가능성이 적지 않다"고 북한 붕괴론을 설파했다. 또 같은 날 《조선일보》는 1면 기사 〈주한미군, 경기 북부에 기계화 대대 추가 배치 추진〉에서 "북한의 국지 도발 및 급변사태에 본격 대비하기 위해 실전 태세를 한층 강화하는 것이 아니냐는 분석이 나오고 있다"고 보도했다.

또 이들을 포함한 대부분의 언론은 미국과 중국이 북한의 급변사태에 대해 논의한 보고서를 미국 의회조사국(CSR)을 통해 발표했다며 북한 불안정설 유포에 동참했다. 그러나 언론이 인용한 '북한의 급변사태 논의' 다음에 이어지는 내용은 "베이징 대학의 중국 분야 전문교수는 '중국은 북한의 붕괴를 받아들이지 않고 있고 중국이 비핵화는 추구하고 있지만 일부 중국 지도자는 한반도 긴장이 북한보다는 미국의 책임이 크다는 입장을 가지고 있다'고 경고했다"는 것이다. 또한 보고서는 '중국의 대북정책에 근본적인 변화는 없다'며 결론을 내렸다.[3] 즉, 언론은 보고서를 다 읽지도 않았고, 보고서의 핵심도 파악하지 못한 채 일부분만 발췌하여 북한 붕괴가 임박한 것처럼 보도했던 것이다.

이산가족 실무접촉과 B-52

2월 5일, 판문점 북측 지역 통일각에서 열린 실무접촉 회의에서 남북은 같은 달 20일에서 25일까지 이산가족상봉 행사를 개최하기로 합의했다. 또 2월 12일에는 7년 만에 남북고위급회담이 개최되었다. 2월 14일 열린 2차 접촉에서 남북은 이산가족상봉, 상호 비방 중지, 고위급회담 지속 등의 3개항에 대해 합의했다.

그러나 이산가족 실무접촉 회의가 있던 날 미군의 B-52 전략폭격기가 서해상에서 사격훈련을 하고 간 것으로 드러나면서 북측이 강하게 항의하고 나섰다. 포탄이 떨어지는 상황에서 이산가족이 상봉하는 것은 말이 안 된다는 주장이다. B-52 폭격기는 잠수함발사탄도미사일(SLBM)이 탑재된 핵추진잠수함, 대륙간탄도미사일(ICBM) 등과 함께 미국의 3대 '핵우산' 전력의 하나로, 지대공 미사일과 핵무기는 물론 10Mt(1Mt=TNT 100만t) 또는 24Mt급 수소폭탄 4발도 탑재가 가능하다.[4]

이산가족상봉이 이뤄지던 시기에 시작된 키리졸브 연습은 분위기를 더욱 냉각시켰다. 우선 훈련이 시작되기 전인 2월 10일, 김관진 국방장관이 북한이 핵실험 준비를 마쳤다고 주장함으로써 훈련을 정당화했고, 북한의 중대 제안에 대해서도 국방부는 '화전양면전술(和戰兩面戰術)'로 판단된다고 밝혔다. 이어 2월 13일 방한한 존 케리 미 국무장관은 북한의 선비핵화 조치를 강조하는 박근혜 정부와 미국의 입장이 완전히 동일하다면서 "훈련과 남북이산가족상봉은 별개"라고 발언했다. 아울러 한국 정부에 한일관계 개선에 적극 나설 것을 주문했다.[5] 결국 이산가족의 2차 상봉 이틀째인 24일, 사상 최대 규모로 키리졸브 연습이 시작되었고, 북한은 27일 단거리 탄도미사일 4기를 발사했다.

전략폭격기 출격 외에도 미국은 지속적으로 남북관계 개선을 가로막았다. 미국은 2013년 한미정상회담에서부터 한반도 신뢰 프로세스가 북한과의 대화 시도가 아니냐며 의구심을 표했고, 박근혜 정부는 대화 추진을 포기했다. 또 이산가족상봉과 고위급 접촉 역시 방한한 존 케리 미 국무장관의 제동으로 더 이상 진전되지 못했다. 4월에 한국 정부가 6자회담 재개의 문턱을 낮출 수 있다고 발언했지만, 미국이 유감을 표명하면서 없던 일로 되어버리기도 했다.[6] 박근혜 정부의 대결적 정책 기조뿐 아니라 미국의 견제로 남북관계는 매번 고비를 넘길 수 없었다.

맞춤형 억제전략

매년 봄에 행해지는 한미 양국의 대규모 합동군사연습은 한반도 긴장을 고조시키는 요인 중 하나다. 북한과의 전면전을 상정한 훈련과 이에 대한 북한의 반발, 그리고 서로를 자극하는 발언 등이 매년 반복되었고, 이 기간에 남북대화는 성사된 적이 거의 없었다. 특히 2014년 행해진 키리졸브 연습에 '맞춤형 억제전략'이 처음 적용되는 것으로 알려지면서 이산가족상봉과 고위급회담으로 조성된 대화 분위기마저 일거에 경색되었다.

맞춤형 억제전략은 2013년 45차 한미연례안보협의회(SCM)에서 승인된 전략으로서 북한이 핵무기나 대량살상무기(WMD)를 사용하려고 할 시 '위협 단계', '사용 임박 단계', '사용 단계' 등 3단계로 구분하여 각 단계별 맞춤 대응을 통해 핵을 막겠다는 것을 주요 내용으로 하고 있다. 문제는 이 전략이 사용 임박 단계부터 북한에 대한 선제공격을 배제하지 않고 있다는 점이었다.[7] 또 한미 양국은 핵무기뿐 아니라 북한의 생화학 무기 사용 징후에 대한 선제타격에도 합의했다.[8] 아울러 '국지도 발대비계획'도 적용되면서 북한과의 충돌 시 북한의 도발 원점뿐 아니라 지원·지휘 세력까지 타격하는 것을 목표로 내세우기도 했다. 훈련의 목적이 방어에 있다는 한미 양국의 설명과 그 실상은 달랐던 것이다.

사실 한국과 미국은 이미 2013년 북한의 3차 핵실험 직후부터 '선제타격' 방안을 검토해왔다.[9] 2월 초 정승조 합참의장이 전쟁을 감수하고서라도 선제타격하겠다는 입장을 밝혔고, 10월 초 합참의장 후보자였던 최윤희는 핵무기가 아닌 생화학무기 사용 징후가 포착될 경우라도 역시 선제타격이 가능하다고 발언했다. 이어 10월 24일에는 한국군이 단독으로 선제타격을 하면 미국이 지원작전을 펼칠 것이라는 양국의 논의가 보도되었다.[10]

또한 맞춤형 억제전략은 한국 정부의 부인과 달리 한국이 미국의 MD 체계에 편입되는 것을 기정사실화했다는 점에서 동북아 지역 평화에 반하는 속성을 가지고 있다. 예컨대 맞춤형 억제전략에 합의를 이룬 직후 미 국방부 동아시아 부차관보는 이 전략의 최우선 순위가 MD에 있다는 점을 분명히 했다. 그는 "미사일 위협을 탐지·방어·분쇄·파괴할 수 있는 '동맹의 포괄적인 미사일 대응 능력'을 발전시키는 것이야말로 가장 높은 우선순위"라며, 이를 위해서는 "지휘·통제·통신·컴퓨터(C4)뿐만 아니라 정보·감시·정찰(IRS)과 MD의 상호 운용성도 높여야 한다"고 강조했다.

이 발언이 있은 직후 한국 국방부는 2014년부터 신형 패트리엇 미사일(PAC-3)을 도입하겠다는 방침을 밝혔다. 미국은 오랫동안 한미 간 MD 협력을 위해 PAC-3 도입을 요구해왔었다.[11] 만약 한국이 독자적으로 미사일방어체계(KAMD)를 개발한다고 해도 그것이 미국 MD와 "극도의 상호 운용성(extreme interoperability)"을 전제로 하는 것이라면, 고급 정보 자산을 미국에 전적으로 의존하고 있는 점을 감안했을 때, 사실상 KAMD는 미국 MD의 하위 체계로 작동할 수밖에 없다.[12]

2015년 들어 한미 양국은 개념계획이던 '맞춤형 억제전략'에 대한 작전계획을 발전시키기로 합의했고, 이 계획은 탐지된 북한의 이동식 발사대(TEL)와 미사일 시설들을 사전에 타격해 파괴하는 전략을 수립하는 것을 내용으로 하고 있다.[13] 아울러 2014년 연말부터 고고도미사일방어체계(THAAD) 도입을 위한 언론 플레이를 지속하고 있다.

드레스덴 연설

3월 28일, 독일 순방 중이던 박근혜 대통령은 북한에 대한 인도적 지원, 민생 인프라 구축, 민족 동질성 회복 등을 골자로 하는 이른바 '드레스덴선언'을 발표했다. 청와대와 보수언론은 대통령의 유럽 순방 전부터 남북관계에 큰 전환점이 될 독트린이 나올 것처럼 분위기를 조성했고, 대통령 역시 연설 직후 "만약 통일이 된다면, 모든 것은 드레스덴에서 시작되었다고 기억할 것입니다"라며 큰 의의를 부여했다.

그러나 정작 북한은 4월 12일 국방위원회 대변인 담화를 통해 드레스덴선언을 흡수통일선언으로 규정했고, "새로운 형태의 핵실험도 배제하지 않겠다"며 강하게 반발했다. 6~7월에 시도된 민간단체의 인도적 지원도 드레스덴선언과 관련이 있다면서 거부했고, 8월 들어서도 드레스덴 구상 등을 "단호히 전면 배격한다"고 강조했다.

그렇다면 드레스덴선언은 왜 이처럼 강한 반발을 불렀는가? 박근혜 정부는 크게 발표 시기와 발표 내용, 그리고 사전작업 및 후속 조치라는 세 가지 기준에서 매우 미숙했고 사려 깊지 못했다.

북측은 매년 실시되는 한미합동연습에 대해 민감하게 반응해왔다. 그런데 드레스덴선언은 실기동훈련인 독수리훈련이 실시되는 시기에 나왔다. 연설 이틀 전인 3월 26일, 북한이 탄도 미사일을 발사했고, 한미 양국은 유엔 안보리에 제재를 촉구했다. 더구나 드레스덴에서의 선언이 무색하게도 연설이 있던 28일, 한미 양국은 21년 만에 최대 규모로 상륙훈련(쌍용훈련)을 진행했다. 이처럼 남북 간 긴장이 극도로 고조된 상황에서 상호 불신을 감소시킬 수 있는 어떠한 조치 없이 행해진 연설은 북한뿐 아니라 우리 국민 역시 어리둥절하게 만들었다.[14]

선언의 내용도 문제였다. 드레스덴선언의 내용은 세 가지 측면에서 북한의 불신을 심화시켰다. 먼저 대통령은 연설 과정에서 끊임없이 북한을 자극했고, 흡수통일을 떠올리게 했다. 박 대통령은 "경제난 속에 부모를 잃은 아이들은 거리에 방치되어 있었고, 추위 속에서 배고픔을 견뎌내고 있었습니다"라며 "지금 이 시각에도 자유와 행복을 위해 목숨을 걸고 국경을 넘는 탈북자들이 있습니다"라고 발언했다. 이 발언은 북한 체제에 대한 직접적 비난으로 해석될 수 있었고, 북한 주민들의 삶을 개선하는 민생 인프라를 구축하겠다는 것은 '무능한 북한 정권'과 북한 주민을 분리하려는 의도가 반영된 것이었다. 연설 이후 정부는 드레스덴 제안이 '철저하게 북한 주민들을 향한 것'이라고 인정했다.[15] 게다가 대통령은 "역사적인 독일 통일의 가장 중요한 원동력은 자유에 대한 갈망을 행동으로 옮긴 당시 동독 주민들의 용기"였다고 말함으로써 북한 주민의 봉기를 재촉하는 듯한 인상도 주었다. 드레스덴이 동서독 통일 과정에서 흡수통일의 상징적인 도시였다는 점 역시 북한으로 하여금 남한이 북한을 흡수통일하려는 생각이 있다는 의구심을 들게 하기에 충분했다.[16] 드레스덴선언이 대화의 상대인 북한 당국을 전혀 고려하지 않았던 것이다.

둘째, 북한에 대한 지원의 전제조건으로 북한이 수용하기 어려운 '선비핵화'를 내걸었다. 박 대통령은 "북한이 핵을 버리는 결단을 한다면, 이에 상응하여 북한에 필요한 국제금융기구 가입 및 국제투자 유치를 우리가 나서서 적극 지원하겠다"라고 제안했지만, 핵을 포기하면 대북 지원을 하겠다는 내용은 이미 실패한 비핵·개방·3000의 재판(再版)이었다. 드레스덴 연설이 있기 전 열린 한·미·일 헤이그 정상회담에서도 박 대통령은 북한이 비핵화의 길로 나아간다면 북한 주민의 어려움을 해결할 수 있을 것이라고 발언했고, 연설 직전 가졌던 독일 메르켈 총리와의 회담에서도 북한의 '선핵포기'에 합의한 것으로 알려졌다. 또한 요하임 가우크 독일 대통령과의 회담에서는 "휴전선이 반드시 무너질 것"이라고 확언하기도 했다. 대통령이 이처럼 남북 간 신뢰 조성에 대한 일언반구도 없이 북한의 선핵포기만을 강조하고 이를 지원의 전제조건으로 설정했던 것은 애초에 남북 간 대화의 가능성뿐 아니라 드레스덴선언의 실현 가능성을 사라지게 만들었다. 이런 제안은 사실상 북한에게 먼저 무릎을 꿇으라는 요구와 마찬가지였다.[17]

"(드레스덴선언은) 북한에 대한 지원과 교류협력에 대한 전제조건으로 북한의 비핵화를 걸어놨고, 또 비핵화를 위한 6자회담 재개의 전제조건으로 '북한의 진정성 있는 선조치'를 제시했다. 방 안에 잔뜩 상을 차려놨지만 대문과 방문에 이중으로 자물쇠를 채워놓은 격이다."(정세현 전 통일부 장관)[18]

셋째, 연설 내용과 관련하여 또 하나 짚고 넘어가야 할 것은 박 대통령이 제안한 것의 대부분이 이미 6·15공동선언과 10·4선언에서 합의된 내용이었다는 점이다. 가령 남한이 북한 인프라에 투자하고, 북한이 한국에 지하자원을 개발할 수 있도록 하자는 제안은 10·4선언 5항의 내용에 포함되어 있다.[19] 북한 영유아지원이나 농촌복합단지 건설 등의 인도적 지원·교류협력 사업은 남북관계가 좋았을 때 박 대통령의 구상보다 훨씬 더 큰 규모로 활발히 진행되었다. 더 중요한 것은 드레스덴선언에는 6·15선언과 10·4선언에서 합의한 남북 간 상호 존중 정신과 서해평화협력특별지대, 한반도평화체제 구축 등의 핵심 내용이 빠져 있었다는 점이다. 남북 간 대립은 분단에 기인하며 군사적 긴장을 항시적으로 수반하고 있다. 따라서 남북관계를 비가역적이고 실질적으로 진전시키려면 사회·경제·문화 분야의 교류뿐 아니라 정치·군사적 교류와 합의가 필수적이며, 따라서 이러한 문제를 빼놓은 드레스덴 연설은 속은 텅 비고 겉만 번지르르한 선언에 불과했다. 한마디로 북한 당국이 받아들일 수 없는 내용이었고, 북한의 자존심만 건드린 선언이었던 것이다.

더구나 정부는 과거 김대중 대통령이 베를린선언을 하면서 북측에 그 내용을 사전에 전달한 것과 달리, 드레스덴 선언의 내용을 북한에 전달해 신뢰성을 높이려는 노력을 아예 기울이지 않았다.

또 박근혜 정부는 연설 내용을 사전에는 물론 사후에도 전달하지 않았다. 류길재 통일부 장관은 4월 11일 국회 외교통일위원회 현안보고에 참석해 드레스덴선언 내용에 대한 북한과의 접촉 여부에 대해 "구체적으로 전달한 적 없다"고 인정했다. 게다가 류 장관은 드레스덴 연설이 독일에서 행해졌기는 했지만 "국제사회가 다 보기 때문에" 북한에 연설 내용이 직접적으로 전달되지 않은 것이 별로 문제되지 않는다고 밝혀

의원들의 질타를 받았다.[20]

드레스덴 연설 내용을 실천하기 위한 후속 조치 역시 실망스럽기는 매한가지였다. 우선 대통령은 귀국 후인 4월 7일, 청와대 수석비서관회의에서 북한의 내부 불안을 재차 언급했다. 같은 날 워싱턴에서 열린 한·미·일 6자회담 수석대표 회담에서도 '북한의 비핵화 조치 없이 6자회담 재개는 없다'며 이전보다 더 강하게 북한의 선제적인 조치를 요구했다. 또한 통일부는 식량 및 비료를 포함한 민간의 인도적 지원을 "타이밍이 아니다"라며 불허했고, 남북 교류를 가로막고 있는 5·24조치의 해제를 "전혀 검토하고 있지 않다"고 밝힘으로써 남북관계 개선의 여지를 스스로 좁혔다.

나중에 밝혀진 바에 따르면, 당시 통일부는 민간 대북전문가에게 '드레스덴 구상에 따른 한반도 신뢰 프로세스의 단계적 추진 전략'에 대한 연구 용역을 의뢰하기도 했다. 그러나 보고서의 내용이 '대북 봉쇄 조치인 5·24조치를 우리 정부가 먼저 해제 또는 완화해야 한다'는 것으로 나오자 내부 규정을 어기고 보고서를 일정 기간 은폐하기도 했다.[21] 오죽했으면 유명환(전 외교부 장관), 김성환(전 외교부 장관), 천영우(전 청와대 외교안보수석) 등 강경 보수 성향의 전직 고위 관료들마저 박근혜 정부의 외교가 "간판만 봐서는 무엇을 파는 곳인지 알기 어렵고, 간판과 파는 물건이 다르다"며 문제점을 지적할 정도였다.[22]

이와 함께 정부가 3월 말 파주에서 행해진 60만 장의 대북전단 살포를 방관하면서 '상호 비방 중지' 합의 역시 한 달이 채 못 가서 사문화되었다. 이후 10월 4일 북한 대표단의 인천아시안게임 폐막식 방문이 있기 전까지 남북관계는 지속적으로 악화일로를 걸었다.

전쟁 위험만 잔뜩 키워놓고 떠난 오바마

4월 25일 서울에서는 한미정상회담이 개최되었다. 3월부터 한 달 반 동안 지속된 대규모 한미연합군사연습(키리졸브 연습, 독수리훈련, 쌍용훈련, 맥스선더 등)으로 남북 간 긴장이 고조되었고, 이에 반발한 북한이 핵실험을 언급한 상황이었기 때문에 정상회담에서 한반도의 긴장을 완화할 조치가 논의되었어야 했다.

그러나 오히려 양국 정상은 북한의 핵과 미사일 위협을 명분으로 전시작전통제권 전환을 재연기했고, 미국은 전환 시기를 연기해준 대가로 한국을 MD 체제에 편입시키는 실리를 챙겼다. 오바마 대통령이 밝은 얼굴로 "미사일방어체계 강화에 합의했다"고 밝힌 것이다. 또한 양 정상은 한미연합군사훈련을 강화하는 데 합의했으며, 북한의 위협에 대비하기 위한 한·미·일 간 군사정보 공유의 중요성을 강조하는 등 기존의 대북 압박 기조를 재확인했다. 이미 한국 방문 하루 전이던 4월 24일, 오바마 대통령은 일본에서 열린 미일 정상 공동 기자회견에서 "북한의 태도에 조만간 변화가 없을 것"이라고 전제한 후, "한국, 중국, 일본 등과 함께 더 많은 압력을 행사할 것"이라고 말한 바 있다.

특히 오바마 대통령과 박근혜 대통령은 1978년 설치된 한미연합사령부를 최초로 함께 방문했다. 한미연합사는 2015년 12월로 한국이 작전권을 이양 받으면 공식 해체되기로 되어 있는 기구였다. 그런데도 군이 양국 정상이 방문했던 이유는 한국군에 대한 미군의 작전지휘권을 공고히 유지할 것임을 천명하고, 다음과 같이 무력 사용 의지를 드러내 북한에 경고 메시지를 보내기 위한 것이었다. 즉, 오바마 대통령은 "우리 동맹들과 우리 삶의 방식을 지켜내기 위해서라면 군사력 사용을 주저하지 않을 것"이라고 발언했다. 아울러 오바마는 북한이 강하게 반발해왔던 드레스덴선언에 대한 지지 의사도 밝혔고, 또 북한의 조직적인 인권 침해에 대해서 책임을 묻겠다고 말했다.

한·미·일 간 군사정보 공유 추진

미국은 2010년부터 자국의 안보를 위협하는 최대 요소로 중국을 지목하고 중국을 포위 압박하기 위한 군사전략을 수립했으며, 줄곧 동북아의 군비를 증강시켜왔다. 그러나 미국 내 군비 감축 요구에 부딪히자 군비 부담을 일본과 한국에 분담시키려고 일본의 군사 대국화와 재무장을 적극 지원했으며, 한국을 미일군사동맹의 하위 파트너로 편입시키기 위해 노력했다. 오바마의 4월 아시아 순방 역시 이러한 목적을 달성하기 위한 기반 조성의 일환이었다.

우선 4월 초 일본을 방문한 미 국방장관 척 헤이글은 아베 신조 일본 총리와의 회담에서 "일본의 집단적 자위권 추진을 환영한다"고 발언했다. 뒤이어 일본을 방문한 오바마 대통령 역시 일본 자위대의 해외 활동을 거론하며 "국제 평화와 안전에 대한 일본의 오랜 공헌 덕에 세상은 더 나아졌다"고 평가했다. 미국이 과거와 달리 노골적으로 속내를 드러내기 시작한 것이다. 실제로 일본 극우세력은 일본 국민 대다수가 반대하는 집단적 자위권 행사와 무기 수출에 적극적으로 나서고 있는데, 이는 미국의 후원 때문에 가능할 수 있었다.

또 미국은 대중국 군사 압박을 위해 한편으로 북한의 위협을 활용하면서 한국에게 중국을 적으로 삼는 군사동맹에 들어올 것을 지속적으로 요구했다. 문제는 한국 정부가 별다른 문제 제기나 저항 없이 이러한 요구를 수용하고 있다는 점이다. 정부는 북한 대상으로는 별로 필요도 없는 미사일방어체계를 위해 미국 무기 체계 도입을 추진하고 있고, 아베의 잦은 망언과 군사 대국화 움직임 앞에서도 지난 3월 헤이그 정상회담 중 오바마 앞에서 아베와 억지 악수를 해야 했다. 중국을 견제하기 위해서 한일관계가 악화되어서는 안 되기 때문이다. 4월 한미정상회담에서도 박근혜 대통령은 '한·미·일 간 정보 공유의 필요성'에 대해서도 합의했고, 그동안 여론을 의식해서 '한미일 간 군사정보 공유 양해각서(MOU) 체결'에 대해 유보적 자세를 취해온 국방부는 오바마 방한을 맞아 북핵, 미사일 관련 정보만 공유하겠다며 양해각서를 검토하겠다는 입장을 밝혔다. 3월 초 미국 방문 중 "한·미·일 간 안보 공조가 필요하며 일본과 발전적으로 안보협력을 추진하겠다"던 최윤희 합참의장의 발언은 그의 개인적인 소신이 아니었던 것이다.

북한은 없어져야 할 나라

1월 16일 북한이 발표한 '중대 제안'에 대해 박근혜 정부는 이를 '화전양면전술', '남남 갈등을 노린 포석' 등으로 규정했다. 이 과정에서 주목할 부분은 국방부 대변인이 청와대 및 관계부처 간의 공식 입장 조율이 있기도 전에 북한의 제안을 명분축적용이라고 먼저 발표한 대목이다. 이후 청와대와 통일부의 입장 역시 국방부의 발표와 다르지 않다. 이는 남북관계에 있어 국방부 입장이 매우 강하게 반영되고 있음을 드러내주는 사례다. 다른 부처의 당국자는 "국방부가 요즘 북한 문제를 주도하며 지나치게 자신감을 갖고 있는 것 같다"고 지적하기도 했다.[23]

3월 31일 발생한 서해상 남북 포격에서도 국방부는 과거보다 더 적극적으로 대응했다. NLL 부근에 북한 포탄 1백 발이 떨어진 것에 대해 그 세 배인 3백 발로 반격했던 것이다. 이는 연평도 포격 이후 김관진 국방장관이 강조한 선조치 후보고 지침을 반영한 것이었고, 교전규칙을 비례성에서 충분성으로 바꾼 것을 최초로 적용한 것이었다.[24] 또한 국방부는 4월 들어 확실한 근거를 제시하지 않으면서도 북한의 4차 핵실험이 임박했다는 첩보 내용을 가감 없이 공개했다. 이로 인해 의도적으로 안보 위기를 조성하려는 것이라는 비판을 받기도 했다.

특히 5월 12일 북한의 새로운 도발이나 현안으로 부상한 문제가 없었는데도 국방부 김민석 대변인은 정례 브리핑에서 북한이 "거짓말을 일삼는 나라"라며 "북한이라는 나라 자체가, 나라도 아니지 않느냐"는 등의 말을 쏟아냈다. 그는 "계속 거짓말하는 역사 퇴행적인 이야기를 하는데 정말로 있을 수 없는 나라"라며 "그래서 빨리 없어져야 된다"고까지 발언했다. 북한은 이에 대해 전면적인 보복전을 거론하며 강하게 반발했다. 국방부 대변인의 발언 하나로 남북관계가 경색되었다.

5월 22일 합동참모본부는 북한이 연평도 인근의 우리 해군 유도탄고속함 인근에 2발의 포격을 가했다고 발표했다. 북한은 이 사실을 즉시 전면 부인했다. 그 근거로 우리 측이 포탄 발사 원점을 지목하지 못한 점, 쌍방의 긴장이 격화된 시기에 남한 해군의 레이더가 가동되지 않았다고 해명한 점을 납득할 수 없다며 자작극으로 간주했다. 게다가 포탄이 떨어지자 대응 사격을 했다는 국방부 발표와 달리 연평도 주민들이 대피령 전후로 포성을 듣지 못했다고 해,[25] 선거철을 맞아 정부 여당에 유리하도록 남북 간에 의도적인 긴장 조성을 한 것이라는 의심을 자초했다.

6월 13일 세월호사건 이후 점증하는 국민적 분노를 감당하지 못한 박근혜 정권은 국가 대개조를 표방한 개각을 단행했다. 그러나 국민 대다수가 개각의 내용을 보고 크게 실망할 수밖에 없었다. 특히 외교안보라인의 경우 김장수 안보실장이 물러났지만, 연평도 포격사건 때 "쏠까말까 묻지 말고 쏘고 나서 보고하라"는 지시를 내렸던 국방부 장관 김관진이 청와대 국가안보실장으로 승진했다. 또 낙마하기는 했지만 총리로 추천된 문창극은 과거 2012년 교회 방송에서 "남북 협상한다 해서통일되지 않는다. 하나님의 섭리로써 북한이 무너지리라고 확실히 믿는다"던 북한 붕괴론자였다.

이 시기에 통일부가 밝힌 바에 따르면 5·24조치 이후 '남북 교역·경협 실적 업체' 가운데 30% 이상이 폐업했고, 살아남은 기업들 상당수가자산을 팔아 부채를 갚거나 정부의 대출에 의존하고 있었다. 5·24조치이후 남한이 입은 경제적 피해는 10조 원을 넘는 것으로 추산되며, 남한의 피해 규모가 북한의 그것에 비해 네 배가 넘었다. 그런데도 김관진이나 문창극 같은 인물을 책임자로 내정한 것은 기존의 대북 강경정책을지속하겠다는 확고한 신호였다.

인천아시안게임, 남북 실무접촉 결렬

7월 17일, 인천아시안게임을 위한 남북 실무접촉이 결렬되었다. 회담당일 오전까지 회담장의 분위기는 우호적이었다. 그러나 다수 언론의보도에 따르면, 청와대의 지시가 있은 오후부터 남한 협상단은 북측의선수단과 응원단의 구성을 꼬치꼬치 캐묻는 등 태도가 돌변했고, 북측이 일언반구도 꺼내지 않은 체류비용까지 거론했다. 또한 남한에 와서한 번도 대형 인공기를 사용한 적이 없는 북한에게 남한 대표단이 대형 인공기 사용을 자제해달라고 요구하고 나섰다. 남북이 회담 결렬의 책임을 서로에게 미뤘지만 그 원인은 분명히 남측에 있었던 것이다.[26] 또 하나 짚고 넘어가야 할 것은 2013년 6차 개성공단 남북실무회담이 '회담의 격' 문제로 무산되었다면, 이번에는 '국제관례'가 무산의 원인을 제공했다는 점이다. 정부는 응원단이 체류할 경우 그 비용을 국제관례대로 북한이 부담해야 한다고 주장했고, 응원단의 입장료 문제까지 꺼냈다.

그러나 남북관계는 국제관계인 동시에 '통일을 지향하는 특수관계'이다. 일반적인 국제관계대로라면 북한이 굳이 응원단의 규모와 체류 일정을 당국 대표단 회담을 통해 논의할 필요 없이 실무자 선에서 통보하고 입국하면 된다. 인천에서 진행되는 아시안게임이기 때문에 남북실무회담을 한 것이다. 그리고 국제관례를 적용한다면 대형 인공기를 흔들지 말아야 한다는 협상 대표단의 주장은 매우 무례한 요구가 된다.[27] 실제 과거 남쪽에 온 북측 응원단이 대형 인공기를 흔든 사례조차 없었다. 곧바로 실무회담단의 과도한 청와대 '눈치 보기'였다는 평가가 나왔다.

회담이 무산된 이후 정부의 대응은 더욱 실망스러웠다. 결렬 이후에도 북한이 인천아시안게임 출전 선수들이 훈련하고 있다며 "인천아시안게임 참가는 남북관계 개선에 기여할 것"이라며 여지를 남겼지만, 통일부는 "북측이 지난번 회담에서 먼저 결렬을 선언했으니 우리 측에서 먼저 실무접촉을 제의하지 않을 것"이라며 대화 재개에 선을 그었다. 국방부는 심지어 "미인계를 앞세운 대남 선전 선봉대에 불과하다", "응원단은 화해협력의 사절단이 아니다"라며 찬물을 끼얹었다.

그러자 북한은 8월 20일 남북 체육인 접촉에서 응원단 불참을 공식 통보했다. 그런데 비난 여론이 두려웠던지 정부는 이 같은 사실을 공표하지도 않았다. 북한이 8월 28일 조선중앙TV를 통해서 관련 사실을 폭로하자 그제야 "그건 공식 통보가 아니었다", "당국 간 확인이 필요했다"는 군색한 변명을 늘어놓았다. 9월 1일에는 통일부가 "북 태도 변화 없이 5·24 해제 조치는 없고, 아시안게임 북측 응원단 참가를 추가 제의할 계획도 없다"면서도 "다만 여건이 좋아질 때 이산가족상봉 행사가 이뤄지길 희망한다"고 밝혔다.

상대방과의 불화를 자초하여 아시안게임 응원단 문제도 해결 못 한 정부가 이산가족상봉 행사를 성사시킨다는 것은 어불성설에 가까웠다.[28] 김무성 여당 대표조차 북한 응원단 파견이 무산되자 "이를 못 살리는 정부가 무능하다"며 비판할 정도였다. 하지만 정부는 끝까지 '북한의 태도 변화가 먼저'란 기존 입장을 반복하기만 했다.[29]

결국 아시안게임 경기장에는 인공기를 내리라고 요구하는 보수단체와 '북한'이라고 쓴 플래카드를 치우라는 북측 선수단의 날카로운 신경전만 가득 차게 되었다.[30]

전쟁 중에도 대화는 필요하다

박근혜 대통령은 신년 기자회견에서 통일대박을 천명한 데 이어, 2월 25일 경제혁신 3개년 계획 담화에서 통일준비위원회(이하 '통준위') 발족을 발표했다. 7월 15일, 청와대는 위원장인 박근혜 대통령 이외에 민간위원이 30명, 국회의원 2명, 정부위원 11명, 국책연구기관장 6명 등을 포함한 50명의 통준위 명단을 발표했고, 8월 7일 1차 전체회의가 개최되었다. 조직 구상 및 설치가 시간을 끌지 않고 반년 안에 이뤄짐으로써 통일에 대한 대통령의 의지가 간단치 않음이 확인되었고, 대통령을 포함한 고위 인사들은 기존의 정책 기조가 변경될 수 있음을 시사하는 발언을 내놓았다.

박 대통령은 통준위 1차 전체회의에서 북한의 고립이 목표가 아니라고 밝혔고, 10월 13일 통준위 2차 전체회의에서는 '전쟁 중에도 대화는 필요하다'면서 남북대화가 지속되어야 한다고 언급했다. 정종욱 통준위 부위원장 역시 8월 교황 방한을 앞둔 시점에 '5·24가 풀리지 않으면 근본적 방향 전환이 힘들다'는 의견이 위원들 사이에 있다며 남북관계 변화에 대한 강한 공감대가 있다고 강조했다. 12월 29일에는 통준위 명의로 대북대화를 제의하기도 했다.

통준위 발족 과정에서 기존의 민주평통이나 통일부와 역할이 중첩되거나, 혹은 옥상옥(屋上屋)이 될 것이라는 우려가 있었지만, 외교·안보·통일 문제를 관장하는 대통령의 의지가 확고하다면 조직 간 역할 분담은 다소 부차적인 문제일 수 있었다. 예컨대 과거 2000년 정상회담 합의를 이룬 인물은 박지원 문화관광부 장관이었고, 2007년 정상회담 사전작업을 담당한 인물 역시 통일부 장관이 아니라 김만복 국정원장이었다. 따라서 남북 화해에 대한 대통령의 의지가 확고하고, 통준위가 인재 풀(pool)을 확보하여 대통령의 정책을 뒷받침한다면 남북관계 개선의 계기를 마련할 수도 있었을 것이다.

그러나 통준위는 그 설치 과정과 운영 방식, 연구 내용, 인적 구성 등에서 심각한 문제점을 내포하고 있었고, 출범 이후 1년이 지난 시기 북한·통일 관련 학계와 정책 연구 집단에 속한 전문가들로부터 사실상 낙제점을 받았다. '유명무실한 조직'에 불과하다는 비판도 나왔다.[31]

1차 통일준비위원회, "5·24조치 논의하는 자리 아니다"

8월 7일 통일준비위원회 첫 회의가 열렸다. 민간위원으로 참가한 우윤근 새정치민주연합 정책위의장이 5·24조치 철회를 제안하자 통일부 장관은 "통일준비위 자리는 5·24조치 등을 얘기하는 게 아니라 통일 준비에 대한 얘기를 해야 한다"라고 답했다. 이에 위원 자격으로 참석한 한 인사는 "정부에서 정해준 얘기만 해야 하느냐"고 항의했다. 이 장면에는 통준위의 여러 문제점이 압축적으로 담겨 있다.

첫째, 설치 과정을 보면 통준위는 아래로부터의 요구(bottom-up)가 아니라 최고 지도자의 의지에 의해 철저히 하향식(top-down)으로 시작되었다. '통일문제에 대한 폭넓은 의견 수렴'이 통준위의 설립 목적으로 제시되었으나 정작 출범 과정에서 국민의 의견을 수렴하는 절차나 시도는 보이지 않았다.

"통준위는 첫 단추부터 잘못 끼워져 있습니다. 통일을 위해서는 국민적 합의와 초당적 논의가 중요합니다. 이것과 비교할 수 있는 것이 1990년 대만의 국가통일위원회입니다. 대만은 대중국 정책을 바꾸기 위한 국민적 합의와 제도 장치를 만들기 위해 '국가통일위원회'를 만듭니다. 야당, 시민단체, 진보적 지식인도 포함하여 대중국 정책에 대한 몇 가지 원칙을 합의하게 되었어요. 만약에 통준위를 처음 만들 때 정부가 주도하지 않고 여야가 동수의 의결권을 가지고 국민적 합의에 의해서 종합적으로 만들었다면 훨씬 명분이 있었을 것입니다."(김연철 인제대 교수)[32]

남북관계 개선 조치 없이 통일을 준비한다는 것 역시 큰 문제였다. 남북 간 신뢰가 부재한 상황에서 통일을 앞세운다면 그것은 불필요한 오해를 불러일으킬 수 있고, 상대방과의 교감 없이 작성된 통일 청사진이 받아들여질 가능성은 매우 낮을 수밖에 없다. 이미 같은 이유로 드레스덴선언을 북한이 거부한 바 있었다. 상식적으로 볼 때도 통준위는 "남북관계가 상당한 수준으로 진전된 이후에 남북이 같이 만들어야 하는 기구"였다. 한마디로 "순서가 완전히 잘못"(정세현)된 것이었다.

둘째, 운영의 측면에서 보면, 국민적 합의 없이 출범한 통준위는 결론을 정해놓고 회의를 진행했다. 박 대통령이 1차 전체회의를 시작하면서 통준위에게 내비게이션이 되어달라고 말했지만, 곧바로 드레스덴선언을 실천할 방안을 논의해달라고 주문했으며, 구체적으로 북한 민생 인프라 개선, 주거 환경 개선, 도로 확충 등에 대한 협력 방안을 준비하라고 지시했다. 또한 남북 협력의 범위를 "대북 제재를 위한 국제협력을 훼손하지 않는 범위" 내로 한정했다. 이러한 경직된 분위기에서 5·24조치 해제에 대한 의견은 바로 묵살되었다. 통일문제에 대한 초당적 협력은 찾아볼 수 없었다. 2차 회의에서도 대통령은 여전히 드레스덴선언에서 언급했던 내용을 반복해서 제시했을 뿐이었다. 다른 국정 운영에서와 마찬가지로 매우 비민주적인 운영 행태를 보인 것이다.

셋째, 통준위는 2차 회의에서 광복 70주년을 맞아 통일헌장 시안을 마련하겠다고 대통령에게 보고했다. 이와 관련하여 우선 지적할 것은 통일헌장을 제정한다고 하면서도 북한과 논의하려는 움직임을 전혀 보이지 않았다는 점이다.

과거 군사독재 정권이던 전두환 정권도 북한에 남북 합의에 의한 통일헌법을 제정하자고 제안했지만,[33] 박근혜 정권은 최소한의 성의도 보이지 않았다. 연구 활동과 관련하여 더 본질적인 문제는 통준위가 '비(非) 합의 통일'이나 '체제 통일'을 연구하고 있었다는 부분이다. 정종욱 부위원장은 2015년 3월 10일 있었던 ROTC 중앙회 조찬 모임 강연에서 이를 시인한 바 있다.

넷째, 대통령이 남북대화 및 남북 교류 확대의 필요성을 강조했지만 청와대는 이와는 거리가 먼 인사들을 위원회에 참여시켰다. 가령 정치·법제도 분과위원들의 경력과 발언을 보면, 이들은 화해보다는 대결적인 정책 기조를 유지해야 한다고 주장해왔다. 먼저 정치·법제도 분과위원장인 유호열 고려대 교수의 경우, 2009년 이명박 정권 시기 남북간 긴장을 고조시킨 '대량살상무기확산방지구상(PSI)'에 한국이 정식으로 가입해야 한다고 주장했다.[34] 남북 교류를 가로막고 있는 5·24조치에 대해서도 "5·24조치의 성급한 해제는 또다시 북한의 '도발-대화-보상-도발'의 악순환을 반복하고 실질적인 남북관계 진전에 부정적인 영향을 줄 것"이라며 해제를 반대했다.[35]

2005년 뉴라이트 전국연합의 공동대표를 역임했던 제성호 중앙대학교 법대 교수는 2008년의 한 워크숍에서 "지난 10년간 남한 좌파들이 북한의 통일전선전술에 활용되면서 남북관계가 기형적으로 돼버렸다"고 주장한 바 있고,[36] 2015년에는 "북한이 5·24조치의 해제를 끝까지 요구하는 것을 보면 5·24조치의 의미와 효과가 있었다"고 말했다.[37] 더구나 박세일 서울대 명예교수는 평화를 지키려면 전쟁을 각오해야 한다고까지 이야기한 적이 있고, "당연히 북한을 흡수통일해야 한다"는 견해를 여러 차례 공개적으로 밝혔다.[38] 통준위원에 임명된 이후에도 한 대학에서 열린 강좌에서 5년 내 북한 붕괴를 장담하며 "정부는 흡수통일 준비를 당연히 해야 하고, 대비를 안 했다면 직무유기"라며 흡수통일을 확신했다.[39] 또한 외교안보분과의 고영환 국가안보전략연구원 수석연구위원의 경우에도 《동아일보》에 기고한 칼럼에서 "북한에서 언제 총성이 울릴지는 북한 지도부도 모를 것"이지만, "거대한 '무엇'이 다가온다는 사실을 느낀다"면서 갑작스러운 북한 붕괴에 대비해야 한다고 주장했다.[40]

8월, 남북 고위급 접촉 제안과 광복절 경축사

8월 11일, 통일부는 김규현(청와대 국가안보실 1차장) 수석대표 명의의 통지문을 통해 북한에 2차 남북 고위급 접촉을 8월 19일 개최하자고 제안했다. 류길재 통일부 장관은 2차 접촉에서 이산가족 추석 상봉, 5·24 조치 해제 및 금강산 관광 재개 등 남북의 관심사를 모두 다 논의할 수 있다고 밝혔다. 그런데 바로 다음 날, 류 장관은 '11일 오전에 전통문을 보냈는데 오후까지 북한으로부터 연락이 없다'며 기자간담회를 가졌다. 통상 남이든 북이든 상대방의 대화 제안을 검토하는 데 시간이 걸린다는 점을 감안했을 때 다소 이해하기 힘든 행보였다. 더 큰 문제는 11일에 고위급 접촉을 제안하며 5·24조치 해제를 논의할 수 있다고 했던 것과 달리, 12일에는 "북한의 선조치가 필요하다는 기존 입장에 변함이 없다"고 입장을 표명한 부분이었다. 이렇게 하루 만에 말을 번복해버리고, 상대방의 반응이 있기도 전에 미리 선을 그어버리면 쌍방 간 대화는 성사되기 어렵다.

8월 15일 박근혜 대통령이 광복절 경축사를 통해 우리 정부가 제안한 고위급 접촉에 대해 북한이 응해줄 것을 재차 촉구했다. 박 대통령은 "남북한은 대화를 통해 대립과 고통의 역사를 극복하고 평화와 행복의 미래를 향해 나아가야 한다"고 강조했고, 통일 준비를 '시대의 소명'으로 규정했다. 그러나 다시 한 번 선핵포기를 요구하고 드레스덴선언의 내용을 반복함으로써 대화의 여지를 축소시켰다.

첫째, 대통령은 우리가 "핵을 머리에 이고 살아가는" 상황임을 환기시키고, 북한이 핵을 버릴 것을 요구했다. 한반도 핵문제의 해법이 북한의 선핵포기가 아니라, 동북아 냉전 시스템의 해체에 있음을 이미 2005년 4차 6자회담에서 합의했었지만 이에 대한 고려는 없었다. 선핵포기를 외치는 사이 북한의 핵 능력이 강화되는 것을 방치했던 이명박 정부의 비핵·개방·3000 구상이 실패했지만, 이에 대한 반성 역시 없었다. 또한 그동안 대통령이 "핵을 머리에 이고"라는 표현을 써온 맥락을 봤을 때도, 이 표현은 북한을 자극하기에 충분했다. 2012년 9월 대선후보 시절에 "북한의 핵을 머리에 이고서는 교류 및 협력을 할 수 없다"고 밝혔던 박 대통령은 청와대에 입성 직후인 2013년 3월 19일, 한국종교지도자협의회 공동의장 7명과의 청와대 오찬에서도 "핵을 머리에 이고 살 수는 없다. 북한이 도발하면 단호하게 대처하겠다"고 말한 바 있다. '핵을 머리에 이고'라는 표현은 북한에 대한 압박의 의미가 담긴 표현이었던 것이다. 이명박 전 대통령 역시 2008년 3월 26일, 통일부 첫 업무보고 당시 "핵을 이고 우리가 통일하기가 힘들고 본격적 경제협력하기 힘들다"고 말한 바 있다.

둘째, 박 대통령은 경축사 내용 중에 환경협력, 민생 인프라 협력을 강조하며 드레스덴선언의 내용을 환기시켰는데, 남북관계가 좋아야만 실현 가능한 내용이라는 점에서 이러한 제안은 공허했다. 대통령이 "정부는 남북한이 지금 시작할 수 있는 작은 사업부터 하나하나 추진해나갈 것"이라고 말했지만, 정작 교류협력을 가로막고 있는 5·24조치에 대해서는 언급하지 않은 것 역시 앞뒤가 맞지 않았다.

대통령이 고위급 접촉을 제안했지만, 정부가 제시한 회담 날짜를 보면 과연 정말로 대화를 성사시킬 의지가 있었는지는 의문이다.

8월 18일에서 28일까지 한미 양국은 을지프리덤가디언 훈련을 실시했다. 그런데 한미 양국은 3월의 키리졸브-독수리 연습처럼 이번에도 '맞춤형 억제전략'을 적용했다. 2010년 훈련 당시 평양 점령과 김정일 국방위원장 생포작전을 실시한 전례가 있었던 점 역시 북한의 강한 반발을 초래했다. 그런데 이를 잘 알고 있었을 정부가 하필 8월 19일로 회담 날짜를 제안한 것은 애초에 대화 성사 가능성을 크게 축소시킨 요인이었다. 김대중 전 대통령 서거 5주기를 맞아 북측 화환을 전달 받으러 개성공단을 방문한 새정치민주연합 박지원 의원은 북한의 김양건 통전부장이 "군사훈련도 왜 하필이면 2차 (고위급) 접촉을 제안하면서 하려하는가"라고 말했다고 밝혔다.

인천아시안게임을 앞두고 대규모 훈련을 실시한 것 역시 아쉬운 부분이다. 8월 5일, 현대경제연구원은 통일·외교·안보 전문가 117명 중 45.3%가 남북관계 개선의 단초로 9월 19일 개최되는 인천아시안게임을 꼽았다고 발표했다. 또 아시안게임이 열리는 인천은 백령도와 연평도 등의 서북 5도를 행정구역에 포함하고 있는 군사적으로 매우 위험한 지역이고, 그런 도시에서 아시안게임을 개최하면서 '평화'를 내걸었다면 분명 대회 전에 남북 간 군사적 대치 상황을 완화시키는 조치가 잇따라야 했을 것이다. 그러나 정부는 인천아시안게임을 앞두고도 대규모 군사훈련을 강행함으로써 남북관계 개선의 기회를 활용하지 못했다.

군사·안보 측면에서 을지프리덤가디언 연습 기간에 주목할 일이 발생했다. 미국이 한국에 사드 배치를 제안한 것이 확인된 것이다. 훈련

기간에 방한한 미 국방부 부장관은 한국 정부에 "THAAD 배치와 전시 작전통제권 전환 재연기 문제를 조속히 마무리해 다음 달 열리는 SCM 이나 2+2 회의 때 발표하자"는 취지의 제안을 했다.[41] 또한 커티스 스캐 퍼로티 한미연합사령관은 8월 28일 을지프리덤가디언 훈련을 참관하 러 한미연합사 지휘소를 방문한 국회 국방위원회 소속 의원들에게 "사 드(THAAD)는 창이 아니라 방패다. 다른 국가에 위협이 될 수 없다"고 말한 뒤 사드의 한반도 배치 필요성을 설명했다. 이 같은 사실이 보도 된 직후 중국은 "한반도에 미사일방어체계가 도입되는 것은 전략적 균 형에 이롭지 않다"(친강 중국 외교부 대변인), "중국과의 관계를 희생시킬 것"(《신화통신》)이라며 부정적 입장을 피력했다.[42]

대화하자 해놓고 북한 자극한 대통령

9월 24일 유엔 총회에서 박근혜 대통령의 기조연설이 있었다. 박 대 통령은 평화통일, 북핵과 동북아 평화, 일본군 위안부, 북한 인권, 글로 벌 이슈 등에 대한 정부 입장을 설명했고, 특히 한반도 통일문제에 연설 의 상당 부분을 할애했다. 대통령은 "독일 통일이 유럽 통합을 이루어 새로운 유럽의 주춧돌이 되었다면 통일된 한반도는 새로운 동북아를 만들어가는 초석이 될 것"이라고 발언했다. 그런데 유엔 연설 역시 드 레스덴선언과 광복절 경축사와 마찬가지로 통일의 당위성만 언급했을 뿐, 남북관계 개선에 대한 고민과 방안을 제시하지 못했다.

먼저, 대통령은 또다시 선핵포기를 요구했으며, 북한이 핵을 포기한 다는 전제하에 북한의 경제 발전을 돕겠다고 제안했다. 또한 대통령은 북한의 인권문제가 국제사회의 큰 우려사항이라며 북한에 유엔 산하 북한인권조사위원회(COI, 이하 '위원회')의 권고사항 이행을 위해 필요한 조치를 취하라고 촉구했다.

그런데 위원회가 2014년 3월에 내놓은 권고사항의 내용은 북한이 받아들이기 어려웠고 실현 가능성이 매우 낮았다. 위원회는 북한에 정치범 수용소 폐쇄, 반인도적 범죄 책임자 처벌을 요구했는데, 책임자에 김정은 국방위원회 제1위원장 등 북한 지도부가 포함되었기 때문이다. 게다가 위원회는 유엔 안전보장이사회(안보리)에 북한 지도자의 국제형사재판소 회부를 요구하고 있었다. 이러한 내용을 알고서도 위원회가 북한과 국제사회가 권고사항 이행을 위해 필요한 조치를 취하라고 주장했던 것은 인권을 빌미로 한 압박이었다. 따라서 COI 북한인권사무소를 서울에 유치하기로 한 결정은 대북 압박에 한국이 적극 나서겠다는 의지의 표명이었다.

"외교 제안은 상대를 인정해야 하고, 그 상대가 호응할 만한 내용을 가져야 하지만 연설의 그 어떤 부분에도 (그런 내용은) 없다. 우리는 최선을 다한다고 생색내고, 북한이 얼마나 나쁜 정권인가를 일방적으로 강조한 것은 연설이 북한을 향한 것이 아니라는 것을 증명한다. 북핵 폐기 요구와 함께 북한 인권문제에 대해 강한 비판을 더한 것 역시 북한에 대한 악마화와 고립이 연설의 목적이지, 북한을 설득하려는 것이 아님을 증명한다. (……) 세계 역사상 그런 압박으로 항복한 국가는 없었다는 점에서 국익을 위한 실용외교에서도 실패하고 있는 셈이다. 북한의 거센 반발을 예상하지 못했다면 무능이고, 예상했더라면 실체 없는 외교 수사에 불과함을 자인한 것이다."(김준형 한동대 교수)[43]

북한 인권 거론이 북한의 인권 신장을 위한 것이 아니라 압박을 위한 것이었다는 것은 연설이 있기 하루 전에 있었던 해프닝에서도 확인할 수 있다. 9월 23일 미국은 뉴욕에서 북한 인권에 관한 고위급회의를 개최했다. 그런데 존 케리 미 국무장관이 참석한 회의는 불과 30분밖에 진행되지 않았고, 북한 외무상이 회의에 참여하겠다는 의사를 밝혔는데도 미국과 남한은 이를 거부했다. 이처럼 당사자를 배제한 채 인권문제를 거론하는 것은 대북 압박용으로밖에 볼 수 없다.

유엔 연설과 관련하여 마지막으로 지적할 것은 박근혜 대통령의 '유체이탈식 화법'이다. 박 대통령은 "세계에서 유일하게 남아 있는 이런 분단의 장벽을 무너뜨리는 데 세계가 함께 나서주시기 바랍니다"라고 말했지만, 남북이 서로 등 돌리고 있는 상황을 타파하려는 어떤 움직임도 보이지 않으면서 세계에 도움을 요청하는 것은 매우 무책임하다.

"우리가 분단 극복을 위한 구체적 대안을 내놓고 그것을 실천·이행해나가면서 국제사회의 협력을 호소해야지, 아무런 대안도 행동도 없이 도와달라고 하는 것은 본말이 전도된 것이다. 지난 8월 11일에 제2차 남북고위급회담 하나 제안해놓고, 인도적 지원도 이 핑계 저 핑계 대면서 허용 안 하면서 북한이 남북대화에 나올 수 있도록 도와달라니, 이게 말이 된다고 생각하나?"(정세현 전 통일부 장관)[44]

삐라 바람으로 날려버린 남북관계 개선의 골든타임

10월 4일 인천아시안게임 폐막식에 북한 대표단이 참석했다. 2월 고위급회담 이후 공식 회담이 없었지만, 북한이 3일 오전 방문 계획을 우리 쪽에 통지한 후 최고위급 인사를 파견한 것이다. 황병서 북한 조선인민군 총정치국장, 최룡해 노동당 근로담당 비서(국가체육지도위원장), 김양건 대남담당 비서 등이 이끈 북한 대표단은 오전 9시에 평양을 출발해 서해 직항로를 이용하여 9시 52분에 인천공항에 도착했다. 북한 대표단은 밤 10시 25분에 다시 비행기를 타고 돌아가기까지 약 12시간 반 동안 김관진 안보실장, 류길재 통일부 장관, 정홍원 국무총리, 김무성 새누리당 대표 등과 면담했다.

오후 1시 50분쯤 인천시청 근처 오찬 장소에서 김관진 안보실장은 "가을이 결실의 계절"이라며 "남북관계도 그 결실을 거둬야 되지 않겠느냐 생각한다"고 말했다. 북한 대표단의 김양건 비서는 이에 대해 "이번 기회가 우리 북남관계를 보다 돈독히 하는 좋은 계기가 되기를 바라며 왔다"고 답했다. 폐막식 직후 황병서 총정치국장은 정홍원 국무총리에게 "오늘 전격적으로 방문했다", "아침에 출발해 저녁에 돌아가는데 성과가 많다"며, "소통을 좀 더 잘하고, 이번에 좁은 오솔길을 냈는데 앞으로 대통로로 열어가자"고 제안하기도 했다. 남북은 덕담을 주고받은 것에 그친 것이 아니라 2차 고위급회담을 갖는 것에도 합의했다. 통일부에 따르면, 북한 대표단은 오찬장에서 2차 남북 고위급 접촉을 10월 말에서 11월 초 남측이 원하는 시기에 하겠다는 입장을 전했다.

그러나 어렵게 찾아온 남북 화해 분위기는 채 한 달이 지나기도 전에 사그라들었다. 우선 김무성 대표가 10월 5일, "(금강산 관광객 피격사건과 천안함사건 등) 일어난 일이 있는데 그냥 5·24조치를 풀 수는 없다"는 입장을 밝혔고, 군 장성 출신 새누리당 한기호 의원이 '3명의 북한 사기꾼들에게 농락당했다'고 아시안게임 폐막식 날의 남북 접촉을 폄하했다. 정부 역시 회담 날짜가 나오기도 전에 '5·24조치 해제는 있을 수 없다'고 선을 그었다.

결정적으로 대북 삐라가 다시 남북관계 개선의 발목을 잡았다. 남북이 2차 고위급 접촉 개최에 합의한 직후, 민통선 인근에서 대북 삐라가 또 살포되었던 것이다. 이제까지 대북 삐라가 뿌려질 때마다 남북관계는 나빠졌고, 북한은 삐라 살포만 중단되면 대화를 재개할 수 있다는 입장을 여러 차례 밝혔다. 북한은 2월에도 삐라 살포 중단을 요구한 바 있고, 9월 13일과 15일에는 국방위원회의 명의로 '남측이 삐라 살포를 중단해야 대화의 문이 열릴 것이다'라는 요지의 전통문을 청와대 국가안보실 앞으로 보냈다. 그런데도 국가안보실은 전통문을 수령한 바로 다음 날인 16일, "우리는 집회·결사의 자유를 제한할 수 없다"며 북한의 제안을 단칼에 거절했다.

그러나 과거 이명박 정부 시기에도 북한과의 대화 분위기 조성을 위해 민간단체의 대북전단 살포를 사전에 차단한 바 있다(2012년 10월). 또 박근혜 정부 들어서도 경찰 병력을 파견해 탈북자 단체의 살포 시도를 두 차례 차단했다(2013년 4월, 5월). 남북 간에 불필요한 긴장 조성을 방지하기 위해 필요한 경우 정부가 직접 나서서 전단 살포 행위를 통제해왔던 것이다. 대북전단 살포에 대한 북한의 군사적 대응 위협이 존재하는 상황에서 군대와 경찰의 협조 없이 민간단체가 민통선 인근에서 대북전단 살포를 자유롭게 할 수는 없다.

어쨌든 정부의 묵인 속에 9월 21일, 파주시 통일전망대에서 또다시 대북 삐라 20만 장이 살포되었다. 인천 고위급 접촉 이후인 10월 10일에는 전례 없이 북한이 삐라 풍선에 사격을 했고, 남한도 대응 사격을 하면서 남북관계가 다시 경색되었다. 보다 못한 연천 지역 주민들이 직접 탈북자단체의 살포를 막기도 했다. 게다가 총리실 및 안전행정부가 대북전단 살포 단체에 2년간 6억 5천만 원의 정부지원금을 준 사실이 국정감사에서 드러났다.

10월 7일 서해상에서 남북 간 군사적 충돌마저 발생했다. 해군은 북한 함정을 격파하려 했고, 격파 사격을 위해 발사한 76mm 함포가 불발되자 크루즈 미사일을 발사하려고 했다. 그러나 청와대는 상황이 악화되는 것을 막으려 노력한 것이 아니라 보고를 받고도 "군이 알아서 대응하라"고 지시했다. 이러한 일련의 사건들로 인해 10월 말에서 11월 초로 예정된 남북고위급회담은 무산되었다.

정부가 북한을 자극하는 행동을 방기하고 대화에 소극적이었던 반면, 국민 대다수는 정부가 남북관계 개선에 적극 나서기를 주문했다. 복수의 여론조사에 따르면, 국민 대다수는 대북전단 살포가 불필요하며 이를 막아야 한다고 응답했다[리얼미터 여론조사(10월 13일): '대북전단 살포를 막아야 한다'는 응답 62.9%. 갤럽 여론조사(10월 17일): '대북전단 살포에 반대한다'는 응답 58%]. 또 《동아일보》와 아산정책연구원이 진행한 여론조사에서는 국민 10명 중 8명이 남북정상회담을 해야 한다고 했으며, 10명 중 6명이 금강산 관광을 재개해야 한다고 응답했다.[45]

'사랑과 평화'의 심리전

통일부는 10월 국정감사에 제출한 2013년도 자체평가 결과 보고서에서 2013년도 사업 중 '남북대화가 매우 우수했다'고 밝혔다. 그런데 박근혜 정부 출범 2년간 통일부가 한 일이라고는 2014년 2월 이산가족상봉 한 차례가 고작이다. 인도적 지원은 대폭 축소됐으며, 민간단체의 방북은 거의 승인 받지 못했다. 통일부가 '대화를 잘했다'고 했지만, 2013

년 개성공단 재가동 회담 기간에는 수차례 회담이 결렬되기도 했다. 남북관계를 개선하고 통일의 기반을 조성하는 데 힘써야 할 통일부가 이렇게 미미한 성과를 부끄러워하기는커녕 자화자찬을 늘어놓았다.

대북전단 살포로 인해 남북고위급회담이 무산되고 남북관계가 더욱 악화되었는데도 정부는 표현의 자유를 보장해야 되기 때문에 민간단체의 대북전단 살포를 막을 수 없다는 입장을 고수했다. 동시에 정부는 2015년 국방예산안에 K-9 자주포에 들어갈 전단탄 개발비로 18억 원을 편성했다. 북한을 자극하는 내용의 전단을 더 멀리, 더 정확하게 투하하기 위한 탄약을 정부 차원에서 개발하겠다는 것이다. 11월 10일부터 33만 명의 병력이 전 군사분계선에 걸쳐 북한과의 전면전을 상정한 호국훈련을 실시했고, 박근혜 대통령은 대북 심리전의 상징인 애기봉 등탑의 철거 소식을 듣고 역정을 냈다.

민간 차원에서 애기봉 등탑 자리에 9미터 높이의 성탄 트리 설치가 추진되면서 접경 지역의 긴장이 고조되었다. 애기봉 트리 설치를 추진했던 한국기독교총연합회(한기총)는 "애기봉 트리는 남북 평화를 상징하는 것"이라며 문제될 것이 없다는 입장이었고, 국방부는 민간단체의 종교 행사를 막을 이유가 없다며 트리 설치 계획을 승인했다. 그러나 애기봉 등탑(트리)의 점등은 정부의 정치적 판단에 따라 결정되어왔다. 남북은 2004년 개최된 2차 남북장성급회담에서 군사분계선 지역의 선전 활동을 중지하기로 합의했고, 이후 애기봉 등탑 점등 행사를 금지했다. 애기봉 등탑을 '선전수단'으로 인정했기 때문이다. 같은 이유로 국방부는 2011년에는 김정일 국방위원장의 사망을 이유로, 또 2013년에는 "북한을 자극할 필요 없다"며 행사 자체를 불허한 바 있다.

결국 애기봉 트리는 북한뿐 아니라 군사분계선 접경 지역의 주민, 특히 김포시 주민과 김포시장이 반대 의사를 밝히면서 설치되지 않았다. 전문가들은 "사랑과 평화를 지향하는 종교가 결과적으로는 종교를 내세워 북한을 압박하고 탄압한다면 그 종교적 행위는 다시 한 번 재검토해볼 필요가 있다"고 말했다.[46]

박근혜 정부 2년 정리

박근혜 정부는 2014년 내내 통일에 관련된 발언을 쏟아냈다. 그러나 통일대박론, 드레스덴선언, DMZ 세계평화공원 등 말은 성찬이었지만 그 성과는 빈약하기 그지없었다. 박근혜 정부의 대북정책은 이명박 정부 시기에 실패한 비핵·개방·3000 구상의 틀을 벗어나지 못했고, 최소한의 실행 계획조차 내놓지 못했다는 점에서 오히려 이명박 정부의 대북정책보다 퇴보했다고 평가할 수 있다. 그리고 대통령은 다음의 연설 내용에서 확인할 수 있듯이 연말까지도 선핵포기를 되풀이했다. 12월 8일 개최된 세계정책회의(WPC) 개회식 기조연설에서 박 대통령이 "북한이 핵을 포기하고 민생을 위한 길로 나온다면 우리는 국제사회와 힘을 모아 북한의 경제 발전을 지원할 것이며 한반도에서 냉전의 그늘도 걷어낼 수 있을 것"이라고 밝힌 것이다.

물론 변화를 암시하는 발언이 흘러나오기도 했다. 미국을 방문한 류길재 통일부 장관은 12월 12일 워싱턴 특파원들과의 간담회에서 "통일대박론은 흡수통일을 전제로 한 것이 아니다"라고 밝혔다. 또 방미 중인 고위 당국자 역시 "5·24조치 해제가 국제사회의 대북 제재에 크게 저촉되지 않는다"고 발언했다. 그러나 2014년 한 해 동안의 남북관계를 돌이켜봤을 때, 중요한 것은 '말'이 아니라 '인식'이고 '행동'이다. 상대방을 무시하고 적대시하면 대화하더라도 상호 간에 감정만 상할 뿐이다. 또한 대규모 군사훈련 및 다양한 방식의 심리전을 수행하는 것은 불필요하게 북한을 자극하여 강한 반발을 불러일으킬 뿐이다. 경색된 남북관계를 풀기 위해서는 상대방에게만 진정성을 강요할 것이 아니라 먼저 진정성 있는 행동을 보일 필요가 있다.

미국과 박근혜 정부는 이명박 정부와 마찬가지로 6·15공동선언의 이행을 외면하고 대북 압박과 봉쇄를 추진하면서 북한을 겨냥한 합동군사연습을 대대적으로 실시하고 있다. 하지만 미국과 우리 민족의 이해관계는 근본적으로 다를 수밖에 없다. 이제 우리는 진지한 질문을 던져보아야 한다. 북한과의 끊임없는 대결은 과연 누구를 위한 것인가? 동북아의 격동기에 우리 민족은 어떤 길을 가야 하는가? 역사는 민족 내부의 끊임없는 대립과 분쟁이 항상 쇠퇴와 멸망으로 이어졌음을 알려준다. 우리 민족이 강대국의 틈바구니에서 살아남고 번영하기 위해서는 남북이 힘을 합쳐야만 한다는 것이 역사의 교훈이다.

8·25 남북고위급합의,
마지막 기회 놓치다

동북아 외교 창변이 된 한미정상회담

2015년

1월	1일	북, "최고위급회담도 못 할 이유 없다"
	2일	오바마 대통령, 행정명령 1호로 북한 제재
	10일	《조선중앙통신》, "한미합동군사훈련 중단하면 핵실험 중단"
		미 국무부, "북한 제안은 암묵적 위협"
	22일	오바마 대통령, "북한 붕괴하는 것을 보게 될 것"
2월	25일	존 케리 미 국무장관, "북한 압박 계속할 것"
	27일	웬디 셔먼 미 국무부 부장관 대행, 한일 과거사 갈등에 '양비론' 제기
3월	2일	키리졸브-독수리 연습 시작
	10일	정종욱 통준위 부위원장, "체제 통일 연구팀 따로 있다"
4월	2일	박근혜 대통령, "북핵 해결책은 통일"
	27일	미일, '방위협력지침' 개정
5월	15일	박근혜 대통령, "북한 도발과 공포정치로 많은 국민 경악하고 있다"
	18일	존 케리 미 국무장관, "사드 배치 필요하다"
6월	15일	북한, "남북 신뢰, 화해 분위기 조성되면 당국 간 대화와 협상 못 할 이유 없다"
	23일	유엔 북한인권사무소 개소(서울)
8월	4~20일	휴전선 목함지뢰 폭발, 확성기 방송 재개, 남북 사격
	25일	판문점 합의 타결
9월	28일	박근혜 대통령, "북한이 핵 포기하면 도울 것"(유엔 총회 기조연설)
10월	16일	한미정상회담, '2015 북한에 관한 한미공동성명' 발표
	20일	일본 방위상(나카타니 겐), "한국의 주권 범위는 휴전선 남쪽"
11월	2일	한일정상회담, 47차 한미연례안보협의회 개최(서울)
12월	11일	남북차관급회담 개최(판문점)
	28일	한일 위안부 합의 타결

미국의 방해와 대통령의 대결주의로 날려버린 광복 70년

2014년 12월 29일, 통일준비위원회는 북한에 남북회담을 공식 제의했다. 이틀 후인 31일에 박근혜 대통령이 "통일의 길을 열어갈 것"이라는 포부를 밝혔다. 북한이 2015년 신년사를 통해 "최고위급회담도 못할 이유가 없다"고 화답하면서 빠르면 1, 2월 중에라도 남북 고위급 대화가 가능한 분위기가 조성되었다. 그러나 남북 간 대화 제의로 형성된 우호적인 분위기는 미국의 개입으로 단 하루 만에 산산조각이 나버렸다. 3월 말이 되었을 때 사실상 2015년의 남북관계는 끝나버렸고, 8월 회담과 12월 남북차관급회담을 제외하고 남북은 제대로 된 대화 한 번 없이 1년 내내 반목했다.

분단 70년이자 광복 70년인 2015년을 아무런 성과 없이 흘려보낸 결정적인 이유는 바로 미국의 대결적 태도 때문이고, 이를 수용한 박근혜 정부의 무책임한 태도 때문이었다. 특히 오바마 대통령이 직접 나서서 그 어느 때보다 남북관계 개선의 움직임에 제동을 걸었고, 미국 정부도 대북 압박 수위를 계속 높여갔다. 또한 미국은 동북아 지역에서의 패권 유지를 위해 대중국 봉쇄 전선을 강화하는 과정에서 한일 간 화해를 강력히 요청했다. 따라서 한국은 대중국 포위망의 하위 파트너로서 원하지 않는 미중 간 갈등에 연루될 위험성이 높아졌다.

1호 행정명령을 북한 제재로 내린 오바마 대통령

북한의 신년사가 발표된 다음 날인 1월 2일, 오바마 대통령은 하와이 휴가지에서 2015년의 첫 번째 행정명령으로 북한에 대한 추가 금융제재를 내렸다. 이 제재는 영화 〈인터뷰〉를 제작한 소니 영화사에 대한 해킹 공격을 북한이 수행했다고 전제한 것으로, 오바마는 제재조치 북한의 "파괴적이고 불안정을 초래하는 행동"에 대한 대응이며, "심각한 인권 문제"도 고려 대상이 됐다고 적시했다. 애초에 영화 〈인터뷰〉가 북한을 자극할 가능성에 대해 영화 제작사인 소니는 잘 알고 있었고, 따라서 개봉에 신중한 입장이었다.

그러나 대니얼 러셀 차관보는 소니 영화사 회장인 마이클 린턴에게 "북한은 이 영화가 나오든 말든, 자신들이 하고자 하는 일을 하려고 할 것"이라며 "물론 북한은 이 영화를 구실로 미국에 대한 자신들의 불만을 추가하려고 할 것"이라고 답했다. 또 영화를 제작하고 배포하는 문제는 "소니 영화사의 권리"라고 설명하면서 "이것이 북한에 의한 핵 공격을 유발하지 않을 것이라고 매우 확신"한다고 했다. 미 국무부가 오히려 영화 개봉을 부추겼던 것이다.[1]

오바마 대통령의 북한 제재 명령은 누가 보아도 남북관계 개선의 동향에 대한 '비토'였다. 1월 3일, 새누리당이 대변인 논평을 통해 우려를 표시하기까지 했다. 새누리당은 오바마 대통령의 조치에 대해 "남북관계, 6자회담 프로세스를 아우르는 정세 전반에 걸쳐 예기치 못한 파장을 몰고 오는 것 아니냐는 우려"가 있음을 제기했고, "우리의 입장에서는 인도주의적 차원에서라도 북한과 대화 채널을 형성할 필요가 있다"며 대화의 필요성을 강조했다.

또다시 대화 방해한 대북전단 살포

1월 5일, 또 한 번의 대북전단 살포가 이루어졌다. 탈북자단체인 북한동포직접돕기운동이 경기도 민간인통제선 인근에서 대북전단 수십만 장을 날려 보낸 것이다. 2014년 10월 북한 고위급 인사의 방문으로 형성된 우호적 분위기가 대북전단 살포로 경색되고, 휴전선에서의 충돌까지 불러왔던 것을 감안한다면, 또 정부가 남북대화 진전을 원했다면 적극적으로 이를 제지했어야 했다. 혹은 최소한 앞으로 유사한 일이 일어나는 것을 막겠다는 의사라도 밝혀 대화 분위기를 이어갈 필요가 있었다.

공교롭게도 1월 6일, "북한 위협으로 국민 생명이 명백히 위험한 상황에선 당국이 대북전단 살포를 막는 것이 적법"하다는 법원의 판단이 나왔다.[2] 의정부지법 재판부는 '대북전단 풍선 날리기 활동 방해로 입은 정신적 피해 등에 대해 5천만 원을 지급하라'며 한 탈북자가 낸 손해배상 청구를 기각하면서, 판결문을 통해 "대북전단 살포로 우리 국민의 생명과 신체가 급박한 위협에 놓이고, 이는 기본권을 제한할 수 있는 명백하고 현존하는 위협으로 볼 수 있다"고 밝혔다. 재판부는 북한이 지속적으로 보복 의사를 밝힌 것, 2014년 10월 북한군의 고사포탄이 민통선 인근에 떨어졌던 점 등을 위협의 근거로 들었다.

이와 관련하여 국회 외교통일위원회도 대북전단 살포로 인한 남북관계 훼손을 막고, 주민 안전을 위한 조치를 취할 것을 정부에 촉구하는 결의안을 채택한 바 있다. 위의 판결은 2심에서도 그대로 유지됐고, 이듬해 대법원에 의해 확정됐다(2016년 3월 28일).

그러나 정부는 법원 판결이 나온 직후에도 대북전단에 대한 입장에는 변화가 없다고 밝혔다. 1월 7일, 통일부 대변인은 법원의 판단을 존중해 안전 조치를 취할 것이지만, 그 안전 조치가 전단 살포를 막는 것을 의미하는 것은 아니라며 대북전단 살포를 묵인했다. 통일부의 이런 태도는 사실 박근혜 대통령이 가이드라인을 제시했기 때문이다. 즉, 박 대통령은 2014년 10월, 고 김대중 전 대통령 부인인 이희호 여사가 '대북전단 살포를 막아달라'고 요청하자 "안타깝지만, 법적 근거가 없다"고 답한 바 있다.[3] 북한은 박근혜 정부의 이 같은 대응에 대해 "삐라 묵인을 조장"한다고 비난했다.

그런데도 북한은 2015년 1월 9일, 뉴욕 채널을 통해 남북 대화 및 관계 개선을 위한 "중대 조치" 메시지를 미국 국무부에 보냈다. "한미연합 군사연습을 임시 중단하면 핵실험의 임시 중단은 물론 그 이상의 조치도 취할 수 있다"는 메시지에 대해 미국은 "암묵적인 위협"으로 규정하며 열 시간 만에 거부했다. 박근혜 정부도 이를 따라 1월 11일, '북한의 핵실험과 한미합동연습은 연계 사항이 아니'라고 밝히면서 북한의 대화 제안을 거부했다.

게다가 미국은 북한의 대화 제안을 거절한 직후인 1월 13일, "금융 등 가능한 모든 방안을 동원해 북한을 압박할 것"이라는 뜻을 밝혔다. 미국 하원 외교위원회 청문회에 출석한 성 김 국무부 대북정책 특별대 표는 "최근 행정명령은 추가 제재의 틀"이며 "관계국 협의로 효과를 높일 것"이라고 발언했다. 그는 "북한이 핵·미사일 실험, 인권 탄압, 사이버 공격 등을 포기하고 국제법과 의무를 준수할 때까지 국제사회와 함께 모든 수단을 총동원할 것"이라며 엄포를 놓았다.[4]

선(先)행동 요구하는 박근혜 대통령

연초 남북 간 대화 분위기를 망친 1차적 원인은 미국의 강경 기조 때문이었다. 그러나 이에 못지 않게 문제가 된 것은 박근혜 정부의 일관적이지 못한 태도였다. 얼마 전까지 대화를 제안했다가 언제 그랬냐는 듯이, 별다른 설명도 없이 대결적인 기조로 돌아선 것이다.

미국의 대북 제재 명령이 나오고 나서 나흘 뒤인 1월 6일, 박근혜 대통령은 새해 첫 국무회의에서 "현시점에서 중요한 것은 북한이 진정성과 실천 의지를 행동으로 보여주는 것"이라며 북한의 선행동을 요구하고 나섰다. 대화가 시작되기도 전에 상대방의 행동을 먼저 요구할 경우, 회담 자체가 성사되기 어렵다는 것을 무시한 발언이다.

1월 12일, 박근혜 대통령은 신년 기자회견 모두에서 남북정상회담에 "전제조건은 없다"는 전향적인 발언을 했다. 그러나 "비핵화 같은 거, 전제조건은 아니지만 이게 해결 안 되면 평화통일을 얘기할 수 없다"고 말해, 사실상 비핵화를 전제조건으로 내걸었다. 또 박 대통령은 북한에 설날을 전후한 이산가족상봉을 제안했지만, 남북 교류를 가로막는 5·24조치에 대해서는 "북한에 대한 보상이라는 잘못된 관행을 정상화하기 위한 조치"로 규정함으로써 해제 의사가 없음을 밝혔다.

이후 북한이 이산가족상봉 문제를 해결하려면 5·24조치가 해제되어야 한다는 입장을 밝혔을 때도, 정부는 이산가족 문제와 5·24조치가 무관한 것이라며 이를 거절했다. 그러나 5·24조치는 남북의 경제협력을 중단시킨 것뿐만 아니라 남북의 민간 교류도 전면 금지한 조치이다. 교류협력의 재개는 남북관계 개선의 의지를 보여주는 것으로 다수 국민이 상식으로 받아들이고 있다. 이산가족상봉이 남북관계 개선과 무관하게 진행된다면 오히려 전시성 이벤트라는 비난에 직면할 것이다. 게다가 일회성 이벤트로 그칠 경우 이산가족들의 아픔은 더욱 가중될 것이다. 그들이 상시적으로 연락하고 만나려면 남북관계 개선이 무엇보다 필요하다. 이를 위해서 남북 간 교류의 빗장을 잠근 5·24조치 해제 및 이산가족 면회소가 있는 금강산의 관광 재개가 필수적인 것이다.

상대 고려 않는 박근혜 표 '통일 준비'

1월 19일 통일부, 외교부, 국방부, 국가보훈처 등의 통일외교안보 부처가 '2015년 통일 준비 부문 업무계획'을 보고했다. 정부는 광복·분단 70주년을 맞는 2015년에 '남북 간 평화통일 준비를 제도화하는 평화통일기반구축법(가칭) 제정'과 '한반도 종단열차 시범운행' 등을 추진할 계획이라고 밝혔다. 또 '광복 70주년 남북공동기념위원회' 구성 및 '남북겨레문화원 서울·평양 동시 개설'을 제안했다.

그러나 정부의 계획은 "분단시대를 마감하고, 통일시대를 열겠다"는 목표를 달성하기에는 모자란 점이 한두 가지가 아니었다. 우선, 정부는 '통일시대를 열겠다'면서도 6·15남북공동선언과 10·4정상선언에 대해서는 언급조차 하지 않았다. 남북의 최고 지도자가 합의했고, 대규모 남북 교류의 기반이 된 두 선언에 대한 이행 의지를 밝히지 않은 것은 사실상 남북관계를 개선하는 데 관심이 없다는 의사 표시였다. 또한 정부는 금강산 관광 재개와 5·24조치 해제 문제에 대해서도 역시 전혀 다루지 않았다. 그러면서 남북 교류를 활성화하겠다는 것은 자기모순에 불과한 것이다.

사업의 실현 가능성과 창의성의 측면에서도 정부의 업무보고는 낙제

점이었다. 교류를 활성화하기 위해서는 기존의 합의에 근거하여 추진된 사업을 확대하는 것이 훨씬 수월하다. 사업성과뿐만 아니라 사업 담당자 간 구축된 신뢰가 있기 때문이다. 그럼에도 정부는 기존 사업은 거론하지 않고, 뜬금없이 산림녹화와 환경 보전 등을 주요 사업으로 제시했다. 남북관계가 끊긴 상태에서 한반도 열차 시범운행, 남북겨레문화원 동시 개설 등의 교류 사업 역시 실현될 리 만무했다.

정부는 남북관계와 상관없는 사업까지 무리하게 '통일'이라는 포장지를 붙였다. 가령 외교부의 '국제구호활동 주도적 참여', '글로벌보건안보구상(GHSA) 2차 회의' 등이 '통일 과정에 필요한 국제적 역량 구축'으로 포장됐고, 한국·멕시코·인도·터키·호주 등 중견국 협력기구인 믹타(MIKTA) 회의 추진은 '통일 네트워크 확충'으로 설명되었다. 1월 말 개최 예정인 다보스 포럼에 윤병세 외교장관이 참석하는 이유도 '국제 시민사회 내 통일 혜택 공감대 확산'으로 규정했다.

실제 다보스 포럼에 참석한 윤 외교장관은 '통일이 갑작스럽게 찾아온다'(1월 22일)면서 "이제 그날이 다가오고 있다"고 연설했고, 북한의 '선핵폐기'를 주장했다.[5] '통일 혜택 공감대를 확산'하는 것과는 매우 거리가 먼 역할 수행이었다. 더욱 어이없는 것은 북한을 자극하는 내용이 버젓이 '통일 준비 업무보고'에 포함된 부분이었다. 국방부는 "북한 핵, 대량살상무기 등 비대칭 전력"에 대응하기 위해 "레이저 빔, 고주파 무기 등 '역비대칭 전력'을 확충"할 것이라고 밝혔고, 국가보훈처는 통합진보당 해산을 '평화통일 추진 여건 조성'의 사례로 들었으며, "북한, 대남 전략의 위험성"에 관한 내용의 보도자료를 냈다.[6]

마지막으로 짚고 넘어갈 것은 정부가 여러 사업을 제안하면서도 2014년 드레스덴선언의 경우처럼 사전에 북한에 내용을 전달하지 않은 부분이다. 업무보고 전날인 18일 "업무보고 내용을 북한 당국에서 인지하고 있느냐"는 질문에 통일부 고위 당국자는 "제가 알기로는 인지하지는 못할 것 같다"고 답했다.[7] '북한과 함께하는 통일'이라는 구호가 또다시 무색해지는 순간이었다.

'북한과 함께하는 통일'이 주요 전략으로 제시된 업무보고가 있던 날밤, 한 탈북자단체와 미국 인권재단(HRF)이 경기도 파주시에서 10만 장가량의 대북전단을 살포했다. "북한이 호응해올 수 있는 여건 마련에 노력해달라"는 박근혜 대통령의 주문을 공수표로 만들어버린 이 대북전단 살포에 대해, 통일부는 "이번에도 정부 입장에 변화가 없다"고 응답했고, "민간단체의 대북전단 살포는 기본권인 표현의 자유의 영역이므로 강제적으로 제한할 수 없다"고 밝혔다.

1월 23일, 북한은 '과연 대화 의지가 있는가'라는 제목의 노동신문 논설을 통해 "남북관계 파탄"을 경고했다. 불과 이틀 전인 1월 21일, 북한이 판문점을 통해 남북관계 개선을 강조하는 호소문을 보내면서 "고위급 접촉 및 부문별 회담도 할 수 있을 것"이라고 밝혔지만, 이번에도 대북전단이 남북관계 개선의 기회를 소멸시켜버린 것이다.

오바마, "북한 붕괴 보게 될 것"

1월 22일, 오바마 대통령이 유튜브와의 인터뷰에서 "북한은 지구상에서 가장 잔혹하고 폭압적인 독재체제"라며 비난했고, "북한 정권은 결국 무너질 것"이라고 말했다. 과거에 비해 그 수위가 매우 높은 발언은 오바마 대통령의 대북관을 잘 드러내고 있다. 이 '북한 붕괴'라는 프레임은 2015년 한 해 내내 박근혜 정부의 대북정책을 규정했다.[8] 그 와

중에 정부는 북미대화를 매개하려고 노력하기보다 오히려 1월 19일 내외신 브리핑에서 "북한의 대화 의지에 대해 의심하지 않을 수 없는 상황이 돼가고 있다"(류길재 통일부 장관)며 북한을 압박했다.

오바마 대통령의 발언 이후 미국 전·현직 고위 관료들의 강경 발언이 잇따랐다. 6자회담 미국 수석대표였던 크리스토퍼 힐 전 차관보는 "북한이 조만간 붕괴할 것"이라 했고, 존 케리 미 국무장관 역시 "북한을 계속 압박할 것"이라는 의지를 내비쳤다. 특히 케리 국무장관은 북한을 "독일의 나치 정권 이후 세계에서 가장 인권 탄압이 심한 나라"라고 비난했다.

2월 27일에는 미 하원 외교위에서 '북한 제재 이행법안'을 채택했다. 미국 정부는 3월에도 '재무부의 북한 관련 금융거래 주의보'를 발령했고, 6월에는 '기존의 행정 명령에 따른 모든 대북 제재'를 연장했다. 10월에는 북한 업체 2곳, 11월에는 무기 확산과 불법 금융 활동을 이유로 미얀마 주재 북한대사 등 개인 4명과 조선광업개발회사, 12월 초에는 북한 미사일 개발의 심장부인 전략군 등 단체 4곳과 개인 6명에게 추가로 제재를 가하는 등, 1년 내내 북한에 대한 제재 조치를 확대했다.[9]

한반도 통일이 북핵문제 해법?

1월 29일, 웬디 셔먼 미 국무부 부장관 대행이 '한반도 통일이 북핵문제 해법'이라고 발언한 후, 이는 마치 지침이라도 된 것처럼 박근혜 대통령이 1년 내내 반복하는 구호가 되었다.

박 대통령은 4월 2일, 미 하원 민주당 원내대표(낸시 펠로시) 일행을 접견한 자리에서 "북핵, 북한 인권 문제 등 복잡한 문제들을 풀어내는 해결책은 한반도 통일이라고 믿는다"고 강조한 것을 시작으로, 주한외교단 리셉션 모두발언(5월 5일), '아시안 리더십 콘퍼런스' 축사(5월 19일), 미 하원 군사위원회 소속 의원 접견(5월 28일), 기자간담회 발언(9월 4일), '2015 서울안보대화(SDD, Seoul Defense Dialogue)' 개막식 연설(9월 9일) 등을 통해 '한반도 통일이 북핵문제와 인권문제의 근본적인 해결책이다'라는 메시지를 설파했다.

박근혜 대통령의 이 같은 발언은 여러 측면에서 문제점을 지적할 수 있다. 먼저 '북핵문제'라는 용어 선택의 문제이다. 10년 전인 2005년 9월 19일, 6자회담 참가국은 공동성명을 발표하면서 첫머리에 6자회담의 목표를 "한반도의 검증 가능한 비핵화"로 명기했다.[10] 이를 "평화적인 방법으로 달성"하기 위해 북한은 "모든 핵무기와 현존하는 핵 계획을 포기"하기로 했고, "NPT와 IAEA에 복귀할 것을 공약"했다. 미국은 "한반도에 핵무기를 갖고 있지 않으며 핵무기 또는 재래식 무기로 조선민주주의인민공화국을 공격 또는 침공할 의사가 없다는 것을 확인"했다. 한국은 "1992년 한반도 비핵화 공동선언에 따라 핵무기를 접수 및 배치하지 않는다는 약속을 재확인하고 자국 영토 내에 핵무기가 존재하지 않는다는 것을 확인"했다. 즉, 북한의 일방적인 핵 포기가 아닌, 관련국의 공약 이행을 통한 공동행동이 해법임을 합의한 것이다.

그런데 박 대통령의 '북핵문제'라는 프레임은 북한의 핵보유만을 문제 삼고, 북한의 선핵포기를 요구하는 내용으로 이루어져 있다. 한중정상회담이 끝난 직후, 한국이 '북핵 폐기에 중국이 동의했다'고 발표하면, 중국 측이 '한반도 비핵화를 지지'한다고 강조하는 일종의 의도된(?) 해프닝이 매번 발생하는 이유도 박 대통령의 이러한 편협한 사고에 기반하고 있다.

두 번째 지적할 것은 한반도 비핵화를 달성하기 위해서는 '포괄적'인 해법이 필요하다는 점이다. 박근혜 대통령이 말하듯이 '통일이 되면 북핵문제가 해결'된다는 것은 현실성이 없을뿐더러 매우 단선적이고 한정적인 대안이다. 북한의 핵보유는 동북아 냉전의 유산으로서 여러 측면에서의 접근이 필요하다. 그래서 9·19공동성명에서 참가국들은 '북미관계 정상화', '북일관계 정상화'를 대안으로 내놓았고, 동시에 "에너지, 교역 및 투자 분야에서 경제협력을 양자 및 다자적으로 증진할 것을 약속"했다.

또한 북한을 제외한 5개국은 북한에 대한 에너지 지원 의사를 밝혔다. 그뿐만 아니라, 별도의 포럼을 통해 "한반도의 영구적 평화체제에 관한 협상"을 가질 것을 약속했고, "'공약 대 공약', '행동 대 행동' 원칙에 입각하여 단계적 방식으로 상기 합의의 이행을 위해 상호 조율된 조치를 취할 것을 합의"했다. 요컨대 박 대통령이 말하는 북핵문제는 그 용어 선택에 문제가 있고, 북한 비핵화와 더불어 한반도의 안보·정치·경제 문제를 동시 병행적으로 해결하는 포괄적 접근이 있어야만 해결이 가능하다.

셋째, 매우 낮은 가능성이지만 실제로 북한에 급변사태가 발생한다 해도, 북핵에 대한 점유권 내지 소유권이 바로 한국 정부에 돌아올 가능성은 극히 희박하다. 무엇보다 미국과 중국이 북한 지역에 대한 점령을 시도함과 동시에 북핵에 대한 주도권을 선취하려고 할 것이다. 이 과정에서 작전통제권도 없고 북한에 대한 영향력도 없는 한국 정부는 북한 상황을 컨트롤할 수 없을 것이다. 즉, 국제정치적 측면에서 보아도 박근혜 대통령의 해법은 실현 불가능하다.

북한 붕괴로 가닥 잡은 한미 양국의 대북정책

'통일이 북한 비핵화의 해법'이라던 웬디 셔먼의 발언 중에는 또 다른 중요한 내용이 들어 있다. "북한이 붕괴될 것이라는 오바마 대통령의 최근 언급에 동의한다"고 한 부분이 바로 그것이다. 또 같은 날(1월 29일), 미 백악관 국가안보회의(NSC) 보좌관 출신의 빅터 차 전략국제문제연구소 한국석좌는 '북한 불안정성'을 거론하며 박근혜 정부가 "북한 급변사태 등에 따른 갑작스러운 남북통일을 대비해야 한다"고 주문했다. 2월 13일에는 강경파인 존 볼턴 전 유엔 주재 미국 대사가 "북한 핵문제의 유일한 해법은 북한의 붕괴"라고 주창했다.[11]

이러한 내용을 그대로 받아들여 통일을 이룰 구체적 방안과 청사진 없이 '통일대박'을 반복한 박근혜 대통령의 주장은 그래서 북한 붕괴론에 불과할 뿐이었다. 만약 북한 붕괴를 확신한다면 구태여 상호 간 대화를 통해 이해할 필요도 없고, 북한에 경제적·인도적 지원을 하는 것은 더더욱 해서는 안 된다. 북한의 수명을 연장시켜줄 뿐이기 때문이다. 박근혜 정부의 행동이 바로 이러한 사고에 근거해 있으며, 그 특징을 살펴보면 아래와 같다.

먼저, 정부의 대북정책은 이중성을 특징으로 한다. 한반도 신뢰 프로세스, 유라시아 이니셔티브, 동북아평화협력구상, 통일대박, 드레스덴선언 등의 정책이나 발언 등을 통해 금방이라도 남북관계를 개선하고 교류를 확대할 것처럼 선전했지만, 정작 남북관계 개선에 실질적으로 도움이 될 조치는 전혀 취하지 않았으며, 북한과 진지한 대화를 한 적도 거의 없다. 6·15선언, 10·4선언에 대한 존중 의사를 밝히지 않고, 금강산 관광 재개 및 5·24조치 해제를 '고려하고 있지 않다'는 입장만 반복했을 뿐이다. 상호 이해와 교류를 위한 장애물들을 그대로 내버려두고 통일대박을 말하는 것은 상대방에 대한 기만일 뿐 아니라 국민을 바보 취급하는 것이다.

둘째, 박근혜 정부의 통일 준비는 북한의 붕괴를 전제로 진행되었다. 앞서 설명했듯이 '흡수통일 연구팀이 있다'는 통일준비위원회 부위원장의 발언이 이를 잘 드러낸다. 한 언론 보도에 따르면, 통준위 직원들이 북한 급변사태를 준비하느라 과로사할 지경에 이르기도 했다. 몇 년 안에 북한에 급변사태가 일어날 것을 전제로, 모든 방면의 시나리오를 짜다 보니 그랬다는 것이다.[12]

박근혜 대통령 역시 국가정보원을 비밀리에 방문한 자리에서 "김정은의 공포정치로 북한 체제가 불안해지고 있다"(6월 30일)고 말했으며, 통준위 회의에서 "내년에 북한에 무슨 일이 있을지도 모른다"고 말했다. 8월 10일 통준위 토론회에서는 "통일은 내년에라도 될 수 있으니 준비하셔야 한다"(7월 20일)고 발언한 바 있다. 이 말은 2011년 6월 "통일은 도둑처럼 온다"던 이명박 전 대통령의 인식의 연장선상에 있는 것이고, 2013년 연말 남재준 국정원장의 '2015년 자유민주주의 체제로 통일되어 있을 것'이라는 발언과도 맥을 같이한다.

셋째, 박근혜 대통령은 남북관계 개선을 배제한 통일외교를 추진했다. 대표적인 것이 바로 9월에 있었던 한중정상회담이다. 박 대통령은 회담 후 가진 기자회견에서 '한반도의 평화통일을 위한 한중 양국 간의 협조 약속' 배경에 대해 "어떻게 보면 핵문제나 이런 것을 다 해결하는 궁극적이고 확실한 가장 빠른 방법도 평화통일이라고 생각한다"며 "그래서 한반도 평화통일을 위해서 중국과 같이 협력해나가기로 그렇게 얘기가 된 것"이라고 밝혔다.[13] 또한 박 대통령은 9월 말에 가진 유엔 총회 연설에서도 북한의 핵개발이 인류 평화의 가치를 훼손한다고 주장하면서 유엔 회원국들에게 힘을 모아달라고 부탁했다. 대통령은 앞서 9월 초 열린 서울안보대화 기조연설에서도 "한반도 통일은 국제공조에서 출발"한다고 강조했다. 한반도 통일은 통일의 당사자인 남북공조에서 출발해야 한다는 지극히 기본적인 상식을 파괴하는 '창조적'인 아이디어였다.

남북관계의 진전 없이 통일을 강조하는 논리는 북한 급변사태를 전제로 한 흡수통일을 염두에 두지 않고서는 성립할 수 없다. 그러나 평화통일은 상대방인 북한과 꾸준히 대화와 교류를 통해 신뢰를 쌓아야만 가능하다. 따라서 정부가 해야 할 일은 남북 간 합의 사항에 기초해 남북관계를 개선시켜 나아가야 하는 것이다. 박근혜 정부가 북한 붕괴론에 경도되어 있는 사이, 남북관계는 파국으로 치달았다.

통일준비위원회에 '흡수통일 준비팀' 있다

2월 들어 박근혜 대통령은 본격적으로 북한을 비난하기 시작한다. 2월 4일, 박 대통령은 청와대에서 중국 국방부장을 접견한 자리에서 "우리의 대화 및 교류 제의에 북한이 호응해오고 있지 않으며 대남 비난과 위협을 지속하고 있다"며 북한을 비난했고, 5일에는 청와대에서 48차 중앙통합방위회의를 주재하며 "확고한 군사 대비태세를 유지해 북한의 도발을 억제해야 한다"고 밝혔다.

2월 13일, 류길재 통일부 장관이 "2년 동안 한반도 신뢰 프로세스는 알다시피 크게 진전이 안 됐다"고 사실상 실패를 자인했지만, 박근혜 대통령은 이에 아랑곳없이 16일에 열린 통일준비위 위원장단 회의에서 "통일이 우리 민족은 물론 주변국과 세계에도 대박"이 될 수 있다며 뜬금없는 '통일대박의 글로벌화'를 주장했고, 26일 체코 총리와의 정상회담에서는 "체코 변화가 북한에 메시지를 줄 것"이라고 주장했다. 체코의 경우, 1968년 '프라하의 봄'과 1989년 '벨벳 혁명' 과정을 거쳐 공산 정권이 붕괴한 바 있다. 3월 1일, 기념사에서도 박 대통령은 통일 준비가 "북한을 고립하려는 목적이 아니"라고 밝혔지만, 흡수통일에 대한 세간의 우려를 불식시킬 만한 해명은 하지 않았다.

3월 3일, 정종욱 통일준비위원회 부위원장은 "(앞으로) 2~3년 내에 통일 준비 작업을 끝낸다는 계획"이라고 밝혔다. 남북관계가 경색되어 있고, 이렇다 할 성과도 없는 상황에서 상대방과의 관계 개선 없이 통일 준비를 끝낸다는 것은 매우 비현실적인 목표이다. 그런데도 2~3년이라는 구체적인 기한을 설정한 것으로 보아 통준위는 다른 '현실적'인 목표, 다시 말해 평화적 통일 가능성을 제외한 무엇인가를 상정했다고 볼 수 있다. 그렇다면 이는 단기간 내에 통일이 가능하다는 시나리오를 그리는 것, 즉 북한의 붕괴와 같은 급변사태를 염두에 둔 것으로 해석될 수밖에 없다.

3월 10일, 정종욱 부위원장이 ROTC 중앙회가 주최한 조찬 포럼에서 폭탄 발언을 했다.

"(남북한의) 합의가 아닌 다른 형태의 통일도 준비하고 있다. 통일 과정에는 여러 가지 로드맵이 있으며 비합의 통일이나 체제 통일에 대한 팀이 우리 조직(통준위)에 있다. 정부 내 다른 조직에서도 체제 통일에 대해 연구하고 있다. 체제·흡수 통일은 하기 싫다고 해서 일어나지 않는 건 아니다. 통일준비위는 평화통일을 전제로 한 조직이지만 밖으로 공개하지 않는다는 전제하에 이런 작업을 하고 있다. (……) 최근 북한 내부에 엄청난 변화가 일어나고 있다. 지금 북한을 움직이는 건 당국이 아니라 시장이다. 북한 내부에서는 부정부패가 만연하고 있으며 시장경제와 부정부패로 연명하고 있다."

흡수통일을 준비하고 있을 뿐만 아니라 북한 실정이 부정부패로 불안정하다는 발언까지 덧붙였던 것이다. 정 부위원장의 발언 내용이 알려진 후, 이에 대한 비판 여론이 거세게 일었다. 시민단체들은 12일 정 부위원장의 발언을 규탄하는 기자회견을 열었고, 경제정의실천시민연합 통일협회는 통준위 시민자문단을 탈퇴한다는 입장을 밝혔다. 북한 역시 정 부위원장의 발언에 대해 남한 정부의 "불순한 속심"이 드러났다고 비난하면서 대통령의 사과 및 통준위 해체를 요구했다.

이에 대해 통준위가 보도자료를 통해 "비합의 통일이나 흡수통일에 대한 팀이 있다는 것은 전혀 사실이 아니다"라며 진화에 나섰고, 정 부위원장 역시 "용어 선택이 적절치 못해 위원회 활동 내용이 잘못 보도된 데 대해 유감으로 생각한다"고 해명을 시도했지만 논란은 가라앉지 않았다. 특히 정 부위원장 발언 내용이 매우 구체적이었다는 점, 즉 통일이 되었을 때 "북한의 엘리트 계층을 어떻게 할지에 대해 정부가 구체적으로 대책을 가지고 있"고, "북한 엘리트 숫자도 상당하고 노동당원 등 성분이 다양하기 때문에 구분해서 처리해야 할 것"이라는 그의 설명은 흡수통일 로드맵이 있을 것이라는 세간의 짐작을 확산으로 바꿔주었다. 3월 25일, 개성공단을 방문한 통준위 전문위원이 소지하고 있던 북한 붕괴 대응 문건이 저장된 USB가 북한 당국에 적발되기도 했다.

그러나 박근혜 정부의 대응은 너무 한가로웠고 현실감각을 상실한 것이었다. 3월 27일, 박근혜 대통령의 드레스덴선언 1주년을 앞두고 통일부가 "정부는 드레스덴선언을 이행하기 위해 북한에 지속적으로 대화를 제안하고 민간 차원의 인도적 지원과 사회·문화 교류를 꾸준히 추진한 결과, 일부 의미 있는 성과가 있었다"고 자화자찬한 것이다. '의미 있는 성과'로는 "인도적 문제 해결을 위해 국제기구와 협력하고 이산가족상봉을 위해 노력"한 점, "농업협력도 추진했고 남북 주민 간 동질성 회복 노력도 했다"는 것이 제시되었다. '노력이 곧 성과'라는 창의적인 평가에 국민은 할 말을 잃었다. 3월 29일, 북한의 최고 권력기구인 국방위원회는 "박근혜와 그 패당이 집권하고 있는 한 남북관계 개선에 더는 기대할 게 없게 됐다"는 입장을 밝혔다.

대화 기회 차단한 한미연합군사연습

"한미연합군사연습을 중단하면 핵실험을 임시 중단하겠다"는 북한의 제안을 검토하지도 않고 단칼에 거절한 한미 양국은 결국 예년과 같이 키리졸브-독수리 연습을 시행했고, 남북관계 개선을 위한 수위 조절이라도 기대하던 국내외의 많은 이를 실망시켰다.

미국의 유력 일간지 《뉴욕 타임스》는 1월 15일 사설 〈북한의 의도를 시험해볼 시기〉에서 북한의 대화 제안을 거절한 오바마 정부의 대응을 비판했고, 2월 27일에도 사설 〈북한의 핵 확장〉을 통해 "협상을 안 하면 북핵문제 협상이 더 위험해질 것"이라며 오바마 정부를 비판했다. 아울러 "미국 등 당사국의 행동이 따라주지 않았기 때문에 북핵문제 해결에 실패"했다고 지적했다.

1월 11일, 중국 국영통신사인《신화통신》은 논평을 통해 미국 정부의 거절을 비판했다. 특히 북한의 추가 핵실험 가능성과 한미연합군사연습이 미국의 주장과 달리 별개의 사안이 아니라고 지적했다. 다음 날인 1월 12일, 중국 외교부 대변인은 북한의 제안을 미국이 거부한 것은 "한반도 정세에 긴장을 가져오는 행동"이라 규정하고 "(이에) 반대한다"고 주장했다.

북한은 1월 13일 유엔 주재 북한대표부를 통해 미국에 직접 대화를 요구한 데 이어, 1월 16일 영국 주재 대사를 통해 미국이 자신들의 제안을 수용할 것을 촉구했다. 1월 18일, 트랙 1.5(반관반민) 형식으로 싱가포르에서 열린 북미 접촉에서는 리용호 북한 외무성 부상이 조건 없는 대화 복귀를 제안했고, 훈련 중단이 아니라 완화를 해도 대화가 가능하다는 입장을 밝혔지만,14 이에 대해서도 미국은 공허한 제안으로 일축하며 거부 의사를 밝혔다. 또한 2월 4일, 미 상원 군사위원회(위원장: 존 매케인) 주최로 열린 인준 청문회에 참석한 애시턴 카터 국방장관 지명자는 "MD를 강화할 것"이라고 말하면서 그 이유로 북한의 위협을 들었다.

결국 예정대로 3월 2일에서 4월 24일까지 키리졸브-독수리 연습이 진행되었다. 이미 1월의 한미해상연합훈련, 잠수함사령부 창설 및 한미연합잠수함훈련, 2월의 한미연합해상침투훈련, 핵확장억제연습이 진행된 후 시작된 키리졸브-독수리 연습은 북한과의 전면전을 상정한 훈련으로서 각종 무기들이 동원되는 실전훈련이었다.

'북한의 대화 제안-한미연합군사훈련 시행-긴장 고조 및 대화 분위기 파탄'의 패턴은 하반기에도 반복되었다. 북한은 6월 15일, '조선민주주의인민공화국 정부' 명의의 성명을 내고 "(남북) 당국 간 대화와 협상을 개최하지 못할 이유가 없다"고 밝혔고, 7월 29일 외무성 대변인은

"미국이 합동군사연습 같은 적대 행위를 그만두고 다른 길로 갈 결단을 내린다면 대화도 가능해지고 많은 문제가 풀릴 수 있다"고 제안했다. 그러나 이번에도 미국은 다음 날, "한미연합군사훈련이 남북관계의 전제조건이 될 수 없다(미 국방부 대변인)"며 을지프리덤가디언(UFG) 훈련 지속 의사를 밝혔고, 대화의 여지를 남기지 않았다.

사상 초유의 대규모 한미연합군사연습

한미연합군사연습과 관련해 짚고 넘어갈 것은 1년 열두 달 중, 연합훈련이 시행되지 않은 달이 거의 없다는 것이다. 2015년 언론에 보도된 것만 모아도, 1월 한미연합해상훈련(13, 14일), 2월 해상연합훈련(5~7일), 3~4월 키리졸브-독수리 연습(3월 22일~4월 24일), 4~5월 한미해병대합동훈련(4월 11일~5월 22일), 5~6월 연합대잠훈련(5월 30일~6월 3일), 6~7월 한미해병대합동훈련(6월 30일~7월 8일), 7~8월 통합화력격멸훈련(7월 12일~8월 28일 중 4차례), 8월 을지프리덤가디언 훈련(17~28일), 9월 한미해병대연합(KMEP) 훈련(17~26일), 10월 한미연합해상기동훈련(26~29일), 11월 한미공군연합 'Vigilant ACE 훈련'(2~6일), 12월 한미공병부대 도하훈련(1~10일) 등 매달 군사훈련이 진행되었다. 규모에 차이는 있었지만 북한과의 전면전, 국지전, 후방 침투, 화력 시험 등 공격적인 내용의 훈련이 1년 내내 지속되었다. 방어를 위한 훈련이라고 보기에는 너무 지나친 수준이다.

특히 연례적 방어훈련이라면서 상륙훈련에 선제타격연습까지 포함된 훈련의 내용은 매우 공격적이다. 키리졸브-독수리 연습은 작전계획 5027, 맞춤형 억제전략, 국지전도발대비계획을 적용하는데 하나같이 선제공격을 위한 계획임을 명시하고 있다. 3월 23일에서 4월 1일까지 한미 해군·해병대 8천 명이 동원된 한미연합해상기동훈련(쌍용훈련)이 진행되었는데, 북한의 원산 상륙과 평양 점령을 가상하여 해병대가 공격해 들어가는 것을 상정한 훈련이었다. 한미 양국은 5월 30일에서 6월 3일까지 제주 해상에서 최대 규모의 연합대잠훈련을 진행하기도 했다. 이와 관련하여 6월 25일, 평양 주재 러시아 대사 알렉산드르 마체고라는 "북한이 안보리 결의를 이행해야 한다"면서도 한미연합군사연습이 "(해당 지역) 정세를 혼란스럽게 하고 있다"고 주장했다. 아울러 "이런 군사훈연습으로 인한 위협은 북한으로부터 나오는 위협 수준을 크게 넘어선다"고 지적했다.

무산된 6·15, 8·15 민족공동행사

4월 1일, '광복 70돌, 6·15공동선언 발표 15돌 민족공동행사 준비위원회'는 서울 프레스센터에서 개최된 발족식에서 "6월 14일부터 2박 3일간 서울에서 민족공동행사 개최를 추진하겠다"는 입장을 밝혔다. 통일부는 5년 만에 대북 비료지원을 승인했고(4월 27일), 박근혜 대통령 집권 후 처음으로 '6·15남북공동선언 15주년 공동행사'를 위한 남북 사전접촉을 승인했다(5월 4일). 그러나 정부가 공동행사 성사를 위해 노력한 것은 이것이 전부였으며, 실제로 성사 의지는 찾아볼 수가 없었다. 정부의 무관심과 의지 없음, 그리고 방해로 인해 결국 6·15민족공동행사뿐 아니라 8·15공동행사마저도 무산되었다.

우선 정부가 행사 준비를 위한 접촉을 승인한 이후 보인 행보는 남북관계를 고의적으로 악화시키기 위한 것이 아닌가 하는 의심을 사기에 충분했다. 박근혜 대통령은 5월 15일 스승의 날 기념행사에서 "최근 북한의 도발적 행동과 내부의 극도의 공포정치가 알려지면서 많은 국민이 경악하고 있다"고 말해 막연한 불안감을 조성했다. 5월 19일 열린 '아시안 리더십 콘퍼런스' 축사에서도 "북한의 핵 위협과 도발이 아시아의 성장 혈맥을 가로막고 있다"고 주장했다. 5월 22일에는 정부와 새누리당이 한목소리로 '5·24조치를 전면 해제할 수 없다'는 방침을 재확인했다.

정부는 국제적인 대북 압박 움직임도 이어갔다. 5월 27일 열린 한·미·일 6자회담 수석대표 회동에서 한·미·일 3국은 "대북 압박과 제재를 강화하는 게 중요하다는 데 합의했다"고 밝혔고, 5월 30일 개최된 14차 아시아안보회의에서도 북한의 핵과 미사일에 대응한 협력을 강화할 것에 대해 다짐했다. 이에 북한 외무성이 5월 31일 대변인 담화에서 "더는 비핵화 대화를 하지 않으며 핵 무력 등 자위적 억제력을 강화하겠다는 입장을 재확인"함으로써 대결 국면이 지속되었다. 이에 대해 러시아는 5월 28일 "(북한에 대한) 압력과 압박 강화 발언은 비건설적이며 어떤 긍정적 결과도 가져다주지 않을 것"이라고 지적했다.

민족공동행사 무산의 근본 원인

공동행사가 무산된 것은 개최 장소에 대한 의견 차이 때문이라는 분석이 제기되었다. 북한의 '6·15 서울 - 8·15 평양'안과 남한의 '6·15 평양 - 8·15 서울'안이 평행선을 달리다 결국 무산됐다는 것이다. 이와 관련하여 짚고 넘어가야 할 것은 남북의 민간이 먼저 나서서 민족공동행사를 서울에서 개최하기로 합의한 것을 정부가 무시한 부분이다. 즉, 이미 2월에 이러한 사항이 합의되었는데도 박근혜 정부가 5월까지도 명확한 입장이 없다가 갑자기 통준위가 8·15민족공동행사를 서울에서 개최하자고 제안하면서 북측의 반발을 산 것이다. 북한은 6월 1일 6·15공동선언 실천 북측위원회 명의의 팩스에서 "남측 당국이 (장소 문제와 관련해) 심양 실무회담에 끼어들어 장애를 조성"하였다고 주장했다.

개최 장소에 대한 이견이 무산의 직접적인 원인으로 보도되었지만, 갈등이 커진 것은 박근혜 정부가 6·15민족공동행사의 성격을 '정치성을 배제한 순수 민간 행사'로 규정했기 때문이다. 분단국가의 정치영역에서 통일만큼 중요하고 큰 사안이 또 있을까? 남북관계 개선을 통한 평화적 통일은 정치적 결단과 정치적 행위 없이 불가능하다. 6·15선언과 10·4선언은 상호 존중과 이해 속에 가능했고 화해협력을 위한 최고위급의 매우 정치적인 결단에 의해 가능할 수 있었다. 또한 개성공단, 남북 철도 연결, 장관급회담, 이산가족상봉과 같은 6·15공동선언의 성과물은 남과 북이 평화롭게 공존하며 함께 발전해나가자는 목표 아래 수십 차례의 당국 회담, 그리고 수많은 정치적 고려와 정치적 결정을 거쳐 만들어진 것이다. 그런데도 정부는 정치성이 배제된 순수한 민간 차원의 행사만 허용하겠다며 당국은 쏙 빠진 채로 행사 축소의 의도를 내비쳤고, 행사를 통제하려고만 했다.

6·15공동선언은 남북 당국 간 합의였고 이행의 당사자도 남북 당국이었다. 분단 이래 가장 정치적인 통일문제를 어떻게 '정치'를 빼고, '정부'를 빼고 논하겠다는 것인가. 정부의 이러한 태도로 인해 6·15행사는 결국 분산 개최되었고, 남북 당국 간 대화를 기대하고 있던 많은 국민에게 실망감을 안겨주었다.

'북한 압박을 위한 유엔 인권사무소'

2015년 6월 23일, 유엔 북한인권현장사무소가 서울에서 문을 열었다. 2014년 2월 제출된 유엔 북한인권조사위원회의 보고서 내용에 기초해 설치된 이 사무소는 남북관계에 또 하나의 악재가 되었다. 북한은 군사 훈련 및 인권사무소 설치 등의 조치를 이유로 광주에서 열릴 예정인 유니버시아드대회 불참을 통보해왔고, 박근혜 정부가 "남북관계를 극한으로 밀고 나갔다"고 비난했다. 그런데 인권사무소 개소식 전날, 한일 수교 50주년 기념행사에 한일 정상이 교차 참석을 했다. 6·15공동선언이 발표된 6월에 북한과는 멀어지고 일본과 가까워지는 길을 선택한 것이다.

그렇다면 인권 보고서와 인권사무소가 무엇이기에 북한이 크게 반발하고, 남북관계에까지 영향을 미쳤는가? 보고서와 관련하여 지적할 것은 우선 이러한 인권 보고서가 조사 대상국의 인권 상황을 공개함으로써 대상 국가의 이미지 훼손과 집권세력의 정당성에 타격을 입히는 역할을 한다는 것이다.[15] 그래서 인권 보고서 발간은 애초부터 정치적 의도와 분리된 순수한 인도적 차원의 행동으로 볼 수 없는 것이며, 인권 보고서 작성 및 발표가 망신주기식 정치 혹은 수치의 정치학(politics of shame)으로 표현되는 것이다. 미국이 중국 인권 보고서를 발표하면서 중국을 압박하는 수단으로 활용하자, 중국이 미국 인권 보고서 발표로 맞대응한 데서도 인권 보고서의 정치적 기능을 확인할 수 있다.

또한 상기 보고서에서 제기해온 북한 인권에 관한 해법이 인도적 지원 규모를 늘리거나, 북한의 자발적인 조치를 유도하는 방식이 아니라 북한을 압박하고 제재하는 내용의 방안들로 채워졌다는 것 역시 문제점으로 지적할 수 있다. 보고서는 북한의 광범위한 반인도 범죄가 조직적이고 대규모로 이루어지고 있다고 주장하면서, 서방식의 체제 전환, 책임자의 국제형사재판소 회부, 인권 침해에 대한 책임 규명을 위한 조직 설치 등의 권고사항을 담았다. 이러한 제안들은 실현 가능성이 극히 낮을뿐더러, 북한 체제와 정권을 교체 및 처벌의 대상으로 규정하고 있는 것에 기초해 도출되었다는 문제가 있다.

한·미·일 3국은 인권을 북한 압박의 수단으로 활용할 의사를 밝혔다. 5월 28일, 서울에서 만난 3국의 6자회담 대표는 "대북 압박 강화 외에는 선택권이 없다"고 강조하면서, 북한 인권을 "대북 압박 카드로 활용"하겠다고 시사했고, 이후에도 인권을 지속적으로 다룰 것이라고 밝혔다.[16] 그러나 "북한과의 대화 계획은 없다"(성 김 미국 대표)고 말함으로써, 인권을 거론하는 것이 북한 때리기에 불과하다는 것을 확인시켜주었다. 따라서 윤병세 외교부 장관이 인권사무소에 "그 어떤 정치적 의도나 숨겨진 아젠다가 있을 수 없다"(6월 23일)고 주장한 것은 인권의 정치성을 숨기려고 한 면피용 발언에 불과하다.

정전체제의 불안정성 보여준 8월 전쟁 위기

8월 4일에서 25일까지 한반도의 평화 상태는 극과 극을 오갔다. 그야말로 남북이 일촉즉발의 위기 상황에 빠졌다가, 가까스로 8·25합의를 도출해내며 전쟁의 위기를 넘긴 것이다.

8월 위기는 서부전선 비무장지대(DMZ) 지뢰 폭발 사고(4일) → 남한의 대북 확성기 방송 재개(10일) → 북한 고사포 및 곡사포 발사, 김양건 북한 노동당 대남비서의 관계 개선 노력 의사 표명, 북한군 총참모부의

"48시간 내 확성기 철거 않으면 군사 행동" 통첩, 남한 자주포 대응 사격, 박근혜 대통령의 긴급 국가안전보장회의(NSC) 주재(이상 20일) → 북한의 전방 지역 '준전시 상태' 선포, 한미 군 당국의 '워치콘' 상향 조정, 박근혜 대통령의 제3야전군 사령부 전격 방문(이상 21일) 등의 과정을 거쳐 고조되었다.

이러한 일련의 과정은 한반도가 언제든 군사적 충돌이 발생할 수 있고, 또 국지적인 충돌로도 전면전으로 돌입할 수 있는 불안정한 정전체제하에 놓여 있음을 극명하게 보여주었다. 그런데 남쪽의 보수정치권과 언론매체들은 상황을 관리하려고 하기보다 '이참에 전쟁이라도 해서 본때를 보여줘야 한다'는 식의 언사를 쏟아냈다. 국방부는 "혹독한 대가를 치르게 하겠다", "국민이 시원하다고 느낄 만한 보복을 마련하겠다"고 공언했으며, 여당 고위 인사들은 북한을 "강력히 응징하고 처벌해야 한다"(원유철 새누리당 원내대표), "우리 군에 주어진 이행 임무는 책임 아닌 응징"(윤상현 의원), "10배, 100배 응징할 때 북한이 두려움을 가질 것"(김무성 대표)이라고 주장했다.

보수언론들 역시 군의 경고가 엄포에 그쳐서는 안 된다며 "도발 원점은 물론 지원세력과 지휘세력까지 공격해야 한다"(《문화일보》 8월 10일자), "단호히 응징하라"(《동아일보》, 8월 11일자), "(대북 확성기 방송) 그 정도 응징으로 북이 움찔하겠나"(《동아일보》 8월 12일자), "전쟁을 두려워해선 안 된다"(《문화일보》 8월 21일자)라며 군사적 보복을 실제 행동으로 옮길 것을 주문했다. 또한 정부가 자신들의 주문을 행동에 옮기지 않자 "제대로 북한을 질타하지도, 응징을 천명하지도 않았다"(《중앙일보》 8월 12일자)거나, '지뢰 남침'을 당하고도 남북정상회담을 운운했다며(《문화일보》 8월 17일자) 정부를 비난했다.

그러나 한반도에서의 전쟁은 민족의 공멸을 초래할 뿐이라는 점에서 이들의 주장은 매우 위험하다. 만에 하나 한반도에서 전쟁이 났을 경우를 시뮬레이션한 문정인 교수(연세대)에 따르면, 사망자만 5백만 명에 이르고 재산 피해는 7천조 원으로 평가되었다. 남한 전체의 토지자산 총액은 2013년 현재 5848조 원이며(한국은행, 2015년 11월), 2014년 현재 명목 GDP는 1485조 780억 원이다(통계청, 2015년 8월). 두 통계치의 합이 7333조 780억 원이라는 것을 감안하면 7천조 원의 전쟁 피해가 발생한다는 것은 남한의 모든 재산과 부가 사라지는 것을 뜻한다. "수술은 성공한다. 그러나 환자는 죽는다"는 말처럼 한반도에서 전쟁이 났을 때 군사적 차원에서의 승리는 아무 의미가 없다.

그렇다면 분단국의 대통령으로서는 전쟁을 막고, 위기를 진정시키기 위한 노력을 기울여야 했다. 그러나 박근혜 대통령은 상황 관리를 포기하는 듯한 발언을 함으로써 국민을 당황스럽게 만들었다. 박 대통령은 북한이 '준전시 상태'를 선포한 상황에서도 제3야전군 사령부를 방문해서 군의 즉각 대응을 높게 평가하며 향후 북한의 추가 도발에도 "'선조치 후보고' 원칙이 지켜져야 한다"(8월 21일)고 발언했다. 극도로 긴장이 고조되어 있고, 현장에서의 섣부른 대응이 대규모 충돌로 비화될 수 있는 상황에서 현장 지휘관의 판단에 맡기겠다는 것은 위기를 관리할 컨트롤 타워로서의 역할을 내려놓겠다는 의미이며, 이는 군통수권자로서의 책임을 망각한 매우 무책임한 발언이었다. 국정 최고 지도자가 개입하여 판단할 사항을 어떻게 고작 현지 책임자의 소관사항으로 떠넘길 수 있단 말인가?

극적인 위기 탈출, 8·25합의

다행히도 8월 전쟁 위기는 21일, 북한이 김양건 비서 명의 통지문으로 김관진 국가안보실장과의 접촉을 제의하고, 남한이 북한 황병서 군 총정치국장과의 접촉을 제의하는 수정 통지문을 북측에 전달하면서 대화 국면으로 진입했다. 다음 날 오후 3시, 청와대가 '저녁 6시 판문점 남측 평화의 집에서 고위급 접촉에 합의'했다고 발표했고, 이후 두 차례의 접촉을 거친 남북은 8월 25일 새벽 2시에 공동보도문을 발표했다. 공동보도문은 '빠른 시일 내에 당국 회담 개최', '지뢰 폭발에 대한 북측의 유감 표명', '확성기 방송 중단', '준전시 상태 해제', '이산가족상봉', '민간 교류 활성화' 등의 내용을 담았다. 요컨대 '대화와 교류를 통한 문제 해결'에 남북이 합의한 것이다. 이제 남북 간 대화와 교류를 위한 후속 조치(고위급회담 개최, 5·24조치 해제, 금강산 관광 재개 등)가 시행되어야 할 차례였다.

그러나 화해 국면으로의 전환을 거부하는 움직임이 곧바로 뒤따랐다. 박근혜 정부와 여당, 보수언론 등은 합의문이 발표된 직후부터 합의의 의의를 애써 축소하고, 협상 결과에 반하는 공격적이고 대결적인 발언을 쏟아냈다. 후속 회담과 남북관계 개선에 대한 기대감이 커지자, 청와대는 "협상은 끝난 게 아니라 지금부터 시작"이라며 "차분하게 대응해야 한다는 내부 기류가 있다"(민경욱 대변인, 8월 27일)며 서둘러 속도 조절론을 제기하고 나섰다.

홍용표 통일부 장관 역시 "남북정상회담이 전혀 검토되고 있지 않"으며 "5·24조치 해제는 천안함 폭침에 대해 사과해야 가능"하다고 발언했다. 보수언론도 "대북정책에는 변함없어야 한다"며 정부가 계속 강경 기조를 유지해야 한다고 주장했고, 고위 당정회의에 참석자들은 "DMZ 접경 지역의 전투력을 강화"해야 한다고 주문했다. 이에 대해 국방부는 "DMZ에서의 작전을 공세적으로 하겠다"며 주문을 충실히 수행할 의사를 밝혔다. 뿐만 아니라 백승주 국방부 차관이 8·25합의로 '체면을 구긴' 북한이 이를 만회하기 위해 전략적 도발에 나설 것이라며 '10월 도발설'을 제기하자, 윤병세 외교부 장관이 "북한의 장거리 미사일 발사 가능성을 배제 못 한다"라며 거들었다. 이러한 발언들은 대화 의지가 없다는 의사 표시였고, 남북관계를 이 지경으로 몰고 간 기존의 대북 강경 기조를 포기할 생각이 없다는 포고였다.

8·25합의를 무시하고 북한을 자극하는 집권세력의 언사도 문제였지만, 더 큰 문제는 한미 양국이 북한에 대한 선제공격 방침을 공식화하고, 북한 최고 지도자를 제거하겠다는 방침을 공개한 것이었다. 한 언론에 따르면, 한미 양국은 이미 6월에 새로운 작전계획을 만들어 서명을 마친 상황이었다.[17]

새로운 '작전계획 5015'는 기존의 작전계획들을 통합한 것으로서 서명하는 순간부터 발효됐고, 그 핵심은 '맞춤형 억제전략(TDA)'과 '4D 전략(탐지·방어·교란·파괴)'으로, 북한군의 공격 징후가 뚜렷할 경우 예방적 선제공격이 가능하도록 했다.[18] 한미 양국은 이러한 내용을 8월 을지프리덤가디언(UFG) 연습부터 적용하고 있었다. 2016년 들어 국방부는 독자적으로 북한을 선제타격할 킬 체인(kill chain)과 한국형 미사일방어체계(KAMD)를 통합 운용하기 위한 "K2 작전수행본부를 만들기로 했다"(2016년 2월 29일)며 선제타격 방침을 재확인했다.

국방부는 또한 "참수작전을 활용할 것"(8월 27일)이라고 밝혔다. '참수작전'은 핵무기가 발사될 징후가 포착될 시에, "정밀 유도 무기를 이용하여 지휘부(승인권자)와 주요 전략표적을 사전에 제거"[19]하는 것을 핵심으로 하고 있다. 선제공격 방침과 북한지도부 제거작전은 그 자체가 남북관계에 악영향을 미칠 수 있는 사안이었다. 더구나 이 같은 내용을 8·25합의 직후에 제기했다는 것은 관계가 개선되는 것을 볼 수 없다는 강경 보수세력의 노골적인 '비토'였다.

동북아 외교 참변이 된 한미정상회담

10월 10일, 김정은 제1위원장은 노동당 창건 70주년 열병식 연설에서 핵과 미사일을 언급하지 않고 대신 인민을 강조했다. 또 창건 70주년을 맞아 장거리 미사일을 쏘아 올릴 것이라는 한·미·일 3국의 기대와 달리, 북한은 아무런 움직임을 보이지 않았다. 북한의 이러한 움직임은 대화에 무게를 둔 것으로서, 한미 양국이 의지만 있다면 활용하기에 따라 남북대화 및 북미대화의 계기로 삼을 수 있었을 것이다. 그러나 10월 16일 열린 한미정상회담에서 양국의 정상은 오히려 '북한 때리기'에 나섰다. 또 한국은 스스로를 '미국-아시아 재균형 전략의 핵심축'으로 규정했다.

한미정상회담이 열리기 직전인 10월 14일, 미국의 고위 관료들은 한미정상회담 사전 브리핑에서 하나같이 "정상회담의 최대 의제는 북한"이며 "한국이 아시아 재균형의 중심"이라고 밝혔다. 회담 전부터 논의할 내용 및 결론을 정해줬던 것이다. 이 가이드라인을 박근혜 대통령은 충실히 따랐다. 먼저, 박 대통령은 워싱턴에서 열린 '한미 우호의 밤' 행사에서 "한미동맹이 미국의 아시아·태평양 재균형 정책의 핵심축"이라고 밝혔다. 또한 전략국제문제연구소 연설에서는 "한미동맹의 기적의 역사를 한반도 전역으로 확대해나가야 할 때"라고 역설했다.

2010년 이후 본격화된 미국의 재균형전략(대중국 봉쇄전략), 그리고 일본의 재무장과 군사 대국화로 인해 동북아 지역에 군사적 긴장이 고조되는 상황에서, 군사적 충돌 발생 시 미국의 대중국 전진기지로서 그 피해를 가장 크게 받을 한국의 대통령이 일체의 중재 노력을 시도하지 않은 채 미국의 손을 들어줬다. 게다가 한미동맹의 관할 범위를 한반도 전역으로 확대하겠다는 것은 당장 북한의 반발을 부를 뿐 아니라, 중국을 크게 자극하는 것이었다. 북한의 동의 없는 '전역화'는 사실상 북한 붕괴 혹은 무력에 의한 흡수통일을 의미하기 때문이고, 주한미군이 압록강·두만강까지 올라간다면 중국으로서는 직접적으로 미국과 대치해야 하기 때문이다.

오바마 대통령은 정상회담 후 기자회견에서 쐐기를 박았다. 오바마는 우선 "일본과의 관계를 보면서 여러 가지 역사적인 문제를 해결하고 모든 동북아 국가가 미래지향적인 관계를 갖는 게 우리 자녀와 후세에게 도움이 될 것"이라며 한일 역사 갈등을 빨리 매듭지으라고 훈수를 두었다. 그리고 한중관계는 아랑곳하지 않고 "중국이 국제규범이나 법을 준수하는 데 실패한다면 한국도 목소리를 내야 한다"고 주장했다. 그야말로 "대형 동북아 외교 참변"[20]이 발생한 것이다.

이후 11월 4일 3차 아세안 확대 국방장관회의에 참석한 한민구 국방장관은 남중국해와 관련해 "대한민국 정부는 남중국해 분쟁의 평화적 해결과 항행·상공(上空) 비행의 자유가 보장되어야 한다는 입장"이라고 말했다. 미중 양국이 첨예한 갈등을 벌이고 있는 '남중국해 문제'에서 분명히 미국 편에 서겠다는 의사를 재확인한 것이다.

'2015 북한에 관한 한미공동성명'

양국 정상은 별도 성명으로 공동의 대북정책을 발표했다. 이 성명의 핵심 내용은 크게 네 가지다. 첫째, 북한 핵의 폐기 원칙으로 이른바 CVID(완전하고 검증 가능하며 돌이킬 수 없는 폐기)를 다시 제시했다. 둘째, 북한의 선핵포기를 촉구하며, 핵을 포기하면 국제사회가 돕겠다고 밝혔다. 셋째, 양국이 대북적대시정책을 갖고 있지 않으며 미국은 박근혜 정부의 '한반도 평화통일 비전'을 지지했다. 넷째, 북한 인권 상황을 규탄하며 북한 인권 개선을 위해 노력하겠다는 의지를 천명했다.

북한 비핵화와 관련된 첫 번째와 두 번째 사항은 앞서의 한반도 비핵화 해법 부분에서 설명했듯이 일방적이고 폭력적이며, 따라서 실현되기 어려운 비현실적인 대안이다. 또한 한미 양국이 북한을 적대시하지 않는다고 했지만, 과거 6자회담을 여러 차례 중단시키고 북한의 핵실험을 촉발한 CVID 원칙을 꺼낸 것은 사실상 대화 의지가 없다는 것이다. 그리고 한국 정부의 통일 방안이 '북한 붕괴를 상정한 사실상의 흡수통일'이라는 것이 밝혀진 상황에서 미국이 이를 지지한다는 것은 대북 압박을 지속하겠다는 의사를 표현한 것과 다름없다.

성명 발표 후 가진 기자회견에서도 박근혜 대통령은 북한에 대한 불신을 강하게 드러냈다. 박 대통령은 "8·25합의를 이행하여 남북관계 개선의 모멘텀을 살리겠다"면서도, 8·25합의의 의미를 "북한의 도발에 대해 보상하고 또 도발하면 또 보상하는 악순환을 끊겠다는 의지"이며, "우리의 대북정책 기조는 바뀔 수 없다는 걸 분명히 한 것"으로 설명했다. 남북 합의를 보상으로 규정하는 것은 '대화가 곧 보상(reward)'이라는 네오콘의 화법을 반복한 것이고, 8월 합의를 통해 남북고위급회담을 자주 갖고 교류를 확대하기로 약속했지만 사실상 이행할 의지가 없다는 것을 공개한 것이었다.

마지막으로 북한 인권을 개선하겠다며 언급한 '2014 유엔 북한인권조사위원회 보고서'와 '유엔 북한인권사무소' 역시 북한을 범죄시하는 내용으로, 북한이 받아들일 수 없는 내용이다. 요컨대 한미 정상이 "최고의 시급성과 확고한 의지"로 밝힌 대북정책은 기존의 압박과 제재를 한층 더 강화하겠다는 것에 지나지 않았다. 실제로 한미정상회담 이후 미국 정부 관계자는 "한국과 미국의 대북정책 접근법이 변하지 않을 것"이라고 밝혔다.[21]

북한의 대화 제안 무시한 한국과 미국

한미정상회담 직후인 10월 17일, 북한은 회담에 대한 언급 없이 외무성 성명을 통해 미국에 '한반도 정전협정을 평화협정으로 전환할 것'을 촉구했다. 북한은 10월 초 70차 유엔 총회에서도 리수용 북한 외무상을 통해 공개적으로 평화협정 체결을 재차 제안했고, 노동당 창건 70주년을 앞둔 10월 7일 외무성 대변인 담화에서도 같은 내용을 주장했다. 북한의 대응은 평화협정뿐 아니라 강력한 비핵화 의지로 해석될 수 있다.[22] 하지만 한국과 미국은 북한의 제안에 어떤 반응도 보이지 않았다.

과거에도 한미 양국은 여러 차례에 걸쳐 긍정적인 대화의 기회를 스스로 무산시킨 바 있다. 가령 2014년 7월 7일 북한은 최고 권위의 공화국 정부 성명을 통해 "당면한 북남관계를 개선하고 민족 단합의 분위기를 마련하기 위해 아시안게임에 선수단과 함께 응원단을 파견"하겠다고 밝혔다. 그러나 응원단 파견과 관련한 남북 실무접촉과 8월의 대규모 한미연합군사훈련으로 결국 응원단 파견이 무산되었다. 같은 해 10월 4일에는 북한의 핵심 인사가 인천아시안게임 폐막식 참석차 방문했고, 남북고위급회담을 제안했다. 그러나 며칠 지나지 않아 북한 체제를 비방하는 전단이 살포되고 북한이 군사적 대응을 하면서 고위급회담이 무산되었다. 2015년 1월 1일, "최고위급회담도 못 할 이유 없다"던 북한 신년사의 제안은 대북전단 살포와 3월의 대규모 한미연합군사훈련으로 실현되지 못했고, 6월 15일의 북한 공화국 정부성명 역시 "남북 신뢰, 화해 분위기 조성되면 당국 간 대화와 협상 못 할 이유 없다"고 밝혔지만 통일부가 '진정성이 없다'며 일축해버렸다.

한국과 미국은 '북핵문제를 해결하겠다', '대화의 문은 열려 있다'고 말해왔지만, 막상 북한이 대화를 제안하면, 이를 무시하거나 아니면 대화가 불가능한 상황을 조성했다. 정책 옵션에 대화와 협상을 배제해버리면 제재와 압박만이 남게 되며, '강경 대 초강경'의 악순환 구도가 고착될 수밖에 없다. 그 결과 2008년 이후 북미관계, 남북관계가 지속적으로 악화되었고, 그 사이 북한의 핵 능력이 강화되었으며, 한반도의 군사적 긴장은 매년 그 수위를 경신했다. 즉, 현재 한반도와 동북아 긴장의 책임이 북한에만 있는 것이 아니며, 실제로는 대화를 거부하는 한국과 미국의 책임이 더 크다고 할 수 있다.

유신시대 반공이념의 부활: 교과서 국정화

10월 12일, 교육부는 공식적으로 역사 교과서의 국정화 전환 방침을 발표했다. 교육부는 검정 교과서가 이념 논쟁과 편향성 논란을 일으켜왔다며 국정화가 불가피하다고 주장했다. 정부의 이런 주장이 얼마나 비상식적이고 몰역사적이며 반민족적인지에 대해서는 이미 많은 분석 및 비판이 존재한다. 여기서는 국정화 추진 과정에서 드러난 박근혜 대통령과 여당의 대북 인식에 주목하고자 한다.

10월 13일, 박근혜 대통령은 교과서 국정화를 "올바른 역사 교육을 위해 중요한 일"이라고 강조하며 "특히 통일을 대비하기 위해서도 올바른 역사관은 매우 중요하다"고 발언했다. 또 국정화를 하지 않으면 "문화적으로나 역사적으로 다른 나라의 지배를 받을 수도 있다"며 반협박조의 언사를 날렸다. 도대체 올바른 역사관의 내용은 무엇이고, 그것이 통일과 무슨 상관이 있는 것인가? 또 다른 나라의 지배를 받는 것은 어떤 상황을 상정한 것인가? 그 답은 이후 박 대통령과 여당 주요 인사들의 말에서 확인할 수 있다.

먼저 올바른 역사 교육의 내용이 무엇인지, 바꿔 말해 현재의 검인정 교과서 내용에 어떤 문제가 있는지에 대해서, 청와대 정무홍보수석을 지낸 친박계 이정현 의원은 '국정화 반대는 적화통일 대비용'이라고 주장했다. 이 의원은 야당에 "왜 이렇게 좌편향 교육을 기어코 시키려고 우기느냐"며 국정화 반대 움직임을 "언젠가는 북한 체제로 통일이 될 것"인데 "그들(북한) 세상이 됐을 적에 (대비해) 미리 그런 교육을 시키겠다는 불순한 의도"(10월 28일)로 왜곡했다.

황교안 국무총리도 국정화 확정고시 대국민 담화문(11월 3일)에서 "역사 교과서에 북한의 군사 도발과 그에 따른 우리 국민들의 희생은 최소한도로만 서술함으로써 북한의 침략 야욕을 은폐·희석"시키고 있다고 주장했다.

11월 10일에는 박근혜 대통령이 거들었다. 박 대통령은 "대한민국은 정부 수립으로, 북한은 국가 수립으로 서술되고 대한민국이 분단에 책임이 있는 것처럼 되어 있다"고 하면서, "6·25전쟁 책임도 남북 모두에 있는 것처럼 기술되어 있고, 전후 북한의 각종 도발은 축소하고, 대한민국의 경제 발전은 반노동자적으로 묘사하고, 반기업 정서를 유발해 학생들에게 그릇된 가치관을 심어주게 돼 있다"고 말했다. 서청원 새누리당 최고위원의 경우, "북한의 국정화 반대 지령을 받은 단체·개인을 적극 수사해야 한다"며 국정화 반대 세력에 대한 종북몰이를 선동하기도 했다.

그렇다면 누가 우리를 지배할 것인가? 11월 5일, 박근혜 대통령은 "국정화가 안 되면 북한에 사상적 지배를 받을 수 있다"며, 그 다른 나라를 북한으로 적시했다. 따라서 교과서 국정화를 통해 올바른 가치관을 교육시켜 통일을 준비해야 한다는 것이 박 대통령의 논리다. 실제로 박 대통령은 통일을 앞두고 가장 중요한 것이 "우리나라에 대한 강한 자긍심과 뚜렷한 가치관"이며, 역사 가치관이 확립되지 않으면 "통일이 되기도 어렵고 통일이 되어도 우리 정신이 큰 혼란을 겪게 되고, 결과적으로 지배를 받게 되는 그런 기막힌 상황"이 발생할 것이라는 정말 국민의 기를 막히게 하는 예언을 했다.

결국 분단과 전쟁, 군사적 충돌의 모든 책임이 북한에 있고 남한에는 전혀 없는데, 그렇게 서술되지 않아서 문제라는 것이 박근혜 대통령 및 보수세력의 인식이다. 이들은 조선민주주의인민공화국이라는 북한의 정식 국호를 쓰는 것과 북한 헌법이나 주체사상에 관한 북한 자료를 인용한 것조차 북한 미화로 규정했다. 그래서 이들이 통일을 위해 올바른 가치관을 교육하여 북한의 지배를 받는 것을 막아야 한다는 주장을 하는 것이다. 그러나 이처럼 집권세력이 대결적이고 일방적인 냉전시대의 레퍼토리, 즉 적화통일을 막기 위한 반공 교육이 필요하다는 구태를 반복하고 있는 것이 훨씬 더 큰 문제일 것이다.

교과서 국정화 추진이 생각만큼 탄력을 받지 못해서였을까? 정부는 공무원들에게라도 올바른 가치관을 확인받고 싶어 했다. 10월 말 행정고시 최종 면접에서 면접 참가자는 '공무원으로서 종북세력을 어떻게 다뤄야 하는지'에 관해 답해야 했다. 참가자들은 '면접이 당락을 결정하는 상황에서 평소 생각대로 이야기할 수 없'었고, 한 참가자는 "이틀 동안 사상 검증을 당하는 줄 알았다"고 말했다.

대북 선제공격 공식화와 자위대의 한반도 진출

9월 23일, 한미 양국은 통합국방협의체(KIDD) 회의를 열어 '4D 작전 개념'을 작전계획 수준으로 발전시키기 위한 이행 지침을 논의했다. 이 이행 지침은 11월 2일 개최된 한미연례안보협의회(SCM)에서 승인되었다(공동성명 7항, '동맹의 포괄적 미사일 대응작전 개념 및 원칙'). 4D는 탐지(detect), 방어(defense), 교란(disrupt), 파괴(destroy)의 앞 글자를 딴 용어로 북한의 탄도 미사일 공격에 대한 작전 개념이다. 양국은 4D 개념을 승인하면서 미국과 상호 운용이 가능한 킬 체인과 한국형 미사일방어체계를 지속적으로 발전시켜나가는 것에도 합의했다. 이 같은 조치는 우선 한국이 미국의 MD에 깊숙이 편입된다는 점에서 문제가 있었다.

그러나 훨씬 심각하고 더 큰 문제는 4D 작전 개념이 "북한의 핵과 미사일 사용이 임박했다는 판단이 있을 경우 북한을 선제타격하겠다는 의미"를 내포하고 있다는 것이다. 이 같은 내용과 더불어 한미가 사상 처음으로 "서북도서 및 북방한계선(NLL) 일대의 연합 연습 및 훈련을 증진"(공동성명 5항)하겠다는 방침을 성명에 삽입한 것까지 감안하면,

한미 양국은 기존의 방어라는 외피를 내려놓고 노골적으로 공격하겠다고 선언한 것이다.

또한 양국은 "한·미·일 3국 간의 실질적인 국방협력을 증진해야 한다"(공동성명 13항)고 천명했다. 한미 간, 그리고 미일 간에는 이미 긴밀하게 군사협력이 이루어지고 있다는 점에서, 이 조항은 한일 간 군사협력을 강화하겠다는 의미이다. 그런데 미국이 원하는 한일 군사협력은 주권국 간의 자발적이고 대등한 협력이 아니라, 미국 – 일본 – 한국 순서로 이루어진 철저히 위계적인 상하관계의 형태였다. 따라서 한국의 자율적인 판단과 행동은 허락되지 않는 사항이었다.

이런 맥락에서 애시턴 카터 미 국방장관이 유사시 일본 자위대의 한반도 진입 문제에 대해 "동맹의 관점에서 해결"하겠다며 "동맹은 국제법을 기반으로 한 동맹"이라고 한 발언은, 나카타니 겐 일본 방위상이 한일국방장관회담에서 "대한민국의 유효 지배가 미치는 범위는 휴전선 남쪽"(10월 20일)이라고 주장하면서 자위대의 북한 진출 가능성을 내비친 것을 지지해준 것이었다. 국제법은 북한을 주권국가로 인정하고 있고, 다시 말해 한국의 통치 대상이 아니기 때문이다. 회담 이후 나카타니 방위상은 "한반도 유사시에는 한·미·일 공조가 중요하다. 이해는 얻었다고 생각한다"며 자위대 진출을 기정사실화했다.

일본과 미국의 이러한 행동은 그 자체로 비난받아야 하지만, 박근혜 정부가 자초한 측면이 컸다는 것을 지적하지 않을 수 없다. 우선 한국은 2014년 말에 한·미·일 정보공유약정을 체결하면서 2015년 내에 한미 간 탄도탄 정보를 실시간 공유하기로 합의했다. 국방부에 따르면, 한미 간 공유되는 정보는 당연히 미일 정보 시스템을 통해 실시간으로 일본에 전해질 수 있다. 미국을 매개로 하는 한일 간 정보 공유 시스템이 완성되는 것이다. 즉, 한일 간 군사협력은 정보분야에서 이미 본격화되고 있었다.

또 하나, 일본이 한반도 유사시에 한국의 동의 없이도 자위대를 북한에 진입시키겠다고 주장할 수 있었던 것은 4월에 개최된 한·미·일 안보 토의에서 '국제법을 준수'하겠다며 한국 정부가 일본의 입장을 사실상 용인해주었기 때문이다.[23] 5월 30일의 한일국방장관회담에서도 '한반도에서의 자위대 행사 시 동의를 받으라'는 한민구 국방장관의 요구를 일본 방위상이 "국제법에 따라" 해당 국가의 동의를 얻겠다며 거부했다. 게다가 한국 해군참모총장이 국회 국정감사에서 "키리졸브 연습에 일본도 참여해 연합훈련하는 것이 필요하다"(9월 22일)고 발언했고, 황교안 국무총리가 "부득이한 경우 우리가 동의한다면 (자위대가) 입국할 수 있다"(10월 14일)고 연설한 바 있다. 한국이 스스로 주권국의 권한을 버리니까 미국 해군총장이 버젓이 서울에서 "한·미·일 3국의 연합 군사훈련이 필요"(10월 16일)하다고 부담 없이 말할 수 있었을 것이다.

박근혜 정부, 첫 당국 회담 결렬

12월 11일, 남북은 개성공단에서 차관급회담을 시작했다. 이튿날까지 이어진 이 회담은 박근혜 정부 들어 가진 최초의 당국 회담이다. 하지만 '남북관계의 현안'을 논의하기로 한 이 회담은 아무런 성과를 내지 못하고 결렬되었다.

통일부에 따르면, 남측이 이산가족 문제 해결, 환경·민생·문화 등 3대 통로 개설, DMZ 세계생태평화공원 조성, 개성공단 3통(통행·통신·통관) 문제를 우선적인 의제로 제기했으나, 북측이 금강산 관광 재개에만 집착하여 합의에 이르지 못했다고 한다. 그러나 언론 보도를 종합해보면, 북한은 이산가족상봉과 금강산 관광 재개를 동시 이행하자고 제안했으며, 관광 재개 합의 시 2016년 초 이산가족상봉을 추진하겠다는 입장을 밝혔다고 한다. 북한은 또 금강산 관광 재개를 위해 남측이 제기한 선결조건(진상규명·신변안전·재발방지책 마련 등)에 대해서도 이미 예전에 수용한 적이 있다고 발언했다. 충분히 남북 간에 접점을 찾을 수도 있었던 상황이고, 시기와 절차를 나중에 확정짓는다 하더라도 금강산 관광 재개에 대한 원칙적인 합의를 해줄 수도 있었다. 그런데도 회담이 결렬된 가장 큰 이유는 '금강산 관광 재개는 절대 안 된다'는 박근혜 정부의 경직된 태도 때문이었다.

회담이 결렬될 수밖에 없었던 이유는 내부적인 측면과 외부적인 측면에서 살펴볼 수 있다. 내부적 측면을 먼저 살펴보면 첫째, 정부는 이산가족 문제와 금강산 문제를 연계할 수 없다는 입장을 고수했다. 통일부는 "이산가족은 인도적 사안이니까 금강산 관광과 연계할 수 없다"며 "이산가족과 금강산 관광 재개를 바꾸는 것은 원칙을 훼손하는 것"이라고 설명했다. 쉽게 말해 '이산가족상봉은 되고, 금강산 관광은 안 된다'이고, 정부가 말하는 원칙은 '금강산 관광 불가'에 다름 아니다. 북한이 몇 년째 금강산 관광 재개를 원한다는 입장을 지속적으로 밝혔고, 정부가 이를 충분히 인지하고 있었는데도 재개 불가 원칙을 관철하려고 했으니, 회담 성과가 나올 수가 없었다. 더구나 당국 회담을 하자고 세 차례나 요청한 것은 북한이 아닌 박근혜 정부였다.

둘째, 정부는 회담에서 핵문제를 제기하려고 했다. 남북대화에서 핵문제를 제기했을 때마다 북한이 강하게 반발하여 회담이 무산될 뻔했던 경우가 자주 있었는데도 굳이 핵문제를 제기한 것은 내심 대화가 지속되지 않아도 상관없기 때문이었을 것이다. 핵문제를 제기한 것은 한반도 핵문제가 북미대화를 중심으로 한 6자회담 참가국의 상호 대화 및 협조로 해결되어야 하는 국제정치적이고 복잡한 사안이라는 것도 애써 무시한 행동이었다.

셋째, 남측은 '미국의 승인 없이는 (관광 재개를) 합의할 수 없다'고 발언했다고 알려졌다. 이에 대해 정부는 "사실 무근"이라고 반박했고, 진위 여부를 확인할 길은 없지만, 사안과 관련하여 정부가 미국의 눈치를 보는 것만은 분명하다. 한 언론 보도에 따르면, 통일부와 기획재정부 등 남북 경제협력 관계부처 당국자들은 "금강산 관광은 5·24조치뿐 아니라 북미관계 문제도 걸려 있다"며 "미국이 북한에 대량의 현금이 들어가는 것을 매우 꺼리기 때문에 관광 재개는 사실상 어렵다"(《아시아경제》9월 2일자)라고 실토했다. 한 정부 당국자는 "미국이 '금강산 관광 재개는 아직 안 된다'는 식으로 우리 정부에 요청을 많이 하고 있는 것으로 안다"고 전했다.

회담 결렬을 초래한 외부적인 요인도 있다. 먼저 10월 한미정상회담에서 양국 대통령은 북한의 선핵폐기를 촉구하며 북한에 대한 제재와 압박을 강화할 것이라고 밝힌 바 있었다. 또한 국방부는 회담을 앞둔 11월 23일에 서해에서 대규모 사격훈련을 실시했다. 날씨 때문에 자주포만 3백여 발 발사했지만, 군은 다연장 로켓과 스파이크 미사일, 코브라 공격 헬기 등을 준비했었다.

12월 3일에 가진 한·미·일 6자회담 수석대표 회동에서도 한국 대표는 국제사회에 "단호한 메시지를 보내야 한다"고 촉구했고, 12월 4일 동유럽을 방문한 박근혜 대통령은 연초에 이어 또다시 체코의 체제 전환 경험을 높이 평가하고 "앞으로 북한을 변화시키기 위해 4개국(체코,

폴란드, 헝가리, 슬로바키아)과 협력할 부문이 많다"고 강조했다. 회담 사흘 전에는 대통령 자문기관인 민주평화통일자문회의에서 한반도 비핵화를 남북대화 의제로 설정할 필요가 있다고 밝혔다. 특히 12월 8일 미국은 북한의 인민군 전략군 사령부를 경제 제재 대상에 올리고 북한 인권문제를 유엔 안보리에 정식 의제로 가져갈 것이라고 밝혔다. 회담 전에 이렇게 다방면에서 압박 조치를 취한 상황에서 북한이 남한을 신뢰하면서 협상에 임하거나 남한의 요구조건을 적극적으로 수용하기를 바라는 것은 억지에 가깝다.

대결적인 대북 인식과 정책이 남북관계 파탄의 원인

12월 차관급회담 결렬 및 박근혜 정부 3년 동안의 남북관계 파탄 원인은 동일하다. 바로 박근혜 대통령과 집권세력의 강경하고 경직된 대북 인식과 정책이 상황을 어렵게 만들었다.

먼저 금강산 관광과 관련하여 박 대통령은 대선후보 시절부터 절대로 금강산 관광은 안 된다는 입장을 견지했다. 취임 첫해에 가진 중앙언론사 정치부장단과의 만찬에서 "북한과의 돌파구를 만들 획기적인 제안이 없지 않느냐는 분도 있는데, 그럼 여태까지 획기적인 제안을 해서 성공한 적이 있습니까? 결국 지금 이 상태가 되지 않았습니까"(2013년 5월 16일)라고 말한 입장은 변한 적이 없다. 그래서 집권 시기 내내 대통령과 정부는 금강산 관광 재개에 관해 아예 언급을 피하거나, "좀 시간이 필요하다", "현재로서는 그럴 계획이 없다", "국민과 국제사회의 심각한 우려가 있다", "북한의 사과 없이 적당히 여는 것은 의미가 없다"와 같은 입장만 내놓았다.

이러한 발언의 근저에는 금강산 관광이 북한의 달러박스이고 관광객들이 유사시에 인질이 될 수 있다는 편협하고 망상에 가까운 인식이 자리 잡고 있다. 그랬기 때문에 "금강산 관광이 유엔의 대북 제재 결의에 관련된 것은 아니라고 생각한다(미 재무부 고위 관계자, 2014년 8월)", "안보리 제재의 문제라기보다 결국 남북한 사이의 문제인 것 같다(미 국무부 관계자, 2014년 6월)"라고 해도 이 말을 듣지 않고, 금강산 관광 중단으로 도합 2조 6163억 원(남북교역투자협의회, 12월)이라는 천문학적 손실이 발생했다는 수치도 보이지 않는 것이다. 정작 통일부는 "은행을 통한 정상적인 상업거래는 (유엔 제재에) 해당되지 않는다"(2014년 3월)라고 밝힌 바 있다. 요컨대 '어쨌든 무슨 이유로건 금강산 관광 재개는 안된다'라는 것이 박근혜 대통령의 입장이다.

박근혜 정부 대북정책의 핵심인 한반도 신뢰 프로세스(이하 '프로세스') 역시 돌아볼 필요가 있다. 남북 간 신뢰 형성으로 남북관계 발전과 한반도 평화 정착, 통일 기반 구축을 하겠다는 것이 프로세스의 내용이지만, 그 입안 전제와 상황 인식은 매우 대결적이다. 통일부에 따르면 프로세스는 '북한의 도발 → 위기 → 타협 → 보상 → 도발'의 악순환이 반복되는 것을 막고, 북한을 국제사회의 책임 있는 일원으로 견인하기 위해 추진된 것이다. 즉, 박 대통령은 남북 간 발생한 모든 일의 원인을 북한의 도발로 규정하고 있다. 여기에 북한 붕괴라는 맹신이 겹치면 북한에 대한 일체의 지원과 대화는 무의미한 것일 수밖에 없다.

따라서 정부가 할 일은 북한을 압박하고 제재하여 붕괴를 앞당기고, 도발에 대해 강력히 대응하는 것이며, 대화하더라도 조금의 양보 없이 북한의 굴복을 받아내는 것이다. 대통령이 이런 입장을 갖고 있으니, 남북차관급회담이 결렬된 후 통일부 장관이 다음과 같이 말할 수 있었을 것이다. 홍용표 장관은 프로세스가 "북한이 잘못된 행동을 못 하도록 하는 게 출발점"이라며 "원칙을 훼손할 수 없다" 주장했고, "5·24조치는 교류협력을 가로막기 위한 것이 아니다. 5·24 때문에 남북관계가 안 되는 게 아니다. 북한의 소극적 태도 때문이다. 5·24조치 아래서도 여러 교류협력을 얼마든지 할 수 있다"(12월 15일)고 주장했다. 이런 사고와 인식에 기초해 있기에 남북관계가 좋아질 수 없었던 것이다.

금강산 관광도 못 한다면서 다른 분야의 남북 교류협력은 무슨 수로 진행할 수 있을까? 5·24조치를 해제하지 않고 어떻게 민간 교류를 활성화 할 수 있을까? 상호 존중 정신이 핵심인 6·15선언과 10·4선언을 이행하지 않는데 어떻게 상대방의 신뢰를 얻을 수 있단 말인가? 남북관계가 최악이고, 관계 개선을 위한 그 어떤 실질적 조치도 취하지도 않으면서 '통일은 대박', '통일은 내년에라도 된다'라고 주장하는 것은 대국민 기만이 아닌가? 지극히 상식적인 문제 제기에 '원칙을 훼손할 수 없다'고 답하는 한 남북관계는 절대로 개선될 수 없다. 박근혜 정부 시기에 남북관계 파탄의 가장 큰 책임은 바로 박근혜 대통령 자신에게 있다. 북한 탓을 하기에 앞서 미래를 위해 정부가 얼마나 일관되게, 성의를 가지고 신뢰 프로세스를 추진했는지 성찰할 필요가 있다.

한일 '위안부' 협상, 뭐가 그렇게 급했나?

1월 9일, 일본 정부는 국민이 원하고 있다며 아베 신조 총리의 야스쿠니 신사 참배를 정당화하는 내용의 중의원 답변서를 각의 결정으로 제출했다.

그런데 2월 27일, 우리로서는 받아들이기 매우 어려운 발언이 미국에서 나왔다. 웬디 셔먼 미국 국무부 부장관 대행이 "한국과 중국이 소위 '위안부' 문제를 놓고 일본과 논쟁하고 있으며 역사 교과서 내용, 심지어 바다 명칭을 놓고 이견을 표출하고 있다"며 "이해는 가지만 실망스럽다"고 말한 것이다. 그는 또 "(동북아 역내에서) 민족 감정이 이용되고 있으며, 정치 지도자가 '과거의 적'을 비난함으로써 값싼 박수를 얻는 것은 어렵지 않지만 이런 도발은 진전이 아니라 마비를 초래한다"고 비판했다.

웬디 셔먼의 이 발언은 식민지 지배와 전쟁 범죄 등을 저지르고도 진정한 사죄와 반성이 없어 과거사 갈등의 원인을 제공한 일본보다 오히려 피해자인 한국과 중국에 더 책임을 묻는 것이었다. 피해자의 정당한 문제 제기를 도발이라고 치부한 것은 그 자체로 한국과 중국에 대한 도발이었다. 그러나 한국 정부는 이에 대해 문제 제기를 하지 않았을 뿐만 아니라, "일본군 위안부 피해자를 포함한 과거사에 대해 한미 간에 입장을 공유하고 있다는 점을 확인했다고 본다"(노광일 외교부 대변인, 3월 3일)며 국민이 받아들이기 어려운 해명을 내놓았을 뿐이다.[24]

이후 미국은 더욱 노골적으로 일본 입장에서 한일관계 개선을 촉구하고 나섰다. 4월 6일, 대니얼 러셀 미 국무부 동아태 차관보는 《요미우리 신문》과의 인터뷰에서 일본군 위안부를 인신매매의 피해자라는 아베 총리의 발언을 "긍정적인 메시지"로 평가했다. 4월 8일에는 애시턴 카터 미 국방장관이 일본 언론과의 인터뷰에서 한·미·일 협력의 잠재이익이 "과거의 긴장과 현재의 정치보다 중요"하고 "3국(한·미·일) 안보협력을 강화하는 것은 미국의 '아시아·태평양 재균형' 정책의 핵심 요소"이며, "일본은 이 노력에서 중요한 역할을 맡는다"고 말해 일본에 힘을 실어줬다.[25]

이러한 패턴은 2015년 내내 반복되었다. 4월 16일, 미국 워싱턴에서 한·미·일 외교차관협의회가 개최되었다. '한일 간 긴장이 미국의 국익에 부합하지 않는다'는 입장을 갖고 있는 토니 블링큰 미국 국무부 부장관이 주도한 이 협의회에서 한·미·일 3국은 한반도와 아시아·태평양 지역, 그리고 범세계 차원에서 3자 협력을 강화하는 것에 대해 합의했다. 동시에 과거사 문제와 안보를 분리하는 '투 트랙'을 공식화하는 것에도 합의했다. 한 언론은 이 회동에 대해 "애초부터 특정 현안을 논의하는 차원이 아니라 미국의 주도로 3자 간 화해의 모양새를 연출하려는 '기획성 이벤트'의 성격이 강했다"고 지적했다.[26] 다시 말해, 과거사 문제에 있어 일본에게 면죄부를 주고, 안보협력은 강화하자는 것이 회동의 목적이었던 것이다.

실제로 행사 후 열린 기자회견에서 일본의 사이키 차관이 "50년간의 한일 간 역사는 매우 긍정적이었다"고 말했는데, 이는 1965년 한일협상이 체결된 이후 일본의 모든 책임은 해결되었다는 일본 정부의 입장을 반복한 것이었다. 그러면서 그는 일본이 노력할 테니 "한국도 마찬가지로 노력하길 희망한다"며 훈수를 두었다. 그런데 바로 옆자리에 있던 조태용 차관이 이에 대해 반박하기는커녕, "미래지향적인 협력을 증진하기 위한 환경 조성의 필요성에 동의했다"며 일본과 미국의 입장을 지지했다.[27]

워싱턴 외교차관협의회 이후 자신감을 얻게 된 아베 총리는 4월 20일, BS 후지 방송에 출연해 8월경 발표할 '전후 70주년 담화'에서 식민지배와 침략에 대한 사죄를 하지 않겠다는 뜻을 밝혔다. 4월 22일에는 일본 국회의원 106명이 단체로 야스쿠니 신사를 참배했다. 또 4월 말 미국 의회연설에서 아베 총리는 미국에 적극적으로 사죄 의사를 밝힌 것과 달리, 한국에 대해서는 사과나 반성의 표현을 쓰지 않았고, 일본군 위안부 문제는 언급조차 하지 않았다.

그러나 박근혜 정부는 이번에도 일본의 행동을 비판한 것이 아니라 "2015년 내에 한일관계를 반드시 해결하겠다"(주철기 청와대 외교안보수석, 4월 30일)는 엉뚱한 입장을 밝혔다. 일본이 지속적으로 사과할 수 없다고 입장을 밝히고, 미국이 이를 적극 지지하고 있는 상황에서 한일관계를 반드시 해결하겠다는 것은 무엇을 의미할까? 또 박근혜 대통령은 6월 13일, 미국 《워싱턴 포스트》와의 인터뷰에서 "그동안 위안부 문제에 있어 상당한 진전(considerable progress)이 있었으며 현재 (일본과) 협상의 마지막 단계에 있다"고 밝혔다. 12월 위안부 협상의 결과를 보았을 때, 박근혜 정부의 이러한 발언은 사실상 일본과 미국의 뜻대로 따르겠다는 의사 표현이었다.

할 말 다하고 맘 편히 불고기 먹고 간 아베 총리

2015년 11월 2일, 한일정상회담이 개최되었다. 회담이 있기 불과 6일 전까지도 일본 정부가 11월 2일 정상회담을 하자는 한국의 제안을 "모른다"고 했을 정도로 분위기는 냉랭했다. 그러나 실제 회담의 분위기는 달랐다. 아베 총리는 귀국 후 가진 언론 인터뷰에서 "따뜻한 대접을 해주려는 마음을 느꼈다"며 밖으로 나가려는 자신에게 박근혜 대통령이 "앞으로 일정이 어떻게 되나요"라고 물었고, 이에 대해 "밖으로 불고기 먹으러 갑니다"라고 답했다고 말했다. 아베는 자신의 대꾸에 박 대통령이 "아 그래요"라고 조금 놀라워했던 것 같다고 친절히 덧붙였다. 과거사 문제로 첨예하게 갈등을 겪고 있는 양국 정상이 만났는데, 더구나 가해자이면서 책임을 저야 할 일본 총리가 마음 편히 있다가 갈 수 있는 회담은 어떤 회담인가? 회담 당일 오찬이나 공동성명, 기자회견 등이 일절 열리지 않았고, 이 회담에서 박근혜 정부는 오히려 과거사 문제에 대한 일본의 입장을 수용해주었다.

아베 총리는 정상회담에서 '위안부 문제가 1965년 한일협상으로 해결되었다'는 기존 입장을 고수했다. 또 주한일본 대사관 앞 소녀상뿐 아니라 다른 지역에 있는 소녀상과 기림비를 철거하라고 면전에서 요구했다. 게다가 미국과 중국의 남중국해 분쟁 문제를 꺼내면서 한국이 일본과 미국의 편에 설 것을 요구했다. 일본에 돌아간 아베는 "양측의 기본적인 입장이 상당히 다르다"며, "기한을 연내로 두면 타결이 어려워진다"(11월 4일)고 얘기했다. 위안부에 대한 법적 책임에 대해서는 "안 되는 것은 안 되는 것"(11월 7일)이라고 선을 그었다.

그런데도 회담 직후 정부는 아베 총리와 의견 일치를 본 것처럼 보고했고, "올해가 한일 국교 정상화 50주년이라는 것을 염두에 두고 위안부 협상을 가속화하기로 했다"(청와대 김규현 외교안보수석)고 '연내 타결' 방침을 밝혔다. 정부의 발언은 우선 수교 50주년임을 강조한 것부터 문제가 있었다. 1965년의 한일협상은 매우 불평등한 협정이었고, 일본은 이 협상으로 모든 책임을 다했다고 주장해왔다. 그런 협상이 체결된 1965년을 기점으로 삼은 것 자체가 협상력을 심대하게 저해할 수 있었다.

또한 50주년이라는 숫자는 한일 간 과거사 문제가 종합적으로 해결될 조짐이 있고, 국민적 지지를 받는 해법이 나왔을 때에야 의미가 있는 것이다. 그런데 일본으로부터 그런 확약을 받지도 않고 50주년을 강조하면서 '협상 가속화'를 말하는 것은 이해하기 어렵다. 시간을 끌수록 국제사회에서의 이미지 실추로 손해를 보는 것은 우리가 아니라 일본이기 때문이다. 게다가 일본이 분명 연내 타결이 어렵다는 것을 강조했는데도 연내 타결 의사를 밝힌 것은 결국 일본의 입장을 수용하겠다는 것에 다름 아니었다.

한반도 평화를 위협하는 한일 위안부 협상

한일정상회담 당시 박근혜 대통령은 위안부 문제와 관련해서 "피해자가 수용할 수 있고 우리 국민이 납득할 만한 수준"을 위안부 문제 해결의 원칙으로 강조했다. 그러나 회담 직후 아베 총리의 발언과 12월 위안부 협상 결과를 감안하면 박 대통령의 발언은 매우 기만적이다. 12월 15일, 일본에서 열린 한일국장급협의에서도 일본이 '한일청구권협정을 통해 법적으로 종결됐다'는 입장을 고수하여 사실상 연내 타결이 무산되었지만, 박근혜 정부는 기어코 28일 연내 타결을 위해 다시 협상을 재개했다.

그렇다면 협상 결과는 충분히 예상 가능한 것이었다. 박 대통령이 제시한 해결 원칙은 하나도 관철되지 못했다. 정부는 일본의 법적 책임을 분명하게 하지 못했을 뿐 아니라, 위안부 문제가 최종적이고 불가역적으로 해결됐다고 서둘러 선언해버렸다. 또한 이후에 유엔을 포함한 국제사회에서 위안부 문제로 상호 비판하는 것을 자제한다고 약속해주었다. 일본 외무상(기시다 후미오)의 말대로 "(일본이) 잃은 것은 10억 엔뿐"(12월 28일)이고, 한국은 10억 엔에 위안부 피해자와 국민의 자존심을 팔아넘겼다. 소녀상 철거 요구를 수용하고 위안부 피해자 기록물의 유네스코 세계기록유산 등재 신청을 보류한 것은 덤이었다.

위안부 협상 결과에 대해 전 국민이 분노한 반면 박근혜 대통령과 새누리당, 보수언론은 '미래를 위한 결단'이라며 자화자찬했다. 그리고 일본은 물론 미국도 크게 환영하고 나섰다. 미국은 합의 직후 자신들이 "적절하고 건설적인 역할을 해왔다"(미 국무부, 12월 28일)며 협상에 개입했음을 인정했고, 이 합의가 한·미·일 군사협력에 대한 "중대한 정치적 장애물을 제거"한 것이라고 말했다. 한국민의 분노를 더 부추긴 미국의 '환영사'는 미국의 대중국 봉쇄전략과 밀접한 관련이 있다. 앞서 설명했듯이 미국은 대중국 봉쇄를 위해 일본의 재무장과 군사 대국화를 부추겨왔고, 한국이 미일동맹에 적극 동참하기를 압박해왔다. 그런데 위안부 등 과거사 문제로 한국과 일본이 계속 대립했기 때문에, 미국이 꿈꾸는 한·미·일 군사동맹을 형성할 수 없었다. 하지만 위안부 협상이 타결되면서 이후 본격적인 한일 간 군사적 연계가 가능해졌다. 지난해부터 공공연히 자위대의 한반도 진출을 공언한 일본의 군사적 야욕이 실현될 기반을 다름 아닌 박근혜 정부가 만들어준 것이다. 그러나 미일 군사동맹이 중국과 북한을 적으로 삼고 있기 때문에, 여기에 동참하면 한반도 주변의 군사적 긴장이 고조되고 한중관계와 남북관계가 악화될 수밖에 없다. 미일 군사동맹 동참은 우리에게 어떤 이득도 주지 못한다. 따라서 한일 위안부 협상은 주권을 팔아먹은 협상이었을 뿐 아니라, 우리가 앞장서서 한반도 평화를 파괴하는 '자해 행위'로 평가할 수 있다.

이제 한국은 미일동맹의 자기장 안으로 들어섰다. 일례로, 한국과 일본은 위안부 협상이 타결되기 전인 12월 23일 아프리카 동부 소말리아 아덴 만에서 최초의 합동군사훈련을 실시했다. 그간의 군사훈련을 재난구호라는 명목으로 포장했지만, 이제는 대놓고 군사적 목적에 의한 합동훈련을 실시하기 시작한 것이다. 이 훈련은 최초의 군사훈련이라는 것 외에도, 국제정치적으로 큰 뜻을 지니고 있다. 훈련이 실시된 아덴 만 지역이 미국과 중국 모두에게 전략적 요충지이기 때문이다. 이미 미국이 군사기지를 설치한 아덴 만 인근의 소국 지부티에 일본이 2011년에 군사기지를 설치하여 자위대 호위함과 초계기를 운용하고 있으며, 2014년 중국은 미국의 반발을 무릅쓰고 중국 해군이 이용할 수 있는 군사기지를 건설하기 시작했다. 즉, 남중국해 지역 이상으로 미중 간에 이해관계가 첨예하게 부딪치고 있는 곳이 아덴 만 지역인데, 이 해역에서 한국 해군이 일본 자위대와 합동으로 군사훈련을 진행한 것이다. 그런데 이 훈련은 2016년 1월 12일에야 《산케이 신문》에 의해 뒤늦게 보도되었다. 이유는 한국이 "국내에 자위대에 대한 알레르기가 뿌리 깊다"며 일본 측에 훈련 사실을 공표하지 말아달라고 요청했기 때문이다.

끊임없이 제기되는 미국발 사드 배치론

2015년에도 한반도 정세는 남북 대결과 북미 대결로 불안정했다. 게다가 동북아 패권 경쟁이라는 국제정치적, 구조적 요인이 중첩되면서 한반도는 상시적인 긴장에 노출될 수밖에 없었다.

대중국 봉쇄를 위해 한·미·일 군사협력을 강하게 추진하던 미국은 3국의 군사동맹을 진전시키기 위해 2015년 들어 크게 두 가지 움직임을 취하기 시작했다. 하나는 위에서 설명한 한일 간 역사 갈등에 개입한 것이고, 다른 하나는 중국을 겨냥한 사드(THAAD) 배치였다.

먼저 미국은 공식적으로는 '한국 정부와 사드 배치를 논의한 적이 없다'면서도 1년 내내 고위 관료들의 발언을 통해 사드 배치의 필요성을 강조했다. 2월 10일, 존 커비 국방부 대변인이 "우리 모두 사드 역량의 중요성을 인식하고 있다. 끊임없는 논의가 있으며, 한국과도 그렇게 하고 있다"고 하자, 같은 달 23일 프랭크 로즈 미 국무부 차관보가 중국을 겨냥해 "사드는 순수 방어 시스템"이라며 사드의 공격성을 부정하는 발언을 했다. 3월 24일 마틴 뎀프시 합참의장이 "아시아·태평양 역내의 통합된 미사일 방어 우산을 구축하는 데 진전을 보고 있다"며 군불을 땠고, 4월 16일에는 새뮤얼 로클리어 미국 태평양사령관이 "우리는 이미 사드가 배치된 괌 외에, 한반도에 사드 포대를 배치하는 가능성을 논의하고 있다"며 뎀프시 합참의장의 발언을 뒷받침했다.

5월 18일, 존 케리 미 국무장관이 방한하여 "우리는 모든 결과에 대비해야 한다. 이것이 바로 우리가 사드와 다른 것들에 관해 말하는 이유"라고 말했다. 다음 날에는 커티스 스캐퍼로티 한미연합사령관이 "한미 양국이 사드 문제를 개별적으로 검토하고 있으며 어떤 시점이 배치에 적절한지를 고려하고 있다"고 밝혔다. 며칠 뒤 다시 프랭크 로즈 차관보가 '한국과 공식 협의를 한 것은 아니'라고 하면서도 사드의 "영구 주둔을 고려"하고 있다고 말해 파장이 일었다.

잠시 숨을 고르던 사드 배치 문제는 9월 들어 해리 해리스 태평양사령관이 미 상원 군사위원회 청문회 자리에서 발언함으로써 다시 주목을 받았다. 태평양사령관은 사드를 명시적으로 포함한 질문이 아닌 질의에 대해 "한국의 탄도미사일방어(ballistic missile defence) 시스템 능력을 강화했으며 개인적으로 사드를 한국에 배치하는 게 중요하다고 생각한다"고 주장했다.[28] 10월에는 마이크 트로츠키 록히드마틴 항공미사일 방어 담당 부사장이 기자들에게 "정책적 사항은 언급할 수 없지만 한미 양국의 정책 당국자들 사이에서 지금 논의가 진행되고 있다는 것만은 확인해줄 수 있다"고 밝혔다. 파문이 커지자 록히드마틴 측이 곧

바로 다음 날 '그런 적이 없다'고 진화에 나섰지만, 한 언론이 "미국 정부의 허가 없이는 해외에 미사일 부품 하나 팔 수 없는 록히드마틴의 책임자급 인사가 기자회견을 자청해 이렇게 말했다면 사실에 가깝다"[29]고 지적했듯이, 이 발언은 이미 한미 간에 사드 배치가 논의되고 있는 것으로 간주할 수 있는 정황 증거로 볼 수 있었다. 11월에도 스캐퍼로티 주한미군 사령관은 북한의 탄도미사일 위협에 대해 "중첩된 방어 태세가 필요"하다며 사드 배치의 필요성을 거듭 시사했다.

미국의 이러한 움직임에 박근혜 정부가 정식으로 문제 제기를 하지 않거나, 때로는 미국 측 발언에 힘을 실어주는 언사를 날린 것도 문제였다. 3월 13일 방한한 류젠차오 중국 외교부 부장조리(차관보급)가 사드 배치와 관련해 "중국의 우려를 중요시해달라"고 요청했지만, 한 언론에 따르면 국방부는 3월 말 마틴 뎀프시 미 합참의장 방한을 전후하여 미국에 사드 배치를 '긍정적으로 고려하고 있다'는 의사를 표명했다고 한다.[30] 6월 25일 윤병세 외교부 장관이 "사드 배치와 관련한 실무 검토에 착수했다"고 밝힘으로써 한국 정부가 미국의 요구를 수용한 것이라는 관측이 제기되었고, 10월에는 이순진 합참의장 후보가 '사드를 미군 내에 배치하는 것은 찬성'이라는 입장을 밝혔다. 결국 2016년 1월, 박근혜 대통령이 사드 배치를 검토하겠다고 공식 발언했고, 국방부는 사드 배치가 한국의 안보와 국방에 도움이 될 것이라고 공식적으로 입장을 밝혔다. 이와 관련하여 미국의 《월 스트리트 저널》은 한미 양국 간에 이미 비공식 협의가 진행 중이라고 보도했다.[31]

그러나 미국 미사일방어체계의 핵심 중 하나인 사드 배치는 한국에 전략적인 부담을 가져다줄 개연성이 매우 높은 선택이다. 무엇보다 미국과 일본과의 교역량을 합한 것보다 더 많은 대중 무역량을 감안했을 때, 한중관계에 큰 악영향을 미칠 것으로 전망된다. 중국은 이미 2014년 7월 한중정상회담 당시 시진핑 주석이 직접 사드 배치에 대해 우려를 표하고 경고했고, 2015년 2월 열린 한중국방장관회담에서 창완취안 중국 국방부장(장관)이 "한중관계 훼손"을 거론하면서 사드 배치를 반대한다는 의사를 피력했다. 3월 17일에도 중국 외교부는 "우리는 유관 국가(한국, 미국)가 관련 결정을 신중하게 해주기를 희망한다"며 배치 반대 입장을 밝혔다. 4월에는 《인민일보》의 자매지 《환구시보(環球時報)》를 통해 '사드 배치가 양국관계의 기초를 흔들 것'이라고 경고했다.

11월 국회를 방문한 추궈훙 주한중국 대사 역시 '사드의 사거리가 2천 킬로미터인데 이게 어떻게 대북용이냐'며, '이는 중국을 견제하기 위한 것'이라고 불만을 직접적으로 표현했다. 2016년 들어 한국 정부가 사드 배치를 공식화하려 하는 것에 대해서도 창완취안 중국 국방부장이 '사드가 배치될 시, 한중관계가 크게 훼손될 것'이라는 우려를 표명했다. 중국 국방부장이 사드 배치에 대해 반대 입장을 공개적으로 밝힌 것은 처음 있는 일이다.

국민을 속이려는 미국과 한국 정부

이에 대해 미국과 한국은 사드 레이더의 탐지 범위, 즉 종말 모드(탐지 거리 600~900km)와 전진 모드(1,800~2,000km), 이 두 가지 중 종말 모드 레이더를 배치하면 중국에 영향을 끼치지 않을 것이라고 주장했다. 그러나 이미 2015년에 이 같은 주장은 눈가림에 불과하다는 것이 확인된 바 있다. 시어도어 포스톨 미국 매사추세츠 공과대학(MIT) 교수(과학·기술·국가안보정책)와 조지 루이스 코넬대 평화·갈등연구소 선임연구원은 "이 레이더는 기본적으로 두 가지 모드의 기능을 모두 수행할 수 있으며, 모드 전환도 어렵지 않다"고 설명했다. 이와 같은 사실은 미국 국방부 홈페이지에 게재된 '미사일방어청 2012년 예산추계(Budget Estimates)'라는 보고서에서 확인이 가능하며, 문서에는 '여덟 시간 안에 모드 전환이 가능하다'고 설명되어 있다.[32]

또 다른 문제는 사드가 전략적 부담을 주면서 실제로 미사일 요격 기능도 수행하지 못할 개연성이 높은 부분이다. 이는 미국 내부에서부터 지적되고 있는 사항이다. 우선, 미국 의회 소속 회계감사국(GAO)은 2014년 7월 "MD 개발 사업에 의회가 예산을 더 승인할 만큼 정보가 투명하거나 풍부하지 않다"고 지적했다. 2015년 3월 25일, 마이클 길모어 미 국방부 무기운용시험평가국장은 상원 군사위원회에 제출한 서면 보고서에서 사드와 관련해 "실전 운용에 요구되는 신뢰성은 아직 부족하다"고 비판했다.

또한 《로스앤젤레스 타임스》 역시 2월에 "미국이 1백억 달러를 들여 구축한 MD 체계가 제대로 작동하지 못하는 무용지물이 되고 있다"고 보도했다.[33] 7월에는 코일 전 국방부 신무기 담당 국장이 사드가 "북한 미사일을 요격하는 것은 어렵다"고 인정 했다.[34] 이외에도 사드 도입에 드는 천문학적인 비용, 사드 기지를 선정하는 데 따른 막대한 사회적 비용 역시 반드시 고려해야 할 부분이다.

그러나 가장 중요한 포인트는 사드 배치가 한반도 평화를 해친다는 것이다. 사드가 배치되고 한미 간 상호 운용성이 제고된다는 것은 미국의 MD 시스템에 한국이 깊숙이 편입됨을 의미하며, 이는 다시 말해 미국이 주도하는 한·미·일 대중국 봉쇄 라인이 구축됨을 의미한다. 그렇다면 한반도는 미중 갈등에 깊이 연루될 수밖에 없으며, 우리가 원하지 않는 군사적 긴장에 상시적으로 노출될 것이다. 최악의 경우 한반도가 미국과 중국의 대리전장으로 전락할 가능성도 있다. 만약 사드가 한반도에 배치되었다고 가정한다면, 미국과 중국의 군사적 충돌 시 첫 번째 교전 장소가 바로 한반도가 될 것이기 때문이다. 미국 MD 전문가에 따르면, "핵전쟁 시나리오에서 중국이 미국을 이기고자 한다면 한국에 있는 사드 시스템을 전쟁 초기에 파괴하는 것은 필수적"이기 때문에 "핵전쟁 시 한국이 중국의 첫 목표물"이 되는 것은 필연적이다.[35]

　이러한 상황을 피하고 한반도와 주변 지역의 평화를 조성하기 위해서는 한국이 남북관계 개선에 적극 나서야 한다. 동북아 정세가 군사적 대결로 흐를 때 상대적으로 국력이 약한 한국은 권리를 주장하기 어려워지는 반면, 평화와 화합으로 정세가 조성된다면 한국은 적극적인 역할을 할 기회의 창을 확보할 수 있다. 이런 측면에서 남북관계를 한국이 주도한다면 사드 배치를 포함한 미국의 군사력 증강 요구를 거부할 명분이 생기며, 미국과 중국 사이에서 선택을 강요받을 여지 역시 축소될 수 있다. 그러나 한국은 중국과 러시아는 물론 북한이 크게 반발하는 사드 배치를 용인하는 방향으로 움직였을 뿐 아니라, 일본과의 군사협력을 강화하는 방향으로 역주행하고 말았다.

다시 평화와 통일을 이야기하자

이제 평화와 통일의 시대를 준비해야 할 때…

2016년 4월 현재, 개성공단은 폐쇄되었고 박근혜 대통령과 여당은 공개적으로 북한의 정권 교체를 거론하고 있다. 또한 박 대통령은 전쟁을 염두에 둔 것처럼 전국에 경계태세를 강화하고 국민은 비상 상황에 각별히 유의하라고 촉구했다. 미국은 북한에 대한 대응을 빌미로 최신 핵 전략 자산을 한반도 전역에 배치했으며, 박근혜 정부의 '협상 불가, 압박 강화' 기조는 미국의 전략적 선택폭을 넓혀주었다. 남한 정부가 북한과 대화하지 않는 상황에서 굳이 미국이 북미 직접 대화에 나설 이유도 없다.

3, 4월 대규모 한미연합군사훈련이 종료되었지만, 선제공격을 위한 훈련이 실시되었다는 사실은 변하지 않으며, 이는 향후 지속적으로 남북관계에 악영향을 미칠 것이다. 현재의 대결적 정책 기조가 계속된다면 한반도 평화와 통일은 요원한 일이 될 수밖에 없다.

북한 4차 핵실험과 한미 대북정책

2016년 1월 6일, 북한은 3차 핵실험(2013년 2월 12일) 이후 3년 만에 4차 핵(수소탄) 실험을 실시했다. 북한은 "미국의 대조선적대시정책이 근절되지 않는 한 우리의 핵개발 중단이나 핵 포기는 하늘이 무너져도 절대 있을 수 없"고, "적대 세력이 우리의 자주권을 침해하지 않는 한 먼저 핵무기를 사용하지 않을 것이며, 어떤 경우에도 관련 수단과 기술을 이전하지 않을 것"이라고 밝혔다. 유엔은 한국, 미국, 일본의 요구에 따라 이날 오전 11시 안전보장이사회를 개최했다.

1월 7일, 한미 정상은 강력한 대북 안보리 제재가 신속히 채택될 수 있도록 긴밀히 협력하는 데 합의했다. 같은 날, 박근혜 대통령은 "반드시 상응하는 대가를 치르도록 해야 한다"고 주장했고, 청와대는 국가안보실 1차장(조태용) 명의의 성명을 통해 "모든 핵무기와 핵 및 탄도미사일 프로그램을 완전하고 검증 가능하며 불가역적인 방법으로 폐기할 것을 강력히 요구한다"고 밝혔다.

북한의 핵실험이 충분히 예상 가능했다는 점에서 정부의 이 같은 대응은 무책임하고 무능한 것이었다. 2015년 10월, 한미정상회담에서 양국 정상은 '최고의 시급성'을 갖고 북핵문제를 다루겠다고 했지만, 오바마 대통령과 박근혜 대통령은 회담 이후 한반도 비핵화를 위한 그 어떠한 제안과 행동도 하지 않았다.

지난 20년간의 역사를 돌이켜봤을 때도 제네바합의(1994)나 9·19공동성명(2005) 등 북한과의 대화 및 관계 개선이 이루어질 시, 북한은 핵 능력을 동결하고 미사일 발사를 유예했다. 반면, 대북 제재와 압박이 심화될수록 북한은 핵 능력을 신장시켰고 미사일 발사 사거리를 증대시켰다. 그런데도 한미 양국은 기존의 대결적인 대북정책을 지속했고, 대화를 위한 여건을 조성하는 데 어떠한 노력도 하지 않았다.

1월 22일, 박근혜 대통령은 외교·국방·통일부 업무 보고 자리에서 '북한 제외 5자회담 추진' 방침을 밝혔다. 그러나 '5자회담' 제안은 몇 년 전 이명박 대통령이 제안했다가 관련국들에게 외면당해 폐기된 방안이다. 이번에도 6자회담 의장국인 중국이 박 대통령의 발언 직후 "이른 시일 안에 6자 회담이 재개되길 희망한다"고 반박했고, 미국 역시 "우리가 추구하는 것은 6자 회담 틀 안에서, 즉 9·19공동성명에 기반해 협상을 하는 것"(1월 24일)이라고 밝혔다. 정부는 이처럼 중국과 미국 등 관련국들이 냉담하게 반응하자 뒤늦게 '6자회담 내 5자 공조'로 논조를 바꿨다. 한반도 핵문제 해결을 위한 이른바 '내공'이 부족함을 또 한 번 확인시킨 해프닝이었다.

본격화된 '정권 교체론'과 점증하는 핵무장론

1월 8일, 국방부는 북한 핵실험에 대한 대응을 명분으로 군사분계선 일대 대북 확성기 방송을 재개했다. 이로써 확성기 방송 중단과 남북관계 개선을 약속한 8·25합의가 파기되었다.

일부 정치인 및 《동아일보》, 《조선일보》 등의 보수언론은 사설과 칼럼 등을 통해 정부의 대응이 부족하다며 핵무장론과 북한 정권 교체를 주장하고 나섰다. 가령 새누리당 노철래 의원은 "사드 배치를 넘어 핵무장으로 가야 한다"(2월 12일)고 제안했다. 《동아일보》는 1월 7일자 사설 〈북(北) 4차 핵실험, 박 대통령이 미중(美中) '끝장 제재' 끌어내라〉에서 "증강된 북의 핵 위협에 과연 핵 없이 대처할 수 있는지를 근본적으로 검토할 필요"가 있음을 강조하고, "궁극적으로 김정은 정권 교체로 이어지는 역사의 대변환을 내다보지 않고, 핵위기를 해결할 방법은 없다"고 주장했다. 또 《조선일보》는 '김대중 칼럼'을 통해 "특단의 조치를 취하는 과단성"을 보여야 한다면서, "핵무장에 관한 논의부터 시작"하고 "불가피하다면 비핵화선언 폐기와 핵확산금지조약(NPT) 탈퇴도 각오"(2016년 2월 2일자)하자고 선동했다.

2월 10일에는 에번스 리비어 전 미 국무부 동아태 수석 차관보가 "북한 정권을 끝내는 것만이 핵 프로그램을 종결시킬 수 있는 유일한 수단"이라고 발언했다. 새누리당 하태경 의원은 박근혜 대통령 임기 내에 "김정은 제1비서를 제거하겠다고 국제사회에 선언해야 한다"(2월 12일)고 주장했으며, 나경원 의원은 "북한의 정권 교체까지 생각해봐야 할 때"(2월 15일)라고 말했다.

남한의 자체 핵무장은 현실적으로 불가능하지만, 미국의 핵전략 자산은 신속하게 배치되었다. 1월 6일, 미국 네오콘의 싱크 탱크인 미국기업연구소(AEI)의 상근연구원 마이클 루빈은 "이미 핵 능력을 갖춘 일본이 최종 단계를 취하도록 고무할 때"라고 하며 일본의 핵무장을 허용해야 한다고 주장했고, 동시에 북한의 정권 교체와 미국의 1개 항공모함전단을 대북 타격권 내에 배치할 것을 주장했다. 미국의 1개 항모전단은 7,500명의 병력에 항모 1척, 순양함 1~2척, 구축함 2~3척, 전투기 70기 정도를 포괄하는 규모이며, 잠수함과 군수지원함이 추가될 수 있다. 같은 날, 맥 손베리 미국 하원 군사위원장은 성명을 통해 "미국은 반드시 사드를 포함한 미사일방어체계를 한반도에 배치해야 한다"고 촉구했다. 마이크 로저스 하원 군사위 전략군소위원장도 성명에서 "이제는 박근혜 대통령이 사드 배치를 승낙해야 할 시기"라고 압박했다.

다음 날인 1월 7일, 한미 양국은 핵추진항공모함과 잠수함, B-2, B-52 폭격기, F-22 스텔스 전투기 등 전략 자산을 한반도에 전개하는 것에 합의했다. 사흘 후인 1월 10일, 미국의 3대 핵우산 중 하나인 B-52 전략폭격기가 한반도 상공에 전격 출격하여 1백 미터 저공비행 후 괌으로 돌아갔다. B-52는 핵폭탄을 포함하여 무기 31톤 탑재 및 융단 폭격이 가능하며 3천 킬로미터 떨어진 곳에서도 북한의 지휘 시설을 정밀

타격할 수 있다.

2월 7일, 북한은 지구관측위성 '광명성 4호' 발사에 성공했다고 발표했다. 미국 전략사령부는 새롭게 위성궤도에 진입한 비행체 2개 가운데 하나가 광명성 4호로 보인다고 설명했으며, 미국 과학단체 UCS 소장은 북한의 것으로 추정되는 위성이 거의 원에 가까운 궤도를 돌고 있다고 확인했다. 북한의 인공위성 발표 당일 한미 양국은 "증대하는 북한의 위협에 대응하기 위해 한반도 사드 배치를 공식 협의한다"고 밝혔다. 이에 대해 중국은 즉각 외교부 대변인 성명을 통해 유감을 표명했고, 공산당 기관지인 《환구시보》는 "사드가 배치되면 중국 인민해방군의 공격 목표가 될 것"이고 "중국은 동북아 지역의 군사 배치를 강화할 필요가 있다"며 강하게 반발했다.

한반도 평화의 상징인 개성공단마저

2013년 8월 14일, 남북은 개성공단 재가동을 위한 회담에서 "남과 북은 어떠한 경우에도 정세의 영향을 받음이 없이 (개성)공단의 정상적 운영을 보장한다"라고 합의했다. 통일부는 2016년 1월 28일에도 언론 브리핑을 통해 "개성공단은 제재 수단이 아니"라며 개성공단이 정상적으로 운영되어야 한다고 밝혔다. 앞서 2015년 12월, 국회예산정책처는 보고서 〈남북 교류협력 수준에 따른 통일 비용과 시사점〉에서 "2005년 1월 이후 누적 생산액이 27억 달러를 넘어서는 등 개성공단은 남북 경제협력 사업의 가장 성공적인 모델"이라고 평가한 바 있다.

그러나 2월 10일, 홍용표 통일부 장관은 "개성공단 자금이 북한의 핵과 미사일 개발에 이용되는 것을 막고, 우리 기업들이 희생되지 않도록

하기 위해 개성공단을 전면 중단하기로 했다"는 개성공단 전면 중단 방침을 발표했다. 유엔 안보리의 제재 결의가 나오기도 전에 "북한이 핵을 포기하고 변화할 수밖에 없도록 하는 특단의 대책"이라며 남한 정부가 먼저 행동에 나선 것이다.

이에 대해 11일, 북한은 조국평화통일위원회 성명을 통해 "1. 개성공업지구와 인접한 군사분계선을 전면 봉쇄, 서해선 육로 차단, 개성공업지구 폐쇄 및 군사통제구역선포, 2. 개성공업지구 내 남측 기업 자산 전면 동결, 3. 남측 인원 추방과 동시에 남북 군 통신과 판문점 연락 통로를 폐쇄"한다고 발표했다. 홍용표 장관은 2월 15일 국회 외교통일위원회에서 개성공단 자금의 핵·미사일 전용론이 사실은 증거가 없다고 실토했지만, 박근혜 대통령은 다음 날인 16일 개성공단으로 들어간 현금이 핵과 미사일 개발에 쓰인다고 주장했다. 이 연설은 개성공단 중단 방침에 변화가 없음을 확인시켜주었고, 이로써 124개 입주기업의 공장이 문을 닫고 2천여 명의 근로자가 일자리를 잃었다. 언론에 보도된 공단 폐쇄로 인한 피해는 북한이 4534억 원인 반면, 남한은 3조 9429억 원에 달했다.

2월 16일, 박근혜 대통령은 국회 연설에서 "북한을 실질적으로 변화시키기 위한 근본적 해답을 찾아야 한다", "개성공단 중단은 긴급조치가 불가피했다", "개성공단 중단은 시작에 불과하다", "북한 정권이 핵 개발로는 생존할 수 없으며 체제 붕괴를 재촉할 뿐이라는 것을 뼈저리게 깨닫고 스스로 변화할 수밖에 없는 환경을 만들겠다", "북한 정권은 극한의 공포정치로 정권을 유지"하고 있고, "북한 정권을 반드시 변화시켜"야 한다고 말했다.

그러나 이미 진행되고 있는 남북 교류가 없는 상황에서 '개성공단 중단이 시작에 불과하다'며 추가적 조치를 말하는 것은 대화나 교류가 아니라 무력을 통한 해결을 연상시킨다. 또한 오바마-이명박-박근혜 정부의 제재와 압박으로도 북한의 핵과 미사일 개발을 멈추게 하지 못했던 것을 감안하면, '북한 변화로 근본적 해결'을 하겠다는 것은 '전쟁'을 통한 '체제 전환'을 강하게 시사하는 것이다.

미국의 핵 전략기지로 변모하는 한국

2월 들어 한미 양국은 대북 군사적 압박을 크게 강화했다. 2월 4일에는 미군 레인저 75연대 특수부대와 제1공수특전단 병력이 한국에 들어와 한미연합군사훈련을 실시했다. 이 부대는 아프가니스탄전쟁 당시 빈라덴을 암살하는 '참수작전'을 수행한 부대로서 적국의 후방에 침투하여 핵무기나 생화학무기 등을 제거하는 임무도 맡고 있다. 이 훈련에는 비밀리에 적진 침투가 가능한 M-130J 특수작전기가 투입되었으며, 특수부대는 키리졸브-독수리 연습에도 참가했다. 2월 11일, 공군은 "사상 처음으로 '한미공정통제사(CCT: Combat Control Team) 연합훈련'을 실시 중"이라고 밝혔다. 공군 공정통제사는 전시에 가장 먼저 적진에 침투해 아군 수송기에 정확한 위치 정보를 제공하고 후속 병력과 물자 투하 지점의 안전을 확보하는 특수부대로서, 요원들은 약 4천 미터 상공에서 낙하하는 훈련을 실시한다.

2월 13~15일, 핵추진 잠수함 노스캐롤라이나호가 동해에서 한국 해군과 연합연습을 한 데 이어 17일에는 미국 최첨단 스텔스 전투기 F-22 '랩터' 4대가 북한을 겨냥한 무력시위의 일환으로 한반도에 전개되었다. 오키나와 가데나 기지에서 출격한 4대 가운데 2대는 되돌아가고

2대는 한국에 잔류했다. F-22 전투기는 스텔스 기능으로 레이더망을 피해 적진 깊숙이 침투한 뒤 적 지휘부나 핵시설 등 전략 목표물을 정밀 타격할 수 있는 무기이다.

3월 2일, 유엔 안보리는 북한의 4차 핵실험과 광명성 4호 발사에 대해 대북제재결의안 2270호를 채택했다. 이 제재안은 북한행·발 모든 선박에 대한 검문검색을 의무화하였고 항공유 북한 판매공급 금지, 북한 광물 수출 금지, 북한 금융기관의 국외 신규 개설 금지, 기존 국외 북한 금융기간 90일 내 폐쇄 내용 등 북한의 국경 봉쇄와 같은 내용을 담고 있다.

3월 7일부터는 '작전계획 5015'를 전면 적용하는 키리졸브-독수리 연습이 시작되었다. 작전계획 5015는 '공격 징후 포착 시 선제타격'하는 내용을 담고 있으며 '맞춤형 억제전략', '4D작전'(탐지·교란·파괴·방어)을 핵심으로 하고 있다. 또한 한미 국방부는 북한의 핵심 시설 7백 곳을 정밀 타격하겠다는 것을 언론에 밝혔다.

이와 더불어 한미해병대 상륙훈련인 '쌍용훈련'이 3월 7일부터 18일까지 포항에서 실시되었다. 쌍용훈련은 이해 처음으로 1단계 상륙훈련, 2단계 진격훈련으로 나뉘어 진행되었으며, 미 해병대 8천 명, 한국 해병대 3천 명, 한미 해군 5천 명이 참가하여 최대 규모로 실시되었다. 쌍용훈련에는 4만 1천 톤급 강습상륙함(LHD)인 본험리처드함과 박서함도 참가했다. 연합훈련에 4만 톤급 강습상륙함 2척이 동시에 참가한 것은 이번이 처음이다. 또한 핵추진항공모함 존스테니스함 등 항모강습단이 참가해 연합해상훈련을 실시했다.

북한인권법과 테러방지법 통과

2월 19일, 미국 전략국제문제연구소(CSIS)는 '북한 인권과 안보의 결합'을 주제로 한 세미나를 개최했다. 참가자들은 북핵과 인권문제의 해법으로 통일을 제시했고, 일부는 북한 정권 교체를 '정책적 목표로 삼아야 한다'는 주장까지 했다.

3월 2일, 박근혜 대통령이 국가조찬기도회에서 "정부는 북한 정권이 무모한 핵개발을 포기하고 북녘 동포들의 자유와 인권을 억압하는 '폭정'을 중지토록 전 세계와 협력해 노력할 것"이라고 말했다. 같은 날 국회에서는 북한 인권 상황에 대한 정보를 수집·기록하는 북한인권기록센터 운영, 국제협력, 전단 살포 단체에 대한 재정적 지원의 내용을 담은 북한인권법이 여야 합의로 국회에서 통과되었다.

북한인권법은 그 내용에서도 많은 문제가 있지만, 입법 목적이 '북한 지도자의 처벌'에 맞춰져 있다는 점에서, 2003년 미국이 '비이성적이고 인권을 유린하는 독재자를 제거'해야 한다며 이라크를 침공했던 것처럼 전쟁의 명분으로 악용될 가능성을 내포하고 있다.

박근혜 대통령 역시 이러한 의지를 내비쳤다. 3월 14일, 박 대통령은 재외공관장회의 만찬에서 "현재 한반도 정세는 매우 엄중한 상태에 있다"며 "북한은 주민 생활의 피폐함은 아랑곳하지 않고 오직 정권의 생존만을 위해 핵과 대량살상무기 개발에 집착하고 있다"고 지적했다. 또한 "이번에는 반드시 북한 정권을 근본적으로 변화시킬 수 있도록 보다 차원 높은 국제 공조에 힘을 쏟아야 할 것"이며, 유엔 안보리의 제재 결의가 주재국에서 집행될 수 있도록 이를 "직접 챙기는 공관장 여러분이 되셔야 한다"고 당부했다.

박 대통령은 미국《블룸버그 통신》과의 서면 인터뷰에서도 "제재와 압박으로 북한이 변화의 길로 나설 수밖에 없는 환경을 만들어 한반도 평화통일의 초석을 놓은 대통령으로 기억되겠다"(3월 30일)는 의지를 피력했다. 남북 간의 군사적 긴장이 극에 달해 있던 상황에서 선전포고와도 같은 박근혜 대통령의 국회 연설에 이어 북한인권법까지 제정되면서 남북의 갈등은 한층 격화되었다.

2월 10일, 이병기 국정원장은 고위 당·정·청 회의에서 북한이 "국지도발 후 후방 테러"를 할 가능성이 있다며 북한을 자극했다. 2월 15일에는 새누리당 이철우 의원이 "내일이 김정일 생일"이라며 "사이버 테러 등 북한이 도발할 가능성"이 있다며 북한발 테러 가능성을 제기했다. 3월 2일, "국민 보호와 공공 안전을 위한 테러방지법"이 국회에서 통과되었다. 그런데 이 법의 내용을 보면 테러 방지는 핑계에 가깝고, 실제로는 국민을 사찰하고 정적을 감시하는 데 방점이 찍혀 있다. 가령 테러를 "국가·지방자치단체 또는 외국 정부(외국 지방자치단체와 조약 또는 그 밖의 국제적인 협약에 따라 설립된 국제기구를 포함)의 권한행사를 방해하거나 의무 없는 일을 하게 할 목적 또는 공중을 협박할 목적으로 하는 행위"(제2조)로 매우 폭넓게 정의함으로써, 2008년의 용산참사나 2015년 11월의 민중총궐기도 테러로 규정할 수 있게 되었다.

또한 "기타 테러예비·음모·선전·선동을 하였거나 하였다고 의심할 상당한 이유가 있는 자"(제2조 3호)를 '테러 위험인물'로 정의함으로써, 용의자의 개념을 무한대로 확장했다. 테러 위험인물을 지정하고 해제하는 절차는 규정되지 않았고, 테러 위험인물에 대하여 국정원은 출입국, 금융거래 및 통신이용 정보를 수집할 수 있으며 '개인정보보호법'상 민감 정보(사상이나 신념, 정치적 견해, 성생활 등에 관한 정보)를 포함한 개인

정보와 위치 정보를 요구할 수 있게 되었다. 국정원장이 필요하다고 판단할 경우 감청을 먼저 한 후 사후 영장을 받을 수도 있다. 박근혜 대통령이 민중총궐기에 나온 사람들을 'IS'에 비교했던 것을 기억하는가. 정부는 이제 정권에 저항하는 모든 사람을 테러리스트로 규정하여 사찰할 수 있게 되었다.

〈태양의 후예〉, 파병지의 비극 외면한 멜로 판타지

2016년 상반기, 해외 파병 전투부대 특전사 장교와 의료봉사단 여의사가 이국땅에서 나누는 사랑을 주요 소재로 다룬 드라마가 인기를 모았다. 드라마는 로맨스 외에도 군인의 충성심과 애국심을 강조하고 있어 박근혜 대통령은 영화 〈국제시장〉에 그랬듯이 이 드라마가 젊은이들의 애국심을 고취시킬 수 있다며 칭찬하기에 나섰다. 혹자는 이 드라마가 군국주의, 아제국주의(亞帝國主義, subimperialism)의 냄새가 난다며 위험하다고 지적했지만, 우리나라가 전시작전권도 없는 나라임을 생각하면 기우에 불과하다. 전장에서 피어난 멜로 판타지로 포장된 이 드라마는 미국의 전쟁에 파병한 실제 사건을 배경으로 한다. 그런데도 전쟁에 의해 겪어야 하는 민중의 참혹한 고통은 외면함으로써 젊은이들로 하여금 전쟁을 쉽게 생각하게 만드는 점은 경계할 만하다.

지난해 터키 해변에서 발견된 시리아 난민 아이(아일란 쿠르디, 당시 3세)의 차가운 시신을 기억하는가? 세계인의 가슴을 울린 시리아, 아프가니스탄 난민들의 고통과 슬픔이 바로 전쟁에서 기인한 것이다. 중동 국가들의 내전에 개입한 강대국들에 의해 수백만 명이 집을 잃고 이역만리 고행길에 나섰다. 비좁은 한반도에서 전쟁이 일어난다면 과연 안전한 지역이 존재할 수 있을까? 그런 곳이 없다는 것을 누구나 알고 있다. 드라마 주인공처럼 한국군 장병이 목숨을 걸고 가야 할 곳이 한반도 북단이 될 수 있으며 유럽으로 향하는 난민의 고통스러운 처지가 우리가 겪어야 할 운명이 될 수도 있다. 이런 위험한 가능성이 한반도에서 2016년 3, 4월 극에 달했다.

드라마 속 남자 주인공이 속한 특전사 부대는 파병지에서 전투 임무를 수행한다. 미군 점령지에서 저항세력의 공격으로부터 점령군과 그 동조 세력을 보호하기 위해 적과 싸운다. 이미 점령한 지역에서의 '재건'을 위해 완전히 소탕하지 못한 무장세력을 궤멸시키는 전투를 수행하는 것이다. 미군은 이를 '안정화작전'이라고 부른다. 2001년 미군의 침공을 받은 아프가니스탄은 15년 넘게 이러한 상황이 지속되고 있으며 2003년 이라크 역시 그와 비슷한 상황이 갈수록 악화되었고 급기야 IS(이슬람 국가)의 등장으로 이어졌다. 미국이 몇 주 혹은 몇 달밖에 걸리지 않아 '전쟁'의 종료를 선언했는데도 이 작전으로 더 오랜 시간과 비용을 소모하고 많은 사상자를 발생시켰다. 그래서 아프가니스탄전쟁과 이라크전쟁은 아직 끝났다고 말하기 어렵다. 아니 새로운 전쟁이 시작되었다고 볼 수 있다.

그런데 최근 한미연합군이 훈련하는 주요 작전이 바로 이 '안정화작전'이다. 포항에서 진행되는 '쌍용훈련'으로 불리는 한미 해병대 상륙작전이 안정화작전의 시작이다. 항공기와 미사일 등의 공습을 통해 북한 지휘부를 초토화시켜 점령한 후 '재건'하려면 끈질기게 저항하는 무장세력을 완전히 몰아내는 전투를 해야 한다.

따라서 안정화작전이 '민군이 함께하는 것'이라고 하지만, 대부분은 '군'이 전투를 통해 수행하게 된다. 북한보다 군사력이 훨씬 미약한 것으로 생각되는 이라크와 아프간에서 미국이 고전을 면치 못한 것을 볼 때 한반도에서 이 작전이 실제로 구현되는 상황은 더욱 심각할 것이다.

작전계획 5015, 선제타격 전술과 함께 가는 안정화작전

2016년 한미연합군사훈련 키리졸브 연습부터 한미 양국은 지난해 6월 서명한 작계 5015를 적용하고 있다. 작년까지 한반도 전면전을 상정한 작전계획 5027을 연습했다면, 바뀐 작전계획은 선제타격 계획을 전면에 내세웠다. 한미 양국은 북한 지휘부와 핵무기 및 미사일 시설을 선제타격하기 위해 7백여 개 목표물을 설정하고 연습하고 있다. 이번 키리졸브 연습에서 작계 5015의 핵심인 4D작전도 선보였다.

이는 북한 대량살상무기(WMD)의 공격 징후가 보일 경우 사전에 이를 파악해 파괴하는 작전이다. 공격 징후만으로도 선제공격이 가능하므로 결코 방어적이라 할 수 없고 매우 공세적인 작전계획이다. 게다가 공격 징후의 판단은 철저히 한미연합사령부의 실세인 미국이 하기에 대부분의 우리 국민은 왜 일어나는지도 모르고 전쟁을 맞이하게 될 개연성이 크다. 선제공격은 당연히 미국이 할 것이고 그 명분은 북한의 공격 징후로 정해져 있다는 얘기이다. 북한의 반격이 불가능하도록 지휘부와 주요 공격무기에 대한 선제타격 후 우왕좌왕하는 북한군을 상륙부대가 지상전을 통해 제압한다는 시나리오다.

한편 지난해 8월 국방부가 언급한 이후, 이름만으로 섬뜩한 작전명이 회자되었다. '참수형'을 시행하는 이슬람 테러 단체를 연상시키는 '참수작전'이 그것이다. 이 작전을 훈련하기 위해 미국 특수부대가 한반도에 들어오자, '소규모 특수부대가 조용히 적진에 침투해 적장의 목을 베어

오는 작전'인 줄로 믿는 사람이 꽤 있었다. 이 작전은 우선, 북한 지도자를 타깃으로 명시했다는 점에서 그 의미가 간단치 않다. 그리고 핵 폭격기와 핵 항공모함을 동원하여 원거리에서 북한 지도부 제거를 연습했다는 점에서 조용하지도 않았으며, 소규모의 훈련은 더더욱 아니었다.

논란이 일자 국방부는 공식 논평을 통해 참수작전이 정식 명칭이 아니며, 지휘부를 제거하는 선제타격 개념을 알기 쉽게 비공식적으로 사용한 것에 불과하다고 해명했다. 하지만 미국은 이 작전을 이미 이라크와 아프가니스탄 등에서 공식적으로 운용해왔다. 국방부는 톤을 낮춰 이 작전의 공격성을 희석하려 했지만, 참수작전을 공개하고 연습한 것만으로 남북관계에는 큰 타격을 주었다.

위험한 선제공격 연습, 작계 5015에 따른 한미연합군사훈련

지휘소 훈련인 키리졸브 연습과 그것을 실행에 옮기는 독수리훈련이 3월부터 4월까지 계속되었다. 언론에 노출되지 않으면 어디서 어떻게 진행되는지 민간에서는 파악이 불가능하다. 언론에 보도된 바에 따르면, 이해는 2015년에 비해 30% 이상 증강된 군사력으로 시행됐다. 전력 규모도 늘어났지만 주목해야 할 대목은 미국의 가공할 첨단 군사력이 모두 동원되었다는 사실이다. 핵 항공모함, 핵 잠수함, 강습상륙함 등 주요 해군 전력 외에도 B-2 스텔스 폭격기와 F-22 스텔스 전투기 등 첨단 항공 전력이 모두 동원되었다.

세계 역사상의 많은 전쟁이 군사훈련 중 충돌이 계기가 되어 발발하였다. 한미 양국은 경제력을 바탕으로 두 달간 막강한 전력으로 실탄 발사를 해가며 훈련에 돌입했고, 정부의 수장은 핵문제 해결방법으로 '폭정 종식'을 언급하는 등 '북한체제 붕괴'를 노골적으로 밝히며 한껏 위기가 고조된 한반도에 기름을 부었다.

한반도에서 전쟁이 난다면 강대국들이 개입한 중동 지역의 내전과는 비할 수 없는 처참한 상황이 전개될 것이다. 전쟁을 게임이나 드라마를 통해 접한 젊은 세대들이 실제 전쟁에서 총을 들고 북한의 저항세력과 지옥 같은 전투를 하게 될 것이다. 그리고 민족의 난민행렬을 봐야 할 것이다. 불과 몇 년 새 황폐한 도시가 되어버린 시리아의 수도 다마스쿠스가 서울이나 평양의 미래가 될 수도 있다.

다시 평화와 통일의 시대를 준비해야 할 때

2000년 6·15남북공동선언 발표를 계기로 본격화된 남북 교류는 상호 신뢰 형성의 밑바탕이 되었고, 경제·사회 분야의 교류는 정치·군사 분야 교류 활성화에도 긍정적인 영향을 미쳤다. 2000년 이전 남북 합의가 여러 이유로 당국 간 합의에만 머물러 남북관계 개선으로 이어지지 못한 데 반해, 6·15공동선언은 처음부터 민간교류의 성과를 기반으로 하여 도출되었다. 또 합의 이행 과정에 민간이 참여할 기회를 폭넓게 보장함으로써 그 생명력을 확보했다. 6·15선언의 성과를 계승하고자 한 2007년의 10·4선언 역시 보다 더 구체적인 교류협력 과제와 제도화 계획을 제시함으로써 남북 교류를 확대하는 데 주안점을 두었다.

반면, 이명박 정부와 박근혜 정부는 6·15공동선언과 10·4선언을 승계하지 않았다. 이명박 정부 시기 금강산 관광이 중단되었고, 5·24조치로 인해 개성공단을 제외한 모든 남북 교류가 사실상 중단되었다. 박근혜 정부는 인도적 지원마저 승인하지 않았고, 결국 개성공단 중단 방침을 발표했다. 남북관계는 1991년 남북기본합의서 채택 이전으로 역행해버렸다. 그런데도 이명박 대통령은 '통일은 도둑처럼 온다'고 했고, 박근혜 대통령은 '북한이 공포정치로 불안하다'며 '통일은 내년에라도 된다'고 예언했다. 남북 대화도 교류도 중단된 상황에서, 통일이 곧 올 것이라는 두 대통령의 믿음은 무엇에 근거하는가? 앞에서도 여러 차례 지적했지만, 그것은 '과정 없는 통일', 즉 어느 순간 갑자기 남북이 통합되는 '흡수통일'이 가능하다는 확신에 뿌리를 두고 있으며, 이런 인식은 북한 붕괴론과 밀접히 연관되어 있다.

과정을 생략한 통일은 실현이 불가능할뿐더러 바람직하지도 않다. 통일은 법적·제도적 통합(국가통합, de jure unification)만을 의미하는 것이 아니다. 사회·문화 통합, 다시 말해 민족 통합이 이루어져야 비로소 통일을 이루었다고 말할 수 있다. 독일의 경우, 통일이 되기 20년 전부터 꾸준히 동서독 교류를 실천해왔지만, 아직 동서독 주민 간 갈등이 존재하며 민족적이고 정서적인 통합이 여전히 주요한 사회 과제로 남아 있다. 독일의 사례는 법적·제도적 통일이 완전한 사회 통합을 보장하는 것은 아니라는 것을 보여준다. 더구나 서독이 동방정책을 통해 매년 32억 달러의 대동독 지원을 꾸준히 했고, 매년 몇십만 명의 교류를 보장했는데도 사회 통합 문제가 현안으로 남아 있다는 것은 그만큼 정서적이고 문화적인 차원에서의 통합이 쉽지 않음을 알 수 있다.

그렇다면 한반도 통일의 준비는 어떠해야 하는가? 남북의 경우 독일과 같은 분단국이면서도 두 가지의 악조건이 추가되어 있다. 하나는 남북이 전쟁을 했다는 것, 다른 하나는 분단된 지 오래되었다는 것이다. 그렇다면 남북통일을 위해서는 독일의 경우보다 더 장기적이고 세심하게 통일을 준비해야 하며 섣불리 통일을 달성하겠다는 '목표'를 앞세울 것이 아니라 통일을 '목표이자 과정'으로 포괄적으로 인식할 필요가 있다. 냉전과 분단구조하에 형성된 통치체제(regime)를 단기간에 바꾸는 것은 불가능하기 때문에, 먼저 경제·사회·문화 분야에서의 교류를 활성화시켜 '사실상의 통일(de facto unification)' 상황을 만드는 것이 현실적이면서도 합리적인 대응이다. 또한 통일을 원하지 않는 강대국들에 둘러싸인 한반도에서 통일의 주도권을 남북이 쥐기 위해서, 설사 주도권을 행사하지 못하더라도 남북관계의 동력을 유지하고 상시적인 군사적 대립을 막기 위해서는 우선 사실상의 통일 상황을 조성하는 데 주력해야 한다.

향후 남북은 법적·제도적 통일 준비를 지속하는 한편, 민족 통합과 신뢰 형성에 방점을 두고 교류의 폭과 규모를 획기적으로 확대해야 한다. 교류가 확대되는 과정은 상대방의 사고 체계와 입장을 자주 접할 수 있는 기회를 줄 것이다. 가령 금강산 관광 시행 초기에 남북은 서로 다른 사고 체계로 인해 당국과 민간 수준 모두에서 갈등했고, 관광객이 억류되기도 했다. 그런데도 정부의 일관성 있는 정책으로 관광 자체가 중단되지 않았고, 꾸준히 교류를 지속한 결과 상호 이해의 폭이 넓어졌으며 불필요한 갈등이 크게 감소했다. 또한 장관급 대화 및 각급의 경제협력 대화를 통해 남북은 서로 무엇을 원하는지에 대해 예전보다 더 잘 알 수 있게 되었으며, 회담을 통해 축적된 신뢰는 법과 제도 부분의 변화를 추동해내기도 했다.

또 하나 중요한 점은 처음부터 큰 성과에 집착해서는 안 된다는 것이다. 상당한 시간과 노력이 들어야 해결 가능한 문제, 가령 남한 기업의 북한 내륙으로의 진출 문제를 처음부터 달성할 수는 없다. 그보다는 소규모의 경제협력부터 시작하고, 합작의 성과가 남북 모두에 유익한 성과를 낼 수 있다는 경험을 만들어 확산시킬 수 있다면, 목적 달성의 가능성이 높아질 수 있다. 개성공단이 바로 그 전형적 사례이며, 개성공단의 성공적인 운영 경험이 있었기 때문에 2007년 남북정상회담에서 '해주공단' 조성에 대한 합의를 이끌어낼 수 있었다. 당시 국내 굴지의 대기업들은 이런 남북 신뢰를 기반으로 하여 평양뿐 아니라 북한 주요 항구와 북러 국경지대에 입주하고 공장을 건설할 계획을 세울 수 있었다.

임동원 전 통일부 장관이 지적했듯 통일 이전에 "북한 인프라 개선과 산업 구조 조정, 풍부한 지하자원의 공동개발 등 경제개발에 참여하는 것"은 "북한의 변화를 유도"하는 길이며, "남북의 공동이익이 될 뿐만 아니라 통일 비용을 절감하는 길이고 '사실상의 통일' 상황을 실현하는 길"이다.[1]

남북 분단은 일차적으로 남북 간 군사적 대립을 핵심으로 하고 있다. 남북 민관의 교류가 활발했을 때도 군사적 충돌이 발생하면, 교류가 일시 중단되거나 아예 끊기기도 했다. 따라서 안정적인 교류를 보장하기 위해서는 군사적 대립을 반드시 해소해야 한다. 이를 위해 먼저 남북은 과도한 국방비 지출을 자제하고 상호 합의하에 군비 통제에 나서야 한다. 2010년 이후 대폭 강화된 한미 전쟁연습의 규모와 시기를 조정하는 것도 군사적 대립을 완화하기 위한 한 방편이 될 수 있을 것이다.

그런데 한반도의 군사적 긴장 상황이 역사적인 문제이고 강대국 정치와 밀접히 연결되어 있다는 점에서 남북 간의 합의로만 긴장을 해소할 수는 없다. 현재의 군사적 대결과 군비 경쟁, 한반도 핵문제를 해결하기 위해서는 그 근원이 되는 불안정한 정전체제를 '통일을 지향하는 항구적인 평화체제'로 전환해야 한다. 또 한반도 문제의 당사자인 미국과 중국이 참여하는 남·북·미·중 4개국 평화회담을 개최해야 한다. 평화회담에서는 종전을 선언하고 평화협정을 체결할 수 있을 것이며, 남북은 통일에 대한 미국과 중국의 지지를 이끌어내야 한다.

물론 평화협정이 그 자체로 한반도의 평화를 보장하는 것은 아니다. 여기서도 '법적인 평화(de jure peace)'를 보완하는 '사실상의 평화(de facto peace)'[2]가 필요하다. 평화협정이 실질적으로 평화 정착으로 이어지려면 "법적인 평화의 불완전성을 보완하는 노력"이 수반되어야 하며, 한반도 평화협정이 "한반도 비핵화 협상, 북·미관계 정상화, 동북아 평화협력체제 구축 상황" 등을 반영해야 하는 것이다.

현재의 군사적 위기(미국의 핵전략 자산 배치, 북한의 핵무기 개발)가 결국 북미 대립에 근거하고 있다는 점에서, 평화협정 체결 과정에서 핵심은 북미 대립을 해소하는 것이며, 북미관계가 정상화되었을 때 한반도 핵문제는 물론 동북아 평화체제 논의도 탄력받을 수 있을 것이다.

남북 교류가 확대되고 평화체제 논의가 성과를 낸다면 '사실상의 통일'은 그만큼 가까운 미래에 달성될 수 있다. 그러나 이러한 가정은 남북관계가 좋을 때에만 의미가 있다. 남북관계가 악화되면 남북 교류는 물론이고 평화체제도 결코 실현시킬 수 없다. 따라서 한반도의 평화와 통일을 위해 가장 중요한 것은 바로 남북관계 개선이며, 정부가 해야 할 일은 금강산 관광 재개 혹은 5·24조치 해제 등 남북관계를 실질적으로 개선시킬 수 있는 조치를 실천하는 것이다.

게다가 해법도 이미 나와 있다. 남북은 2000년 6·15선언을 통해 '사실상의 통일'을 실현하는 것에 합의를 했고, 10·4선언에서 서해평화협력지대 지정을 약속했으며, 종전선언과 평화체제를 준비하자고 합의했다. 2005년에는 남북을 포함한 6개국이 4차 6자회담에서 '9·19공동성명'을 통해 북미관계 정상화, 북일관계 정상화, 별도의 평화 포럼 설치 등에 대해 합의한 바 있다. 따라서 기존 합의를 존중하고 이행하는 것이 아니라 자꾸만 새로운 대안을 찾아야 한다는 주장은 실제로는 남북관계 개선에 의지가 없음을 표현한 것일 뿐이다. 중요한 것은 관계 개선에 대한 '의지'이고 '실천'이다.

북한을 고립시키고 압박하여 변화를 이끌어내겠다는 오바마-이명박-박근혜 정권의 대북정책은 아무런 성과를 내지 못했다. 이들은 북한이 곧 붕괴할 것이라는 맹신을 바탕으로 대화와 교류를 중단했고, 무력에 의한 흡수통일을 상정한 대규모 군사훈련을 연중 실시하고 있다. 언제 전쟁이 나도 이상하지 않을 대치 국면이 조성되었으며, 그 와중에 개성공단마저 폐쇄되었다.

남북관계만 악화시키고 북한을 변화시키지도 못하는 정부의 대북정책은 근본적으로 전환되어야 한다. 그 핵심은 상호 존중에 있고, 방법론으로 압박과 대결이 아니라 교류와 대화를 선택해야 한다. 상대방을 인정하지 않는 통일은 흡수통일일 수밖에 없고, 대화 없이 통일하겠다는 것은 무력에 의한 통일을 의미할 뿐이기 때문이다. 또한 통일은 어느 시점에 법적·제도적으로 완료되는 단순한 이벤트가 아니다. 갑작스러운 통일로 막대한 정치·사회·경제적 비용을 치러야 했던 독일의 사례를 교훈 삼아야 한다.

따라서 꾸준한 교류와 대화를 통해 서로 신뢰하고 의미 있는 성과를 계속 산출하는 과정에서 '사실상의 통일'을 만들어내는 것이 선차적인 과제이다. 더불어 한반도 비핵화와 함께 한반도의 영구적 평화체제를 수립하기 위한 준비를 시작해야 한다. 그리고 이 모든 과제는 오직 남북관계가 개선되었을 때 시작될 수 있고 지속 가능할 수 있다. 다시 평화와 통일의 시대를 준비해야 할 때이다.

1장 새 시대를 준비하다 _ 본문 31쪽

1 김대중, 《김대중 자서전 2》(삼인, 2011), p. 73.
2 임동원, 《피스 메이커》(창비, 2015), p. 309.
3 위의 책, p. 314.
4 〈北韓, 金大中 대통령 취임사 '유감' 논평〉, 《연합뉴스》 1998. 2. 28.
5 〈정주영 '민간 황소 외교', MB시대에 막내리나〉, 《오마이뉴스》 2010. 4. 30.
6 〈10년 세월이 아무것도 아니게 됐네〉, 《한겨레21》 2008. 12. 5.
7 〈핑퐁 외교 주역들 37년 만에 재회〉, 《한국일보》 2008. 6. 11.
8 〈"장사꾼과 계약, 국정원 담보 못 믿겠다" 북한 요구에 박지원 특사 긴급 파견〉, 《오마이뉴스》 2003. 2. 11.
9 〈정부, 북 제의 고위급 정치회담 긍정 평가 배경〉, 《연합뉴스》 1999. 2. 4.
10 〈남북 당국 간 비공개 접촉 진행〉, 《연합뉴스》 1999. 6. 1.
11 《《조선》《동아》도 알고 있던 NLL의 불편한 진실〉, 《오마이뉴스》 2013. 6. 30.
12 〈서해 5도 제외시킨 건 박정희…NLL 논란의 불씨〉, 《프레시안》 2013. 7. 10.
13 〈야, '남북 간 상호주의 준수' 촉구〉, 《연합뉴스》 1999. 6. 16.
14 〈한국전쟁 후에도 이어진 대북 핵위협 '잔혹사'〉, 《프레시안》 2012. 2. 24.
15 〈금창리 '빈 터널' 판명 안팎〉, 《연합뉴스》 1999. 5. 28.
16 셀리그 해리슨, 《코리안 엔드게임》, 이홍동 외 옮김(삼인, 2003), p. 36.
17 이삼성, 〈한반도 평화협정체제와 비핵화, 그리고 동북아 비핵무기지 대화: 상호 의존성의 인식과 연계의 비전〉, 《9·19공동성명 10주년 기념 토론회》(2015), p. 17.에서 재인용.
18 〈페리 보고서는 햇볕정책의 '표절'?〉, 《프레시안》 2014. 12. 11.
19 셀리그 해리슨, 앞의 책, p. 133.
20 임동원, 앞의 책, pp. 398~430.

2장 2000년 — 남북 정상이 만나다 _ 본문 47쪽

1 〈카트먼 특사 '내년 1월 북미회담'〉, 《연합뉴스》 1999. 12. 16.

2 〈미 국무부, 북한 테러 지원국 명단 삭제 관련 대화 용의 있다〉,《한국경제》 2000. 2. 2.

3 〈'합의서' 제목 싸고 3시간 실랑이…朴 문화 극비접촉 뒷얘기〉,《한국경제》 2000. 4. 11.

4 〈박재규 통일장관·박지원 문화장관, 남북정상회담 개최 공식 발표〉,《한국경제》 2000. 4. 10.

5 〈답답한 DJ "김정일이 정말로 '성격 파탄자'입니까?"〉,《프레시안》 2012. 6. 7.

6 〈셔먼 "北의 대량파괴무기 문제도 남북정상회담 의제"〉,《연합뉴스》 2000. 5. 12.

7 임동원,《피스 메이커》(창비, 2015), p. 40.

8 〈美 셔먼 국무자문관 '남북정상회담서 한·미 공조사항 논의'〉,《국민일보》 2000. 5. 10.

9 도진순,《분단의 내일, 통일의 역사》(당대, 2001), pp. 106~107.

10 남북정상회담 물밑접촉 과정과 본회담의 진행 과정은 김대중의《김대중 자서전 2》(삼인, 2011)와 최원기·정창현의《남북정상회담 600일》(김영사, 2000)을 주로 참조했다.

11 〈남북 정상회담, 6·15와 8·15에 달렸다〉,《프레시안》 2015. 5. 15.

12 〈방북 첫날로 미뤄본 남북정상회담 전망〉,《연합뉴스》 2000. 6. 13.

13 〈"김정일 서울 오면 환영" 97%〉,《동아일보》 2000. 6. 16.

14 〈DJ 노벨상 로비의 진실은? 수천 통의 편지가…〉,《프레시안》 2012. 6. 14.

15 〈브루스 커밍스 교수 국내 학술대회서〉,《한국일보》 2001. 12. 18.

3장 2001년 — 내외의 역풍 _ 본문 67쪽

1 브루스 커밍스,《브루스 커밍스의 한국현대사》, 김동노 옮김(창작과 비평사, 2001), pp. 713~714.

2 〈청와대 페리 조정관 협의 결과 '대만족'〉,《연합뉴스》 1999. 3. 10.

3 김지석,《미국을 파국으로 이끄는 세력에 대한 보고서》(교양인, 2004).

4 〈南전력 開城공단 공급 문산에서 송전선 연결〉,《국민일보》 2000. 8. 29.

5 〈美 외교협회, 제네바합의 수정권고〉,《연합뉴스》 2001. 3. 26.

6 〈미국, '北경수로 재검토해야' 강력 제기〉,《한국일보》 2001. 3. 2.

7 〈장관급회담서 김 위원장 답방 논의〉,《연합뉴스》 2001. 3. 5.

8 〈NMD 지지표명 美서 강요〉,《한국일보》 2001. 6. 14.

9 김대중,《김대중 자서전 2》(삼인, 2011), p. 416.

10 〈김 대통령 "답방 때 평화협정 논의 안 해"〉,《한국일보》 2001. 3. 9.

11 〈이회창 후보, 냉동정책하잔 말인가〉,《오마이뉴스》 2002. 7. 9.

12 임동원,《피스 메이커》(창비, 2015), p. 432.

13 위의 책, p. 432.

14 김대중, 앞의 책, pp. 436~437.

15 임동원, 앞의 책, pp. 436~437.

16 〈"북-러정상회담은 대미협상 대비용"《WP》〉,《연합뉴스》2001. 8. 5.

17 〈5차 남북장관급회담 결산〉,《연합뉴스》2001. 9. 18.

18 〈美 보복전쟁 더 큰 테러 공포 불러〉,《문화일보》2003. 9. 8.

19 〈9·11의 이유 미국만 몰라〉,《한겨레》2006. 9. 8.

20 김동춘,《미국의 엔진, 전쟁과 시장》(창비, 2004), pp. 243~244.

21 김대중, 앞의 책, p. 449.

22 〈北 주적은 南 아닌 美·日?〉,《세계일보》2004. 7. 19.

4장 2002년 — 한반도 평화를 지켜준 6·15공동선언 _ 본문 91쪽

1 〈美, 北 생물무기 개발國 공개 지목〉,《국민일보》2001. 11. 20.

2 〈北, 반테러 2개 국제협약 서명〉,《연합뉴스》2001. 11. 29.

3 임동원,《피스 메이커》(창비, 2015), pp. 444~445.

4 〈'동맹의 허상'을 짚을 때다 — 미국은 한국의 영원한 동맹인가〉,《프레시안》2002. 2. 7.

5 〈부시 발언, 與-대화 강조, 野-북한 책임 강조〉,《매일경제》2002. 2. 5.

6 〈김용갑, "부시 연설 지지" 성명〉,《한국일보》2002. 2. 4.

7 〈한반도 평화가 테러당했다〉,《미디어오늘》2002. 2. 8.

8 임동원, 앞의 책, p. 634.

9 위의 책, pp. 605~607.

10 〈28일 금강산 이산가족상봉 재개〉,《오마이뉴스》2002. 4. 6.

11 〈박근혜 지지도 하락 거품 빠지나…3者 가상대결 3위로 밀려나〉,《국민일보》2002. 3. 13.

12 〈불법어로와 軍의 묵인 논란〉,《연합뉴스》2002. 7. 2.

13 〈왜 처음부터 '어선 보호' 안 밝혔나?〉,《오마이뉴스》2002. 7. 3.

14 임동원, 앞의 책, p. 637.

15 위의 책, p. 638.

16 김대중,《김대중 자서전 2》(삼인, 2011), pp. 491~492.

17 〈丁 통일 "금강산 관광 경비지원"〉,《한국일보》2003. 9. 4.

18 〈"1년간 추진돼온 일을 겨우 3일 전에 통고하다니…" — 고이즈미 방북에 미 강경파들 분통《AWSJ》·《FEER》사설〉,《프레시안》2002. 9. 6.

19 임동원, 앞의 책, pp. 660~662.

20 〈파키스탄 "對北 核장비 제공설 전혀 근거 없다"〉,《연합뉴스》2002. 12. 30.

21 〈前 주미 대사 "미국, 북한 HEU 시인했다고 조작"〉,《민중의 소리》2007. 3. 3.

22 〈북미 '2단계 일괄 타결'이 유일 해법〉,《민족21》2002년 12월호;〈북핵위기 넘겨도 HEU(고농축 우라늄) 뇌관은 그대로〉,《주간동아》2007년 3월호.

23 〈북미 제네바합의를 살리자〉,《오마이뉴스》2002. 10. 22.

24 임동원, 앞의 책, p. 530.

25 김대중, 앞의 책, pp. 511~513.

26 셀리그 해리슨, 《코리안 엔드게임》, 이홍동 외 옮김(삼인, 2003), pp. 44~46.

27 〈금도를 넘어선 북한 핵문제 왜곡보도(데스크 칼럼)〉, 《프레시안》 2002. 10. 23.

28 임동원, 앞의 책, pp. 646~650.

29 〈盧 '대북정책 재검토' 언급〉, 《연합뉴스》 2002. 7. 1.

30 〈노 후보 남북관계 재검토 발언 개탄〉, 《오마이뉴스》 2002. 7. 24.

31 〈'노무현 후보 관리'에 허점이?〉, 《오마이뉴스》 2002. 6. 3.

32 〈노 후보: 전쟁을 하자는 건가〉, 《한겨레》 2002. 12. 15.

33 중앙선거관리위원회 홈페이지 '선거통계시스템' http://www.nec.go.kr, 2012년 12월 14일 검색.

5장 2003년 — 시작부터 좌충우돌 노무현 대통령 _ 본문 119쪽

1 임동원, 《피스 메이커》(창비, 2015), p. 534.

2 브루스 커밍스, 《브루스 커밍스의 한국현대사》(창작과 비평사, 2001), pp. 691~692.

3 UNODA 홈페이지 http://www.un.org/disarmament/WMD/Nuclear/NPTtext.shtml

4 〈정대철 단장이 미국에 햇볕정책 폐기 약속〉, 《통일뉴스》 2003. 12. 15.

5 〈美 언론, '노무현 길들이기' 나섰다〉, 《머니투데이》 2002. 12. 24.

6 〈무디스 한국 신용등급 전망 왜 낮췄나〉, 《문화일보》 2003. 2. 12.

7 이종석, 《칼날 위의 평화》(개마고원, 2014), pp. 69~70.

8 〈언론은 '민족자결' 눈떠라〉, 《문화일보》 2003. 3. 10.

9 〈대북송금 파문 일지〉, 《연합뉴스》 2003. 2. 26일.

10 〈화난 노무현, DJ 전방위 압박〉, 《신동아》 2003년 3월호.

11 〈영남을 향한 뜨거운 프러포즈〉, 《한겨레21》 2003. 3. 20.

12 정세현, 《정세현의 통일토크》(서해문집, 2013), pp. 159~160.

13 〈유인태 수석, 박희태 대표 방문〉, 《매일경제》 2003. 5. 14.

14 문재인, 《문재인의 운명》(가교출판, 2011), p. 227.

15 김대중, 《김대중 자서전 2》(삼인, 2011), p. 516.

16 〈"특검 결과 불법 드러나면 DJ도 책임져야" — 노무현의 '칼' 문재인 민정수석〉, 《신동아》 2003년 4월호.

17 김대중, 앞의 책, p. 528.

18 〈특검보다 고민 않는 언론〉, 《한겨레》 2003. 6. 26.

19 정세현, 앞의 책, p. 160.

20 〈"검찰, 정몽헌 회장에 가혹 행위"…함승희 의원 주장 '파문'〉, 《한국경제》 2003. 8. 11.

이때 정몽헌 회장의 수사를 담당했던 검사 채동욱은 나중에 검찰총장 자리에 오른다.

21 강준만, 《한국현대사 산책》 2000년대편 2권(인물과사상사, 2011), pp. 244~246.
22 〈안희정-장성택 작년 10월 '비밀 접촉' '이해찬 방북'은 회담 추진 마무리용〉, 《오마이뉴스》 2007. 3. 6.
23 노무현재단, 《노무현 자서전: 운명이다》(돌베개, 2010), pp. 259~260.
24 〈부시 뒷다리만 잡고 가면 패망할 텐데〉, 《프레시안》 2003. 8. 8.
25 오연호, 《노무현, 마지막 인터뷰》(오마이뉴스, 2009), p. 183.
26 〈위기해결 비전 못 담은 한미정상회담〉, 《오마이뉴스》 2003. 5. 15.
27 〈한나라 "노 대통령 파격적 친미 발언 놀랍다"〉, 《오마이뉴스》 2003. 5. 14.
28 〈노무현, 변한 것은 없고 무식한 것〉, 《오마이뉴스》 2003. 5. 23.
29 〈추미애, "6·15 때 雨中 골프라니 햇볕정책 계승 믿겠나"〉, 《한국일보》 2003. 6. 17.
30 〈쓸쓸하게 이어진 '민족의 혈맥'〉, 《프레시안》 2003. 6. 14.
31 〈남북장관급회담 의전 대폭축소〉, 《문화일보》 2003. 7. 3.
32 〈정치논리로 뒷전 밀린 남북경협, 개성공단 시범단지 조성으로 돌파구 열자〉, 《민족21》 2003년 9월호
33 〈6·15공동선언 실천해야〉, YTN 2003. 8. 13.
34 〈철도 연결된다는데 위기는 왜 계속되나〉, 《오마이뉴스》 2003. 5. 27.

6장 2004년 — 남북 당국 대화가 중단되다 _ 본문 157쪽

1 이종석, 《칼날 위의 평화》(개마고원, 2014), pp. 257~258.
2 〈DJ "대한민국의 생사가 외교에 달려 있다"〉, 《오마이뉴스》 2004. 6. 1.
3 이종석, 앞의 책, pp. 277~283.
4 〈김일성 10주기 조문단 불허로 남북관계 삐걱〉, 《문화일보》 2004. 7. 10.
5 〈정부 탈북자정책 바뀌나〉, 《연합뉴스》 2004. 7. 27.
6 정세현, 《정세현의 통일토크》(서해문집, 2013), p. 183.
7 〈대북經協 — 核문제와 연계〉, 《매일경제》 2002. 11. 8.
8 〈미, 한국기자 '블랙리스트' 있나〉, 《미디어오늘》 2002. 11. 18.
9 〈개성공단委 개소식…정부 관심 없다?〉, 《문화일보》 2004. 10. 20.
10 〈新보도지침이라도 만들 셈인가?〉, 《노컷뉴스》 2004. 8. 4.
11 〈이라크 보도통제 희생자는 '진실'〉, 《미디어오늘》 2005. 6. 20.
12 문재인, 《문재인의 운명》(가교출판, 2011), pp. 269~270.
13 '전후 재건 특수' 같은 정부가 주장한 '국익' 역시 이루어지지 못했다. 〈부숴버리기 힘드나 '동맹의 덫'〉, 《한겨레21》 2007. 11. 6.
14 박건영, 〈노무현 정부 대북정책의 평가와 과제〉, 《2007년도 북핵문제 국제학술회의》

(2007), pp. 104~106.

15 〈진정한 자주국방의 열쇠는 '군축'에 있다〉,《오마이뉴스》 2004. 6. 3.

16 김종대,《노무현, 시대의 문턱을 넘다》(나무와 숲, 2010), pp. 354~356.

17 〈청와대 "힘센 골목대장도 때론 필요"〉,《동아일보》 2003. 3. 26.

18 김종대, 앞의 책, p. 91.

19 〈국방보좌관의 '가벼운 입'〉,《한겨레》 2003. 5. 22.

20 서보혁,〈행위자 간 협력을 중심으로 본 미국의 북한인권정책〉,《북한연구학회보》 9권 1호(2005), p. 314.

21 이원웅, 미국의 북한인권 정책 네트워크: 구조와 동태〉,《국가전략》 15권 3호(2009), p. 38.

22 이원웅,〈미국의 대북한 인권정책: 목표, 수단, 영향〉,《북한연구학회보》 9권 2호(2005), p. 63.

23 김재천, 미국의 "정권 교체(regime change)" 정책 사례 연구: 유형별 분석〉,《신아세아》 16권 3호(2009), p. 171.

24 Stephen Kinzer, *Overthrow: America's century of regime change from Hawaii to Iraq*(New York: Times Books, 2007), pp. 1~4.

7장 2005년 — 남북관계 개선으로 실현된 9·19공동성명 _ 본문 187쪽

1 〈美 '北 전방위 압박 외교' 시동〉,《서울신문》 2005. 3. 15.

2 이종석,《칼날 위의 평화》(개마고원, 2014), p. 294.

3 〈그 설치던 네오콘은 어디로 갔나〉,《한겨레21》 2005. 9. 2.

4 〈"北核 불안하지 않다" 59%…KSOI , 700명 전화 여론조사〉,《국민일보》 2005. 2. 17.

5 〈백낙청 "北의 스텔스기 위기의식, 우리 상상 이상"〉,《프레시안》 2005. 6. 7.

6 〈김정일 위원장 "NPT복귀, IAEA 핵사찰 받을 수 있다"〉,《오마이뉴스》 2005. 6. 17.

7 〈北 대표단 현충원 참배…'짧은 묵념, 큰 의미'〉,《프레시안》 2005. 8. 14.

8 〈8·15축전 성과와 의미〉,《연합뉴스》 2005. 8. 16.

9 김종대,《노무현, 시대의 문턱을 넘다》(나무와 숲, 2010), pp. 354~356.

8장 2006년 — 미국과 한국이 실패한 대북정책 _ 본문 211쪽

1 이종석,《칼날 위의 평화》(개마고원, 2014), p. 350.

2 〈미국 정부지원 첫 '북 인권회의'〉,《한겨레》 2005. 7. 21.

3 〈"북한은 위폐를 만들지 않았다"…그럼 대체 누가?〉,《연합뉴스》 2008. 1. 14.

4 이종석, 앞의 책, pp. 335~336.

5 위의 책, p. 522.

6 〈北 노동신문 "림팩 훈련 다국적 북침전쟁연습"〉,《연합뉴스》 2006. 6. 26.

7 〈북한의 무력시위만 문제인가〉,《프레시안》 2006. 7. 7.

8 〈北 미사일 발사 파문, 힐 "아무 일 없었던 것처럼 해선 안 돼"…강경 조치 조율〉,《국민일보》 2006. 7. 8.

9 〈한완상 한적 총재 일문일답〉,《연합뉴스》 2006. 7. 19.

10 이종석, 앞의 책, pp. 512~513.

11 〈與, 민주 '광주해방구' 발언 성토〉,《연합뉴스》 2006. 10. 27.

12 〈미 의회조사국, 비밀리 방한해 대북사업 전면 조사〉,《매일경제》 2006. 10. 18.

9장 2007년 — 2차 남북정상회담과 10·4선언 _ 본문 243쪽

1 〈美 관리들, 北 HEU 프로그램 불확실성 시인〉,《연합뉴스》 2007. 3. 1.; 〈양성철 "미국은 북한 고농축우라늄 프로그램을 과장한 것 해명해야"〉,《노컷뉴스》 2007. 3. 10.

2 〈위조 달러 출처는 北 아닌 美 CIA일 가능성〉,《동아일보》 2007. 1. 10.

3 〈BDA에 멈춘 북…'남북 먼저' '6자 먼저' 갈등〉,《한겨레》 2007. 5. 17.

4 정세현,《정세현의 통일토크》(서해문집, 2013), pp. 187~188.

5 〈북미보다 남북정상 만남이 먼저다〉,《한겨레》 2007. 3. 22.

6 〈버시바우 "한·미 대북 포용에 긴밀히 협력해야"〉,《연합뉴스》 2007. 5. 15.

7 〈'북 쌀지원 유보' 노대통령 지시…미국의 뜻?〉,《한겨레》 2007. 5. 28.

8 〈대북 쌀지원 안 하면 2·13합의가 이행될까〉,《프레시안》 2007. 6. 1.

9 〈장관급회담 결렬, 남쪽 책임 크다〉,《한겨레》 2007. 6. 1.

10 〈진보단체 "대북 쌀지원 재개하라"〉,《뉴시스》 2007. 5. 28.

11 〈배기선 '6·15 국가기념일' 지정 촉구〉,《연합뉴스》 2007. 5. 27.

12 〈北 원자로 '가동중단' 의미와 전망〉,《연합뉴스》 2007. 7. 15.

13 김종대,《노무현, 시대의 문턱을 넘다》(나무와 숲, 2010), pp. 511~512.

14 위의 책, pp. 513~517.

15 노무현재단,《노무현 자서전: 운명이다》(돌베개, 2010), p. 265.

16 〈'정상선언' 외국언론 반응, 미국만 유난히 시큰둥〉,《프레시안》 2007. 10. 4.

17 〈부시 "평화협정하자…다만 핵 폐기 우선"〉,《프레시안》 2007. 9. 7.

18 정세현,《정세현의 정세 토크》(서해문집, 2010), pp. 132~135.

19 〈李 "당 '평화 비전' 내 대북정책과 차이"〉,《연합뉴스》 2007. 11. 8.

10장 2008년 — 취임과 동시에 남북관계 단절시킨 이명박 대통령 _ 본문 271쪽

1 이명박,《대통령의 시간: 2008~2013》(알에이치코리아, 2015), p. 328.
2 〈정부조직 개편안 논란, "'통미봉남'이 재현될지 모른다"〉,《한겨레21》2008. 1. 24.
3 서보혁, 〈분쟁 후 인간안보와 남북관계〉, 서울대학교 국제문제연구소 엮음,《남북한 관계와 국제정치 이론》(논형, 2012), p. 215.
4 이명박, 앞의 책, p. 305.
5 위의 책, pp. 303~304.
6 위의 책, p. 191.
7 김진향,《개성공단 사람들》(전북 장수군: 내일을 여는 책, 2015), p. 47.
8 〈北, 南 당국자 입북금지 공언…대화 중단 장기화되나〉,《연합뉴스》2008. 3. 30.
9 〈"'평양의 미국인'이란 곡 나올 것"에 평양시민 큰 박수〉,《경향신문》2008. 2. 26.
10 이명박, 앞의 책, pp. 193~194.
11 〈남북관계·동북아 다자간 협력·한미동맹, 함께 풀 수 있어〉,《민족21》2012년 2월호.
12 〈이명박 정부의 꼬여버린 '실용외교'〉,《경향신문》2008. 5. 20.
13 정세현,《정세현의 통일토크》(서해문집, 2013), p. 35.
14 〈금강산 관광객 피살…대북 관광 타격 '불가피'〉,《연합뉴스》2008. 7. 11.
15 〈금강산 피살사건과 언론〉,《PD저널》2008. 7. 16.
16 〈"금강산 관광·대북정책은 별개 추진" 53%〉,《서울신문》2008. 7. 18.
17 정세현, 앞의 책, p. 199.
18 〈서재진 "오래 못 갈 것…대화 소용없다" 강경 발언 논란〉,《뉴시스》2008. 9. 24.
19 〈北 급변사태 대비한 軍 '작전계획' 진전〉,《연합뉴스》2008. 9. 10.
20 〈북의 '핵 통제력 상실' 대비, 한미공조 충분한가〉,《동아일보》2009. 2. 11.
21 〈이 대통령 "북한이 내 욕하는데 왜 가만히 있느냐"〉,《한겨레》2008. 11. 3.
22 정용욱, 〈기획: 한국사상 전쟁기억과 기억전쟁, 6·25전쟁기 미군의 삐라 심리전과 냉전 이데올로기〉,《역사와 현실》51권(2004).

11장 2009년 — 북한, 2차 핵실험을 단행하다 _ 본문 307쪽

1 서보혁, 〈분쟁 후 인간안보와 남북관계〉, 서울대학교 국제문제연구소 엮음,《남북한관계와 국제정치 이론》(논형, 2012), p. 216.
2 〈미국은 대조선 정책부터 바꾸어야 한다〉,《수원시민신문》2009. 5. 26.
3 임동원,《피스 메이커》(창비, 2015), p. 582.
4 이명박,《대통령의 시간: 2008~2013》(알에이치코리아, 2015), p. 322.
5 〈북, 조만간 이산가족상봉 제안. 북미, '제재'에서 '대화 병행' 국면 전환〉,《민족21》2009

년 8월호.

6 정세현,《정세현의 통일토크》(서해문집, 2013), pp. 204~205.

7 위의 책, p. 207.

8 〈8월 이후 세 차례 비밀 접촉, 정상회담 논의〉,《민족21》2010년 2월호.

9 〈정상회담 합의 후 남한이 뒤통수쳤다〉,《신동아》2012년 12월호.

10 〈홍정욱 "남북 물밑접촉 누설 이해 안 돼"〉,《연합뉴스》2009. 10. 31.

11 〈조성태 국방장관과의 일문일답〉,《연합뉴스》1999. 6. 14.

12 〈대청해전 때 南 '파열탄' 사용〉,《세계일보》2009. 11. 19.

12장 2010년 ― 남북관계를 단절시킨 5·24조치와 연평도 포격사건 _ 본문 339쪽

1 장달중·이정철·임수호,《북미 대립: 탈냉전 속의 냉전 대립》(서울대학교 출판문화원, 2011), pp. 289~290.

2 〈이명박 대통령, "남북정상회담 위한 대가 없다"〉, YTN 2010. 2. 2.

3 장달중 외, 앞의 책, pp. 290~291.

4 〈MB정부, 금강산 관광객 신변보장 북 제안 거부〉,《오마이뉴스》2012. 11. 26.

5 이삼성, 〈한반도 평화협정체제와 비핵화, 그리고 동북아 비핵무기지 대화: 상호 의존성의 인식과 연계의 비전〉,《9·19공동성명 10주년 기념 토론회》, p. 52.

6 김보근 외,《봉인된 천안함의 진실》(한겨레출판, 2010), p. 170.

7 〈미, 남·북 군사충돌 가능성 사전차단에 '초점'〉,《한겨레》2010. 4. 25.

8 〈지방선거 D-6, 민주 '천안함 역풍'에 기대감〉,《노컷뉴스》2010. 5. 27.

9 〈한미일-북중러 '두 주장' 절충…이중해석 논란 예고〉,《한겨레》2010. 7. 9.

10 정세현,《정세현의 통일토크》(서해문집, 2013), pp. 199~200.

11 〈연평도 포격, 북한 입장에서 보면〉,《프레시안》2011. 11. 23.

12 〈"기어코 하려는가"…트위터 등 '훈련 반대' 여론 급속 확산〉,《민중의 소리》2010. 12. 20.

13 장달중 외, 앞의 책, p. 295.

14 〈MB, "북한 주민 변화…통일 가까이 오고 있다"〉,《SBS 뉴스》2010. 12. 10.

13장 2011년 ― 정상회담을 위한 비밀접촉이 중단되다 _ 본문 373쪽

1 장달중·이정철·임수호,《북미 대립: 탈냉전 속의 냉전 대립》(서울대학교 출판문화원, 2011), p. 294.

2 〈北 최고인민회의, 또 남북 국회회담 제의〉,《뉴시스》2011. 2. 13.

3 〈군사실무회담 결렬…회담의제 합의 못 해(종합)〉,《연합뉴스》2011. 2. 9.

4 〈대화냐 대결이냐, MB정부 선택의 기로〉,《헤럴드경제》2011. 4. 7.

5 〈감귤 '북한 보내기' 12년 만에 끝내 중단〉, 《경향신문》 2011. 2. 1.

6 〈우다웨이–김계관 회담…"6자회담 단계적 재개검토"〉, 《연합뉴스》 2011. 4. 11.

7 〈검찰 "농협 해킹은 북한 관여한 사이버테러"(종합)〉, 《노컷뉴스》 2011. 5. 3.

8 〈북 "남한 끝까지 외면하면 대화 연연 않겠다"〉, 《MBN》 2011. 4. 23.

9 〈카터 "김정일, 이 대통령과 대화 제안"…정부 "떠보는 것"(종합)〉, 《노컷뉴스》 2011. 4. 28.

10 〈남북경협 기업들 "경협 숨통 틔워달라"〉, 《연합뉴스》 2011. 1. 19.

11 서보혁, 〈분쟁 후 인간안보와 남북관계〉, 서울대학교 국제문제연구소 엮음, 《남북한관계와 국제정치 이론》(논형, 2012), pp. 228~229.

12 〈파주 주민들, 임진각 대북전단 살포 자제 촉구〉, 《연합뉴스》 2011. 3. 6.

13 〈왜 북한 탓만 하나…먹고 살게는 해달라〉, 《프레시안》 2011. 7. 12.

14 〈남북경협 기업인들 "정부가 우릴 버렸다…통일부는 저승사자"〉, 《경향신문》 2011. 4. 30.

15 〈기독교 단체, 北 밀가루지원 문제로 당국과 마찰〉, 《아주경제》 2011. 5. 17.

16 〈예비군 사격 표적지로 김일성·김정일·김정은 사진 이용〉, 《경향신문》 2011. 5. 30.

17 〈북 "남북 비밀 접촉 녹음기록 공개할 수 있다"〉, 《오마이뉴스》 2011. 6. 9.

18 〈남북정상회담 MB원칙 '와르르'〉, 《경향신문》 2011. 6. 2.

19 〈靑 대북 강경파 김태효가 접촉 주도…김천식 '창구'로, 홍창화 실무지원〉, 《경향신문》 2011. 6. 1.

20 〈북한, 체제 유지 자신감 속 '강공'…미·중에 시위 해석도〉, 《경향신문》 2011. 6. 2.

21 〈한국 내 대북 강경 여론, 도발 위험 더 키워〉, 《경향신문》 2011. 6. 6.

22 〈류우익 통일부 장관 기용의 숨은 그림 찾기〉, 《프레시안》 2011. 9. 7.

23 〈북한, 고위급회담서 미국에 정상회담 제의〉, 《오마이뉴스》 2011. 8. 19.

24 〈美, 대북 수해지원 50% 늘려…'반 토막' 낸 한국과 대비〉, 《프레시안》 2011. 8. 19.

25 〈북 의사 무시한 채…정부, 수해지원 '일방통행'〉, 《한겨레》 2011. 9. 6.

26 〈북한의 김관진 장관 암살조? "언론이 거짓말했다"〉, 《미디어오늘》 2011. 8. 19.

27 〈류우익, 갈 길은 먼데 날은 저물고…〉, 《프레시안》 2011. 9. 15.

28 〈北 핵개발·도발 멈출 때까지 대규모 투자·교역 중단〉, 《세계일보》 2011. 11. 22.

29 〈강화 해병대 소초 총기난사…4명 사망(종합2보)〉, 《연합뉴스》 2011. 7. 4.

30 사고 발생 전 한미 양국 해병대가 백령도에서 처음으로 연합훈련을 실시하기도 했다.

31 〈"민항기 오인 사격, 한국군 능력 한계" 中 전문가〉, 《노컷뉴스》 2011. 6. 20.

32 〈99발의 오인 사격, 위험한 해프닝?〉, 《주간경향》 2011. 7. 5.

33 〈北 방북조문단 극진예우…숙소 백화원 초대소(종합)〉, 《연합뉴스》 2011. 12. 26.

14장 2012년 — 남북회담 한 번 못 하고 끝난 '이명박 정부 5년' _본문 397쪽

1 〈'러' 핵 폭격기 등 5대 日 영공 근접 비행(종합)〉, 《연합뉴스》 2011. 2. 9.

2 〈북한의 궁극적 속셈은 '위성 비즈니스'?〉,《시사인》 2012. 4. 4.

3 〈광명성 발사 둘러싼 미국 태도가 수상해〉, 위의 주간지.

4 《시사인》에 따르면, 발사 실패의 정확한 배경은 확인되지 않았지만, 미국이 4월 7일 국가정보국(DNI) 산하 국가비확산센터(NCPC)의 조지프 디트러니 소장을 포함한 고위 관리들을 극비리에 평양으로 파견했다는 사실이 나중에 알려져 다양한 해석의 여지를 남겼다. 즉, "북한이 광명성 3호를 안 쏠 수는 없는 상황에서 광명성 발사가 성공한 뒤의 국제정치적 부담을 고려해 의도적으로 실패"했다는 '의도적 실패론'이 외교가에서 제기된 것이다. 공화당의 견제를 뛰어넘고 "미국 대선 국면에 맞춰 북·미 대화를 복원하고자 했던 (미국) 협상팀의 애초 구상"과 북미 대화를 복원하고자 하는 북한의 구상을 동시에 만족시키기 위한 조치가 위성발사 실패라는 분석이었다. 〈광명성 3호 발사, 일부러 실패했나〉,《시사인》 2012. 6. 11.

5 〈통일·국방장관, 잇단 대북 강경 발언…청와대서 무슨 말 들었길래〉,《경향신문》 2012. 3. 8.

6 〈군, 북한 전역 타격 가능한 크루즈 미사일 공개〉,《연합뉴스》 2012. 4. 19.

7 〈호주, 대중봉쇄 기지로…중 "십자포화 휩싸일 것" 경고〉,《한겨레》 2011. 11. 17.

8 임동원,《피스 메이커》(창비, 2015), p. 563.

9 〈포기할 수 없는 꿈, 상생!〉,《한겨레21》 2012. 5. 24.

10 〈위키 리크스 문건 "MB, 남북관계 얼어붙게 놔둘 것"〉,《경향신문》 2010. 12. 1.

15장 2013년 — 상대의 굴복을 원하면 대화는 불가능하다 _ 본문 425쪽

1 〈"일주일 휴가간다…그동안 건강 잘 챙기라"〉,《한겨레21》 2013. 4. 20.

2 〈북한의 오판과 韓·美·中의 오판이 만나면…〉,《프레시안》 2013. 2. 13.

3 〈북핵 대응, 미국의 발상 전환 필요하다〉,《경향신문》 2013. 2. 13.

4 〈박근혜, 2009년 힐러리 주장이 정답이다〉,《프레시안》 2013. 2. 13.

5 〈한·미 군사훈련 없애면 큰일 나나〉,《한겨레》 2013. 5. 17.

6 〈올해 키리졸브-독수리 훈련이 남긴 것〉,《경향신문》 2013. 5. 1.

7 〈"개성공단 군 투입" 발언, 북한이 참을 수 없었던 까닭〉,《오마이뉴스》 2013. 4. 17.

8 〈김관진 "개성공단 인질사태 땐 구출작전"…정부, 대응 매뉴얼 재점검 긴박〉,《경향신문》 2013. 4. 3.

9 〈개성공단 폐쇄로 몰고 가는 남북의 기싸움〉,《폴리뉴스》 2013. 5. 7.

10 김진향,《개성공단 사람들》(전북 장수군: 내일을 여는 책, 2015), p. 50.

11 〈개성공단 철수 때 북한이 "물자 반출과 기업인 방북 허용" 제의했었다〉,《한국일보》 2013. 5. 16.

12 〈대북대화 제의 통일부는 없었다〉,《세계일보》 2013. 5. 15.

13 〈靑 '윤창중 사태' 장기화 부담…국면 전환 시도하나〉, 《연합뉴스》 2013. 5. 14.

14 〈북한 대화 공세의 노림수〉, 《한국일보》 2013. 9. 4.

15 〈문제는 박근혜-김정은 의지, 회담의 격이 아니다〉, 《오마이뉴스》 2013. 6. 10.

16 〈북한 버릇 고치기? 한국의 엉뚱한 전략〉, 《시사인》 2013. 6. 25.

17 임동원, 《피스 메이커》(창비, 2015), pp. 364~365.

18 위의 책, pp. 465~466.

19 〈개성공단 개발로 휴전선 사실상 北上〉, 《신동아》 2004년 1월호, pp. 228~234.

20 〈개성공단 진출은 분단국가 기업인의 소명감이었다〉, 《경향신문》 2013. 5. 4.

21 통일부 홈페이지, 2014년 10월 1일 검색.

22 〈북, MB 정권 때 '공단 무의미' 결론〉, 《시사인》 2013. 5. 16.

23 〈李 대통령, 개성공단 숙소건설에 신중 반응〉, 《연합뉴스》 2008. 9. 17.

24 〈개성공단 해법은 6·15와 10·4선언에 있다(사설)〉, 《민중의 소리》 2013. 7. 9.

25 〈朴 남북관계 정상화 목표…유화적 대북정책-2〉, 《연합뉴스》 2012. 11. 5.

26 〈盧와 MB 사이…운신폭 좁은 대북정책 "쓸 만한 카드가 없네"〉, 《헤럴드경제》 2013. 3. 28.

27 김진향, 앞의 책, p. 49.

28 〈개성공단 협상 중단, 누구의 책임인가?〉, 《프레시안》 2013. 7. 30.

29 〈남북회담 사실상 결렬, 北 "남한 무성의한 태도 보여"〉, 《프레시안》 2013. 7. 25.

30 〈'원칙' 지켜 살려낸 개성공단…설마 하다 무산된 이산상봉〉, 《동아일보》 2013. 12. 19.

31 〈정세현 "北이 한국 정부 '원칙'에 굴복? 국제정세를 봐야"〉, 《프레시안》 2013. 8. 25.

32 〈한반도 위기와 문턱 못 넘은 북미대화〉, 《통일뉴스》 2013. 12. 16.

33 〈김관진 "북-시리아 화학무기 커넥션 가능성"〉, 연합뉴스TV 2013. 9. 3.

34 〈시리아 공습 밀어붙이는 美 안보라인 "北 화학무기 응징" 경고〉, 《헤럴드경제》 2013. 9. 5.

35 〈美 국방부 "북한-시리아 화학무기 정보 공유한 듯"〉, 《뉴스1》 2013. 9. 6.

36 이용중, 〈서해북방한계선(NLL)에 대한 남북한 주장의 국제법적 비교 분석〉, 《법학논고》 32권(2010), p. 568.

37 〈한국 국방장관 "북한, 사이버전 등 4세대 전쟁 꾸밀 것"〉, 《VOA(미국의 소리)》 2013. 9. 17.

38 본 내용은 필자가 《오마이뉴스》(2014. 10. 11.)에 게재한 〈"남북관계 개선" 말은 그만… 진정성 좀 보여라〉의 일부를 인용한 것이다.

16장 2014년 — 짧은 대화, 긴 반목 _ 본문 457쪽

1 〈북, 대남 비방방송 감소…'선제적 조처' 실행 중〉, 《한겨레》 2014. 2. 3.

2 〈평화통일론은 안녕한가?〉, 《한겨레》 2014. 1. 23.

3 〈한국 언론의 '북한 급변사태' 호들갑…왜?〉,《오마이뉴스》2014. 1. 15.

4 〈B-52 전략폭격기 서해훈련 했나〉,《아시아경제》2014. 2. 6.

5 〈존 케리 "과거보다 안보가 더 중요"…한일관계 개선 주문〉,《뉴시스》2014. 2. 13.

6 〈비정상이 정상처럼 된 북핵(국제칼럼)〉,《경향신문》2014. 6. 1.

7 〈한·미 "북핵 사용 임박 땐 선제타격"〉,《서울신문》2013. 10. 3;〈말 많은 키 리졸브…
   미국만 바라볼 때인가〉,《오마이뉴스》2015. 3. 4.

8 〈택배로 받은 대량살상무기, 수신인은 '주피터'〉,《프레시안》2015. 7. 9.

9 〈韓·美 "北 핵 공격 징후 땐 선제타격 검토"〉,《세계일보》2013. 2. 4.

10 〈北核 공격 징후 땐 한국군 단독 선제타격…美는 지원작전〉,《동아일보》2014. 10. 24.

11 〈한·미·일 동맹 강화, 통일에는 '독' 된다〉,《프레시안》2014. 3. 17.

12 〈백학순 北 고위급 3인방, 왜 朴 대통령 만나지 않았을까?〉,《프레시안》2014. 10. 8.

13 〈선제타격 포함한 4D 작계…어떤 무기 어떻게 쓸지 명시〉,《중앙일보》2015. 4. 17.

14 〈드레스덴선언 1주년에 부쳐(정동칼럼)〉,《경향신문》2015. 3. 26.

15 〈철저한 北 주민용 제안(뉴스쇼 판)〉, TV조선 2014. 3. 28.

16 〈정세현, "드레스덴선언 이행? 북한부터 설득해라"〉,《프레시안》2014. 8. 14.

17 〈드레스덴 연설과 한반도의 불길한 봄〉,《한겨레》2014. 3. 31.

18 〈박근혜 독일 연설, 이명박과 똑같았다〉,《오마이뉴스》2014. 3. 28.

19 〈[싱크탱크 시각] 10·4선언 모방한 드레스덴선언〉,《한겨레》2014. 3. 30.

20 〈외통위, 드레스덴선언 '쟁점'…대북정책 실효성도 제기〉,《뉴시스》2014. 4. 11.

21 〈"드레스덴선언 효과 위해서라도 '5·24' 해제 필요"…통일부 연구용역 보고서 경남대
   김근식 교수에 의뢰 朴 정부 대북 제안 드레스덴선언〉,《국민일보》2015. 3. 31.

22 〈박근혜 외교, "가장 큰 문제는 간판과 파는 물건이 다르다는 점"〉,《한겨레》2014. 6. 1.

23 〈국방부 대변인의 '가벼운 입' 뒤엔…〉,《경향신문》2014. 1. 17.

24 〈100발 넘어왔는데 300발 반격? 교전규칙 바뀐 뒤 첫 사례〉,《한겨레》2014. 4. 1.

25 〈북한 연평도 사격, 우리 군 즉각 대응…주민 "포성은 들리지 않았다"〉, MBN 2014. 5. 22.

26 〈아시안게임 남북회담의 치졸함(시론)〉,《경향신문》2014. 7. 21.

27 〈북한 미녀 응원단과 박근혜 정부의 콤플렉스〉,《프레시안》2014. 7. 23.

28 〈북한 응원단 불발, 남북관계 출구 닫았다〉,《프레시안》2014. 9. 3.

29 〈김무성 "북한 응원단 무산, 정부가 무능하다" 새누리 "5·24는 시효 지난 정책…큰 차
   원에서 남북관계 바라봐야"〉,《프레시안》2014. 9. 4.

30 〈북한이 고위급 접촉에 호응하지 않는 이유〉,《프레시안》2014. 9. 1.

31 〈북한, 통일전문가 10명 중 6명 "통일준비위 활동 미흡"〉,《뉴스1》2015. 7. 14.

32 〈러닝머신 같은 남북관계, 안 뛰면 넘어져〉,《프레시안》2015. 6. 30.

33 〈통일, 속도보다 방향이 중요하다〉,《경향신문》2014. 10. 31.

34 〈"대북 PSI 정식가입해야", 유호열 교수〉,《연합뉴스》2009. 2. 18.

35 〈5·24조치 5년, ③ 전문가 진단…'南北 대화 의제화' 공감대〉, 《뉴스1》 2015. 5. 24.

36 〈"지난 10년 南좌파들 北통일전술에 활용"…제성호 인권대사 발언 논란〉, 《경향신문》 2008. 8. 20.

37 《뉴스1》 2015. 5. 24.

38 〈당연히 북한 흡수통일해야〉, 《뷰스앤뉴스》 2009. 9. 3.

39 〈박세일 "사드 배치하고 흡수통일 준비해야"〉, 《뷰스앤뉴스》 2015. 3. 13.

40 〈갑오년 한반도 격랑을 철저히 준비하자〉, 《동아일보》 2014. 1. 8.

41 〈THAAD 1개 포대 평택에 배치한다〉, 《동아일보》 2014. 9. 5.

42 〈사드는 방어용…다른 국가에 위협 안 돼〉, 《중앙일보》 2014. 8. 30.

43 〈실망스러운 '두 개의 연설'〉, 《경향신문》 2014. 9. 28.

44 〈朴 대통령, 통일에 대한 근본적 이해 부족〉, 《프레시안》 2014. 9. 28.

45 〈국민 10명 중 8명 "남북정상회담 해야"〉, 《동아일보》 2014. 10. 13.

46 〈'애기봉 점등식' 제2의 대북 '삐라' 되나?〉, 《아시아투데이》 2014. 12. 2.

17장 2015년 — 8·25남북고위급합의, 마지막 기회 놓치다 _ 본문 495쪽

1 〈오바마는 왜 '인터뷰' 개봉을 부추겼나?〉, 《프레시안》 2015. 1. 9.

2 〈"국민 생명에 대한 명백하고 현존한 위협"…법원, 대북전단 살포 제지 적법 판결〉, 《국민일보》 2015. 1. 7.

3 〈정부만 '삐라' 방관…남북 훈풍에 '역풍'〉, 《경향신문》 2015. 1. 7.

4 〈美 "금융 등 가능한 모든 방안 동원해 北 압박할 것"〉, 《뉴스1》 2015. 1. 14.

5 〈윤병세 "이제 통일의 그날이 다가오고 있다"〉, 《연합뉴스》 2015. 1. 23.

6 〈현실성 없고 재탕·삼탕…'통일' 명칭만 붙인 정책 수두룩〉, 《한국일보》 2015. 1. 20.

7 〈정부 "북한과 '함께'하는 통일"…"정책 아니라 홍보" 비판〉, 《오마이뉴스》 2015. 1. 19.

8 물론 박근혜 대통령 스스로가 '북한 붕괴론'에 경도되어 있었던 것이 이후의 여러 사안에서 확인되었으며, 이에 관해서는 후술하겠다.

9 〈연말특집. 3. 미북, 핵·인권 놓고 대치〉, 《VOA》 2015. 12. 31.

10 7장에도 9·19공동성명에 대한 설명이 있지만, 박근혜 대통령의 인식이 얼마나 단순하고 문제 해결을 어렵게 만들고 있는지를 알기 위해서는 9·19공동성명의 내용을 정확히 알아야 한다고 판단했다. 이에 내용이 일정 부분 중복되는 것을 감안하고 설명하고 있는 것에 대해 독자 여러분의 양해를 구한다.

11 〈존 볼턴 "북핵문제 유일한 해법은 북한 붕괴"〉, 《연합뉴스》 2015. 2. 14.

12 〈박 대통령 임기 내 정상회담이 불가능한 이유〉, 《한겨레》 2015. 8. 29.

13 〈박 대통령 "평화통일 위해 중국과 다양한 논의 시작할 것"〉, 《오마이뉴스》 2015. 9. 4.

14 〈북, 미에 '한미훈련 완화하면 대화' 입장 전달〉, 연합뉴스TV 2015. 2. 19.

15 이원웅, 〈미국의 대북한 인권정책: 목표, 수단, 영향〉, 《북한연구학회보》 9권 2호(2005), p. 60.

16 〈한·미·일 6자 수석대표 "대북 압박 강화 외 선택권이 없다"(주요 발언)〉, 《국민일보》 2015. 5. 27.

17 〈공격형 작계로 바꾼 한·미, 북한 남침 땐 동시 선제타격〉, 《중앙일보》 2015. 8. 27.

18 〈작계 5015와 '디캡 작전'〉, 《문화일보》 2015. 9. 1.

19 박창권·권태영, 〈우리 군의 비대칭전략: 대안과 선택방향〉, 《전략연구》, 14권 1호(2007), p. 112.

20 〈박근혜 방미, 오바마에게 뺨 맞고 온 셈이다〉, 《프레시안》 2015. 11. 6.

21 〈한·미의 대북정책 접근법은 변하지 않을 것〉, 《경향신문》 2015. 10. 18.

22 〈박근혜 외교, 널뛰기도 이런 널뛰기 없다〉, 《프레시안》 2015. 10. 21.

23 〈'자위대 북한 진입' 사실상 용인〉, 《내일신문》 2015. 9. 21.

24 〈美 셔먼 도발에도 외교부는 '대리해명' 급급〉, 《CBS노컷뉴스》 2015. 3. 3.

25 〈美 국방장관 "한·미·일 미래 이익이 현재 정치보다 중요"〉, 《연합뉴스》 2015. 4. 8.

26 〈한일, 미국 중재에 '어정쩡한 악수'〉, 《연합뉴스》 2015. 4. 17.

27 〈일본, 과거사 역공에 나섰다〉, 《프레시안》 2015. 4. 21.

28 〈사드 배치용? 미 태평양사령관 "(한국 등) 다른 나라의 (방어) 능력은 비관적"〉, 《중앙일보》 2015. 9. 18.

29 〈"사드 韓美 논의 없다" 국방부 뻔한 발표 국민이 믿겠나〉, 《동아일보》 2015. 10. 31.

30 〈주한미군 관계자 밝혀…물밑 조율 마무리 시사〉, 《세계일보》 2015. 6. 11.

31 〈한국 국방부 "사드 주한미군 배치 안보에 도움"〉, 《VOA》 2016. 1. 29.

32 〈사드, 8시간 안에 '북한→중국 겨냥 모드' 전환 가능〉, 《한겨레》 2015. 6. 3.

33 〈'사드 배치' 공론화돼도 산 넘어 산〉, 《동아일보》 2015. 5. 22.

34 〈미국 전직 고위 관리 "사드, 북한 미사일 요격 어렵다" 인정〉, 《한겨레》 2015. 7. 5.

35 〈미 MD 전문가 "한국에 사드 배치하면 미·중 핵전쟁 시 중국의 첫 타깃 될 것…"〉, 《경향신문》 2015. 10. 16.

18장 2016년 — 다시 평화와 통일을 이야기하자 _ 본문 553쪽

1 임동원, 《피스 메이커》(창비, 2015), p. 594.

2 '사실상의 평화'는 "법·제도적 합의의 이행 과정을 포괄하며, 상호관계의 변화를 통해 분쟁의 원인을 근원적으로 해결하는 일련의 과정을 의미"한다. 김연철, 〈한반도 평화체제의 재해석: "사실상의 평화"라는 시각에서〉, 《북한연구학회보》 18권 2호(2014), p. 255.

주요 동북아 정세 연표

1998년

2월	25일	김대중 대통령, 대북정책 3원칙 발표
6월	16일	정주영 현대그룹 명예회장 소떼방북
8월	31일	북한, 백두산 1호 장거리 로켓 발사
11월	18일	금강산 관광 첫 출항

1999년

3월	16일	북미, 금창리 협상 타결
6월	3일	남북, 비료지원과 이산가족상봉 합의
	15일	1차 서해교전
9월		미국, 대북한 경제제재 해제
10월	19일	김대중 대통령, 남북민족경제공동체 건설 제의

2000년

1월	3일	김대중 대통령, 신년사를 통해 남북경제공동체 구성 제의
3월		남북정상회담을 위한 비밀 접촉(싱가포르)
	9일	김대중 대통령, '베를린선언' 발표
	17일~4월 8일	남북정상회담 개최를 위한 특사 접촉(상하이, 베이징)
4월	8일	남북정상회담 합의문 도출
	10일	남북정상회담 공동발표(서울, 평양)
5월	18일	남북 합의서(4.8) 이행을 위한 실무 절차 합의서 타결
6월	13~15일	남북정상회담, 6·15남북공동선언 발표
7월	29~31일	1차 남북장관급회담(서울)
8월	5~12일	언론사 사장단 방북
	15~18일	1차 이산가족방문단 교환(서울, 평양)

	29일~9월 1일	2차 장관급회담(평양)
9월	2일	비전향장기수 63명 송환
	11~14일	북, 김용순 특사 방남
	15일	시드니올림픽 개막식, 남북 동시 입장
	18일	경의선 동시 착공
	25~26일	1차 남북국방장관회담(제주도), 1차 남북경협 실무접촉(서울)
10월	9~12일	조명록 특사 방미, 조미공동코뮈니케 발표
	9~14일	남측 방문단, 노동당 창건 55주년 행사 참관
	20일	ASEM 정상회의, 한반도평화선언 채택(서울)
	23~25일	올브라이트 미 국무장관 방북
11월		미국 대통령 선거에서 W. 부시 당선
12월	8일	김대중 대통령, 노벨평화상 수상
	11~14일	남북노동자 통일토론회(금강산)
	12~16일	4차 남북장관급회담(평양)
	27~30일	1차 남북경제협력추진위원회 회의(평양)

2001년

1월		부시 행정부 출범
3월	6~11일	한미정상회담
	13일	북, 5차 남북장관급회담 연기 요청
	15일	'6·15 남북공동선언 실현과 한반도 평화를 위한 통일연대' 결성
5월	1일	남북노동자 통일대회(금강산)
6월	15~16일	6·15공동선언 1주년 기념 민족통일대토론회(금강산)
7월	18~19일	남북공동선언 관철을 위한 남북농민통일대회(금강산)
8월	4일	북러 확대정상회담 개최 및 8개항의 모스크바선언 발표
	15~21일	8·15민족통일대축전에 남측 방문단 참가
9월	3일	임동원 통일부 장관 해임
	11일	9·11테러 발생
	15~18일	남북, 5차 장관급회담(서울)
	20일	부시 대통령, '테러와의 전쟁' 선포
11월	9~14일	남북, 6차 장관급회담(금강산)

12월	17일	북, 조평통 대변인, 남한의 비상경계조치 지속 비난 담화 발표

2002년

1월	29일	부시, 2002년도 연두교서에서 북을 '악의 축'으로 지목
2월	19~21일	부시 방한, 한미정상회담 개최 및 도라산역 방문
	27일	새해맞이 남북공동행사 무산
4월	3~6일	임동원 특사 방북, 김정일 위원장 면담
5월	11~14일	박근혜 의원, 유럽-코리아재단 이사 자격으로 방북
	15일	전국농민회총연맹, 통일쌀 출항식 개최
6월	14~17일	6·15남북공동선언 발표 2돌 기념 통일대축전(금강산)
	29일	2차 서해교전
7월	25일	북, 서해교전 유감 표명 및 장관급회담 실무대표 접촉 제의
8월	2~4일	남북 금강산 실무대표 접촉, 부산아시아게임 북한 참가 등 공동보도문 발표
	12~14일	7차 장관급회담(서울)
	15~16일	8·15민족통일행사(서울)
	27~30일	남북경제협력추진위원회 2차 회의(서울)
9월	17일	고이즈미 준이치로 일본 총리 방북, 북일정상회담과 4개항의 평양선언 발표
	18일	경의선-동해선 철도·도로 연결 착공식
	9일~10월 14일	부산아시아게임에 북한 선수단, 응원단 등 총 668명 참가
10월	3~5일	제임스 켈리 차관보 방북
	13~17일	남북해외청년학생 통일대회(금강산), 남북 여성통일대회(금강산)
	19~22일	8차 남북장관급회담(평양)
	25일	북, 미국에 불가침조약 제의
12월	12일	북, 핵동결 해제 및 핵시설 재가동 선언

2003년

1월	10일	북, NPT 탈퇴선언
2월	12일	IAEA, 북핵문제의 유엔 안보리 회부 관련 결의문 채택
3월	1~2일	3·1민족공동통일행사(서울 워커힐호텔)

	14일	노무현 대통령, 대북송금특검법 공표
4월	2일	이라크 파병 동의안, 국회 통과
	23~24일	핵문제 관련 베이징 3자회담
	27~29일	10차 남북장관급회담(평양)
5월	11~17일	한미정상회담(워싱턴)
6월	14일	군사분계선(MDL) 경의선-동해선 연결 행사
	15일	6·15공동선언 3돌 기념 민족통일대축전(분산 개최)
	30일	개성공단 착공식
7월	9~12일	11차 남북장관급회담(서울)
8월	4일	정몽헌 현대아산 사장 투신자살
	20일	4개 경협합의서 발효
	21~31일	대구유니버시아드대회에 북 선수단과 응원단 참가
	27~29일	1차 6자회담(베이징)
10월	6일	류경정주영체육관 개관식
	23~27일	제주 민족평화축전

2004년

2월	25~28일	2차 6자회담(베이징)
	3~6일	13차 장관급회담
4월	22일	평안북도 룡천역 폭발사고 발생
5월	1일	6·15공동선언 실천을 위한 '남북노동자 5·1절 통일대회'(평양)
	4~7일	14차 남북장관급회담
6월	3~4일	2차 남북장성급군사회담
	13~17일	6·15공동선언 발표 4돌 기념 '우리 민족대회'(인천)
	23~26일	3차 6자회담(베이징)
7월	8일	조평통, 김일성 주석 10주기 남한 조문단 취소 관련 비난담화
	19일	남북 당국 간 대화 중단
	27~28일	베트남에서 탈북자 대거 입국
8월	14일	2004 아테네올림픽 남북 공동입장
10월	5일	미국 상원에서 북한인권법안 통과
11월	15일	정통부, '친북 사이트' 31개 접속 차단
	20일	한미정상회담(칠레 산티아고)

| 12월 | 15일 | 개성공단 첫 제품 생산 기념식 |

2005년

2월	10일	북, 2·10 외무성 성명을 통해 핵무기 보유 및 6자회담 무기한 중단 선언
3월	4일	6·15공동선언 실천을 위한 남북해외공동행사 준비위 발족
5월	23~24일	남북 대학생 상봉 모임(금강산)
6월	11일	한미정상회담(워싱턴)
	13~17일	6·15민족통일대축전(평양)
	17일	정동영 통일부 장관, 대통령 특사 자격으로 김정일 국방위원장 면담
	20일	한일정상회담(서울)
	21~24일	15차 남북장관급회담(서울)
7월	26일~8월 7일	4차 6자회담
8월	14일	8·15민족통일대축전 북한 대표단, 국립현충원 방문
	14~17일	8·15민족통일대축전
9월	13~19일	4차 6자회담 2단계 회의 개최, 6개항 공동성명 채택(9·19공동성명)

2006년

2월	16일	BDA, 북과 거래 중단 발표
3월	2~3일	3차 남북장성급군사회담 결렬
	9~11일	남북여성대표자회의(금강산)
4월	21~24일	18차 남북장관급회담(평양)
	30일~5월 3일	5·1절 평양 행사에 남한 참관단 파견
6월	14~17일	6·15 민족통일대축전(광주)
7월	5일	북, 미사일 시험발사
	11~13일	19차 남북장관급회담
	19일	북, 이산가족상봉 중단 및 금강산 면회소 건설 중단 통보
9월	14일	한미정상회담(워싱턴)
	22일	IAEA, '북, 무조건 6자회담 복귀 결의문' 채택
10월	9일	북, 핵실험(1차)

13일	유엔 안보리, 북 핵실험 관련 대북제재결의안 합의
18일	'금강산 관광 사업지원' 정부 보조금 중단 결정
30~31일	남북 문인 '6·15민족문학인협회' 결성식 참가(금강산)
11월 9~11일	5차 6자회담 1단계 회의
16일	정부, 북 인권결의안 첫 찬성투표
28일	북미 6자회담 수석대표 회동(베이징)
12월 18~22일	5차 6자회담 2단계 회의

2007년

1월 18일	북미 베를린회담
2월 8~13일	5차 6자회담 3단계 회의(베이징), 2·13합의
27일~3월 2일	20차 남북장관급회담(평양)
4월 18~22일	13차 남북경추위(평양)
5월 8~11일	남북장성급군사회담(통일각)
6월 14~17일	6·15공동선언 7돌 기념 민족통일대축전(평양)
8월 5일	노무현 대통령의 '평양 방문에 관한 남북합의서' 비공개 합의
8일	NSC, 2007 남북정상회담 개최 의결, 발표
18일	남북정상회담 개최 연기
9월 27~30일	6차 6자회담 2단계 회의(베이징)
10월	개성공단 1단계 기반시설 준공, 개성공단 월 생산액 2천만 달러 돌파, 이산가족상봉 행사(금강산), 단천 지역 지하자원 남북 공동조사 등
2~4일	남북정상회담(평양)
3일	'9·19공동성명 이행을 위한 10·3합의'(제2단계 조치) 발표
4일	'남북관계 발전과 평화번영을 위한 선언'(10·4선언) 발표
11월 27~29일	남북국방장관회담(평양)
29~12월 1일	북 김양건 통전부장 방남
12월	금강산 이산가족면회사무소 남북사무소 준공식, 경의선(도라산)물류센터 준공식, 문산–봉동 간 남북 화물열차 정기운행 개시
5일	개성 관광 개시

우리의 남북관계사

2008년

2월	25일	이명박 대통령 취임
	26일	뉴욕 필하모닉 평양 공연
3월	27일	개성공단 내 통일부 직원 철수
	29일	북, 남북대화 중단 선언
4월	8일	북미 싱가포르 회동
	19일	한미정상회담
5월	29~30일	남북교육자대표회의(금강산)
6월	15~16일	6·15공동선언 발표 8돌 기념 민족통일대회(금강산)
7월	10~12일	6자 수석대표회의(베이징)
	11일	금강산 관광객 박왕자 씨 피격
	12일	정부, 금강산 관광 잠정 중단
8월	27일	북, 핵 불능화 중단 선언
10월	1일	힐 차관보 방북, 김계관 외무성 부상 면담
	2일	남북군사실무회담(판문점)
	11일	미국, 북 테러 지원국 해제
11월	18일	금강산 관광 10주년
12월	1일	북, 12·1조치(군사분계선 통행 제한 등) 시행

2009년

1월	17일	북 인민군 총참모부 대변인, "전면대결태세" 진입 선언
3월	9일	북, 키리졸브 군사연습 기간 중 남북 군 통신선 차단 조치 발표
4월	5일	북, '광명성 2호' 발사
5월	15일	북, 개성공단의 기존 법규와 계약 무효 선언
	25일	북, 2차 핵실험 및 단거리 미사일 발사
	26일	정부, PSI 전면 참여 선언
6월	11일~7월 2일	개성공단 관련 남북 당국 간 실무회담
8월	16일	현정은 현대그룹 회장, 김정일 위원장 면담
	17~27일	을지프리덤가디언 합동군사연습
	20일	북, 12·1조치 철회 통지
	21~30일	북 특사조의방문단 서울 방문
9월	21일	이명박 대통령, 그랜드 바겐(grand bargain) 제안

	26일~10월 1일	남북 이산가족상봉
10월	14일	임진강 수해방지 실무회담
	16일	남북적십자 실무접촉(개성)
11월	2일	한미, 해병대 상륙훈련과 대량살상무기 제거 훈련을 미군이 주도하는 것에 합의
	10일	3차 서해교전

2010년

1월	11일	북 외무성, 평화협정회담 제의
3월	8~30일	키리졸브-독수리 합동군사연습, 북한 대량살상무기 제거 전담부대 참가
	26일	천안함사건 발생
5월	24일	이명박 대통령, 5·24조치 발표
6월	26일~8월 1일	림팩 합동군사연습
7월	25~28일	불굴의 의지(invincible spirit) 훈련
8월	9일	북, 서해 북방한계선 인근에 해안포 130여 발 발사
	16~26일	을지프리덤가디언 합동군사연습
	26일	정부, 북 조선적십자회에 수해복구 지원 의사 전달
9월	4일	북 조선적십자회, 한적에 수해복구 지원 역제의
	7일	북, 대승호와 선원 7명 송환
	17일	북, 10월 이산가족상봉 제의
10월	13일	첫 남한 주관 PSI 훈련 실시, 일본 자위대 참가
	30일	이산가족 1차 상봉
11월	3일	이산가족 2차 상봉
	11일	북, 금강산 관광 재개 관련 당국 간 회담 제의
	23일	연평도 포격전
	28일~12월 1일	서해상 한미연합군사훈련
12월	20일	연평도 해상사격훈련

2011년

1월	7~8일	해군, 서북도서 '워 게임'
2월	9일	남북군사실무회담 결렬

		28일~4월 30일 키리졸브-독수리 합동군사연습
3월	29일	남북 백두산 화산 관련 협의
	30일	연평도 해상사격훈련
4월	11~21일	공군종합전투훈련(Soaring Eagle)
	26일	카터 전 미국 대통령 방북
	28일	이명박 정부, "카터는 김정일 대변인"
5월	3일	검찰, 농협 전산망 마비 사태가 북 소행이라고 발표
		해병대 서북도서 해상사격훈련
	9일	남북, 베이징 비밀접촉(돈봉투사건)
		이명박 대통령, '베를린 제안'
	30일	북 국방위 대변인 성명, "이명박 역적 패당과 더 이상 상종하지 않을 것이다"
7월	2~14일	백령도 일대, 한미해병대 연합훈련
8월	16~25일	을지프리덤가디언 합동군사연습
9월		한미연합화력실사격훈련, 한미해병대 연합군수지원훈련, 전투기 공중급유 첫 훈련 등
10월	6일	남, 서북도서 대규모 해상 사격훈련
	24일~11월 4일	호국훈련, 연평도·백령도 일대 대규모 지상·공중·해상 합동훈련
12월	19일	북, 김정일 위원장 사망(12월 17일) 발표

2012년

1월	5일	통일부, 북에 '포괄적 의제' 논의를 위한 대화 제의
	26일	남, 서북도서 사격훈련
2~4월		서북도서 해상사격훈련, 키리졸브-독수리 합동군사연습, 사상 최대 규모 한미해병대연합상륙훈련(쌍룡훈련) 등
2월	2일	북 국방위원회, 9개항의 공개질문장 발표
	23~24일	3차 북미고위급회담(베이징)
	29일	2·29합의 발표
3월	26~27일	핵안보정상회의(서울)
4월	13일	북, '광명성 3호' 발사
	16일	이명박 대통령, 라디오 연설에서 북 미사일 비난

5월	2일	유엔 안보리, 북 기업 3곳 추가제재 결정
	9월 3일	남, 대북 수해지원을 위한 실무접촉 제의
	12일	북, 지원 품목 및 수량에 불만을 표시하며 수해지원 거부 통보
10월	13일	금강산 신계사 복원 5돌 기념 남북불교도합동법회
	22일	임진각에서 대북전단 살포 소동
12월	12일	북, '광명성 3호'(2호기) 발사
	19일	대통령 선거에서 박근혜 후보 당선

2013년

2월	12일	북, 3차 핵실험
	25일	박근혜 대통령 취임
3월	5일	북, 정전협정 백지화 선언
	11일	한미, 키리졸브-독수리 연습 시작
	19일	미, B-52 전략폭격기 파견
	26일	북, '1호 전투근무태세' 발령
	27일	남북 간 통신선 모두 차단
	30일	북, 남북관계 '전시 상황' 돌입 선포
	31일	미, F-22 스텔스 전투기 파견
4월	3일	북, 개성공단 진입 차단
	8일	개성공단 근로자 전원 철수
5월	5일	남, 백령도와 연평도 포사격훈련
	6일	한미연합 대잠훈련
	8일	한미동맹 60주년 기념선언
	11~14일	미, 니미츠 핵 항공모함 입항 및 해상기동훈련 실시
	14일	박근혜 대통령 남북대화 제의
	15일	제주도 동남해상 한·미·일 해상기동훈련 실시
6월	24일	국가정보원장 남재준, 《2007년 정상회담 회의록》 공개
7월	12일	개성공단회담 수석대표 교체
8월	14일	개성공단 재가동 합의 발표
	22일	북, 금강산 관광 재개 회담 제의
9월	21일	이산가족상봉 연기

| 11월 | 18일 | 박 대통령 '평화통일 기반 구축' 천명 |
| | 28일 | 육군 17사단, "종북 쓰레기 몰아내자" 발언 |

2014년

1월	1일	북, 남북관계 개선 제의
	6일	박 대통령 신년 기자회견 "통일은 대박이다"
	16일	북 국방위원회, 비방, 중상, 적대적 군사 행위 중단 등 '중대 제안'
	17일	통일부, 북한 제안 거부, "한미연합군사훈련 예정대로 진행 할 것"
	12, 24일	북, 중대 제안 수용 촉구 및 이산가족상봉 수용 발표
2월	8일	북 국방위원회, 청와대 국가안보실에 회담 제안
	10일	한미연합사, "키리졸브–독수리 연습 예정대로"
	12, 14일	남북고위급회담
	20~25일	이산가족상봉
	25일	박 대통령, 통일준비위원회 발족 발표(경제 혁신 3년 계획 담화)
3월	28일	박 대통령, 드레스덴선언
	24일	백령도 대북전단 살포
	25일	파주 대북전단 살포
4월	26일	오바마 대통령, "군사력 사용 주저하지 않을 것"
5월	12일	국방부, "북한은 없어져야 할 나라"
7월	17일	인천아시안게임, 남북 실무접촉 결렬
8월	7일	통일준비위원회 1차 전체 회의
	15일	박 대통령, 남북 간 신뢰 구축의 '작은 통로' 제안(광복절 경축사)
9월	13, 15일	북 국방위 전통문, "삐라 살포 중단해야 대화의 문 열릴 것"
	21일	대북전단 살포
	24일	박 대통령, 유엔 총회 기조연설에서 북한 인권 문제 제기
10월	4일	북 대표단 인천아시안게임 폐막식 참가
	7일	서해상 충돌
12월		애기봉 트리 설치 계획 승인
	29일	통일준비위원회, 대북대화 제의

임기홍

서울대학교 정치학과를 졸업하고 동 대학교 정치외교학부 대학원에서 박사과정을 수료하였다. 대학 시절부터 남북관계에 관심을 갖기 시작하여 '6·15선언 지지 이행을 위한 범서울대인 연석회의' 집행위원을 지냈으며 (2004~2005), 2010년부터 '평화통일시민행동' 등 통일 관련 시민단체에서 활동하였다. 현재 서울대학교 한국정치연구소 연구원이며, 평화통일시민행동 정책실장을 맡고 있다.

위기의 남북 관계

초판 1쇄 인쇄 | 2016년 6월 3일
초판 1쇄 발행 | 2016년 6월 13일

지은이 | 임기홍
기　획 | 평화통일시민행동
발행인 | 한정희
발행처 | 역사인
등록번호 | 제406-2010-000060호
주 소 | 경기도 파주시 회동길 445-1 경인빌딩 B동 4층
전 화 | 031) 955-9300
팩 스 | 031) 955-9310
전자우편 | kyunginp@chol.com
홈페이지 | www.kyunginp.co.kr

값은 뒤표지에 있습니다.
ISBN 979-11-86828-02-1 03300

역사인은 경인문화사 자회사입니다.